이정의 신유학

국립중앙도서관 출판시도서목록(CIP)

이정의 신유학 / 徐遠和 著 ; 손흥철 옮김. -- 고양 : 동과서, 2011
p. ; cm

원표제: 洛学源流
중국어 원작을 한국어로 번역
ISBN 978-89-6525-101-9 93100 : ₩40000

성리학[性理學]

152.68-KDC5
181.11-DDC21 CIP2011000619

이정의 신유학

동과서

이정의 신유학

찍은날 / 2011년 3월 17일
펴낸날 / 2011년 3월 25일

지은이 / 徐遠和
옮긴이 / 손흥철
편 집 / 황웅 김옥주 강진만

펴낸곳 / 도서출판 **동과서**
412-270
경기도 고양시 덕양구 화정동 986-8
대우마이빌오피스텔 608호
등록번호 / 제22-405호

D.K.S. Publishing Co.
608 Daewoomyvill-Officetel,
986-8 Hwajeong-Dong, Deokyang-Gu,
Goyang City, Gyunggi-Do, Korea 412-270

전화 / (02)333-7533
팩스 / (02)6280-2353
이메일 / philculture@hanmail.net
홈페이지 / www.book-dks.com

값 40,000원

ISBN 978-89-6525-101-9 (93100)

한국의 독자들에게

20년 전 중국은 개혁과 개방을 실행하였으며, 학술연구도 이를 따라 정상궤도에 들어섰다. 동시에 나 자신의 인생방향도 하나의 중대한 고비를 맞았다. 즉 중국사회과학원 철학연구소에서 연구원을 초빙하는 전국적인 시험에 선발되어 중국철학을 연구하는 길에 들어섰다.

그후 필자는 송·명리학을 연구하는 과정에서 북송의 정호와 정이의 낙학사상이 극히 근원적 창조성을 갖추고 있음을 발견하였다. 낙학(洛學)은 강한 흡인력을 지닌 매력적인 학문으로, 수많은 철학가들이 끊임없이 발전시켜 송대에서 청대에 이르는 700여 년간이나 통치적 지위를 누리는 사상체계를 형성하였다. 그러므로 중국문화에 깊고 거대한 영향을 준 낙학은 더욱 깊이 연구할 가치가 있음에 한 점의 의문이 없었다. 이러한 인식에 기초하여 나는 낙학을 역사적으로 고찰하였으며, 그 탄생으로부터의 사상적 내함(內涵), 심지어 학파의 변천에 이르기까지 하나하나 정리하여 분석하고 평론하여 그 전모를 밝히고, 그 결과를 힘써 독자들에게 모두 나타내 보이려고 노력하였다. 『낙학원류』는 나의 학술 연구업적의 첫 번째 성과이지만, 지금 곰곰이 살펴보면 상당히 미숙하여 스스로 만족할 수는 없다.

그럼에도 불구하고 매우 의외의 감동을 느낀 것은, 한국의 손흥철(孫

興徹) 교수가 『낙학원류』를 한글로 번역하여 내게 한글판의 서문을 써 주기를 부탁하였기 때문이다. 원저가 출판된 지 10년이 지난 뒤에도 전문 학자가 번역 출판하려는 것은 비록 시간이 지났어도 이 책이 철학사 연구에 일정한 보탬이 있으며, 여전히 참고할 가치가 있음을 반증하는 것이라 생각된다. 당연히 마음에 뿌듯한 위로가 된다.

이에 필자는 진정으로 손흥철 교수가 이 책을 한글로 번역 출판하는데 기울인 노력에 감사드리고 아울러 그의 성공을 기원하며 이에 서문을 보낸다.

1999년 1월 8일

정사재(靜思齋)에서 서원화(徐遠和)

서 문

유학은 중국학술사상사에서 생명력이 가장 강한 학파로 춘추전국시대에 일어나 명·청시대에 이르기까지, 통치적 지위에 있었고, 심지어 오늘날까지도 그 영향력은 결코 무시할 수 없다. 그러므로 이렇게 역사가 긴 만큼 학파형성의 계보가 복잡하고 그 지위 또한 끊임없이 변화하였음은 당연하다고 할 수 있다. 『한비자(韓非子)』「현학(顯學)」편에는 이미 공자(孔子)의 사후에 유가가 "자장(子張)·자사(子思)·안(顔)씨·맹(孟)씨·칠조(漆雕)씨·중량(仲良)씨·손(孫)씨·악정(樂正)씨의 유(儒)"의 여덟 갈래로 나누어지고, 이 팔가(八家) 가운데 맹자(孟子)와 순자(荀子)의 갈래가 더욱 큼을 지적하였다. 맹자는 "그 마음을 다하는 사람은 그 성(性)을 알고, 그 성을 알면 하늘을 안다."고 하여 천인상통론(天人相通論)을 주창하였고, 순자는 "하늘의 운행에는 상도(常道)가 있어 요(堯)임금을 위하여 존재하지 않고, 걸(桀)을 위하여 망하지도 않는다."고 하여 천인상분론(天人相分論)을 선양하였다. 이러한 갈래는 후세의 유가가 진일보의 분화를 일으키는 데 극히 큰 영향을 끼쳤다. 다만 한대 이전의 유가는 요순을 조술(祖述)하고 문왕(文王)과 무왕(武王)을 높이 드러내 기리며, 인(仁)과 예(禮)를 숭상함을 으뜸으로 삼는 데는 조금도 흔들리지 않았다. 그러나 진·한시대에 이르러 진시황(秦始皇)의 분서갱유(焚

書坑儒)로 말미암아 유학의 전적이 심각하게 훼손되고, 인재는 타격을 받았다. 더욱이 국가사회의 전반적 형세가 변화함에 따라 수·당시대에 이르면 유가는 더욱 쇠미해지고, 6례(六禮)를 법으로 삼고 공맹을 스승으로 삼는 유가의 근본태도에 대한 동요가 일어났다. 비록 한유(韓愈) 등이 도통(道統)을 수립하여 재기를 힘써 이끌었으나 그 성과는 결코 이상적이지 못했다. 그후 북송시대 사회변혁에 따라 유학은 비로소 차츰 부흥하기 시작하였고, 이와 더불어 유학발전의 새로운 단계를 열었으니 이른바 신유학(新儒學) 혹은 리학(理學)의 단계가 그것이다.

신유학 혹은 리학이 역사의 무대에 오르게 된 배경은 대체로 북송의 경력신정(慶歷新政: 仁宗 1041～1048)과 희령신정(熙寧新政: 神宗 1068～1077)의 두 차례 사회개혁이다. 경력(慶歷)연간을 전후로 송대의 사상계에는 안으로 의경사조(疑經思潮)가 출현하여 학자들에게 영향을 주었고, 이에 분분히 유학의 경전을 회의하고, 심지어 부정적인 태도까지 취하게 되었다. 한·당 이래의 유가 경전의 전문가들은 옛것을 동경하고 스승의 설에 사로잡혀, 경(經)이 있으면 전(傳)이 있고, 전에 소(疏)가 있고, 소에 다시 주(注)가 있으며, 주에 또 소가 있어 성경(聖經)이라는 한 마디에 대한 해석에 천 마디 말이 덧붙여졌고, 요전(堯典)이라는 두 글자의 설명이 10여 만 말이나 있어 오랜 기간 번쇄함을 견뎌낼 수 없을 정도였으나, 감히 이 테두리를 한 발짝도 벗어나려는 사람이 없었다. 그러나 경력연간에 이르러 이러한 상황에 근본적인 변화가 생겨 비록 실패로 끝나긴 하였으나 사람들에게 비판의 용기를 주었다. 이 시기에 여러 유학자들은 분분히 일어나 경(經)의 종지에 대한 자기의 견해를 주장하였다. 즉 「계사(繫辭)」를 배척하고, 『주례(周禮)』를 비판하고, 『서(書: 尙書)』를 나무라고, 『시(詩)』를 몰아낸 것 등 하나둘이 아니다. 특히 구양수(歐陽修)는 앞장서서 「계사」는 공자가 만든 학설이 아니라고 하여 진실로 귀머거리도 들을 수 있도록 크게 외쳤으며, 연이어 사마광(司馬光)과 같은 사람은 맹자까지도 의심하였다. 이에 옛 방법은 곧 뒤집어지고 새로운 방법이 시대에 부응하여 생겨나 자유로운 경의 해석이 사문(師門)과 가법(家法)을 대체하였다. 범중엄(范仲淹)은 "경(經)으로써 도(道)를 밝히면 이치에 통한다."고 제창하였으며, 호원(胡瑗)은 "의리(義理)로써 『역(易)』을 설명한다."고 주장하였고, 손복(孫復)은 의리로써 『춘추(春秋)』를 이해하는 모범을 확립하였고, 석개(石介)는 『주역(周易)』에 따라 "리를 궁구하고 성을 다하는[窮理盡性]" 학문정신을 발휘하였다. …… 희령신정 기간에도 성(性)을 선악을 기준으로 설명하지 않는 인성론과 외부환경으로부터 찾는 반영론(反映論)과 장재(張載)의 유물주의 기본체론(氣本體論)이 출현하였는데, 이러한 이론들은 먼저 하나의 사상해방운동으로 집약되었다. 의리의 학문[義理之學]은 이러한 운동에 따라 두각을 나타내어 새로운 시대정신이 되었다. 이정(二程) 형제는 당시 각 학파의 사상을 개괄하여 자신의 리(理)를 기본범주로 하는 철학체계를 형성하였고, 이에 신사조를 영도하는 역할을 수행함과 동시에 신사조를 대표하는 학파를 창립하였는데, 이것이 곧 중국 역사상 첫 번째의 리학학파(理學學派) 혹은 신유학학파인 낙학(洛學)이다. 낙학과 그 영수(領袖) 인물은 일찍이 분명하게 부각되었으며, 그 가운데 특히 정호(程顥)가 항상 맹자 이후 오랫동안 단절된 도통의 계승자로 여겨졌다. 낙학은 자신의 모순운동 과정을 거쳤으며, 이러한 과정을 주희(朱熹)가 집대성하였다. 이에 중국역사상 오랫동안 쇠퇴하지 않고 성숙한 리학학파 곧 이른바 정주(程朱)학파가 출현하였다. 리학은 뿐만 아니라 스스로 독존(獨尊)의 위치에 올라 지고무상의 권위를 누렸으나, 이것은 도리어 역사의 부담이 되고 사상의 질곡(桎梏)이 되었다.

이것은 유학발전에서 극히 중요한 과정으로, 매우 풍부한 이론사유와 교훈을 포함하고 있는 보고이다. 이 보고를 열어 그 교훈을 밝혀 드러냄은 철학사상계의 숙원이다. 서원화(徐遠和) 교수의 『낙학원류(洛學源流)』는 이 보고를 여는 견실한 첫걸음으로서 리학 연구를 위한 중요한 돌파구라 하지 않을 수 없으며, 많은 새로운 성과를 얻지 않을 수 없다.

서원화 교수의 『낙학원류』는 그가 다년간 이정의 연구에 심혈을 기울인 결정체이다. 최근 몇 년간 서원화 교수는 이정과 관련된 논문을 연속 발표하였다. 최근에야 겨우 하남(河南)의 인민출판사에서 출판한 『이정사상연구논문집』 가운데 다섯 편을 입수하였다. 이 논문은 광범위하게 이정사상의 핵심인 리기관(理氣觀), 리욕관(理欲觀), 인성론(人性論), 성인관(聖人觀), 심학이론(心學理論) 등을 언급하고 있다. 이러한 논문 가운데 서원화 교수는 많은 새로운 견해를 제시하고 있고 그것들은 『낙학원류』라는 한 권의 책의 근간을 이룬다. 그 하나의 예는 리기(理氣)에 관한 견해로, 서원화 교수는 이정이 말한 '리(理)'는 단순히 정신의 본체를 개괄한 범주가 아니며, 이른바 '기(氣)'는 또한 단순히 물질의 본체를 개괄한 범주로 사용하지 않았다고 보고, 이 점을 중시하여 "곧 정신과 물질의 관계를 간단히 같다고 파악하지는 않았다."(위 문집*, 131쪽)고 하였다. 여기서 우리는 서원화 교수가 사용한 방법론이 실사구시(實事求是)의 방법론임을 알 수 있다. 또한 그는 이전의 허다한 논문에서 이정이 본래 왕안석(王安石)의 신정(新政)을 옹호하였다고 거듭 주장하였다. 그러나 사실 왕안석의 신학(新學)의 궤도상에서 진행된 개연성은 있다고 할 수 있으나, 뒤에 그들은 형세의 핍박을 받아 방향을 바꾸었으며 이때 유심주의 리학체계를 건립하였다고 보아야 한다.[1)]

이와 같이 보면 왕안석의 신정과 신학은 리학의 촉진제이며, 리학의 형성에 대한 연구에 하나의 중요한 실마리가 되고, 리학의 발전규칙을 드러내는 또 하나의 중요한 계기가 되었다고 할 수 있다. 그리고 이러한 리학의 중요 문제에 대하여 서원화 교수는 아주 일찍부터 연구해 왔다. 예로 들어 성인관(聖人觀)은 중국 고대철학의 특유한 내용이며, 현재까지의 중국철학사연구 중에서 통사(通史)와 시대별 사상사 그리고 전적(典籍)과 인물의 연구를 포함하여, 이처럼 전문적이고 체계적인 연구를 시작한 적은 없었다. 서원화 교수는 리학이 특히 낙학의 철학체계

---

* 여기서 말하는 "위 문집"은 『이정사상연구논문집』(河南: 人民出版社)을 가리킨다. 쪽수는 이 책의 부록에서 저자가 인용한 원전을 참고. 경우에 따라서는 인용하는 문집들에 따라 ¼, ½ 또는 1쪽을 가리킨다.

와 특색을 지녔음을 전체적으로 나타내기 위하여 이정(二程) 이전의 성인관에 집중하였다. 그는 성인을 이상인격의 화신, 역사를 창조하는 초인(超人), 인생이 추구할 목표 등등의 방면으로 이해하였으며, 광범위한 검토를 거쳐 많은 창조적 견해를 제출하였다. 그의 연구는 계발성(啓發性)이 매우 풍부하다고 할 수 있다.

리학의 기점이 된 낙학의 전후 맥락을 분명하게 이해하기 위해서는 체계적으로 깊이 들어가 리학의 본질과 발전 규율을 밝혀내야 한다. 서원화 교수는 근원, 즉 북송사회와 사회개혁, 북송의 학맥과 학맥간의 투쟁, 염학(濂學) 그리고 염학과 낙학의 사승관계 등의 방면에 따라 역사적이고 논리적인 체계로 고찰하였다. 또한 전파되어 나간 방향에 따라 낙학의 계승자인 사량좌(謝良佐)·양시(楊時)·유작(游酢)·여대림(呂大臨)·윤돈(尹焞) 등과 그 상호관계에 대하여 필요한 고찰을 하였으며, 동시에 낙학의 심학화(心學化)·민학화(閩學化)와 특히 금·원시기에 낙학이 북방으로 전파되어 발전함에 대하여 매우 유익한 연구를 진행하여 체계적으로 새로운 자료를 섭렵하고 많은 새로운 관점을 제시하였다.

이상의 내용으로도 서원화 교수가 저술한 『낙학원류』는 자료적·사상적·학술적인 면에서 충실한 내용을 갖춘 저작임을 알 수 있다. 즉 정주성리학이라는 중요한 사조의 전모를 매우 분명하게 해부하였다. 이 책은 장차 반드시 독자들에게 분명한 분석과 깊은 인상을 줄 것이다. 책의 내용에 대해서도 이미 더 말이 필요 없다.

누구라도 사조·학파·범주 등과 같은 전문적인 문제를 체계적으로 연구하고, 특히 그것을 한 권의 책으로 편찬하기는 매우 어렵다. 따라서 이러한 연구는 반드시 폭넓은 관점으로 체계적인 순서에 따라 시작되어야 하고, 정성을 다해 세밀하게 살펴야 하며, 또한 짜인 틀에 따라 체계적으로 연구하여 얻은 결과를 정리하여야 하고, 원래의 설계를 염두에 두고 제작을 통제해야 함을 알 것이다. 이 말은 곧 사조·학파·범주·개념의 연구와 창작에 종사하기 위해서는 첫째 통사적(通史的)인

기초와 광범위한 지식으로 비록 직접 관계가 없는 자료조차도 대량으로 섭렵해야 하며, 둘째 투철한 연구정신으로 자세히 사고하는 작풍(作風)이 있어야 하며, 셋째 자료를 소화하고 흡수하는 데 있어 하나를 보고 셋을 반성하고 하나를 알면 열을 아는 능력이 있어야 한다는 뜻이다. 이러한 이유로 근래 이러한 작품은 비교적 적었다. 한 사람의 독자를 위해서도 나는 이후 이러한 종류의 책을 많이 읽게 되기를 간절히 희망한다. 이러한 작품은 매우 어렵기 때문에 불가피하게 약간의 만족스럽지 못한 상황이 나타난다. 어떤 학파를 포괄적으로 상세히 서술할 때 생기는 난점 중의 하나는 어떻게 광범위한 관점의 높이에서 주제를 파악하여 그것을 이상적으로 승화시킬 것인가 하는 점이다. 서원화 교수의 『낙학원류』는 바로 이 점을 잘 보여준 책이다.

1986년 11월

북경 중국사회과학원에서 신관결(辛冠潔)

차례

邵康節

일 러 두 기

* 이 책은 『낙학원류(洛學源流)』(徐遠和, 齊魯書社, 1987)의 번역본 『정주철학의 뿌리를 찾아서』(동과서, 2000)를 전면적으로 재번역 재편집하여 출간한 것이다.
* 중요 인용서적인 『송사(宋史)』·『원사(元史)』는 중화서국(中華書局) 표점본(標點本)을 저본으로 한다.
* 주(註)는 지은이의 직접적인 주만 '저자주'로 표시하고 나머지 ( ) 혹은 하단의 주는 보충설명을 위한 옮긴이의 주이다.
* 신유학의 중요 개념인 '理氣'의 '理'와 '理學', '理氣'는 다른 의미와 구별하기 위하여 두음법칙을 따르지 않고 '리'와 '리학' '리기'로 통일하여 표기한다.
* 이 책의 제목에 맞추어 일부 '정주리학' '성리학' 등의 용어를 '신유학(新儒學)'으로 통일하였다.
* 강조하는 단어나 구절에 대해서는 ' '를 사용하고 인용하는 책은 『 』로, 편명 등은 「 」로 표시한다.

  예; 『遺書』, 『二程集』; 「繫辭」, 『周易』 등

  원저에는 모두 『 』표시로 되어 있으나 출전이 두 곳이라는 오해를 일으키기 쉽고, 또 원저자가 직접 전집류의 원전문헌을 이용하고 있어 전집류를 『 』표시하고 그 전집에 실린 편명 또는 단행본류를 「 」표시하였다. 단 이것은 편집상의 통일을 기하기 위한 방편일 뿐이다.
* 직접 지은이가 인용한 내용은 " "로 표시하고 문의(文意)의 이해를 돕기 위하여 옮긴이가 ' '를 보충한다.
* 인물소개와 제도에 관한 보충설명은 대부분 『중문대사전(中文大辭典)』과 『두산세계대백과사전』에서 인용하고 내용을 정리 보충하였다.

제1장

북송의 사회개혁운동과 리학사조의 흥기

리학(理學)은 일종의 시대사조다. 리학의 형성과정은 또한 중국의 봉건사회중기에서 유학의 부흥과정이다. 이 과정은 중국사회의 발전과 서로 맞물려 있다.

리학은 북송 중기에 발생했으며, 당시 사회개혁운동의 산물이다.

북송정권의 수립으로 당말(唐末)・오대(五代) 이래 장기간 할거하던 번진(藩鎭)이 없어지자 송조(宋朝)의 통치자는 이러한 전철을 밟지 않기 위하여 통치권의 불안정한 요소를 제거하고, 전제주의 중앙집권적 국가제도의 건립에 힘써 노력하였다.

병제(兵制) 방면에서 송 태조 조광윤(趙匡胤)은 절도사(節度使)의 병권(兵權)을 해제하고, 점차 문신(文臣)을 무장(武將)에 임명하였다. 그리고 전국의 정병(精兵)을 흡수하여 금군(禁軍)으로 편성하였으며, 황제로부터 직접 통제를 받는 추밀원(樞密院)과 전환 배치하여 교대로 변방을 지키게 하였다. 군대의 군량과 급료는 중앙에 설치된 전운사(轉運使)가 책임지고 공급하였으며, 금군의 출동과 작전은 황제가 파견한 장수가 작전과 방략을 결정하여 전술을 지시하였다. 병제상의 이러한 개혁은 장수들의 군사적 할거를 방지하려는 데 있었다.

관제(官制) 방면으로는 첫째, 지방의 주(州)와 현(縣)에 대한 엄밀한 통제를 강화하고, 절도사는 '직책이 없는' 명목상의 관직으로 무력화시키며, 각 주를 중앙에 직속시켜, 황제가 직접 파견한 관리가 정무를 관리하고, 임기제를 실시하는 한편 지주(知州)[1] 외에 통판(通判)[2]을 설치하여 그로 하여금 지주와 서로 견제하게 하였다. 둘째, 중앙권력을 황제에게 집중시켜, 정사(政事)와 군무(軍務) 그리고 재정(財政)의 3대 계통을 황제가 직접 통제하게 하고, 별도로 어사(御使)·태사(台司)·감찰(監察)을 설치하는 한편 과거를 통한 선비의 선발권도 황제에게 귀속시켰다.

권력집중의 결과 수많은 관리가 관직만 있되 직책은 없고, 기구만 비대하여 남아도는 인원이 급증하였다. 송조의 통치자들은 중앙집권제도를 강화하기 위하여 노력한 결과 당말·오대 이래의 "지방의 진(鎭)이 더 중요하고, 임금은 약하고 신하가 강한" 누적된 폐단을 없애버렸지만 새로운 폐해가 생겨났다. 즉 군사권이 황제 한 사람에게 집중됨으로써 장차 그 병력을 다스릴 능력이 없는 경우가 생겼는데, 평시에는 "병졸을 (지휘할) 고정된 장수가 없고, 장수에게는 (자문할) 고정된 군사(軍師)가 없으며", 전시에는 장졸(將卒)은 "분기(奮起)할 용감성이 없고, 펼칠 지모(智謀)가 없어"군대의 전투력은 심각하게 쇠약해졌다. 요(遼)나라와 서하(西夏)와의 전쟁에서 북송은 연달아 패배함으로써 곧장 열세에 처하게 되어 국가가 "점점 쇠약해지는" 현상을 초래하였다. 동시에 방대한 관료기구와 직업군대도 북송 정부에 심각한 재정부담을 안겨주었다. 이 외에 요와 서하에 거액의 공납을 바쳤다. 송조의 재정수입은 지출보다 적어 정부의 창고는 텅 비고 해마다 적자여서 북송국가는 "점점 가난해지는" 현상이 노출되었다.

경제제도상 북송은 점점 균전제(均田制)[3]를 폐기하고 토지의 자유매

---

1) 권지모군주사(權知某軍州事)의 준말. 주(州)의 장관(長官).
2) 송대 주(州)의 정치를 감독하는 벼슬.
3) 중국 북위(北魏) 이래 북제(北齊)·북주(北周)·수(隋)·당(唐)까지 약 300년 간 시행된 북조(北朝)의 토지제도. 한(漢)나라 멸망 후 농민의 유리(遊離) 현상이 두드러져 농지의 황폐가 심하여지자 이런 상황을 이용하여 호족(豪族)의 대토지 사유가 대대적으로 이루어졌다. 그래서 역대 왕조는 토지개혁에 힘쓰게 되었다. 북위에서

매를 허용하였다. 송조의 관리들은 당대(唐代)와는 달리 규정된 직분전(職分田)이 있었으나, 뜻에 따라서는 토지를 사들여 지주가 될 수 있었고, 지주는 또한 과거를 통하여 관리가 될 수 있었다. 관리와 지주는 일체가 되어 전국 대부분의 토지를 점유하였다. 지주는 토지를 점유하여 주로 세를 주는 방식으로 전농(佃農)을 착취하였다. 전농은 수확량에 따라 일정한 비례(저자주: 일반적으로 50% 이상)로 조세를 납부하였고, 수확량이 많을 때는 수입도 증가될 수 있었다. 이것은 어느 정도 농민의 적극성을 자극하여 그들로 하여금 이전에 비해서 생산에 관심을 갖게 하였고, 생산도구와 기술의 개선에도 관심을 갖게 하였고, 아울러 공업과 상업의 흥성을 촉진시키기도 하였다.

이 외에 북송의 예비군(저자주: 이른바 잉여 군인)은 국가의 노역을 담당하였고 농민들이 정력적으로 경작할 수 있게 함으로써 북송농업과 수공업 발달의 중요한 요소가 되었다. 그러나 균전제의 폐기는 토지 겸병과 집중의 과정을 촉진시켰다. 송 태종 때 이미 "부자는 일망무제(一望無際)의 토지를 갖고 있지만, 가난한 자는 송곳 하나 꽂을 땅이 없었

도 485년 이안세(李安世)의 건의에 따라 기왕의 계구수전제(計口授田制)에 바탕을 둔 '균전 조칙(詔勅)'을 내리고 기준을 정하여 15세 이상의 남녀에게 노전(露田; 正田) · 마전(麻田) 등의 경작지와 택지(宅地) · 원지(園地)를 지급하였으며(여자에게는 남자의 절반을 지급), 만 70세에 이르면 국가에 반납하게 하였다. 또 남자에게는 반납하지 않아도 되는 영업전(永業田)으로서의 상전(桑田)을 따로 지급하였다. 북위에 의해 창시된 균전제는 토지의 사유를 통제 · 제한하여 겸병(兼併)을 막고, 국가소유의 토지를 분급(分給)하는 형식으로 생산담당자인 농민들의 이탈을 막고 국가가 이를 강력히 지배하려는 의도로서, 유목국가였던 북위가 농경제도를 정착화 하는 과정에서 생긴 제도이다. 이것이 당나라 때에 이르러서는 부병제(府兵制)와 표리일체의 상태로 통일되어 토지를 국민에게 공평히 분배하고, 그 토지를 지급 받은 국민에게 병역을 부과하여 농민을 교대로 부병으로 징집하고, 이들을 수도와 변경 방어에 근무시켰다. 당나라의 균전제는 정남(丁男; 21~59세)과 중남(中男; 18~20세)에 대하여 전(田) 1경(頃; 100畝)을 지급하여 그 중에서 20묘(畝)는 영업전으로서 자손에의 상속이 허용되고, 나머지 80묘는 구분전(口分田)으로서 본인이 사망하면 국가에 반납하도록 하였다. 정남 · 중남으로 취급하지 않는 독질(篤疾) · 폐질자(廢疾者)와 과부 등에 대해서는 이를 감안해 적게 지급하였다. 이 경우, 60세 이상의 노남(老男) · 독질 · 폐질자에게는 영업전을 지급하지 않았다.

다.” 그후 토지겸병과 집중은 날이 갈수록 심각해져, 인종(仁宗) 때는 “세력 있는 관리와 부자는 무한한 토지를 점유하여 거리낌 없는 겸병이 이미 습속으로 굳어진”(「食貨志」, 『宋史』 416쪽) 상황이 되었다. 토지의 겸병과 집중의 결과로 첫째, 수많은 농민이 토지를 잃고 가업이 파탄되었으며 골육(骨肉)이 뿔뿔이 흩어지고 주검이 들판에 깔리는 상황이 초래되어, 어떤 이는 반항의 길로 들어섰다. 둘째, 정부의 조세수입이 감소하였다. 따라서 북송은 전묘(田苗)에 따라 조세를 징수하는 ‘양세법(兩稅法[4])’을 실행하였으나 관직을 가진 형세호(形勢戶)[5]는 면세의 특권을 누려 일단 이들의 수중에 들어간 토지는 전세(田稅)를 면하였다. 이와 같이 전세를 징수할 수 있는 토지는 점점 줄어들었다. 이에 북송정부는 조세수입의 손실을 보충하기 위하여 끊임없이 중소지주와 자경(自耕)농민들에게 토지부담을 가중시켜 결국 이들의 파산을 초래하였다. 이와 같은 북송의 사회모순은 나날이 첨예하게 드러나게 되었다.

심각한 사회의 위기 앞에 지주계급의 지식인사들, 특히 일부 우국적 지식인들은 북송이 “점점 가난해지고”, “점점 쇠약해지는” 상황을 심각하게 걱정하였다. 이러한 강렬한 위기감이 그들로 하여금 지주계급의 근본이익과 항구적인 이익을 위하여 봉건제도가 허락하는 범위 내에서 일종의 개혁을 진행하게 하였다. 송 인종(仁宗)의 경력연간(慶歷年間:

4) 본래 당대(唐代)의 세법(稅法)으로, 당 덕종(德宗) 때 양염(楊炎)의 건책(建策)에 따라 시작된 세법. 종래의 조(租)·용(庸)·조(調)의 제도를 폐지하고, 재산의 정도에 따라 과세하고, 여름·가을의 2기로 나누어 징수하였다.

5) 형세관호(形勢官戶)라고도 한다. 당나라에서는 귀족·관료를 가리키며, 당나라 말기부터 5대(代)에 걸쳐서는 귀족을 대신하여 대두한 무인의 권세 있는 자도 포함하였다. 송나라 때에는 오로지 관료와 향촌의 호족을 가리키는 말이 되었다. 그들은 모두가 대토지소유를 기반으로 향촌에서 세력을 펴 징세(徵稅)·포도(捕盜) 등의 직분을 맡음으로써 국가의 향촌지배에 일익을 담당하였다. 그 중에서 관료가 된 자는 직역(職役; 의무적인 직분)을 면제받았으나 양세(兩稅)는 납부하였으며, 자신은 지방관 및 중앙관으로서 백성에게 군림하였다. 즉, 대토지 소유자로서 전호(佃戶)를 지배하고, 또 송왕조의 권력과 결합하여 다른 중소 토지소유자를 지배하였다.

1041~1048)에 이르러 개혁의 요구는 점점 파장이 높아져 노도와 같은 강렬한 조류가 형성되었다. 이러한 조류에 힘입어 송 인종 경력 3년(1043)에 범중엄(范仲淹)[6]을 지지하는 인사들이 개혁을 실행하였는데 사가들은 '경력신정(慶歷新政)'이라고 부른다. 개혁파의 영수인 범중엄은 "관직의 강등과 승진을 분명히 하고, 요행(僥倖)을 방지하며, 공납(貢納)과 과거를 정밀하게 하고, 장관을 선택하며, 공전(公田)을 균등히 하고, 농업과 잠업(蠶業)을 우대하며, 무력을 정비하며, 은혜와 신임을 장려하며, 명령을 엄중히 하고, 요역(徭役)을 경감한다."는 신정(新政)의 강령을 제시하였다. 경력신정의 이러한 개혁조치는 대관료(大官僚)와 대지주계급의 이익을 저해함으로써 갖가지 저항과 반대에 부딪쳐 1년도 되지 않아 실패하고 말았다. 그러나 개혁은 오히려 돌이킬 수 없는 추세가 되어 "경력과 가우(嘉祐) 무렵 세상의 명사들은 항상 법이 변하지 않음을 걱정하였다."(陳亮: 「銓選資格」, 『龍川文集』 권11) 송 인종의 치세 동안 내내 개혁의 요구는 끊어지지 않았다. 북송 중기는 개혁의 요구가 보편화된 시대였다. 매우 진취적인 송 신종(神宗)이 즉위한 후, 곧 희령(熙寧) 초년에 왕안석(王安石)[7]을 등용하여 대규모의 변법을 실행

---

6) 강소성(江蘇省) 소주(蘇州) 출생. 자 희문(希文). 시호 문정(文正). 인종(仁宗)의 친정(親政)이 시작되자 부름을 받아 중앙에서 간관(諫官)이 되었다. 그러나 그 무렵 곽황후(郭皇后)의 폐립문제를 놓고 찬성파인 재상 여이간(呂夷簡)과 대립했기 때문에 다시 지방으로 쫓겨났다. 그 뒤로 구양수(歐陽修)·한기(韓琦) 등과 함께 여이간 일파를 비난하였으며, 자기들 스스로 군자의 붕당(朋黨)이라고 자칭하여 경력당의(慶歷黨議)를 불러일으켰다. 1038년에 이원호(李元昊)가 서하(西夏)에서 제위(帝位)에 오르자, 산시경략안무초토부사[陝西經略安撫招討副使]가 되어 서하 대책을 맡고, 그 침입을 막았다. 그 공으로 추밀부사(樞密副使)가 되고, 이어 참지정사(參知政事: 부재상에 해당)로 승진하여 내정개혁에 힘썼으나, 그를 미워하는 하송(夏竦) 일파의 저항이 강하여 다시 지방관을 역임하다가 병으로 죽었다. 시문 등을 모은 『범문정공집(范文正公集)』(24권)이 있다.

7) 송의 개혁정치가로 신법당의 영수. 본적은 무주(撫州) 임천(臨川). 자는 개보(介甫). 경력 2년(1042) 진사출신으로 이재(理財)의 능력을 인정받아 때마침 정치의 일대 쇄신과 개혁을 갈망한 야심적 황제 신종(神宗)에 의해 발탁되어 파격적인 개혁정책을 실시하였다. 그는 희령 2년(1069) 참지정사(參知政事)에 임명되어 국정전반을 관장하기에 이르자 한기(韓琦)·사마광(司馬光) 등 구법당(舊法黨) 인물들을 축출하

하였는데 사가들은 '희령신정(熙寧新政)'이라고 부른다. 리학의 흥기는 북송 중기의 사회개혁운동과 밀접한 관계가 있다.

리학은 유학부흥의 산물이기도 하다. 그 근원과 발단은 당대(唐代)의 '고문운동(古文運動)'까지 소급될 수 있다.

당조(唐朝) 중기 통치 집단 내부의 당쟁이 격렬해지고, 환관(宦官)이 권력을 전횡하고, 번(藩)과 진(鎭)이 할거하고, 중앙정권과 지방세력의 모순이 날이 갈수록 격렬해짐에 따라 사회의 위기는 더욱 심화되었다. 당 순종(順宗) 때 두 왕씨[王氏. 저자주: 왕비(王伾)와 왕숙문(王叔文)]와 여덟 사마[司馬. 저자주: 유종원(柳宗元), 유우석(劉禹錫), 한태(韓泰), 위집의(韋執誼), 진간(陳諫), 한엽(韓曄), 능준(凌准), 정이(程異)]가 주동한 혁신파는 환관이 정권과 병권을 장악함을 반대하고, 지주를 공격하고 할거세력을 분열시키는 '영정혁신(永貞革新)'을 실행하였다. 정치상의 혁신과 서로 연계하여 학술사상의 영역에서는 '고문운동(古文運動)'이 기치를 올렸다. 고문운동의 구호는 "문으로써 도를 기록한다[文以載道]" 혹은 "문으로써 도를 밝힌다[文以明道]"는 말이었다. '도를 기록함[載道]'과 '도를 밝힘[明道]'에서의 '도'는 유가에서 말하는 성인의 도를 가리킨다. 그것은 고문운동이 문학혁신과 유학부흥이라는 두 가지 중요한 성질을 갖추고 있음을 표명하였다.

고문운동의 영수는 한유(韓愈)[8]와 유종원(柳宗元)[9]이다. 그 중에서

고 이재에 능한 강남출신 신진관료들을 대거 발탁 기용하여 신법(新法), 즉 농업생산성의 향상을 목적으로 종래 가뭄과 홍수 등으로 황폐해진 전토의 복구와 어전법(隙田法) 등에 의한 새로운 경작지 조성 및 하천의 개수(開修) 등을 통한 조운(漕運)의 진흥 등을 골자로 한 농전수리(農田水利)정책, 농민에 대한 저리의 금융정책인 청묘법(青苗法), 도시의 중소상인들을 대상으로 한 저리의 금융정책인 시역법(市易法), 차역(差役) 부담 대신 재력에 따라 차등적으로 면역전(免役錢)을 징수하게 한 모역법(募役法), 모병제도의 약점을 보완하기 위하여 당(唐)의 부병제(府兵制)하의 국민개병제 원칙을 모범으로 한 보갑법(保甲法)과 보마법(保馬法)을 실시하였다. 신법(新法)을 주도한 그의 학문을 형공신학(荊公新學)이라고 부른다.

8) 768~824. 자 퇴지(退之). 시호 문공(文公). 회주(懷州) 수무현(修武縣: 河南省) 출생. 792년 진사에 등과, 감찰어사, 형부시랑(刑部侍郎), 조주(潮州: 廣東省) 자사(刺史),

'영정혁신'에 참여하고 고문운동을 영도한 사람들 중의 한 사람이 유종원이며, "요순과 공자의 도를 일으키고 근본 곧 백성을 이롭고 안전하게"(「寄許京兆孟容書」, 『柳宗元集』 780쪽) 함을 목표로 삼아 적극적으로 유가의"대중(大中)의 도"를 제창하였다. 동시에 그는 불교를 원용하여 유학에 편입시켰으며 "유가와 불교의 통합"을 시도하였고, 힘써 유학부흥을 위한 구체적인 방법을 찾기 위해 노력하였다. (남・북) 양송(兩宋)의 리학가들이 불교철학에 대하여 한편으로 비판하고, 한편으로 흡수하는 태도를 취함은 기본적으로 유종원과 같은 노선이다. 유종원이 건립한 유물주의 원기철학(元氣哲學)은 원기자연론(元氣自然論)에서 원기본체론(元氣本體論)으로 향하는 과정의 시작이었다. 특히 그는 초보적으로 도・기(道器)관계의 문제를 제시하였으며, 아울러 "도(道)는 반드시 사물에 미쳐야 한다."는 사상을 논증하였다. 따라서 뒷날 리학체계에서 도기론(道器論)의 선구가 되었다. 유종원은 정치개혁의 요구에 따라 전통유학을 일정 부분 개조하고 그것에 새로운 생명력을 부여하여 유학부흥을 촉진하였다.[10]

고문운동의 또 다른 영수인 한유는 유학부흥운동 중의 한 경향을 대

이부시랑(吏部侍郎) 역임. 산문의 문체개혁을 창도, 시(詩)를 지적인 흥미를 정련(精練)하여 표현하였다. 유가의 사상을 존중하고 도교・불교를 배격하였으며, 송대 이후 신유학의 선구자가 되었다. 작품은 『창려선생집(昌黎先生集)』(40권) 『외집(外集)』(10권) 『유문(遺文)』(1권) 등의 문집에 수록되었다.

9) 773~819. 자 자후(子厚). 장안(長安) 출생. 유하동(柳河東)・유유주(柳柳州)라고도 부른다. 한유(韓愈)・유우석(劉禹錫) 등과 친교를 맺음. 혁신적 진보 지식인으로서 왕숙문(王叔文)의 신정(新政)에 참여하였으나 실패하여 변경지방으로 좌천됨. 한유가 전통주의인 데 반하여, 유종원은 유・도・불을 참작하고 신비주의를 배격한 자유・합리주의의 입장을 취하였다.

산수의 시를 특히 잘하여 도연명(陶淵明)과 비교되었고, 왕유(王維)・맹호연(孟浩然) 등과 당시(唐詩)의 자연파를 형성하였다. 송별시・우언시(寓言詩)에도 뛰어나 우분애원(憂憤哀怨)의 정을 표현하는 수법은 굴원(屈原)의 영향을 받았다고 평가된다. 저서로 『유하동집(柳河東集)』(45권) 『외집(外集)』(2권) 『보유(補遺)』(1권) 등이 있다.

10) 저자주: 『哲學硏究』 1984년 제3기의 졸고, 『柳宗元과 儒學復興』 참조.

표하고, 불교배척으로 유명하며 적극적으로 공자의 도를 제창하였다. 그는 유학을 지키고 노(老)·불(佛)에 대항하기 위해 노·불의 방식을 모방하여 유가의 도통은 천고(千古) 성현의 '도'로써 서로 전수함으로써 확립되었다고 주장하였다. 곧 "요(堯)는 순(舜)에게 전수하고, 순은 우(禹)에게 전수하고, 우는 탕(湯)에게, 탕은 문왕(文王)·무왕(武王)·주공(周公)에게, 문왕·무왕·주공은 공자에게 전하고, 공자는 맹가(孟軻)에게 전하였다. 맹가가 죽은 후 그 전함이 끊어졌다."(「原道」) 이것이 곧 리학의 도통설(道統說)의 효시다. 이 외에 한유는 『대학』·『중용』 등 유가의 경전을 높이 드러내어 인의(仁義)를 중심으로 하는 유가의 윤리 도덕과 성경(誠敬)을 위주로 하는 수양방법을 제창하였다. 이들이 모두 리학의 전조(前兆)다. 한유의 제자인 이고(李翺)는 『복성서(復性書)』에서 비교적 체계적인 성정(性情)학설을 제출하여 천도(天道)와 인성(人性)을 연계시켰다. 천도와 성명(性命)의 문제는 뒤에 리학가들의 중요한 논쟁 과제가 되었다.

위에서 말한 유종원과 한유 두 사람은 중국의 전통문화사상에 대한 구체적인 주장을 하였지만 다른 점이 있다. 유종원은 유(儒)·석(釋)의 통합을 주장하고, 한유는 단호히 벽불(辟佛)을 주장하였다. 그러나 그들의 주도적인 사상은 모두 유학을 옹호하고 부흥시켰다. 고문운동은 1차의 유학부흥운동이며 리학형성의 이론적 사상의 바탕이다.

리학이 정식으로 형성된 때는 북송 중기다. 분명히 그것은 '경력신정'과'희령신정'의 두 차례의 사회개혁을 배경으로 발전하였다. 그러나 일종의 이론적인 학설이 되기 위해서 그것의 탄생과 발전은 반드시 이미 있었던 사상자료를 기초로 해야 한다.

경력을 전후로 사상의 영역에서는 의경사조가 출현하였다. 이른바 '의경(疑經)'이란 곧 유가의 경전에 대한 회의·부정·비판이다. 한·당에서 북송 초에 이르기까지 학자들은 경(經)을 연구하고 장구(章句)[11)]

---

11) 장(章)은 단락, 구(句)는 구절을 의미한다. 문장의 장과 구의 해석에만 몰두하면

와 훈고(訓詁)[12]의 학문을 지키고 버리지 않았으며 각 학파는 사설(師說)을 고수하고, 단지 앞사람이 정한 틀 가운데서 사고하고 감히 한 걸음도 넘으려 하지 않았다. 경(經)에는 전(傳)이 있고, 경전(經傳)에는 주소(注疏)가 있으며 주소에는 또 주소가 있어 대대로 서로 전해 받고 물려주어 그 결과 "성경(聖經)의 한 마디에는 훈석(訓釋)이 백 마디 천 마디가 있게 되어" 하나의 경을 평생 붙들어도 "점점 넓어지나 점점 그 요점을 모르게 되었다."(胡祗遹: 「語錄」, 『紫山集』 권26) 이러한 번잡한 장구와 훈고의 학문이 1천 년이나 전습되어 사람들의 사상과 창조력을 심각하게 속박하여 학술이 끊어지는 지경에 이르게 하였다. 북송의 경력연간(1041～1048)에 이르러 학술사상에는 현저한 변화가 일어났다. 남송의 육유(陸游)는 다음과 같이 말하였다.

> 당에서부터 국초(북송 초)에 이르기까지 학자들은 감히 공안국과 정강성(의 학문)을 함부로 논의하지 않았는데, 하물며 성인(의 학문)임에랴! 경력 이후로 여러 유학자가 경(經)의 종지를 발명하였는데 앞사람이 미치지 못한다. 그러나 「계사」를 배척하고, 『주례』를 훼손하고, 『맹자』를 의심하고, 『서경』의 「윤정」과 「고명」을 비판하고, 『시』의 차례를 무시하여 함부로 경을 논의함을 어렵게 여기지 않았는데, 하물며 전과 주임에랴!
>
> 唐及國初, 學者不敢議孔安國·鄭康成, 況聖人乎! 自慶歷后, 諸儒發明經旨, 非前人所及. 然排「繫辭」, 毁『周禮』, 疑『孟子』, 譏『書』之'胤征'·'顧命', 黜『詩』之書, 不難于議經, 況傳注乎!(王應麟: 『困學紀聞』 권8 인용)

구양수(歐陽修)는 『역동자문(易童子問)』에서 「계사」는 공자가 짓지 않았다고 하여 당시의 사상계를 진동시켰는데 이것은 전통사상에 대한 제1차의 커다란 충격이었다. 구양수는 그후 경전을 회의하는 사상을 신

전체의 도리를 깨닫지 못한다. 여기서는 한대(漢代)의 훈고학(訓詁學)을 말한다.

12) 훈고(訓詁)에 대하여 『說文解字·言部』에는 '훈(訓)은 설명하고 가르치다'(訓, 說敎也)라 하고, '詁는 옛말을 가르치다'(詁, 訓故言也)라고 하여 각각 구분하였지만, 한대(漢代) 이후에는 두 글자를 합쳐 경전(經典)에 대한 '해석'의 의미로 쓰게 되었다. (동과서 刊, 『훈고학의 이해』, 설문해자편 참조)

속하게 발전시켜 길고 큰 강물처럼 일사천리로 진행되어 불과 수십 년이라는 짧은 기간에 송대의 경학과 학술사상의 면모를 완전히 바꾸어 놓았다. 사마광(司馬光)은 『논풍속찰자(論風俗札子)』에서 다음과 같이 설명하였다.

> 새로 등장한 후진들이 입으로 전하고 귀동냥으로 얻은 지식으로 『역』을 읽음에 괘와 효를 이해하지도 못하면서 「십익」은 공자의 말이 아니라고 하고, 『예기』를 읽음에 그 편수조차도 알지 못하면서 「주관」은 전국시대의 책이라고 하고, 『시경』을 읽음에 「주남」과 「소남」까지 다 보지도 않고 『모시』[13]와 정현의 주를 장구의 학이라고 하고, 『춘추』를 읽음에 12공(公)까지 알지도 못하면서 삼전(三傳[14])만 묶어도 고각(高閣)에 찬다고 한다.
>
> 新進厚生, 口傳耳剽, 讀『易』未識卦爻, 已謂「十翼」非孔子之言; 讀『禮』未知篇數, 已謂「周官」爲戰國之書; 讀『詩』未盡‘周南’·‘召南’, 已謂毛·鄭謂章句之學; 讀『春秋』未知十二公, 已謂三傳可束之高閣.

사실 사마광 본인도 『맹자』를 회의하였다. 그러므로 경과 전에 대한 회의는 이미 사회적인 기풍이 되어 하나의 사조를 형성하였다.

경과 전에 대한 회의는 학술사상계로 하여금 유가의 경전을 연구하는데 거듭 새로운 경향을 불러일으켰으며 아울러 경을 연구함에 점점 새로운 방법이 되었는데 곧 경의 자유로운 해석방법이다. 이른바 자유로운 경의 해석은 장구(章句)와 훈고(訓詁)의 속박을 벗어나 의리의 발휘에 중점을 두었다. 이런 방법에는 당시의 개혁정신이 충만되어 있으며, 아주 강한 생명력을 드러내었다. 경력시기의 저명한 사상가들은 이러한 의경사조의 영향을 받았는데 전대흔은 “각각 새로운 뜻으로 경을 해석하여, 힘써 학문을 연구함에 오로지 자신이 가진 나쁜 폐해를 바로

---

13) 『시경(詩經)』의 다른 이름으로 한의 모형(毛亨)과 모장(毛萇)이 전하였으므로 모시(毛詩)라고 한다.

14) 공양전(公洋傳)·곡량전(穀梁傳)·좌씨전(左氏傳)

잡고자 하였다."(錢大昕: 「重刻孫明復小集序」)고 하였다.

사회개혁가이자 사상가인 범중엄(范仲淹)은 "경으로써 도를 밝히고, 문(文)으로써 이치에 통함"을 제창하고, 유가의 경전(저자주: 특히 『易』)을 해석함에 반드시 "의(義)에 따라 발명"(「易義」, 『文正集』 권5)해야 한다고 주장하였다. '송초의 세 선생'으로 불리는 호원(胡瑗)·손복(孫復)·석개(石介)는 경을 해석함에 모두 의리를 위주로 하였다. 호원은 경의 뜻을 "반드시 의리를 위주"로 전수하였으며, 더욱이 그의 『주역구의(周易口義)』는 송 이래 "의리로써 『주역』의 종지를 설명하는" 시작이 되었고(『四庫全書總目』), 정이(程頤)의 역학사상의 중요한 근원 가운데 하나이다. 손복은 "전(傳)과 주(注)에 현혹되지 않고" 6경을 거듭 새롭게 해석하기를 주장하고, 그 '귀추(歸趨)'를 고찰하고, '미세한 뜻'을 밝혀야 한다고 주장하였다. 그는 『춘추존왕발미(春秋尊王發微)』에서 "위로는 육순(陸淳)[15]에서 비롯되고, 아래로는 호안국(胡安國)이 일으켰다."고 하였는데 이것은 의리로써 『춘추』를 해석한 모범이다. 석개도 똑같이 경의 종지를 밝혀 드러냄을 중요시하여 미언대의(微言大意)를 천명하고, 『주역』 가운데서 일련의 '궁리진성(窮理盡性)'의 학문을 발휘하고자 하였다. 위에서 말한 구양수·범중엄 등으로 대표되는 의경사조와 자유로운 경의 해석방법은 유가경전의 권위에 대하여 어느 정도 부정하고 비판하였지만 실제로는 일차적인 사상해방운동이었다. 이들 사상해방의 조류에 따른 충격으로 한·당의 경(經) 전문가들의 장구와 훈고의 학문은 쇠락하였을 뿐만 아니라, 유가의 6경의 지위 또한 밑바닥으로 떨어지게 되었다. 시대의 요구인 새로운 이론과 학설은 6경을 대체하는 새로운 경전을 요구하였다. 그리고 사상가들은 유가의 경전에 대하여 거듭 새롭게 연구함으로써 또한 그들로 하여금 유가의 경전을 따를 수 있게 하였고, 특히 그들이 중시하는 『주역』·『중용』·『대학』·『논어』·『맹자』 가운데 하나를 따라 시대의 특징과 수요에 부합하는 의리적인

15) 당(唐)의 오(吳)지방 사람. 자(字)는 백충(伯沖).

사상의 자료를 발굴하여 새로운 학설을 창조하였다. 이에 유학의 일종의 새로운 형태인 의리지학(義理之學), 곧 리학이 때맞추어 탄생하였다.

경력(慶歷)을 전후하여 출현한 한 무리의 선진 사상가들은 개혁을 지도하고 지지하는 요구에 따라 앞을 다투어 개혁 지도이론을 제출하여 리학의 선구를 이루었고, 철학적 기초를 쌓았다. 범중엄(范仲淹)과 구양수(歐陽修)가 그 두드러진 대표자이다. 범중엄은 우주만물의 근원은 건(乾)과 곤(坤)의 두 근원 즉 음양의 두 기(氣)라고 하였다. 건은 양의 기로 운동의 본성을 갖추고 있으며 만물을 조화하는 '진재(眞宰: 하늘, 주재자)'(「乾爲金賦」, 『文正集 · 別集』 권2)이다. 그는 사물운동의 변화의 근원과 그 작용을 '신화(神化)'라고 하고, 사물운동 변화의 규칙을 '리(理)'라고 하였다. 그는 또한 '변혁'사상에 따라 사회개혁의 결론을 이끌어내었다. 범중엄의 철학사상은 현실적인 정치투쟁에 직접적으로 이바지하였다.

구양수는 원기(元氣)가 세계만물의 본원(本原)이라고 주장하였다. 원기는 뭉쳐 산천이 되고 흩어져 구름과 무지개가 되고 사람과 사물을 이룬다. 그는 "사물은 변하지 않음이 없고, 변화에는 통하지 않음이 없으니 이것이 천리의 자연(自然)이다."(「明用」, 『歐陽修文忠全集』 권18)라고 하였는데, 이것은 또한 이미 당연히 "사물에는 상리(常理)가 있으므로" 반드시 "천지(天地)와 인신(人神: 사람의 넋) 그리고 사물의 이치를 끝까지 구해야 한다."(「崇文悤目敍釋」, 『歐陽修文忠全集』 권124)고 강조하였다. 궁리(窮理)는 곧 객관세계에 대한 인식이며, 리학의 '궁리'설은 여기에서 이미 그 싹을 볼 수 있다. 범중엄과 구양수는 기의 작용이 세계의 본원이라는 입장을 견지하였으며 이는 유종원의 원기자연론(元氣自然論)이 왕안석(王安石)과 장재(張載)의 기본체론(氣本體論) 철학으로 향하는 과정의 중간 부분이다. 그들은 또한 모두 '리(理)'를 심지어 '천리'의 범주로 이해하였는데, 그 내포된 뜻은 통상 이른바 조리 · 규율이며, 아직 본체론의 의미까지는 되지 못하였으나, 리본체론(理本體論)의 형성을 자극하고 그 실마리가 되었음을 부인할 수는 없다.

이와 동시에 송대 학술의 출발이자 "이 도(道: 儒學)를 잇는 지렛대"(『송원학안』 권수, 「序錄」)가 된 호원·손복·석개 등 리학의 선구자들은 철학사에서 또한 각각 매우 크게 공헌하였다. 호원은 이른바 "체를 밝히고 용에 통달한다[明體達用]"는 학문을 적극적으로 제창하였다. 그는 "군신·부자, 인·의·예·악은 만세(萬世)에도 변할 수 없음"을 체로 삼고, "천하에 두루 베풀어 백성을 윤택하게 함"을 용(用)으로 삼았다.(「安定學案」, 『송원학안』 권1 참조) "체가 용의 근본이 된다."는 그의 관점은 실제로 도덕을 본위로 삼는 사상이다. 그는 "명(命)은 하늘로부터 품부받았으므로 성(性)이라는 명이 나에게 있다. 나에게 있으므로 그것을 닦으며, 하늘로부터 품부하였으므로 그것을 따른다. 어리석은 사람과 사특한 사람은 모두 그 모자람을 따라 그것을 닦는다."(「안정학안·論語說」 『송원학안』 권1)고 하여 특히 도덕수양의 중요성을 강조하였다. 어떤 의미에서는 호원(胡瑗)의 '명체달용(明體達用)'의 학문은 또한 도덕(道德)·성명(性命)의 학문이다. 손복이 『춘추존왕발미(春秋尊王發微)』에서 천명한바 "깊고 미묘한 취지[微旨]"는 곧 존왕(尊王)의 학이다. 그가 대의명분을 바르게 함을 요구하고 왕도(王道)를 존중하고 패도(覇道)를 반대함은 실제로 중앙집권의 봉건 예악제도를 추존(推尊)하고 봉건적인 계급질서를 옹호하였다. 호원의 "체를 밝히고 용에 통달함"의 학문과 손복의 '존왕'의 학은 모두 리학의 정치이론의 선구로 볼 수 있다.

석개의 사상에 이르면 호원과 손복에 비하여 더욱 분명히 리학의 성향을 갖추고 있다. 그는 도통을 말하기만 하면 "이른바 요(堯)·순(舜)·우(禹)·탕(湯)·문(文)·무(武)·주공(周公)·공자(孔子)·맹가(孟軻)·양웅(揚雄)·한유(韓愈)를 하루라도 입에 담지 않은 날이 없었다."(歐陽修: 「徂徠石先生墓志銘并序」, 『徂徠石先生文集』 261쪽)고 하고, 또한 성왕의 계보인 군통(君統)과 도통(道統)을 결합하려고 힘써 노력하여 "무릇 복희(伏羲)·신농(神農)·황제(黃帝)·요·순·우·탕·문·무·주공·공자에서부터 지금에 이르기까지 천하는 같은 임금이며, 중국은 같은 가르침으로 다른 도는 없다."(「上劉工部書」, 『徂徠石先生文集』 153쪽)고 하였다. "천하는 같은 임금" "중국은 같은 가르침"이라는 말은 '군통'과 '도통'이 통일되었다는 뜻이다. 그는 또 한 걸음 더 나아가 '도'는 곧 천지만물의 근본으로 사물 가운데 관통하여 자연・사회 그리고 인간이 모두 '도'의 지배를 받는다고 생각하였다. 이것은 리학의 '도' 혹은 '리'를 최고범주로 삼는 리본체론에 이미 상당히 접근하였다.

희령신정(熙寧新政) 기간에 변법파의 영수인 왕안석은 '형공신학(荊公新學)'으로 변법의 지도이론을 확립하였다. '형공신학'의 이론적인 기초는 원기본체론의 유물주의 철학이다. 왕안석의 철학사상은 스스로 체계를 이루었지만, 그 가운데 '원기'가 도의 본체가 되는 원기본체론(元氣本體論)에 관한 관점은, 성은 선악으로 말할 수 없고 정(情)은 사물과 접촉한 이후에 움직이고, 정이 움직인 이후에 선악이 형성된다는 인성론에 관한 관점은 밖을 향하여 찾는 반영론의 관점 그리고 예외적인 '성지론(聖智論)'의 관점[16]과 어울려 형공신학이라는 독특한 리학사조를 갖추고 있었다. 당시의 학술계는 개혁사조의 격류와 사상해방을 맞아 많은 학파가 발생하였다. 비교적 일찍 출현한 한 무리의 사상가들은 장재와 같이 기의 작용을 우주의 본체로 삼아 유물주의적인 기본체론 철학을 수립하였다. 대체로 변법의 전기에 출현하여 시대조류의 전변에서 개혁을 지도하는 철학사상의 체계는 대다수 유물주의에 속하였다. 북송 중기 이러한 사회개혁운동이 고조되는 시대에 시대정신의 정수가 되는 철학이 되었으며 또한 예외 없이 그것은 시대의 요구를 만족시킴으로써 역사의 진행과정과 기본적으로 보조를 같이하였다.

거대한 역사적 사건은 항상 그 영향이 크고 심지어 사상사적 발전의 진행과정과 방향에 결정적 작용을 하기도 한다. 왕안석의 변법은 이 시기의 위대한 역사적 사건이었다. 왕안석의 신법은 전국적으로 신속하게

---

16) 저자주: 마진탁(馬振鐸), 『政治改革家王安石의 哲學思想』(湖北人民出版社, 1984)에서 이에 대하여 자세하게 논술하고 있다.

추진되었고, 형공신학은 또한 사상계를 풍미하였다. 북송사회의 전체적인 정치・경제생활과 정신생활은 그것을 따라 끓어올랐는데, 어떤 사람은 좋아하고 어떤 사람은 반대하였다. 정계에는 변법과 반변법의 투쟁세력이 출현하였고, 학술계에도 또한 신학과 반대학파간의 대립과 논쟁이 발생하였다. 일찍이 한때 변법을 지지했던 정호・정이는 반변법파의 영향과 압력에 변법을 반대하는 입장으로 돌아섰다. 그들은 또한 신학(新學)에 대항하는 비판적인 태도를 취하여 유심주의를 기초로 삼아 유심주의적인 리본체론[17]의 철학체계를 건립하였다. 이들에 의해 리학은 신속하게 유심주의 방향으로 발전하게 되어 '리'를 최고의 철학범주로 삼는 송・명리학의 전형적인 형태를 갖추게 되었다. 이 학파를 역사상 낙학(洛學)이라 일컫는데 다른 파로 나누어져 서로 다른 방향으로 발전하였다. 주희는 그것을 집대성하여 리학의 발전을 이룸으로써 중국 봉건사회의 의식형태 가운데 체계가 가장 광대하고 내용도 가장 풍부한 이론체계를 수립하였다. 이는 후에 관방철학(官方哲學)으로 확정됨으로써 700년 동안이나 사상계에 군림하였으며 그 영향은 지금까지 미친다.

리학의 형성・발전・쇠퇴는 깊이 연구할 만한 가치가 많은 중요과제다. 낙학의 원류는 곧 이러한 중요 과제 가운데 하나다.

---

17) 만물의 궁극적인 존재를 비물질적・정신적・생명적・관념적인 것으로 생각하고, 물질적 비생명적인 것은 일원(一元)론으로 해명할 수 없다는 입장이다. 사회주의 체제가 정착된 중국에서 Marxism에 근거하여 유물론(唯物論)과 유심론(唯心論)의 두 관점을 중심으로 철학적 이론들의 특징을 정리한다. 즉 유학을 대표로 하는 전통철학을 비생산적인 관념론인 유심론으로 정리하고, 도가사상의 본체론 등을 유물론으로 보아 긍정적 개념으로 이해한다. 서원화 선생의 이 책은 1980녀데 중반에 출판되었지만 그 이전 문화혁명기의 이념적 철학이해의 한계를 완전하게 극복할 수 없었다. 다만 전통철학에 대한 객관적이고 역사적 사실을 규명하는데 최선을 다함으로써 동양학 본래의 개념과 논리를 잘 정리하고 있다. 당시의 사회환경에서 당의 정치이념을 염두에 두지 않을 수 없는 상황을 감안하면 이 책은 신유학의 형성과 전개과정에 대한 종합적인 해명이라는 목적을 훌륭하게 달성하였다고 할 수 있다.

제 2 장

북송 중기 학파간의 투쟁과 낙학의 형성

염(濂) · 낙(洛) · 관(關) · 민(閩)[18] 4대 학파는 송 · 명리학의 근간이다. 이 가운데 낙학(洛學)은 송 · 명리학의 이론적 기초이자 또한 송 · 명리학의 발전과 변화의 방향을 결정지었다. 따라서 깊이 있게 송 · 명리학을 이해하기 위해서는 낙학의 진행동향에 대한 연구가 꼭 필요하다고 할 수 있다.

낙학은 북송의 중기에 일어났다. 당시 학술계의 활동은 매우 활발하여 여러 학파들이 형성되고 학파간의 상호 경쟁이 매우 치열하였다. 낙학의 창시인은 정호(程顥) · 정이(程頤)로서 이러한 학술 경쟁의 분위기 속에서 이론을 창조하기 시작하였다. 그들은 자기의 학설을 창립할 때 동시대의 각종 학설의 영향을 받지 않을 수 없었으며, 또한 다른 학파의 비판을 받거나 대립되는 학파와 투쟁하지 않을 수 없었다. 그러므로 낙학은 북송 중기의 학파간의 투쟁 가운데 형성되고 발전하였다고 할 수 있다. 낙학과 동시대의 주요학파간의 관계에 관한 연구는 낙학의 학술적 연원과 사상적 주요 종지(宗旨)를 이해하는 데 도움이 된다.

---

18) 염계(濂溪: 현재의 湖南省 道縣)의 주돈이(周敦頤), 낙양(洛陽: 현재의 河南省 洛陽縣)의 정호(程顥) · 정이(程頤), 관중(關中: 현재의 陝西省 渭河유역)의 장재(張載), 민중(閩中: 지금의 福建省 閩侯縣)의 주희(朱熹).

제1절: 염학(濂學)과 낙학(洛學)의 사승관계

주돈이의 초상

정호(程顥)와 정이(程頤)(저자주: 간단히 二程이라 부른다)는 주돈이(周敦頤)의 제자인가 아닌가? 만약 제자라면 그들은 주돈이에게 어떤 영향을 받았는가? 이것은 역사적 현안이다. 그것은 이정의 낙학사상의 연원과 형성 그리고 그 특징과 관계가 있으므로 명확하게 변별할 필요가 있다. 청대 학자인 전조망(全祖望)은 다음과 같이 설명하였다.

염계의 문하에서 이정이 일찍이 어릴 때부터 교유하였지만, 그 후 이천의 낙학이 얻은 바는 실제로 염계에서 비롯되지는 않았다. 이것은 그 수제자인 영양(滎陽)의 여공(呂希哲)이 분명히 말하였으며, 그 손자인 자미(紫微: 呂本中)가 거듭 언급하였다. 옥산(玉山. 汪應辰)도 그렇게 말하였다. 그렇다면 이정이 종신토록 염계를 그리 대단하게 추종하지는 않았고, 사마광과 소옹[19]의 반열에 올리지 않았음을 볼 때 두 여씨의 말이 그릇되지는 않았음을 알 수 있다. 주희와 남헌 장식(張栻)이 비로소 확연히 이정은 스스로의 힘으로 나왔다고 여겼으며, 이로부터 후세에 그것을 종지로 삼았으나 의심하는 사람이 역시 계속 이어졌다. 그러나 비록 그것을 의심하더라도 모두 아직 두 여씨(呂氏)의 말을 증거로 고려하지 않을 수 없으니, 결국 (의심의) 근거가 없다. 만약 염계가 진실로 성인의 반열에 들어갔다면 이정은 그 학문을 잇지 않을 수 없었을 테고, 반드시 도랑을 터 그와 합치려고 하였음은 말할 필요가 없다.

濂溪之門, 二程子少嘗游焉. 其後伊洛所得, 實不由于濂溪. 是在高弟, 滎陽呂公(希哲) 已明言之, 其孫紫微(本中) 又申言之, 汪玉山(應辰)亦云然. 今觀二程子終身不甚推濂溪, 并未得與馬(司馬光)・邵(雍)之列, 可以見二呂之言不誣也. 晦翁・南軒始確然以爲二程所自出, 自是後世宗之, 而疑者亦踵相接焉. 然雖疑之, 而皆未嘗考及二呂之言以爲證, 則終無據. 予謂濂溪誠入聖人之室, 而二程子未嘗傳其學, 則必欲溝而合之, 良無庸矣. (『宋元學案・序錄』)

주돈이와 이정의 사제관계에 대하여 전조망의 견해는 다음 네 가지로 요약할 수 있다. (1) 이정은 어릴 때 주돈이를 스승으로 삼았으나, (2) 이정 학문의 주된 요점은 "스스로 얻음"에서 나왔고, (3) 이정은 일찍이 주돈이의 학문을 이은 적이 없으며, (4) 이정의 학문은 독자적으로 출발하였다고 주희와 장식이 수긍하였지만, 의심하는 사람이 이어졌다.[20]는 말이다. 이 네 가지 점에 기초하더라도 염락(濂洛)의 사승관계의 문제는 여전히 의문이다. 전조망은 「주정학통론(周程學統論)」(『鮚埼亭集・外編』 권3)의 한 문장에서 같은 관점을 표명하였다.

주돈이와 이정의 사승관계를 의심하는 학자 중에는 또한 "어려서 스

---

19) 1011~1077. 송 유학자. 시호는 강절(康節). 이지재(李之才)에게서 도서선천상수(圖書先天象數)의 학문을 배워 역리(易理)에 정통하였으며, 선천괘위도(先天卦位圖)를 만들었다. 그의 학파를 백원학파(百源學派)라 이른다. 공묘(孔廟)에 종사(從祀)되고 신안백(新安伯)에 추봉(追封)되었다

20) 이 부분은 저자의 잘못인 듯하다. 저자는 이 부분을 "二程之學出自周敦頤, 雖經朱熹和張栻首肯, 然疑者相踵"이라고 하였다. 그러나 위 인용문과 비교하면 "二程之學不出自周敦頤, …"이라고 해야 할 것 같다.

승으로 섬겼다."는 설[少師說]과 "스승으로 섬긴 적이 없다."는 설[未師說]로 양분되어 있다. '소사설'은 여희철(呂希哲)과 여본중(呂本中)을 대표로 하는데, 여희철은 "이정은 초기에 염계를 따라 교유하여 후에 청출어람(靑出於藍)하였다."고 하였고, 여본중은 "이정은 처음 주무숙(周茂叔)을 따랐고 후에는 더욱 스스로 크게 빛났다."(「濂溪學案」 하, 『宋元學案』 권12)라고 하여, 두 여씨는 이정이 어려서 주돈이를 스승으로 삼았으나 그 학문은 주돈이보다 뛰어났다고 인정하였다. '미사설'은 왕응진(汪應辰)을 그 대표로 하는데 그는 "남안(南安)에서 도(道)를 물음[21]은 장재(張載)와 범중엄(范仲淹)의 관계와 같을 뿐이다."(「周程學統論」, 『結埼亭集·外編』 권3)라고 하였다.

이 두 설은 이정이 주돈이를 스승으로 섬겼다는 논지에서는 일치하지 않지만, 이정이 주돈이의 학문을 잇지 않았다는 논지에서는 일치한다. 두 설의 논거는 이러하다. (1) 반흥사(潘興嗣)가 쓴 주돈이의 묘지(墓志)에는 이정이 그를 따라 교유한 사실을 기록하지 않았으나, (2) 정이가 지은 「선공중가전(先公中家傳)」에서 그 부친인 정향(程珦)에 대하여 "남안군(南安軍)의 보좌관일 때, 주돈실(周敦實: 주돈이의 본명)은 일개 옥졸(獄卒)이었으며, 그의 나이가 매우 적어 지인(知人)으로 삼지는 않았다. 그러나 공(公)은 그의 기상과 모습이 비상함을 보고 그와 대화를 나눈 결과 학식이 풍부함을 알고 서로 친구가 되었다."(『二程集』 651쪽)고 하여 결코 그들 형제가 주돈이를 스승으로 삼았다고 말하지 않았다. (3) 이정은 호원(胡瑗)[22]에 대해서는 반드시 호선생이라고 하고 그 자인 '익지(翼之)'를 호칭하지 않았으나, 주돈이에 대해서는 직접 그 자인 '무숙(茂叔)'으로 호칭하였다. 한 사람은 가깝고 한 사람은 소원하

---

21) 남안문도(南安問道)는 이정(二程)의 부친인 정향(程珦)이 남안군(南安軍)의 부관을 지낼 때 주돈이는 그 군대의 옥졸로 근무하였고, 이때 정향이 주돈이의 학문이 비범함을 보고 친구로 삼았으므로 자연히 이정과도 알고 지내게 되었을 때의 일을 말한다. 남안(南安)은 현재 강서성(江西省) 대유현(大庾縣)으로 남안군(南安軍)은 송나라 순화(淳化) 원년(송 太宗. 990)에 설치되었다.

22) 993~1059. 신유학의 선구자로 시호(諡號)는 문소(文昭).

니 따라서 "시를 읊고 풍류를 즐기는 식의 교유는 있었지만 사실 그를 스승으로 모신 것은 아니다."(「염계학안」 하, 『송원학안』 권12) (4) 이정은 평생 '태극(太極)'이라는 말을 언급하지 않았으며, 주돈이의 『태극도설(太極圖說)』과 『통서(通書)』를 전수하지 않았다. 이상 네 가지는 (주돈이의 학문적) 뜻을 이었다는 기록이 없으며, 그를 (스승으로) 존경하지 않았으며, 그 학문을 전수하지 않았다는 세 가지로 요약된다.

그러나 이른바 "뜻을 이었다는 기록이 없다."는 말은 단지 정이가 쓴 「가전(家傳)」과 반흥사가 쓴 주돈이의 묘지(墓志)일 뿐이다. 기타 「행장(行狀)」과 「유서(遺書)」 및 본전(本傳)에는 모두 기재되어 있다. 정이가 편찬한 「명도선생행장(明道先生行狀)」에는 "선생이 학문을 함에 15~6세 때부터 여남(汝南)의 주무숙이 논하는 도를 듣고 드디어 과거공부를 싫어하고, 의연히 구도(求道)의 뜻을 가졌다."(『이정집』 638쪽)고 하였는데, 이른바 "여남의 주무숙이 논하는 도를 들었다."는 말은 실제로 주돈이를 따라 배웠다는 뜻이다. 유작(游酢)이 「서행장후(書行狀后)」에서 "매우 일찍이 도를 들었다."고 한 말도 이것을 가리킨 말이다. "선생의 행적과 일을 가장 자세히 아는" 문인(門人) 유립지(劉立之)는 「문인붕우서술병서(門人朋友敍述并書)」에서 정이는 "여남의 주무숙을 따라 묻고 배웠는데, 성명(性命)의 이치를 궁구하고, 성(性)을 따르고 도를 깨달으며, 도를 체인(體認)하여 덕을 이룸이 공·맹으로부터 유래하였으며, 조용히 순리대로 하고 억지로 하지 않았다."(『이정집』 328쪽)고 설명하였다. 여대림의 『동견록(東見錄)』에도 정호는 "옛날에 주무숙에게서 수학하여 매양 안자(顔子)와 공자의 '즐김'과 '즐겨함'이 무슨 일인가를 존경하고 찾았다."는 기록이 있다. 이것은 이정과 주돈이 사이에 스승과 학생관계였다는 가장 최초의 기록이므로 마땅히 사실로 믿을 수 있다. 대개 이정과 그 문인은 모두 염학과 낙학간의 전수관계를 부인하거나 말하기를 기피한다. 주희 이전에 범충(范沖)[23]은 「정호전(程顥傳)」을

23) 송 범조우(范祖禹)의 아들. 자는 원장(元長)이며 사마광(司馬光)의 집붙이.

지었고, 홍매(洪邁)[24]는 「정이전(程頤傳)」을 지었는데 다 같이 주돈이를 따라 배웠다고 하였다. 곧 주희와 동시대의 왕응진(汪應辰)조차도 "남안에서 도를 물었다[南安問道]"는 사실을 부인하지 않았다. 그러므로 주희와 장식이 "처음부터 이정은 스스로 자신의 학문이 확연히 뛰어나다고 여겼다."고 한 말은 사실과 부합하지 않음을 알 수 있다.

마땅히 반흥사의 묘지(墓志)와 정이가 지은 「선공중가전(先公中家傳)」에 이정이 주돈이를 따라 교류한 사실을 기록하지 않음을 '미사설(未師說)'의 이유로 삼기 어렵다고 할 수 있다. 예측할 수 있는 사실은 반흥사가 서술할 당시는 희령(熙寧) 6년(1073)으로 주돈이의 사후[25]라는 말이다. 만약 희령(神宗: 1068~1077)과 원풍(元豊: 神宗 1078~1085) 연간에 편찬되었다면, 이때는 정호가 정치적으로는 신법(新法)을 반대하여 핍박을 받았고, 학술적으로는 리학사상의 형성기에 속하여 아직 세상에 크게 드러나지 않은 때였다. 또 만약 송 철종(哲宗) 때의 원우(元祐: 1086~1093)와 소성(紹聖: 1094~1097) 연간에 쓰였다면, 이때 정이는 정치풍랑의 소용돌이에 처하여, 비록 한때 입신출세하였으나 곧 핍박을 받아 쫓겨난 때이고, 원우 때에 당적(黨籍)에 올려져 그의 학술이 여전히 금지되어 있던 상황이었다. 그러므로 반흥사의 묘지는 정치적으로나 학술적으로 문제가 되는 인물인 이정이 주돈이와 교류한 사실을 회피할 이유가 있다. 「선공중가전」에 이정이 주돈이를 따라 수학한 사실을 기재하지 않음은 「선공중가전」이 이정의 부친인 정향(程珦)에 대하여 서술하였기 때문에 그 아들이 스승에게 수학한 사실을 곁들일 필요가 없기 때문이라고 할 수 있다.

이른바 그를 존경하지 않았다는 말은 이정이 "종신토록 염계를 그리

24) 자는 경로(景盧), 호는 용재(容齋), 시호는 문민(文敏).

25) 저자주: 도정(度正)이 편찬한 「연보」의 기록에 의하면 주돈이는 희령(熙寧) 6년 6월에 사망하여 11월에 "선거현(仙居縣) 태군(太君) 정(鄭)씨의 묘 옆에 안장되어 청일처사(清逸處士) 반흥사(潘興嗣)가 묘비명을 썼다."(『周子全書』 권20) 이것은 반흥사의 묘지(墓志)가 희령 6년에 편찬되었을 가능성이 비교적 큼을 의미한다.

대단하게 추종하지는 않았고" 때때로 주돈이의 자(字)를 직접 호칭하였음을 가리킨다. 이러한 문제를 마땅히 고려해야 한다고 한 이는 호원(胡瑗)으로 그는 북송초기에 대교육가로서의 명성을 날렸다. 당시 "예부(禮部)에서 뽑은 선비 중에 선생의 제자가 열 명 중 4~5명"(「安定學案」, 『송원학안』 권1)으로 각계 인사의 숭배와 존경을 받았다. 왕안석은 「기증호선생(寄贈胡先生)」이라는 시에서 찬송하기를, "홀로 도덕을 외쳐 이 백성들에게 경종을 울렸으니, 이를 듣고 찾아오는 백성이 줄을 이었다. 고관대작이 문하에 가득하고, 천하를 진작시킴이 봄기운에 만물이 되살아남과 같았다."(『臨川先生文集』 권13)고 하였다. 이것이 당시의 대표적인 시각이었다. 당시 사람들은 호원을 '안정(安定)선생'이라고 불렀다. 그런데 주돈이가 지낸 벼슬은 주부(主簿)·현령(縣令)·주(州)의 통판(通判) 등 지방관리로 지위가 높지 않았다. 더욱이 이정이 수학할 때의 주돈이는 단지 한낱 옥졸에 불과하였다. 이것이 혹 이정이 주돈이를 깊이 존중하지 않은 하나의 원인이 될 수 있다.

두 번째 이유는 이정이 주돈이에게 수학할 때 주돈이의 나이(당시 30세)가 적고 또 그 기간이 짧아 사제관계가 친밀하지 않았을 수 있다. 그러나 정이는 "태학에서 공부할 때 해릉(海陵)[26]의 호익지(胡翼之: 胡瑗)선생이 교육을 주도하였는데 일찍이 「안자소호하학론(顔子所好何學論)」으로 학생들을 시험하였다. 정이의 시험지를 받아보고는 깜짝 놀라 즉시 접견하여 가르치는 자리로 옮겨주었다."(朱熹: 「이천선생연보」, 『이정집』 338쪽)고 할 정도로 호원의 예우를 받았는데, 이로써 두 사람의 사제관계가 매우 깊었음을 알 수 있다. 정이와 호원은 『주역』을 의리를 위주로 하여 연구하였고, 소옹(邵雍)의 상수(象數)를 중시하지 않았기 때문에 학술사상에서 일치하는 면이 많았다. 아마 이 때문에 정이는 호원을 주돈이보다 더 존중하였을 것이다.

셋째, 사도(師道)의 존엄함이 비록 당대(唐代)의 한유(韓愈)를 거치면

26) 강소성(江蘇省) 태현(泰縣)의 동쪽.

서 크게 고양되었으나 송나라 초기에는 아직 크게 확립되지는 않았다는 점을 들 수 있다. 황진(黃震)[27]은 "사도의 확립은 호원선생에서부터 비롯되었다."(「安定學案」 인용, 『송원학안』 권1)고 하였고, 정호도 일찍이 "언젠가 사람들로 하여금 사도를 존엄하게 할 사람은 우리 형제다."(「이천선생연보」, 『이정집』 346쪽)라고 하였다. 그리고 "정문입설(程門立雪)[28]"의 고사(故事)는 정이의 만년에 생겨났다. 하물며 『어록(語錄)』은 문인들이 기록하여, 여러 차례 옮겨 적었으므로 직접 무숙(茂叔)이라고 호칭한 사실은 이정의 문인들과 관계가 있을 수 있다. 호원에 대해서도 여러 곳에서 선생이라고 호칭하지 않았으며, 정문(程門)의 제자들도 어떤 때는 역시 이정의 자를 호칭한 일도 있으므로, 어찌 자를 호칭하였다고 이정이 주돈이를 존중하지 않았다고 할 수 있겠으며, 또한 공평한 말도 아니다. 실제로는 후인들이 사도(師道)의 존엄함을 보는 시각의 문제일 뿐이다.

넷째, 이정은 자기 학문의 주된 요점은 '스스로 획득[自得]'하였고, 이것은 "스스로 상세하게 터득함"(「外書」 권12, 『이정집』 424쪽)이며, "맹자 사후 성인의 학문이 전해지지 않자" "1400년 후에 자신들이 태어나 성인들이 남긴 경에서 전해지지 않았던 학문을 얻어 장차 이 도(道)로써 백성을 깨우치려는 뜻을 가졌다."(「明道先生墓表」, 『이정집』 640쪽)고 하였다. 곧 그들은 전해지지 않았던 공맹의 정통을 얻음으로써 도통(道統)의 계승자로 자처하고, 학통(學統)과 도통을 서로 비교하여 도통을 더 중시하였다는 점이다. 사실 이정은 주돈이를 결코 존중하지 않은 것은 아니었다. 「유서(遺書)」와 「외서(外書)」에는 그들의 어렸을 때의 스승[周敦頤]을 상당히 존경하고 있음이 나타나 있다.

여기에서 소백온(邵伯溫)[29]이 『역학변혹(易學辯惑)』에 기록한 하나의

---

27) 생몰 년대 미상. 1256년 진사과(進士科) 등급

28) 제자와 스승간의 도리가 엄중함. 유작(游酢)과 양시(楊時)가 처음 정이천을 만날 때 이천이 명상에 들어가 있을 때이므로 기다리다 보니 그가 명상에서 깨어났을 때 눈이 수북하게 쌓여 있었다는 데서 생긴 고사.

사건을 거론해 보자. 소백온은 "언젠가 이천과 주광정(朱光庭) 공이 전에 돌아가신 아버지(邵雍)를 찾아왔을 때 나의 아버지는 그들에게 음식과 술을 대접하였고 이에 따라 도를 논하였다. …… 나의 아버지는 그들에게 천지만물의 리를 논하고 우주의 밖에까지 언급하였다. 이천이 찬탄하여 '평생 오직 주무숙이 예까지 논한 것으로 알았는데, 선생의 조리에는 미치지 못한다.'고 하였다."(「文集·遺文」, 『이정집』 674쪽)고 하여, 주돈이를 평생 의론을 들은 가장 뛰어난 인물 중의 하나로 꼽았다. 그러므로 이른바 이정이 주돈이를 존중하지 않았다는 말은 단지 상대적으로 말하였음을 알 수 있다.

이른바 그 학문을 잇지 않았다는 말은 주로 이정이 『태극도설(太極圖說)』과 『통서(通書)』를 잇지 않았다는 뜻이다. 우선 고려해야 할 점은 이정이 수학할 때 주돈이의 "나이가 매우 젊어" 겨우 30세였다. 이때 주돈이의 주요 저작인 『태극도설』과 『통서』는 쓰이지 않았으므로 당연히 "이정에게 전수되지 않았다." 이정이 종신토록 『태극도설』과 『통서』를 언급하지 않음은 진실로 사실이다. 그러나 이 두 책은 분명히 이정의 문하로부터 전해졌다. 기관(祁寬)은 「통서후발(通書后跋)」에서 다음과 같이 말하였다. "『통서』는 이정의 문하에서 처음 나왔다. 후사성(侯師聖)[30]이 그것을 형문(荊門)[31]의 고원거(高元擧)와 주자발(朱子發)[32]에게 전하였다. 나는 처음 고원거에게 얻고 뒤에 주곽(朱霍)에게서도 얻었다. 그후 또 화정(和靖) 윤선생(尹焞)이 소장하고 있는 것을 얻었는데, 그가 '정씨(程氏)에게 얻었다'고 한 책이 바로 현재까지 전해진다. 또 내가 구강(九江)[33]에 칩거할 때 그 집에서 구본(舊本)을 얻었는데 다른 것과 대조하니 『태극도』가 없었다. 혹 '태극도는 곧 이정에게 전수하였으므

---

29) 소옹(邵雍)의 아들, 자는 자문(子文). 『송사(宋史)』 433; 『송원학안(宋元學案)』 10.
30) 후중량(侯中良). 『송원학안』 13, 14, 30쪽 참조.
31) 호북성(湖北省) 당양현(當陽縣).
32) 주곽(朱霍). 송(宋) 형문인(荊門人).
33) 명청 시대 구강부(九江府)의 수도가 있던 곳으로 지금의 강서성 구강현(縣).

로 정본(程本)에는 그것을 권말에 부록하였다'고도 한다." 이에 의하면 『통서』는 세 종류의 판본이 있는데, 첫째는 후본(侯本)이며, 둘째는 윤본(尹本)이며, 셋째는 가장본(家藏本)이다. 가장본을 제외하면 후본과 윤본은 모두 이정의 문하에서 나왔고, 또 거기에는 『태극도』가 포함되어 있다. "태극도가 이정에게 전수되었다."는 설은 신빙성이 부족하지만 주돈이의 주요저작을 정문(程門)에서 귀중하게 여겼고, 정문의 제자들은 그의 저작을 연구하였다. 이것은 이정이 일찍이 주돈이에게 수학한 것과 무관하다고 할 수 없다. 주희는 주돈이의 저작인 『역통(易通: 『通書』)』과 『태극도설』은 "함께 정씨에게서 나와 세상에 전해졌다."(『通書注』)고 하였는데 이것은 사실에 근거한 것이다.

염학과 낙학의 사제관계에 대하여 리학가들의 평론이 많다. 주희는 말할 것도 없이 하나의 예일 뿐이다. 청대의 학자인 육세의(陸世儀)는 다음과 같이 설명한다.

> 이정의 학문은 주렴계에 근본한다. 혹자는 이천이 쓴 「명도행장」을 일러 "명도는 남아 있는 경(經)에서 전해지지 않았던 학문을 얻었다는 말만 하고, 주렴계는 언급하지 않았다."고 한다. 이것은 제대로 읽어낸 것이 아니다. 명도는 스스로 "주무숙을 본 후로 비로소 음풍농월하고 돌아왔다."고 하였다. 곧 「정성서」의 "인의·중정과 주정(主靜)으로 바로잡았다."는 뜻이다. 이천의 「안자소호하학론」에 "오직 인간만이 그 빼어난 것을 얻어 가장 영명하다."고 하였는데, 모두 주렴계의 『태극도』의 말이다. 어찌 주렴계에 근본하지 않았다고 할 수 있겠는가? 이른바 남아 있는 경에서 전해지지 않았던 학문을 얻었다는 것은, 대개 성현들은 하나의 경이 가리키는 요점을 그 스스로 이해하여 깊이 실마리를 찾아 공부하는데, 그렇지 않고 단지 몇 구절에 대한 스승의 설을 굳게 지키면 역시 좋은 학문태도가 아니다.
>
> 兩程之學, 本于周子. 或謂伊川作「明道行狀」, 言"明道得不傳之學于遺經", 不言周子. 此不善讀書者也. 明道自言"見周茂叔后, 吟風弄月以歸." 「定性書」卽"定之以仁義, 中正而主靜"之旨. 至伊川「顔子所好何學論」"惟人得其秀而最靈", 皆周子『太極圖』之言也. 豈得云不本于周子? 所謂得不傳之學于遺經者, 大抵聖賢之人, 一經指点, 他自會去尋頭路讀書, 終不然, 只守定幾句師說, 亦不善

學者矣.34)

이 말은 이정이 주돈이와 학문적 사제관계였음을 나타낼 뿐만 아니라, 이정이 단지 스승의 설에 얽매여 있지 않고 스스로 발전시켰음을 긍정하는 것이다. 이것은 대체로 사실과 부합된다. 이정은 확실히 주돈이에게 적지 않은 영향을 받았고 그들은 주돈이의 사상적인 맥을 이어받아 더 명료하게 하였다. 그렇다고 이정의 모든 학문이 주돈이에게서 비롯된 것은 아니다. 그들이 일찍이 주돈이가 논하는 도를 들었던 때는 스승과 제자 쌍방이 모두 청소년 시기였다. 한편으로 주돈이의 학문체계는 아직 최종적으로 형성되지 않아 자신의 학설을 이정에게 모두 다 전수할 수 없었고, 또 다른 한편으로는 이정 또한 주돈이 학설의 정수를 완전히 이해할 수 없었다. 즉 "아직 그 요체를 몰랐다." 이정의 학문은 뒤에 크게 발전하여 주돈이의 학으로는 그것을 포용할 수 없었다.

이상의 고찰을 통하여, 이정의 학문은 주돈이에게서 발단하였음을 알 수 있다. 주돈이의 사상적 발전에는 변화가 있는데, 초년의 『태극도설』에서는 일종의 소박한 유물주의 우주론을 수립하였고, 만년의 『통서』에서는 유심주의 본체론으로 전환하였다. 이것은 시대사조의 발전추세를 반영하였다. 이정은 이러한 추세에 순응하여 자신의 리학체계 곧 낙학을 건립하기 시작하였다. 곧 유물주의 우주론을 버리고 유심주의적인 리본체론(理本體論)을 직접 창립하였다.

---

34) 저자는 이 인용문의 원전을 밝히지 않았다. 육세의(陸世儀)는 청초의 유학자로 자는 도위(道威) 호는 부정(桴亭)이라 하였다. 육룡기(陸隴其)와 함께 2육이라 병칭된다. 학문적으로는 실학(實學)을 주장하고 문집으로는 『사변록(思辨錄)』 35권이 있다. 위 인용문은 『사변록』에 근거한다고 추정된다.

제2절: 낙학(洛學)과 관학(關學)

주돈이의 뒤를 이은 낙학(洛學)과 관학(關學) 그리고 신학(新學)은 동시에 일어나 정립하였다. 낙학과 관학의 관계는 비교적 밀접하나 신학과는 대립적 위치에 있었으며, 낙학의 형성과 발전은 시종 학파간의 투쟁을 수반하였다.

낙학과 관학의 관계에 대하여 관학은 낙학에 근원한다는 견해가 전통적 시각이다. 이 설은 이정문하의 제자들에게서 최초로 나왔다. 일찍이 먼저 장재(張載)를 스승으로 섬기다가 나중에 이정에게서 수업한 여대림(呂大臨)은 그가 편찬한 「횡거선생행장(橫渠先生行狀)」에서 가우(嘉祐. 1056~1063) 초에 장재는 이정과 "함께 도학(道學)의 요체를 말하였다."고 하고, 또 "자신의 학문을 모두 버리고 그에게서 배웠다."(「外書」 권11, 『이정집』 515쪽)고 하였다. 유작(游酢)은 「서행장후(書[明道先生]行狀后)」에서 장재는 정호의 의론을 들은 후, "곧 그 제자들을 돌려보내고 그의 옛 학문을 모두 버리고 도에 종사하였다."고 하고, 아울러 정호를 "친구 겸 스승으로 삼았다."(『이정집』 334쪽)고 하였다. 양시(楊時)는 「발횡거선생서급강절선생인귀유정신시(跋橫渠先生書及康節先生人貴有精神詩)」에서 심지어 "횡거의 학문은 정씨(程氏)에 근원하며, 관중(關中)[35]의 여러 서생들은 그 책을 존중하여 스스로 일가를 이루고자 하였다."(『楊龜山先生集』 권26)고 하였다. 이 말들은 분명히 정문의 제자들이 "그 스승을 높이고자" 한 뜻이며, 이정을 높이고 장재를 깎아 내리려는 뜻이 있으므로 사실과는 다른 말이다. 정이도 이러한 견해에 결코 찬동하지 않았다. 「외서(外書)」에서 "여여숙(呂與叔: 呂大臨)이 쓴 「횡거행장」에 '이정을 만나고서 자신의 학문을 모두 버렸다'는 말이 있는데, 윤자(尹子: 尹焞)는 '표숙(表叔: 외삼촌, 즉 장재)의 평생 의론에 정이 형제와 같은 데가 있다고 하면 옳으나, 정이 형제에게 배웠다고 하면 이것은 사실이 아니다'고 하였다. 이에 최근 몇 년에 걸쳐 여대림이 (「횡거행장」에서) 사실과 다른 문자와 자구를 삭제하고 수정하여, 더 이상 이러한 말이 나오지 않도록 하였다."(『이정집』 414-15쪽)고 하였다. 즉 「횡거행장」의 뒤에는 "이단(異端)의 학문을 모두 버렸으니 순박함이 이와 같다[淳如]"고 썼는데, 이때 '이단의 학문'은 불교와 노장을 가리켜 말하였으며, '순박함이 이와 같다'는 말은 잡박한 사상을 버리고 유학의 입장으로 돌아와 순수한 유학자가 되었음을 가리켜 말하였다. 이것은 비교적 실제와 부합한다. 그러나 위에서 말한바 정문의 제자들이 보인 견해의 영향은 또 있다. 예를 들면 주희는 "장재의 학문은 실제로 스스로 일가를 이루었다."고 인정하면서도, 여전히 "그 근원은 이정선생으로부터 출발하였다."(『伊洛淵源錄』 권6)고 하였다. 이것은 일종의 역사적 오류다. 근래의 학자들은 이러한 낡은 견해를 뒤집어엎었으며, 필자는 관학이 결코 낙학에 근원하지 않을 뿐만 아니라, 관학과 낙학은 동시에 함께 일어나 각각 학파를 이루었음을 분명히 지적한다.

이정과 장재는 학문을 탐구하는 방면에서 일찍이 대체로 같은 과정을 거쳤다. 장재는 "어려서부터 즐겨 군사문제를 논하였으며, 그 능력을 발휘하여 적과 담판하여 동맹을 맺음으로써 조서(洮西)[36]의 땅을 얻는 성과를 거두기도 하였다. 21세 때 편지로 범중엄(范仲淹)에게 가르

35) 섬서성(陝西省) 위하(渭河) 유역과 사천(四川)성 일대.
36) 조하(洮河). 지금의 감숙성(甘肅省)에 있는 강.

침을 청하니 범중엄이 그 그릇이 큼을 보고 깨우쳐 말하기를 '유학자는 스스로 명교(名敎)를 즐겨야지 어찌 군사를 논하는가?'라고 하여 이에 『중용(中庸)』을 읽기를 권하였다. 장재는 『중용』을 읽고 오히려 만족하지 못하였고, 또한 노·불에 관한 책을 두루 읽고 수년간 깊이 연구하였지만 얻을 것이 없음을 알고 돌이켜 6경에서 구하였다."(『宋史·道學傳』 1)고 하였다. 이와 마찬가지로 정호는 15~6세 때 주돈이가 논하는 도를 듣고 "개연히 구도(求道)의 뜻을 품었다. 그러나 그 요점을 알지 못하여 여러 학파들을 섭렵하고 노·불에 드나들기를 10여 년 만에 6경으로 돌아와 열심히 연구한 이후 비로소 구도의 뜻을 이루었다."(「明道先生行狀」, 『이정집』 638쪽)고 하였다. 이와 같이 장재와 정호는 모두 일찍이 노·불에 빠졌다 나온 뒤 6경으로 돌아와 비로소 학문의 근거를 잡았다. 이른바 노·불에 빠졌다 나와 돌이켜 6경을 연구하였다는 것은 실제로 유·불·도의 각 학문을 연구하여 그 요체를 모두 파악한 뒤 유학을 근간으로 삼아 불교와 도가의 합리적인 요소를 흡수하여 새로운 설을 창립하였다는 말이다. 이것은 송초 이래 조금씩 무르익어 하나의 시대사조로 형성된 새로운 시대정신이다. 관학과 낙학은 이러한 시대사조의 구체적인 표현이다.

낙학과 관학은 각자 독립적으로 발전하는 과정에서 일찍이 갈고 닦아 상대로부터 유익한 점을 취하였다. 낙학의 편에서 말한다면 관학에 대한 흡수 비판은 대체로 전·후 두 시기로 양분할 수 있다. 이정과 장재가 서로 알고 지낸 때부터 장재가 사망하기까지의 '낙양의론(洛陽議論)'은 이정과 장재가 학문을 절차탁마(切磋琢磨)한 시기였고, 장재가 세상을 떠난 후는 낙학이 관학을 비판적으로 흡수하여 관학이 낙학화되는 시기다.

제1차 시기에는 이정과 장재는 서로 학문을 절차탁마하였다. 그 사이에 몇 차례의 중요한 왕래가 있었는데 이때의 내용을 간단히 살펴보면 다음과 같다.

1. 첫 번째로 수도 변량(汴梁)37)에서 도(道)를 논하였다.

장재의 초상

송 인종(仁宗) 가우(嘉祐) 2년(1057)에 이정 형제와 장재는 변량에서 처음으로 대면하여 "함께 도학(道學)의 요점을 논하였다." 이후 장재는 유학이 유일한 진리임을 다시 한 번 굳게 믿고서 "유학에 스스로 만족한다. 무엇 때문에 곁가지를 구할 것인가"(「橫渠先生行狀」, 『張載集』 382쪽)라고 하였다. 이 첫 대면에서 장재와 이정은 또한 역학(易學)을 토론하였다. 「외서(外書)」의 기록에 의하면, "횡거는 전에 변량에서 호피(虎皮)에 앉아 『주역』을 강의하였는데 청중이 매우 많았다. 어느 날 저녁 이정 선생이 찾아와 『역』을 논하였다. 그 다음날 횡거는 호피를 거두고 말하기를 '내가 평소 여러 공들에게 말한 것은 모두 도를 어지럽혔다. 근래 이정이 와서 역(易)의 도리를 깊이 밝혔는데 내가 미칠 바가 아니니 여러분은 그를 스승으로 삼아도 좋다'고 하고 섬서(陝西)로 돌아갔다."(『이정집』 436-37쪽)라고 기록되어 있다. 여기서 정문의 제자들이 이정을 높이고자 했다는 점을 제외한다면, 장재와 이정은 모두 역의 도리에 통달하였음을 알 수 있다. 이때 관학과 낙학은 모두 초기 단계였으며, 그들은 공동으로 일련의 학술 문제를 토론하였고, 또한 서로의 갈림길을 드러

37) 북송 때의 수도. 현재의 하남성(河南省) 개봉(開封).

내었다.

2. '정성(定性)'에 관한 변론이다.

가우 4년(1059) 장재와 정호는 서로 편지를 주고받으며 '정성'의 문제를 토론하였다. 장재는 "안정된 성(性)도 일찍이 움직이지 아니할 수 없는 것은, 외물(外物)에 구애되었기 때문"이라고 주장하였는데, 주관적으로는 "성(性)을 안정되게 하는" 데 이르렀으나 결국 바깥의 사물에 구애를 받아 '흔들리지 않음'에까지 이르지 못하였다는 말이다. 정호는 「정성서(定性書)」에서 우선 무엇이 '정(定)'인가를 해석하기를 "이른바 안정되게 한다는 말은 움직일 때도 안정되고 고요할 때도 안정되어, 보내고 맞이함도 없고, 내외도 없다."라고 하였다. 그는 곧 장재가 말한 바깥 사물에 구애됨을 크게 문제 삼아 "진실로 외물을 바깥의 사물로 여기면 자신이 이끌리어 그것을 따라가니 이것은 자신의 성에 내외가 있으며" "성은 내외가 없다는 것을 모르며", "이미 내외를 두 근본으로 삼음"이니 '정(定)'이라고 할 수 없다고 하였다. 그는 "외를 그르다고 하고 내를 옳다고 하면 내외를 다 잊어버리는 것만 못하다."(『이정집』 460쪽)고 하였다. 이른바 내외라는 것은 곧 주체와 객체다. "내외를 다 잊어버린다."는 말은 주체와 객체의 대립을 없애는 뜻이며, 나아가 "두 근본[二本]"을 "하나의 근본[一本]"으로 삼는 것으로 주관유심주의로 향한다. '정성'에 대한 변론은 장재와 이정이 각자의 리학체계를 수립할 때 지식과 수양의 문제에 대하여 만든 일종의 탐색이다. 쌍방의 철학적 노선이 서로 다름이 이미 여기에서 분명하게 드러났다.

3. 다시 수도에서 학술을 토론하였다.

송 신종 희령(熙寧) 2년(1069) 정호는 감찰어사(監察御使)의 직무를 수행하였고, 장재는 숭정전교서(崇政殿校書)를 맡으면서 변량에서 두 번째로 대면하였다. 두 사람은 몇 가지 학술적 문제를 토론할 때 "의론이

숭양서원(嵩陽書院)

중국 하남성(河南省 등봉현(登封縣)의 숭산(嵩山)의 남쪽에 있는 서원으로 북위(北魏) 시대인 484년 숭양사(嵩陽寺)라는 명칭으로 창건되었다. 수나라와 당나라 때는 숭양관(嵩陽觀)이라 불렸고, 오대(五代)의 후주(後周) 때는 태을서원(太乙書院)으로 개칭되었다. 북송 초기에는 태실서원(太室書院)이라 불리다가 인종(仁宗) 때인 1035년 현재의 명칭으로 다시 바뀌었다. 장식(張栻)과 주희가 강연한 호남(湖南)의 악록서원(岳麓書院), 주희가 강학한 강서(江西)의 백록동서원(白鹿洞書院), 하남의 수양서원(睢陽書院)과 더불어 중국의 4대 서원으로 꼽힌다. 북송 때 정호(程顥)·정이(程頤) 형제가 학술 강연을 한 곳이기도 하다. 금나라에서 원나라까지는 폐기되었다가 명나라 때 어느 정도 복구되었으나 다시 불에 타서 폐허가 되었고, 청나라 강희제 때 증축되었으나 민국 시기에 군벌이 점용하면서 다시 파괴되었다.

서로 일치하지 않았다." 당시 정이는 한주(漢州)에 있으면서 장재와 서신으로 왕래하며 학술논쟁에 참여하였다. 정이는 제1답서에서 장재의 "허무(虛無)가 곧 기(氣)"라는 설은 비록 "깊이 있고 심오한 탐구"이지

만 "오류가 없지 않을 수 없다."(『이정집』 596쪽)고 하였다. 제2답서에서는 또 장재가 논한 '양기(養氣)의 도'는 착오라고 비판하였다. 그는 맹자가 양기의 도를 말한 것은 "스스로 그 차례를 드러낸 것"이지 결코 "갑자기 신(神)에 이른 것"은 아니라고 보았다. 그는 "기가 온전하면 리가 바르고, 리가 바르면 사사로움이 없다. 사사로움이 없음이 지극하면, 곧 신(神)이다. 양기로부터 이것에 이르기가 멀면 멀수록 근거 없이 불쑥 같은 말을 할 수 없다."(『이정집』 597쪽)고 하였다. 이로부터 본체론에서부터 수양론에 이르기까지 전면적인 논쟁을 전개하였다.

4. 낙양의론(洛陽議論)[38]

희령 9년(1076)에 장재는 지태상예원(知太常禮院)으로 부임하기 위해 낙양을 경과하다가 이정과 만났고, 그 다음해 사직하고 귀향하다가 낙양에서 다시 이정과 상면하여 서로 학문을 논하였는데 이것이 곧 유명한 '낙양의론'이다. 이 때 언급된 내용은 비교적 광범위하다. 그 가운데 가장 중요한 것이 두 가지다. 첫째, 정전제(井田制)의 실행에 관한 문제다. 장재는 "반드시 먼저 토지의 경계를 바로해야 하며, 그것이 바르지 않으면 법이 불안정하게 된다."고 생각하였다. 이정은 정전제를 찬성하

38) 중국 하남성(河南省) 등봉현(登封縣)의 숭산(嵩山)의 남쪽에 있는 서원으로 북위(北魏) 시대인 484년 숭양사(嵩陽寺)라는 명칭으로 창건되었다. 수나라와 당나라 때는 숭양관(嵩陽觀)이라 불렸고, 오대(五代)의 후주(後周) 때는 태을서원(太乙書院)으로 개칭되었다. 북송 초기에는 태실서원(太室書院)이라 불리다가 인종(仁宗) 때인 1035년 현재의 명칭으로 다시 바뀌었다. 장식(張栻)과 주희가 강연한 호남(湖南)의 악록서원(岳麓書院), 주희가 강학한 강서(江西)의 백록동서원(白鹿洞書院), 하남의 수양서원(睢陽書院)과 더불어 중국의 4대 서원으로 꼽힌다. 북송 때 정호·정이 형제가 학술 강연을 한 곳이기도 하다. 금나라에서 원나라까지는 폐기되었다가 명나라 때 어느 정도 복구되었으나 다시 불에 타서 폐허가 되었고, 청나라 강희제 때 증축되었으나 민국 시기에 군벌이 점용하면서 다시 파괴되었다.

였지만 여전히 우려함이 있어서 "정전제는 곧 백성의 토지를 몰수하여 부자나 가난한 사람에게 고르게 분배하자는 것인데 원하는 사람은 많고 원하지 않는 사람은 적으므로" "상하가 모두 원성이 없는 방향으로 진행되도록"(『이정집』, 110-11쪽) 노력해야 한다고 주장하였다. 둘째, 궁리진성(窮理盡性)의 문제다. 이정은 "궁리진성으로써 명(命)에 이르러야 한다."는 말을 "단지 궁리하면 명에 이른다."고 해석하였다. 장재는 "역시 지나치게 서두르기 때문에 그르치게 되니 이 뜻이 완전히 실현되려면 순서가 있어야 한다. 모름지기 궁리가 있어야만 곧 자신의 성(性)을 다 얻을 수 있으며, 또한 유추하여 사람의 성(性)을 다하면, 사람의 성을 다 얻을 뿐만 아니라, 반드시 만물의 성을 아울러 함께 다 얻는다. 이런 연후에 천도(天道)에 이른다. 그 사이에 어떤 일이라도 서두르게 되면 어찌 현재와 같은 이해가 있겠는가?"(『이정집』, 115쪽)라고 하였다. 이것은 장재와 정호가 '궁리'설에서 달라졌다는 말이다. 셋째, 예교(禮敎)에 관한 문제다. 장재는 사람을 가르침에 예를 우선으로 삼아 활용에 이름을 중시하였다. 남전(藍田)의 여씨 형제가 힘써 실행하여 사회의 나쁜 풍기가 크게 타파되자 장재는 "관중(關中)의 학자들은 예(禮)의 활용을 점점 풍속화하였다."고 하였다. 이에 정이는 낙학이 예의 가르침을 종지로 삼는 관학을 받아들이기 어려움을 "낙양의 풍속은 진인(秦人: 關中 지방의 사람)을 교화하기 어렵다."(『이정집』 114-15쪽)는 말로 표시하였다. 이처럼 낙양의론은 관학과 낙학의 차이를 분명하게 드러내었다.

이상이 장재와 이정이 서로 주고받은 제1차시기의 대체적인 상황이다. 이 시기에 장재는 『정몽(正蒙)』과 『횡거역전(橫渠易傳)』 등을 저작하여 관학을 이미 최종적으로 형성하였다. 그러나 이정의 주요 저작은 「정성서(定性書)」를 제외하면 모두 이 시기에 쓰인 책은 없다. 낙학은 도리어 형성과정 중에 있었고, 결코 최종적으로 확립되지는 않았다. 이정과 장재 사이의 학술논변은 쌍방이 이론적인 관점의 동이(同異)가 있으나 어쨌든 낙학의 형성과 발전에 촉진제가 되었다.

제2차시기는 낙학이 관학을 비판적으로 흡수하고, 관학이 낙학화되는 시기다. 장재가 세상을 떠난 후 이정은 한편으로 관학파(關學派)의 학자들에게 영향을 행사하여 관학으로 하여금 낙학화하는 방향으로 발전하게 하고, 다른 한편으로는 관학을 비판적으로 흡수함으로써 낙학의 사상체계를 완성하였는데 그 주요 요점을 표현하면 아래와 같다.

1) 『동견록(東見錄)』

일부의 나이 어린 관중의 학자는 장재가 세상을 떠난 후 따를 스승을 잃어버린 후 이정을 새로운 스승으로 모셨는데 여대림(呂大臨)이 가장 전형적인 인물이다. 그는 원래 장재의 수제자였는데 원풍(元豊) 2년(1079)에 이정의 문하로 들어와 "이정 문하의 네 선생" 중의 한 사람이 되었다. 여대림이 이정의 가르침을 받는 동안 이정의 어록을 기록한 책을 『동견록』이라고 한다. 그 가운데 가장 저명한 책이 「식인편(識仁篇)」이며 그것은 정호의 「정성서」의 뒤를 이은 한편의 중요한 저작이다. 이른바 '인을 인식함[識仁]'은 곧 자아가 "사물과 혼연일체"가 되는 경지의 체험이며, "성(誠)과 경(敬)으로써 그것을 보존함"이 그 방법이다. 이러한 수양방법을 살펴보면, 모름지기 행위상에서 자신을 지켜야 할 뿐만 아니라, 도리상에서도 재차 추구하지 않으면 안 된다. 이것은 여대림이 관학의 노선을 따라 "(자신을) 철저히 검색하고 궁구함을 학문으로 삼는다."고 한 말을 지적하여 나무란 말이다. 「식인편」은 「정성서」의 속편이다. 정호가 여대림을 지도한 사실은 곧 관학과 낙학의 정성설에 대한 논쟁의 연속이다.

이 외에 『동견록』을 살펴보면, 또한 장재의 '청허일대(淸虛一大)'설에 대한 이정의 비판을 볼 수 있는데, 그는 "청허일대를 만물의 근원으로 삼은 것은 아마도 잘못인 것 같다. 모름지기 청탁(淸濁)과 허실(虛實)을 겸하여야만 신(神)이라고 할 수 있다. 도(道)는 사물을 길러 줌에 남김이 없으며 장소를 가리지 않는다."(『이정집』 21쪽)고 하였다. 여기서 그는 기(氣)를 만물의 근원으로 삼는 관점에 동의하지 않고, 청허(淸虛)의 기는 진실로 신이라고 할 수 있으나, 탁한 현실의 사물(저자주: 氣)도 똑같이 신이라고 할 수 있다고 보았다. 도(저자주: 神)는 만물에 두루 존재하며 고정된 위치[方所]가 없다. 이것은 "허무(虛無)가 곧 기"라는 설에 대한 비판이자 한 걸음 진보한 것이며, 이정이 장재의 기본체론(氣本體論)의 자극을 받아 끊임없이 자기의 리본체론(理本體論)의 사상을 심화시켰음을 나타낸 것이라고 할 수 있다.

2) 관중(關中)으로 가서 학문을 강론하다

원풍(元豐) 3년(1080)에 정이는 친히 관중으로 부임하여 학문을 강론하였다. 그는 『옹행록(雍行錄)』에서 당시의 상황을 "원풍 경신(1080)년에 내가 옹(雍)·화(華)[39]의 지방으로 가서 관서(關西)의 학자들과 상종한 사람이 6~7명이다."(『이정집』 587쪽)라고 기록하였다. 관중 학자들의 기록은 『입관어록(入關語錄)』이 있다. 관중에서 강론한 내용을 요약하면 장재의 기론(氣論)철학에 대한 비판과 개조 그리고 흡수라고 할 수 있다. 우선 정이는 장재의 "태허는 무형이며 기의 본체"라는 기본체론을 비판하였다. 그는 이른바 형이상과 형이하를 구분하여 "음양을 떠나서는 더 이상 도는 없으며, 음하고 양함이 도이다. 음양은 기다. 기는 형이하이며, 도(道)는 형이상이다. 형이상은 빈틈이 없다."(『이정집』 162쪽)고 하였다. 기는 단지 형이하의 질료(質料)이며, 도가 곧 형이상의 본체(本體)다. 도는 제1성이며, 기는 제2성으로, 도는 기를 파생시킨다. 정이는 기를 리본체론의 철학으로 받아들였다.

다음으로 정이는 장재의 "형(形)이 모이면 사물이 되고, 형이 흩어지

---

39) 합하여 관서(關西)지방이라고 한다. 곧 옹(雍)은 옹주(雍州)로 현재 섬서(陝西)·감숙(甘肅)·청해(淸海)의 일부 지방이며, 화(華)는 화산(華山)으로 섬서성에 있다. 여기서 옹화간(雍華間)은 관서지방 곧 횡거가 활동한 지방을 뜻함.

면 근원으로 돌아간다."는 기불멸(氣不滅) 사상을 공격하였다. 정이는 "만약 이미 되돌아간 기가 다시 바야흐로 펼쳐지는 기가 된다고 하여, 반드시 이에 의거하면 드디어 천지의 조화와 서로 맞지 않는다. 천지의 조화는 자연적으로 나고 또 나서 무궁한데 다시 어찌 이미 사라진 형(形)과 이미 되돌아간 기에 의거하여 조화로 삼겠는가?"(『이정집』 148쪽)라고 하였다. 또 "무릇 사물이 흩어지면 그 기는 다 없어지며, 본원으로 돌아가는 이치는 없다. 천지간은 커다란 용광로와 같아 사물이 생겨나 녹아서 모두 없어지는데 하물며 이미 흩어진 기가 어찌 다시 존재하겠는가? 천지의 조화가 또한 어찌 이미 흩어진 기를 사용하겠는가? 그 조화라는 말은 스스로 기를 생출(生出)한다는 말이다."(『이정집』 163쪽)라고 하였다. 이것은 기에 생멸(生滅)이 있다는 관점으로 기불멸의 관점을 반대한 의미다. 이 외에도 정이는 적지 않은 강론을 하였는데, 직·간접적으로 관학을 비판하였다. 즉 장재의 어떤 관점에 대해서는 비판에 중점을 두고 또 다른 어떤 관점에 대해서는 낙학의 사상체계로 받아들였다.

3) 「서명(西銘)」을 논하다

이정은 장재의 「서명」을 '맹자 이래로 이러한 문장을 쓴 사람이 아직 없었다'고 칭찬하였다. 「서명」의 원제목은 「정완(訂頑)」인데 정이가 건의하여 「서명」으로 바꾸었다. 정이는 「서명」의 종지는 "리일분수(理一分殊)를 밝혔다."(「答楊時論西銘書」, 『이정집』 609쪽)고 하였다. 정호는 「서명」 중의 '건(乾)은 아버지이며, 곤(坤)은 어머니이며, 백성과 만물은 같은 근원이다'는 사상은 "만물일체(萬物一體)의 인(仁)"의 관점을 체현하였다고 생각하였다. 이것은 분명히 장재와 이정이 서로 통한 점이다. 이정이 「서명」을 극구 칭찬한 원인이 바로 여기에 있다.

이정이 관학에 대하여 비판하고, 일부 관중의 학자들을 낙학의 진영으로 끌어들임으로써 관학의 점진적 쇠퇴를 초래하였다. 동시에 그들은 또한 비판적으로 관학의 일부분을 흡수함으로써 낙학을 충실하고 완전하게 하여, 끝내 낙학이 리학의 사조 가운데 우세한 학파가 되게 하고, 아울러 리학의 발전방향을 대표하였다.

제3절: 낙학(洛學)과 신학(新學)

왕안석의 초상

왕안석(王安石)은 신법(新法)의 지도이론을 갖추기 위하여 '형공신학(荊公新學)'을 창립하였다. 이것은 이정의 낙학과 쌍벽을 이루었다. 일반적인 관점으로 보면 이정과 왕안석 사이의 정치적 갈등은 완고한 수구파와 혁신파의 투쟁이다. 사실 이정은 정치변혁을 자못 중시하였고 동시에 그에 따른 혁명이론도 갖추고 있었다. 그들은 왕안석의 변법방법에 맞서면서 변화과정을 거쳤다. 사회변혁 사조의 영향 아래 비교적 나이가 젊은 정이는 일찍이 송의 인종(仁宗)에게 상소를 올려 이른바 "때에 맞추어 행한다."는 개혁적 주장을 제출하여 송 인종에게 "잡다한 말을 따르지 말고 왕도를 마음으로 삼으며, 민생을 염두에 두면서 세속의 논의를 배척하여 큰 공(功)을 이루기 위해서"(『이정집』 515쪽) 변법의 실행을 건의하였다. 이것은 정이가 청년시절에는 또한 공리(功利)를 주장하였고 적어도 '왕도'는 결코 공리를 배척하지 않았다고 생각하였음을 표명한 것이다. 희령신정(熙寧新政)의 초기에 정호는 일찍이 신정의 기구인 삼사조례사속관(三司條例司屬官)을 지냈는데, 이는 곧 왕안석의 수하에서 일하며 신법에 참여하였다는 말이다. 그는 계속하여 신종에게 두 번의 상주문(上奏文)과 차자(箚子)를 올려 '사회개혁[更張]'을 반대하는 언론을 논박하여 물리치고 '제도개혁[更制]'의 필요성을 논증하였다. 그는 다음과 같이 말하였다.

> 혹 말하기를, 임금이 행동을 신중하지 않을 수 없는데, 갱장(更張)을 쉽게 하면 해가 크다고 합니다. 그러나 신은 홀로 그렇지 않다고 생각합니다. 이른바 갱장이라는 말은 이치의 마땅한 바를 따를 뿐입니다. 그 움직임이 모두 옛것을 헤아리고 의리를 질정(質正)하여 행한다면 신중함이 이보다 큰 것이 없을 텐데, 어찌 인습적으로 소홀히 행하여 마침내 패란(敗亂)에 이르는 자와 같이 하려 하십니까? 자고로 어찌 일찍이 성인의 말씀을 따르고 선왕의 다스림을 본받아서 장차 크게 이룸이 있으면서도 도리어 화와 근심을 만드는 자가 있었겠습니까? 원컨대 폐하께서 하늘이 내려주신 용기와 지혜를 떨치시어 흔들림 없이 꿋꿋하게 홀로 판단하고 확고하게 믿으신다면 만세토록 다행할 뿐입니다.
>
> 或謂: 人君擧動, 不可不愼, 易于更張, 則爲害大矣. 臣獨以爲不然. 所謂更張者, 顧理所當耳. 其動皆稽古質義而行, 則爲愼莫大焉, 豈若因循苟簡, 卒致敗亂者哉? 自古以來, 何嘗有師聖人之言, 法先王之治, 將大有爲而返成禍患者乎? 愿陛下奮天錫之勇智, 體乾剛而獨斷, 霈然不疑, 則萬世幸甚! (「論王霸禮子」, 『二程集』 451-52쪽)

또 다음과 같이 말하였다.

> 성인이 법을 만들 때 모두 인정에 근본하고 사물의 이치를 궁구하였습니다. 비록 요·순과 삼왕(三王: 夏 禹王, 殷 湯王, 周 文王, 武王)이라도 모두 때에 맞추어 개혁하고 일에 따라 제도를 늘리거나 축소시켰습니다.
>
> 聖人創法, 皆本諸人情, 極乎物理, 雖二帝·三王不無隨時因革, 踵事增損之制. (「論王霸禮子」, 『二程集』 452쪽)

정호(程顥)는 아무런 성과도 없이 "인습에 따라 적당히 처리하고", "목전의 일을 따라 높고 긴 안목을 고려하지 않는" 관습과 관념을 반대하고 신종(神宗)에게 이쪽저쪽 눈치보기[左雇右眄]를 하지 않고, 과감히 처리하며, 대담하게 개혁을 진행하여 뿌리 깊은 폐해를 제거하려는 장구한 계책을 도모하기를 건의하였다. 이 말은 개혁의 필요성에 대한 문제에서 이정은 변법(變法)의 입장에 있음을 의미한다.

그러나 이와 같은 개혁의 문제에 대해 이정과 왕안석은 의견을 달리하였다. 이정의 개혁에 관한 기본관점은 "바꾸되 도(道)가 있어야 한다."였다. 이 '도'는 곧 이른바 '선왕의 도[先王之道]'였다. 왕안석과 이정은 비록 모두 '선왕의 도'를 기치로 내세웠지만 그 함축된 뜻은 크게 달랐다. 왕안석이 말한 선왕의 도는 경세치용(經世致用)의 공리적인 학문이었으나, 이정이 본 선왕의 도는 정심(正心)·성의(誠意)의 성명(性命)의 학문이었다. 전자는 "시대에 맞는 변화[權時之變]"를 주장하여 폐법(弊法)을 개혁하고, 특히 중앙정부의 재정수입을 늘리는 이재(理財)에 대한 조치를 중시함으로서 부국강병을 목적으로 삼았고, 후자는 도덕적인 교화를 더 중시하여 "임금의 마음이 잘못됨을 바로잡기"를 요구하는 데서 시작하여 통치집단의 심성수양을 강조하고, 덕을 존중하고 도를 즐기는 풍조를 조성하였다. 이와 같이 양자는 어떤 학설로 개혁을 이끌고 어떤 개혁적인 조치를 취할 것인가의 문제에서 심각하게 의견을 달리하였다. 이와 같은 의견대립은 결국 이정이 희령신정의 변법조치를 반대하는 데 이르렀다. 정호는 여러 차례 상소에서 "청묘전(青苗錢[40])을 미리 나누어주어 이자를 받는 것을 그만두고 주관하는 제거(提擧)[41])들

---

40) 청묘(青苗): 곡식이 익기도 전에 부과하는 조세. 푸른 모, 어린 모종.
청묘법: 송의 왕안석(王安石)이 제정한 신법(新法)으로 싹이 아직 파랄 때 백성에게 전곡(錢穀)을 대여하고 수확한 후에 元利를 갚게 한 법.
예매법(豫買法): 왕안석의 신법의 하나. 민간에서 잘 팔리지 않아 값이 싸진 물품을 정부가 사 두었다가 뒷날 물자가 모자라 비싸졌을 때 팔 것을 정한 법.

41) 제거(提擧): ① 관직명. 특종(特種)의 사무를 주관하던 벼슬. 송대(宋代)에는 제거수리(提擧水利)·제거다염(提擧茶鹽) 등의 관직이 있었고, 청대(淸代)에는 염과제거

가운데 죄 있는 관리를 파면하시기를 바랍니다."(「諫新法疏」, 『이정집』 456쪽)라고 하였다. 그리고 왕안석이 보필하면서 대신들의 의견이 통일되지 않고 "중앙과 지방의 인정이 교류되지 못하는" 상황에서 강제적으로 시행한 신법(新法)은 "마땅함을 잃은 조치며, 공의(公議)를 가로막는다."고 성토하였다.

그의 입장에서 볼 때 신법의 주요한 폐해는, 이익을 도모하는 방법을 제창함으로써 "(정부가) 백성들과 이익을 다투게" 되며, 또한 "이익[利][42]을 진흥"시킨 결과 필연적으로 덕을 잃게 되었다는 데 있었다. 따라서 지주계급의 항구적인 이익을 고려하는 신법을 인정할 수 없었다. 정호는 왕안석이 날로 신종의 신용을 두텁게 얻음을 보고 그것을 저지할 방법을 강구하였는데 행장에는 "매번 신종을 알현할 때마다 반드시 지성(至誠)과 인애(仁愛)를 근본으로 삼는 임금의 도리를 말하며 공리를 언급한 적은 없었다."(「명도선생행장」, 『이정집』 634쪽)고 기록되어 있다. 정이도 신종이 "지혜는 동방으로부터 나오니 중앙과 지방의 모든 신하들이 조정의 과실을 직언하기를 허락한" 기회를 빌려 신종에게 경고하기를, "이처럼 여전히 의지하는 세력을 믿고, 함부로 욕심을 추구하고, 엄격한 법령으로 그물치기를 즐기며, 국가를 부유하게 하고 군대를 강하게 함을 자신의 공적으로 여기며, 작위(作爲)하기에 민첩하고, 자임하기를 즐기니, 탐욕과 미혹됨이 여기에 이르면 미혹됨과 그릇됨을 어찌 스스로 알겠습니까? 이와 같은 것은 천하를 사욕에 따르도록 하는 것입니다. 근신하고 노력해도 실패할 수 있음을 잘 알아야 하고, 밤낮으로 열심히 수양해도 후회하는 일이 있음을 잘 알아야 합니다."라고 하였다. 또 신종에게 "자신의 마음을 반성하며, 자신이 임명한

사(鹽課提擧司)만 있었다. ② 넓은 뜻의 감독관 ③ 대강

42) 이(利)는 이익(利益)과 이욕(利欲)의 두 의미가 있다. 저자는 5장의 5절 '이정의 理欲觀'에서 이정의 천리(天理)와 인욕(人欲) 그리고 의리지변(義利之辨)을 설명하면서 이(利)를 이욕(利欲)으로 보았다. 역자는 구체적 재화를 가리킬 때는 이익으로, 이익을 바라는 마음을 의미할 때는 이욕으로 구분하여 표시하고자 한다.

사람을 숙고하고, 자신이 편 정사를 고찰하며, 자신이 스스로 처리한 일을 생각한 뒤에 그것을 다른 사람에게 자문함"(「代呂公著應詔上神宗皇帝書」, 『이정집』 530쪽)을 희망하였다. 정이의 뜻은 매우 분명하다. 그는 신종에게 부국강병을 목적으로 하는 희령 신법을 포기하고, 덕을 숭상하는 '왕도(王道)'로 바꾸어 시행하기를 요구하였다. 그렇지 않는다면 비록 "근신하고 노력하며", "밤낮으로 열심히 수양"하여 부지런히 다스리려고 해도 도리어 "실패하고" "후회하게 되어" 완전히 상반된 결과를 얻는다고 하였다. 정호가 신종에게 "공리에 대해서 한 마디도 언급한 적이 없음"과 같이, 정이도 신종이 "천하를 사욕에 따르게 함"에 반대하였다. 이것은 덕을 숭상하고 이(利)를 숭상하지 않는 이론의 필연적인 반영이었다.

희령의 신법 다음에 진행된 "원우갱화[元祐更化: 元祐년의 혁신]"의 당쟁의 와중에서 정이는 한 걸음 더 나아가 변법운동을 반성하고 자기의 변혁이론을 발전시켜 낙학의 체계에서 중요한 부분이 되게 하였다.

정이는 변법운동에서 신·구 양당의 공과(功過)와 시비(是非)에 대하여 논평하였다. 그는 "신정(新政)의 개혁은 역시 우리 당쟁의 큰 허물이며, 오늘날 성취한 일이란 천하를 도탄에 빠뜨렸음이니, 또한 반드시 그 죄의 절반이 있다고 해야 한다."(「遺書」 권2상, 『이정집』 28쪽)고 하였다. 이것은 곧 신법이 조성한 위해의 주된 책임이 신당에 있으나, 또한 구당도 그 허물을 벗을 수 없다는 말이다. 왜냐하면 희령의 초년에 구법의 폐단이 분명히 드러났을 뿐만 아니라, 개혁의 추세가 필연적이었기 때문이다. 왕안석은 신종의 지지를 얻어 폐정(弊政)을 개혁하였으므로, 형세의 요구에 순응하였다고 말할 수 있다. 만약 당시 구당도 어느 정도 책략을 써서 왕안석을 성실히 상대하고, 적당히 지지하면서 맹렬하게 공격하지 않았다면, 아마 당파의 분열이 생기지 않았을 수도 있었으며, 또한 신법이 전국적으로 풍미하지도 않았을 것이다. 또 적어도 신법의 몇 가지 과격한 조치가 초래한 폐단을 경감시켰을 것이다. 또한 원우(元祐)의 갱화(更化: 革新) 이전에 정호는 일찍이 구당의 인물들에게, 만약 관직에 나가면 먼저 신당의 인물들과 좋게 단결하고 "먼저 당을 나누지" 말아야 한다고 권고하였다. 그는 "원풍(元豊) 때의 대신들은 모두 이익을 좋아하였는데 만약 그들로 하여금 스스로 백성을 심하게 해치는 법을 변화시키게 한다면 좋을 것이다. 그렇지 않으면 관리의 관권에 의한 화(禍)가 그치지 않을 것이다. 그대(저자주: 司馬光)는 정말 충직하게 어려운 일도 함께 의논하라. 회숙(晦叔. 저자주: 呂公著)이 일을 처리하는 능력은 아마도 역부족일 것이다."(「外書」 권12, 『이정집』 422쪽)라고 하였다. 그는 신・구의 두 당에 대해 한편으로는 왕안석을 이은 신당의 인물들이 "모두 이익을 좋아하는 자"라고 질책하고, 또 한편으로는 구당의 주요인물인 사마광의 편파적인 실책을 비판하였다. 신법에 대하여 신당이 자기개혁을 해야 하되, 구당이 강행하여 폐지하고 없앤 것으로부터 시작할 필요는 없다고 주장하였다. 이정은 또한 신법에 대하여 구체적으로 분석하여 "청묘법(靑苗法)은 결코 시행할 수 없지만, 옛 역법(役法)도 폐가 크므로 반드시 손익을 따져보아야 한다."(「外書」 권12, 『이정집』 435쪽)고 하였다. 정이는 당시 사마광이 신법을 일률적으로 폐지하려 함을 알고 사마광에게 인편으로 편지를 보내어 "결코 역법에 동요가 생기게 할 수 없으며, 동요가 있으면 3~5년간은 안정되지 않을 것이다."라고 하였다. 그럼에도 사마광이 역법을 폐지하니 그 뒤 "과연 분분하여 안정될 수 없었다."(「外書」 권12, 『이정집』 425쪽) 이것은 이정의 두뇌가 비교적 분명히 깨어 있고 신법을 대하는 태도에서 사마광과 다른 점이 있음을 설명한 말이다.

특히 유의해야 할 것은 정이는 『이천역전(伊川易傳)』 '혁(革)'괘에서 변혁이론을 비교적 체계적인 서술을 하였는데 그 요점은 아래와 같다.

첫째, 변혁의 필요성이다. 정이는 변혁은 천지의 도(道)라고 생각하여 다음과 같이 설명하였다.

> 변혁을 추진하는 도는 천지의 변역을 다하며, 시운(時運)의 끝이자 시작이다. 천지의 음양은 번갈아 변화하고 바뀌어 4계절을 이룬다. 만물은

> 여기서 생겨나고 성장하며, 끝을 맺음에 각각 그 마땅함을 얻어, 변혁한 후에 4계절이 이루어진다. 시운이 이미 끝나면 반드시 그것을 변혁하여 새롭게 함이 있다. …… 천도가 개변되며 세상사가 변천함은 변혁의 지대함이다.
>
> 推革之道, 極乎天地變易, 時運終始也. 天地陰陽推遷改易而成四時, 萬物于是生長成終, 各得其宜, 革而后四時成也. 時運旣終, 必有革而新之者. …… 天道變改, 世故遷易, 革之至大也. (『二程集』 952쪽)

이것은 곧 천지의 음양이 번갈아 바뀜에 춘하추동의 4계절이 서로 번갈아 교체하게 되고, 만물이 비로소 생기고 자라며 열매를 맺고 갈무리할 수 있다는 말이다. 자연계의 일체 사물은 모두 끊임없는 변역의 과정 중에 있다. 사람은 모름지기 천도의 변화에 순응하여 일을 행하여야 한다. 우물을 파는 것을 예를 들면, 그는 "우물이라는 것은 그대로 내버려두면 더러워지며, 그것을 바꾸면 청결해지니 변혁하지 않을 수 없다. 그러므로 우물을 판 후는 그것을 변혁으로써 유지하고 이용한다."(『이정집』 951쪽)고 하였다. 즉 우물을 판 후 시간이 흐름에 따라서 침전물이 쌓여 많아질수록 썩고 악취가 나니, 오직 항상 준설(浚渫)을 해야 비로소 우물물을 깨끗하게 유지할 수 있다. 준설은 곧 '변혁'이다. 자연계도 이와 같고 인류사회도 또한 이와 같다. 자연계가 "천도의 개변"에 따라 존재하는 것과 같이 인류사회도 또한 "변천하는 세상사"에 따라 존재하므로 수시로 변혁하여야 한다. 곧 '성인'이 창립한 옛 법이 "수시로 인습을 개혁하고, 앞사람의 일을 증감시켜야" 한다. 심지어 인성조차도 또한 변혁할 수 있다고 생각하여 "인성은 본래 선하고, 모두 변화할 수 있으며", 또 "사람이 진실로 선(善)으로써 스스로를 다스리면 바꾸지 못할 것이 없으니 비록 지극히 어둡고 우매한 사람도 모두 차츰차츰 연마하여 나아갈 수 있다."(『이정집』 955-56쪽)고 하였다. 종합하면 "4계절을 관찰하고 변혁에 순응하면 천지와 더불어 그 질서를 맞춘다."(『이정집』 952쪽)는 뜻이다. 시대의 조류에 순응하여 사회의 변혁을 실행함이 곧 천지의 도(道)에 부합하는 합리적인 행동이라는 뜻이다.

둘째, 변혁을 지도하는 사상이다. 정이는 변혁은 반드시 정확한 이론으로 지도해야 한다고 생각하여 이것을 "변혁에는 도가 있다[革之有道]"고 하였다. 그는 다음과 같이 말하였다.

> 개혁하여 사리를 비추어 관찰하고 인심에 화답하여 순응할 수 있어야 크게 형통함에 이를 수 있고 곧고 바름을 얻을 수 있다. 이와 같아야 변혁이 지당함을 얻게 된다. 그러므로 뉘우침이 없다. 천하의 일은 그것을 개혁하되 그 도를 얻지 못하면 도리어 폐해를 초래한다. 그러므로 변혁에는 그것을 뉘우치는 도가 있어야 한다. 오직 변혁함이 지당해야 신구(新舊)의 뉘우침이 모두 없어진다.
>
> 革而能照察事理, 和順人心, 可致大亨, 而得貞正. 如是, 變革得其至當, 故悔亡也. 天下之事, 革之不得其道, 則反致弊害, 故革有悔之道. 惟革之至當, 則新舊之悔皆亡也. (『二程集』 952쪽)

변혁이 성공하고 실패하는 관건은 "그 도를 얻었는가"의 여부, 곧 지도하는 사상의 정확성의 여부에 있다. 만약 "변혁에 그 도를 얻으면" 곧 "크게 형통함에 이르고" "곧고 바름을 얻어" 불패의 입지를 세울 수 있다. 반대로 "변혁에 그 도를 얻지 못하면", 즉 지도하는 사상에 착오가 있다면 "도리어 폐해를 초래"하거나 "후회하게" 되므로 반드시 실패하게 된다. 여기에는 은연중 희령(熙寧)의 변법이 공리를 주장하는 형공신학을 지도이론으로 삼음을 지적하여 "변혁에 그 도를 얻지 못하였다."는 비판의 뜻이 내포되어 있다. "변혁에 도가 있어야 한다."는 말은 변법의 지도사상에서 얻어진 경험적인 교훈을 종합적으로 결론내린 것이다.

셋째, 변혁의 필수조건이다. 정이는 변혁은 중대한 일이므로 필요조건을 갖추지 않으면 성공하기 어렵다고 생각하고, 다음과 같이 말하였다.

> 변혁은 중대한 일이므로 반드시 그때가 있어야 하고 그 지위가 있어야 하며 그 인재가 있어서 깊이 고려하고 신중하게 움직인 후에야 후회가 없다.
>
> 變革, 事之大也, 必有其時, 有其位, 有其才, 審慮而愼動, 而后可以無悔. (『二程集』 952쪽)

곧 정이는 변혁할 때 반드시 갖추어야 할 세 가지 기본조건 즉 시(時)·위(位)·재(才)를 제시하였다. 이른바 시는 적당한 변혁의 시기를 파악하여 이르지도 늦지도 않음을 가리키며, 이른바 위는 변혁하는 권력과 지위가 적합하여 상하가 충분히 신임하고 추대함을 가리키며, 이른바 재는 변혁을 실행함에 그 "그릇"이 대임(大任)을 담당할 수 있는 비범한 인재를 가리킨다. 때·지위·인재 세 가지 가운데 하나라도 부족해서는 안 된다. 변혁을 실행함에 그 때를 놓치면, 이는 "살피고 삼가는[審愼] 뜻이 없고, 조급(躁急)한 기상이 있어서" 급조(急造)하는 위험이 뒤따른다. 또 하위(下位)로부터 변혁을 추진하면, "참람되고 망령됨의 허물이 있으며 주체 세력의 중요함이 없어지게" 되어 도리에 어긋나고 망동하게 된다. 그리고 변혁의 대임을 담당하여 영도할 "인재"가 부족하면 정확하게 때를 살피고 추세를 헤아릴 수 없어 "하는 일마다 허물이 지극할 뿐"이며 움직이는 즉시 허물이 생긴다. 때·지위·인재는 변혁의 기본조건이며 변혁이 성공을 거두려고 하면 이 세 가지 기본조건은 아무리 잘 갖추어도 충분하지 않다. 예를 들면 변혁을 주장하는 '명군(明君)'은 지극히 중요한 관건이다. 정이는 "때가 가능하고, 지위를 얻고, 인재가 충족됨이 변혁의 최선의 조건이다. 그러나 신하의 도리로는 변혁을 선도함은 부당하므로 반드시 상하의 신임을 기다린 다음에야 비로소 변혁할 수 있다. 그와 버금가는 재주와 덕망을 지닌 사람이 지위가 있고 때를 만나면 천하의 폐해를 개혁하고 천하를 새로이 다스릴 수 있으므로 마땅히 나아가 임금을 보필해야 하는데, 그 도를 실행하면 길하고 허물이 없지만 실행하지 않으면 때를 놓쳐 허물이 있게 된다.(『이정집』 953쪽)고 하였다. 이것은 신하는 임금보다 앞서 변혁을 이끌어갈 수 없으며 반드시 임금이 선창하기를 기다린 후 정도로써 군주를 보필해야 변혁이 비로소 성공할 수 있다는 말이다. 때 · 지위 · 인재가 구비되고 군주가 또한 변혁을 이끌어가는 조건에서도 사회개혁을 추진하지 않고 가만히 앉아 좋은 시기를 잃으면 안 된다. 때 · 지위 · 인재와 변혁을 창도하는 군주를 변혁의 조건으로 삼은 것은 희령의 변법에 대한 경험과 교훈으로부터 얻은 종합적인 결론이기도 하다. 이러한 종합적 결론은 보수적인 면에 치우쳐 있기는 하지만 또한 합리적인 요소도 있다.

넷째, 변혁의 구체적인 실시다. 정이는 또한 변법을 실시하는 구체적인 원칙을 제시하였다. (1) "변혁의 도는 상하의 믿음을 근본으로 한다." 즉 개혁의 사회적인 기초를 굳건히 해야 각 계층의 충분한 신임과 지지를 받을 수 있으며 또한 그 요점은 백성의 신임을 얻는 것이다. (2) "공론(公論)을 헤아려야 한다." 곧 개혁을 시행함에는 반드시 공중의 여론에 근거해야 하며 한사람의 사사로운 뜻에 의지할 수는 없다. (3) "정도를 굳게 지킴으로써 자신을 지킨다.[貞固[43]]" 즉 개혁의 성과를 공고하게 하고 확대함을 중시하여 옛것으로 복귀하려는 풍조를 방지해야 한다. 이정은 그것을 경계하여 "개혁이 끝에 이르렀을 때 곧음(貞)으로서 지키지 않으면 개혁은 옛것으로 변한다."(『이정집』 955-56쪽)고 하였다. 이러한 몇 가지 구체적인 원칙은 이정의 변혁이론을 충실하고 풍부하게 하였다.

만약 희령의 신법이 이정으로 하여금 일련의 변혁이론을 종합하도록 하였다고 한다면, 형공신학(荊公新學)은 이정으로 하여금 한 걸음 더 나아가 낙학의 사상체계를 완성하도록 하고, 또 리학의 발전방향을 결정하도록 자극하였다고 할 수 있다.

이정은 신학에 대하여 시종 비판적인 태도를 견지하였다. 그들의 신학에 대한 비판은 아래 몇 가지 점으로 요약할 수 있다.

---

43) 마음이 곧고 굳음. 정도(正道)를 굳게 지킴. 『易經』, "貞固足以幹事."

첫째, 신학은 경전의 뜻을 억지로 해석하여 유학의 본래 종지(宗旨)를 잃어버렸다고 비판하였다. 정호는 일찍이 왕안석과 직접 변론을 전개하였다. 정호는 다음과 같이 비판하였다.

> 형공(荊公)은 일찍이 명도와 일을 논함에 서로 합치하지 않았다. 이로 인하여 명도에게 "공의 학문은 벽 위에 있는 것과 같다."고 한 말은 행하기 어려움을 가리켜 한 말이다. 명도는 "참정(參政)의 학문은 바람을 잡으려함과 같다."고 하였다.
>
> 荊公嘗與明道論事不合, 因謂明道曰: "公之學如上壁". 言難行也. 明道曰: "參政之學如捉風." (「遺書」 권19, 『二程集』 255쪽)

이른바 바람을 잡으려함은 바람을 움켜쥐고 그림자를 잡는다는 뜻이다. 왕안석이 경전의 뜻을 훈석(訓釋)함을 중요하게 여겨 유가의 경전 가운데 혁신사상을 발굴하여 경의 뜻을 견강부회하고, 유가의 경전에 원래 없는 내용을 부연하여 변법의 이론적인 근거로 삼음을 지적한 말이다.

둘째, 왕안석은 박학(博學)하나 요점이 없으며, 학술사상은 무질서하고[支離] 불순(不純)하다고 비평하였다. 정호는 일찍이 송 신종의 면전에서 신학(新學)을 부정하였다.

> 예전에 황제가 왕안석의 학문을 칭찬하자 대답하기를, "왕안석의 학문은 그렇지 않습니다."라고 하였다. …… 또 개보(王安石의 字)를 칭찬함에 정호는 대답하기를, "왕안석은 박학다문함은 있지만 요점이 없다."고 하였다.
>
> 昔見上稱介甫之學, 對曰: "王安石之學不是." …… 又嘗稱介甫, 顥對曰: "王安石博學多聞則有之, 守約則未也."(「遺書」 권2상, 『二程集』 17쪽)

박학다문은 진실로 없으면 안 되지만 유가(儒家)는 요점을 지켜야 함을 더욱 중시하였다. 이정이 보기에 왕안석이 결핍한 점은 곧 박학하지만 요점이 없는 공부이므로 그 학문이 무질서하고 잡박(雜駁)하며, 따라서 "왕안석의 학문은 대개 무질서하다."(「유서」 권2상, 『이정집』 28

쪽)고 하였다. 그들은 왕안석이 도(道)를 모른다고 비평하기를 "그가 도를 말할 때는 이미 도와 떨어졌다. 그는 도를 몰랐으며, 도를 말한 때는 곧 도가 아니었다."(「유서」 권1, 『이정집』 6쪽)고 하였다. 왕안석은 천도(天道)와 인도(人道)의 구별을 강조하였는데 정이는 왕안석이 "요임금은 천도를 행함으로써 사람을 다스렸고, 순임금은 인도를 행함으로써 하늘을 섬겼다."고 한 말을 지적하여 말하기를 "왕안석은 스스로 도(道)라는 글자를 모른다. 도는 처음부터 하늘・사람의 구별이 있은 적이 없지만, 다만 천에서는 천도가 되고 땅에서는 지도(地道)가 되며 사람에게서는 인도가 될 뿐"(「遺書」 권22상, 『이정집』 282쪽)이라고 하였다. 곧 도는 통일적이며 천・인의 구별이 없다는 말이다. 그러나 왕안석이 구별한 천도와 인도는 조리가 없다. 정이가 공격한 것은 곧 왕안석의 유물주의 천도관이다.

셋째, 왕안석의 공리(功利)의 학은 이익만 도모하고 의(義)를 버렸다고 비난하였다.

정호는 왕안석을 "이익만 도모하는 신하"라고 칭하고, 왕안석이 주장한 공리의 학문은 이익만 도모하고 의를 버리는 학문이라고 생각하였다. 정이는 이(利)와 의(義)의 문제를 다음과 같이 설명하였다.

> 무릇 리(理)에 순응하여 해가 없음이 곧 이(利)이며, 군자도 일찍이 이익을 원하지 않은 것은 아니다. 그러나 맹자가 "하필이면 이익이라고 합니까?"라고 한 말은 대개 오직 이익만 마음에 두면 해롭다는 뜻이다. 예컨대 "상하가 번갈아 이를 다투면 국가는 위태로워지니" 곧 해롭다. "인(仁)하면서 그 가족을 저버리는 일은 아직까지 없으며, 의로우면서 그 임금을 뒷전으로 생각하는 일도 아직 있지 않았다." 그 가족을 저버리지 않고 그 임금을 뒷전으로 생각하지 않는 것은 곧 이(利)다. 인의(仁義)가 이가 아닌 적이 아직 없었다.
>
> 凡順理無害處便是利, 君子未嘗不欲利. 然孟子言"何必曰利"者, 蓋只以利爲心則有害. 如"上下交征利而國危", 便是有害."未有仁而遺其親, 未有義而后其君."不遺其親, 不后其君, 便是利. 仁義未嘗不利. (「遺書」 권19, 『二程集』 249쪽)

이 글은 겉으로 이익과 의(義)를 해석하였지만, 실제로는 신학(新學)에 대한 비판이다. 이정은 신학의 지도 아래 제정된 신법(新法)은 인정에 부합하지 않고, 의리에 따르지 않아 "다만 이익에만 마음에 두어" 결과적으로 "상하가 번갈아 이익을 다투게" 되어 위해가 극히 크다고 생각하였다. 따라서 그들은 비록 "불교의 설이 만연하여 미혹됨이 지극히 심하다."고 하였으나, "그러나 오늘날 불교는 도리어 이해가 아직 모자라며, 큰 걱정은 도리어 왕안석의 학문이다."라고 하여 "먼저 왕안석의 학문을 정돈(整頓)함"을 급선무로 여겼다. 왜냐하면 그들은 이러한 공리의 학문은 "후생(後生)의 학자들을 그르친다."(「遺書」 권2상, 『이정집』 38쪽)고 보았기 때문이다.

그러나 이정은 결코 신학을 전체적으로 부정하지는 않았다. 그들은 왕안석의 초기의 학술사상을 찬양하였을 뿐만 아니라, 왕안석이 의리(義理)로써 『역』을 해설한 점에 대하여 특히 긍정적인 태도를 가졌다. 정이는 "『역』에는 100여 가지의 전문가가 있어 두루 살펴보기가 어렵다. 만약 폭넓게 읽지 않으면 문장의 뜻을 깨닫기 어렵기 때문에 역시 반드시 왕필(王弼)과 호원(胡瑗) 그리고 형공(荊公: 왕안석) 세 전문가의 글을 읽어야 한다."(「遺書」 권19, 『이정집』 248쪽)고 하였다. 『이천역전』은 상수(象數)를 버리고 오로지 의리를 위주로 하였으며 왕안석과 동일한 노선으로 『역』을 공부하였다. 사실 『역』을 이와 같이 이해하였을 뿐만 아니라, 기타의 경전의 뜻을 해석한 말도 이와 같았다. 후외려(侯外廬)는 왕안석이 "경전의 뜻을 해석함에 주로 의리를 천명하였으며, 장구를 나누고 전(傳)에 주석하는 번잡한 학풍을 반대하였는데 이 점은 실제로 송유(宋儒)들의 의리의 학문을 여는 선구였다."(『中國思想通史』 4권 상, 440쪽)고 하였다. 여기서 논술한 "경전의 뜻을 해석함"과 "송유의 의리의 학문" 양자의 관계는 또한 왕안석과 이정 사이에 적용할 수 있다. 비록 양자가 경의 뜻을 해석할 때 관철한 구체적인 의리가 하나는 신학의 천도관으로, 다른 하나는 낙학의 천리관으로 서로 다르지만, 방법론상에서는 일치한다. 신학과 리학(理學: 洛學)은 함께 "의리의 학문"일 뿐만 아니라, "성명의 학문[性命之學]"이다. 형공신학은 도덕성명(道德性命)의 문제를 중시하여, 이전의 "선비는 비루(卑陋)한 것을 익혀 도덕과 성명의 이치를 모르는"(晁公武: 『郡齋讀書志』 권4) 상황을 일신하여, "왕안석의 학문으로부터 벗어나 사대부들로 하여금 도덕성명이 아니면 담론하지 않는"(趙秉文: 「性道教說」, 『滏水文集』 권1) 국면을 형성하였다. 리(理)·성(性)·명(命)의 문제는 또한 이정이 깊이 토론한 핵심문제다. 낙학은 또한 성명의 학문이라고 불린다. 이것은 일종의 시대적인 특징이다.

결론적으로 낙학은 신학(新學)을 비판하고 흡수하는 과정을 거침으로써 자신의 이론을 유리하게 발전시키고 완성하였다. 또한 그것은 유물주의 철학에 대립할 수 있는 하나의 발전방향을 결정하였으며, 그것은 곧 유심주의 철학으로 통칭된다. 사실 낙학은 유심주의 철학의 노선에 편승하여 발전한 것이다.

제4절: 낙학과 상수학(象數學)

소옹의 초상

"북송의 다섯 선생(北宋五子: 周敦頤, 邵雍, 張載, 程顥, 程頤)" 가운데 이정과 소옹은 모두 낙양에 거주하며 30여 년간 교류왕래하면서 학문을 닦았기 때문에 서로를 매우 깊이 알고 있었다.

소옹은 은거하여 벼슬하지 않았으나 널리 이름이 알려졌다. 그가 이론적으로 뛰어난 점은 우주·자연·사회·인생의 문제를 포괄하는 상수학(象數學)의 사상체계를 창조하였으며, 리학사조 가운데 독창적인 품격을 갖추게 되었다.

이정은 소옹에 대하여 그 사람됨과 학문을 적지 않게 평론하였다. 이러한 평론을 통해서 낙학과 상수학 사이의 관계를 볼 수 있으며 나아가 우리가 낙학의 형성과 발전의 특징을 이해하는 데 도움을 얻을 수 있다.

소옹의 인간적 됨됨이에 관한 평론은 대략 세 가지가 있다.

(1) 소옹(邵雍)은 곧 "호걸지사(豪杰之士)"다.

정호는 소옹을 위해 쓴 「묘지명(墓志銘)」에서 "선생은 어릴 때부터 영웅의 기재(器材)와 강개(慷慨)한 큰 뜻이 있었다."고 서술하였다. 그가 처음 학문을 배울 때 "고통을 이기고 엄격하여 겨울에 불을 지피지 않고, 여름에는 부채를 잡지 않았으며, 밤에 자리에 눕지 않은 지가 수년이었다." 일찍이 오(吳)·초(楚)·제(齊)·노(魯)·양(梁)·진(晋) 등을 유람하고 돌아와서는 더욱 "도(道) 그것은 여기에 있다."(「邵堯夫先生墓志銘」, 『이정집』 502-03쪽)고 자신하였다. 이정은 소옹의 인물됨이 담백하고 활달하여 "진정한 풍류인이며 호걸"(「外書」 권11, 『이정집』 413쪽)이라고 여겼다. 만약 "어려운 시절"에 살았었다면 "기어코 패자(霸者)가 될 그릇이었다."라고도 하였다. 따라서 정호는 일찍이 장난삼아 그를 칭하기를 "난세의 간웅(奸雄)"(「遺書」 권2상, 『이정집』 32쪽)이라고 하였다.

(2) 소옹은 사람됨이 "매우 심하게 무례하고 공손하지 못하였다."

소옹은 "신분이 모두 장군과 재상으로 매우 위엄이 있는" "대인물"을 오만하게 보았고, 이러한 "대인물"을 "어린아이 보듯 하였다."(朱熹: 『伊洛淵源錄』 권5) 따라서 정통의 리학가인 정·주(程朱)의 눈에는 "무례하고 공손하지 못한" 사람으로 보였다. 정이는 소옹을 비평하여 말하기를 "그 사람됨은 곧 무례하고 공손하지 않았으며, 오로지 업신여기고 희롱할 뿐 심지어 천리(天理. 저자주: 혹은 天地)조차도 역시 대수롭지 않게 여겼다. 마치 「무명공전(無名公傳)」에서 말한 것처럼 '천지에 물어도 천지는 상대하지 않고, 희롱함으로 여가를 보내고, 때에 따라 왔다가 때에 따라 가는' 무리와 같았다."(「遺書」 권2상, 『이정집』 45쪽)고 하였다. 소옹은 언제나 지고무상의 '천리'도 우습게보았으므로 이것이 이정에게는 당연히 용인할 수 없는 극단적으로 무례하고 공손하지 못한 행위로 여겨졌다.

(3) 소옹은 안락과 쾌락을 즐겼다.

소옹은 희령의 신정시기 격렬한 정쟁의 와중에서 한 명의 은거지사로 지내며 정치활동에는 불참하였으나, 동시대 사람들과 단절하며 지내지는 않았다. 그는 낙양에 은퇴한 옛 관료들 집단의 중요 구성원인 사마광(司馬光)・부필(富弼)・여공저(呂公著) 등과 빈번하게 시와 음주와 노래로 어울렸을 뿐만 아니라, 또 왕안석의 동생인 왕안국(王安國)과 서로 왕래하였고, 신・구당의 사이에서는 "자기의 지덕과 재기를 감추고, 세속을 따르는[和其光, 同其塵]" 태도를 취하였다. 비록 소옹이 정치적인 진실한 태도는 구당에 기울어져 있었지만 시종 정치적 풍랑의 소용돌이에 빠져들지는 않았다. 따라서 정이는 "소요부(邵堯夫)는 급류 가운데서 안전한 냇가로 피하여 10여 년간의 쾌락을 얻었다."(「外書」 권11, 『이정집』 413쪽)고 하였다.

결국 이정의 묘사에 의하면 소옹의 총체적인 모습은 "풍류적인 호걸"이었다.

소옹의 학술과 사상에 대한 평론을 보면 이정은 소옹의 학문을 깊이 추앙하지는 않았으며 또한 그의 상수학에 대해서는 부정적인 태도를 취했다. 다만 그의 "수(數)를 유추하여 리(理)에 이른다."는 관점에 대해서만 긍정적이었다.

이정은 소옹의 학술사상은 "편협하고 잡박"하다고 여겼는데, 이것은 상수학을 가리킨 말이다. 이정이 『역』을 공부함에 상수를 귀하게 여기지 않았으므로 소옹의 학문에 대해서도 크게 칭찬하지 않았다. 「외서(外書)」 권12에는 다음과 같이 기록하였다.

> 요부(邵雍)는 『역』의 수에 매우 정밀하였다. 자고로 만세력(萬歲曆: 長曆)을 만드는 사람은 오래되면 반드시 착오가 생기는데 요부는 그렇지 않

았으며 한두 가지 가까운 일을 지적한 것은 곧장 징험할 수 있었다. 명도(明道)가 "우리 형제에게 전해주기를 바라니, 우리 형제가 그것을 공부할 수 있는가?" 하고 물으니, "배우려면 모름지기 20년을 공부해야 한다."고 하였다. 명도가 그것을 듣고 열심히 익혀 어느 날 시험을 감독하던 중 한가할 때 그 말로써 추산해 보니 모두 부합하였다. 나와서 요부에게 "요부가 말한 수(數)는 단지 가일배법(加一倍法)일 뿐이며, 이로써 『태현경』[44]이 모두 일을 구할 수 있는 책이 아님을 알았다."고 하였다. 요부가 깜짝 놀라 그 등을 두드리며 말하기를 "형, 당신은 정말 총명하오! 하였다. …… 다른 날 이천이 명도에게 묻기를 "가일배법의 수란 어떤 것입니까?" 하니, 대답하기를 "모두 잊었다."고 하였다. 이로써 그 마음이 이와 같이 편벽되지 않음을 감탄하였다.

堯夫『易』數甚精. 自來推長曆者, 至久必差, 惟堯夫不然, 指一二近事, 當面可驗. 明道云: "待要傳與某兄弟, 某兄弟那得工夫?" 要學, "須是二十年工夫." 明道聞說甚熟, 一日因監試無事, 以其說推算之, 皆合. 出謂堯夫曰: "堯夫之數, 只是加一倍法, 以此知『太玄』都不濟事." 堯夫驚撫其背, 曰: "大哥你恁聰明." …… 他日, 伊川問明道曰: "加倍之數如何?" 曰: "都忘之矣". 因嘆其心無偏系如此. (『二程集』 428쪽)

정호는 소옹의 상수학에 대하여 "그 설을 듣고 열심히 익혔다." 또한 일찍이 그 설로써 추산하고, 아울러 소옹의 수(數)인 '가일배법'의 본질을 드러내었으나, 소옹의 학문을 전파할 필요가 있다고 여기지는 않았다. 정이는 이른바 "『역』의 뜻이 수에서 기원하였다."는 학설에 대하여 비판하여 다음과 같이 말하였다.

리가 있은 후에 상(象)이 있으며, 상이 있은 후에 수(數)가 있다. 『역』은 상으로 인하여 리를 밝히고, 상으로 말미암아 수를 안다. 그 뜻을 알면 상수는 그 가운데 있다. 기필코 상의 은미함을 궁구하고자 하여 수의 지극히 미묘함을 끝까지 찾아 탐구하는 것은 술수가들이 숭상하는 바이며 유자가 힘쓸 바는 아니다. 관노[45]와 곽박[46]의 무리가 이들이다.

---

44) 『태현경(太玄經)』: 한대(漢代)에 양웅(揚雄)이 『주역』에 비겨서 지은 책. '현(玄)'은 천지만물의 기원, '태(太)'는 그 공덕(功德)을 형용한다.

45) 관노(管輅): 삼국시대 위(魏)나라 평원인(平原人). 자는 공명(公明). 나이 팔구 세

리는 무형이므로 상으로써 리를 밝힌다. 리가 이미 글로 드러났다면, 글로써 상을 볼 수 있다. 그러므로 '그 뜻을 알면 상수는 그 가운데 있다'고 한다.

有理而后有象, 有象而后有數. 『易』因象以明理, 由象而知數. 得其義, 則象數在其中矣. 必欲窮象之隱微, 盡數之毫忽, 乃尋流逐末, 術家之所尙, 非儒者之所務也. 管輅, 郭璞之徒是也.

理無形也, 故因象以明理. 理旣見乎辭矣, 則可由辭以觀象. 故曰: 得其義, 則常數在其中矣. (「答張閎中書」, 『二程集』 615쪽)

여기서 두 가지 점을 중시해야 하는데, 그 하나는 리(理)와 상수(象數)의 관계에서 먼저 리가 있은 후에 상수가 있으며, 상수는 리 가운데 있다는 말이다. 이 말은 이정이 상수학의 "리는 수에 기원한다."는 관점을 비판한 뜻이다. 리와 상수의 관계는 리와 기의 관계도 포함하고 있어서 리기관을 싹을 볼 수 있다. 다른 하나는 "상의 은미함을 궁구하고 수의 지극히 미묘함을 다한다."는 상수학은 본래 술수가들이 숭상하였지, 유가의 학문이 아니라는 말이다. 따라서 이정은 소옹의 학문은 "천하국가를 다스리기 어렵다."(「유서」 권2상, 『이정집』 45쪽)고 여겼다. 이것이 또한 이정이 상수학을 귀하게 여기지 않은 이유였다. 그들은 자신들이 상수학을 비판하고 부정하는 태도를 취했을 뿐만 아니라, 다른 사람이 상수학을 공부하는 것도 반대하였다. 정이는 그에게 소옹의 학문을 가르쳐 주기를 청하는 학자들에게 회답할 때 "내가 요부(堯夫)와 같은 동네에 30년을 살면서 세상사에 대하여 논의하지 않은 것이 없었으나, 오직 수(數)라는 한 글자에 대해서는 언급한 적이 없다."(「외서」 권12, 『이정집』 444쪽)고 하였으니, 이들은 분명히 상대를 잘못 찾았다.

때부터 즐겨 성진(星辰)을 관찰했으며, 성인이 되어서는 풍각점상(風角占相)의 도(道)에 정통하여 기험(奇驗)이 많았으며, 정원(正元) 초에 소부승(少府丞)이 되었다.

46) 곽박(郭璞): A.D. 276~324. 진(晋)의 시인(詩人). 자는 경순(景純). 저서에 『초사주(楚辭注)』, 『산해경주(山海經注)』, 『이아주(爾雅注)』가 있다.

이정은 소옹의 학설에 대하여 결코 부정으로만 일관한 것은 아니었다. 그들은 소옹의 이론체계가 넓고 크며 정밀함을 인정하였다. 소옹은 "큰 것을 여는데 능숙한 사람"(「유서」 권3, 『이정집』 60쪽)이며, "도는 비록 편협하고 잡박하지만, 재덕을 감추고 나타내는[卷舒] 작용이 매우 능숙하였고, 또한 사소한 과실[細行]도 능히 근신할 수 있었다."(「유서」 권7, 『이정집』 97쪽)고 평가하였다. 이러한 넓고 크며 정밀한 체계는 수용할 만한 점도 있었다. 우선 "이단(異端)에 미혹되지 않음"이다. 이정은 "세상에서 믿는 도(道)에 돈독하고 이단에 미혹되지 않은 사람은 낙양의 요부(堯夫)와 진(秦)의 자후(子厚: 장재)뿐"(「유서」 권4, 『이정집』 70쪽)이라고 하였다. 장재(張載)는 노·불을 비판한 저명한 리학가였고, 소옹도 장재와 같이 "홀로 우뚝 서 미혹되지 않았기" 때문에 세속에 따라 노·불의 학문에 빠지지 않았다. 이 점은 자못 이정의 칭찬을 받았다. 그 다음으로는 "수를 유추하여 리에 도달함"이다. 정이는 "소요부(邵堯夫)의 수법(數法)은 이정지(李挺之)로부터 나왔으며, 요부가 수를 유추하여 바야흐로 리를 언급하는 데 이르렀다."(「유서」 권18, 『이정집』 197쪽)고 하였다. 이것은 곧 소옹이 일반화된 '수학(數學)'으로부터 리학의 단계로 발전시켰을 뿐만 아니라, 또 '수학'을 리학의 범주로 끌어들였다는 말이다. 이러한 이유들로 인하여 이정은 다시 한 번 "소요부는 물리(物理)상에서 말할 수 있는 것은 다하였으며, 또한 크게 그 천기(天機)를 누설하였다."(「유서」 권2상, 『이정집』 42쪽)고 강조하였고, "요부는 모든 것에는 리가 있고, 만사는 모두 리에서 나옴을 스스로도 믿었으므로 마음이 거리낌 없이 망령되게 행동하지 않도록 하고자 하였다."(「유서」 권2상, 『이정집』 33쪽)고 하였다. '물리'는 소옹이 상용하던 개념으로, 그는 "리라고 함은 사물의 리다."(『皇極經世書·觀物內篇』)라고 하였다. 소옹은 일찍이 정이에 대해 "천지만물의 리를 자세히 논함에 우주[六合]의 밖에까지 언급하였다."(「遺文」, 『이정집』 674쪽)고 하였다. 정이 또한 일찍이 소옹에게 "『역』의 수를 아는 것이 하늘을 아는 것입니까? 『역』의 리를 아는 것이 하늘을 아는 것입니까?" 하고 물으니, 소옹은 대답하기를 “모름지기 『역』의 리를 아는 것이 하늘을 아는 것”(「외서」 권12, 『이정집』 428쪽)이라고 대답하였다. 이렇게 이정은 “만사는 모두 리에서 나온다.”는 관점을 사용하여 소옹의 사상을 개괄하였다. 이 말은 이정과 소옹이 리에 관한 관점에서 서로 부합함을 의미한다.

종합하면 이정은 소옹이 ‘도학(道學)’에 있어서 자못 성취가 있는 사상가고 생각하였다. 정호는 말하기를 소옹은 “도학에 얻은 바가 있는 사람이다.”(「유서」 권2상, 『이정집』 32쪽)라고 하였고, 또 “선생의 도는 그 지극한 바로 말하면 편안하고 또한 성공적이라고 할 수 있다.”(「邵堯夫先生墓志銘」, 『이정집』 503쪽)고 하였다. 이정이 비록 소옹의 사후에 상수학의 기본적인 입장에 대해서 크게 칭찬하지는 않았지만, 묘지명에서 그를 높이고 찬양한 점은 일반적인 예라고 할 수 있다.

소옹의 상수학은 이정이 창립한 낙학에 유익하게 작용하였다.

제5절: 낙학과 촉학(蜀學)

소식의 초상

송 신종이 죽은 뒤 정국은 돌변하였다. 사마광(司馬光) · 여공저(呂公著) 등 구당(舊黨)의 인물들이 분분히 등용되고 왕안석의 신법이 전면 폐지되었으며 모든 것이 희령(熙寧) 이전의 상태로 돌아갔다. 이것이 이른바 "원우(元祐)의 갱화(更化=혁신)"이다.

구당이 정치를 담당한 후 정이는 포의(布衣)를 입고 정무에 임하였으며, 숭정전설서(崇政殿說書)를 맡아 나이가 어린 철종 황제에게 서책을 강론하였다. 이와 동시에 소식(蘇軾)도 수도 개봉으로 와 한림시독학사(翰林侍讀學士)를 맡아 철종의 시종관(侍從官)이 되고 겸하여 서책을 강론하는 책임을 졌는데 관등은 '설서'보다 높았다.

"정이가 경연(經筵)할 때 그 문하로 들어오는 사람이 매우 많았다. 그리고 소식이 한림원(翰林院)에 있을 때 선비들 역시 그를 많이 따랐다. 두 사람은 서로 비방하였다."(蔡上翔: 「王荊公年譜考」 414쪽) 조정에는 정이를 우두머리로 하는 낙당(洛黨)과 소식을 우두머리로 하는 촉당(蜀黨)이 형성되어 그 사이에 투쟁이 전개되었는데 역사에서는 이것을 "낙촉당쟁(洛蜀黨爭)"이라고 부른다.

일반적으로 낙・촉 양당의 투쟁은 봉건관료사회에서 당파성의 알력과 개인의 성격으로 인한 투쟁이라고 생각된다. 그러나 사실 두 파가 서로 공격하고 비난한 언사를 살펴보면 그 가운데 정치와 학술사상에서 심각한 차이가 포함되어 있음을 알 수 있다. 정이와 소식간의 투쟁은 당파의 투쟁일 뿐만 아니라, 학파의 투쟁이었다. "두 당의 도(道)는 서로 다르다." 그러므로 양자가 갈라지게 된 유래를 깊이 살펴보고 아울러 그 실상을 드러내는 것이 우리가 낙학의 내용과 특징을 쉽게 이해하는 방법이다.

낙학과 촉학이 갈라지게 된 유래와 경과에 관해 말하자면, 먼저 낙학과 촉학의 투쟁은 정치적인 원인에서 비롯되었다. 주희는 「이천선생연보」에서 말하기를 정이는 경연에서 자못 원로와 중신들로부터 칭찬의 말을 들었는데 "한때 그 문하로 들어오는 사람이 매우 많았다. 선생도 천하에 내로라 자임하고 주변 인물들에 대한 칭찬과 비판[褒貶]에 조금도 거리낌이 없었다. 이 때문에 같이 조정에 있는 인사 가운데 문장으로 세상에 이름을 날리던 사람들이 그를 원수와 같이 미워하여 그 당의 무리들과 교묘하게 비방을 일삼았다."(『이정집』 343쪽)고 하였다. 여기서 "문장으로 세상에 이름을 날리던 사람"은 곧 소식(蘇軾)이다. 「외서」 권1에 기재된 바에 의하면 "여공저가 재상이 된 후 의문이 있을 때마다 반드시 이천에게 질문하였다. 인재를 승진시키고 퇴진시키는 데 소식과 소철(蘇轍)은 이천이 간여한다고 의심하였으므로 적극적으로 이를 비방하였다."(『이정집』 416쪽)고 하였다. 소식은 원우 원년(1086) 3월에 중서사인(中書舍人)을 담당하여 각 부(部)의 관원을 선발하고 파견하는 일에 참여할 수 있었다. "소식과 소철은 인재의 승진과 퇴진에 이천이 간여한다고 의심하였다."는 말은 곧 관원의 승진과 문책에 정이가 매우 깊이 간여한다고 소식이 의심하였음을 의미한다. 이처럼 인사문제를 간섭한다는 말은 분명히 정치권력의 투쟁을 의미한다.

다음으로 낙학과 촉학의 투쟁은 학술상의 관점차이에서 생겼다. 정이는 스승을 존중하고 도(道)를 중시하는 옛 예(禮)를 소중히 여겼기 때문에, 황제에게 서책을 강론할 때 어전(禦殿)의 위에 앉아 강론하고 스스로 사도(師道)를 엄숙하게 지켰다. 소식은 이런 점은 인정에 가까운 것이 아니라고 생각하여 매우 질책하였으며, 매양 조롱하였다. 사마광이 죽자, 관원들은 먼저 다른 경축행사에 참가하였다가 조문하러 가기를 요청하였다. 정이는 사마광의 상사(喪事)를 주관하면서 경축과 조문은 같은 날에는 불가하다고 여기고, 『논어』의 "공자는 하루 곡(哭)을 하면 노래하지 않는다."는 말을 인용하여 조문을 제지하였다. 그러자 어떤 사람이 "노래하면 곡하지 않는다고는 말하지 않았다."고 반박하였다. 소식은 조소(嘲笑)하며 말하기를 "이것은 시장에서 억울하게 죽은 숙손통(叔孫通)이 제정한 예"라고 하였다. 이에 "여러 사람이 모두 크게 웃었으며 마침내 서로 감정의 골이 생겼다."(『續自治通鑒』 권80) '고례(古禮)'를 중시함과 '인정'을 강조함은 학술적 관점의 차이에 대한 표명이지만, 그것은 감정상의 파열로 이어졌다. 소식은 상주문(狀奏文)에서 "신은 평소 정 아무개(程頤)의 간악함을 싫어하였으나, 말과 얼굴빛으로 거짓되게 꾸민 적은 없습니다."(朱熹: 「이천선생연보」 인용, 『이정집』 343쪽)라고 하였다.

기일(忌日)에 연회에 참석하는 일에 관한 문제에서도 또 한 차례의 논쟁이 있었다. 정이는 소식(素食)을 주장하였는데, 그 이유는 "예란, 상례(喪禮)에서는 음주를 하지 않고 고기를 먹지 않는다. 기일은 상(喪)의 나머지 일부"라는 점이었다. 그러나 야채로 만든 반찬은 거칠고 현미(玄米)는 먹기 어렵기 때문에 일찍이 폐지되었었다. 소식은 정이의 주장을 용인할 수 없어 육식(肉食)을 갖추도록 명령하고 동시에 큰소리로 질책하기를 "유씨(劉氏)를 위하는 자는 왼쪽 어깨를 걷으라"[47]고 하였다. 이에 정이의 문인은 소식(素食)을 하고, 소식(蘇軾)의 문인은 고기를 먹었다. 이러한 의기(意氣)의 투쟁은 동시에 사상관념의 대립을 포함하고 있다.

끝으로 낙학과 촉학의 투쟁은 문인들이 부채질하여 점점 더 가열되었다. 소식은 시험관이 되어 "지금의 조정은 인조(仁祖. 저자주: 仁宗)의 충후함을 스승으로 삼고자 하는데 백관이 자기 직분을 다하지 못하고 그 직분만 즐기려는 사람이 있어 근심되며, 신종(神宗)의 노력하는 정신을 본받고자 하나 감사(監司)가 명령을 받음에 그 뜻을 알아차리지 못하고 오히려 해치지 않을까 두렵다."(「策問·師仁祖之忠厚, 法神考之勵精」)는 문제를 출제하였다. 이것은 자못 정확하게 인종과 신종 두 조정의 시정방침에서 다른 특징을 개괄한 것이었다. 그러나 낙당의 구성원들은 "앞 조정(神宗)을 헐뜯고 비방하였다."는 죄목으로 그를 탄핵하여 '촉당'의 이름으로 묶어서 소식을 공격하였다. 촉당의 구성원들은 또 정이를 "아랫사람을 능욕하고 (윗사람에게는) 간사하여 잘 아첨하고 평소 향(鄕)[48]을 위한 행정이 없다. 경연에서 강론할 때 분수에 넘는 언행을 일삼는다. 귀한 신하들을 두루 만나보고 대간(臺諫)[49]들을 하나하나 조종하였다. 야단스럽게 입을 놀려 비방하고 어지럽히며 은혜와 원수를 갚았다. 시정에서 다섯 귀신의 수괴로 지목하는 데 이르렀다."(「이천선생연보」, 『이정집』 343쪽)고 공격하였다. 이러한 투쟁은 끝내 서로가 다 패하여 상처를 입었으니 정이는 "결국 촉당에 의하여 축출되었고", 소식도 "2년 동안 사방으로 비방을 받아" 조정에 있는 것이 불안하여 지방으로 보직을 받아 떠날 수밖에 없었다.

---

47) 爲劉氏者左袒: 편듦. 가세(加勢)함. 한나라 때 여후(呂后)가 반란을 꾀할 때, 주발(周勃)이 군중(軍中)에서 여씨(呂氏)를 돕고자 하는 자는 우단(右袒)하고 황실을 돕고자 하는 자는 좌단(左袒)하라고 명하자 군사 모두가 좌단(左袒)한 고사(故事). 여기서는 정이(程頤)가 아니라 황제를 위하는 자는 이쪽으로 오라는 뜻.

48) 행정구역의 하나. 진한의 제도로 10리에 1정(亭)을 두고 10정을 향(鄕)이라 함.

49) 당·송 때의 어사(御使) 간의대부(諫議大夫)의 총칭.

낙당과 촉당의 투쟁은 다음 몇 가지 학술영역에 집중되어 있다.

첫째, 문학과 예술에 관한 문제다.

촉학의 성취는 주로 문학과 예술 방면에서 이루어졌다. 소식(蘇軾)은 북송의 구양수(歐陽修)를 계승한 문단의 거장으로써 산문·시사(詩詞)·서화(書畵)·예술 등의 방면에서 모두 중대한 공헌을 하였으며 북송문학을 대표하는 최고의 업적을 이루었다. 그리하여 당시의 문학·예술계에서 가장 높은 명성과 영예를 누렸다. 그러나 낙학의 업적은 리학(理學)을 창시한 데 있으며 이론적 사유에 뛰어났다. 정이는 경문(經文)이 중요하다고 말했다. 그는 고대의 학문은 통일되었으나 당대의 학문은 분열되어 문장학과 훈고학 그리고 유학의 세 가지로 분열되었으며 게다가 이단의 학문을 그 속에 포함하고 있다고 하였다. 그리고 이 세 가지 학문 가운데 다만 "유자의 학문"만 취할 가치가 있다고 생각하여 "도를 따르려고 하면 유자의 학문을 버리고서는 불가능하다."(「遺書」 권18, 『이정집』 187쪽)고 하였다. 정이는 당대의 학자들이 세 가지 병폐를 가지고 있다고 보았는데 첫째 문장에 탐닉하고, 둘째 훈고에 끌려가고, 셋째 이단에 미혹되었기 때문에, 이 세 가지 병폐만 제거하면 곧 "도를 따를" 수 있다고 생각하였다. 그리고 그는 문학적인 재능을 갖춘 것은 인생의 큰 불행이라고 생각하여 "사람에게는 세 가지 불행이 있는데, 어려서 고과(高科: 과거급제)에 오름이 하나의 불행이며, 부모형제의 세력에 의지하여 좋은 관직에 앉음이 두 번째 불행이며, 재능이 높고 문장에 능함이 세 번째 불행이다." (「外書」 권12, 『이정집』 443쪽)라고 하였다. 이러한 관점을 살펴보면 소식은 24세에 "현량방정능언극간과(賢良方正·能言極諫科)"[50]에 제3등[51]으로 합격하여[52] 특별한 영

50) 한당(漢唐) 이후 과거의 시험과목. 본래는 賢良方正·能直言極諫科다.

51) 여기서 제3등은 세 과목의 동시 장원(壯元)을 의미한다.

52) 저자주: 송초 이래 제3등에 합격한 사람은 오육(吳育)과 소식(蘇軾) 두 사람뿐이다. 북송 전체로서도 단지 네 사람만 있었는데 이 두 사람 외에 범백록(范百祿)과

예를 누렸으며, 문학으로 당세에 이름을 떨쳤는데, 이것이 곧 소식에게는 최대의 '불행' 이라는 말이다. 문학과 예술을 경시함은 사실 정이와 같은 리학가들이 가진 일종의 편견이었다. 낙학과 촉학이 갈라지게 된 가장 근본적 이유는 문학과 예술에 대하여 서로 다르게 본 데 있다.

둘째, 성정(性情)에 관한 문제다.

이것도 낙학과 촉학이 논쟁한 초점의 하나다. 소식은 일찍이 가우(嘉祐) 6년(1061)에 조정에서 제정한 과거고시에 응시한 논문에서 자기의 '인정'설을 제출하였다. 그는 "성인의 도는 그 근본에서 보면 모두 인정에서 나왔다."(「中庸論」)고 하고, 또 "6경(六經)의 도는 오직 인정에 가까우며 이런 까닭에 오래 전해지고 없어지지 않았다."(「時論」)고 하였다. 이것은 곧 인정이 '성인의 도'가 되는 출발점이라는 말이다. 그는 인정을 옹호하는 입장에서 사람의 성(性)과 정(情)을 나누고 또 대립시키는 이론에 반대하고 성과 정은 통일되어 있다는 입장을 견지하였다. 그가 말 한 바 성과 정은 사실 사람이 공유하였으며, 태어나면서부터 갖춘 자연적 생리의 본능으로 천덕(天德)이 아닐 뿐만 아니라, 원죄도 아니다. 이것은 일종의 자연인성론의 관점이다. 소식이 보기에 유가가 주장하는 '예'도 인정에서 생겼다고 보아 "예의 처음은 인정에서 시작한다."(「禮以養人爲本論」)고 하였다. 그리고 인정은 예의 제한을 받지 않으며, 또한 예는 인정에 순응하고 이바지하기 때문에 예는 반드시 처음부터 끝까지 자신과 보통 사람의 정·개성과 더불어 자유롭고 충분한 조화를 유지한다고 하였다. 소식은 바로 이러한 관점에 근거하여 정

공문중(孔文仲)이 있다.

오육: 송 오대문(吳待問)의 아들, 자는 춘경(春卿), 시호는 정숙(正肅), 진사(進士), 관직은 자정전대학사(資政殿大學士). 『송사』 291 참조.

범백록: 송 범진(范鎭)의 조카, 자는 자공(子功), 시호는 문간(文簡), 진사(進士), 한림학사(翰林學士). 『송사』 337; 『송원학안』 19 참조.

공문중: 송 연지(延之)의 아들, 자는 경보(經父). 『송사』 344쪽 참조.

이가 완고하게 견지한 "고례(古禮)"에 대하여 매우 혐오하고 통렬하게 반박하였으며, 정이의 '경(敬)'이란 글자를 타파해야 한다고 공언하였다.

소식은 인정을 근본으로 삼아 선악의 관념을 설명함으로써 다시 리학의 도덕 윤리론과 날카롭게 대립하였다. 그는 선은 사람의 정감과 욕망을 만족시키는 것이며 그렇지 않으면 악이라고 생각하였다. 왜냐하면 인정과 인욕은 인류가 생존하고 번영하는 데 공통의 필수요소이기 때문이다. 따라서 사람들은 마땅히 평등하게 이러한 인정과 인욕을 얻고 만족시키는 권리와 기회를 얻어야 한다는 말이다. 이러한 뜻에서 보면 인정과 인욕을 만족함은 선이며, 인정과 인욕을 억누르고 없애버림은 악이다. 이것은 이고(李翶)로부터 정이에 이르기까지의 성선정악설(性善情惡說)에 대한 유력한 비판이다. (정이의 性·情·才에 관한 학설은 장차 뒤에서 논술할 것이므로 여기서는 생략한다) 뒷날 주희는 평론하기를 "이천선생은 법도에 맞게 행동하였으며, 벽을 뛰어넘어 경계를 없애고자 하였고, 기(氣)는 왕성하였으나 마음은 소박하였다. 그리고 지식과 덕행이 뛰어났다."(「이천학안」 하, 『송원학안』 권16)고 하였다. 주희가 보기에 정이와 소식이 생각한 덕행은 선명하게 대조적이었다. 주희는 소식을 배척하면서 "그는 방자하기가 그지없고 단정한 사람을 만나면 스스로 예를 지켰으나 그가 점검할까 두려워하여 임의로 비방하였다."고 하였다. 또 만약 그가 재상이 되었다면 왕안석보다 "파괴함이 더욱 맹렬하였을 것이다."(『주자어류』 권130)라고 하였다.

소식의 '인정'설 가운데 생리적 본능인 인정과 인욕을 억압함에 반대한 반리학(反理學)의 경향이 있었으며, 이것은 당연히 리학가들에게는 용인될 수 없었다. 낙학의 관점에 따르면 비록 소식(蘇軾)은 학술이 없다고 말할 수는 없지만, 그가 "도를 실천하였다."고 할 수는 없다. 왜냐하면 "그의 학문은 곧 장의(張儀)와 소진(蘇秦)이 되려는 학문[53]이었고, 힘써 그 문장을 닦음은 임기응변을 잘하기 위함이어서 안정된 이치가

53) 출세를 위해 듣기 좋은 언변술을 추구하는 학문이라는 의미.

없었기"(「洛蜀黨議」, 『宋史紀事本末』, 441쪽) 때문이다. 어떤 의미에서는 낙학과 촉학의 논쟁은 사실상 리학과 리학을 적대시하는 학파간의 대결이었다.

셋째, 정통(正統)에 관한 문제다.

소식은 일찍이 정통론(正統論)에 대하여 이의를 제기하였다. 그는 다음과 같이 말하였다.

> 정통이라는 이름이 어디에 있는가의 문제일 따름이다. 이름은 있지만 그 백성을 유익하게 할 수 없다면 이름은 가벼워지고, 이름이 가벼워지면 실질[實]이 무거워진다. 나는 천하의 실질을 무겁게 하고자 하였으므로 이에 비로소 정통을 가볍게 여겼다.
>
> 正統者, 名之所焉而已. 名之所在而不能有益乎其人, 而后名輕, 名輕而后實重. 吾欲重天下之實, 于是始乎輕正統. (「后正統論三首」, 『蘇東坡全集』 권21)

이른바 정통(正統)이라는 말은 '이름'에 불과할 뿐이며, 결코 사물의 본질을 대표할 수 없다는 말이다. 그는 역사상의 각 왕조가 결국 무엇으로 정통을 대표할 자격이 있는가의 문제에 대하여 자신의 특수한 관점을 가졌다. 그는 "천하에 임금다운 임금이 없다면 그를 몰아내고 천하를 제도한다. 탕왕(湯王)과 무왕(武王)은 이미 죽었는데 내가 어찌 정통[正]을 얻으리오? 그러므로 임금을 몰아내는 일은 역시 당시의 실정일 뿐이다."라고 하여 능히 "몰아내고 천하를 제도함"이 곧 '정통'이라고 생각하였다. 이러한 기준에 의하면 삼국시대에 "위(魏)나라가 비록 천하를 통일하지는 못하였지만, 천하에 위나라만큼 강한 나라가 없었다." 이에 따라 "위나라가 천하를 통일할 수 없었으므로 위나라에 정통을 부여함은 부당하다."(「后正統論三首」, 『소동파전집』 권21)고 할 수 없다고 하였다. 소식은 분명히 조조(曹操)의 위나라가 정통을 대표한다고 주장하였다.

정이의 정통관은 소식과는 정반대이다. 어떤 사람이 그에게 "삼국 가운데 누가 정통인가?" 물으니, 그는 "촉(蜀)의 뜻이 한실(漢室)을 부흥시키는 데 있으므로 정통이다."라고 대답하였으며, 아울러 제갈량(諸葛亮)을 "유자의 기상이 있다."(「遺書」 권18, 『이정집』 233쪽)고 칭찬을 아끼지 않았다. 그는 당조(唐朝)의 정책과실을 언급하면서, 당태종이 왕위를 찬탈함으로써 기강을 문란하게 하여, 전체적으로 당조는 "삼강(三綱)이 없으니" 당태종이 바로 그 괴수라고 비난하였다. 그는 "당대의 정관(貞觀) · 개원(開元) 시기가 비록 평화로웠다고 하지만 역시 오랑캐의 풍습이 있었고, 부자 · 군신 · 부부의 삼강이 문란하였으니 그 근원은 태종에 있다."(「유서」 권18, 『이정집』 236쪽)고 하였다. 범조우(范祖禹)는 『당감(唐鑒)』을 쓰면서 구체적으로 정이의 정통론의 관점을 관철하였고, 정이는 그 책을 "세상에 널리 전할 만하다."(「외서」 권11, 『이정집』 439쪽)고 칭찬하였다. 정이의 정통관은 후세의 리학가와 사학가에게 매우 큰 영향을 끼쳤다.

넷째, 유 · 불 · 도의 관계에 관한 문제다.

촉학은 유 · 불 · 도 삼교의 합일을 제창하였다. 소식은 아래와 같이 말하였다.

> 공자와 노자는 가문이 다르며, 유가와 불가는 직분이 다르며, 또한 그 사이에 선종과 율종이 교대로 공격하였다. 내가 큰 바다를 보니 동쪽과 남쪽 방향의 강과 하천은 비록 다르지만 이르는 곳은 같았다.
>
> 孔老異門, 儒釋分宮, 又于其間, 禪律交攻. 我見大海, 有此南東, 江河雖殊, 其至則同. (「祭龍井辨才文」, 『東坡后集』 권16)

이것은 유 · 불 · 도의 삼교가 길은 다르지만 뭇 하천이 바다라는 한 곳으로 귀결됨과 같은 뜻임을 말하였다. 소식은 삼가(三家)의 장점을 널리 모아 원만하고 활기 있게 운용함으로써 유가를 신봉하되 진부하지 않고, 선(禪)을 담론하되 불가에 아첨하지 않고, 도가를 즐기되 인생을 염증내어 포기하지 않았다. 그는 대체로 유가의 "그 불가함을 알면서도 그것을 하는" 참여정신에 따라 정치에 임하고, 노장(老莊)의 때에 맞추어 귀화하고 소박하게 자연에 따르는 태도로써 몸을 기르고, 동시에 선학(禪學)의 우환을 꿰뚫어봄과, 유학의 "들어감이 없으면 스스로 얻음도 없다."는 사상을 결합하여 인간세상의 때를 만나지 못함[坎坷]과 고난[磨難]에 대처하였다. 이로써 소식을 대표로 하는 촉학(蜀學)이 유·불·도를 대하는 태도는 그 필요한 바를 취하여 쓰임을 구함임을 알 수 있다. 그들의 이러한 태도는 유가의 정통으로 자부하는 낙학의 영수인 정이가 볼 때 자연히 경전을 벗어나고 도를 어지럽히는 일이었다. 정이는 공개적으로 불가와 도가를 비판하는 입장을 취하였다. 그가 보기에 도가학설은 비교적 해가 적었지만, 불학의 해로움은 매우 컸다.

> 도가의 설은 그 해가 적게 미친다. 오직 불학만 지금은 사람마다 그것을 담론하여 하늘까지 가득 차 그 해가 끝이 없다.
> 如道家之說, 其害終小. 惟佛學, 今則人人談之, 瀰漫滔天, 其害無涯. (「遺書」 권1, 『二程集』 3쪽)

> 현재 이교의 해를 보면, 도가의 설은 더 이상 허물이 없으나, 오직 불가의 설이 만연하여 미혹되고 탐닉함이 지극히 심하다. 오늘날은 불가가 성하고 도가는 한적하다.
> 今異教之害, 道家之說則更沒可辟, 唯釋氏之說衍蔓迷益至深. 今日是釋氏盛而道家蕭索. (「遺書」 권2상, 『二程集』 38쪽)

정이도 불가와 도가의 영향을 받았으나, 그것은 단지 불교를 원용하여 유가를 증명하거나 도가를 원용하여 유학을 증명하였을 뿐, 처음부터 끝까지 유가의 기본입장을 떠나지 않았으며, 그 학술상의 종지도 완전히 유가로 귀결된다. 이것은 소식이 유·불·도를 한데 묶어 '삼교합일(三教合一)'을 제창한 사실과는 다르다. 낙학과 촉학의 대립은 여기서 매우 분명히 드러난다.

이상의 네 가지 점이 낙학과 촉학의 주요 갈림길이다. 촉학의 장점은 형상사유(形象思惟)에 있지 이론사유에 있음이 아니다. 소식 등의 인물이 문학과 예술상에서 뛰어난 업적을 이루었음은 부인할 수 없다. 그리고 문학과 예술의 범위를 벗어난 이론의 영역에서도 비록 몇몇 견해이긴 하지만 매우 탁월하였다. '인정'설은 인간의 자연스런 순진함을 강조하고 '교정진물(矯情鎭物)'[54]에 반대하여, 어느 정도 평등과 자유의 사상적 싹을 갖추었으며, 그의 정통관은 "세상에 나아가 천하를 제도함"을 정통으로 삼아 중국의 고대문화사상 가운데 창조성의 전통을 계승하였다. 다만 총체적으로 말하면 촉학의 이론적 깊이는 깊지 않다. 이와는 달리 낙학의 장점은 이론사유에 있다. 낙학은 리학의 초석을 마련하고 당시로서는 선택할 수밖에 없는 사상체계를 확립하였다. 촉학과 더불어 대비되는 내용 가운데 더욱 분명한 내용은 낙학이 통치계급의 지도이론이 되어 관방철학(官方哲學)으로 상승한 것은 역사발전의 필연이었다는 점이다.

54) 억지로 차별을 두려고 하거나, 순리를 따르지 않고 자신의 입장대로 사물을 꿰어 맞추려는 태도를 말함.

제 3 장

낙학의 창시인
정호 · 정이

낙학은 천리론(天理論)을 기초로 자연철학 · 정치철학 · 인생철학을 하나로 용해한 유심주의 리학의 사상체계이다. 그 창시인은 정호(程顥)와 정이(程頤)로서 사람들은 항상 이정(二程)이라고 통칭하였다.

이정의 본적은 안휘성(安徽省) 휘현(徽縣)(「河南程氏家譜」; 歐陽修 「程文簡公神道碑」)이며, 후에 중산박야(中山博野)로 이사하였다.(「명도선생 행장」, 『이정집』 630쪽) 고조부인 정우(程羽)는 송나라 초에 관직이 병부시랑(兵部侍郎)에 임명되었을 때 "저택을 하사받아 처음으로 개봉(開封: 당시 汴梁)에 거주하였으며"(「叔父朝奉墓志銘」, 『이정집』 656쪽), 사후에는 소사(少師)로 추증되었다. 그리고 후손들이 여러 대에 걸쳐 관직에 나갔다. 이정의 부친인 정향(程珦)은 음비(陰庇)[55]로 관직에 나가 태중대부(太中大夫)에 이르렀다. 정향은 스스로 쓴 묘지(墓志)에서 다음과 같이 말하였다. "천성(天聖)[56]의 때에 인종(仁宗)이 조종(祖宗) 구신(舊臣)의 안위를 염려하여 그 자손들을 모두 교사(郊社)[57]의 재랑(齋郎)[58]에 보임(補任)하였다. 황주(黃州)의 황피(黃陂)와 길주(吉州)의 여릉

55) 공신의 후손에게 황제가 내리는 벼슬
56) 연호(年號). 송 인종(仁宗: 趙禎)의 때(1023～1031)
57) 여기에서 하늘과 땅에 제사를 지냈다.
58) 제향(祭享) 때에 집사(執事)를 맡은 관원.

(廬陵) 등 두 현의 현위(縣尉)를 거쳐 윤주(潤州)의 관찰지사(觀察支使)를 역임하였다. 안찰관(按擦官)으로부터 추천을 받아 다시 대리사승(大理寺丞)이 되고 건주(虔州)의 흥국현(興國縣), 기현(冀縣), 서주패현(徐州沛縣)의 지사(知事)가 되었다. 서경염원(西京染院)을 겸하고, 지풍(知風)·자(磁)·한(漢) 등 3주의 지사를 지냈다. 희령(熙寧) 중에는 일에 염증을 느껴 한가한 직책을 청하여 서경(西京) 숭산(嵩山)의 숭복궁(崇福宮)을 관리하였다. 임기가 차 다시 재임한 뒤 드디어 퇴임을 청하였다. 관직은 대리사승에서부터 태중대부(太中大夫)에 이르렀다. 공훈(功勳)은 기도위(騎都尉)에서부터 상주국(上柱國)에 이르렀다. 작위(爵位)는 영년현백(永年縣伯)이었으며, 식읍(食邑)은 900호(戸)였다."(「文集」 권12, 『이정집』 645쪽) 정향의 일생에서 관료로서의 경력과 관직·공훈·작위·녹봉을 보면 그가 상당히 우월한 사회적 지위를 누린 중등관료임을 알 수 있다. 곧 이정은 관료세가의 출신이었다.

정향(程珦)은 송 인종 가우(嘉祐) 원년(1056)에 그의 조고(祖考)의 묘를 이천(伊川)으로 이장한 뒤 낙양(洛陽)의 이도방(履道坊)으로 이사하였으며 퇴임 후에 낙양에 거주하였다. 이정은 낙양을 중심으로 적극적으로 학술활동에 종사하였으므로 그들이 창립한 학파를 "낙학(洛學)"이라고 칭하였다.

제1절: 정호(程顥)의 정치와 학술활동

정호의 초상

정호(程顥)의 자는 백순(伯淳)이며 송 인종(仁宗) 명도(明道) 원년(1032)에 출생하여, 신종(神宗) 원풍(元豊) 8년(1085)에 생을 마쳤다. 학자들은 명도선생(明道先生)이라고 부른다.

정호의 청소년기는 부친이 주(州)와 현(縣)의 지방관을 지낼 때다. 관료 사대부이며 학자풍의 가문은 정호로 하여금 어릴 때부터 책을 벗하고 예를 알게 하였다. 그는 "어릴 때부터 시서(詩書)를 암송하고 기억함이 보통사람보다 뛰어났다. 10세 때 시부(詩賦)를 지었으며 12~3세 때는 지방학교에 다니는 무리 가운데 나이 든 성인과 같아 보는 사람마다 애지 중지하지 않은 사람이 없었다."(「명도선생행장」, 『이정집』 630쪽) 문인인 유립(劉立)은 다음과 같이 서술하였다.

> (정호는) 일찍이 「작탐천(酌貪泉)」을 부(賦)한 시에서 "중심이 굳건하니 외물이 어찌 변화시키리오!"라고 하였다. 당대의 선달들이 일찍이 그 지조를 인정하였다.
>
> (程顥)嘗賦「酌貪泉」詩曰: "中心如自固, 外物豈能遷?" 當世先達許其志操. (「門人朋友敍述」, 『二程集』 328쪽)

소년시기의 정호가 드러낸 뜻과 정조(情操)는 이미 당시 현달(賢達)들의 찬사를 받았으며, 그러한 개성과 특징은 일생동안 분명하게 표현되었다.

정호는 리학의 창시자인 주돈이(周敦頤)의 영향으로 '구도(求道)'에의 길로 전향하였는데 동생인 정이는 명도의 행장에서 "15~6세 때 여남(汝南)의 주무숙(周茂叔)이 논하는 도를 듣고 드디어 과거공부를 싫어하고 개연히 구도의 뜻을 품었다."(「명도선생행장」, 『이정집』 638쪽)고 기록하였다. 그러나 정호는 비록 구도에 뜻을 두었지만, 주돈이가 말하는 '도'를 깊이 체득하지 못하여 그 요령을 얻을 수 없었다. 이 때문에 그는 제자백가를 섭렵하고 불가와 도가의 학문을 10여 년 간 연구한 뒤에 다시 돌이켜 유가의 경전을 깊이 연구한 뒤 비로소 도를 체득하고 덕을 쌓아 스스로 일가를 이룰 수 있었다.

송 인종 가우 원년(1056)에 정호 형제는 부친 정향이 국자감(國子監) 박사(博士)로 부임함에 그를 따라 수도 개봉에 도착하였다. 그 다음해 정호는 진사(進士)시험에 급제하여 관리로서의 생애를 시작하였다. 그의 관리경력은 대체로 세 시기로 나누어지는데, 제1시기는 송 인종 가우 3년(1058)부터 송 영종(英宗) 치평(治平) 3년(1066)까지 몇몇 지방관을 지낸 시기다. 제2시기는 송 영종 치평 4년(1067)부터 신종(神宗)의 희령 3년(1070)까지 중앙관직을 지낸 시기며, 제3시기는 신종의 희령 4년(1071)에 박해를 받고 나서 원풍(元豐) 8년까지 줄곧 지방관을 지낸 때다. 정호의 일생을 통틀어 보면 관직을 역임한 적은 매우 적으나 마음을 다해 직책을 수행하여 통치자의 칭찬을 받는 정치적 업적을 쌓았다.

정호는 호현(鄠縣: 지금의 陝西 戶縣)의 주부(主簿)를 시작으로 뒤이어 상원현(上元縣: 지금의 江蘇 江寧縣)의 주부로 전근되고, 다시 진성(晋城: 지금의 山西 晋城)의 현령(縣令)으로 옮겼다. 이 몇 지방관을 지내는 중에 그는 다음 몇 가지 방면의 일에 힘썼다.

어렵고 얽힌 것을 해결하고 송사(訟事)를 줄였다. 정호는 처음 벼슬길에 올랐을 때 소송을 해결하는 재능을 분명하게 드러내었다. 「행장」에는 다음과 같이 기록하였다.

> 백성 가운데 그 형의 집을 빌려 살던 사람이 땅 속에 묻혀 있던 돈을 파내었다. 형의 아들이 소송을 걸어 "아버지가 묻었다."라고 하였다. 수령이 "이것은 증거가 없는데 어떻게 해결할까요?"라고 하니, 선생은 "이것은 쉽게 판단할 수 있다."고 하고 형의 아들에게 묻기를 "너의 아버지가 돈을 묻은 때가 언제인가?" 하니, "사십 년 전입니다.", "집을 빌려 준 때는 언제인가?" 하니, "이십 년 전입니다."라고 하였다. 즉시 관리를 파견하여 돈 1만 냥을 가져와 보고는 집을 빌려 살던 사람에게 말하기를 "현재의 관아에서 돈을 주조하여 세상에 보급한 것은 5~6년도 지나지 않았다. 그런데 이 돈은 모두 네가 태어나기 수십 년 전에 주조된 것이니 어떻게 된 일인가?"라고 하니 형의 아들이 드디어 자백하였다. 수령이 크게 기특하게 여겼다.
>
> 民有借其兄宅以居者, 發地中藏錢. 兄之子訴曰: "父所藏也." 令曰: "此無證佐, 何以決之?" 先生曰: "此易辨爾." 問兄之子曰: "爾父藏錢幾何時矣?" 曰: "四十年矣." "彼借宅居幾何時矣?" 曰: "二十年矣." 卽遣吏取錢十千視之, 謂借宅者曰: "今官所鑄錢, 不五六年卽遍天下. 此錢皆爾未居前數十年所鑄, 何也?" 其人遂服. 令大奇之. (『二程集』 630-31쪽)

이처럼 수령(守令)이 추리를 통하여 소송을 해결한 것은 매우 놀랄 만한 일이었다. 정호는 상원현(上元縣)의 현령으로 있을 때도 송사(訟事)를 줄이는 일에 착수하였다. 「행장」은 다음과 같이 기록하였다.

상원(上元)은 번거로운 읍이어서 소송이 하루에 적어도 200건이나 되었다. 위정자가 분명하게 열람하기에도 피로하니 어찌 치도(治道)에 힘쓸 여가가 있겠는가? 선생이 그것을 처방하니 한 달이 지나지 않아 백성들의 소송이 간략해졌다.

上元劇邑, 訴訟日不下二百. 爲政者疲于省覽, 奚暇及治道? 先生處之有方, 不閱月, 民訟遂簡. (『二程集』 631쪽)

이런 기록은 매우 간단하여 정호가 소송을 감소시키기 위해 취한 방법을 상세히 말하지 않았지만, 그가 효과적으로 송사를 줄였으며, 그것은 또한 치도(治道)와 밀접한 관련이 있음을 알 수 있다.

전세(田稅)를 균등히 하고 수리(水利)를 일으키고 보수하였다. 송대의 전세는 균등하지 않았으며, 특히 상원현은 "다른 읍에 비하여 더욱 심하여" 누적된 폐해가 매우 깊었다. 정호는 "수령이 되어 법을 고르게 하고, 백성이 근심을 모르게 하니 한 읍이 매우 균등해졌다." 그러나 이 일에는 또한 갈등도 있었다. 처음 시작할 때 "부자(富者)는 불편해 하여 이론이 분분하였으며 심지어 그 일을 그만두게 하려고 하였으나, 이윽고 감히 불복하는 사람이 하나도 없었다."(「명도선생행장」, 『이정집』 631쪽) 이 말은 정호가 세제(稅制)를 개량함에 대개는 그리 과격하지 않았기 때문에 많은 반대를 불러일으키지는 않았음을 설명한다. 정호가 상원현의 현령일 때 갑자기 여름에 많은 비가 쏟아져 하천의 제방이 무너졌다. 정호는 위 관청에 보고서를 올려 비준을 받아야 하는 규정을 위반하는 모험을 무릅쓰고 의연하고 과감하게 군중을 모아 제방을 수리하고 축조하여 풍부한 수확을 거두게 하였다. 「행장」에는 다음과 같이 기록하였다.

강남의 전답은 수로를 통하여 관개를 하였다. 한 여름에 제방이 크게 무너져 천명의 인부로도 막을 수 없었다. 법은 마땅히 부(府)에 보고하고, 부는 조사(漕司)[59]에게 품신(稟申)한 뒤에 공역을 계획하고 조정하도록 하

59) 공납(貢納)의 운송이나 그에 대신하는 세금의 출납 등을 맡은 관청 또는 관리.

였으니, 한 달이 걸려도 할 수 없었다. 선생은 "이와 같으면 작물은 벌써 말라죽을 것이니 백성이 장차 무엇으로 연명하겠는가? 백성을 구하는 것이 죄를 짓는 것이라면 사양할 바 아니다."라고 하고 드디어 백성을 동원하여 제방을 막으니 수확이 풍성하였다.

江南稻田, 賴陂塘以漑. 盛夏塘堤大決, 計非千夫不可塞. 法當言之府, 府稟于漕司, 然後計功調役, 非月余不能興作. 先生曰: "比如是, 苗槁久矣, 民將何食? 救民獲罪, 所不辭也." 遂發民塞之, 歲則大熟. (『二程集』 631쪽)

이것은 정호가 일을 처리하는 데 용감하여 일반적인 관리와 다름을 나타내는 것이다.

그는 공급을 조절하고 물가를 안정시켰다. 진성현(晋城縣)은 빈궁하고 낙후되어 생활이 어려웠으며 관아에서 파는 물품은 지극히 하찮은 것이고 가격도 비싸서, 어떤 때는 심지어 수십 배가 되기도 하여 백성들에게 재난을 안겨주기도 하였다. 정호가 진성의 현령에 재임하는 동안 공급을 조절하고 물가를 안정시키고 백성의 생활에 유리하도록 하는 제반 경제적 조치를 단행하였다. 「행장」은 다음과 같이 기록하고 있다.

선생은 항상 수요를 헤아려 부자들로 하여금 예비로 저장하게 하고, 값을 정하여 출하하게 하였다. 부자들은 이자를 불릴 수 있었고, 고을 백성이 드는 비용도 평상시에 비해 2~3할을 넘지 않았다. 백성을 징발하여 항상 인근으로 다녔는데 멀리서 싣고 올수록 식량을 사들이는 가격이 높았다. 선생이 부자들 가운데 적임자를 선택하여 인근의 군(郡)에서 미리 식량을 구입하도록 하니 비용이 크게 줄고 백성의 노력이 줄었다. 현(縣)의 창고에 든 잡곡과 돈이 수십만이어서 상시로 빌려주어 백성들을 보조하였다. …… 선생은 백성들이 생산하는 것의 많고 적음을 자세히 조사하고 그 선후를 헤아려 자료에 의해 (役을 차이 있게) 부여하니 하소연하는 사람이 없었다.

先生常度所需, 使富家預儲, 定其價而出之. 富室不失倍息, 而鄉民所費, 比常歲十不過二三. 民稅常移近邊, 載往則道遠, 就糴則價高. 先生擇富民之可任者, 預使購粟邊郡, 所費大省, 民力用紓. 縣庫有雜納錢數百千, 常借以補助民力. …… 先生盡知民産厚薄, 第其先後, 按籍而命之(差役), 無有辭者. (『二程集』 633쪽)

이러한 일련의 조치들은 당연히 지주들에게 우선 유리하였지만 백성들에게도 어느 정도 부담을 줄일 수 있었다. 이 때문에 지지를 얻었으며 "읍에 부임한 지 3년만에 백성들은 그를 부모처럼 사랑하였고, 떠나는 날 울음소리가 들을 진동하였다."(『이정집』 633쪽) 관리들의 치세가 보편적으로 암울했던 상황에서 백성들의 일에 다소 유익한 일을 하였으며, 백성들도 또한 그에 대하여 감사하게 여겼다.

또 오보(伍保)를 편성하고 학교를 부흥시켰다. 정호는 진성(晋城)의 현령으로 있을 때 향촌에 두 가지 조치를 시행하였는데 그 하나는 오보를 편성하였다.

> 향촌의 원근을 헤아려 오보(伍保)를 편성하여 그들로 하여금 부역을 서로 돕고, 환난을 서로 극복하게 하고, 간사하고 거짓됨을 허용하지 않았다. 무릇 배우자가 없거나 형제가 없어 고독한 사람과 불구가 된 사람은 친척과 향당의 사람들이 돌보도록 하여 소홀함이 없게 하였다. 여행을 떠나 타향에서 질병에 걸린 사람들은 모두 요양하게 하였다.
>
> 度鄕村遠近爲伍保, 使之力役相助・患難相恤, 而奸僞無所容. 凡孤煢殘廢者, 責之親戚鄕黨, 使無失所. 行旅出于其塗者, 疾病皆有所養. (「明道先生行狀」, 『二程集』 632쪽)

오보(伍保)는 이미 향촌에서 서로 돕고 서로 구제하는 민중조직이었으며 사회의 질서를 유지하는 치안조직이었다. 오보의 제도를 실행할 때 배우자 혹은 부모・형제가 없어 외로운 사람과 불구자들을 돌봄에 소홀하지 않게 돌보는 일이나, 타지에서 질병에 걸린 사람을 요양시키는 일은 비교적 어려웠지만 치안작용은 꽤 분명하였던 것 같다. 전하는 말에 의하면 3년 사이에 강도와 서로 싸워 죽이는 사람이 없었다고 한다.

또 다른 하나의 조치는 학교를 부흥시켰다.

> 모든 향촌에는 학교가 있었다. 한가한 때에 직접 가서 부형(父兄)과 노인들을 초청하여 함께 담론하였으며, 아동들이 읽는 책을 친히 구두(句讀)를 바로잡아 주었으며, 가르치는 자가 잘못하면 곧 바로잡아 주었다. 세

속은 바야흐로 매우 거칠고 야만스러워 학문을 할 줄 몰랐다. 선생은 자제들 가운데 우수한 사람을 선택하여 한데 모아 가르쳤다. 읍을 떠난 지 불과 10여 년만에 유복(儒服)을 입는 사람이 수백 명이나 되었다.

諸鄕皆有校. 暇時親至, 召父老而與之語; 兒童所讀書, 親爲正句讀; 教者不善, 則爲易置. 俗始甚野, 不知爲學. 先生擇子弟之秀者, 聚而教之. 去邑才十餘年, 而服儒服者蓋數百人矣. (「明道先生行狀」, 『二程集』 632쪽)

이렇게 원래 풍속이 상당히 조야(粗野)하고 문화가 낙후되어 "수백 년간 과거에 급제한 사람이 없는" 지방을 문화가 비교적 선진적인 현(縣)으로 바꾸었다. 희령과 원풍 연간에 이르러서는 "책을 접하는 사람이 수백 명이었고 과거에 급제한 사람이 10여명이나 되었다."(「門人朋友敍述并書」, 『이정집』 328쪽) 정호의 치적(治積)이 정계에 명성을 날림은 결코 이상한 일이 아니었다.

이와 같은 상황에서 정호는 명예롭게 제2시기의 관리생활로 진입하면서 중앙관직에 진출하였다. 희령 초에 어사중승(御使中丞)인 여공저(呂公著)의 추천으로 "태자중윤(太子中允), 권감찰어사이행(權監察御使里行)이 되었다." 어사는 언관(言官)으로서 황제에게 나아가 간언할 자격이 있으며, 불법을 행하거나 직책에 맞지 않는 관리를 탄핵할 수도 있고, 또 국가의 대사를 널리 논할 수 있다. 인재를 구하기에 급했던 신종(神宗)은 정호의 명성과 사람됨을 일찍이 들은 바가 있어서, 매우 큰 기대를 걸었다. 신종은 정호를 청하여 만날 때마다 조용히 담론하였고 고별할 때는 반드시 분부하기를 "자주 대면하기를 원하니 항상 그대를 볼 수 있기를 바란다."고 하였다. 한번은 함께 정오(正午: 半天) 때까지 담론하였는데 반열(班列)한 "일관(日官)[60]"이 때가 정오라고 알리니 정호가 황급히 물러날 뜻을 고하였다. 환관이 정호에게 말하기를 "어사(御使)는 임금이 아직 식사도 하지 않았음을 모릅니까?"라고 하였다. 정호는 여러 차례 알현하고는 허다한 건의를 하였는데 "큰 요점은 마음

60) 길일(吉日)의 선택을 맡아보던 관상감(觀象監).

을 바로 하고 욕망을 억제하며, 어진 이를 구하고 인재를 기름을 우선해야 한다."고 하였다. 그는 일찍이 신종에게 권하여 말하기를 "임금은 마땅히 아직 싹트지 않은 욕망도 방지하여야 한다."고 하였다. 신종은 몸을 굽히며 예를 갖추어 말하기를 "마땅히 경(卿)이 경계한 일을 하겠다."라고 하였다. 인재를 논함에 그가 "폐하께서는 어찌하여 천하의 선비들을 가벼이 여깁니까?"라고 하니 신종이 곧바로 "짐이 어찌 감히 그렇게 하겠는가?"라고 하였다. 진언(陳言)할 때마다 반드시 요점을 정리하여 "임금의 도리는 지성(至誠)과 인애(仁愛)를 근본으로 삼아야 한다."고 하고, 공리(公利)에 대해서는 한 마디도 언급하지 않았으므로 신종은 또한 그가 현실에 어둡다고 의심하게 되었다. 정호가 다시 치도(治道)에 대하여 진언하기를 기다렸다가 신종은 드디어 말하기를 "이것은 요순의 일로서 짐이 어찌 감당하겠는가?"라고 하니 정호는 초연(愀然)히 얼굴빛을 바꾸면서 말하기를 "폐하의 이 말은 천하를 복되게 하는 말이 아닙니다."(「明道先生行狀」, 『이정집』 633-34쪽)라고 하였다.

정호는 권감찰어사이행을 맡은 기간에 신법을 반대하는 입장으로 돌아섰다. 그는 "앞장서 논의를 주도"하지는 않았지만, 분명히 상소를 올려 왕안석(王安石)의 신법(新法)을 비판하였다. 그는 가장 해를 끼치는 것이 "청묘법(青苗法)"이라고 반대하였다. 제거관(提擧官)[61]이 곡식을 강제적으로 분배하여 빌려주면서, 먼저 이자를 공제하는 이러한 법의 시행은 인심을 얻지 못할 뿐만 아니라, 안전의 근본과 치란(治亂)의 기틀을 흔드는 일이라고 생각하였다. 그는 신종이 "인민의 근심을 제거하고, 이식(利息: 이자)을 버리는 인(仁)을 시급히 추진하여" 청묘법을 폐지할 것을 희망하였다. 상주문을 올려도 응답이 없자, 그는 재차 상소하여 왕안석이 주도하는 변법은 "한두 명의 용렬한 신하가 대계(大計)를 도모하고, 천한 사람을 등용하여 귀인을 능멸하고 사(邪)가 정(正)을

61) 특종(特種)의 사무를 주관하는 벼슬. 송대에는 제거수리(提擧水利), 제거다염(提擧茶鹽)이 있었다.

막는다."고 공격하였다. 또 요행히 자그마한 성취가 있을 수 있지만 "이익만 도모하려는 신하가 날로 진출하고, 덕을 숭상하는 풍조가 점점 쇠퇴하니 더욱 조정의 복이 아니다."(「文集」 권1, 『이정집』 456-58)라고 하였다. 관례를 보면 언관(言官)이 상주한 건의가 부당하면 파면되어야 한다. 정호도 상소하여 신법을 반대한 이상 응당 파면되어야 했다. 이에 서경로동제점형옥(西京路同提点刑獄)으로 임명·파견되었고 다시 첨서진령군절도판관사(簽書鎮寧軍節度判官事)로 전임되었다. 정호가 중앙정부의 어사아문(御使衙門)의 관직에 있은 기간은 겨우 9개월로 모두 263일이었다. 그 이유는 아무런 공적이 없어서가 아니라, 신법을 반대하였기 때문에 중앙정부에서 쫓겨난 것이다.

정호는 죄를 뒤집어 쓴 마음을 안고, 제3시기의 벼슬생활을 시작하였다. 그는 핍박을 받은 이후 단주(澶州)로 부임하여 희령 5년(1072)까지 있다가 교사패은(郊祀霈恩)[62]으로 비로소 죄를 용서받고 구감국양친(求監局養親)[63]을 받았으나 곧 바로 그만두고 돌아와 낙양에 거주하였다. 1년이 좀 지난 후 감서경낙하죽목무(監西京洛河竹木務)가 되었다. 희령 10년(1077)에 태상승(太常丞)으로 관직이 바뀌었다. 원풍 원년(1078) 부구(扶溝)의 지현(知縣)이 되었다. 그 다음해 판무학(判武學)으로 제수되었으나, 언관들이 반대하므로 옛 임지로 복귀하라는 조서가 다시 내려졌으며, 원풍 3년(1080)에 벼슬을 버리고 돌아왔다. 원풍 6년에 감여주주세(監汝州酒稅)가 되었다. 원풍 8년(1085)에 신종이 죽고 철종(哲宗)이 즉위하자 정호는 "담은(覃恩)[64]으로 승의랑(承議郎)이 되었고", 다시 "종정사승(宗正寺丞)으로 부름을 받았으나 이행하기 전에 병으로 세상을 떠났다."(「명도선생행장」, 『이정집』 637쪽)

이 시기에 정호는 힘써 정사에 임하는 한편 동생 정이와 함께 문도를 모아 강학에 더욱 주력하였다. 즉 "낙양에 거의 10여 년간 거주하면

---

62) 천자가 천지(天地)에 제사를 지낼 때 베푸는 사면령(赦免令)
63) 과거시험장의 문지기.
64) 임금이 베푸는 은혜.

서 동생 이천과 함께 집에서 강학하며 향당(鄕黨)의 교화(敎化)를 실행하였다. …… 학문하는 선비가 문간에 끊이지 않았으며 불원천리(不遠千里)하고 찾아오는 사람도 있었다."(「門人朋友敍述并序」, 『이정집』 333쪽) 이렇게 하여 형제 두 사람이 공동으로 낙학(洛學)을 창립하였다.

이 기간에 정호는 또 일련의 치적을 쌓았다.

첫째, 홍수를 막았다.

단주(澶州)에서 조촌(曹村)의 하천 제방이 무너졌는데 정호는 그 소식을 듣고 신속하게 100리 밖으로 돌아서 밤새워 달려가 홍수를 막는 긴급구조에 참가하였다. 그는 군수(郡守)에게 "조촌이 무너지면 경성(京城)도 염려된다. 신하의 직분으로 몸으로라도 막을 수 있으면 해야 한다. 청컨대 상병(廂兵)[65]을 보이는 대로 모두 동원하시오. 일이 혹 안 되면 그대는 마땅히 친히 금병(禁兵)을 동원해서라도 계속해야 합니다."(「명도선생행장」, 『이정집』 635쪽)라고 하였다. 군수는 진(鎭)의 직인을 그에게 주었고, 그는 즉시 현장으로 달려가 사졸(士卒)들을 격려하며 재빨리 보수하는 데 노력하였다. 당시 사람들은 물살이 너무 맹렬하여 터진 입구를 막는 일이 도저히 불가능하고 아무리 애를 써도 헛수고라고 생각하였다. 그러나 정호는 일체의 곤란을 돌보지 않고 수영에 능한 사람들을 모집하여 가는 줄을 입에 물고 건너편으로 헤엄쳐 건너가 다시 굵은 줄을 끌어당겨 여러 사람을 건넨 뒤 양쪽에서 함께 보수하도록 하였다. 이렇게 며칠 밤낮으로 노력하여 마침내 터진 구멍을 막아 보기 좋게 제방을 수리하였고 인민의 생명과 재산을 안전하게 보호하였다.

둘째, 재난을 구휼하였다.

---

65) 당·송 때 각 주의 주병(州兵) 가운데서 용장(勇壯)한 자를 뽑아서 서울의 금군(禁軍)에 넣고 남은 자를 본성(本城)에 둔 군대.

부구(扶溝)의 지현(知縣)으로 있을 때 수재(水災)가 발생하자 정호는 양식을 빌려주어 굶주림을 구제하기를 신청하였다. 이웃 현도 함께 신청하였다. 사농(司農)이 사람을 파견하여 조사하고 나서 이웃 현에게는 “곡식이 익기 전에는 빌려 줄 수 없다.”고 하였으나 오직 정호에게만 빌려줄 것을 상부에 요청하여 양식 6,000석을 얻어 굶주리는 백성을 구제하는 데 사용하였다. 사농이 양식을 빌려주어 구제하는 상황을 시찰해 보니 같은 호(戶)에 진대(賑貸)하는 양식의 수량이 달라 해당관리를 처벌하려고 하였다. 이에 정호가 변론하여 말하기를 “기아(饑餓)를 구제하는 일은 마땅히 사람의 많고 적음에 따라야지 호(戶)의 고하(高下)로 하지 말아야 하며, 또한 그렇게 실행하도록 한 것은 관리의 죄가 아니며 나의 죄이다.”(「명도선생행장」, 『이정집』 636쪽)라고 하였다. 이것은 이치에 따라 힘써 투쟁한 것일 뿐만 아니라, 스스로도 책임을 졌으며, 이것으로서 정호가 맡은 일에 용감하였음을 설명해준다.

셋째, 강도(强盜)를 소탕하였다.

「행장」에 “부구(扶溝)에는 평소 강도가 많아 풍년에도 강도가 줄지 않고 십여 건이나 발생하였다.”(『이정집』 636쪽)고 하였다. 여기서 말하는 강도는 생계에 쫓겨 불법적인 일을 일삼는 무리로, 백성에게 공포와 위협을 주어 곤궁에 빠뜨렸다. 정호는 이들을 엄격하게 소탕하여 결국 임기 내에 “강도가 없이 1년을 보냈다.” 그는 어떻게 이러한 일을 하였는가? 그 전형적인 사례를 살펴보면 다음과 같다.

> 세상 사람을 널리 구제하여 채하(蔡河)[66]라는 현의 경계까지 나아갔는데, 강 유역에 부랑민이 있어 생업을 돌보지 않고 오로지 뱃사람들을 협박하여 물건 뺏기를 일삼았으며, 어느 해는 십 수 척의 배를 불지를 정도로 위력을 떨쳤다. 선생이 처음 와서 한 사람을 체포하여 그 무리를 잡아들이니 수십 명이나 되었다. 그들이 구악(舊惡)을 완전히 고치지 못하니

66) 하남성(河南省) 상채현(上蔡縣)의 서남쪽에 있는 강.

여러 지역으로 흩어져 있게 하여 배를 끄는 일을 맡도록 하고, 또 나쁜 일을 하는 자를 살피게 하였다. 이로부터 읍에는 배가 불태워지는 근심이 없어졌다.

廣濟蔡河出縣境, 瀕河不逞之民, 不復治生業, 專以脇取舟人物爲事, 歲必焚舟十數以立威. 先生始至, 捕得一人, 使引其類, 得數十人, 不復根治舊惡, 分地而處之, 使以挽舟爲業, 且察爲惡者. 自是邑無焚舟之患. (『이정집』 636쪽)

한 명의 '부랑민'을 붙잡아 이 사람을 이용하여 이들과 같은 무리 수십 명을 색출하였다. 그후 이들에게 공을 세워 속죄하도록 명령하고, 그들을 각 지방으로 나누어 배를 끄는 인부로 삼았고 아울러 배를 약탈하려고 하는 미심쩍은 사람을 관찰하게 하였다. 이에 따라 정호가 다스리는 지역에는 더 이상 배를 불태우고 화물을 탈취하는 사건이 일어나지 않았다. 이것은 정호가 "난을 일삼는" 백성을 진압한 일이 자못 효과적임을 설명해 주는 것이다.

이러한 모든 일은 정호가 "시민여상(視民如傷)"[67]의 기치 하에 진행하였다. 「외서」 권12에는 다음과 같이 기록하였다.

명도선생이 이 현에서 일할 때 앉는 곳마다 모두 "시민여상(視民如傷)"이라는 네 글자를 써 붙였다. 항상 말하기를 "나는 이 네 글자에 대하여 부끄러워한다."고 하였다.

明道先生作縣, 凡坐處皆書"視民如傷"四字. 常曰: "顥常愧對此四字." (『二程集』 429쪽)

정호가 말한 "시민여상"의 내용이 무엇인가? 그는 스스로 다음과 같이 표현하였다.

무릇 수령의 직분은 반드시 경내의 백성들이 흉년과 기아에 굶어죽지 않도록 하고, 배불리 먹고 편안하게 살게 되어 예의(禮義)의 가르침이 있은 뒤에 다하게 된다. 그러므로 나는 부구현에서 학교를 일으켜 세우고

67) 임금이 백성을 다친 사람을 보듯이 깊이 사랑하고 가엽게 여김.

읍(邑)의 자제를 모아 가르쳤다.

夫爲令之職, 必使境內之民, 凶年饑歲免于死亡, 飽食逸居有禮義之訓, 然後爲盡. 故吾于扶溝, 興設學教, 聚邑人子弟教之, 亦幾成而廢. 夫百里之施至狹也, 而道之興廢系焉. (『二程集』 429쪽)

정호가 보기에 수령의 직분은 "백성을 보호함[補民]"과 "백성과 친밀함[愛民]"에 있었으며 그 내용은 역내의 백성이 재난과 기아로 인하여 죽음에 이르지 않도록 보호하고, 예의와 염치를 알도록 함이다. 이것이 "시민여상"의 개괄적인 뜻이다. 정호가 홍수를 막고 재난을 구한 일은 "흉년으로 기근이 들어도 굶어죽지 않도록" 하기 위함이며, 그가 강도를 소탕하고 학교를 일으킨 일은 "배불리 먹고 편안하게 살게 되면 예의의 가르침이 있는" 목표에 도달하기 위함이다. 이러한 두 가지 점을 행함으로써 그는 곧 "시민여상"이라는 네 글자에 부끄럽지 않게 되었다.

정호의 중요한 업적은 정치에 있지 않고 학술에 있다. 그는 동생 정이와 함께 낙학을 창립하였다. 정호가 세상을 떠난 후 정이가 쓴 「명도선생행장」에서 정호의 학문적 종지를 아래와 같이 설명하였다.

뭇 사물에 밝고 인륜을 살폈다. 성(性)을 다하고 명(命)에 따를 줄 알았으며, 반드시 효제에 근본하였다. 예악에 통달함으로 말미암아 귀신을 궁구하고 변화를 헤아릴 수 있었다. 이단과 사이비를 변별하여 백대에 걸쳐 밝히지 못한 미혹을 깨치니, 진·한 이래로 이와 같은 이치에 도달한 사람이 없었다.

맹자가 죽은 이후 성학(聖學)이 전해지지 않았다고 하고, 이 학문을 일으킴을 자신의 임무로 삼았다. 그는 말하기를 "도가 밝지 못함은 이단이 그것을 해치기 때문이다. 옛날의 해(害)는 비근하여 쉽게 알지만, 지금의 해는 깊어서 변론하기 어렵다. 옛날에 사람 미혹하게 됨은 그 미련하고 어두움으로 인하였지만, 지금 사람이 (미혹에) 빠짐은 고명한 사람들이기 때문이다. 스스로 귀신을 궁구하고 변화를 안다고 하지만 "사물이 자신의 본성을 따라 완전하게 이루어지게 하기"[開物成務][68]에는 부족하다. 말로

68) 주희(朱熹)의 「본의(本義)」, "開物成務, 謂使人卜筮 以知吉凶而成事業."

는 두루 고르지 않음이 없도록 한다고 하지만 실제로는 윤리를 벗어나 있으며, 깊이 궁구하고 지극히 미세함에 이르렀지만 요순의 도에 들어갈 수 없다."고 하였다.

明于庶物, 察于人倫. 知盡性至命, 必本于孝悌; 窮神知化, 由通于禮樂. 辨異端似是之非, 開百代未明之惑, 秦·漢而下, 未有臻斯理也.

謂孟子沒而聖學不傳, 以興起斯文爲己任. 其言曰: "道之不明, 異端害之也. 昔之害近而易知, 今之害深而難辯. 昔之惑人也, 乘其迷暗; 今之入人也, 因其高明. 自謂之窮神知化, 而不足以開物成務. 言爲無不主遍, 實則外于倫理; 窮深極微, 而不可以入堯·舜之道." (『二程集』 638쪽)

이것은 정호의 학설은 "성을 다하고 명에 따름[盡性至命]"과 '효(孝)와 제(悌)'의 통일, 그리고 "귀신을 궁구하고 변화를 헤아림[窮神知化]"과 '예(禮)'와 '악(樂)'의 통일을 중시하였으며, 우주의 '신묘한 변화'에 대하여 깊은 이해와 아울러 현실의 생활에 구체적으로 드러내고자 한 뜻임을 말해준다. 정호의 학술사상은 불교와 이단을 반대하고 "귀신을 궁구하고 변화를 헤아림"과 "깊이 궁구하고 지극히 미세함"에 능하며 또한 "사물이 자신의 본성을 따라 완전하게 이루어지게 하기"[開物成務]" 능하여 '윤리'를 실행하기를 요구한 말이다. 이러한 학술의 종지는 사실 낙학의 종지이기도 하다.

정이는 정호의 학술적 종지를 위에서처럼 핵심요점을 파악하여 설명하는 한편 정호에게 '도통(道統)'의 정통 계승인의 지위를 부여하였다. 그는 「명도선생묘표(明道先生墓表)」에서 다음과 같이 말하였다.

주공이 죽은 후 성인의 도가 행해지지 않았으며, 맹자가 죽은 후 성인의 학문이 전해지지 않았다. 도가 행해지지 않으면, 백 세라도 좋은 정치가 없으며, 학문이 전해지지 않으면 천 년이 지나도 진정한 유학자는 없다. 좋은 정치가 없으면 선비는 무릇 좋은 정치의 도를 밝힐 수도 있고, 다른 사람에게서 사숙하고 여러 후손에게 전할 수도 있다. 그러나 진정한 유학자가 없으면 천하 사람들은 분분히 그 갈 바를 알 수 없어, 인욕이 판치고 천리는 소멸된다. 선생은 (맹자로부터) 1400년 뒤에 태어나 남겨진 경전에서 전해지지 않았던 학문을 얻어 장차 이 도로써 이 백성들을 깨우치려는 데 뜻을 두었다. …… 선생이 나아가 성학을 창도하여 사람들을 가르치며, 이단을 변별하고 사설을 막으며, 옛날의 어둡고 미혹함을 깨우쳐 성인의 도가 선생으로 인하여 비로소 밝아졌으니 그 공이 크다.

周公沒, 聖人之道不行; 孟軻死, 聖人之學不傳. 道不行, 百世無善治; 學不傳, 千載無眞儒. 無善治, 士猶得以明夫善治之道, 以淑諸人, 以傳諸后; 無眞儒, 天下貿貿焉莫知所之, 人欲肆而天理滅矣. 先生生千四百年之后, 得不傳之學于遺經, 志將以斯道覺斯民. …… 先生出, 倡聖學以示人, 辨異端, 辟邪說, 開歷古之沉迷, 聖人之道得先生而后明, 爲功大矣. (『二程集』 640쪽)

정이는 여기서 리학의 '도통(道統)'설을 확립하였다. 황백가(黃百家: 黃宗羲)는 『송원학안(宋元學案)』에서 "이천이 선생[明道]을 표창(表彰)한 묘지명에서 '맹자가 죽은 후 성인의 학문이 전해지지 않았다. 학문이 전해지지 않으면 천 년이 지나도 진정한 유학이 없다'고 하였다. 선생은 1400년 후에 태어난 한 사람일 뿐이다. 이 말이 나온 후 후인은 모두 다른 말이 없었다."(「명도학안」 하, 『송원학안』 권14)고 하였다. '다른 말이 없었다'는 말은 당연히 후세의 리학가들을 가리킨다. '도통'설도 리학가들의 보편적 승인을 받았다는 뜻이다.

정호는 생전에 문언박(文彦博) · 한유(韓維) · 사마광(司馬光) 등 호족 · 귀족세력의 칭찬과 지지를 얻었지만, 왕안석의 신법을 반대하였기 때문에 장기간 중용되지 않았다. 그가 죽은 후 150년이나 지난 남송 이종(理宗) 단평(端平) 2년(1253)에야 비로소 "공자묘(孔子廟)에 모셔졌다." 순우(淳祐) 원년(1241)에 정호는 하남백(河南伯)으로 봉해졌다. 원대(元代) 중기 이후 신유학(新儒學)은 관학(官學)으로 상승되었고 이정의 지위는 또한 날로 높이 받들어져 특별한 영광을 누렸다.

제2절: 정이(程頤)의 정치와 학술활동

정이의 초상

정이는 자가 정숙(正叔)이며 인종(仁宗) 명도(明道: 정호의 호가 아님) 2년(1033)에 태어나 휘종(徽宗) 대관(大觀) 원년(1107)에 세상을 떠났다. 학자들은 이천선생(伊川先生)이라 칭한다.

정이는 소년시대에 정호와 같이 지방관인 아버지를 따라 객지를 전전하며 지냈다. 유년의 정이는 책 향기와 문하제자들이 있는 관료세가에서 일상적으로 진행하는 봉건예교의 교육을 받았다. 정이는 자신이 유년 때 받은 가정교육을 다음과 같이 묘사하고 있다.

나이가 5~6세 때 걷다가 혹 넘어지면 하인들이 달려와 부축하곤 했는데, 그때 울음을 터뜨린 까닭은 어머니가 "너는 찬찬하지 못하고 어찌 이렇게 넘어지느냐?"고 꾸짖으며 책망할 것을 뻔히 알았기 때문이었다. 음식은 항상 한 쪽에 앉아서 먹었는데, 일찍이 거친 채소 국을 먹어보고는 타박하며 먹지 않으니, "어릴 때부터 네 욕심대로 먹고자 하면 어른이 되어서는 어떻게 할 테냐?"고 하셨다. 비록 사령배들에게조차도 부득이한 경우가 아니면 나쁜 말로 나무라지 않았다. 그러므로 나의 형제가 평생 음식과 의복을 가리지 않고 나쁜 말로 남을 꾸짖지 않은 이유는 본성이 그러하였기 때문이 아니라, 그렇게 하도록 교육을 받았기 때문이다. 다른 사람과 다투어 성이 나도 직접 도와주지는 않고 "수그릴 줄 모르는 것을 근심하고, 펼치지 못하는 것을 근심하지 말라"고 하셨다. 점점 자라게 되자 항상 훌륭한 스승과 벗을 따라 어울리게 하였으며, 비록 가난하게 살아도 혹 손님을 청하고 싶어하면 기쁘게 그들을 위하여 준비해 주셨다.

才數歲, 行而或踣, 家人走前扶抱, 恐其驚啼, 夫人未嘗不呵責曰: "汝若安徐, 寧至踣乎?" 飮食常置之坐側, 嘗食絮羹, 皆叱止之, 曰: "幼求稱欲, 長當如何?" 雖使令輩, 不得已惡言罵之. 故頤兄弟平生于飮食衣服無所擇, 不能惡言罵人, 非性然也, 敎之使然也. 與人爭忿, 雖直不右, 曰: "患其不能屈, 不患其不能伸." 及稍長, 常使從善師友游; 雖居貧, 或欲延客, 則喜而爲之具. (「上谷郡君家傳」, 『二程集』 654쪽)

이와 같은 가정교육으로 말미암아 정이는 어려서부터 예의의 훈도(薰陶)를 받았기 때문에 "어려서부터 높은 식견이 있어 예가 아니면 움직이지 않았다."(朱熹: 「이천선생연보」, 『이정집』 338쪽) 여기서 '예(禮)'는 곧 봉건예교다.

정이는 14세 때 정호와 함께 주돈이(周敦頤)에게서 수학하였다. 주돈이의 영향 때문에 정이는 매우 일찍이 공맹의 도에 마음을 기울여 공맹의 도가 마땅히 당시의 세상에 써져야 한다고 주장하였다. 정이가 20세 때 영남(岭南)의 소수민족 수령인 농지고(儂智高)가 양광(兩廣: 廣東과 廣西)지방을 공격하여 함락시켰다. 정이의 외삼촌 후가(侯可. 저자주: 자는 無可)가 군인모집에 응하여 출정하였다. 정이는 「문구씨후무가응벽남정시(聞舅氏侯無可應辟南征詩)」[69]에서 "사람들이 말만 화려하게 꾸

69) 저자주: 이 시에는 정이(程頤)가 '18세 때'라고 표시하였지만 잘못이다. 『송사기

미기에 급급하여 도(道)와 멀어졌으며, 줏대 없는 학자들이 다투어 달려들었다. 선생은 홀로 분연히 맹가(孟軻)의 말을 떨쳐 일으켜 성인의 가르침을 받드니 날로 빛났다."(『이정집』 590쪽)고 하였다. 그는 오로지 사(詞)와 부(賦)만 숭상하며 높은 관직과 많은 녹봉을 구하는 "저속한 학자"를 공격하였을 뿐만 아니라, "도(道)가 커 당시의 세상에는 쓸 수 없다."고 애써 비난하는 선비들을 비판하였다. 그는 시에서 외족의 침범을 극단적으로 싫어하고 외삼촌의 이 행동이 훌륭한 공을 이루도록 축원하였다. 자구(字句)와 행간(行間)에 그 자신이 아직 할 수는 없으나 해보고 싶어 하는 마음을 드러내었으며, 조정에서 하루라도 드높은 재능을 발휘하기를 희망하였다. 정이가 일생동안 쓴 시는 수를 셀 수 없을 만큼 많으나 이것은 많지 않은 시 중의 한 편이다.

송 인종 가우(嘉祐) 원년(1056)에 정이 형제는 아버지를 따라 수도로 이사하였다. 정이는 태학(太學)에 입학하여 공부하였는데, 당시의 저명한 교육가인 호원(胡瑗)이 태학을 주관하였다. 호원은 "안자가 어떤 학문을 좋아하였는가를 논함[顔子所好何學論]"이라는 주제로 학생들에게 시험을 보게 하였다. 정이는 그가 주돈이를 따라 공부한 관점을 활용하여 한 편의 논문을 작성하였는데 거기에서 다음과 같이 말하였다.

> 성인의 문하에 그 무리가 3천이나 오직 안자(顔子) 만이 학문을 좋아하였다고 한다. 무릇 『시』·『서』 등 육례를 3천의 제자가 익히지 않고 통달하지한 것은 아니다. 그렇다면 안자가 홀로 좋아함은 무슨 학문인가? 배워서 성인의 도에 이르고자 한 것이다.
>
> 성인은 배워서 이를 수 있는가? 그렇다. 학문의 도는 무엇인가? …… 무릇 학문의 도는 그 마음을 바로 하고 그 성을 기르는 것일 뿐이다. 중정하고 정성되게 하면 곧 성인이다. 군자의 학문은 반드시 먼저 마음을

사본말(宋史紀事本末)』 권31을 살펴보면 손면(孫沔)이 정벌의 명을 받아 농지고(儂智高)를 토벌한 것은 황우(皇祐) 4년 9월(1052)이며 정이가 20세 때이다. 후가(侯可)가 소집(召集)에 응하여 출정한 것은 『이정문집(二程文集)』 권4 「화명후선생묘지명(華明侯先生墓志銘)」에 보인다.

밝히고, 무엇을 기를 것인가를 안 후에 힘쓰되 지극함을 구하니, 이른바 스스로 밝고 정성스러운 것이다. 그러므로 배움에는 반드시 그 마음을 다하여야 한다. 그 마음을 다하면 성을 알고, 그 성을 알고 돌이켜 정성스럽게 하면 성인이다.

聖人之門, 其徒三千, 獨稱顔子爲好學. 夫『詩』·『書』六禮, 三千子非不習而通也. 然則顔子所獨好者, 何學也? 學以至聖人之道也.

聖人可學而至歟? 曰: 然. 學之道如何? …… 凡學之道, 正其心, 養其性而已. 中正而誠, 則聖矣. 君子之學, 必先明諸心, 知所養, 然後力行以求至, 所謂自明而誠也. 故學必盡其心. 盡其心, 則知其性, 知其性, 反而誠之, 聖人也. (『二程集』 577쪽)

정이는 이른 나이에 쓴 이 논문에서 곧 '성인의 도'를 구하는 것을 지표(指標)로 삼고 '성인'을 배우는 것을 목표로 삼았는데 이것은 그의 리학사상의 출발신호였다. 정이가 드러내 보인 뛰어난 재능은 호원(胡瑗)의 칭송을 받았다. 호원은 즉시 그를 청하여 상견(相見)하였을 뿐만 아니라, 그에게 가르치는 직책을 주었다. 정이는 그때까지 진사(進士)가 되지는 않았지만 자못 유명한 '처사(處士)'로 알려졌다.

정이의 학술활동과 관직생활도 (정호와 같이) 대체로 세 시기로 구분되는데 제1시기는 송 인종 가우(嘉祐) 원년(1056)에서 신종 원풍(元豊) 8년(1085)까지 '처사'의 신분으로 활동한 시기로 이때 그의 학술사상이 비약적으로 발전하였다. 제2시기는 철종(哲宗) 원우(元祐) 원년(1086)에서 소성(紹聖) 3년(1096)까지 숭정전설서(崇政殿說書)의 직책에 전념하다 다른 직책으로 물러난 때로, 그의 학술사상 발전의 중기에 해당한다. 제3시기는 소성 4년에서 병으로 세상을 떠날 때까지(1097~1107)로 당쟁의 화를 당하여 시골로 추방되어 겨우 부주(涪州)의 말단관리를 지내던 시기다. 학도들은 모두 그를 따라갔다. 이때는 그의 학술사상이 발전하는 후기로서 곧 객관유심주의(客觀唯心主義)의 리학체계가 한데 모여 성숙한 단계다.

청년시대의 정이는 패기가 있어 정치상으로도 정력적인 활동을 꿈꾸었다. 그는 일찍이 인종(仁宗)에게 글을 올려[70] 당시 북송왕조가 직면

한 형세를 분석하고 해결의 방도를 제출하였다. 그는 북송사회의 위기는 이미 매우 심각하고 형세가 상당히 위험하다고 지적하였다. 그는 다음과 같이 당시상황을 설명하였다.

> 지금의 형세는 진실로 쌓인 장작 밑에 불씨를 방치하고 그 위에 누워 아직 불이 붙지 않았으니 안전하다고 하는 것과 무엇이 다른가?
>
> 方今之勢, 誠何異于抱火厝之積薪之下而寢其上, 火未及然, 因謂之安者乎? (『二程集』 511쪽)

그는 위기의 종류에 따라 표현하기를, 하나는 "백성들의 힘이 고갈되어 의식(衣食)이 부족하며", 둘은 국가의 재정이 부족하여 오직 "백성들을 착취하고", 셋은 군대의 폐해가 커 "군비를 백성에게 전가하며", 넷은 "서융(西戎)과 북적(北狄)이 강성함이 이전과 비할 바 아니다."라고 하였다. 이러한 상황에서 만약 "강적이 외부로부터 침입하고 간웅(奸雄)이 안으로부터 딴 마음을 품으면" 곧 "한꺼번에 붕괴"될 가능성이 있으니 실로 사람을 근심스럽게 하였다. 이러한 정황에 대하여 정이는 정치의 실책을 바로잡기 위해서는 "구하되 마땅히 왕도(王道)로 해야 한다."는 처방을 주장하였다. 주희(朱熹)는 「상인종황제서(上仁宗皇帝書)」의 요지를 "대궐에 상서하여, 인종에게 왕도를 마음의 근본으로 삼고, 백성[生靈]을 염두에 두며, 세속적 논의를 물리쳐 특별한 공(功)을 거두기를 기대하였고, 또한 황제에게 불려가 정견을 말할 때는 면전에서 배워야 할 바를 진언하였다."(「이천선생연보」, 『이정집』 338쪽)고 개괄하였다. 물론 인종은 결코 칭찬하지도 이해하려고도 하지 않았다. 글을 올려 이러한 길로 나아가게 하고자 하였으나, 통할 길이 없었다.

---

70) 저자주: 「상인종황제서(上仁宗皇帝書)」라는 제목의 주(注)에 "황우이년(皇祐二年)"은 잘못이다. 정이(程頤)는 문장 가운데서 말하기를 "父珦又蒙延賞, 今爲國子博士"이라고 하였는데 살펴보면 (程頤의 아버지인) 정향(程珦)이 국자박사(國子博士)를 맡은 것은 가우(嘉祐) 원년에서 8년(1056~1063) 사이이다. 그러므로 "황우이년(皇祐二年)"은 아마도 "가우이년(嘉祐二年)"의 잘못이라고 생각된다.

본래 정이는 그의 부친이 얻은 "조상의 은혜로 얻는 벼슬"에 의지하여 벼슬길에 나아갈 수 있었지만 그는 여러 번의 기회를 모두 일가친척에게 양보하였다. 당시의 조정에도 그를 관직에 추천하는 사람이 있었지만 끝내 나아가지 않았다. 신종(神宗)이 세상을 떠나고 그의 형인 정호가 병으로 죽을 때까지 그는 언제나 '처사(處士)'의 신분으로 활동하였다.

이 시기 정이는 주로 아래의 몇 가지 일을 주간하였다.

첫째, 아버지가 계획하는 일을 위하여 문서의 기초를 초안하였다. 또 송 영종(英宗) 치평(治平) 2년(1065) 8월 서울[汴梁: 지금의 開封]의 대홍수 때 초빙을 받아 직언하였다.

정이는 자주(磁州: 지금의 河北省 磁縣)에 있을 때 아버지를 위하여 영종에게 조서를 써 올리며 강기(綱紀)·선관(選官)·안업(安業)·정숙(政肅)·민화(民和)·무비(武備)[71] 등 "치안의 여섯 가지 일"과 입지(立志)·책임(責任)·구현(求賢) 등 "세상에 힘써야 할 세 가지 단서"를 진언하였다. 2년 후 또 그의 아버지가 신종에게 올리는 검소한 장례[薄葬]를 논하는 글을 위하여 먼저 선제(先帝)의 능묘를 건조함에 "무릇 제반 규모는 모두 위문제(魏文帝)의 제도에 근거하여 필요한 기물을 밝히고 모두 기와와 나무로 만들며 금·은·동·철·진보(珍寶)·기이한 물건을 묘 안에 넣지 말고 또 두루 분명히 알도록 금석(金石)에 표시하여" 능묘가 도굴되지 않도록 건의하였다. 또 희령 원년(1086)에 정이는 한주(漢州)에서 아버지를 위하여 「청우문중윤전한주학서(請宇文中允典漢州學書)」와 「재서(再書)」를 편찬하였으며, 우문지소(宇文之邵)[72]에게 (저

71) 엄정한 기강, 관리 선발, 생업 안정, 엄숙한 정치, 백성의 화합, 군사력 완비.

72) 송, 면죽(綿竹) 사람. 자는 공남(公南). 진사(進士). 지지선생(止止先生)이라 칭하며, 사마광(司馬光)이 추천하였다. 『송사(宋史) 458』; 『송사신편(宋史新編) 178』; 『송원학안(宋元學案) 6』. 우문(宇文)은 복성(複姓)으로 북주(北周) 왕족의 성이며 선비족(鮮卑族)에게는 천자(天子)와 같은 뜻으로 쓰인다.

자주: 太子中允의 직책을 고사하면서) 주학(州學)을 주관하여 "향리를 교화 · 인도하고, 후진의 교육"(『이정집』 595쪽)을 간청하였다. 같은 해 또 「시한주학책문(試漢州學策問)」을 지었다. 정이는 한주에 있는 동안 주로 그 부친이 주학을 관장하는 일에 정력적으로 협조하였다.

둘째, 형님 정호와 함께 학관을 열고 제자를 가르치며 도학(道學)을 힘써 밝혔다.

희령 4년 정이는 부친을 따라 한주에서 낙양으로 돌아왔다. 그 다음에 정호도 역시 벼슬을 그만두고 돌아왔다. 이로부터 이정은 학관을 설립하고 제자를 가르치니 사방의 선비들이 다투어 몰려와 날로 많아졌다. 그들은 낙양에서 사마광(司馬光) · 여공저(呂公著) 등 구당(舊黨)의 인물들과 매우 긴밀하게 사귀었다. 희령 10년 장재(張載)가 태상예원(太常禮院)을 그만두고 관중(關中)으로 돌아가는 도중에 낙양에 들러 이정 형제와 서로 도를 논하였는데 이것이 곧 「낙양의론(洛陽議論)」이며 이정의 최초의 어록이다. 원풍 원년(1078)에 정호는 어명을 받들어 '부구의 지현'[知扶溝縣]이 되었고 정이는 아버지를 모시며 함께 부구현으로 가 몇 달 동안 같이 있다가 돌아왔다. 정이는 정호가 부구현에 설립한 학교에 읍 사람의 자제들을 모아 가르치는 데 협조하였으며 동시에 유작(游酢)을 부구현으로 초청하여 가르치도록 하였다. 사량좌(謝良佐)도 또한 부구현으로 와서 수학하였다. 그후 유작 · 사량좌 두 사람은 함께 정문의 고제(高弟: 首弟子)가 되었다. 정호가 부구현의 지사를 그만둔 후 다시 낙양으로 돌아왔다. 정이는 곧 정호와 함께 학생들을 모아 학문을 강론하였다. 「유서(遺書)」 · 「외서(外書)」 가운데 상당한 부분의 어록은 이때의 제자들이 기록한 것으로 이미 낙학의 초보단계가 형성되었다.

원풍 8년 정호가 병으로 세상을 떠나자 정이는 「명도선생행장」을 지었고 아울러 정호를 위하여 묘지명(墓志銘)과 제묘표(題墓表)를 지었다. 또 문인과 친구들의 조문에 감사의 답을 하기 위하여 일련의 서간을 썼는데 종지는 정호가 도학을 힘써 밝힌 공적을 찬양하고 낙학의 영향을 확대시켰다는 것이다.

송 철종(哲宗)이 즉위한 후 사마광을 우두머리로 한 구당파(舊黨派)가 등용되어 신당을 공격하고 배제하였으며, 신법을 반대하였거나 혹은 박해를 받은 사대부를 대량으로 중앙정부의 각 부문에 추천하였다. 사마광・여공저・한강(韓絳) 등 주요 인물들은 공동으로 상소하여 정이를 추천하였다. 이때부터 정이는 '처사(處士)'로서의 생활을 마감하고 벼슬길로 들어섰다. 그의 학술사상의 발전도 이때부터 두 번째 시기로 진입하였다.

정이는 평민의 옷을 입고 황제의 부름을 받아 숭정전설서(崇政殿說書)의 직책을 맡았다. 그가 숭정전설서의 직무를 접수하기 전에 일찍이 두세 차례 상소를 올려 경연(經筵)의 중요성을 적극 진언하였다. 그는 다음과 같이 그것을 설명한다.

> 자고로 인군이 창업을 지켜내어 훌륭한 정치를 한 것은 주나라 성왕만한 임금이 없었다. 성왕이 덕을 이룬 것은 주공의 보필이 있었기 때문이다.
>
> 自古人君守成而致盛治者, 莫如周成王. 成王之所以成德, 由周公之輔養. (「論經筵第一札子」, 『二程集』 537쪽)

곧 경연의 작용은 제왕이 덕을 이룸을 보필하고 훌륭한 정치를 하게 하는 데 있다는 말이다. 정이는 경연의 지위는 재상(宰相)의 지위에 버금간다고 보았다.

> 신이 조정의 연혁과 옛 제도를 보니 오직 경연만이 좋은 일로 여겨집니다. 신은 세상의 중임은 재상과 경연이라고 여기는데 세상이 평화롭고 어지러움은 재상에 달려 있고, 임금이 덕을 성취하는 것은 경연에 책임이 있습니다. 이로서 말하면 어찌 중요하지 않겠습니까?
>
> 臣竊意朝廷循沿舊體, 只以經筵爲一美事. 臣以爲天下重任, 唯宰相與經筵: 天下治亂系宰相, 君德成就責經筵. 由此言之 安得不以爲重? (「論經筵第三札子」,

『二程集』 540쪽)

봉건왕조의 정사(政事)는 재상이 결정하고 재상의 능력은 직접 국가의 안위와 치란에 영향을 끼치며, 제왕의 도덕은 곧 제왕에게 충실하게 권하고 강론하는 국사(國師)로부터 결정되니, 제왕이 국사를 처리하는 능력은 천하의 도덕적 풍향에 영향을 끼친다는 말이다. 따라서 정이는 조정이 제왕의 국사처리를 존중할 것을 주장하며, 이로부터 임금에게 "강관(講官)을 두어 강의를 들으며, 임금이 유학을 존중하고 도를 중시하는 마음과 존중하고 공경하는 덕을 기를 것을 요청하였다." 심지어 강관이 강의를 하는 임무와 직책의 조건으로 "만약 행할 수 있다고 하면 일을 맡아보게 하십시오. 만약 일을 맡길 수 없으면 원하건대 그 말만이라도 들어주십시오.(「이천선생연보」, 『이정집』 340쪽)라고 하여, 그 일을 이루고자 하면 먼저 그 지위를 존중해 줄 것을 희망하였다. 정이가 제시한 이와 같은 일은 봉건사회와는 맞지 않는 요구이지만 결코 "자신을 높이고자 한 것"은 아니며 "장래를 도모할 수 있도록" 하기 위해서다. 그것을 다음과 같이 설명한다.

> 세상의 어진 사람이 어찌 스스로 나아가 임금에게 (등용해 주기를) 구하겠는가? 만약 스스로 구한다고 하면 틀림없이 신용할 수 없는 것이 이치다. 옛 사람이 반드시 인군이 경의와 예의를 다하기를 기다려 나아간 것은 스스로를 높이기 위한 것이 아니라, 대개 그들이 덕을 존중하고 도를 즐기는 것이 이와 같지 않으면 함께 이루어내기에 부족하기 때문이다.
>
> 賢者在下, 豈可自進以求于君? 苟自求之, 必無能信用之理. 古之人所以必待人君致敬盡禮而後往者, 非欲自爲尊大, 盖其尊德樂道, 不如是不足與有爲也. (『伊川易傳』 권1, 『二程集』 719쪽)

이것은 정이의 경험에 의한 말이며 그의 인생철학이기도 하다. 정이는 청년시절에 일찍이 황제에게 상서를 올렸으나 '신용'을 얻지 못하였다. 이때 정이의 덕망이 높아졌으나 "스스로 나아가 임금에게 (등용해

주기를) 구한 것"이 아니고 황제가 "경의와 예의를 다하여" 어진 사람을 구하기를 바란 것이다. 그는 자신의 가치를 흥정할 수 있었다. 구당(舊黨)의 인물들도 이미 이 "일반백성(布衣: 즉 정이)"의 덕망을 빌리려고 하였고, 세상 사람의 인심도 그를 "첫 손가락에 꼽았으므로" 임명되었다.

정이는 자신에 제시한 조건이 어느 정도 만족된 후에 숭정전설서의 직무를 받아들였다. 그는 강관(講官)의 임무를 맡은 후 자신의 모든 충정과 성의를 다하여 어린 철종(哲宗)을 훈도하였으며, 힘써 이 황제가 다시는 신종(神宗)처럼 조정을 개혁하는 길로 나아가지 않도록 하였다. 이를 위하여 그는 대단한 노력을 하였다. 우선 그는 "최상의 덕을 돕고 기름[輔養上德]"을 매우 중시하였다. 그는 태황태후(저자주: 英宗皇后 高氏)에게 상서하여 "신은 오늘의 급선무는 종사(宗祀)와 백성을 위한 장구한 계획을 수립하기 위해 오직 상덕(上德)을 기르도록 돕는 것이라고 생각합니다."(『이정집』 542쪽)라고 하였다. 어떻게 상덕을 기르도록 도울 것인가? 그가 제시한 "보양(輔養)의 방법"은 곧 "임금은 반걸음도 올바른 사람을 멀리하지 않아야 하며, 기질을 함양하고 덕성을 훈도함으로써 익히고 지혜를 기르며 마음을 변화시킬 수 있어야 한다."(『이정집』 543쪽)는 것이다. 이것은 내심의 도덕수양을 으뜸으로 삼아야 한다는 말이다. 도덕의 양성은 환경에 의해 결정되며 반드시 좌우의 내시(內侍)와 궁인(宮人)을 선택하는 데 신중해야 하며 주야로 전문적인 강관이 돌아가면서 당직을 맡아, 일에 따라 교화·인도하고 때로 자문에 대비하여야 한다. 그 다음으로 그는 경전의 강론을 어린 황제를 훈도하는 중요한 수단으로 삼았다. 「연보」에 그것을 다음과 같이 서술하고 있다.

> 선생은 경연에서 매번 강론할 때마다 반드시 엄숙하게 미리 재계(齋戒)하고 임금의 뜻을 감동시키고자 하였다. 그는 강설함에 항상 문의(文義)의 밖의 것에 대해서도 반복하여 추론하고 밝혀 임금에게로 귀착시켰다. 어느 날 "안자는 그 즐기는 것을 바꾸지 않았다."는 장을 강론하였다. 문인 중에 어떤 사람이 "혹시 이 장은 임금의 일이 아니라고 의심한다면 장차

어떻게 설명할 것입니까?"라고 물었다. 강론에 임하여 문장의 뜻을 다음은 뒤 말하기를 "세속에 묻혀 사는 선비조차도 인의를 몸에 갖추어 빈천을 잊었다. 임금은 숭고하여 지극히 떠받들어지지만 배울 줄을 모른다면 어찌 부귀가 떠나지 않겠는가? 안자는 왕을 보필할 재능을 가졌으면서도 지극히 소박한 생활을 하였으며, 계씨(季氏)는 노나라의 좀벌레이면서도 주공보다 부자였다. 노나라 임금이 이와 같이 쓰고 버리는 것이 후세의 귀감이 아니겠는가?"라고 하였다. 듣던 사람이 탄복하고 철종도 역시 수긍하였다.

先生在經筵, 每當進講, 必宿齋豫戒, 潛思存誠, 冀以感動上意; 而其爲說, 常于文義之外, 反復推明, 歸之人主. 一日當講"顏子不改其樂"章. 門人或疑此章非有人君事也, 將何以爲說? 及講, 既華文義, 乃復言曰: "陋巷之士, 仁義在躬, 忘其貧賤. 人主崇高, 奉養備極, 苟不知學, 安能不爲富貴所移? 且顏子, 王佐之才也, 而簞食瓢飮; 季氏, 魯國之蠹也, 而富于周公. 魯君用捨如此, 非後世之監乎?" 聞者嘆服, 而哲宗亦嘗首肯之. (『二程集』 341-42쪽)

정이의 이와 같은 가르쳐 인도하는 방식은 예술적 경지로 자못 고명(高明)하다 하지 않을 수 없으며, 그 뜻의 씀씀이도 깊다고 하지 않을 수 없다. 그러나 이러한 인의(仁義)의 설교와 어진 사람이 능력을 발휘할 수 있도록 임용해야 한다는 준칙이 최고의 봉건통치자에게 얼마나 커다란 작용을 하며, 그 자체가 그렇게 큰 가치가 있는가의 문제에 대해서는 매우 회의적이다. 후일 철종은 공교롭게도 구당(舊黨)이 가장 원하지 않은 "소술(紹術)[73]" 즉 신종의 개혁사업을 계승하는 길로 나아갔으니 매우 풍자적이라고 할 수 있다.

세 번째로 정이는 사안에 따라 임금의 덕을 교화시키는 것을 매우 중시하였다.

예를 들면, 그는 철종이 입으로 침을 뿜어 개미를 물리쳤다는 말을 듣고 강론에서 말하기를 "폐하께서는 이 마음을 천하에 펼치기를 원합니다."(「外書」 권7, 『이정집』 393쪽)라고 하였는데, 이는 곧 철종의 측

73) 앞 사람의 사업(事業) · 제도(制度) 등을 계승하여 그를 좇아 행하는 일.

은지심(惻隱之心)을 '인정(仁政)'으로 펼 것을 요청한 것이다. 또 한 차례 강론의 일과가 끝나자 철종은 버드나무가지를 꺾으며 놀았는데 정이는 철종에게 권고하기를 "바야흐로 봄에는 싹이 터 생장하는데 아무런 이유 없이 꺾으면 안 됩니다."(「伊川先生年譜外書」, 『이정집』 342쪽)라고 하였다. 당시 몇몇 대신들은 정이가 경연에서 하는 갖가지 노력을 매우 칭찬하기를 그가 "진정한 시강(侍講)"이라고 하였다. 정이는 스스로 이 시기의 활동에 대하여 다음과 같이 고백하였다.

> 공직을 맡은 이래 밤낮으로 온 정성을 다하여 오로지 임금의 덕이 요순과 같아지고 천하가 요·순의 정치를 지금에 누리며, 종묘사직의 무궁한 기초를 다지고자 하는 것이 곧 신의 마음입니다. 신은 본래 산야(山野)의 사람으로 품성이 꾸밈없고 언사가 보잘 것 없어서 그러합니다. 임금을 사랑하는 마음과 임금을 섬기는 예와 임금에게 권고하는 말에 감히 다하지 않음이 있겠습니까? 위로 임금의 총명(聰明)에 의지하여 귀감을 밝힐 수 있습니다.
>
> 供職以來, 夙夜畢精竭慮, 惟欲主上德如堯舜, 異日天下享堯舜之治, 廟社固無窮之基, 乃臣之心也. 臣本山野之人, 稟性朴直, 言辭鄙拙, 則有之矣; 至于愛君之心, 事君之禮, 告君之道, 敢有不盡? 上賴聖明, 可以昭鑒. (「上太皇太后書」, 『二程集』 542쪽)

여기서 정이는 매우 분명하게 정성으로 책무를 다하는 것은 임금이 요·순의 정치를 완전하게 실현하도록 보필하며, 봉건왕조의 통치기초를 공고하게 하기 위한 것임을 말하였다.

정이는 일반서민에서 단번에 제왕의 스승이 되어 이름을 일시에 드높였다. 그러자 그를 숭배하여 스승으로 삼고자 하는 사람이 매우 많았다. 이때의 정이는 자못 의기양양하였는데 "선생도 천하에 내로라 자임하고, 주변 인물들에 대한 칭찬과 비판에 조금도 거리낌이 없었다." 이 때문에 일부 인사들은 그에 대하여 반감과 적의를 가졌다. 당시 소식(蘇軾)을 우두머리로 하는 촉당(蜀黨)과 정이를 우두머리로 하는 낙당(洛黨) 사이에는 서로 공격하고 배척하는 이른바 낙·촉의 다툼이 있었다. 간의대부(諫議大夫)인 공문중(孔文仲)이 선생에 대하여 상주하기를, "납작 엎드려 간사하게 아첨하며, 평소 향리를 위해 한 일이 없고, 경연에서의 진설(陳說)이 분수에 어긋나고 방자하여 신분을 망각하며, 두루 대신을 찾아다니며 힘써 대간(臺諫)들을 만나 비방과 혼란을 부추기는 말로써 은혜와 원수를 갚으니, 시정에서는 다섯 귀신의 우두머리로 지목하기에 이르렀습니다. 청컨대 그를 다시 시골로 내쫓아서 본보기로 삼으시길 바랍니다."(「이천선생연보」, 『이정집』 343쪽)라고 비판하였다. 원우 2년(1087) 8월 정이는 숭정전설서에서 파면되어 같은 관할구역인 서경국자감(西京國子監)으로 파견되었다.

정이가 핍박을 받고 부임한 후 연속 세 번 시골로 돌아갈 것을 청하고 또 두 번이나 벼슬에서 물러나기를 원했으나 윤허를 얻지 못하였다. 원우 5년(1090) 친상(親喪)을 당하여 관직을 사임하고 원우 7년(1092)에 상복을 벗자 삼성(三省: 中書省・門下省・尙書省)이 진헌(進獻)하여 그에게 판검원(判檢院)의 관직을 수여하고자 하였다. 소철(蘇轍)이 진언하기를, 정이가 조정에 들어오면 아마도 평온하지 않을 것 같다고 하였다. 태황태후가 그 말을 받아들여 직비각(直秘閣) 판서경국자감(判西京國子監)을 제수하고, 머지않아 또 "남을 잘 원망하고 경솔하게 말한다."고 하여 서경의 관할구역인 숭산(崇山) 숭복궁(崇福宮)으로 바꾸어 제수하였다. 원우 9년(1094)에 철종이 친정(親政)하자 거듭 비각서감(秘閣西監)을 맡아줄 것을 명하였으나 정이는 모두 사양하고 나아가지 않았다.

이 기간에 정이의 문하에서 초기 제자인 유현(劉絢)・이유(李籲)・여대림(呂大臨)이 잇달아 병으로 죽었다. 이것은 도학을 힘써 밝히는 것을 자신의 임무로 삼았던 정이에게는 매우 큰 타격이었다. 그는 몇 편의 제문(祭文)에서 여러 번 다음과 같이 말하였다.

> 오호라! 성인의 학문이 전해지지 않은 지 오래도다. 나는 백 세 후에 태어나 이 도를 밝히고 이미 끊어진 이 학문을 일으키는 데 뜻을 두었다. 그러나 힘은 모자라고 임무가 막중하였다. 그러나 그 어려움을 두려워하지

않은 것은 대개 기대는 바가 있기 때문이었다. …… 바야흐로 믿고 힘써 서로 도왔으나 불행히도 세상을 떠나니 학문을 전하는 어려움이 나를 슬프게 한다.

嗚呼! 聖學不傳久矣. 吾生百世之後, 志將明斯道, 興斯文于既絶, 力小任重, 而不懼其難者, 蓋亦有冀矣. …… 方賴子致力以相補, 而不幸遽亡, 使吾悲傳學之難. (「祭劉質夫文」, 『二程集』 643쪽)

오! 슬프도다! 불행하게 7~8년 사이에 동지로 같이 공부하던 사람이 잇달아 세상을 떠나니(저자주: 劉質夫・李端伯・呂與叔・范巽之・楊應之 등이 잇달아 세상을 떠났다), 이제 그대들마저 가버리고 나만 홀로 세상에 남아 도학을 돕는 사람이 줄어듦을 걱정하게 하는구나. 내가 그대들을 위하여 우는 것이 어찌 다만 사귀던 붕우의 정뿐이겠는가?

嗚呼! 哀哉! 不幸七八年之間, 同志共學之人, 相繼而逝(劉質夫・李端伯・呂與叔・范巽之・楊應之相繼逝也), 今君復往, 使予踽踽于世, 憂道學之寡助, 則予之哭君, 豈特交朋友之情而已? (「祭朱公掞文」, 『二程集』 644쪽)

벼슬길에서의 좌절과 제자의 요절은 이 리학가에게 고독・실망・비관을 느끼게 하지 않을 수 없었다. 그러나 정이는 결코 완전히 의기소침하지는 않았으며 계속해서 문도를 받아들여 강학하고 도학을 전수하였다. 사량좌(謝良佐)・유작(游酢)・양시(楊時) 등 초기의 제자들 외에 윤돈(尹焞) 등 또 한 무리의 문인이 학업을 시작하였다.

철종 소성(紹聖) 연간에서부터 정이의 학술사상의 발전은 제3시기로 진입하였다. 철종은 친정(親政)한 후 연호를 소성으로 바꾸어 신종(神宗)의 사업을 잇고자 함을 표시하였다. 한 무리의 신당 인물들이 거듭 윗자리로 등용되고, 나시 구당을 하위직으로 내면서 그들을 간당(奸黨)이라고 불렀다. 정이도 역시 간당의 한 사람이 되어 "시골로 추방"되었고, 소성 4년(1097년)에 "부주(涪州)로 편관(編管)[74]되어 귀양 갔다." 정이는 사천(四川)의 부주에 귀양 가 있는 동안 그의 주요저작인 『이천역

74) 송나라 형법의 하나. 죄명을 이마에 자자(刺字)하여 먼 지방으로 귀양보내던 법. 『史學指南』; "宋法不文面而流者, 謂之編管."

전(伊川易傳)』을 완성하였다. 그로부터 원부(元符) 3년(1100) 정월에 철종이 죽고 휘종(徽宗)이 즉위하자 정이는 또 협주(峽州)로 옮겨졌다. 4월에 사면되어 선덕랑(宣德郎)[75]으로 복직되면서 "거주의 자유를 찾았다." 정이는 곧 낙양으로 돌아와 수안(壽安)에 거주하였다. 오래지 않아 그는 또 관직을 권고 받아 통직랑(通直郎)과 권판서경국자감(權判西京國子監)으로 복직되었으나 「사복관표(謝復官表)」를 지어 사직하였다. 이때부터 그를 따라 학문을 배우는 사람이 점점 많이 모여들었다. 장역(張繹)·맹후(孟厚) 등의 인물이 곧 이때 입문하였다. 나종언(羅從彦)은 심지어 시골에서 공부하다 복건(福建)에서부터 정이를 따라와 가르침을 청하였다. 그는 이 기간에 쓴 「답양시론서명서(答楊時論西銘書)」·「답장굉중서(答張閎中書)」 등의 편지에서 중요한 철학사상을 발표하여 객관유심주의 철학사상의 체계를 완비하였음을 보여주었다.

정이가 이때 관직을 회복한 기간은 길지 않았으며 또 한 차례의 정치풍랑의 충격을 받았다. 휘종 숭령(崇寧) 원년(1102)에 조정은 원우간당비(元祐奸黨碑)를 세웠는데, 정이는 이른바 '잔당(殘黨)'의 우두머리로 지목되어 회복된 관직을 삭탈 당하였다. 그 다음해 "말 많은 자들은 '그는 본래 간당의 추천으로 관직을 얻었고, 일찍이 명백하게 죄와 벌이 바르게 밝혀졌음에도 더 좋은 자리로 복직되었음[敍復過優]에도, 다시 책을 저술하면서 조정의 정치를 비난한다.'고 하였다. 이에 벼슬한 이후에 쓴 문장과 쓴 책들을 조사하여 감사(監司)의 감찰을 받도록 하였다."(「이천선생연보」, 『이정집』 345쪽) 정이가 핍박을 받는 형세에 처하자 학생들을 흩어 보내고 사방의 학자들에게 "들은 바를 존중하고 아는 바를 실천하는 것이 옳으니 나의 문하에 올 필요는 없다."고 권고하여 중지시켰다. 그로부터 숭령 5년(1106)에서야 원우당(元祐黨)의 금족(禁足)이 차츰 풀어져 정이는 곧 선의랑(宣義郎)으로 복직되었으나 사

75) 문산관(文散官)의 이름. 수·당 이후 계속되었고 청대 종육품(從六品)·종육품(從六品)의 문관(文官)을 이름.

양하였다. 그 다음해 병으로 세상을 떠났다. 장례 때 대다수의 제자들은 잡혀가 박해를 받을까 두려워 장례에 감히 참가하지 않았으나 오직 가진 친근한 제자인 윤돈 · 장역(張繹) 등 네 사람이 장례를 도왔다.

정이가 세상을 떠난 후 받은 대우는 정호와 대체로 같으며 송 이종(理宗) 순우(淳祐) 원년(1241)에 이양백(伊陽伯)으로 봉해지고 아울러 공묘(孔廟)에 배사(配祀)되었다.

정이의 일생은 정치에 종사한 것은 비교적 적으며 주로 학술활동에 종사하였다. 그는 정호가 세상을 떠난 후 독립적으로 낙학을 발전시켰고, 리(理)를 최고의 본체로 하는 객관유심주의의 철학체계를 최종적으로 확립하였는데, 그후 주희(朱熹)가 계승하여 발전시켰다. 신유학(新儒學)은 통치계급에 의해 매우 중시되어 관방철학이 되었으며 통치이념이 되어 수백 년간 지속되었다.

이정(二程)의 낙학은 천리론(天理論) · 범신론(汎神論) · 격물치지론(格物致知論) · 인성론(人性論) · 리욕관(理欲觀) · 성인관(聖人觀)에 비교적 집중적으로 반영되었다. 이 "여섯 가지 이론(理論: 혹은 觀)"은 하나의 비교적 완전한 리학사상의 체계를 완비하여 송명리학의 전형적 형태가 되었다. 이 책의 제 4 · 5 · 6 세 장은 이정의 낙학의 주요내용과 특징을 자세히 설명하고자 한다. 이 장에서는 이정의 천리론과 범신론을 중점적으로 토론할 것이다.

제 4 장

이정의 철학

[상]

제1절: 이정의 천리론(天理論)

낙학의 최대 특색은 천리론(天理論)에 있다. 이것은 일종의 리본체론(理本體論)의 관점이다. 낙학은 '천리'를 자연과 인류사회의 위에 초연히 독립해 있는 우주의 본체이며, 천지만물은 '천리'를 얻어 "언제나 멈추지 않고", "생기고 또 생겨 끝이 없으며", 천지만물은 또 각자 '천리'를 체현한다고 생각하였다. 정호는 "나의 학문은 비록 가르침을 받은 것이지만 천리라는 두 글자는 스스로 세세하게 체득해 낸 것이다." (「外書」 권12, 『이정집』 424쪽)라고 하였다. 이것은 '천리'를 우주의 본체로 끌어올려 철학의 최고범주로 삼은 것이 이정으로부터 시작되었음을 의미한다. 이정은 자신들의 모든 학설을 '천리'라는 이론의 초석에 기초하여 확립하였고, 그것이 곧 송명리학의 창시라고 할 수 있다.

1. 천리관념의 형성

이미 천리라는 범주가 이정의 전체학설의 이론적 기초가 된 이상, 이정의 리학사상 곧 천리론을 연구할 때에는 먼저 반드시 천리라는 관념이 어떻게 형성되었는가를 분명하게 밝혀야 한다.

이정의 천리관념이 형성된 사상적 궤도를 소급해 보면 두 가지 방면에서 그 유래를 찾을 수 있다.

하나의 방면은 선진(先秦)의 리(理)와 도(道) 관념에서 유래된 것이다. 선진철학에서 리는 이미 규율이라는 함의(涵義)를 갖추고 있다. 『시경·대아(大雅)·증민(蒸民)』에 "하늘이 백성을 나게 하였으며 사물이 있으면 규칙[則]이 있다."고 하였는데 '칙(則)'이란 사물의 규칙 곧 리다. 이것을 이어 정이는 "사물이 있으면 반드시 규칙이 있으며, 하나의 사물은 반드시 하나의 리가 있다."(「遺書」 권18, 『이정집』 193쪽)고 하였다. 여기서 말한 물칙(物則)·물리(物理)는 구체적인 사물의 특수한 규율을 가리킨다. 이 외에 만물에는 공동의 규율이 있으니 한비자는 "만물은 각각 다른 리를 가지며, 만물마다 각각 다른 리를 모두 헤아려야 한다."(『韓非子·解老』)고 하였는데 이 "만물의 리를 모두 헤아린" '도'가 곧 이정이 말한 천리(天理)다. 선진철학에서 리의 윤리도덕적 함의는 매우 뚜렷하다. 『관자(管子)·심술(心術)상』에서는 "예란 리가 있음을 말한다. 리라고 하는 것은 분(分: 구별)을 밝힘으로써 의(義)를 깨우치는 뜻"이라고 하였다. 그리고 『순자(荀子)·예론(禮論)』에서는 "예라는 것은 리의 바꾸지 못하는 것이다."라고 하였고, 『주역·설괘(說卦)』에서는 "도덕에 조화·순응하고 의(義)에 맞게 하며, 이치를 궁구하고 성(性)을 다하여 명(命)에 이른다."고 하였으며, 『예기·악기』에는 한 걸음 더 발전하여 "사람이 태어날 때 (마음이) 고요한 것은 천성이다. 외물에 느끼어 움직이는 것은 성(性)의 욕망이다. …… 무릇 사물이 사람을 감촉시킴이 끝이 없고 사람의 좋아함과 싫어함에 절도가 없으면 사물이 이르자마자 사람이 사물에 동화되어 버린다. 사람이 사물에 동화되면 천리는 소멸되고 인욕에 물들게 된다."[76]고 하였다. 이 '천리'와

---

76) 『禮記·樂記』, "人生而靜, 天之性也; 感於物而動, 性之欲也. 物至知知, 然後好惡形焉. 好惡無節於內, 知誘於外, 不能反躬, 天理滅矣. 夫物之感人無窮, 而人之好惡無節, 則是物至而人化物也. 人化物也者, 滅天理而窮人欲者也."

'인욕'은 이정의 윤리도덕철학의 중요한 범주가 되었다. '도'의 관념에 대해서는 노자(老子)까지 그 근원이 소급된다. 노자에게서 '도'는 하나의 "천지보다 먼저 확립되고", "독립하여 바꿀 수 없는" 신비적인 정신성의 본원이다. 이 세계의 본원인 '도'가 이정이 '천리'를 우주의 본체로 끌어올리기 위한 최초의 밑그림[藍本]을 제공하였다.

또 다른 한 방면은 송초 이래의 사상가들이 리에 관하여 논술한 것이 그 직접적인 근원이다. 구양수(歐陽修)는 "사물에는 상리(常理)가 있다."(「崇文總目敍釋・小學類」, 『歐陽文忠全集』 권124)고 하고, 또 "사물은 변하지 않는 것이 없으며 변화에는 통하지 않는 것이 없으니 이것은 천리의 자연이다."(「明用」, 『구양문충전집』 권18)라고 하였다. 채양은 호원을 평가하기를, "학도가 천여 명으로 일월(日月: 성현의 가르침)을 궁구하고 닦아 문장은 모두 경(經)의 뜻을 전하기 위해 쓴 것이며 반드시 리를 위주로 하였다."(蔡襄[77]: 「太常博士致仕胡君墓志」)고 하였다. 리학의 창시자 주돈이는 『통서(通書)・리성명(理性命)22』에서 "그 드러나고 그 미묘함은 영(靈)이 아니면 드러나지 않는다."고 하였는데, 주희는 주석하기를 "이것을 리를 가리켜 한 말이다. 양은 밝고 음은 어두우니 인심과 태극의 지극한 영(靈)이 아니면 누가 그것을 밝힐 수 있겠는가?"라고 하였다. 리학가인 장재(張載)[78]는 『정몽(正蒙)・태화편(太和篇)』에서 기의 동정(動靜)과 변화의 리를 강론하였다. 그리고 『서명(西銘)』에 대하여 정이는 "리일분수(理一分殊)를 밝힌 것"(「答楊時論西銘書」, 『이정집』 609쪽)이라고 보았다. 소옹(邵雍)은 『황극경세서(皇極經世書)・관물내편(觀物內篇)』에서 "천하의 사물은 리를 갖지 않음이 없다."고 하였는데, 이정은 "소요부(邵堯夫)는 물리상(物理上)의 것을 모두 말하였으니 역시 그는 천기(天機)를 대단히 누설하였다."(「유서」 권2상,

---

77) 송대의 서가(書家). 자는 군모(君謨), 시호는 충혜(忠惠). 서예뿐만 아니라, 시문에도 능하였다. 저서에 『다록(茶錄)』, 『채충혜집(蔡忠惠集)』이 있다.

78) 여기서 저자는 장재(張載)도 송・명리학의 범주에 속하게 하여 기론자(氣論者)로 따로 분류하지 않고 리학가(理學家)로 분류하였음에 주목해야 한다.

『이정집』 42쪽)고 하였다. 이정은 이러한 기초 위에서 진일보하여 '리'를 우주의 본체로 추상화하여 철학의 최고범주로 제시하고 리를 최고 본체로 하는 유심론체계를 건립하였다.

이정의 이른바 천리는 다음과 같은 함의를 가지고 있다.

첫째, 이정이 말한 천리는 구체적인 사물의 준칙과 사물이 발전하는 필연적인 추세를 가리킨다. 그들은 만물이 모두 각자의 리를 가지고 있으며 사물이 없으면 리도 없다고 생각하여 "무릇 사물에는 모두 리가 있다."(「유서」 권9, 『이정집』 107쪽)고 하였다. 사물과 리는 함께 결합하여 있으며, 이정은 이러한 구체적인 사물의 리를 '칙(則)'이라고 불렀다. 정호는 이것을 다음과 같이 설명하였다.

> 『시경』에 "하늘이 백성을 나게 하였으며, 사물이 있으면 칙(則)이 있고, 백성은 밝은 윤리[彝倫]를 지키며, 그 아름다운 덕을 사모한다."고 하였다. …… 만물은 모두 리가 있으니 그것에 순응하면 쉽고 그것을 거역하면 어려우니, 각각 그 리를 따르면 무엇이 힘든 일이겠는가?
>
> 『詩』曰: "天生蒸民, 有物有則, 民之秉彝, 好是懿德." …… 萬物皆有理, 順之則易, 逆之則難, 各循其理, 何勞于己力哉. (「遺書」 권11, 『二程集』 123쪽)

'리'는 곧 사물의 준칙(準則: 즉 規律)이다. 어떤 사물이라도 자신의 규율에 의거하여 운동변화하며, 다만 "각각 그 리에 순응하기"만 하면, 즉 일정한 준칙에 따라 행동하기만 하면, 일은 용이하게 성공할 수 있다. 그렇지 않고 리를 위반하여 행하면 일은 성공하기 어렵다. 정이는 "사물이 있으면 반드시 법칙[則]이 있고, 하나의 사물은 하나의 리가 있다."고 한 것 외에 또 '리'는 곧 사물의 '소이연(所以然)' 즉 사물이 이와 같이 되는 원인[79]이라고 생각하였다. 그는 다음과 같이 설명하였다.

---

79) 소이연(所以然)의 사전적 의미는 '그렇게 되는 까닭'이다. 역자는 여기서 저자의 설명을 참조하여 소이연의 의미를 '사물이 그와 같이 되는 원인'이라는 의미로 해석하고자 한다.

한번 음하고 한번 양하는 것을 도라 한다. 도는 음양이 아니라, 한번 음하고 한번 양하는 소이가 도이며, 한번 열리고 한번 닫히는 것을 변이라고 하는 것과 같다.

一陰一陽之謂道, 道非陰陽也, 所以一陰一陽道也, 如一闔一辟謂之變. (「遺書」 권3, 『二程集』 67쪽)

그가 보기에 음·양 그 자체는 도(道: 理)가 아니며 음과 양이 그와 같이 되는 원인[所以然]이 곧 도라는 것이다. 이것은 실제로 정이가 사물의 규율과 사물 자체가 작위(作爲)하는 것을 구분한 것이다. 이러한 구분으로 말미암아 이정은 사물의 내부적 모순대립의 추세를 '리(理)'의 눈높이로써 인식할 수 있었으며, 아울러 어떤 실제의 문제에 대하여 정확하게 이해할 수 있었다. 예를 들면 정호는 "소를 부리고 말을 타는 것은 모두 그 성(性)에 기인하여 하는 것이다. 왜 소를 타고 말을 부리지 않는가? 리가 그럴 수 없기 때문이다."(「遺書」 권11, 『이정집』 127쪽)라고 하였다. 즉 소와 말의 성으로 인하여 소를 부리고 말을 타는 것은 리가 하도록 하는 바이며, 그와 반대로 소와 말의 성을 위반하여 소를 타고 말을 부리는 것은 리가 허락하지 않는다는 말이다. 이정이 "장안(長安)에 하늬바람[西風]이 불면 비가 온다."는 것에 대하여 해석한 것도 이와 같다. 상식적인 규칙을 보면 샛바람[東風]이나 높새바람[北風]이 불 때 비가 오는 것이 정상적이며 하늬바람이나 마파람[南風]이 불 때 비가 오는 것은 비정상적이다. 그러나 예로부터 장안에 하늬바람이 불 때 비가 오는 원인이 어디에 있는가? 이정은 "하늬바람이 불 때 비가 오는 것은 아마도 산세(山勢)가 그렇기 때문일 것"(「유서」 권2상, 『이정집』 37쪽)이라고 하였다. 장안 주위의 지형을 이용하여 장안의 기후적 특징을 해석한 것은 기상과학의 원리와 부합한다. 이것은 이정의 '리'에 대한 해석이 유물주의적인 요소를 포함하고 있음을 말해주는 것이다. 그러나 문제는 '리'에 대한 이정의 인식과 이해가 결코 여기서 걸음을 멈춘 것이 아니라는 데 있다. 이러한 면에서 우리는 그들(二程)이 '리'를 한 걸음 더 나아가 구체적인 사물에서 떨어져 존재하는 독립적인 정신실체로 추상화함으로써 유심주의로 빠져들었음을 알 수 있다.

두 번째로 이정이 말한 '천리'는 우주만물의 본원이다. 위에서 말한 바와 같이 이정에 따르면 만물은 모두 각자의 리가 있으며, 또 만물은 하나의 공동의 리를 갖고 있다. 이 공동의 리가 곧 우주의 총체적 근원이다. 그들은 그것을 다음과 같이 설명하였다.

> 천하에는 오직 하나의 리가 있다.
> 天下只有一个理. (「遺書」 권18, 『二程集』 196쪽)

> 만물은 모두 단지 하나의 천리일 뿐이다.
> 萬物皆只是一个天理. (「遺書」 권2상, 『二程集』 30쪽)

이정이 해석한 '천리'는 어떤 때는 객관사물에서 착안한 것도 있다. 예를 들면 그들은 "만물이 그 처하는 곳을 잃어버린 것은 하나도 없으니 곧 천리다."(「유서」 권5, 『이정집』 77쪽)라고 하였는데, 만물은 각자의 준칙을 지키며 각자의 궤도를 벗어나지 않으므로 자연계의 총체적 질서를 이루는데 이것이 곧 '천리'다. 이처럼 자연계의 총질서가 되는 '천리'는 자연계의 공동준칙 혹은 자연으로서의 하늘[天]이 운행하는 공동의 규율이라는 뜻을 포함하고 있다. 정호는 "이른바 천리라는 것은 자연의 도리이며, 털끝만큼도 억지로 조작함이 없다."(「上蔡語錄」)고 하였다. '천리'는 일종의 '자연의 도리'로서, 결코 임의로 제작할 수도 없고 조금의 사의(私意)라도 그 사이에 참여할 수 없다. 그렇지 않으면 "천리는 자연"이라는 의미를 잃어버린다. 정이는 '천리'를 아래와 같이 정의하여 "그렇게 하도록 하지 않았는데도 그렇게 하며, 그렇게 이르도록 하지 않았는데도 이르는 것이 곧 천리"(「유서」 권18, 『이정집』 215쪽)라고 하였다. 이것은 단지 사적인 목적을 위하여 함부로 천도(天道)를 이용함을 반대하였을 뿐이다. 이정이 우주 간에는 하나의 공동의 '천리'가 있다고 한 뜻은 세계 공동의 본질을 깊이 탐색하자는 데 있으며, 이러한 사상은 높이 살 만하다. 그러나 당시의 과학수준의 한계로 말미암아 근본적으로 세계의 통일성을 과학적으로 인식하기는 불가능하였다. 이정이 '천리'를 우주만물의 공동본질(共同本質)이라고 강력하게 말한 것은 다만 주관적인 억측[臆想]을 객관규율로 대체하였을 뿐이다. 본래 사람의 인식과정에서 "추상적 개념과 관념이 환상(幻想: 最後=神)으로 바뀔 수 있으며"[80], 유심주의로 통할 가능성도 존재한다. 이정은 이러한 과정을 따라 유심주의를 향하여 전향하였다. '리'의 관념은 객관적 사물의 규율을 추상화시킨 산물이다. 이정은 추상의 과정에서 끊임없이 '환상'의 성분을 덧붙여서 일반(一般)과 개별(個別)의 연계를 나누어 구별하였으며, 일반은 개별에 의존하지 않고 개별과 떨어져 독립하여 존재할 수 있다고 생각하였다. 이와 같이 하여 본래 사물의 공동규율인 '천리'는 결국 우주만물과 분리된 독립적 실체가 되었으며, 시간과 공간을 초월한 절대적인 정신실체가 되었다. 이정은 다음과 같이 설명한다.

> 리는 천하에 단지 하나의 리일 뿐이므로 온 세상에 미치는 준칙이 되고, 모름지기 천지에 묻고, 삼왕에게 고찰해도 바꿀 수 없는 리이다.
>
> 理則天下只是一個理, 故推至四海而准, 須是質諸天地, 考諸三王不易之理. (「遺書」 권2상, 『二程集』 38쪽)

> 천리라고 하는 말은 하나의 도리이니 다시 무엇을 궁리하겠는가? 요(임금과 같은 성인)를 위해서 존재하지도 않으며, 걸(과 같은 폭군) 때문에 없어지지도 않는다. 사람은 그것을 얻었으므로 크게 행하여도 더하지 않고 궁핍하게 살아도 축나지 않는다. 이렇게 보면 다시 무엇으로 존망과 가감을 말하겠는가? 그것은 원래 조금도 흠이 없이 모든 리를 구비하고 있다.
>
> 天理云者, 這一個道理, 更有甚窮已? 不爲堯存, 不爲桀亡. 人得之者, 故大

80) 저자주: 레닌, 『哲學筆記』(人民出版社, 1961년), 421쪽. 이러한 전변(轉變)은 자신도 모르게 진행되며, 다른 사람들도 알아차리지 못하는 사이에 일어난다.

行不加, 窮居不損. 這上頭來, 更怎生說得存亡加減? 是他元無少欠, 百理具備. (「遺書」 권2상, 『二程集』 31쪽)

'천리'는 보편적·지상적이며 "사해에 미치는 준칙이며", 또 항구불변하며, "천지에 질정(質正)하고 삼왕(三王: 堯·舜·禹)에게 고찰해도 바꿀 수 없다." 그것은 그 자체로 완전하고 충만하며 자족적이어서 "가감(加減)과 존망(存亡)"이 없으며 "본래 조금도 흠이 없이 모든 리를 구비하고 있다." 또 사람의 의지에 의하여 변하지 않아 "요임금을 위해서 존재하지도 않으며, 걸 때문에 없어지지도 않는다." 종합하면 '천리'는 만물을 능가하며 만물을 통괄하는 절대정신의 본체다.

세 번째로 이정의 이른바 천리는 사회윤리도덕의 총체적 규범이다. 그들은 본래 자연계의 규율에 속하는 '리'를 윤리도덕의 범위에서 운용하여 윤리도덕의 속성을 '천리'의 주요내용으로 삼았다. 먼저 정호의 말을 살펴보자.

부자와 군신은 세상의 정해진 이치로 천지간에 피할 곳이 없다.
父子君臣, 天下之定理, 無所逃於天地之間. (「遺書」 권5, 『二程集』 77쪽)

정이도 다음과 같이 말하였다.

무릇 사물은 반드시 규칙이 있으니 아비는 자애로우며 자식은 효도하고, 임금은 인자하며 신하는 공경하고, 만물과 만사는 각각 그 방소(其所: 각 사물의 事理)가 있으니 그 사리를 얻으면 편안하고, 그 사리를 잃으면 어그러진다. 성인이 능히 천하를 이치에 따라 다스릴 수 있는 까닭은 사물을 위하여 준칙을 만들 수 있기 때문이 아니라, 다만 각각 그 소임에 맞도록 할 수 있기 때문이다.

夫有物必有則, 父止于慈, 子止于孝, 君止于仁, 臣止于敬, 萬物庶事莫不各有其所, 得其所則安, 失其所則悖. 聖人所以能使天下順治, 非能爲物作則也, 唯止之各于其所而已. (『伊川易傳』 권4, 『二程集』 968쪽)

이정은 부자·군신과 같은 봉건지주계급의 도덕준칙을 확고부동한 '천리'로 만들어 사람들에게 강요하고 절대적으로 준수해야 한다고 요구하였으며, "각각 그 소임을 다함"에 따라 "천하가 순조롭게 다스려짐"의 목적에 도달하고자 하였다. 이것은 완전히 통치자의 요구에 부합한다. '천리'의 범주에서 윤리도덕의 속성을 덧붙인 것은 이정의 리학사상이 가진 중요한 특징이다. 이정이 윤리를 철학적으로 이론화하려는 노력의 목적은 봉건통치계급을 위하여 더욱 '합리적'이고 효과적인 사상무기를 제공하려는 데 있었다. '천리'관념으로 덮어씌운 농후한 도덕적 환상을 통하여, 이정의 천리론과 우주관의 유심주의적 본질을 분명하게 볼 수 있을 뿐만 아니라, 이러한 학설의 계급적 실상을 알 수 있다.

끝으로 이정이 말한 천리는 천명(天命)이다. 이정은 최초로 "세세하게 체득한" 천리라는 두 글자를 '천명'과 함께 한데 합쳤다. 정호는 신종 희령(熙寧) 원년(1086)에 쓴 「정소공묘지명(程邵公墓志銘)」에서 다음과 같이 설명하였다.

> 무릇 움직임과 고요함은 음양의 근본이며, 항차 오기가 번갈아 운행하면 더욱 제각각 달라진다. 생명을 부여받은 무리는 그 뒤섞여 어지러운 것이 많으나 정일(精一)한 것도 간혹 만난다. 그 간혹 만나는 것이 어렵기 때문에 그 수가 많지 않다는 것도 당연하다. 우리는 기의 정일함을 얻었으나 그 수가 국한되지 않을 수 없도다! 천리가 그럴 뿐이니 내가 무슨 말을 할 수 있겠는가?
>
> 夫動靜者陰陽之本, 況五氣交運, 則益參差不齊矣. 賦生之類[81], 宜其雜糅者衆, 而精一者間或値焉. 以其間値之難, 則其數或不能長, 亦宜矣. 吾儿其得氣之精一而數之局者歟? 天理然矣, 吾何言哉! (「文集」 권1, 『二程集』 495쪽)

여기서 이른바 천리는 실제로 천명의 대명사다. 이정은 "하늘[天]이 스스로 그러함을 말하여 천도(天道)라고 한다. 하늘이 만물에 부여한 것을 가리켜 천명이라고 한다."(「유서」 권11, 『이정집』 125쪽)고 하였

81) 賦生之類. 賦: 받다, 천생으로 타고나다. 『中庸章句』, "氣以成形, 而理亦賦焉."

다. 리(理)·성(性)·명(命)은 이정이 보기에 완전히 동일한 하나이다. 천명은 일종의 불가항력적인 초자연의 역량(力量)이며 암암리에 사람들의 명운(命運)을 지배한다. 이정은 공맹유가의 전통을 계승하여 한편으로는 사람들이 "천명을 두려워하기"를 요구하며, 또 다른 면으로는 "천명을 알기"를 요구하였다. 정이는 "'천명을 알기'는 천리에 도달한 것이며, '반드시 명(命)을 받음'은 그 마땅함을 얻은 것이다. 명이라는 말은 하늘이 부여하였으며 명령이라는 말과 같다. 하늘의 인과응보는 모두 그림자와 울림처럼 보응(報應)을 받는 것[82]이 일상의 이치이며, 그 보응을 받지 못함은 일상의 이치가 아니다."(「유서」 권15, 『이정집』 161쪽)라고 하였다. 천명을 믿음으로써 이정의 천리론은 신비주의의 색채를 띠게 되었고, 이것은 그들의 유심주의 리본체론의 필연적 귀결이기도 하다.

이상에서 설명한 이정의 천리론을 정리하면, 첫째 이정은 객관사물과 그 규율을 추상화하고 개괄하였으며, 또 그 규율성의 함의를 '천리'의 범주에 포함시켰다. 둘째 추상과 개괄을 하는 과정에서 무수한 환상적 요소를 첨가하여 일반과 개별의 관계와 보편과 특수의 관계를 양단(兩斷)하여 규율을 객관사물과 떨어져 독립하여 존재하는 실체로 봄으로써, 천리(天理)라는 절대관념을 만들어 우주의 본원으로 삼았다. 셋째 이정은 이러한 경로를 따라 물질과 의식의 관계를 전도시키고 유심주의 리본체론(理本體論)으로 향하였다.

2. 기화론(氣化論)

중국철학사에서 '기(氣)'는 본래 물질의 범주를 표시한다. 장재(張載)

82) 영향(影響): 그림자와 울림. 형상(形象): 그림자, 소리: 울림과 같이 반드시 원인과 결과가 같은 것을 말함.

는 일찍이 이정보다 먼저 이미 유물주의적인 기본체론(氣本體論)의 철학을 건립하였다. 이정은 유심주의 리본체론의 관점에서 출발하여 기의 관념을 흡수하고 개조하여 낙학의 우주생성론 곧 기화설(氣化說)을 수립하였다.

이정의 철학에서 기가 지닌 기본적인 뜻은 결국 물질을 지칭한다. 그들은 도(道)는 형이상의 정신이며 기는 형이하의 물질이라 생각하였고, 정이는 다음과 같이 설명하였다.

> 음양은 기다. 기는 형이하의 것이며, 도는 형이상의 것이다.
> 陰陽, 氣也. 氣是形而下者, 道是形而上者. (「遺書」 권15, 『二程集』 162쪽)

이러한 형이하의 기는 천지 사이에 보편적으로 존재하며 우주에 꽉 차 있어 "기는 천지 가운데 가득 차 운행하며, …… 기는 꽉 차 이르지 않는 곳이 없다."(「유서」 권2상, 『이정집』 36쪽) 어떤 사물이건 모두 기로부터 형성되는데 예를 들면 "우뢰는 양기(陽氣)가 분발(奮發)한 것이니 음양이 서로 부딪쳐 소리를 이룬다."(『이천역전』, 『이정집』 779쪽)거나, "서리는 금(金)의 기(氣)이며, 이슬은 별과 달의 기이다."(「粹言」 권2, 『이정집』 1224쪽)라는 말이 그것이다. 그리고 기의 모임과 흩어짐[聚散]이 사물의 생사(生死)를 구성한다. 그것을 그들은 "사물이 생기면 기는 모이고, 죽으면 흩어져 없어진다."(「유서」 권2하, 『이정집』 56쪽)고 하였다.

기는 물질성이므로 그것은 생멸(生滅)하는 특성이 있다. 정이는 다음과 같이 설명한다.

> 무릇 사물이 흩어지면 그 기(氣)도 없어질 뿐 본원으로 복귀하는 이치는 없다. 천지간은 커다란 용광로 같아 살아있는 것들을 남김없이 녹여버리는데, 하물며 이미 흩어진 기가 어찌 다시 존재하겠는가? 천지의 조화에 어찌 이 흩어진 기를 쓰겠는가? 그 조화는 스스로가 기를 생겨나게 한다. 마치 바닷물의 조류와 같이 해가 뜨면 물이 마르니 이것은 조류가

물러남이며, 그 말라 버린 것은 이미 없는 것이다. 달이 뜨면 조수가 생겨나는데 이것은 이미 말라버린 물이 조수(潮水)가 되지 않는다. 이것이 바로 기의 시작과 끝이다.

凡物之散, 其氣遂盡, 無復歸本原之理. 天地間如洪爐, 雖生物銷鑠亦盡, 況旣散之氣, 豈有復在, 天地造化又焉用此旣散之氣? 其造化者, 自是生氣. 至如海水潮, 日出則水涸, 是潮退也, 其涸者已無也, 月出則潮水生也, 非却是將已涸之水爲潮, 此是氣之終始. (「遺書」 권15, 『二程集』 163쪽)

정이가 여기서 '기에 생멸이 있다'는 주장[氣有生滅論]은 장재의 기불멸론(氣不滅論)을 겨냥한 것이다. 장재는 본체로서의 기는 항구적·무한적이어서 다만 취산(聚散)만 있고 생멸은 없다고 생각하였다. 생멸이 있음은 다만 기의 모임과 흩어짐으로 말미암아 구성되는 구체적인 사물일 뿐이며 기 자체는 아니다. 이처럼 위대한 물질불멸의 사상과 빛나는 유물주의 사상을 이정은 받아들일 수 없었다. 정이는 기가 사물이 점점 흩어짐에 따라 소멸된다고 생각하였다. 기는 생멸이 있으나 리는 생멸이 없다. 그는 "굽고 펴고 가고 옴은 다만 리이며 반드시 이미 구부린 기가 다시 바야흐로 펴는 기가 되지는 않는다. 생생(生生)하는 리는 스스로 그러하며 쉼이 없다."(「유서」 권15, 『이정집』 167쪽)고 하였다. 이것은 생멸이 있는 기는 불생불멸(不生不滅)하는 리로부터 태어나게 된다는 말이다. 이렇게 보면 기는 비록 물질성을 갖추고 있으나 이미 리의 파생물로 격하되어 리의 통제를 받아야 한다. 이정은 기를 리 본체론의 사상체계에 포함시켰다.

동시에 이정은 또 기에 도덕적 속성을 덧붙였다. 이것은 정이의 다음과 같은 표현에 분명히 나타난다.

때로 옛 사람의 기풍과 인물이 다른 까닭은 무엇인가? 기에 두터움과 엷음이 있어 스스로 그러한 이치다.

時所以有古人風氣人物之異者, 何也? 氣有淳漓, 自然之理. (「遺書」 권15, 『二程集』 156쪽)

장수·요절은 곧 선악의 기가 초래한다. 인은 선한 기며, 감응하는 기도 역시 선하다. 선한 기로 태어나면 어찌 장수하지 않겠는가? 비천(鄙賤)은 악한 기이며 감응함도 역시 악하다. 악한 기로 태어나면 어찌 요절하지 않겠는가?

壽夭乃是善惡之所致. 仁則善氣也, 所感者亦善. 善氣所生, 安得不壽? 鄙則惡氣也, 所感者亦惡. 惡氣所生, 安得不夭? (「遺書」 권18, 『二程集』 224쪽)

우박은 음양이 서로 충돌하여 결합한 기며, 곧 재앙을 내리는 기다. 성인이 있는 높은 곳에는 우박이 없으며, 비록 있더라도 재앙을 당하지 않는다. 비록 재앙을 당하지 않더라도 재앙을 내리는 기는 스스로 존재한다.

雹是陰陽相搏之氣, 乃是沴氣. 聖人在上無雹, 雖有不爲災. 雖不爲災, 沴氣自在. (「遺書」 권18, 『二程集』 238쪽)

이정은 옛 사람의 기풍과 인물의 차이 그리고 사람의 생명의 장수와 요절 등 사회의 인사현상을 기의 도덕적 속성이 초래하는 데로 귀결시켰으며, 심지어 우박 등과 같은 자연현상조차도 기의 도덕적 속성에 갖다 붙였다. 뿐만 아니라, 맑지 않은 기가 어떻게 도덕적 속성이 되는가의 문제에 대해서도 설명하였다.

그러나 이정은 맹자의 '호연지기(浩然之氣)'에 관한 입장을 이어받아 어떤 도덕적 속성이 어떻게 '인기(人氣)'와 결합하는가를 이렇게 설명하였다. 정이는 "호연지기는 점차로 길러야 하며 천지에 꽉 차려면 반드시 쌓은 후에 이루어진다. 행함이 마음에 흡족해야 함은 다만 근심을 방지하는 방법이며, 모름지기 뜻을 모음[集義]으로 생길 수 있다."(「遺書」 권15, 『이정집』 158쪽)고 하였다. 여기서 이른바 '점차로 기른다[漸養]'와 '점점 쌓아나감[積累]' 그리고 '뜻을 모은다[集義]'는 말은 '호연지기'를 양성하는 방법과 과정이다. '기(氣)'와 '의(義)'는 두 가지 인데 어떻게 하나로 결합될 수 있는가? 이에 대하여 정이는 다음과 같이 해석하였다.

의(義)와 짝하고 도(道)와 함께한다는 말은 의리로써 이 기를 양성하여 의와 합하고 도와 함께함을 말한다. 아직 그것을 양성하지 못하였으면 기는 기이고 의는 의일 뿐이다. 호연지기를 양성하면 기는 의와 함께 합해진다.

配義與道, 謂以養理養成此氣, 合義與道. 方其未養, 則氣自是義. 及其養成浩然之氣, 則氣與義合矣. (「遺書」 권18, 『二程集』 206쪽)

양성하지 않았을 때 "기는 기이고 의는 의일 뿐이다."는 말은 기는 본래 '의(義)'라는 도덕속성을 갖추지 않았다는 뜻이다. 수양 공부를 거치고 나면 "의리(義理)로써 이 기를 양성하게" 되므로 기는 의와 함께 합하여 하나가 되는데, 이것이 곧 이른바 호연지기다. 이러한 과정은 실제로 사람이 '도를 실천하는' 과정이다. 이것은 하나의 비밀을 폭로함이며, 곧 기의 도덕속성은 실제로는 사람이 행위한 결과이며, 후천적으로 얻었으며, 천부적이 아니라는 말이다. 이정(二程)이 기와 의를 결합하여 만든 '호연지기'는 물질과 정신의 이중성을 띠고 있다. 정이는 "호연지기는 모름지기 하나의 것"(「유서」 권18, 『이정집』 205쪽)이라고 하고, "이미 호연지기는 기라고 하였으니 분명히 형체가 있다. 지(志)로 말하면 분명한 흔적이 있으므로 그에 따라 모두 형상이 있다. 호연지기는 집의(集義)로 생겨나며, 이미 생겨날 때 이 기를 얻는다. 그러므로 그 체(體)를 말하면 도(道)와 함께 합하고, 그 용(用)을 말하면 의(義)가 아님이 없다."(「유서」 권15, 『이정집』 148쪽)고 하였다. 한편으로는 '호연지기'는 '사물'이며, "형체가 있다."고 승인하였으며, 다른 한편으로는 "그 체"는 이미 "도와 합하고", "그 용"은 "의가 아님이 없다."고 하였다. 따라서 분명히 "호연지기"는 다분히 정신실체의 특징을 구비하고 있다고 할 수 있다.

이정이 본 기의 범주에는 "진원지기(眞元之氣)"라고 특별히 언급한 말이 있다. 이 말은 정이가 창조한 말로 일종의 "생생(生生)"의 성능을 갖춘 신비한 기다. 그는 다음과 같이 설명하였다.

진원지기는 기가 그로 말미암아 생기며, 외기와 서로 섞이지 않으나,

다만 외기로써 함양할 뿐이다. 마치 물고기가 물 속에서 사는 것과 같아서 물고기의 성명을 물이 그렇게 만들지는 않지만, 반드시 물로써 함양해야 물고기를 물고기라고 할 수 있는 것과 같다. 사람이 천지의 기 가운데 사는 것은 물고기가 물속에 사는 것과 차이가 없다. 마시고 먹음으로써 기르는 것은 모두 외기로써 함양하는 도리다. 내쉬고 들이마시는 호흡은 열리고 닫히는 기(機)[83]일 뿐이다. 날숨은 들숨의 기가 아니다. 그러나 진원은 스스로 기를 내뿜으며, 들숨의 기는 닫힐 때에는 당연히 멈추며, 그것을 따라 들어온 기는 이 기를 빌려서 진원을 보조하지는 않는다.

眞元之氣, 氣之所由生, 不與外氣相雜, 但以外氣涵養而已. 若魚在水, 魚之性命非是水爲之, 但必以水涵養, 魚乃得生爾. 人居天地氣中, 與魚在水無異. 至於飮食之養, 皆是外氣涵養之道. 出入之息者, 闔闢這機而已, 所出之息, 非所入之氣, 但眞元自能生氣, 所入之氣, 止當闔時, 隨之而入, 非假此氣以助眞元也. (「遺書」 권15, 『二程集』 165-66쪽)

그렇다면 진원지기(眞元之氣)란 무엇인가? 학술계는 의견이 나누어져 있다. 어떤 사람은 진원(眞元)이란 역시 기(氣)라고 하며, 어떤 사람은 진원을 다만 원(元) 곧 리 혹은 도(道)일 뿐이라고 한다. 내 생각에는 정이가 말한 진원은 사실 생명(生命)이다. 정이는 “기(氣)는 곧 명(命)이다.”(「유서」 권18, 『이정집』 199쪽)라고 하였는데, 여기서 ‘명’이란 ‘사람의 수명(壽命)’이며 따라서 생명을 가리킨다. 정이는 ‘원(元)’을 ‘시(始)’로 해석하여 “원(元)이란 만물의 시작이다.”(『伊川易傳』 권1, 『이정집』 695쪽)라고 하고, 또 ‘원(元)’을 ‘선(善)’으로 해석하여 “원(元)에는 대선(大善)의 뜻이 있다.”(『이천역전』 권1, 『이정집』 768쪽)고 하였다. 정호도 “하늘은 오직 생(生)을 도로 삼으며 이 생의 리를 계승함이 곧 선(善)이다. 선에는 곧 하나의 원(元)의 뜻이 있다.”(「유서」 권2상, 『이정집』 29쪽)고 하였다. 이처럼 ‘선(善)’과 ‘시(始)’도 연계되어 있다. 이

---

83) 機(틀 기)의 의미를 살펴보면, 『설문해자(說文解字)』에는 “기(機)는 발동을 주재(主宰)함을 일러 기(機)고 한다(機, 主發謂之機)”고 하였고, 『예기·대학(禮記·大學)』의 “其機如此”에 대한 정현(鄭玄)의 주에서는 “기(機)는 발동(發動)이 말미암는 바다(機, 發動所由也)”라고 하였다. 이로써 보면 기(機)는 “발동(發動) 혹은 발생(發生)의 기틀”의 뜻이라 할 수 있다.

천은 "원(元)이란 사물의 가장 먼저[于先]이니 사물의 가장 먼저에 어찌 불선(不善)이 있겠는가?"(『이천역전』 권1, 『이정집』 769쪽)라고 하였다. 즉 "가장 먼저(先)"는 곧 '시(始)'라는 뜻이다. 이정이 성선(性善)을 주장하며 한 말은 "만물의 시작" 혹은 "만물의 우선(于先)"은 자연히 '불선이 없다'는 뜻이다. 그리고 '명(命: 生命)'은 하늘이 부여하였으므로 역시 불선함이 없으며, 따라서 생명을 곧 '진원(眞元)'이라고 한다. 따라서 '진원'은 '성선(性善)'의 내용에 함께 포함된다.

위에서 설명한 '진원'의 함의를 이해하였다면, 이른바 진원지기도 쉽게 이해할 수 있다. 정이의 생각을 말하면, 사람의 생명 가운데 일종의 순수하고 지선(至善)한 기가 존재한다는 말이다. 그것(純粹至善의 氣)은 생겨나고 생겨나 쉬지 않는[生生不息] 공능(功能)을 갖추고 있어 '사람의 기'는 그것에 의지해서 태어난다. 정이의 이와 관련된 어록은 양시(楊時)가 "어록을 변형하여 문장을 만드는" 과정을 거쳐서 쓴 「수언(粹言)」에서 "진원지기는 기가 말미암아 생기는 바이며, 외물의 기는 그것과 섞일 수 없다. 그러나 반드시 사물의 기에 의지한 후 원기를 양성할 수 있으니 본래 일기(一氣)다. 사람이 천지의 일기 가운데 사는 것은 물고기가 물 속에 사는 것과 같으며, 마시고 먹는 것의 진미(眞味)나 추위와 더위의 절기(節氣)에 맞추는 일은 모두 외기(外氣)로써 함양하는 도리다."(『이정집』 1261쪽)라고 하였다. 이것은 "진원지기"를 직접 생명과 관련 있는 원기(元氣)로 본 것이다. 정이 스스로 일찍이 "기는 자연으로 생긴다. 사람의 기가 생기는 것은 진원(眞元)에서 생긴다. 하늘의 기도 역시 자연으로 생생(生生)함이 끝이 없다."(「遺書」 권15, 『이정집』 148쪽)고 하였는데, 실제로는 세 종류의 기로 구분된다. 첫째 진원지기는 곧 생명을 구성하는 이른바 순수지선의 원기(元氣)이며, 둘째 사람의 기는 진원으로부터 태어나므로 인체가 활력을 갖추도록 하는 기며, 셋째는 외기로서 곧 사람이 그 가운데서 생활하는 천지의 기다. 그런데 '진원지기'도 함께 도덕속성을 갖추고 있다는 말이 주의할 가치가 있으며, 이것은 이정의 기론사상을 우선적으로 반영하였다.

이정은 우주만물이 모두 기로 말미암아 구성된다고 생각하였다. 그리고 만물의 형성과 변화는 모두 기화(氣化)로부터 형화(形化)로 이르는 발전과정을 거친다고 여겼다. 정이는 다음과 같이 말하였다.

> 만물의 시작은 모두 기화이며, 형이 이루어진 후에 형이 번갈아 바뀜으로써 형화가 있고, 형화가 오래되면 기화는 점점 소멸된다.
>
> 萬物之始, 皆氣化; 旣形, 然後以形相禪. 有形化; 形化長, 則氣化漸消. (「遺書」 권5, 『二程集』 79쪽)

갖가지 만물은 기화(氣化)로써 태어나며 또 형화(形化)로써 번갈아 바뀌며 생생(生生)하여 그치지 않는 무한하고 다양한 세계를 형성한다. 이것이 정이가 그린 한 폭의 우주생성의 도식이다.

무엇을 '기화'라고 하고, 무엇을 '형화'라고 하는가? 이정의 해석을 보면, 이른바 기화는 사물이 최초에는 유형의 종자(種子)를 형성하지 않고 다만 "기(氣)에 근원하며" 전적으로 기화로 인해 생긴 것을 말한다. 이른바 형화는 기화로 태어난 사물은 그 이후 번성(繁盛)하는 과정에서는 곧 종(種)으로 생겨나고 형(形)으로써 번갈아 바뀜을 가리킨다. 주희의 제자 진식(陳植)은 무엇이 '기화'와 '형화'인가를 해석할 때 "기화는 사물의 종류가 아직 생겨나기 전에 처음 음양의 기가 합하여 생기는 것을 말한다. 형화(形化)는 사물의 종류가 생긴 뒤에 암수의 형(形)으로써 생긴다. 모두 사람과 사물을 겸하여 한 말이다."(『性理精義』 권1)라고 하였다. 기화와 형화는 보편존재인가 아닌가? 정이는 제자에게 "옛날에는 기화가 있었으나 지금은 기화가 없다."는 문제에 대하여 다음과 같이 대답하였다.

> 두 가지가 있다. 오로지 기화만 생기는 것이 있는데 부초가 개똥벌레가 되는 것과 같다. 이미 기화되면 함께 화할 때까지 스스로 화한다. 기화하여 생긴 것이 있은 뒤에 종이 생기는 것은 사람이 새 옷을 입은 뒤 며칠이 지나면 서캐나 이[蝨]가 생기는 것과 같으며, 이것이 곧 기화다. 기가

이미 화한 후 더 이상 변화하지 않고 곧 종으로써 생겨나간다. 이 이치는 매우 분명하다.

有兩般. 有全是氣化而生, 若腐草爲螢是也. 既是氣化, 到合化時自化. 有氣化生之後而種生者. 且如人身上著新衣服, 過几日, 便有蟣蝨生其間, 此氣化也. 氣既化後, 更不化, 便以種生去. 此理甚明. (「遺書」 권18, 『二程集』 199쪽)

여기서 고금을 막론하고 모두 두 종류의 생성방식이 있음을 긍정하였는데, 첫째는 완전히 기화로써만 생겨 시종 종(種)이 생기지 않는 것이 있는데 이른바 "부초(腐草)가 개똥벌레가 됨"이 곧 이와 같다. 둘째는 먼저 기화로 생긴 후에 종이 생긴다. 여기에는 또 두 가지 상황이 있다. 하나는 기화한 후에 '종'이 생겨나서 더 이상 기화하지 않고 곧장 종이 생기는 형식이며, 계속 번식한다. 다른 하나는 기화한 후에 종이 생겨나고, 종이 있는 곳에서는 종으로 말미암아 생겨나며, 종이 없는 곳에서는 기화로써 생겨나고, 다시 종으로 말미암아 생긴다. 예를 들면 의복에 이가 생기는 것이 곧 이와 같다.

정이는 사람도 기화(氣化)로써 생긴다고 생각하여 다음과 같이 말했다.

운석은 종(種)이 없으나 기에 근원한다. 기린도 종이 없으나 역시 기화다. 백성이 생기는 그 처음에도 역시 이와 같다. 해변에 드러난 모래톱에는 갖가지 벌레와 금수와 초목이 종이 없이도 생기는데 이것은 사람이 보는 것과 같다. 만약 바다 가운데 있는 비교적 큰 섬에 사람들의 발길이 미치지 않았는데 어찌 종이 없는 사람이 그기에 생기지 않음을 알 수 있겠는가? 만약 이러한 인류가 있다면 반드시 기화가 없는 사람이다.

隕石無種, 種於氣, 麟亦無種, 亦氣. 厥初生民亦如是. 至如海濱露出沙灘, 便有百蟲食獸草木無種而生, 此猶是人所見. 若海中島嶼稍大, 人不及者, 安知其無種之人不生於其間? 若已有人類, 則必無氣化之人. (「遺書」 권15, 『二程集』 161쪽)

정이는 "백성이 생기는 그 처음에"도 기화로 말미암아 생긴다고 생각하였다. 인류가 탄생한 이후 인적이 미치지 않는 바다의 어떤 섬에는 이른바 "종(種)이 없는 인간"이 생길 가능성은 있다는 말이다. 이와 같이 바다의 섬에서 일단 한 무리의 기화된 사람들이 출현하면 더 이상 기화의 방식으로 사람이 태어나지 않고 즉 "반드시 기화가 없는 사람"들이 종으로 생겨나는 방식으로 세대를 이어 번식해 나간다. 이정의 이와 같은 인류의 기원에 관한 이론은 당연히 과학적이지 않지만 이와 같은 이론은 "천지가 의도적으로 사람을 생겨나게 한다."는 천명론과는 다르며 "천지의 기가 합하여 우연히 스스로 사람이 생겨난다."는 원기자연론(元氣自然論)과 가깝다. 이정은 당시 근대의 생물진화론 사상을 갖출 수 없었기 때문에 사람과 생물의 기원에 대한 해석이 매우 유치하고 가소로우며 심지어 황당하기도 하지만, 그들은 시종 자연 그 자체에 근거하여 각종의 자연현상을 해석하려는 태도를 견지하였다. 그들의 기화설(氣化說)은 상제(上帝)가 만물을 창조하였다는 신학목적론(神學目的論)을 배제하였기 때문에 오히려 어느 정도 적극적인 의의를 갖는다.

이정은 우주의 구조에 관한 사상을 드러내었다. 그들은 천체(天體)는 기로 꽉 찬 무한한 우주라고 생각하였다. 정이는 그것을 아래와 같이 설명한다.

> 천지의 사이에는 리가 반드시 상응하여 펼쳐 있으니 사변(四邊)에는 마땅히 텅 빈곳이 있다. 텅 빈곳은 어떠하며 지하에는 어찌 하늘이 없는가? 지금 이른바 땅은 다만 하늘 가운데의 하나의 사물일 뿐이다. 마치 운기가 모여 그것이 오래도록 흩어지지 않으므로 상대가 되는 것과 같다. 무릇 땅이 움직이는 것은 단지 기의 움직임이다. 무릇 땅이 가리키는 것이 단지 흙이라면, 흙 역시 하나의 사물일 뿐 땅이라고 할 수는 없다. 모름지기 곤원(坤元)이 하늘을 계승한 것이 땅의 도임을 알아야 한다.
>
> 天地之中, 理必相直, 則四邊當有空闕處. 空闕處如何, 地之下豈無天? 今所謂地者, 特于天中一物爾. 如云氣之聚, 以其久而不散也, 故爲對. 凡地動者, 只是氣動. 凡所指地者, 只是土, 土亦一物爾, 不可言地. 更須要知坤元承天, 是地之道也. (「遺書」 권2하, 『二程集』 55쪽)

천체는 확 트여 끝이 없으나, 사람의 시력이 미치는 데까지 그 한서(寒暑)의 순서와 일월의 운행을 보며 이러한 규칙과 본보기를 확립함으로써 그것을 엿보고 예측한다. …… 설령 태양이 3만리를 오르내린다고 하더라도 3만 리 밖에 더 이상 사물이 없다고 할 수는 없다. 또 천지는 8만 리를 오르내린다고 하더라도 8만 리 밖에 천지가 없다고 할 수는 없다.

天本廓然無窮, 但人以目力所及, 見其寒署之序, 日月之行, 立此規模, 以窺測他. …… 假使言日升降于三萬里, 不可道三萬里外更無物, 又如是天地升降于八萬里中, 不可道八萬里外天地盡. (「遺書」 권15, 『二程集』 148쪽)

이정은 우주의 구조에 관한 장재(張載)의 사상을 받아들였으며, 혼천설(渾天說)[84]에 선야설(宣夜說)[85]을 융합하였다. 그리하여 땅은 무한한 기 가운데 떠돌아다니며 땅의 주위에는 하늘[天]·해[日]·달[月]·별[星辰]이 감싸고 있고, 또 정돈되지 않는 운동상태에 있으면서 "일월의 운행은 일찍이 쉰 적이 없다."(「粹言」 권2, 『이정집』 1225쪽)고 주장하였다. 훗날 주희는 우주의 구조에 관한 이 이론을 더 상세하게 발전시켰다.

이정은 중국의 고대철학 특히 장재의 철학에서 기에 관한 관념을 흡수하여 우주생성의 기화설(氣化說)을 제출하여 천리론의 내용을 더욱 풍부하게 하였다. 이것만 떼어서 말하면 이정의 기화설은 유물주의적이라고 할 수 있다. 그러나 기화설과 천리론을 연결하여 보면 그것은 결국 리본체론의 관점에 속함을 부인할 수 없다. 이정은 자신들의 사상적 체계를 만들 때 유물주의자의 사상 자료를 이용하였으나 그것을 소화하고 개조하는 데 철저하지 못하였기 때문에 사상체계의 내부이론에서 일련의 모순을 범하게 되었다. 곧 기화설은 천리론을 충분히 조화하고 융합하지 못하였다. 그러나 이정이 유물주의자의 사상 자료를 많이 이용함으로써 자신의 이론을 풍부하게 하고 발전시켜 유심주의를 설명한

84) 개천설(蓋天說)과 더불어 중국의 대표적인 우주관. 천지를 계란에 비유하여 하늘[天]은 밖에서 노른자위에 해당하는 땅을 싸고 있으면서 일주(日周) 운동을 행하고, 알껍데기의 겉면에는 끝이라고 할 만한 것이 없다고 함. 이 설의 기원은 혼천의(渾天儀)의 출현과 밀접한 관계가 있음. 천동설(天動說)의 입장.

85) 일월(日月)과 성신(星辰)이 자연히 허공 속에 떠 있어 기(氣)에 의하여 움직이고 정지하므로 그 운동이 극히 불확실하다고 보는 우주관.

것은 철학발전의 한 고리가 되었음을 결코 무시할 수 없다.

3. 리기(理氣)의 관계

리(理)와 기(氣)의 관계는 철학의 기본문제로 송・원・명・청 시기의 철학에 나타난 특수한 표현형식이다. 이정은 이미 리기의 관계에 관한 문제를 언급하였다. 그들의 관점은 리불리기(理不離氣)・리위기본(理爲氣本)・리선기후(理先氣後)의 세 가지 기본내용을 포함한다.

이정은 리와 기는 '서로 떨어지지 않는다[不相離]'고 주장하였다. 그들은 명확하게 "리는 기를 떠나지 않는다[理不離氣]"라는 명제를 제시하지는 않았지만 어느 정도의 리기불상리[理氣不相離]의 관점을 표현하였다.

첫째, 도(道) 밖에 사물이 없으며 사물 밖에 도가 없다. 정호는 다음과 같이 말하였다

> 도 밖에 사물이 없으며 사물 밖에 도가 없으니 천지의 사이에는 도가 아닌 곳이 없다. 부자(父子)로 말하면 부자에게는 친한 바가 있고, 군신으로 말하면 군신에게는 엄한 바가 있으며, 부부・장유・붕우에 이르기까지 도가 하는 바가 아님이 없으니, 이 도는 잠시라도 떨어질 수 없다.
>
> 道之外無物, 物之外無道, 是天地之間無適而非道也. 卽父子而父子在所親, 卽君臣而君臣在所嚴, 以至爲夫婦・爲長幼・爲朋友, 無所爲而非道, 此道所以不可須臾離也. (「遺書」 권4, 『二程集』 73-74쪽)

> 만약 도와 나 자신이 일찍이 서로 떨어진 적이 없음을 안다면 극기복례가 아니면 무엇으로 도를 체득하겠는가? 도는 나 자신에게 있으니, 나 자신과 각각 하나의 사물이 되어 몸을 뛰어넘어 들어올 수 있는 것이 아니다.
>
> 若知道與己未嘗相離, 則若不克己復禮, 何以體道? 道在己, 不是與己各爲一物, 可跳身而入者也. (「遺書」 권1, 『二程集』 3쪽)

앞은 『송원학안보유(宋元學案補遺)』 권13으로 마땅히 정호의 말이다. 뒤는 정호가 한지국(韓持國)과 극기복례(克己復禮)를 논한 일단의 말이다. 정호는 이 두 곳에서 모두 윤리도덕의 문제를 강론하였지만 다 같이 하나의 기본적인 철학 관점을 논증의 전제로 삼고 있는데, 그것은 "도(道) 밖에 사물이 없으며, 사물 밖에 도가 없다."는 말이다. 이 '도'는 '리(理)' 혹은 '천리'며 그것은 우주에 가득 차 '물(物: 사물)'과 서로 떨어지지 않고, '자신(곧 사람)'과도 서로 떨어지지 않는다. 그러나 정호는 봉건적 윤리도덕의 준칙에서 결코 벗어날 수 없는 '정리(定理)'로 만들어 사람에게 억지로 덧붙였으므로 당연히 이것을 도라고 할 가치는 없다. 만약 이 점을 제외하면 보편원칙으로서의 도물불상리(道物不相離)의 사상은 자연철학에서는 도리어 합리적인 요소를 갖추고 있다. 따라서 이른바 "도 밖에 사물은 없다."는 말은 유심주의적 어법이며, "사물 밖에 도는 없다."는 말은 도가 사물 가운데 있다는 말로 유물주의적 요소를 포함하고 있다.

둘째, 기(氣) 밖에 신(神)은 없으며, 신 밖에 기는 없다. 정호는 다음과 같이 말했다.

> 기를 벗어나 신은 없으며 신을 벗어난 기는 없다. 어떤 사람은 맑은 것을 신이라 하는데 탁한 것은 신이 아닌가?
>
> 氣外無神, 神外無氣. 或者謂清者神, 則濁者非神乎? (「遺書」 권11, 『二程集』 121쪽)

여기서 말하는 '어떤 사람'이란 장재를 지칭한다. 양시(楊時)가 편찬한 「수언(粹言)」에서 "장자(張子)는 '태허(太虛)는 지극히 맑으며, 맑으면 장애가 없고, 장애가 없으므로 신(神)이다. 맑음의 반대는 탁함이며, 탁하면 장애가 있고, 장애가 되면 형(形)은 막힌다'고 하였다. 정자(程子)는 '신과 기는 서로 맞닿아 있으며, 골고루 미쳐 남음이 없다. 기를 벗어나 신이 있다고 하면 신을 벗어난 기가 있게 되니 이것은 둘을 양단하는 것이다. 맑은 것이 신이라면 탁한 것이라고 어찌 홀로 신이 아니겠는가?'"(『이정집』 1256쪽)라고 하였다. 위에서 장재의 말은 『정몽(正蒙)・태화편(太和篇)』(『張載集』 9쪽)에 보이나 약간의 문자가 다르다. 장재는 확고하게 "맑음이 지극하면 신(神)"이라고 주장하지만 신은 기의 고유하다는 입장을 견지하고 있다. 그는 "무릇 어떤 형상으로 형용할 수 있는 것은 모두 유(有: 존재)이며, 무릇 유는 모두 상(象)이며, 무릇 상은 모두 기다. 기의 성(性)은 본래 허(虛)하며 신(神)하니 신과 성은 곧 기의 고유하다."(「正蒙・乾稱篇」, 『장재집』 63쪽)라고 하였다. 따라서 이정이 "기 밖에 신이 있고, 신 밖에 기가 있다."는 말로써 장재의 관점을 개괄한 말은, 장재의 위 사상을 곡해하였다. 그러나 이 점은 잠시 거론하지 않기로 한다. 여기서 다만 꼭 지적해야 할 것은 이정이 보기에 장재는 신과 기를 떼어내 둘로 여겼으나 이정은 신과 기는 본래 합일이며 양자는 분리될 수 없다고 보았다는 점이다. 이 점은 「수언」 권2에서 더욱 명확하게 표현하였다.

> 신과 기는 일찍이 서로 분리된 적이 없으니 생존해서도 사망해서도 서로 분리되지 않는다. 그러나 불교에서는 한 사물은 없어지지 않고 상존하며, 태(胎)를 훔치고 싹을 뺏을 수 있다고 하니 이러한 이치는 없다.
>
> 神與氣未嘗相離, 不以生存, 不以死亡, 而佛言有一物不亡而常存, 能盜胎奪萌, 則無是理也. (『二程集』 1261쪽)

여기서 이정은 신(神)과 기는 서로 떨어지지 않는다는 사상을 이용하여 불교의 윤회설(輪廻說)의 오류를 논박하였다. 이정은 또 "신"은 불생불멸(不生不滅), 즉 "생존해서도 분리되지 않고, 사망해서도 분리되지 않는다."고 보았다. 그러나 그 원인은 신(저자주: 여기서는 靈魂을 가리킨다)이 육체를 떠나 '세상을 옮겨다님[轉世]'에 있지 않고, 신과 기가 긴밀하게 함께 결합함에 있다고 생각하였다. 극단적으로 말하면 신과 기는 무한한 우주공간에서 각자 극점에 도달하면 상호 포용하고 합하여 하나가 된다. 따라서 기를 벗어나 신(神)이 없으며, 신을 벗어난 기가 없다고 할 수 있다는 말이다.

셋째, 성(性) 밖에 사물이 없다. 이것은 정이(程頤)가 설명한 관점이다. 그는 "마음에 분량의 한계가 있는가?"의 문제에 관하여 제자에게 다음과 같이 대답하였다.

> (마음은) 진실로 도로써 통할 수 있으니, 어찌 분량의 한계가 있겠는가? 천하에는 성 밖의 사물은 없다. 만약 분량의 한계가 있다고 하면 이 성을 제외한 어떤 사물이 있어야 된다.
>
> (心)苟能通之以道, 又豈有限量? 天下更無性外之物. 若云有限量, 除是性外有物始得. (「遺書」 권18, 『二程集』 204쪽)

정이가 말한 "성(性) 밖에 사물이 없다."라는 말은 당연히 유심주의의 관점이지만, 합리적인 요소를 포함하고 있는데, 곧 성과 사물이 합일하여 양자는 서로 분리되지 않는다는 점이다.

만약 "도 밖에 사물이 없고, 사물 밖에 도가 없다."는 말과 "기 밖에 신(神)이 없고, 신 밖에 기가 없다."는 명제를 다른 말로 바꾸어 보면, "리 밖에 기가 없고, 기 밖에 리가 없다."는 말과 같다. 이와 같이 "성 밖에 사물은 없다."는 말도 "리 밖에 기는 없다(理外無氣)"는 말로 전환될 수 있다. 이것은 리는 기를 떠날 수 없음을 말한 다. 비록 이정이 직접 이러한 명제를 제출하지는 않았지만, 이러한 사상이 있음은 의심할 수 없다. 이러한 합리적인 사상의 성분은 이정에 관한 한 아무런 근거 없이 태어나지는 않았다. 앞에서 검토한 것에 근거하여, 우리는 이정의 리 관념이 "규율"의 함의를 띠고 있음을 알았다. 그리고 규율(저자주: 理)은 사물자체(저자주: 氣)와 분리되어 따로 존재할 수 없음도 알았다. 이것은 유물주의의 관점이다. 이정은 유물주의의 방향으로 발전시키지 않았지만 그들은 이미 '리' 관념 속에 유물주의적 요소를 섞어 넣었다. 또한 리기(理氣)의 관계에도 합리적 요소가 없을 수 없으니, 이것이 곧 리기불상리(理氣不相離)의 사상이다. 당연히 이것은 그들이 유물주의 사상자료를 개조하는 데 철저하지 못한 결과라고 할 수 있다.

이정은 리가 기의 근본이 된다는 관점에 대하여 비교적 명확하게 표현하였다. 첫째, "천하에 리보다 실재하는 것은 없다."고 하여 장재의 "청허일대(淸虛一大)를 만물의 근원으로 확립함"에 반대하고 우주의 본원은 '리'이며 '태허(太虛)'가 아니라고 생각하였다. 정이는 다음과 같이 말하였다.

> "역시 태허가 없다."는 말에서 허를 가리켜, "모두 리이니 어찌 허라고 할 수 있겠는가? 천하에 리보다 실재하는 것은 없다."고 하였다.
> "亦無太虛." 遂指虛曰: "皆是理, 安得謂之虛? 天下無實于理者." (「遺書」 권3, 『二程集』 66쪽)

정호도 다음과 같이 말하였다.

> 리는 실이며 근본이다.
> 理也者, 實也, 本也. (「遺書」 권11, 『二程集』 125쪽)

이것은 '리'는 독립적인 존재로서 실체이며 유일한 본원이라는 말이다. 이른바 "성(誠; 精誠)이란 실리(實理)다."라는 명제에서 더욱 노골적으로 이러한 관점을 표현하였다. 정호는 "정성이란 내외를 합한 도(道)이다. 정성이 아니면 사물이 없다."(「遺書」 권1, 『이정집』 9쪽)고 하였다. '정성'은 일종의 정신상태다. 이정이 보기에 '정성'은 '리' 혹은 '천도'의 체현이며, '정성'을 구비하면 곧 "사물을 변별"할 수 있으며 '정성을 다하지 않으면' '사물을 변별할 수 없다'는 말은 곧 "정성이 아니면 사물이 없다."는 말이다. 정이가 "정성을 다하면 형(形)으로 드러나니, 정성을 다한 후에 곧 사물이 있다. ...... 형으로 드러남이 없으면 어떻게 사물을 변별하겠는가?"(「유서」 권18, 『이정집』 203쪽)라고 한 말처럼, 이정은 '성(誠)'을 이와 같은 주관적인 정신작용으로 무한히 확대한 결과 '정성'과 '리'를 동등하다고 보아 "성(誠)이란 실리(實理)다."라는 명제를 제출하였다.

이정이 이 명제를 제출한 이후 그들의 학생인 여대림(呂大臨)이 덧붙여 말하기를, "그렇구나! 실제로 이 리가 있으므로 실제로 이 사물이 있으며, 실제로 이 사물이 있으므로 실제로 이 쓰임이 있고, 실제로 이 쓰임이 있으므로 실제로 이 마음이 있으며, 실제로 이 마음이 있으므로 실제로 이 일(事)이 있다. 그러므로 성(誠)이란 실리다."(「粹言」 권1, 『이정집』 1169쪽)라고 하였다. 이 일단의 의론은 자못 이정의 사상을 대표할 수 있다. 이른바 '실리'는 진실하고 망령되지 않은 지식과 견식을 가리킴을 알 수 있다. 예를 들면 「수언」 권1에서 "누군가 무엇을 '실리'라고 하는가 하고 물으니 정자는 분명하게, 시비와 가부를 아는 것이다."(『이정집』 1192쪽)라고 하였다. 여기서 말한 실리는 분명히 주관의식이다. 그들이 이미 '실리'를 '사물'의 주재자라 본 점은 객관사물의 규율인 '리'를 주관인식인 '실리'와 하나로 혼합한 말이며, 따라서 의식(저자주: 實理)을 물질의 본원으로 보았다. 이정이 보기에, 리는 사물(저자주: 氣)보다 근본적이며, 리가 사물(저자주: 氣)의 존재를 결정한다. 이처럼 리기의 관계와 물질과 의식의 관계에 대한 이들의 입장은 근본적으로 전도되어 있다.

둘째, 그는"체(體)와 용(用)은 하나의 근원[一源]이며, 드러남과 은미함에는 틈이 없다."고 하였다. 정이는 「역전(易傳)・계사(繫辭)」에서 리(理)와 상(象)의 관계를 풀어 설명할 때,"리에서는 은미함[幽]이 되고, 상을 이루면 드러남[明]이 된다. '유(幽)와 명(明)의 까닭을 앎'은 리와 사물이 그와 같이 되는 원인[所以然]을 아는 것이다."(「經說」 권1, 『이정집』 1028쪽)라고 하였다. 리는 무형이므로 '은미함'이며, 상(象)은 유형이므로 '드러남'이다. 무형의 리는 유형의 상을 통과하여야 비로소 분명하게 드러난다. 은미한 리와 드러난 상의 관계를 알아야만 리와 사물이 "그와 같이 되는 원인[所以然]"을 알 수 있다. 정이는 「역전서(易傳序)」에서 리와 상의 관계를 집중적으로 개괄하여 설명하였다.

> 지극히 은미함은 리며, 지극히 드러남은 상이다. 체와 용은 하나의 근원이니 드러남과 은미함에는 틈이 없다.

至微者理也, 至著者象也. 體用一源, 顯微無間. (「文集」 권8, 『二程集』 582쪽)

무형의 리(理)는 "지극히 은미(隱微)함"이며, 유형의 상(象)은 "지극히 드러남"이니, 리는 체(體)이며, 상은 용(用)이다. 상은 리를 본원으로 삼으므로 '일원(一源)'이라고 한다. 동시에 리와 상, 즉 리와 사물은 분리될 수 없으며 피차가 한데 결합하여 있어 긴밀함에 틈이 없다. 정이가 보기에 리는 상에 비하여 더 근본이며 리는 상에 머무르므로 리를 알려면 반드시 상을 통과해야 한다. 이는 곧 "상으로 말미암아 리를 밝힌다."는 말이며, 또 "리는 무형이므로 상을 빌어 의(義)를 드러낸다."(『이천역전』 권1, 『이정집』 695쪽)는 말이다. 따라서 정이의 리와 상의 관계에 대한 설명에서 리를 기의 근본으로 보고 있음을 알 수 있다.

리가 있으면 기가 있으며, 기가 있으면 수(數)가 있다.
有理則有氣, 有氣則有數 (「經說」 권1, 『二程集』 1030쪽)

"리가 있으면 기가 있다."는 명제는 리와 기의 관계에 관한 문제를 정면으로 제출하였을 뿐만 아니라, 리선기후(理先氣後)의 사상을 포함하고 있다. 그리고 이것은 리(理)와 상(象)·수(數)의 선후에 관한 논술에 따라 증명될 수 있다.

리가 있은 후에 상(象)이 있으며, 상이 있은 후에 수(數)가 있다. 『역』은 상으로 말미암아 리를 밝히고, 상으로 말미암아 수를 안다. 그 뜻을 얻으면 상과 수는 그 가운데 있다.
有理而後有象, 有象而後有數. 『易』因象以明理, 由象而知數. 得其義, 則象·數在其中矣. (「答張閎中書」, 『二程集』 615쪽)

정이는 리·상·수의 관계에 대하여 먼저 리가 있은 후에 상과 수가 있다고 명확하게 규정하였다. 상과 수는 구체적인 사물의 형태와 수량에 관한 범주로서 정이의 관점에 비추어보면 형이하의 기(器: 氣)로 귀결된다. 이로 인하여 리·상·수의 관계는 실제로 리와 기의 관계다. 리가 있은 후에 상·수가 있음은 실제로 리가 있은 후에 기가 있다는 말이다. 이로써 곧 "리가 있은 후에 기가 있다."는 명제가 갖추고 있는 진정한 의미를 해석할 수 있다. 양자의 관계를 고찰하면 정이가 리선기후(理先氣後)의 사상을 갖추고 있음은 쉽게 안다.

정이의 리선기후에 관한 사상은 "도(道)는 만물의 시작이다."라는 논지에서 단적으로 확증될 수 있다. 정이는 다음과 같이 말한다.

> '크도다, 건원이여!' 라는 말은 건원이 만물을 창시하는 도의 지대함을 찬양한 말이다. (元亨利貞) 네 덕의 으뜸은 오상의 인과 같으며, 부분적으로 말하면 하나의 일이지만, 전체적으로 말하면 네 가지를 포함한다. 만물이 이에 의지하여 시작되니, 곧 하늘을 통섭한다는 말은 원(元)을 뜻한다. 건원은 하늘의 도를 통괄하여 한 말이다. 천도는 만물을 시작하게 하니, 사물은 하늘에 의지하여 시작된다. 구름이 운행하여 비가 내리고, 온갖 사물이 유행함은 형(亨)을 말한다. 천도가 운행하여 만물을 생육한다.
>
> '大哉乾元', 贊乾元始萬物之道大也. 四德之元, 猶五常之仁, 偏言則一事, 專言則包四者. 萬物資施乃統天, 言元也. 乾元統言天之道也. 天道始萬物, 物資始于天也. 雲行雨施, 品物流行, 言亨也. 天道運行, 生育萬物也. (『伊川易傳』 권1, 『二程集』 697쪽)

정이는 여기서 명확하게 천도(天道)는 만물을 창시하고 만물을 생육한다고 하였다. 이른바 "천도는 만물을 창시한다."는 말은 곧 만물은 천도에 의지하여 시작된다는 말이다. 이것은 곧 천도는 만물에 앞서 존재함을 승인한 말이다. '천도'는 곧 리다. 따라서 "천도는 만물을 창시한다."는 명제는 실제로 리가 기보다 앞섬을 의미한다.

종합하면 리는 기에 비하여 더 근본이며, 리는 기보다 앞서 존재하며, 리가 기를 파생한다는 것이 이정의 리기관계의 문제에 대한 기본적인 관점이다.

이정의 리기관을 고찰하려면 그들의 도기관(道器觀)을 언급하지 않을 수 없다. 이정은 『주역·계사(繫辭)』의 "형이상의 것을 도라고 하고, 형이하의 것을 기(器)라고 한다."는 리학적 도기관(道器觀)으로부터 출발한다.

먼저, 이정은 도(道)와 기(器)를 매우 중시하여 형이상과 형이하로 구분하였다. 정호는 도와 기를 다음과 같이 설명한다.

> "형이상의 것을 도라고 하고, 형이하의 것을 기(器)라고 한다."는 명제에 대하여 어떤 사람처럼 청허일대를 천도로 삼는다면 이것은 곧 기(器)로써 말하였지 도가 아니다.
>
> "形而上者謂之道, 形而下者謂之器." 若如或者以淸虛一大爲天道, 則乃以器言, 而非道也. (「遺書」 권11, 『二程集』 118쪽)

여기서 '어떤 사람'은 장재를 가리킨다. 장재는 "형이상이 아닌 것"으로써 '도'를 해석하여 '청허일대(淸虛一大)'를 '천도'라고 불렀다. 정호는 이에 대하여 '청허일대'는 '기(器)'이지 '도'는 아니라고 반대하였다. 정이는 한 걸음 더 나아가 다음과 같이 해석한다.

> 음양을 떠나서 더 이상 도는 없으니, 음하고 양함의 까닭이 도다. 음양은 기다. 기는 형이하자며 도는 형이상자니, 형이상자는 은밀하다.
>
> 離了陰陽更無道, 所以陰陽者是道也. 陰陽, 氣也. 氣是形而下者, 道是形而上者. 形而上者則是密也. (「遺書」 권15, 『二程集』 162쪽)

> "한번 음하고 한번 양함을 도라고 한다."에서 도는 음양이 아니다. 한번 음하고 한번 양하는 소이(所以)가 도이니, 예컨대 한번 열림과 한번 닫힘을 변화라고 하는 것과 같다.
>
> "一陰一陽之謂道", 道非陰陽也. 所以一陰一陽道也, 如一闔一闢謂之變. (「遺書」 권3, 『二程集』 67쪽)

정이는 다시 한 번 '도(道)'는 "음하고 양하는 까닭"임을 강조하였다. 이 "음하고 양하는 까닭"으로서의 '도'가 곧 사물의 '소이연(所以然)'으로서 사물의 바뀌지 않는 '리(理)'이며 사물의 근본이다. '도'는 형이상자며 본체이고 음양은 단지 기이며 형이하자다. 이정이 도(道)・기(器)를 형이상・형이하로 구분한 목적은 "사물이 그와 같이 되는 원인(所以然)"의 리를 본원의 위치로 끌어올리려는 데 있었다. 덧붙여 말하자면 정이의 어록을 재정리한 「수언(粹言)」에서 정이가 "음양을 떠나면 도는 없다. 음양은 기며 형이하다. 도는 태허(太虛)며 형이상이다."(『이정집』 1180쪽)라고 하여, 마치 정이가 '태허'를 형이상의 도로 본 것처럼 기록되어 있는데, 이것은 정호가 '청허일대'는 기(器)며 도가 아니라고 한 관점과 서로 위배될 뿐만 아니라, 정이의 본지를 잃어버렸다.

다음으로 이정은 도와 기(器)는 서로 떨어지지 않으며, 형이상은 형이하 가운데 있다고 주장하였다. 정호는 분명하게 도기불가분(道器不可分)의 관점을 드러냈다. 그는 다음과 같이 주장한다.

> 형이상은 도며 형이하는 기(器)라는 말을 중시해야 한다. 도 역시 기며 기 역시 도다. 그러나 도를 얻음은 지금과 미래, 나와 타인에 연계되지 않는다.
>
> 形而上爲道, 形而下爲器, 須著如此說. 器亦道, 道亦器; 但得道在, 不系今與後, 己與人. (「遺書」 권1, 『二程集』 4쪽)

정호는 여기서 먼저 도(道)와 기(器)는 형이상과 형이하로 구분해야 함을 긍정하였다. 이에 대해서는 이미 앞에서 분석하였으므로 다시 언급한 말은 쓸데없다. 정호는 이어서 "도역기(道亦器) 기역도(器亦道)"라고 말하였는데 그 뜻은 도와 기는 분리될 수 없으며 도가 기 가운데 있다는 말이다. 그가 보기에 도와 기는 서로 분리될 수 없다는 관점과, 도와 기는 형이상과 형이하로 구분된다는 관점이 병존할 수 있다는 말이다. 이것은 두 가지의 다른 문제다. 그는 '도'라는 존재는 시간의 변화와 사람과 사물의 동이에 영향을 받지 않음을 강조하였다. 이것은 영원한 도는 일시적인 기(器)에도 존재하며, 끊임없이 변화하는 기(器)를 통하여 체현된다는 말이다. 그는 사람들에게 기(器)에 나아가서 도를 체인해야 한다고 요구하였다. 그는 "「계사」에서 말하기를 '형이상자를 도라 하고, 형이하자를 기라 한다'고 하였고, 또 '하늘의 도를 세움을 일러 음과 양이라 하고, 땅의 도를 세움을 일러 유(柔)와 강(剛)이라고 하며, 사람의 도를 세움을 일러 인(仁)과 의(義)라 한다.'고 하였고, 또 '한번 음하고 한번 양함을 도라 한다'고 하였다. 음양도 역시 형이하자며, 또 오직 도라는 이 말만이 상하를 가장 분명하게 가름하며, 이것만이 원래의 도이므로 사람은 묵묵히 그것을 인식해야 한다."(「유서」 권11, 『이정집』 118쪽)고 설명하였다. 음양은 본래 형이하의 것이며, 도는 형이상의 것인데 무엇 때문에 음양을 또 도라고 일컫는가? 정호의 해석은 "오직 이 말만이 상하를 가장 분명하게 가름하며, 이것만이 원래의 도다."라는 말에서 '이 말'은 "한번 음하고 한번 양함을 도라 한다."는 말을 가리킨다. "상하를 가장 분명하게 가름한다."는 말은 형이상과 형이하에 대하여 가장 명확하게 구분한 말이다. 이 구분으로 말미암아 사람들로 하여금 중(中)에 따라 어떠한 것이 도인가를 몸으로 이해할 수 있도록 한다. "이것만이 원래의 도다."라 말은 형이하의 음양 가운데 곧 형이상의 도가 있다는 뜻이다. 도는 음양에 몸담아[寓] 있으며 음양을 통하여 표현된다. 곧 이와 같기 때문에 정호는 사람들이 일상생활에서 '리'를 체인해야 한다고 하였다. 그는 "물 뿌리고 쓸며 응대함이 곧 형이상이라는 것은 리에 대소가 없기 때문이다."(「遺書」 권13, 『이정집』 139쪽)라고 하였다. 청의 손기봉(孫奇逢)은 『리학종전(理學宗傳)』의 이 단락에 대한 여백의 비평에서 "형상(形上)은 형하(形下) 가운데 있다."고 하였으니 매우 식견이 높다.

정이도 마찬가지로 도기불상리(道器不相離)의 사상을 갖추었다. 이것은 "음양을 떠나면 더 이상 도(道)는 없다."는 말 가운데 드러난 바 있다. 그는 일상생활 가운데의 '리'를 체현함을 매우 중시하였다. 곧 정이는 "성인의 도는 정밀함과 조잡함이 없으니 물 뿌리고 청소하며 응대함에서부터 정밀한 의와 입신(入神)의 경지에 이르기까지 하나의 리로 관통한다. 다만 물 뿌리고 청소하며 응대함은 단지 소이연(所以然)이

어떠한가를 볼 뿐"(「유서」 권15, 『이정집』 152쪽)이라고 하였다. 이 말은 곧 "물 뿌리고 청소하며 응대함[灑掃應對]"과 같은 일상의 자질구레한 일 가운데도 '소이연'의 '리'가 있다는 뜻이다. 이 '리(理)'는 일체의 사물에 관통하여 없는 곳이 없다. 형이하의 기(器)의 안에도 형이상의 도가 은밀하게 갖추어지지 않음이 없다. 그러므로 관건은 '소이연이라는 것'이 어떤 것인가를 인식하는 데 있으며, 정이와 정호의 결론은 서로 같다.

도기관(道器觀)에 있어서 이정은 형이상의 도는 영원불변하며 형이하의 기(器)는 잠시적이며 끊임없이 변한다고 생각하였다. 도는 기(器)를 떠나지 않고 도는 기에 몸 붙어[卽하여] 있으며 형이상은 형이하 가운데 몸 붙어 있다. 그러나 도가 근본적이며, 기는 근본이 되기에 부족하다. 이처럼 그들은 리기의 관계에 대한 관점도 일치한다.

이정의 리기관에 대하여 종합적으로 말하면 정호가 스스로 말한 한 구절로 가장 간단히 개괄할 수 있다.

> 『중용』은 처음에 하나의 리(一理)를 말하였는데, 중간에는 흩어져 만사가 되며, 끝에는 다시 합하여 하나의 리가 된다.
> 『中庸』始言一理, 中散爲萬事, 末復合爲一理. (「遺書」 권14, 『二程集』 140쪽)

『중용(中庸)』의 이 부분은 '리'의 문제에 관하여 설명한 말이다. 일리(一理)는 만사를 통제하며 만사는 일리로 귀결된다. 즉 '리(理) — 사(事 저자주: 氣) — 리(理)'는 곧 이정의 리기관의 기본공식이다. 이정은 다시 한 번 『중용』을 칭송하고 『중용』이 천명한 사상을 표준으로 삼았다. 정호는 "『중용』의 말은 펼치면 우주에 가득 차고, 거두어들이면 물러나 긴밀하게 감추어져 있다."(「유서」 권11, 『이정집』 130쪽)고 하였으며, 정이도 "『중용』이 말한 도는 단지 '소리도 없고 냄새도 없다[無聲無臭]'는 네 글자면 족하고, 부처의 말을 모두 총괄하면 황(黃)도 아니고 백(白)도 아니며, 단 것도 아니며 쓴 것도 아니라서 말만 많이 소비한다."(「遺書」 권15, 『이정집』 154쪽)고 하였다. 『중용』이 강론한 리는 자연히 강령(綱領)의 의미를 갖추었다. 이정은 스스로 『중용』에 따라 발휘된 "리 — 기 — 리"의 공식이 『중용』의 요체라고 생각하였다. 그러나 이 공식은 곧 그들이 리기관계의 문제에 관하여 근본적으로 잘못되고 전도되었으며, 리본체론의 유심주의적 실질을 드러내었다.

4. 리일분수설(理一分殊說)

중국철학사에서 정이는 처음으로 '리일분수(理一分殊)'라는 중요명제를 제출하였다. 그것은 이정의 천리론(天理論) 중에서 특수한 지위를 차지하므로 마땅히 따로 설명해야 한다.

'리일분수'는 「서명(西銘)」에서 장재가 밝힌 사상에 대하여 정이가 개괄하였다. 장재의 「서명」에서는 결코 '리일분수'의 명제가 직접적으로 제출되지 않았으나 정이는 「서명」은 '리일분수'의 도리를 강론하여 밝혔다고 생각하였다. 주희는 "「서명」은 구절마다 리는 하나이면서 분수임을 드러내고자 하였다."고 하고, 또 "「서명」은 전체가 하나의 리일분수이며 하나의 구절은 하나의 리일분수"(『주자어류』 권98)라고 하였다. 이와 같은 관점은 리학가의 정론이 되었다.

'리일분수'의 사상적 연원은 훨씬 더 위로 거슬러 올라갈 수 있다. 주희에 의하면 주돈이(周敦頤)의 『태극도설(太極圖說)』과 『통서(通書)』는 "일리(一理)와 이기(二氣) 그리고 오행(五行)의 나뉘고 합함을 미루어나감으로써 도체의 정미함을 다스려 바로잡았다."(『性理精義』 권1)라고 하였다. 따라서 이 책들은 이미 '리일분수'의 사상적 모형을 갖추고 있다고 할 수 있다. 그러나 정호가 비로소 처음으로 '리일분수'의 사상을 언급하였다. 앞에서 인용한 "『중용』은 처음에 일리를 말하였고 중간에는 흩어져 만사가 되며, 끝에는 다시 합하여 일리가 된다."는 그의 말에서 '일리'와 '만사'는 곧 '리일(理一)'과 '분수(分殊)'다. 그리고 정호가 보기에 이것은 『중용』에서 강론한 말 가운데 가장 중요한 사상이다. 이와 같이 '리일분수'의 연원은 『중용』이다. 적어도 정호에 있어서는 이렇게 볼 수 있다.

동시에 '리일분수'는 또 다른 사상적 연원이 있다. 이것은 곧 불교 화엄종(華嚴宗)의 '이사(理事)'설이다. 정이는 일찍이 화엄종의 '이사'설을 한 구절로 개괄하여 "한 마디로 말해 만리(萬理)는 일리(一理)로 귀결된다는 것에 불과하다."(「유서」 권18, 『이정집』 제195쪽)고 하였다. "만 리가 일리로 귀결된다."는 말은 화엄종의 '이사'설의 정곡을 찌른 말이며, 한 마디로 그 내용을 설파하였다고 할 수 있다. 정이는 범사에는 모두 리가 있으며 만리는 일리로부터 나온다는 말을 정확하다고 보았다. 그러나 화엄종은 리를 장애로 삼으니 이것은 정확하지 않다고 보았다. 그렇다면 화엄종의 착오는 어디에 있는가? 정이는 "이것은 리자(理字)를 잘못 보았다. 천하에 다만 하나의 리만 있는데 이 리에 밝게 되면 무릇 다시 무슨 장애가 있겠는가? 만약 리를 장애로 삼으면 자신과 리는 둘이 된다."(「유서」 권18, 『이정집』 196쪽)고 하였다. 화엄종의 착오는 사람의 지식과 리를 나누어 둘로 한 데 있다. 정이의 '리일분수'설과 화엄종의 '이사'설의 차이는 정이가 화엄종의 내용을 흡수하고 개조한 데 있음을 알 수 있다.

종합하면 '리일분수(理一分殊)'에는 세 가지 사상적 유래가 있는데, 첫째, 장재의 「서명」의 사상을 직접적으로 개괄하였으며, 둘째, 『중용』 등 유가의 경전에 포함된 미언대의(微言大意)를 발휘하였으며, 셋째 화엄종의 '이사(理事)'설을 흡수 개조하였다. '리일분수'의 사상은 주돈이에게서 이미 그 모형이 갖추어지기 시작하여 이정에 이르러서 중요한 철학명제로 발전하여 많은 토론을 불러일으켰다.

이정의 이른바 리일분수는 윤리철학과 자연철학의 두 가지 의의를 지닌다.

먼저, 정이는 「답양시론서명서(答楊時論西銘書)」에서 윤리철학적 의미로서의 '리일분수' 사상을 중시하였다. 장재는 「서명」에서 "백성은 나와 같은 동포며, 사물과 함께 더불어 살아간다[民胞物與]"[86]는 관점을 논술하였다. 이정의 제자인 양시(楊時)는 장재의 민포물여(民胞物與)는 "체(體)는 말하였으나 용(用)을 언급하지 않아 (墨家의) 겸애(兼愛)로 흘러갈까 두렵다."(「粹言」 권1, 『이정집』 1202쪽)고 하였다. 정이는 양시의 관점을 다음과 같이 비판하였다.

> 「서명」이라는 책은 리를 미루어 의(義)를 보존하며 옛 성인이 발휘하지 못한 것을 확충시켜 맹자의 성선·양기의 이론과 같은 공로가 있는데 어찌 묵가와 비교되겠는가? 「서명」은 리일이면서 분수임을 밝혔으며, 묵가는 근본이 둘이어서 구분이 없다. 분수의 폐단은 사(私)가 이기고 인을 잃었으니, 구분이 없는 죄는 겸애로써 의가 없도록 한 것이다. 구분을 확립하여 리일을 미루어 나아가 사가 일어나는 흐름을 방지하는 것은 인의 방법이다. 구별이 없이 겸애에 미혹되면 아비가 없게 되는 극단에 이르니 의(義)의 적이다. 자네가 비교하여 같다고 한 말은 지나치다. 그리고 '체는 말하고 용은 언급하지 않았다'고 한 말은 자못 사람들로 하여금 미루어 나아가 그것을 행하도록 하고자 한 뜻이다.[87] 본(本)이 용(用)임을 언급하지 않은 말과는 또한 다르지 않겠는가? 오히려 언급하지 않았다고 하면 틀리지 않겠는가?
>
> 「西銘」之爲書, 推理以存義, 擴前聖所未發, 與孟子性善養氣之論同功, 豈墨氏之比哉? 「西銘」明理一而分殊, 墨氏則二本而無分(老幼及人理一也, 愛無差等本二也). 分殊之蔽, 私勝而失仁, 無分之罪, 兼愛而無義. 分立而推理一, 以止私勝之流, 仁之方也. 無別而迷兼愛, 至于無父之極, 義之賊也. 子比而同之, 過矣. 且謂言體而不及用, 彼欲使人推而行之, 本爲用也, 反謂不及, 不亦異乎? (「答楊時論西銘書」, 『二程集』 609쪽)

---

86) 張載, 『正蒙』 乾稱篇第17. 『張載集』(北京: 中華書局, 1978), 62쪽.
"民, 吾同胞; 物, 吾與也." 유박문(喻博文)은 『정몽주역(正蒙注譯)』(蘭州大學出版社, 1990, 293쪽)에서 '與'를 黨與, 同伴으로 풀이하였다.

87) 이 부분에 대하여 저자는 "彼欲使人推而行之, 本爲用也"라고 끊어서 해석하였다. (『洛學源流』 93쪽) 그러나 『二程全書』 46:21b 「答楊時論西銘書」(서울: 景文社, 1981, 366쪽)에서는 "彼欲使人推而行之本爲用也"로 붙여서 해석하였다. 역자의 견해로는 경문사 판본의 의미가 이 글의 전체 문맥과 일치한다고 생각된다.

여기서 정이는 「서명」의 사상과 묵자(墨子)의 겸애설(兼愛說)은 구분된다고 강조하였다. 전자는 '리일분수(理一分殊)'를 주장하였고, 후자는 "근본이 둘이며 분별이 없다."고 주장하였으니 분명히 구별된다. 사랑에 차등이 없음은 '두 근본'이며, 친소(親疏)를 구분하지 않음은 '분별이 없음'이다. "나의 친 어른을 섬김으로 미루어 남의 어른을 섬기며, 나의 어린이를 돌봄으로 미루어 남의 어린이를 돌봄"은 '리일(理一)'이며, 사람마다 각각 그 육친과 친하며, 그 자식을 돌봄은 '분수(分殊)'다. '분수'가 초래하는 폐해는 사심(私心)이 일어나 '인(仁)'을 잃어버리게 함이다. 오직 '분수'의 기초에서 '리일'을 미루어 가면 사심이 크게 일어나는 것을 방지하고 '인'을 성취할 수 있다. 이 "분별이 없음"의 잘못은 "겸애하나 의가 없음"과는 근본적으로 다르다. 정이는 「서명」은 이미 '리일분수'의 도리를 강론하여 밝혔으며 사람들이 실제로 미루어 행하도록 하고자 하였으니 이것이 곧 '용(用)'이라고 생각하였다. 정이는 처음으로 '리일분수'의 명제를 제출하였는데, 이것은 용으로써 친친(親親)·인민(仁民)·애물(愛物)의 차등과 질서를 논증한 것이다. '리일분수'의 윤리철학적 의의도 여기에 있다.

다음으로 정이는 『이천역전』에서 한 걸음 더 나아가 '리일분수'를 이론적인 면에서 자연철학적 의미를 비교적 뛰어나게 천명하였다. 그는 그것을 다음과 같이 설명한다.

> 천하의 리는 하나이며, 길은 비록 다르나 그 귀결됨은 같으며, 사려는 비록 백이나 그 이르는 곳은 하나다. 비록 사물은 만 갈래가 있고 일은 만 가지 변화가 있으나 그것은 하나로 통일되어 어그러짐이 없다.
>
> 天下之理一也, 道雖殊而其歸則同, 慮雖百而其致則一. 雖物有萬殊, 事有萬變, 統之以一, 則無能違也. (『伊川易傳』 권3, 『二程集』 858쪽)

> 천하의 뜻은 만 가지로 다르나 리는 하나다. 군자는 리에 밝으므로 천하의 뜻에 통할 수 있다. 성인이 억조의 마음을 일심(一心)과 같이 보는 것은 리에 통하기 때문일 뿐이다.

天下之志萬殊, 理則一也. 君子明理, 故能通天下之志. 聖人視億兆之心猶一心者, 通于理而已. (『伊川易傳』 권1, 『二程集』 764쪽)

여기서 말한 '리일(理一)'은 곧 천리며, 그것은 천지만물의 공동의 본질이며, 천지만물의 모든 근원이다. 그리고 "사물에 만수가 있다." "일에 만변이 있다." 그리고 "천하의 뜻은 만수다."라는 말은 곧 '분수(分殊)'다. 구체적인 사물은 비록 수만 갈래로 다르지만 모두 일리(一理)로 통일된다. 이것은 분명히 유심주의 리본체론의 관점에 따라 출발하여 세계에 대한 통일성의 원리로 개괄하였다.

이정의 '리일분수(理一分殊)'에 관한 관점에는 어느 정도 소박한 변증법의 사상이 포함되어 있음을 주의할 필요가 있다. 정이는 일찍이 규괘(睽卦)[88]의 단사(彖辭)에서 "천지는 떨어져 있으나 그 일은 같으며, 남녀는 떨어져 있으나 그 뜻은 통하며, 만물은 떨어져 있으나 그 일은 유사하다. 규(睽)를 때때로 씀은 크도다!"라는 말을 다음과 같이 해석하였다.

물리의 같음을 추리함으로써 규(睽)괘의 때와 쓰임을 밝힘은 곧 성인이 규의 도(道)에 맞춤이다. 같음을 보고 같다고 여김은 세속적인 지식이다. 성인은 물리의 근본이 같음을 밝혀 그로써 천하와 함께 하며, 만 가지 종류와 화합할 수 있다. 천지와 남녀와 만물로써 그것을 밝히니, 하늘은 높고 땅이 낮음은 그 체가 떨어져 있으나 양은 내려오고 음은 올라가 서로 합하여 변화하고 기르는 일과 같다. 남녀는 질이 다르게 떨어져 있으나 서로 구하는 뜻은 통한다. 사물이 만수(萬殊)로 생겨남은 규이나 천지의 화(和)를 얻고 음양의 기를 품부하여 서로 무리를 이룬다. 사물은 비록 다르나 리는 본래 같으므로 천하의 큼과 뭇 생물의 많음이 만수로 다르게 흩어져 있어도 성인은 그것과 함께 할 수 있다.

推物理之同, 以明睽之時用, 乃聖人合睽之道也. 見同之爲同者, 世俗之知也. 聖人則明物理之本同, 所以能同天下而和合萬類也. 以天地男女萬物明之: 天高

88) 火澤睽. 睽의 뜻은 乖, 즉 서로 등져 떨어지는 것. 양쪽 눈이 한 사물을 보지 않고 따로따로 보는 것에서 유래.

> 地下, 其體睽也, 然陽降陰升, 相合而成化育之事則同也; 男女異質, 睽也, 而相求之志則通也; 生物萬殊, 睽也, 然而得天地之和, 稟陰陽之氣, 則相類也. 物雖異而理本同, 故天下之大, 群生之衆, 睽散萬殊, 而聖人爲能同之. (『伊川易傳』 권3, 『二程集』 889쪽)

정이는 생물은 만수(萬殊)로 모두 각자의 구체적인 다른 리(理) 곧 특수한 규율이 있음을 인정하였다. 그러나 만물은 또 공동의 리 즉 공동의 규율 또는 공동의 본원(本原)이 있으니 "천지간에 만물의 리는 다름이 없다."(「역전 · 계사」, 『이정집』 1029쪽) 사람의 지식은 구체적인 '만수'로부터 진행하여 추상적인 '일리(一理)'를 파악하는 과정을 통해 "물리의 같음을 유추한다." 일반인은 다만 같음 가운데서 같음을 알고, 다름을 유추하여 '물리의 같음'을 밝히지 못하며, 오직 '성인'만이 할 수 있다. 왜냐하면 "사물은 비록 다르나, 리는 본래 같기" 때문이다. 그러므로 비록 천하가 크고, 뭇 생명들이 많고, 떨어져 흩어짐이 만 갈래로 다르더라도 '성인'은 이름 그대로 "물리는 본래 같음을 밝힐" 수 있다. 일단 물리가 같음을 유추하여 밝히면 만사에 응할 수 있으며, "그 리를 바르게 하면 만사는 하나며, 하나로 관통할 수 있다."(「外書」 권2, 『이정집』 365쪽) 정이는 일반과 개별, 추상과 구체의 관계를 다루기 시작하였다. 개별 가운데 일반이 있으며, 일반은 개별 가운데 존재한다. 인류의 지식은 모두 개별로부터 일반에 이르고 다시 일반으로부터 개별에 이르며, 구체로부터 추상에 이르고, 다시 추상으로부터 구체에 이르는 과정을 거친다. 정이의 만수로부터 물리가 본래 같음을 유추하여 밝힌다는 말은 곧 특수로부터 일반에 이르고 구체로부터 추상에 이르는 과정이다. 여기에서 인류 지식이 발전하는 규율에 대한 인식이 드러난다. 그러나 정이는 또 이와 같은 지식을 '성인'으로 돌려 유심주의적인 선험론(先驗論)을 표명하였다. 이 때문에 정이가 표출한 단편적인 변증법사상은 유심주의의 껍데기에 견고하게 싸여졌으며, 끝내는 유심주의의 체계에 질식(窒息)되고 말았다.

정이는 '리일분수'라는 중요명제를 제출하였을 뿐만 아니라, 초보적이지만 이론적으로 논증하여 천리론의 내용을 더욱 풍부하게 하였다. 그것은 중국철학사상에서 많은 영향을 초래하였다. 낙학파의 학자들은 역대로 '리일분수'설을 중시하였다. 이정의 삼전(三傳) 제자인 이통(李侗)은 "우리 유가의 학문이 이단의 학문과 다른 까닭은 리일분수다. 리는 그 하나됨을 근심하지 않지만 어려운 것은 분수일 뿐"(「豫章學案」, 『宋元學案』 권39)이라고 하였다. 주희는 '리일분수'설에 대하여 더욱 깊이 발전시켰으며 '리일분수'는 그의 철학체계를 관통하는 중요한 노선이 되다시피 하였다. 곧 유물주의 사상가인 왕부지(王夫之) 등도 '리일분수'설에 대한 비판과 개조를 매우 중시하여 그로써 자기의 철학적 내용을 충실히 하였다. 이렇게 '리일분수'의 명제는 중국철학의 사유발전사에서 뚜렷한 위치를 점유하게 되었다.

제2절: 이정의 범신론(汎神論)

이정은 유심주의 리학가이면서 동시에 범신론(汎神論)[89]자다. 그들의 범신론 사상은 천리론과 분명한 관계가 있으므로 더 자세히 검토할 필요가 있다.

앞에서 말한 대로 이정의 우주관은 유심주의적인 리본체론이다. 리 혹은 천리는 이정의 철학체계에서 중심범주이며, 하늘[天]·신(神)·제(帝) 등의 범주는 종속범주다. 그들은 천·신·제 등 전통적인 범주의 해석에 대하여 역대의 철학가들과는 다른 독특한 관점을 드러내었다.

---

89) 범신론(汎神論: Pantheism): 신과 자연과의 관계를 질적으로 다른 것이라 보지 않고, 자연의 모든 것이 신이라 하고 그 속에 대립을 인정하지 않는 입장. 종교가 품고 있는 신비성을 강조하고자 할 때에는 범신론의 형태를 취하며, 자연이나 세계를 보편적인 신의 원리로서 통일하려는 그리스 사상이나 불교와 같은 형태와, 이와는 달리 모든 것에 통하는 것이 신이라 하고, 자아와 신의 일치를 주장하는 Veda나 Brahman의 종교와 같은 두 형태가 있다. 범신론은 한쪽에서는 일체의 모든 것에 신성(神性)이 있어 구별이 없다는 낙관적인 태도를 취하고, 다른 한쪽에서는 일체의 모든 것은 있는 그대로를 좋다고 하여 도덕적 노력은 필요하지 않다고 하는 비관적 태도도 취한다. 모든 것이 신이라면 많음과의 차별이 부정되어 무세계론(無世界論)이 되며 선악과 진위의 구별도 없어지고 가치의 실현을 지향하는 인격의 자유로운 활동도 무의미하게 된다. 그러나 주로 인간의 내면적 신비생활을 강조하여 스피노자·괴테·셸링 등의 관념론적 사상에 큰 영향을 주었다.

의심할 필요도 없이 하늘·신·제에 관한 이정의 관념에는 어느 정도의 인격신의 의미가 있다. 예를 들면 "하늘은 말하지 않아도 믿음이 있고, 신은 노하지 않아도 위엄이 있다."(「遺書」 권11, 『이정집』 제119쪽)는 말이나 "하늘과 상제(上帝)는 하나다."(「유서」 권15, 『이정집』 168쪽)라는 말이 그것이다. 이것은 그들이 유(有)에 인(因)하지 않고, 무(無)에 인(因)하지도 않는다고 주장한 일종의 신비적인 '도체(道體)'와 서로 부합한다. 그들은 천지간에 도가 아닌 것이 없으니 이것이 하나의 도의 세계라고 생각하였다. 이 세계는 소리도 없고 냄새도 없으며, 유도 아니며 무도 아니다. 이정은 "시작도 없고, 마침도 없으며, 어떤 유에 인함도 없으며, 어떤 무에 인함도 없으며, 유(有)에 처한 유도 없으며 무에 처한 무도 없다."(「유서」 권12, 『이정집』 135쪽)고 하였다. 여기서는 물질의 실체를 찾을 수 없으며 다만 도(道: 理) 혹은 신(神)의 작용만 있다. 이로써 보면 이정의 세계관에는 확실히 신비주의적인 색채가 있음을 알 수 있다.

그러나 이로써 이정이 유신론[90]을 주장하였다고 인정한다면 사실과 부합되지 않는다. 이정의 사상적 주류는 유신론이 아니라 범신론이다.

마르크스 사상은 우리에게 범신론이 유신론을 따라 탈태(脫胎)되어 나왔으며, 서양에서는 그것이 기독교사상을 따라 발전되어 나왔음을 알

---

90) 유신론(有神論: theism): 원래 신의 존재를 부정하는 무신론과는 반대로 신의 존재를 주장하는 것. 신을 세계의 원인이라고 하면서도 세계와는 아무 관계 없이 세계의 밖에 초월하여 있는 비인격적 존재고 생각하는 이신론(理神論), 이와는 반대로 세계를 창조하였을 뿐만 아니라, 영원히 세계를 지배하는 인격적인 신(神)을 주장하는 입장의 두 가지가 존재한다. 또 신을 세계에 내재하는 신 즉 자연이라고 보는 범신론(汎神論)에 반하여 변화하고 생멸하는 세계를 초월한 초자연적인 존재가 신이라고 주장하는 입장을 말하며, 실재의 궁극의 근거는 인식할 수 없다는 불가지론에 반대하여 계시에 의한 신의 체험을 주장한다. 다같이 신의 존재를 인정하면서도 원시적 종교와 같이 많은 신들의 존재를 인정하는 다신론(多神論: polytheism)과 많은 신들 가운데 유일한 신을 최고신이라고 하여 숭배하는 단일신론(單一神論: henotheism)이 있으며, 그것이 순수하게 발달한 것이 일신론(一神論: monotheism)이며, 기독교가 대표적이다.

려주었다. 그렇다면 그것은 완전히 신학적인 영향을 탈피하지 못하였으며, 엥겔스는 "범신론은 본래 기독교의 산물이며, 기독교의 전제와 분리할 수 없다. 적어도 현대의 스피노자·셸링·헤겔 그리고 괴테의 범신론이 이와 같다."(『마르크스·엥겔스 선집』 1권, 649쪽)고 하였다. 이정의 범신론 사상도 완전히 유신론의 영향을 벗어나지 못하였기 때문에 그들의 세계관에 신비주의적인 요소가 존재함은 조금도 이상하지 않다.

이정은 애써 유신론의 속박을 벗어나 범신론으로 향하였는데 그것은 그들이 제출한 "하늘이란 리(理)다."라는 유명한 명제에 잘 나타나 있다. 정호는 다음과 같이 설명하였다.

> 하늘이란 리며, 신이란 만물을 오묘하게 씀을 가리켜 말한다. 제(帝)란 일을 주재함을 이름한 것이다.
>
> 天者理也, 神者妙萬物而爲言者也. 帝者以主神事而名. (「遺書」 권11, 『二程集』 132쪽)

이정의 해석을 살펴보면 하늘은 리며, 신(神)은 자연계의 신묘불측(神妙不測)한 변화와 공능(功能)이며, 제(帝)는 하늘의 주재(主宰)작용이다.

우선 이정의 "하늘은 리다."라는 명제에는 자연계의 운동·변화에는 규율이 있음을 인정하는 사상이 포함되어 있다. 서주(西周)에서부터 한·당(漢·唐)에 이르기까지 사상가들은 '하늘'에 대하여 서로 다르게 해석해 왔다. 어떤 사람은 자연천(自然天)을, 어떤 사람은 인격신의 의지를 가진 하늘 혹은 윤리적 하늘을 주장하였다. 이정은 "하늘[天]이 하늘이 되는 까닭은 무엇인가? 하늘이 아직 이름이 없을 때 본원도 역시 이름이 없이 단지 창창(蒼蒼)할 뿐인데 무엇으로 하늘이라고 이르는가? 대개 자연의 리로 나와 그 기에서 음성을 발하니 드디어 이 이름과 이 글자가 있게 되었다."(「遺書」 권1, 『이정집』 9쪽)라고 하고, 또 "이른바 하늘이란 리일 뿐이다. 단지 보고·듣고·움직이고·만들고 하는 것은 모두가 하늘"(「上蔡語錄」 권 상)이라고 하여, 그들은 명확하게 자연계에 갖추어진 운동과 변화의 추세를 '리'고 불렀으니, '하늘'은 단지 "자연의 리"일 뿐이다. 그들은 나아가 "천지가 동정(動靜)하는 리는 하늘이 둥그니 모름지기 회전하고, 땅은 네모나니 모름지기 안정하다. …… 자연이 아님이 없다."(「遺書」 권2상, 『이정집』 44쪽)고 하였으니 이것은 천지의 움직임과 고요함[動靜]은 완전히 "스스로 말미암는 것"이며, 결코 상제가 안배한 목적의 결과가 아니라는 말이다. 이것은 곧 상제가 "제1의 추동력"이 된다는 유신론의 관점을 부정한 것이다.

이 외에, 천체(天體)가 무한하다는 이정의 사상은 본질적으로 유신론의 관점과 대립된다. 그들은 "사람들이 천지의 밖에 대하여 많이 말하면서도 천지를 어떻게 내외(內外)로 말하는지는 알지 못한다. 외면은 결국 무엇인가? 만약 밖을 언급하면 반드시 그 규모가 있다."(「유서」 권2상, 『이정집』 35쪽)고 하였으며, 또 "극은 모름지기 천하의 중(中)이다. 천지의 중은 반드시 자세하고 바르다. 오늘날의 사람이 정한 천체는 다만 눈으로만 정한 것이며, 지극한 곳에까지 시선이 미치지 않는 곳은 결국 미진할 수밖에 없다. 그러나 일찍이 바다 위에서 남극 쪽에 큰 별이 열 개가 있음을 보았으나 오늘날 관찰한 천체에는 분명하지 않다."(「유서」 권2하, 『이정집』 57쪽)고 하였다. 이정은 여기서 당시의 천문(天文)·지리(地理)·항해(航海) 등 자연과학의 지식에 근거하여 천체는 무한하다는 사상을 드러내었다. 그들은 천지에 '내외'가 있다거나 '규모'가 있다고 하는 주장에 반대하고 천체의 대소(大小)는 '미정(未定)'이라고 생각하였을 뿐만 아니라, 천체의 무한성을 인정하고 또 천지의 밖에 '상제'가 존재함을 부정하는 사상을 은근히 포함하였다. 이정의 '하늘'은 더 이상 유신론적인 '상제'의 별명이 아니며 범신론적 자연의 대명사이다.

두 번째, 이정의 "하늘은 리다."라는 명제에는 자연계의 자기운동을 인정하는 사상이 포함되어 있다. 그들은 『역(易)·계사(繫辭)』의 "음양의 예측할 수 없음을 신(神)이라고 한다."는 관점에 근거하여 천지만물의 신묘하고 예측할 수 없는 변화와 공능을 '신'이라고 하였다. 예를 들면, "신란 말은 지극히 묘한 말이다."(「유서」 권3, 『이정집』 64쪽), "겨울에 춥고 여름에 더운 것은 음양이며, 운동·변화하는 까닭이 신이다. 신은 방소(方所: 형체)가 없고 역(易)은 체가 없다."(「유서」 권11, 『이정집』 121쪽), "기가 곧 신이다."(「유서」 권22上, 『이정집』 288쪽) 등등의 말을 하였는데, 곧 '신'은 사물이 운동하고 변화하는 소이연의 리이며, '신' 자신은 형체가 없고, 신이 조성하는 운동과 변화('易')도 실체가 없으나 사물을 떠나지 않고 존재하며, 사물의 가운데 존재하기 때문에 신과 기는 합일이다. 그러므로 그들은 "기 밖에 신이 없고, 신 밖에 기가 없다."고 하였다. 그들은 사물 자체의 운동을 인정하고 힘써 유신론과 분명한 한계를 지으려고 하였다. 예를 들면, "'천지의 자리가 잡히면 역(易)이 그 사이에 운행한다.'고 말하면서 어찌하여 사람이 그 사이에 운행한다고는 하지 않는가? 대개 사람도 사물이다. 만약 신이 그 사이에 운행한다고 하면 사람은 다만 귀신(神)만을 연구하면 된다. 그것을 '리'라 할 수 있고 '성(誠)'이라 해도 역시 옳다. 그러나 특히 '역'이라고 한 말은 사람들로 하여금 묵묵히 인식하여 스스로 그것을 알도록 하고자 한 것이다."(「유서」 권11, 『이정집』 118쪽)는 말이 그것이다. 이정이 '역'이라고 하고 '신'이라고 하지 않은 것은 천지만물은 스스로 운동함을 인정한 것이며, "귀신에게서 구할" 필요가 없다고 자각하였기 때문에 유신론의 함정에 빠지지 않았다.

끝으로, 이정의 "하늘은 리다."라는 명제는 '리'로써 '제(帝)'의 주재(主宰)작용을 대체하였다. 그들은 『시(詩)』·『서(書)』 중의 '제'를 '주재'로 해석하였다(「유서」 권2상, 『이정집』 30쪽) 이정이 보기에 '제'는 단지 주재작용으로서 말하였으며, 결코 하나의 초자연적으로 존재하는 실체를 의미하지는 않았다. 그들은 "제는 기의 주인이다."(「유서」 권22상, 『이정집』 287쪽)라고 하였는데 이것은 제를 자연계가 본래 갖춘 일종의 자연필연성으로 본 것이다. 이러한 자연필연성이 곧 '리(理)'다. '상제(上帝)'의 주재작용은 '리'로 대체되었다. 이와 같이 하여 이정의 범신론사상은 "하늘은 리다."라는 명제가 그들의 천리론과 연계됨으로써 유심주의 리본체론의 궤도로 진입하게 되었다.

종합하면, 이정이 제출한 “하늘은 리다.”라는 명제는 하늘・신・제의 함의에 대하여 새롭게 해석함으로써 유신론적인 울타리를 넘어 범신론으로 흘러가게 했으며, 그리고 그들의 범신론 사상을 천리론과 연결시켰다.

하늘・신・제의 범주 외에도 이정은 귀신에 대하여 적지 않게 언급하였다. 이정의 귀신관은 비교적 집중적으로 범신론사상에 반영되어 어느 정도의 무신론적 사상경향을 갖추었다.

이정의 귀신관을 가장 잘 대표할 수 있는 것은 정이의 중요 철학저작인 『이천역전』에서 제출된 하나의 논점이다.

> 천지란 도이며, 귀신이라는 것은 조화의 흔적이다.
> 天地者道也, 鬼神者造化之迹也. (『伊川易傳』 권1, 『二程集』 705쪽)

이른바 “천지는 도다.”라는 말은 “하늘은 리다.”의 다른 표현방식에 불과하며 그것은 이정의 귀신관의 이론적 전제다. 이것은 이정의 귀신관이 천리론의 기초 위에 건립되었음을 말해준다. “귀신은 조화의 흔적이다.”라는 말은 이정이 ‘귀신’의 함의에 대하여 해석한 말이다. 이것은 첫째, 유가의 귀신관을 계승하고 개조하였다. 『역・계사』에 “정기(精氣)가 사물이 되고 유혼(游魂)이 변화하므로 귀신의 정상(情狀)을 안다.”고 하였는데 이정은 “『역』에서 말한 귀신은 곧 조화다.”(「유서」 권22상, 『이정집』 288쪽)라고 하고, 또 “귀신은 단지 하나의 조화다. ‘하늘은 존귀하고 땅은 비천하니 건곤(乾坤)이 안정되며, 그것을 고무(鼓舞)하되 천둥번개[雷霆]로써 하고, 그것을 적시되 비와 바람으로써 한다’가 이것이다.”(「유서」 권18, 『이정집』 225쪽)라고 하였다. 유가는 “귀신의 정상(情狀)”은 비록 볼 수 없고, 들을 수 없지만 도리어 “사물을 사물되게 하는데 모자람이 없다.”(『중용』)고 설명한다. 따라서 사물의 가운데 확실하게 존재하며, 사물의 변화작용을 통하여 표현되어 나오니 사람들이 관찰하면 알 수 있다. 이정은 '조화'로써 귀신의 함축적 의미를 해석하였는데 이것은 위에서 말한 『역전』과 『중용』에서 귀신의 사상자료에 대하여 직접적으로 흡수하고 개조한 결과이며, 아울러 이로 말미암아 새로운 귀신관을 확립하였다.

이정은 "귀신은 조화의 흔적"이라는 논점에 관하여 "조화의 흔적"으로서의 귀신은 기의 취산(聚散)·변화(變化)의 작용이며, 만물이 성쇠(盛衰)하는 리를 체현하였음을 긍정하였다. 이정의 이른바 '조화'는 '천리' 혹은 '천도'를 가리켜 말하였으며, "조화의 흔적"은 곧 '천리' 혹은 '천도'가 표현되는 작용이다. 그들은 "귀신은 조화의 흔적을 말하며, 만물이 성쇠하는 데에서 그 소식(消息)을 볼 수 있다."(『伊川易傳』 권4, 『이정집』 984쪽)고 하였다. 이것은 "조화의 흔적"은 만물이 성쇠하는 리를 따라 "들고 나감[消息]"(저자주: "消息은 進退를 말한다.")을 관찰할 수 있다는 말이며, 바꾸어 말하면 귀신은 만물이 성쇠하는 리의 체현이라는 뜻이다. 천지·일월·사시의 운행이 쉼이 없고, 만물이 모두 생멸(生滅)·성훼(成毁) 속에 있으며, 세간에 영구히 존재하는 것이 없음은 기의 취산 때문이며, 그것을 사물의 생사라고 일컫는다. 사람과 사물이 생겨남에 신(神)이 함께 구비되니 "기가 곧 신이며", "신과 성(性)은 원래 서로 분리된 것이 아니다." 사람과 사물이 생장하여 일정한 단계에 이르는데 이정은 "생기(生氣)가 다하여 죽으며, 죽은 것을 일러 귀(鬼)라고 해도 좋다."(「유서」 권2하, 『이정집』 52쪽)고 하였다. 죽으면 다시 생겨날 수 없다는 의미로서 이정은 "귀는 가면 다시 오지 않는다는 뜻"(「유서」 권6, 『이정집』 81쪽)이라고 하였다. 따라서 이정은 귀신을 조화의 공능으로 보아 말하기를 "모여서 정기가 되고, 흩어져 유혼이 된다. 모이면 사물이 되고, 흩어지면 변화한다. 취산을 살피면 '귀신의 정상'을 안다. 만물의 시작과 마침은 취산일 뿐이다. 귀신은 조화의 공(功)이다. 유명(幽明)의 까닭과 사생(死生)의 리와 귀신의 정상으로써 그것을 관찰하면 '천지의 도'를 볼 수 있다."(「易說·繫辭」, 『이정집』 1028쪽)고 하였다. 그러므로 귀신은 결코 신비한 것이 아니며, 그것은 만물 가운데 두루 체(體)가 되어 만물이 성쇠하는 리로 체현된다. 장재는 일찍이 "귀신이란 이기(二氣)의 양능(良能)"(「正蒙・太和篇」, 『장재집』 9쪽)이라고 하여, 명확하게 기의 굴신왕래(屈伸往來)가 귀신이라고 하였다. 이정은 "귀신이란 조화의 흔적"이라고 하여 기가 취산하는 이치를 귀신이라고 하였다. 양자는 모두 범신론의 관점이다.

이정은 "귀신이란 조화의 흔적"이라는 관점에서 출발하여 인격적 귀신의 허망함을 배척하였다. 그들은 세속적인 귀신은 미신이라고 반대하여 사람들이 통상적으로 말하는 귀신은 일종의 허망하고 괴이한 것이라고 생각하였다. 그들은 분석하여 말하기를 옛 사람들이 말한바 귀신은 결코 진실로 보고들은 것이 아니라고 하여, "옛날에 귀신을 말하고 섬기는 사람이 말하기를 (鬼神을) 들은 사람이 있고 본 사람이 있으니 이것은 귀신이 그것에 대답한 것이라고 하지만 진실로 보고들은 사람이 있는 것은 아니다. 그러므로 보고들은 사람이 있다는 말은 누구인가?"(「粹言」 권2, 『이정집』 1225쪽)라고 하였다. 귀신은 실체가 없어 볼 수도 없고 들을 수도 없는데 어떤 사람이 억지로 귀신을 보았다고 말하면 이것은 믿을 수가 없다. 정이의 분석에 의하면 무릇 귀신을 보았다고 하는 말에는 두 가지 상황이 있는데, 하나는 "사람들이 전하는 것"으로 이것은 "반드시 믿을 것이 못된다." 다른 하나는 "친히 본 것"으로 이것은 "혹 마음에 병이 있거나 혹 눈에 질병이 있는 것"으로 정신착란으로 인해 비롯되는 환각이다. 이정은 한 걸음 더 나아가 사람들이 귀신을 믿는 원인을 "리를 분명하지 밝히지 못한 채 전달하는 것만 믿기 때문"(「유서」 권2하, 『이정집』 52쪽)이라고 분석하였다. 그리고 "누군가 묻기를, 많은 사람들이 귀신이라는 괴이한 말에 현혹됨은 무엇 때문입니까? 라고 하니, 선생은 리에 밝지 못한 때문이다. 일에서 구하니 일을 어떻게 다하겠는가? 리에서 구하면 폐해가 없다. 그러므로 군자는 궁리할 뿐"(「수언」 권1, 『이정집』 1226쪽)이라고 하였다. 이 말은 경험적 사실에서 출발하기는 하였지만, 귀신을 미신(迷信)하는 사람들의 경험을 구체적인 상황에서 하나하나 따지고 헤아려 보면 그 의미가 뒤

엉켜 분명하지 못하다는 뜻이다. 이정은 '궁리'는 오직 리에서 구하여야 '어리석음의 폐단'[蒙蔽]을 당하지 않을 수 있다고 주장하였다. 그들은 세속적인 귀신을 믿는 미신에 현혹되지 않았을 뿐만 아니라, 직접 귀신은 미신적 일임을 드러내었다. 정이는 일찍이 사주(泗州)[91]에 갔을 때 마침 "대성인(大聖人)이 나타났다."는 소식을 듣고 그 '대성(大聖)'이라는 사람에게 물어 보았으나 대답마다 정이의 생각과 달랐다. 이로 인하여 결론지어 말하기를 "다만 그 허망함을 경험했을 뿐이다. 요망(妖妄)함을 일으키는 사람은 모두 이와 같다."고 하였으며 아울러 요망함이란 "모두 사람의 마음이 일으킨다."(「유서」 권22상, 『이정집』 288쪽)고 하였다.

여기서 우리는 이정이 귀신이라는 괴이한 말을 비판함에 어느 정도 자연과학을 근거로 삼고 있다는 점에 주목할 필요가 있다. 이것은 그들이 바람과 비가 일어나는 원인에 대하여 해석한 말에서 실증할 수 있다. 그들은 비는 "기(氣)가 증발하여 이루어질 뿐이다."라고 하여 곧 수증기가 응취하여 비가 되며, 바람은 "천지간의 기" 곧 공기가 유통하여 바람이 된다고 생각하였다. "흙으로 만든 인형"과 같은 우상(偶像)은 결코 구름을 일으켜 비를 내리게 할 수 없으며, "흙으로 만든 인형"을 향해 비와 이슬을 내려 달라고 기원할 필요가 없다. 이정이 자연과학적 지식으로 어떤 신비적인 현상을 해석함으로써 어리석게 귀신을 믿음을 깨뜨린 사실은 당시에서는 적극적인 의미를 가진다. 이정은 귀신을 믿는 어리석음에 대한 비판에서 이성분석의 방법을 구체화하였으며 비교적 높은 이론사유의 수준을 반영하였다.

귀신관에 있어서 이정은 감응론(感應論)의 사상도 지니고 있다. 이것은 그들의 제사(祭祀)에 관한 관점과 연계되어 있다. 이정은 인격성의 귀신은 반대하지만 그들은 결코 제사를 반대하지는 않았으며, 제사는

91) 사주(泗州)는 산동성(山東省)을 중심으로 안휘성(安徽省) 강소성(江蘇省) 지방을 가리키며, 공자가 활동하던 곳이다. 사수(泗洙)는 산동성에서 발원하여 강소성을 거쳐 회수(淮水)로 흘러드는 강. 사수(泗水) 사하(泗河)라고도 한다.

반드시 소홀히 할 수 없다고 주장하여 적극적으로 제사의 예를 옹호하였다. 이정은 천지간에는 보편적으로 감응현상이 존재한다고 보아 "천지간에는 오직 감(感)함과 응(應)함이 있을 뿐 다시 무슨 일이 있겠는가?"(「유서」 권15, 『이정집』 152쪽)라고 하였다. 이른바 감응이란 사물들 간에 존재하는 어떤 특정한 연계, 즉 '형통(亨通)'의 관계이며 그래서 "형통의 리"라고 부른다. 이정은 "복서(卜筮)는 응할 수 있으며, 제사(祭祀)는 형통할 수 있으니 역시 단지 하나의 리"(「遺書」 권2하, 『이정집』 51쪽)라고 하였다. 여기서 '응(應)'과 '형(亨)'은 곧 감응이며 이정은 그것을 '리'의 수준으로 높여 일종의 보편적 규칙으로 삼았다. 제사로 말하면 조상과 자손은 '같은 기[同氣]'이므로 선조에 제사하는 정성이 지극하면 반드시 "감(感)함이 있어 반드시 형통할 수 있으며", 선조의 '혼기(魂氣)'가 모여 제사음식을 받아 형통하니 이것이 곧 이른바 "제사가 형통할 수 있다."는 말이다. 이정은 형통과 형통하지 않음은 제사를 지내는 사람의 성(誠)과 불성(不誠)에 그 관건이 있으며, 성하면 형통하고 불성이면 형통하지 않는다고 생각하였다. 그들은 또 병을 치료할 때 증상에 따라 약을 쓰는 것에 비유하여 말하기를 "귀신의 리는 저기에 있고 나는 이 리로써 그것에 향하므로 형통하다. 둘이나 셋을 허용하지 않고 다만 하나의 리다. 병을 치료하기 위하여 약을 처방하는 것도 역시 하나의 리다. 이 약이 치료하는 어떤 기(氣)가 있고, 이 병에 그것을 복용하면 응하는 것이 있고, 만약 리가 계합하지 않으면 약은 응하지 않는다."(「유서」 권2하, 『이정집』 52쪽)고 하였다. 이정의 이와 같은 감응사상은 그들이 주장한 귀신관과 일치한다. "귀신은 조화의 흔적을 가리킨다."는 관점에서 출발하면, 필연적으로 "생의 도를 알면 사의 도를 알며, 사람이 할 일의 도를 다하면 귀신을 섬기는 도를 다한다. 생과 사, 인과 귀는 하나이면서 둘이며, 둘이면서 하나임"(「유서」 권25, 『이정집』 320쪽)을 인정해야 한다. 이미 생과 사, 인과 귀가 "하나이면서 둘이며, 둘이면서 하나"인 이상 사람과 귀신의 사이에는 감응의 관계가 존재해야 하여 '리'와 부합해야 한다. 따라서 이정의 감응론

사상은 범신론의 기초 위에 정립되었다고 할 수 있다.

여기서 마땅히 지적해야 할 것은 이정이 비록 적극적으로 제사의 예(禮)를 옹호하였으나 그것은 세속적 미신인 귀신과는 달랐으며, 주로 "신묘한 도리로써 가르침을 베풂[神道設敎]"[92]의 필요에 따라 출발하였다는 점이다. 한편으로 이정은 "제사는 (先祖가) 있는 것처럼 하고, 신에게 제사를 지낼 때는 신이 있는 것처럼 한다."는 태도를 취하였으며, "선조에게 지내는 제사는 효(孝)를 위주로 하고, 신에게 제사지냄에 공경을 위주로 해야 한다."(「유서」 권22상, 『이정집』 285쪽)고 주장하였다. 또 "귀신을 공경하되 멀리한다."는 태도를 취하고 "귀신을 공경함은 리며, 귀신을 친애하여 구함은 무지한 것"(「粹言」 권2, 『이정집』 1225쪽)이라고 생각하였다. 그들은 "귀신을 공경해야 함"을 봉건예법의 수준으로 끌어올렸는데 그 목적은 "백성들이 의롭게 여기는 바를 따르기" 위함이었다. 이것은 백성들이 귀신을 미신(迷信)하므로 '신도설교(神道設敎)'를 빌어 백성들로 하여금 봉건예교를 따르도록 할 필요가 있었기 때문이다. 이로써 이정이 봉건통치질서를 옹호한 귀신관의 계급적 실상을 드러내었다.

종합하면, 이정은 "귀신이란 조화의 흔적"이라는 관점을 통해 귀신은 만물 변화의 전체과정에서 두루 체(體)가 되며, 사물이 성(盛)하고 쇠퇴하는 리를 구체적으로 드러내었다고 생각하였다. 이와 같은 귀신관은 전체적으로 보면 여전히 범신론에 속하며, 그것은 인격성의 귀신과는 반대되며 무신론과 자못 접근해 있다. 이정의 이와 같은 관점은 주희(朱熹)에 의하여 더욱 발전하여 범신론에서 무신론으로 발전하는 경향을 띠었다.

이정의 범신론사상이 유심주의 리학과 연계된 이상 유심주의 리학체계가 어떻게 범신론 혹은 무신론의 관점을 용납할 수 있었는지를 살펴

---

92) 『易』 觀卦 彖傳, "觀天之神道, 而四時不忒, 聖人以神道設敎, 而天下服矣." 하늘의 신묘한 도리를 봄에 사시(四時)가 어긋나지 않으며, 성인이 신묘한 도리로써 가르침을 베푸니 천하가 복종한다.

보아야 한다.

주지하듯이 낙학은 양송(兩宋) 시기에 흥기하였다. 그것은 일종의 시대적 사조였으며 분명히 뿌리깊은 경제적 근원과 계급적 근원이 있었다. 동시에 그것은 다른 학설들과 마찬가지로 지난 과거의 사상적 자료를 이론창조의 출발점으로 삼았다. 마치 엥겔스의 “어떤 새로운 학설은 한결같이 반드시 이미 있었던 사상재료에서 출발하며, 그것의 근원에는 경제적 실상이 깊이 감추어져 있다.”(『마르크스 · 엥겔스 선집』 3권, 56쪽)는 말과 같다. 낙학이 의지한 사상적 자료는 유학 · 도교 · 불교다. 그러나 불교와 도교의 학문은 위진남북조 시대를 지나 수당(隋唐)시대에 이르기까지 횡포를 일삼았기에 통치계급 중의 적지 않은 유식한 선비들의 강렬한 불만을 일으켰다. 송대 이전에 사람들은 이미 정치적으로도 불교와 도교에 대하여 적지 않은 비판을 하였다. 송대의 사상가들은 이론적으로 깊이 불교와 도교의 학문에 대한 비판을 당면한 임무로 생각하였다. 따라서 낙학이 불교와 도교의 학문을 사상 자료로 흡수하긴 하였지만 그 이론적 골격은 유가 사상이 중심이 되었다. 유가의 사상은 경전에 집중되어 있기 때문에, 낙학의 주된 요점도 경전 해석을 통하여 전통 유학을 개조하고 발전시키는 일이었다. 이정이 불교와 도교에 대항하고 비판할 때 유가의 경전인 『역전(易傳)』 · 『중용』에 반영된 범신론사상을 새롭게 들춰내어 한 · 당 이래의 신학목적론과 종교유신론을 비판하는 무기로 삼았다. 낙학의 범신론 사상은 유학의 이러한 ‘모체’를 따라 탈바꿈하였다고 할 수 있다.

범신론은 무신론의 앞 단계에 속한다. 역사상의 유물주의자는 항상 무신론자다. 고대의 소박한 유물주의와 근대의 기계유물주의는 물질세계의 제1성을 긍정하였으면서도 사회 역사적인 조건과 과학수준의 한계 때문에 철학의 기본적 문제에서는 이 ‘제1성’의 문제를 철저하게 해결할 방법이 없었다. 이 때문에 가끔 물질세계의 밖에 상제(上帝)의 기반을 마련하였다. 형이상학적 유물주의자인 뉴턴은 조물주(저자주: 神)에 대하여 “우주의 시계”를 두드려 울리도록 하였다는 가설을 처음으로 사용하였으며, 이것은 이 방면의 전형적 가설이다.

역사상의 유심주의자는 항상 유신론자이지만 유심주의는 사변철학이며 유신론은 종교신학이므로 양자는 결국 형식상으로 다르다. 범신론은 유신론이 무신론으로 가는 과도적인 중간고리이므로 그 자체 이중성을 갖고 있다. 이 때문에 유물주의적 범신론이라고 할 수도 있고 유심주의적 범신론이라고도 할 수 있다. 이 말은 범신론이 유물주의와도 결합할 수 있고 유심주의와도 결합할 수 있다는 뜻이다. 이와 같은 사례는 서양철학사에서도 찾을 수 있다. 엥겔스는 스피노자와 같은 유물주의자도 범신론자이며, 셸링, 헤겔과 같은 유심주의자들도 범신론자라고 보았다. 리학가는 기본적으로 모두 범신론자이지만, 유물·유심주의로 나눌 수 있다. 기본체론을 주장한 장재(張載)는, 귀신은 이기(二氣)의 양능(良能)으로서, 음과 양이라는 이기(二氣)의 굴신·왕래에 몸담으며, 신(神)은 신(伸)과 함께, 귀(鬼)는 귀(歸)와 짝하여 있다고 생각하였다. 그는 명확하게 기의 자연작용을 귀신과 대체하였으니 이것은 일종의 범신론의 관점이다. 그 특징은 범신론과 기본체론을 서로 결합하여 유물주의 범신론으로 만든 것이다. 리본체론을 주장하는 이정은 귀신은 조화의 흔적이며 귀신은 리에서 체현되며, 만물의 변화과정에서 보편적으로 존재한다고 생각하였다. 이것도 일종의 범신론의 관점이다. 그 특징은 범신론과 리본체론을 서로 결합하여 유심주의적 범신론으로 만든 것이다.

낙학이 범신론과 서로 결합할 수 있는 바탕에는 더욱 중요한 원인이 있는데, 그것은 낙학이 비교적 풍부한 변증법 사상을 갖추었다는 점이다. 무신론이 생겨나 발전하는 특징 가운데 하나는 그것과 변증법이 서로 결합하는 것이다. 중국 고대의 무신론은 변증법과 결합하는 경향이 있다. 예를 들면 『주역(周易)』 중의 무신론 사상의 싹이 이와 같다. 이 때문에 유심 변증법사상이 있으면 이와 함께 무신론이 생겨날 수 있다. 낙학으로 말하면, "하나만이 아니라 반드시 상대가 있다."는 이정의 변증관념이 곧 범신론이 자생(滋生)할 수 있는 토양이다. 이정은 불교가 귀신을 말하고 있다고 비판하였으며, 불교에 대해 "이루어짐과 무너짐,

머무름과 텅 빔[成壞住空]이라고 한 말은 도(道)를 모르기 때문"이라고 비판하였다. 그들은 "이루어짐과 무너짐만 있고, 머무름과 텅 빔은 없다. 초목이 처음 생겨나면, 생장이 다하여 곧 시들어간다. 그는 나무가 생장하는 것처럼 충분히 생장하면 그 상태로 머물다 그후에 점점 훼손되어 무너지는 것과 같다고 하였다. 천하의 사물은 머무는 것이 없다. 어린 아기의 일생은 하루를 생장하면 하루가 감(減)해지는데 어찌 머무를 수 있겠는가? 기의 체(體)는 날로 점점 장대해지니, 생장하는 것은 스스로 생장하고 감(減)하는 것은 스스로 감하여 본래 서로 간섭하지 않는다."(「유서」 권18, 『이정집』 195-96쪽)고 하였다. 여기서 천명한 "다만 이루어짐과 무너짐은 있고, 머무름과 텅 빔은 없다."는 변증사상이 이정의 전체사상 체계에서 유심주의의 껍질 속에 있음을 의심할 수 없다. 이정의 이른바 "죽음과 삶, 사람과 귀(鬼)는 하나면서 둘이며, 둘이면서 하나다."라는 관점은 이러한 변증사상과 서로 동반해서 생겼다. 우리들이 이정이 불교를 비판할 때 변증법과 범신론을 한데 합쳐 하나의 완전한 병기로 삼았다고 하더라도 지나친 칭찬은 아니다.

낙학의 범신론사상은 우리들에게 하나의 계시를 준다. 그것은 역사가들의 사상이 유신론이 아니면 무신론(저자주: 범신론도 포괄)에 속한다고 보면, 철학상에서 그 한 '짝[對子]'은 유물주의와 유심주의로 볼 수 있으며, 또 다른 '짝'은 변증법과 형이상학이라고 할 수 있다는 것이다. 무신론(저자주: 범신론도 포함)과 유물주의는 진실로 쌍둥이라고 할 수 있으며, 무신론(저자주: 범신론도 포함)과 변증법도 같이 쌍둥이가 된다. 이것이 낙학과 같은 리학체계가 범신론 내지 무신론의 요소를 용납하는 중요한 원인이다. 따라서 낙학이 유심주의와 범신론이 서로 결합한 "특이한" 현상이었음을 비로소 알 수 있다.

제 5 장

이정의 철학

[중]

앞 장에서는 이정의 천리론과 범신론을 중점적으로 토론하였다. 이 장에서는 더 나아가 이정의 격물치지론(格物致知論)과 인성론(人性論) 그리고 리욕관(理欲觀)을 연구 검토하고자 한다.

제3절: 이정(二程)의 격물치지론(格物致知論)

격물치지론은 이정의 전체 리학사상체계를 구성하는 중요한 부분이다. 이 이론은 이정이 『대학(大學)』의 사상자료에 근거하여 개조하고 발전시켜 이루었다.

『대학』은 본래 『예기(禮記)』 중의 한 편으로 주요내용은 수기치인(修己治人)이며, 이는 후에 "삼강령(三綱領)" "팔조목(八條目)"이라고 불렸다. 8조목 가운데 먼저 강론한 것이 곧 이른바 격물(格物)과 치지(致知)[93]다. 그러나 『대학』은 결코 격물과 치지를 명확하게 해설하지 않았는데 이것이 후인에게 충분히 발전시킬 여지를 남겨주었다. 이정에 앞서 한유(韓愈)와 이고(李翺)가 이미 『대학』을 드러내 밝혔다. 이정이 계속하여 『대학』을 높이 받들어 "처음으로 학문을 배우는 사람이 덕을 닦는" 계몽서로 삼았으며 아울러 각자의 견해에 따라 『대학』을 개정하고 새롭게 장의 차례를 편정(編定)하였다. 더욱 중요한 것은 이정이 『대학』의 사상자료를 빌려 비교적 체계적으로 격물치지를 인식론의 핵심사상으로 밝혔다는 점이다. 이것이 낙학의 또 다른 특색 가운데 하나다.

이정이 제출한 격물치지론의 기본사상은 그 뒤 주희에 의해 지극히

93) '사물의 이치를 궁구(窮究)함이 격물(格物)이며, 앎이 통달함이 치지(致知)다.

상세하게 발전됨으로써 더욱 완전한 리학의 인식론 사상체계로 형성되었다. 주희가 격물치지의 보전(補傳)을 쓸 때 스스로 "중간 중간 정자(程子)의 뜻을 엿보아 취하였다."고 한 말은 그가 격물치지론을 창시한 공을 이정에게 돌렸음을 의미하며 이는 사실과 부합한다.

1. 격물설(格物說)

이정은 격물을 "도(道)에 나아가는 시작"으로 삼아 격물치지를 통하여 치국 · 평천하의 목적에 도달해야 한다고 주장하였다. 이것은 분명히 『대학』의 사상을 이어받은 것이다.

격물설을 하나의 인식론으로 만들기 위하여 이정은 먼저 주체적 지식의 능력이 존재함을 전제로 삼았다. 그들은 동물과 식물을 구분함에 "지각이 있고 없음"을 기준으로 삼았다. 사람은 만물의 영장으로 당연히 "지각이 있다." 그것을 정호는 다음과 같이 설명하였다.

> 인심은 지식이 없을 수 없으니 다만 인욕에 막혀 천덕을 잃는다.
> 人心莫不有知, 惟蔽于人欲, 則亡天德也. (「遺書」 권11, 『二程集』 123쪽)

한편 정이(程頤)도 다음과 같이 설명하였다.

> 지식이라는 것은 내가 진실로 갖춘 것이지만 궁구하지 않으면 얻지 못한다. 그러므로 지식을 궁구하여 사물의 이치에 통달함[致知]에는 반드시 도가 있으므로 "치지는 격물에 있다."고 한다.
> 知者吾之所固有, 然不致則不能得之, 而致知必有道, 故曰: "致知在格物." (「遺書」 권25, 『二程集』 316쪽)

"치지가 격물에 있음"은 밖으로부터 나에게 온 것이 아니라 나에게 고유한 것이다. 왜냐하면 사물은 변화하기 때문에 미혹되어 알지 못하면 천리는 없어지므로 성인은 그것에 이르고자 하였다.

"致知在格物", 非由外鑠我也. 我固有之也. 因物有遷, 迷而不知, 則天理滅矣, 故聖人欲格這. (「遺書」 권25, 『二程集』 316쪽)

이정의 철학에서 "앎[知]"은 두 가지 함의가 있는데, 첫째는 주체적인 앎의 능력으로서의 지각을 가리키며, 둘째는 주체적 지각이 아는 바 곧 지식이다. "인심은 지식이 없을 수 없다."는 뜻과 "지식이라는 것은 내가 고유하게 가진 것"이라는 의미로써 모두 "알 수 있는 능력[能知]"과 "아는 바[所知]"라는 두 가지 뜻을 겸하고 있다. "능지(能知)"의 의미로 말하면 '지식'은 인심이 갖추지 않을 수 없는 신명(神明)이며, 정이가 "지혜는 사람의 성(性)에서 나온다."(「遺書」 권21하, 『이정집』 275쪽)고 하고, "사람의 지식과 사려는 신(神)으로 인해 발휘된다."(「유서」 권6, 『이정집』 82쪽)고 한 말이 그 뜻이다. 이것은 주체적 능지를 긍정한 것으로 분명하고 정확하다. "아는 바"의 뜻으로 말하면 인심은 모두 지식이 있으나 인욕에 막혀서 심체(心體)가 분명하지 못하고 미혹하여 알지 못하니 반드시 '격물'을 통과해야 비로소 '사물의 이치에 통달(致知)'할 수 있다. 사람의 지식이 선천적으로 있다고 생각하는 점은 일종의 선험론의 관점이다.

주체의 능지에 대한 이정의 사상에는 반드시 두 가지 내용에 주의해야 하는데, 하나는 "생래적 지식[生知]"이며, 다른 하나는 '감응'이다.

"생래적 지식"의 문제에 대하여 이정은 이른바 "날 때부터 아는 것[生知者]"이 존재한다고 인정하였는데, 당연히 이것은 하나의 조건적 인정이다. 정호는 "대개 반드시 날 때부터 아는 것이 있으나 아직 보지는 못했다."(「유서」 권14, 『이정집』 141쪽)고 하였으며, 정이도 "날 때부터 안다는 것은 그가 태어나 스스로 의리를 알며, 배우기를 기다려 아는 것은 아니다. 비록 공자(孔子)를 날 때부터 아는 사람이라고 해서 배움에 어떤 해가 있겠는가?"(「유서」 권15, 『이정집』 152쪽)라고 하였다. 이정의 입장을 살펴보면 '성인(聖人)'의 지식에는 두 가지가 있는데, 하나는 '날 때부터 아는 것'이며, 다른 하나는 '배워서 아는 것[學知]'이다. "의리를 안다."는 점에서 보면 '날 때부터 아는 것'과 '배워서 아는 것'은 진실로 지식의 연원에 관한 문제를 설명한 것이다. 그러나 태어나면서 스스로 안다는 것과 배워서 안다는 것의 '생(生)'과 '학(學)'의 관점에서 보면 능지의 함의가 내재되어 있는데 이른바 양지(良知)와 양능(良能)이다. 이것은 정이가 "태어나면서 아는 것과 배워서 아는 것도 역시 재능"(「유서」 권19, 『이정집』 253쪽)이라고 한 말과 같이, 이른바 재(才)라는 것은 재능(才能), 곧 능지를 가리킨다. 정이는 또 "만물은 모두 양능이 있으니 예를 들면 마치 매양 보는 새들이 집을 지을 때 매우 교묘함과 같다. 이것은 그들의 양능이지 배워서 하는 것이 아니다. 사람이 처음 태어날 때 젖을 빠는 것은 배워서 하는 것이 아니고, 그 나머지는 모두 배워야 할 수 있다."(「유서」 권19, 『이정집』 256쪽)고 하였다. 정호는 또 "양능 · 양지는 모두 말미암는 바가 없이 곧 하늘[天]로부터 나오며 사람과 관계된 것이 아니다."(「유서」 권2상, 『이정집』 20쪽)라고 하였다. 동물의 양능은 일종의 본능이며 사람의 양능은 태어나면서 갖추어진 인식능력이다. 이처럼 태어나면서 갖추어진 인식능력은 선천적으로 획득되어 유전된 것이다. 이 때문에 '생지'설을 지식의 근원에 관한 문제를 말하였다고 하면 진실로 잘못이지만, 인식능력이라는 면에서 보면 도리어 인류세대의 지식은 점점 축적될 수 있음을 인정하는 합리적인 요소를 갖추고 있다.

이정은 '감응'의 문제에 대하여 인심이 '감응'작용을 갖추고 있다고 생각하였다. 정이는 "인심은 허(虛)하므로 사물이 능히 그것과 감(感)할 수 있다."(『伊川易傳』 권4, 『이정집』 1010쪽), "대개 인심은 허명(虛明)하니 선(善)해도 반드시 먼저 그것을 알고, 불선(不善)해도 반드시 먼저 그것을 안다. 감하는 바가 있으면 반드시 응하는 바가 있는 것은 자연의 리(理)"(「유서」 권18, 『이정집』 228쪽)라고 하였으며, 또 "감함은 움직임이니 감하면 반드시 응함이 있다. 무릇 움직임은 모두 감함을 위해 있으니 감하면 반드시 응함이 있고 응함은 다시 감하게 되며 감함은 다시 응함이 있어서 그치지 않는다."(『이천역전』 권3, 『이정집』 858쪽)고 하였다. 감응은 사물이 사람의 내심에서 일으키는 일종의 지각작용이다. 이정이 보기에 인간은 활동하는 동물이고, 이미 활동하면 말라죽은 나무나 재와 같을 수는 없고 반드시 동작과 사려가 있다. 사람의 마음은 만물과 교감하지 않을 수 없는데, 만물과 교감함은 일종의 감응으로서 반복하여 그치지 않는 과정이다. 따라서 감응은 실제로 인식의 주체인 마음의 능지(能知)작용이다.

이정은 인식주체로서 능지를 긍정하였으며 격물설에 있어서 이론적 전제로 확정하였다. 그들은 "'치지는 격물에 있고' 사물과 접하면 지각작용을 일으킨다."(「유서」 권6, 『이정집』 84쪽)고 하였는데, 왜냐하면 주체에는 능지의 지각이 있어야만 비로소 인식대상에 대하여 반응을 일으켜 지식을 만들어 낼 수 있기 때문이다. 그렇다면 결국 격물이란 무엇인가? 정이는 비교적 체계적으로 설명하였다.

> "치지는 격물에 있다."의 격은 이르는 것이며, "선조의 영령이 이르러 온다."고 할 때의 격이다. 무릇 하나의 사물에는 하나의 리(理)가 있으니 모름지기 그 리를 끝까지 궁구해야 한다.
> "致知在格物." 格, 至也, 如"祖考來格"[94]之格. 凡一物上有一理, 須是窮致其理. (「遺書」 권18, 『二程集』 188쪽)

『대학』에 "사물에는 본말이 있고 일에는 마침과 시작이 있으니 선후를 알면 도에 가깝다."고 하였다. 사람의 배움에는 종시를 아는 것보다 더 큰 것이 없다. 치지는 격물에 있다는 말이 곧 이른바 근본이자 시작이며, 천하와 국가를 다스림은 이른바 말단이며 끝이다. 천하와 국가를 다스림에 반드시 자신을 근본으로 삼아야 하는데, 자신이 바르지 못하면서도 능히 천하와 국가를 다스릴 수 있는 사람은 없다. 격은 궁(窮)과 같으며, 사

---

94) 원전: 『書經 · 益稷』, "夔曰, 戛擊鳴球, 搏拊琴瑟以詠, 祖考來格."
명구(鳴球)는 돌로 된 악기로서 오늘날 절에서 사용하는 경(磬)과 비슷하다. 이 구절의 뜻은 경(磬)을 치고 금슬(琴瑟)을 뜯으면서 노래를 부르니 선조의 영령이 나타나 노래에 귀를 기울인다는 의미다.

물은 리와 같은데, 그 리를 궁구할 뿐이라는 말과 같다. 그 리를 궁구한 후에 그로써 이를 수 있으며, 궁구하지 않으면 이를 수 없다. 격물은 도에 나아가는 시작이며 격물하고자 하면 진실로 이미 도에 가깝다.

『大學』曰: "物有本末, 事有終始, 知 所先後, 則近道矣." 人之學莫大於知本末終始. 致知在格物, 則所謂本也. 始也, 治天下國家, 則所謂末也. 終也. 治天下國家, 必本諸身, 其身不正而能治天下國家者無之. 格猶窮也. 物猶理也. 猶曰窮其理已也. 窮其理, 然後足以致之, 不窮則不能致也. 格物者適道之始, 欲思格物, 則固已近道矣. (「遺書」 권25, 『二程集』 316쪽)

이정의 격물은 이미 『대학』 '격물'의 본의(本義)와 다르다. 그들은 '격(格)'을 '지극에 까지 이르다[至]'와 '끝까지 다하다[窮]'의 뜻으로 해석하고 '물(物)'은 사(事)로 해석하였다. 격물은 "물리를 끝까지 궁구한다."(「유서」 22상, 『이정집』 277쪽)는 뜻이기도 하며, 혹은 "리를 궁구하되 사물에까지 이른다."(「外書」 권10, 『이정집』 405쪽)는 의미이기도 하다. 간단히 말하면 격물은 궁리다. 궁리하면 곧 치지할 수 있으므로 격물은 곧 '도'에 통하기 위한 단서이다. 그렇지 않으면 "도에 접근"할 수 없다.

여기서 이정이 말한 '물(物)'에 대하여 다시 한 번 설명할 필요가 있다. 이정의 철학에서 '물'은 일체의 사물을 가리킨다. 그들은 일정한 구체적인 모양을 가진 사물을 '물'로 간주하였을 뿐만 아니라, 일신(一身)의 중(中)으로부터 만물의 리에 이르기까지 모두를 물이라고 생각하였다. 어느 제자가 "격물의 물은 외물(外物)입니까, 타고난 성질[性分]의 물입니까?"라고 물었을 때, 정이는 "구애받지 않는다. 무릇 눈앞의 모든 것이 물이 아님이 없으며, 사물마다 모두 리가 있다. 마치 불이 열을 내는 까닭과 물이 찬 까닭에서부터 군신과 부자 사이에 이르기까지 모두 리"(「遺書」 권19, 『이정집』 247쪽)라고 대답하였다. 이 말은 객관적 물질의 실체는 물론이고 하늘·땅·해·달·초목·벌레·물고기와 그리고 사람의 행동, 하는 일, 심지어 사유와 염려까지도 모두 '물'의 범위 안에 포괄된다는 뜻이다. 바꾸어 말하면, 물질과 정신이 모두 이정이 말한 '물'이며, 모두 '격(格)'의 범위에 포함된다. 이정철학에서 '물'은 여전히 하나의 혼합된 개념으로 물질과 정신의 한계를 말살하는 경향이 있다.(저자주: 실제로 그들은 물질과 정신에 대하여 구분하지 않으며 이것이 합당하다고 생각한다) 그들은 사람의 내심의 사유와 염려도 당연히 사유의 대상으로 간주하였는데, 이것은 분명히 인식의 범위를 확대한 것이었다. 이와 같이 세계상의 일체가 모두 응당 사람의 사유대상이 되어야 하고 또 될 수 있다는 말이다. 이것을 이정은 "그 큼을 말하면 천지의 높고 두터움에 이르고, 그 작음을 말하면, 하나의 사물이 그와 같이 되는 원인[所以然]에 이르니 학자는 모두 마땅히 바로 이해해야 한다."(「유서」 권18, 『이정집』 193쪽)고 하였다.

이정의 이른바 물(物)은 일체의 사물을 포괄하는데, 이것은 외연으로 말하였다. 그 내포로 말하면 사물이 그와 같이 되는 원인[所以然]의 리를 가리킨다. 정이는 "무릇 사물에는 본말이 있으니 본말을 양단의 일로 나눌 수는 없다. 물 뿌리고 쓸고 응대함이 그러함이며, 반드시 사물이 그와 같이 되는 원인이 있다."(「유서」 권15, 『이정집』 148쪽)고 하였다. 여기서 "사물이 그와 같이 되는 원인"이 '리'다. 위에서 인용한 "불이 열을 내는 까닭과 물이 찬 까닭"이라는 말은 곧 물이나 불과 같은 사물 가운데 존재하는 리다. 물의 리를 궁구하려면 사물이 "그와 같이 되는 원인"을 분명히 해야 한다. 정이는 "사물의 리는 반드시 궁구해야 한다. 그 리는 마치 천지가 높고 깊은 까닭과 귀신이 그윽하고 드러나는[幽顯] 까닭과 같은 것이다. 하늘은 높고 땅은 깊다고만 하고 더 이상 말하지 않는다면, 다시 무엇이 있겠는가?"(「유서」 권15, 『이정집』 157쪽)라고 하였다. 이 말은 단지 그러함만 말하고 그와 같이 되는 원인을 말하지 않는다면 사람으로 하여금 사물의 리를 인식할 수 없게 한다는 뜻이다. 격물은 곧 사물의 리를 끝까지 궁구함이다. "사물의 리를 끝까지 궁구함"으로 말하면, 사물의 리를 연구함에 의심의 여지없이 사물에 대한 구체적인 지식을 얻는다는 뜻이 포함되어 있다. 이것은 이정의 저작에서 그 증거를 찾을 수 있다. 예를 들면 「유서(遺書)」에서 다음과 같이 설명하였다.

> 백순(伯淳: 정호의 자)이 택주(澤州)[95]에서 일찍이 세 번째 부추[韭黃]을 먹었는데 처음에는 회주(懷州)[96]의 부추를 먹고, 그 다음에는 택주의 것을, 그 다음에는 병주(并州)[97]의 것을 먹고 보니 수백 리 사이의 기후가 3개월의 차이가 있음을 알았다. 만약 그 주도(州都)의 거리를 보면 모름지기 반년의 차이가 있다.[98] 이와 같다면 여기서는 동지요 저기서는 하지가 된다. 그렇지 않고 이러한 일이 없다면 단지 똑 같은 동지가 되고 하지일 뿐이다.
>
> 伯淳在澤州, 嘗三次食韭黃, 始食懷州韭, 次食澤州, 又食并州, 則知數百里間氣候爭三月矣. 若都以此差之, 則須爭半歲, 如是, 則有在此冬至, 在彼夏至者. 雖然, 又沒此事, 只是一般爲冬爲夏而已. (「遺書」 권2하, 『二程集』 57쪽)

세 가지 부추를 먹어 본 뒤 각지의 기후의 차이를 유추하여 알고 그 가운데 절기가 서로 반년이나 차이가 나 "여기서는 동지인데 저기서는 하지"라고 결론을 내린 추론은 지구의 남반구와 북반구의 실제적인 상황과 꼭 부합한다. 당연히 당시에는 지구의 남반구와 북반구에 관한 지식이 없었으며, 사람들의 관찰범위 내에서 볼 수 있는 것은 단시 "일반적인 동지와 하지"가 있었을 뿐이다. 이것은 정호가 당시의 과학수준에 따라 각지의 기후차이에 대하여 추론하고 사물의 리(理)를 연구한 결과다. 이정의 격물설 가운데 적극적인 요소는 바로 여기에 있다.

다른 한편으로 우리는 또 이정의 격물설의 적극적인 요소를 지나치게 과장해서는 안 된다. 이정이 제창한 격물궁리는 주로 인륜(人倫)의

---

95) 산서성(山西省) 진성현(晋城縣) 동북지방. 수(隨)나라 때 설치.

96) 하남성(河南省) 심양현(沁陽縣) 지방. 후주(後周)때 처음 설치.

97) 우순(虞舜) 때의 항산(恒山)으로 지금의 하북성(河北省)의 옛 정정(正定)・보정(保定) 및 산서성(山西省)의 옛 대원(大原)・대동(大同)에 해당된다. 한대(漢代)는 지금 산서성(山西省) 및 섬서성(陝西省)의 구 연안(延安)・유림부(楡林府)이며 치소(治所)는 산서성 태원(太原)이었다.

98) 산서성(山西省)과 하남성(河南省)은 남북으로 이어져 있는데 실제로 기후의 차이가 3개월 혹은 6개월의 차이가 있는지는 확인할 수 없다.

리를 궁구해야 함이며, 목적은 "선(善)을 밝힘"에 있다. 따라서 격물은 단지 "선을 밝힘"의 수단임을 반드시 알아야 한다. 정이는 일찍이 분명하게 격물은 "지선에 머물기[止於至善]를 구함"에 있어야 하며, "선을 밝히는 데 있어야 하며, 선을 밝힘은 격물과 궁리에 있다."(「유서」 권15, 『이정집』 144쪽)고 말하였다. 사람이 한 번 선을 밝히면 지식의 지극함에 도달한다는 말이다. 이러한 의미에 따라서 말하면 치지(致知)도 곧 "모두 인식함[盡知]"이다. 사람이 "선을 밝히고" "모두 인식하면" 곧 '성인(聖人)'이 될 수 있다. 정이는 일에 따라 리를 살핌은 곧 천하의 리를 얻음이며, 천하의 리를 얻으면 곧 성인에 이를 수 있다고 생각하였다. 결국 "성인에 이름[致聖]"은 이정이 규정한 격물치지(格物致知)의 궁극적 목표다. 따라서 이정의 격물설은 동시에 수양론의 내용을 포함한다.

어떻게 격물할 것인가? 이정이 격물의 구체적인 방법과 절차에 대하여 설명한 것은 여러 방면에 걸쳐 있다. 첫째, 격물의 중요성에 대한 주관적 요소를 강조하였다. 어떤 사람이 "어떻게 격물할 수 있습니까?"라고 물으니 정이는 "오직 성의(誠意)를 확립하여 격물로 나아가되, 그 늦고 빠름은 사람의 명암(明暗)에 있다. 밝은 사람은 격물이 빠르고, 어두운 사람은 격물이 늦다."(「유서」 권22상, 『이정집』 277쪽)고 대답하였다. 이것은 격물할 수 있고 없고는 성의(誠意)를 갖추고 있는가의 여부에 있으며, 격물의 빠름과 늦음은 총명함의 정도로 결정된다는 말이다. 정이는 또 "물리를 궁구함은 다름이 아니라 오직 생각일 뿐이다. '생각[思]을 일러 슬기[叡]라고 하는데, 슬기로움이 성인(聖人)을 만든다'고 한다. 성인 역시 스스로 생각하여 얻는데 하물며 사물에 있어서랴?"(「외서」 권4, 『이정집』 372쪽)라고 하였다. '물리(物理)'는 사고에 의지해야만 비로소 얻을 수 있다. 정이는 사물을 인식하는 것 가운데 '생각'의 작용을 중시하였는데 이것은 일종의 이성주의의 표현이다.

둘째, 정이는 "천 갈래 만 갈래의 길이 모두 서울[國]로 갈 수 있지만, 하나의 길만 얻어도 가능하다."(「유서」 권15, 『이정집』 157쪽)고 하여, 격물에도 여러 종류의 방법이 있다고 설명하였다.

> 궁리에는 역시 많은 단서가 있는데, 독서하여 의리를 강론하여 밝힘과, 고금의 인물을 논하여 그 시비를 분별함과, 사물에 응접하여 마땅하게 처리함이 모두 궁리다.
>
> 窮理亦多端: 或讀書, 講明義理; 或論古今人物, 別其是非. 或應接事物而處其當, 皆窮理也 (「遺書」 권18, 『二程集』 188쪽)

여기서 제시한 독서와 고금의 인물을 논함과 사물을 응접함의 세 조항이 주요 방법이다. 「수언(粹言)」에도 "혹 묻기를 '배움에는 반드시 궁리해야 합니다. 사물은 만수(萬殊)로 흩어져 있는데 무엇으로 그 리를 모두 궁리합니까?'라고 하니, 정자는 '『시』·『서』를 외우고 고금을 고찰하여 사물의 실정을 관찰하며, 인사를 반복하여 살피고 연구하고 그것을 사색하며 지선(至善)에 머물기를 구함은 모두 하나의 단서만은 아니다'"(『이정집』 1191쪽)라고 대답하였다. 「수언」은 '독서'를 "『시』·『서』를 암송하는 것"이라고 구체화하였는데 이것은 정이의 이른바 "경(經)으로부터 궁리한다."(「遺書」 권15, 『이정집』 158쪽)는 말을 해석한 것이라고 볼 수 있다. "고금을 고찰하고 사물의 실정을 관찰하며, 인사를 살핌"은 실제로 "고금의 인물을 논하고", "사물을 응접함"으로 바꾸어 말한 것에 불과하다. 「수언」은 더 나아가 궁리의 과정이 "하나의 단서가 아닌" 즉 다양성이라는 것은 "사물이 만 갈래로 흩어져 있는 것" 곧 세간사물의 광범위함으로부터 결정된다고 보았다.

셋째, 격물이 쌓임으로써 관통함에 도달한다고 주장하였다. 앞에서 말한 바와 같이 격물의 궁극적인 목표는 물리를 "끝까지 아는 것"이며, 지식의 궁극까지 도달하는 것이다. 천지의 사이에 "사물은 만 갈래로 흩어져 있고" 만물이 각각 그 구체적인 리를 갖추고 있다고 하면, 여기서 하나의 문제가 발생하는데, 만물의 리를 파악하는 것은 단지 하나의 사물에 이르는 것인가 아니면 만물 모두에 이르는 것인가 하는 문제다. 이것은 격물의 과정에서 격물의 대상에 존재하는 일(一)과 만(萬)의 모순이다. 정이는 이러한 모순을 해결하기 위하여 두루 뭇 리를 구하여 오래도록 누적하여 관통해야 한다고 주장하였다. 그는 다음과 같이 설명하였다.

> 묻기를 "하나의 사물만 궁구하기만 하면, 그 하나의 사물을 알 뿐만 아니라, 뭇 리를 알 수 있습니까?"라고 하니, 대답하기를 "모름지기 널리 구해야 한다. 비록 안자 같은 사람도 하나를 듣고 열을 아는 정도였다. 만약 나중에라도 리에 통달하면, 비록 억만이라도 통할 수 있다."고 하였다.
> 問: "只窮一物, 見此一物, 還便見得諸理否?" 曰: "須是偏求. 雖顏子亦只能聞一知十, 若到後來還理了, 雖億萬亦可通." (「遺書」 권19, 『二程集』 247쪽)

> 사람이 리에 밝고자 하면서 하나의 사물에서만 리를 밝히면 역시 일을 다한 것이 아니니 모름지기 뭇 리를 모은 후에야 비로소 산뜻하게 스스로 깨닫는 곳이 있다.
> 人要明理, 若止一物上明之, 亦未濟事, 須是集衆理, 然後脫然自有悟處. (「遺書」 권17, 『二程集』 175쪽)

이정은 일반적으로 하나의 사물에 이른다[格]는 말은 단지 하나의 사물에 있는 리를 파악하는 것이므로 만 가지 리(理)를 회통(會通)하기에는 부족하다고 보았다. 여러 가지 많은 사물에 대하여 필수적으로 하나하나 반복하여 궁구하고 이르며[格], 널리 만 가지 리를 구하고 누적하여, 최후로 '명쾌한 깨달음', '명쾌하게 관통함'에 도달하게 된다. 정이는 이와 같은 '오랫동안 누적하여 관통함[積久貫通]'의 방법을 빌려 인식과정에서 일(一)과 만(萬)의 모순을 해결하려고 하였다.

정이는 또 '관통'은 오늘의 이름[至]과 내일의 이름[至]이 점점 누적되어 실현되는 것임을 특히 강조하여 다음과 같이 설명하였다.

> 어떻게 문득 회통이 생기는가? …… 모름지기 오늘 하나의 일에 이르고, 내일 또 하나의 일을 격하여 누적된 학습이 많아진 후에 산뜻하게 스스로 관통하는 곳이 있게 된다.

怎生便會該通? …… 須是今日格一件, 明日又格一件, 積習既多, 然後脫然自有貫通處." (「遺書」 권18, 『二程集』 188쪽)

이로써 누적은 관통의 전제이며, 관통은 누적의 결과임이 정이의 주장임을 알 수 있다. '관통'은 인식의 궁극적 경계이며, "만물은 일리(一理)" 곧 통일적인 천리를 체인(體認)하는 것이다. 누적으로부터 관통에 이르기까지는 구체적인 사물의 리에 대한 것으로부터 만물의 보편적인 리에 대한 인식으로의 상승이며, 특수·개별로부터 일반·보편으로의 상승이다. 본질상으로 말하면 이것은 귀납과 종합의 문제다. '관통'은 사람의 사상·인식에서의 일차적인 비약이다. 이러한 비약은 자연적으로 실현되는 것이다. 표면적으로 보면, 비약의 과정에서는 이성적 사유의 작용이 반드시 발휘되지는 않는 것 같아 보인다. 이것은 사람들로 하여금 쉽게 선종(禪宗)의 '돈오(頓悟)'와 다른 것이 없다고 생각하도록 한다. 그러나 사실 이정이 강론한 "명쾌한 관통" 혹은 "명쾌한 깨달음"은 선종의 '돈오'와 구별된다. 선종에서 강론하는 '돈오는 신비적이고 종교적인 심리활동을 전제로 하여 어떤 경험적 지식에 반드시 의지할 필요는 없으며, 오로지 내심의 '몸소 깨달음'에 의지하여 환상적인 종교적 정신의 경계에 도달한다. 그러나 이정의 '관통'은 경험지식의 누적을 전제로 삼아 개별로부터 일반을 인식하는 운동 즉 '분수(分殊)'로부터 시작하여 "누적된 학습이 많음"과 "많은 것을 이해함" 곧 양적인 누적을 통과하여 질적인 비약을 실현하고 최후로 '리일'을 파악한다. '명쾌한 깨달음'이란 인식과정의 일정한 단계에서 비로소 나타나는 의식상태다. 이와 같은 의식상태는 물론 사람들의 일상생활 중에도 있고, 과학자들의 이론사유의 활동 중에도 있으며, 모두 변증적 인식운동의 규칙에 부합하는 현상임을 일상적으로 알 수 있다. 이처럼 이정의 '관통'설은 일련의 인류의 인식운동의 변증적 내용을 많이 포함하고 있다.

넷째, 유추(類推)의 방법을 운용하여 격물하고 궁리하였다. 격물은 "널리 구함"을 필요로 하지만 천하의 사물은 무궁하며 사람의 정력은 유한하다. 이것은 격물의 과정에서 격물의 대상과 주체의 사이에 존재하는 무한과 유한의 모순이다. 천하의 사물을 모두 격(格)한다는 것은 가능하지도 않을 뿐만 아니라, 필요하지도 않다. 정호는 다음과 같이 말하였다.

> 천하가 크고 만물이 수없이 많아도 일심(一心)으로 대처하면 반드시 그 요점을 얻으며 이것은 가능하다.
> 以天下之大 萬物之多, 用一心而處之, 必得其要, 斯可矣. (「遺書」 권11, 『二程集』 125쪽)

> 궁리에 힘써야 할 것은 모름지기 천하만물의 리를 모두 다 궁구해야 함을 말하는 것이 아니며, 하나의 리만 궁구하였다고 도달하는 것도 아니다. 오로지 누적됨이 많은 후에 자연히 드러난다.
> 所務于窮理者, 非道須盡窮了天下萬物之物, 又不道是窮得一理便到, 只是要積累多後, 自然見去 (「遺書」 권2상, 『二程集』 43쪽)

만물의 리를 인식하려면, 한 사물만의 리를 궁구하는 것만으로는 불가능하다. 또한 천하만물의 리를 모두 궁구할 필요도 없다. 오로지 누적된 것이 일정한 정도에 도달한 후에 비로소 자연적으로 드러난다. 이것이 기본적인 '관통'설의 내용이다. 그러나 '관통'설은 다만 특수·개별로부터 일반·보편으로 상승하는 문제를 해결하였을 뿐, 일반·보편에서 개별·특수로 이르는 문제는 해결하지 못하였다. 보편적 리를 파악한 후에 어떻게 아직 궁구하여 이르지 못한 구체적 사물의 리를 인식할 것인가에 대하여 이정은 '추(推)' 혹은 '유추(類推)'의 설을 제시하였다. 정호는 먼저 사람은 '유추'의 능력을 갖추고 있음을 긍정하였다.

> 만물이 일체라고 하는 까닭은 모두 이 리가 있기 때문이니 단지 그것을 따르기만 하면 된다. "생생을 일러 역(易)이라고 한다."고 할 때의 생은 한 때의 생이라도 모두 이 리를 완비하고 있다. 사람은 능히 추리할 수 있으나 사물은 기가 어둡기 때문에 추리할 수 없다. 그러나 다른 사물

이 이 (리를) 갖추고 있지 않다고 할 수는 없다.
所以謂萬物一體者, 皆有此理, 只爲從那里來, "生生之謂易", 生則一時生, 皆完此理, 人則能推, 物則氣昏, 推不得, 不可道他物不與有也. (「遺書」 권2상, 『二程集』 33쪽)

"만물이 모두 나에게 갖추어져 있다."는 말은 사람만 말하는 것이 아니라 사물도 모두 그렇다는 뜻이다. 모두가 여기서 나오는 것을 다만 사물은 추리할 수 없으나 사람은 그것을 추리할 수 있다. 비록 추리할 수 있더라도 어느 때 한 푼을 더하며, 추리할 수 없다면 얼마만큼을 한 푼 덜어낼 수 있겠는가? 모든 리가 갖추어져 있으나 두루 펴져 흩어져 있다.
"萬物皆備於我", 不獨人爾, 物皆然. 都自這里出去, 只是物不能推, 人則能推之. 雖能推之, 几時添得一分? 不能推之, 几量減得一分? 百理具在, 平鋪放著. (「遺書」 권2상, 『二程集』 34쪽)

정호는 만물은 일체이며 사람과 사물은 함께 일리(一理)를 구비하고 있으나 그 구별은 단지 사람은 "추리(推理)할 수 있고" 사물은 "추리할 수 없다."는 것이라고 생각하였다. 간추려 말하면 정호의 이른바 유추라는 말은 '리일(理一)' 곧 천리에 이르도록 유추하는 것으로, 이미 알고 있는 사물로부터 미지의 사물을 안다는 의의를 갖춘 것은 아니다. 그러나 정호가 사람은 유추로부터 일리에 이를 수 있음을 인정하였다는 말은 분명히 가치가 있다. 정이는 이러한 기초에서 한 걸음 더 나아간 '유추'설을 제출하고 이에 따라 '관통'설의 부족한 점을 보충하였다.

격물과 궁리는 천하의 사물을 모두 궁구해야 함은 아니다. 다만 하나의 일을 끝까지 궁구하면 기타의 일은 유추할 수 있다.
格物窮理, 非是要盡窮天下之物, 但于一事上窮盡, 其他可以類推. (「遺書」 권15, 『二程集』 157쪽)

정이는 한 종류의 사물은 그 공동의 특징과 공통의 도리가 있어 만약 한 사물의 리를 끝까지 궁구하여 투철하게 인식하면 같은 유(類)의 사물에 대하여 하나를 추리하여 다른 것도 알 수 있어 "하나를 듣고 열을 안다."고 생각하였다. 아직 다 궁구하지 못한 사물에 대하여 이미 인식한 [格] 사물의 리를 통하여 유추하여 알 수 있는데 이것이 곧 '유추'다. 이와 같은 추리의 전제는 한 종류의 사물마다에 대하여 모두 반드시 먼저 격물을 통과하여 그 공통성을 파악하고 그 공동의 리를 인식한 후에 비로소 같은 종류의 사물을 미루어 알 수 있다는 것이다. 이것은 보편 · 일반에서부터 개별 · 특수에 이르는 방법이다. 본질적으로 말하면 이것은 연역적인 성질을 갖추고 있다. 이것은 한 종류의 사물의 구체적인 리를 미루어 이르는 말이다. 그리고 만 가지 종류의 사물의 공동의 리도 이와 같은 방법으로 추리하여 알 수 있다. 정이는 그것을 다음과 같이 설명하였다.

> 물리의 같음을 추리함으로써 규(睽)괘의 때와 쓰임을 밝힘은 곧 성인이 규의 도(道)에 맞춤이다. 같은 것을 보고 같다고 여김은 세속적인 지식이다. 성인은 물리의 근본이 같음을 밝혀 그로써 천하와 함께 하며, 만 가지 종류와 화합한다. …… 사물이 만수(萬殊)로 생겨나는 것은 규(睽)이나 천지의 화(和)를 얻고 음양의 기를 품부하여 서로 무리를 이룬다. 사물은 비록 다르나 리는 본래 같으므로 천하의 큼과 뭇 생물의 많음이 만수로 다르게 흩어져 있어도 성인은 그것과 함께 할 수 있다.
>
> 推物理之同, 以明睽之時用, 乃聖人合睽之道也. 見同之爲同者, 世俗之知也. 聖人則明物理之本同, 所以能同天下而和合萬類也. …… 生物萬殊, 睽也, 然而得天地之和, 稟陰陽之氣, 則相類也. 物雖異而理本同, 故天下之大, 群生之衆, 睽散萬殊, 而聖人爲能同之. (『伊川易傳』 권3, 『二程集』 889쪽)

여기서 말한 "만 가지 종류와 화합한다."는 추리방법은 "사물은 비록 다르나 리는 본래 같다."는 전제 하에서 "만수로 다르게 흩어져 있는" 구체적인 사물로부터 먼저 각 종류의 사물의 "서로 닮은 것"의 공통성을 뽑아낸 후에 공동의 '천리'에까지 미루어 나가는 것이다. 그 가운데 연역법도 있고 귀납법도 있는데 연역과 귀납을 함께 사용하는 방법이다. 그러나 정이가 다름 가운데 같음을 추리하여 이르고자 한 것의 결론은 미리 전제에 존재하는 것이다. 이 공동의 천리가 '성인'에 의해 드러나게 되면 곧 만세토록 불변하며, 사람들은 단지 이 통일적인 형식을 참고하여 체인(體認)해 가기만 하면 된다. 이러한 의미에서 정이의 유추법은 결코 사람들이 미지의 사물을 과학적으로 인식함을 도와주지 않을 뿐만 아니라, 사람들이 다만 "같음을 보고 같다고 여기지" 않고, "물리는 본래 같음을 밝힐" 수 있는 '천리'를 체인하기를 요구하였다. 만약 한 종류의 사물에 있는 구체적인 리(理)를 추리하여 나갈 때의 정이의 유추법을 어떤 이미 알고 있는 것으로부터 미지의 것을 인식하는 작용이라고 말한다면, 만류(萬類)의 사물에서 공동의 리를 추리하여 나갈 때의 정이의 유추법은 천리를 체인하는 수단이라고 말할 수 있다. 우리는 이정의 '유추'설을 연구할 때, 마땅히 두 가지를 구분하여야 한다.

다섯째, 사물을 보고 자신을 고찰하는 궁리방법을 제시하였다. 정호는 두 가지 면으로 설명하였다.

> 학자는 반드시 먼 것을 구할 필요는 없으며, 가까이 자신에게서 취하면 되고, 오직 사람의 리를 밝히는 것은 경(敬: 居敬)이면 된다. 이것이 곧 요점이다.
>
> 學者不必遠求, 近取諸身, 只明人理, 敬而已矣, 便是約處. (「遺書」 권2상, 『二程集』 20쪽)

> 무릇 인(仁)에 이르면 천지를 한 몸으로 삼아 천지간의 수만 가지 사물을 온 몸으로 삼는다. 무릇 사람이 어찌 자신의 온 몸을 보고 사랑하지 않는 사람이 있겠는가? 성인은 인이 지극하여 다만 이 마음을 몸으로 할 수 있을 뿐이니 어찌 복잡다단하게 자신의 몸 밖에서 구하려 하겠는가?
>
> 若夫至仁, 則天地爲一身, 而天地之間, 品物萬形爲四肢百體. 夫人豈有視四肢百體而不愛者哉? 聖人, 仁之至也, 獨能體是心而已, 曷嘗支離多端而求之自外乎? (「遺書」 권4, 『二程集』 74쪽)

이 두 문장을 종합하면, 궁리하는 것은 "가까이 자신에게서 취하여" 인륜의 리를 밝히고 내심의 "인(仁)"을 체험하기만 하면 되고 밖에서 구할 필요는 없다는 것이 정호의 주장이다. 그가 보기에 "자신의 밖에서 구하는 것"은 곧 '지리(支離)'하다는 것이다. 뒤에 육상산(陸象山)은 바로 이 길로 달려가 주희(朱熹)의 격물치지설을 '지리'하다고 비난하였다. 그러나 정호의 경우 비록 내심을 찾아 들어가는 경향은 있었지만 결과적으로 육상산의 "본심(本心)을 발명(發明)"하는 방법과는 달랐다. 정이도 "일신(一身)으로 돌이킨다.", "안에서 구한다."고 하였지만 정호와는 분명히 구별된다. 혹자는 정이가 정호의 "자신에게서 취하고" "멀리서 구할 필요가 없다."는 말에 대하여 명확하게 한계와 경계를 지음으로써 그에 따라 확정된 뜻을 갖추도록 하였다고 말한다. "일신으로 돌이킨다."는 말에 대하여 정이는 다음과 같이 설명하였다.

> 세상 사람들은 천지만물의 리를 궁구하는 데 힘쓰지만 그것을 일신으로 돌이키는 것을 몰라 오장육부·모발·근육·뼈(온몸)에 보존되어 있음을 아는 사람이 드물다. 학문을 잘하는 사람은 자신에게서 취할 뿐이다. 일신으로부터 천지를 관찰한다.
>
> 世之人務窮天地萬物之理, 不知反之一身, 五臟六腑毛髮筋骨之所存, 鮮或知之. 善學者, 取諸身而已. 自一身以觀天地. (「外書」 권11, 『二程集』 411쪽; 「伊川學案」 상, 『宋元學案』 권15)

정이는 무엇 때문에 "일신으로 돌이키는 것"을 강조해야만 했을까? 앞에서 말한 것과 같이 정이는 격물의 대상이 사람 자신을 포괄하여 일체의 사물이라고 생각하였기 때문이다. 그는 여기서 천지만물의 리를 궁구하되 사람의 시야가 미치지 않는 곳까지 미루어 나가려는 경향을 비판하였다. 그는 "몸에서 취하는" 목적이 오직 "일신으로부터 천지를 관찰함"이라고 주장하였다. 청대(清代)의 리학가들은 정이의 이와 같은 말에 대하여 다음과 같이 해석하였다. "사람의 일신은 천지로부터 품수(稟受)하였다. 학문을 잘하는 사람은 자신의 몸의 형색(形色)과 천성(天性)의 사이에서 본원을 탐구하되 가까운 것부터 취하면 그 리는 이미 구비되어 있다. 이렇게 일신으로부터 밖으로 나가면 무릇 천지에 있는 것이 끊임없이 변화하더라도, 모두 이로써 관찰하면 활연관통(豁然貫通)

하지 않음이 없다. 배움에 어찌 이것을 잘하지 않으리오!”(『性理集解』 권2) 이 해석은 정이의 사상적 본지(本旨)와 부합한다.

“안에서 구한다.”는 말에 관하여 정이는 아래와 같이 설명하였다.

> 배움이란 사람이 안에서 구하도록 하는 것이다. 안에서 구하지 않고 밖에서 구하는 것은 성인의 학문이 아니다. 안에서 구하지 않고 밖에서 구한다는 말은 무엇을 뜻하는가? 문(文)을 위주로 한다. 배움이란 사람으로 하여금 근본을 구하도록 한다. 근본을 구하지 않고 말(末)을 구함은 성인의 학문이 아니다. 근본을 구하지 않고 말을 구함은 무엇을 말하는가? 상세함과 간략함을 고찰함에 동이(同異)만 캐낸다.
>
> 學也者, 使人求于內也. 不求于內而求于外, 非聖人這學也, 何謂不求于內而求于外? 以文爲主者是也. 學也者, 使人求于本也, 不求于本而求于末, 非聖人之學也. 何謂不求于本而求于末? 考詳略, 采同異者是也. (「遺書」 권25, 『二程集』 319쪽)

분명히 정이가 말한 ‘내’와 ‘외’가 심내(心內)와 심외(心外)를 가리키는 것은 아니며, ‘본(本)’과 ‘말(末)’도 마음과 사물을 가리키는 것은 아니다. 그가 스스로 분명히 말한 것처럼, “안에서 구하지 않고 밖에서 구함” 즉 “문(文)을 위주로 함”은 바꾸어 말하면 문장에 빠짐이며, “본을 구하지 않고 말을 구하는 것” 곧 “상세함과 간략함을 고찰하여 동이만 캐내는 것”은 다른 말로 하면 훈고(訓詁)에 끌려가는 것이다. 이 두 가지는 모두 정이가 반대한 것이다. “안에서 구한다.”는 말은 곧 마음으로 체득(體得)하고 힘써 행하는 것이며, “근본을 구한다.”는 말은 곧 덕으로 나아가 수업(修業)함을 중시하는 것이다. 따라서 정이는 결코 안으로 향하여 사색하는 ‘심학(心學)’의 경향을 가지고 있지 않다는 것을 알 수 있다.

이미 정이가 “일신으로 돌이킴”과 “안에서 구함”에 대하여, 위와 같이 정의한 이상, 그가 사물을 보고 자신을 고찰함에 “자신에게 돌이켜 구할” 필요가 없다는 주장은 이상한 것이 아니다. 어떤 사람이 묻기를 “사물을 보고 자신을 고찰한다는 말은 사물을 봄으로써 자신에게로 돌이켜 구하는 것이 아닙니까?"라고 하니, 그는 명확하게 대답하기를 "꼭 이와 같이 말할 필요는 없다. 사물과 나는 일리(一理)이며, 저것을 밝히자마자 이것을 깨닫는 것은 내외를 합하는 도"라고 하였다. "사물과 내가 일리"임으로부터 피차가 상통하며, 물리를 인식할 때 굳이 자신에게로 돌이켜 구할 필요는 없다. 또 어떤 사람이 묻기를 "치지(致知)할 때 먼저 사단(四端)에서 구하는 것은 어떻습니까?"라고 하니 그는 대답하기를 "성정을 구한다는 것은 진실로 자신에게 절실하다. 그러나 풀 한 포기 나무 한 그루에도 모두 리가 있으니 모름지기 이것을 관찰해야 한다."(「遺書」 권18, 『이정집』 193쪽)고 하였다. 이것은 궁리는 다만 "성정을 구하는 것"으로는 부족하며, 반드시 물리를 관찰하여 풀 한 포기 나무 한 그루도 놓치지 않아야 한다는 말이다. 정확한 방법은 "물리를 살핌으로써 자신을 고찰하고 이미 리를 밝히면 인식하지 못하는 것이 없다."(「유서」 권18, 『이정집』 193쪽)는 것이다. 여기에는 분명히 밖을 향하여 사색하는 경향이 있다. 이정의 격물설에서 적극적 요소가 바로 여기에 있다.

2. 지행관(知行觀)

이정의 관점을 살펴보면 격물치지(格物致知)로 얻은 지식은 반드시 실천되어야 한다. 곧 "인식[知]은 반드시 실천[行][99]으로 드러나야 한다."(「粹言」 권1, 『이정집』 1190쪽)는 말이다. 그리고 실천한다는 것은 "인식한 것을 실천함"(「유서」 권18, 『이정집』 211쪽)이다. 이정은 인식을 기초로 하여 인식과 실천을 통일적으로 보되 인식을 중시하고 실천

99) 이 글에서는 지(知)와 행(行)이 함께 쓰이는 문장에서는 '인식(認識)'과 '실천(實踐)'으로 해석한다. 그러나 단순한 인식작용을 의미하는 구절에서는 '앎'과 지식 등으로 표시한다.

을 즐기는 지행통일관을 형성하였다. 중국고대의 지행관은 인식론사상과 윤리사상을 복잡하게 함께 다루었는데 인식론으로서의 지행관은 결코 인류지식의 총규칙 · 총질서를 토론하지 않았고, 단지 그 가운데의 몇몇 부분들만 토론하였다. 구체적으로 말하면 인류의 인식과정은 실천 · 인식 · 재실천 · 재인식의 순환반복 과정이며, 인식과 실천의 범주로 표시하면 실천—인식—실천—인식의 순환반복과정이다. 지행관에서 토론하는 주제는 인식의 근원에 관한 문제가 있고 또 인식의 작용에 관한 문제가 있다. 중국 고대철학에서는 인식의 근원에 관한 문제를 "태어나면서부터 아는 것"과 "배워서 아는 것", "선천적 인식능력[良知]과 선천적 능력[良能]", "능동적 인식능력[能知]"과 "인식하는 바[所知]" 등의 범주와 명제를 탐구하고 토론하여 해결하려고 하였고, 인식의 작용에 관한 문제는 인식과 실천의 선후, 인식과 실천의 경중, 인식과 실천의 상호 수반, 지행합일 등의 범주와 명제에 대한 탐구와 토론을 통하여 해결하려고 하였다. 이 두 가지 방면이 고대 지행학설의 주요내용을 구성한다. 일반적 의미로 말하면, 지행관계의 주된 요점은 인간의 인식 대 인간의 행동 · 행위의 지도 혹은 지배관계를 가리키는 것이다. 좁은 의미로 말하면 지행관계의 요점은 사람의 도덕지식 대 도덕실천에 대한 지도 혹은 지배관계를 토론하는 것이다. 만약 이것에 대하여 명확하게 이해한다면, 장차 우리가 이정의 지행학설에 대하여 전면적이고 정확하게 평가하는 데 도움이 될 것이다.

지행통일(知行統一)은 이정의 지행관의 핵심사상이다. 그의 가장 기본적인 표현은 아래와 같다.

> 모름지기 인식을 근본으로 삼아야 한다. 깊이 알면 실천이 반드시 따르며, 알고 있으면서 실천할 수 없는 사람은 없다. 알면서 실천할 수 없는 것은 다만 지식이 얕기 때문이다.
>
> 須以知爲本. 知之深, 則行之必至, 無有知之而不能行者. 知而不能行, 只是知得淺. (「遺書」 권15, 『二程集』 164쪽)

이것은 선지후행(先知後行)의 입장이다. 왜냐하면 알면 반드시 실천하므로, 인식은 실천의 선도(先導)이며 실천은 인식의 요구이기 때문이다. 인식과 실천은 통일적이지만 실천에 통일되는 것이 아니라 인식에 통일된다. 이와 같은 지행통일관을 설명하는 두 가지 이론이 있는데, 첫째 지를 근본으로 삼는 중지설(重知說), 둘째 아는 바를 실천함을 즐기는 낙행설(樂行說)이다.

이정은 "모름지기 인식을 근본으로 삼아야 한다."는 말 외에, 또 "군자는 앎[識][100]을 근본으로 삼아야 하며, 실천은 그 다음"(「유서」 권25, 『이정집』 320쪽)이라고 하였는데, 이것은 인식[知]을 근본으로 삼는 중지설의 사상이다. 그는 구체적으로 아래의 세 가지 명제로 표현하였다.

첫째, "인식은 실천보다 앞에 있다."고 하였다. 이것은 행위에 대한 인식의 지도적 작용을 가리켜 말한다. 이정은 사람이 어떤 일을 하기 전에 반드시 먼저 그 일의 사정에 대한 인식이 있어야 비로소 그 인식을 이용하여 행동을 지도할 수 있다고 생각하였다. 이것은 길을 갈 때 필요한 빛에 비유할 수 있다. 인식은 실천을 밝혀주는 등불과 같으며 실천은 반드시 인식의 지도를 받아야 한다. 그들은 어떤 일을 인식하기 전에 맹목적으로 하는 행동을 반대한다. 정호는 "사람이 가장 두려워해야 하는 것은 즉흥적으로 하는 것이니, 리를 밝혀야 한다."(「遺書」 권11, 『이정집』 132쪽)고 하여, 사물의 도리를 분명히 하기 전에 즉흥적으로 하는 착수가 가장 두렵다고 하였다. 정이도 다음과 같이 강조하였다.

> 모름지기 알아야만 실천할 수 있다. …… 아직 치지하지 못하고서 곧 성의(誠意)하고자 하는 것을 두려워하고 삼가야 한다. 학자는 진실로 힘써 노력해야 하지만 치지하지 못하면 무엇을 실천할 수 있겠는가? 실천에만 힘쓰는 사람이 어찌 오래 지탱할 수 있겠는가? 오직 리를 밝게 밝힘으로써만 자연히 즐겨 리를 따른다.

---

100) 대개 지(知)와 식(識)은 '안다'라는 의미로는 같으나, 엄밀히 말하면 지(知)는 보고 들음을 통하여 아는 것이며, 식(識)은 종합판단을 통하여 아는 것이다.

須是知了方行得. …… 未致知, 便欲誠意, 是臘等也. 學者固當勉强, 然不致知, 怎生行得? 勉强行者, 安能持久? 除非燭理明, 自然樂循理. (「遺書」 권18, 『二程集』 187-88쪽)

정리하면 『대학』의 "8조목" 가운데 격물치지는 인식[知]에 속하고, 성의(誠意) 이하는 실천[行]에 속한다는 말이다. 인식과 실천의 선후는 엄연히 질서가 있으며 차례가 바뀔 수 없다. 정이가 보기에 만약 치지(곧 知)에 이르지 못하고서 곧 성의(곧 行)하고자 한다면 그것을 "두려워하고 삼가야 한다[踖等]"는 말이다. 알아야 비로소 실천할 수 있으며, 알지 못하면 실천할 수 없으니 곧 실천에만 힘쓰면 오래 지탱하지 못한다. 정이는 "그러므로 사람이 실천에 힘쓰려면 먼저 반드시 알아야 한다."(「유서」 권18, 『이정집』 187쪽)고 결론지었다. 여기에 나타난 하나의 사상은 곧 사람의 행위는 반드시 이성지식의 지도를 받아야 한다는 말이다. 이런 점에서 이정의 선지후행사상은 합리적인 요소를 갖추고 있다. 그러나 동시에 반드시 주의해야 할 것은 이정이 말한 선지후행은 다분히 윤리학상의 치지(致知)와 역행(力行)의 관계, 즉 사람은 반드시 먼저 도덕지식에 대한 요해가 있어야 비로소 도덕규범을 실천하려는 자각이 있을 수 있음을 지적한 말이다. 이정의 착안점은 도덕의식이 도덕실천에 대하여 지도작용을 함을 강조한 데 있다. 다시 말하면 이정이 말하는 인식은 도덕인식의 범위 내에 국한될 뿐 자연・사회・사유 등에 대한 넓은 의미의 지식은 아니며, 실천도 도덕실천에 국한되며 사람의 모든 사회적 실천을 가리키는 것은 아니다. 이 때문에 실천에 대한 인식의 지도적 작용을 강조한 이정의 주장은 폭넓은 의의를 얻지 못하였다. 또한 "선(善)을 밝힘" "지극한 앎[至知]에 머무름"을 종지로 삼는 그들의 격물설도 이와 같았다.

둘째, "실천도 어렵고 인식도 역시 어렵다."고 하였다. 『상서(尙書)・열명(說命)』에서 먼저 "아는 것은 어려운 것이 아니며, 실천하는 것이 오직 어렵다."는 명제를 제시하였다. 1100년 동안 "아는 것은 쉽고 실천하는 것이 어렵다."는 말이 거의 바꿀 수 없는 정론이었다. 정이는 만약 "아는 것은 쉽고 실천이 어렵다."는 관점을 견지하면 지를 가볍게 여기는 경향이 생길 수 있다고 생각하였다. 이에 그는 공개적으로 유가 경전의 해석에 도전하여 당시로서는 자못 세상을 놀라게 하는 말을 하였다.

> 비단 실천만 어려운 것이 아니라 앎도 역시 어렵다. 『서』에 이르기를 "아는 것은 어려운 것이 아니며 실천이 오직 어렵다."고 하였는데 이 말은 진실로 옳지만, 그러나 아는 것도 역시 본래 어렵다. 비유하면 사람이 서울로 가려고 하면, 반드시 어떤 문을 나서서 어떤 길로 가야할지를 안 후에 갈 수 있다. 만약 그것을 알지 못하면 비록 가고자 하는 마음이 있더라도 어떻게 가겠는가? 자고로 역행(力行)을 잘한 훌륭한 인재가 없는 것은 아니지만, 도를 밝힐 수 있는 인재는 드물다. 이로써 지도 역시 어렵다는 것을 알 수 있다.
>
> 非特行難, 知亦難也. 『書』曰: "知之非難, 行之惟艱."此固是也, 然知之亦自艱. 譬如人欲往京師, 必知是出那門, 行那路, 然後可往. 如不知, 雖有欲往這心, 其將何之? 自古非無美材能力行者, 然鮮能明道, 以此見知之亦難也." (「遺書」 권18, 『二程集』 187쪽)

여기서 정이는 직접적으로 "실천도 어렵지만 인식도 역시 어렵다."는 명제를 제출하였다. 이것은 『상서(尙書)』의 "아는 것은 어려운 것이 아니며, 실천하는 것이 오직 어렵다."는 명제와 분명히 모순된다. 『상서』의 명제에 대하여 그는 "이 말은 진실로 옳다."는 한 마디로 가볍게 지나치고서, 어투를 전환하여 "아는 것도 역시 본래 어렵다."고 주장하였다. 그의 논거는 두 조항인데 하나는 길을 알아야 예정된 목적지에 도달할 수 있다는 것이며, 다른 하나는 고금의 인물들 가운데 역행에 능한 사람은 많으나 도를 밝히는 데 능한 사람은 드물다는 것이다. 이 외에 정이는 또 다른 논거를 제시하였는데, 즉 "백성이 그것으로 말미암게 하지만 그것을 알게 할 수는 없다."[101]는 공자(孔子)의 말을 해석하는 형식을 빌려 인식이 어렵다는 것을 논증한다. 그는 다음과 같이 설명하였다.

성인은 백성이 그것을 알도록 하고자 할 뿐이다. 대개 성인이 가르침을 베풀 때 가문마다 깨우치고 집집마다 깨달아, 한 집 건너 작(爵)을 받을 수 있기를 바라지 않는 것은 아니다. 대개 성인은 세상 사람들이 그것으로 말미암도록 할 수 있을 뿐 어찌 사람마다 모두 그것을 다 알도록 할 수 있겠는가? 이것은 성인도 할 수 없는 것이다. 그러므로 "그것을 알게 할 수 없다."고 말한다.

聖人非不欲民知之也. 蓋聖人設教, 非不欲家喻戶曉, 比屋皆可封也. 蓋聖人但能使天下由之耳, 字能使人人盡知之? 此是聖人不能, 故曰: "不可使知之." (「遺書」 권18, 『二程集』 220쪽)

'성인'도 사람마다 모두 알도록 할 수 없으며 단지 "세상 사람들이 그것으로 말미암도록 할 수 있을 뿐"이니 족히 '아는 것'이 어렵다는 것을 알 수 있다.

'인식'은 결국 어려움이 어디에 있는가? 어려움은 곧 '자득(自得)'의 어려움을 말하며, 모르는 것으로부터 아는 것으로의 전환이 어렵다는 말이다. 정이는 그것을 아래와 같이 설명하였다.

배우는 것은 쉬우며 아는 것이 어렵다. 아는 것은 어려운 것이 아니며, 체득하는 것이 어렵다.

學爲易, 知之爲難. 知之非難也, 體而得之爲難. (「遺書」 권25, 『二程集』 321쪽)

이정은 모두 이른바 '자득'의 학(學)을 매우 중시하였다. 정호는 "성(性)과 천도는 자득하지 않으면 알지 못하므로 '얻어들을 수 없다'고 한다."(「外書」 권2, 『이정집』 361쪽)고 하였다. 이른바 '자득'이란 내심의 심리적 체험으로부터 나오며, "성(性)과 천도" 그리고 '삼강오륜' 등

---

101) 『論語・泰伯』, "子曰 興於詩, 立於禮, 成於樂. 子曰 民可使由之 不可使知之."

의 도덕률에 대한 체인이며, 실제로는 곧 "견문으로 가장할 수 없는" "덕성의 지"다. 그것은 사람의 본성에 존재하며, 일반적인 지식과는 달리 몸으로 직접 얻어야 한다. 일반적인 지식을 얻는 것과 비교하면 이는 훨씬 얻기 어렵다. 정이는 "성은 본래 선하며, 리를 따라 실천하는 것도 모름지기 리로써 일하는 것이므로 근본적으로 어려운 것은 아니다. 다만 사람들이 모르는 까닭은 그것이 빙빙 돌아 어지럽게 드러나기 때문에 어렵다고 말한다."(「遺書」 권18, 『이정집』 188쪽)고 하였다. 즉 사람의 본성에 비추어 보면, 리를 따라 실천하는 것은 본래 결코 어려운 것이 아니며, 다만 모르기 때문에 어렵다는 말이다. 정이가 제출한 "인식이 어렵다[知難]"는 관점은 여전히 전체의 인식과 실천 가운데 인식를 설명하는 중요한 위치에 있다.

셋째, "지식에도 역시 깊고 얕음이 있다." 이정은 같은 지식에도 왕왕 깊은 지식[深知]과 얕은 지식[淺知][102]의 차이가 있다고 생각하였다. 정이는 아래와 같이 말하였다.

> 보통사람들은 예(禮)가 아니면 해서 안 된다는 것을 겨우 알기 때문에 모름지기 힘써 노력해야 하지만, 도둑질을 해서는 안 된다는 것을 아는 것은 힘쓰지 않아도 되니 지식 역시 깊고 얕음이 있다.
>
> 爲常人言才知得非禮不可爲, 須用勉强, 至于知穿窬不可爲, 則不待勉强, 是知亦有深淺也. (「遺書」 권18, 『二程集』 186쪽)

'앎=지식'에 이미 깊고 얕음이 있다면 무엇이 얕은 지식이며, 무엇이 깊은 지식인가? 정이의 해석을 살펴보면 "알면서도 실천할 수 없는" 지식이 이른바 얕은 지식이다. 그는 "알면서 실천할 수 없다면 아는 것이 얕기 때문"(「유서」 권15, 『이정집』 164쪽)이라고 하였다. 여기에는 두 가지 상황이 있는데, 하나는 감성인식이 없는 것으로 정이는 예를

---

102) 여기서 지(知)를 앎과 지식 두 가지로 해석하였는데, 의미는 같다. 다만 '깊은 앎'보다는 '깊은 지식'이라고 하는 것이 적절한 표현이라고 생각된다. 이하 심지(深知)는 '깊은 지식'으로, 천지(淺知)는 '얕은 지식'으로 표시.

들어 '귀인'은 구운 오리고기 얘기를 들으면 곧장 "먹고 싶어 하는 기색"이 생기는데, '야인(野人)'은 구운 오리고기를 맛본 적이 없기 때문에 얼굴에 "먹고 싶은 기색"을 드러내지 않는다고 말한다. 이것이 곧 "얕은 지식"이다. 두 번째는 감성인식은 있지만 '이성인식'으로 상승하지 못한 것으로, 정이는 예를 들어 '소인(小人)'은 비록 "도를 어겨서는 안 된다."는 교훈을 듣고 사람마다 역시 그래야 한다고 생각하지만 결국 "죽음으로써 도를 지키는 것"은 긍정하지 않고 끝내 "도를 어기는" 데 이른다고 말한다. 이것은 '도'의 표면만 인식하는 데 머물고 진정으로 '도'의 본질을 잘 이해하지 못하기 때문에 비롯된다. 이것은 일종의 '얕은 지식'이다. 종합하면 정이의 이른바 '얕은 지식'란 감성지식의 결핍을 가리키는 것이며, 혹은 겨우 감성의 단계에만 머물고 이성의 단계로 상승하지 못한 지식이다. 이와 같은 지식을 '보통의 지식'이라고 부른다.

'깊은 지식'의 의미는 정이의 해석에 비추어보면, 확실하게 '진실한 앎[實見]'이 있는 것으로, "지식이라고 할 수 있은 것은 태연하게 실행해 나가는 것"(「遺書」 권18, 『이정집』 186쪽)이라고 할 때의 앎이다. 이것도 두 가지 경우가 있는데, 하나는 친히 몸으로 체험한 직접경험으로서 예를 들면 새의 부리에 있는 독이 인명을 죽음에 이르게 한다는 것을 알기 때문에 먹지 않는 것이나, 수재·화재를 겪었기 때문에 피하는 것이 이에 해당한다. 이와 같은 지식은 '깊은 지식'에 속한다. 두 번째는 "마음에서 얻는다."는 의미의 "진실한 앎"이다. 예를 들어 삼척동자도 호랑이가 무섭다는 것을 아는데, 일찍이 호랑이에게 상처를 입지는 않았지만 호랑이란 말을 들으면 곧 얼굴에[神色]에 해침을 받을까 하는 두려움이 나타나는 것과 같다. 이것이 이른바 '진실한 앎'이다. '진실한 앎'으로 얻은 지식은 곧 '진실한 리[實理]'이며 '참된 지식'으로서 '깊은 지식'에 속한다. 간단히 말하면 정이의 이른바 깊은 지식은 진실한 앎이 실행된 것을 가리키며 직접경험을 기초로 하여 몸소 실제적인 체험을 통하여 마음에서 얻은 것이다. 그리고 이는 감성으로부터 이성인식으로 승화한 것이다.

당연히 정이는 '깊은 지식'과 '얕은 지식'을 구분하되, 어느 정도로 감성인식과 이성인식에 도달하였는가를 기준으로 삼으며 그 가운데 이성인식인 '깊은 지식'을 더욱 중시하였다. 이것은 그의 중지설(重知說)의 적극적인 요소이며 여기에서 그의 이성주의가 두드러지게 나타난다. 물론 그가 말한 '깊은 지식'과 '얕은 지식'은 비교적 모호한 개념이며 결코 과학적인 범주는 아니다.

위의 "인식은 실천보다 먼저 있다.", "실천도 어렵고 인식도 역시 어렵다.", "지식에도 깊고 얕음이 있다."는 세 명제는 이정(저자주: 주로 程頤)이 인식을 근본으로 삼고 인식을 중시하는 입장의 주요내용이다.

이정은 앎의 문제를 밝힘에 "알아낸 것은 실천한다."는 '즐겨 실천함[樂行]'이라는 입론의 이론적 기둥을 확립하는 데 중요한 의미를 두었다.

이정이 말한 '즐겨 실천함'은 주돈이(周敦頤)로부터 비롯되었다. 정호는 일찍이 "옛날에 주무숙(周茂叔)에게 수학할 때 매양 안자(顔子)와 중니(仲尼)가 즐겨한 곳과 즐겨한 것이 무슨 일인가를 찾으려고 하였다."(「유서」 권2상, 『이정집』 16쪽)고 공언하였다. 이것은 이정이 처음 공부할 때 '도를 즐기는[樂道]' 인생관을 수립하였음을 표명한 것이다. 정호는 돈독하게 믿고 배우기를 좋아하며 미지의 것을 스스로 얻는 것이 즐거움이라고 생각하였다. 학문은 즐거움에 이르러야 비로소 이루어졌다고 할 수 있다. 그는 일생을 모두 '도를 즐김'을 자처하였으며, 스스로도 '도를 즐김'이 이미 상당히 자유로운 경지에 도달하였다고 생각하였다. 그는 「우성(偶成)」이라는 시에서 "구름은 엷고 바람은 가볍게 부는 정오 무렵, 꽃을 바라보며 버드나무를 따라 앞 시내를 건넌다. 곁에 있는 사람은 내 마음의 즐거움을 모르고, 한가로이 배우기만 탐내는 소년이라 말하네"(「文集」 권3, 『이정집』 476쪽)라고 하였다. 이 시에서는 '즐김[樂]'이라는 글자에 주의해야 한다. 즐김은 곧 도를 즐기는 것이다. 이미 도를 즐기게 되었다면 반드시 도를 실천해야 할 뿐만 아니라, 도를 행함을 즐기게 된다. 정이가 처음 태학(太學)에 갔을 때, 「안자소호하학론(顔子所好何學論)」이라는 하나의 문장에서 단도직입적으로 "안자가 오직 좋아한 것은 무슨 학문인가? 배워서 성인에 이르는 도"(「문집」 권8, 『이정집』 577쪽)라고 하였는데, 역시 '도를 즐김'의 사상을 표현하였다. 이정의 리학사상이 체계적으로 형성되고 확립됨에 따라, '도를 즐김'의 사상은 지행관에서의 '실천을 즐김'으로부터 변화 발전되었다.

정이가 보기에 실천을 즐김은 실제로 '도리를 따름[循理]'을 즐기는 것이다. '도리를 따름'은 실천에 속한다. 다만 '도리를 따름'에는 반드시 하나의 전제가 있는데 곧 "리를 밝힘[明理]"과 "리를 명확하게 인식함[燭理]"이 그것이다. 앞에서 말한 것처럼 "리를 밝힘"과 "리를 명확하게 인식함"은 곧 인식이다. 그러므로 정이는 "리를 밝게 드러내기만 하면, 자연히 '도리를 따름'을 즐길 수 있다."(「遺書」 권18, 『이정집』 188쪽)고 하였다. "도리를 따름을 즐긴다."는 말은 "리를 밝게 드러낸" 자연적 결과이며, "알면 반드시 행으로 드러나야 한다."는 로로부터 비롯된다. 이것은 그의 "인식은 실천할 바보다 먼저 있다."는 선지후행(先知後行)의 사상과 일치한다. 정이가 말한 실천은 곧 "알아낸 바를 실천하는 것"이다. 만약 '인식'이 없다면 실천은 나아갈 방향을 잃고 맹목적으로 행동하는 원인이 될 뿐만 아니라, 실천 자체도 내용을 잊고, 아무런 의미가 없는 것으로 변하는 원인이 된다. 이정이 "알아낸 바를 실천한다."고 한 말에서의 '앎'은 당연히 윤리도덕적인 내용을 주로 가리키며, 따라서 "알아낸 바를 실천함"은 주로 선천적으로 본래 갖추어진 것을 실천하는 것이다. 다만 물욕에 가려졌기 때문에 학습을 통하여 잃어버린 것을 회복해야 한다는 말은 봉건적 도덕율령이다. 이것이 곧 '실천을 즐김'에서의 '실천'의 내용이다.

'실천을 즐김'에서 더욱 중요한 내용은·실천하되 '즐김'에 이른다. 정이는 이 '즐김'을 매우 중시하여 다음과 같이 설명하였다.

옛 사람이 말한 도리를 따름을 즐긴다고 한 말은 군자를 이르는 것이니, 만약 억지로 노력하여 오직 도리를 따름만 안다면, 이것은 즐김이 아니다. 즐김에 이를 때에만 비로소 도리를 따름이 즐거움이 되며, 도리를 따르지 않으면 즐거움이 되지 않으니, 어찌 괴롭게 도리에 따르지 않고, 모름지기 힘써 노력하지 않겠는가?

古人言樂循理之謂君子, 若勉强, 只是知循理, 非是樂也. 才到樂時, 便是循理爲樂, 不循理不爲樂, 何苦而不循理, 自不須勉强也. (「遺書」 권18, 『二程集』 186쪽)

여기서는 "도리를 따름을 앎"과 "도리를 따름을 즐김"의 구별을 강조하였다. "도리를 따름을 아는 것"은 단지 힘써 노력하여 실천하는 것이며, "도리를 따름을 즐김"은 힘써 노력하지 않아도 자각적으로 도리를 따르기를 요구하고 행동하는 것이다. 이정이 보기에는 '성인'이 도리를 따름을 즐김은 기다리지 않아도 저절로 되는 것이고, '성인'을 배운 안자 역시 도리를 따름을 즐기는 경지에 도달하였음을 의미한다. 따라서 정이는 "안자는 선하지 못함이 있으면 일찍이 알지 못한 적이 없었으며, 선하지 못함을 알면 다시 반복하지 않았다. 안자와 같으면 어찌 선하지 않음이 있겠는가? 이른바 불선이라는 것은 조그만 과실일 뿐이니, 과실이 있으면 곧 그것을 알고, 알면 다시 싹트지 않도록 해야 한다. 안자는 대체로 성인과 같으나 단지 이와 같은 분별이 있을 뿐이다. 만약 그와 같은 조그만 차이라도 없다면 안자는 곧 성인"(「外書」 권5, 『이정집』 376쪽)이라고 말하였다. 즉 안자와 같은 성현은 선하지 않음이 하나라도 있으면 곧 그것을 알고, 알면 다시 (不善을) 반복하지 않았으며, 심지어 "다시 싹트지 않도록 하며" 아울러 선하지 못한 생각이 생기지 않도록 하였다. 이와 같으면 인식과 실천은 높은 경지의 통일에 도달한 것이니 '지행합일(知行合一)'이라고 할 만하다. 이것은 후일 왕양명(王陽明)의 '지행합일'설의 선구가 된다. 황종희(黃宗羲)는 "이천선생이 이미 지행합일이라는 말을 하였다."(「伊川學案」 상, 『宋元學案』 권15)고 분명히 지적하였다.

"아는 바를 실천함"과 "도리를 따름을 즐김"은 이정(저자주: 특히 정이)의 '실천을 즐김'의 두 가지 중요한 명제다. 이 두 명제가 포함하는 사상을 토대로 이정은 '낙행'의 주요내용을 구성하며 동시에 지행통일관을 완성할 수 있었다.

제4절: 이정의 인성론

이정은 유심주의 리본체론에서 출발하여 체계적으로 인성론을 제출하였다. 특히 “성이 곧 리다[性卽理]”라는 기본명제와 천리・인욕의 변론에 대하여 한편으로는 인성론을 본체론의 수준으로 높이고, 다른 한편으로는 윤리철학의 이론적 기초를 정립하여, 천리론・인성론・윤리관을 일체로 융합함으로써 리학사상의 체계를 더욱 완비하였다.

인성 곧 사람의 본성 혹은 본질과 그 행위의 선악에 관한 문제는 일찍부터 수많은 철학자들을 괴롭혀 왔다. 중국철학사에서는 인성의 선악에 대한 문제를 둘러싸고 오랜 동안 논쟁을 벌려왔다. 그 가운데 가장 대표적 논쟁이 맹자(孟子)의 성선설(性善說)과 순자(荀子)의 성악설(性惡說), 고자(告子)의 성무선불선설(性無善不善說), 양웅(揚雄)의 성선악혼설(性善惡混說), 한유(韓愈)의 성삼품설(性三品說) 등 참으로 많은 설이 분분하여 어느 하나를 지목하여 옳다고 할 수 없다.

송 이후 중국의 봉건사회는 몰락하기 시작하여, 어떤 인성론에 따라 통치계급의 요구에 부응하는 봉건윤리 사상을 확립하는가가 시대적 과제로 등장하였다. 장재(張載)는 여러 설을 절충하여 인성을 ‘천지지성(天地之性)’과 ‘기질지성(氣質之性)’으로 구분하여 ‘천지지성’은 선의 근원이며, ‘기질지성은 악의 근원이라고 생각하였다. 그는 이와 같은 이중적인 인성론으로 역사상 벌어진 인성의 선악문제에 관한 논쟁을 끝내려고 하였다. 장재와 동시대의 저명한 도사(道士)인 장백단(張伯端)도 "형(形) 이후에는 기질지성이 있어 그것을 잘 돌이키면 천지지성이 거기에 있다. 기질지성에 가려지면 달을 가린 것처럼 기질지성이 고정되어 선천지성을 찾을 수 없다. …… 이제 천천히 그것을 제거하여 기질이 모두 없어지게 되면, 본원(本元)이 드러나기 시작하며, 본원이 드러나면 (기질이) 위세를 부리는 일[用事]은 없다."(『洞眞部 · 方法類 · 玉淸金笥靑華秘文金室內煉丹訣』 권상, 제8)고 하여, '천지지성'과 '기질지성'을 장재와 같이 설명하였을 뿐만 아니라, '기질'을 제거하여 '선천적인 성[先天之性]'을 회복해야 한다고 하였다. 선천지성의 회복은 당시 모든 사상가들이 해결해야 할 시대적 과제였다. 이정은 이 같은 역사적 상황에서 자신의 인성론을 건립하였다.

청말의 사상가 왕국유(王國維)는 "명도(明道)의 성론(性論)은 송유(宋儒)들 중에서 가장 박약(薄弱)한 것"(『靜庵文集 · 論性』)이라고 하였다. 이것은 당연히 상대적으로 말하였을 뿐, 실제로 이정의 인성론은 송 · 명리학의 창시라는 중요한 위치에 있으며, 후일 주희를 포함한 리학가들이 모두 이정의 인성론을 따라 계속 발전시켰으니 그 기초는 이정이 확립하였다. 그리고 이정의 인성론은 그 내용도 상당히 풍부하다.

1. 성(性)의 구분에 대하여

이정(二程)도 이중적 인성론을 주장하였는데 그 이중성은 장재에 비해 더욱 철저하다. 그들은 다른 각도에서 '성(性)'을 구분하였다. 물성과 인성의 동이를 기준으로 '오행의 성[五行之性]'과 '오상의 성[五常之性]'을 구분하였으며, 본원(本原)과 기품(氣稟)을 기준으로 '생지위성(生之謂性)'과 '천명지성(天命之性)'으로 구분하였다.

① '오행(五行)의 성'과 '오상(五常)의 성'

이정이 말한 성(性)은 인성과 물성의 두 방면을 겸하여 "사람과 사물을 통합하여 말하였다."

첫째, 물성을 말하면 만물은 모두 "오행의 성"을 구비하고 있다. 정이는 그것을 아래와 같이 설명하였다.

> 하늘에는 오기(五氣)가 있으므로 무릇 사물이 생김에 오성(五性)을 갖추지 않음이 없으니, 그 중 하나를 위주로 하여 나머지 넷을 갖춘다.
>
> 天有五氣, 故凡生物, 莫不具有五性, 居其一而有其四. (「遺書」 권15, 『二程集』 162쪽)

여기서 말한 '오기(五氣)'는 오행(五行: 金·木·水·火·土)의 기(氣)를 가리키며, '오성(五性)'은 곧 오행의 성이다. 이정은 무릇 천지로부터 생겨나는 사물은 "비록 초목이라도 오행의 성을 그 속에 겸유(兼有)하고 있다."(「유서」 권2상, 『이정집』 39쪽)고 보았으며, 오기가 화합할 때 잡다하게 뒤섞여 성질이 만 가지로 다른 사물이 생겨난다고 보았다. 즉 "오행의 성"은 생명이 있는 모든 사물이 공동으로 갖추고 있으며 이 때문에 사람도 같이 "오행의 성"을 구비하고 있다는 말이다. 그들은 "하늘에는 오행이 있고, 인간에는 오장(五臟)이 있다. 마음은 화(火)이니 천지간의 바람과 기운을 타면 곧 모름지기 조급함으로 드러난다. 간(肝)은 목(木)이니 이것이 천지의 바람과 기운을 타면, 모름지기 분노로 드러난다. 오장(五臟)을 미루어보면 모두 그러하다."(「유서」 권2하, 『이정집』 54쪽)고 하였다. 다시 말하면, 사람의 성질[氣質·習性]은 오장 가운데 위주가 됨에 따라 구별되며, 오장은 오행과 서로 관계가 있다는 말이다. 이와 같은 관점은 결코 과학이 아니다. 여기서 이정의 주장은 일종의 자연인성론의 관점이다. 그들은 사람과 기타의 생물은 공동의 자연본성을 갖추고 있다고 생각하였다. 예를 들면, 금수와 사람은 모두 배우거나 가르침을 받지 않아도 "양능(良能)"을 가지고 있는데, 그들은 그것을 "만물은 모두 양능이 있으니, 마치 날짐승이 매우 정교하게 집을 짓는 능력이 양능이며 이는 배워서 함이 아니다."(「유서」 권19, 『이정집』 256쪽)라고 설명하였다. '양능'은 '참된 성[眞性]'이다. 참된 성이란 실제로 사람과 생물의 지각운동·생명욕구를 가리킨다. 구체적으로 말하면, 사람과 생물의 소리·색깔·냄새·맛 등 귀·눈·입·코의 욕구가 모두 성이다. 정이는 "귀·눈·입·코의 네 가지 욕구는 성이다."(「유서」 권18, 『이정집』 257쪽)라고 하였는데, 이는 사람의 자연본성상에서 한 말이다. 이러한 의미에서 인성과 물성은 서로 같으며, 사람과 사물은 함께 '오행의 성'을 구비하고 있다.

둘째, 인성으로 말하면 사람마다 모두 '오상의 성[五常之性. 저자주: '五常性']을 구비하고 있다. 이정은 다음과 같이 설명하였다.

> 인·의·예·지·신 다섯은 성이다. 인은 전체며, 나머지 넷은 네 개의 가지다. 인은 체다. 의는 마땅함이며, 예는 구별이며, 지는 앎이며, 신은 진실함[實]이다.
>
> 仁·義·禮·智·信五者, 性也. 仁者, 全體; 四者, 四支. 仁, 體也. 義, 宜也. 禮, 別也. 智, 知也. 信, 實也. (「遺書」 권2상, 『二程集』 14쪽)

> 인은 공(公)이니 사람이며, 의는 마땅함이니 양(量)의 가볍고 무거움을 헤아림이 지극함이며, 예는 구별이며, 지는 앎이며, 신은 이것이 있다. 만물은 모두 성이 있으니 이것이 오상의 성이다.
>
> 仁者公也, 人此者也; 義者宜也, 權量輕重之極; 禮者別也. 智者知也, 信者有此者也. 萬物皆有性, 此五常性也. (「遺書」 권9, 『二程集』 105쪽)

"만물은 모두 성이 있다."는 말에서의 '성'은 인·의·예·지·신의 '오상성(五常性)'이다. 인성은 곧 "오상의 성[五常之性]"을 내포한다. 이것은 사람의 사회적 본성에서 한 말이다. 이정은 오상의 성은 사람의 고유한 본질이라고 생각하였는데, 정호의 말에 따르면 "스스로 본질이자 으뜸[元: 原]으로서 완전하다."(「유서」 권1, 『이정집』 1쪽) 이것은 실제로 봉건지주계급의 도덕규범을 인성 속에 대입시켰고, 결과적으로 지주계급의 인성을 미화시키는 작용을 하였다.

"오행의 성"과 "오상의 성"의 구분은 이정이 물성(物性)과 인성(人性)을 구분하여 본 것에 대한 설명이다. 그러나 그들은 인성을 물성에까지 확대하려는 경향을 가졌는데 위에서 말한 "만물은 모두 성이 있으니 이것이 '오상성'이다."는 구절에서 이러한 관점이 잘 드러난다. 정이는 또 말하기를 "선조에게 하는 제사는 천성(天性)이니, 승냥이·수달·매 등이 하는 제사도 모두 천성이다."(「유서」 권22상, 『이정집』 285-86쪽)라고 하여, 승냥이나 수달 등 금수의 천성도 인성과 같은 면이 있음을 인정하였다. 이것은 이정이 물성과 인성을 충분히 엄격하게 구분하지 않았음을 설명하며, 이것은 그들의 선험적 인성론으로 말미암아 결정된다.

② "생지위성(生之謂性)"과 "천명지위성(天命之謂性)"

이정은 '기(氣)'의 관념을 인성론으로 끌어들여 "성(性)을 논하면서 기를 논하지 않으면 제대로 갖추지 못하며, 기를 논하면서 성을 논하지 않으면 밝지 못하다."(「遺書」 권6, 『이정집』 81쪽)고 하였다. 이를 근거로 다시 성을 "생지위성(生之謂性)"의 성과, "천명지위성(天命之謂性)"의 성으로 구분하였다. 정이는 다음과 같이 설명하였다.

> "생을 성이라고 한다."는 말과 "하늘이 한(=내린) 명(령)을 성이라고 한다."는 말이 같겠는가? 성이라는 글자는 하나의 개념으로 논할 수 없다. "생을 성이라고 한다."는 말은 단지 품수한 것만을 해석한 것이다. "하늘이 한 명을 성이라고 한다."는 말은 성의 리를 가리켜 한 말이다. 이제 사람들이 천성이 부드럽고 완만하다든지, 천성이 강직하고 급하다든지, 또는 속설처럼 저절로 이루어졌다고 한 말은 모두 생겨나기를 이와 같이 생겨났다는 말이니, 이는 내려받은 바를 해석한 것이다. 만약 성의 리를 말하면 선하지 않음이 없으니 하늘이라고 함은 자연의 리다.
>
> "生之謂性"與"天命之謂性"同乎? 性字不可一概而論. "生之謂性", 止訓所稟受也. "天命之謂性", 此言性之理也. 今人言天性柔緩, 天性剛急, 俗言天成, 皆生來如此, 此訓所稟受也. 若性之理也, 則無不善, 曰天者, 自然之理也. (「遺書」

권24, 『二程集』 313쪽)

여기서 "생을 성이라고 한다."는 말은 기질이 천생(天生)으로 받은[稟受] 바이며, "기가 받은 성" 혹은 "생의 바탕이 되는 성[生質之性]"이다. "하늘이 내린 명(령)을 성이라고 한다."는 말은 "성의 리"를 의미하며, "하늘이 명한 성[天命之性]" 혹은 "본원의 성[本源之性]"이다.

학술계에서는 일반적으로 "천명지성"과 "기품지성"에 관한 이정의 관점이 장재(張載)의 "천지지성(天地之性)"과 "기질지성(氣質之性)"에 관한 설명방식에 근원한다고 생각한다. 이것은 진실로 맞는 말이다. 그러나 이정의 이러한 관점에는 또 다른 근원이 있음을 반드시 지적해야 한다. 첫째, "생지위성"의 명제는 고자(告子)가 제출하였으며, 이정은 이것을 흡수·개조하고 아울러 자신의 인성론체계로 받아들였다. 그들은 "고자가 '생지위성'이라 한 말은 옳다. 무릇 천지(天地)가 탄생시킨 것을 반드시 성이라 불러야 한다. 모두 성이라고 하지만, 그 가운데 반드시 소의 성, 말의 성을 분별해야 한다. 흔히 말하기를 불교에서는 벌레 같은 미물(微物)도 모두 불성(佛性)이 있다고 말하는데, 사실 이와 같지는 않다."(「유서」 권2상, 『이정집』 29쪽)라고 하였다. 이로써 이정은 "생지위성"의 성을 긍정하였음을 알 수 있다. 이정의 관점에 의하면, 사람과 사물이 생겨난 뒤에는 성이라 부른다. '생(生)'은 일체의 생명이 있는 사물의 공통성이다. 한유(漢儒)인 동중서(董仲舒)[103]는 "성이란 이름은 생(生)이 아닌가? 그 생의 자연의 자질을 성이라 한다."(『春秋繁露

103) B.C. 179~104. 하북성(河北省) 광천현(廣川縣) 출신. 일찍부터 『공양전(公羊傳)』을 익혔으며 경제(景帝) 때는 박사가 되었다. 장막을 치고 제자를 가르쳤기 때문에 그의 얼굴을 모르는 제자도 있었다. 3년 동안이나 정원에 나가지 않았을 정도로 그는 학문에 정진하였다. 무제(武帝)가 즉위하여 크게 인재를 구하므로 현량대책(賢良對策)을 올려 인정을 받고, 전한의 새로운 문교정책을 참획(參劃)하게 되었다. 오경박사(五經博士)를 두게 되고, 국가의 문교(文教)의 중심이 유가로 통일된 것은 그의 헌책(獻策)에 힘입은 바가 크다. 그러나 뒤에 자신의 학설로 말미암아 투옥되는 등 파란 많은 생애였다. 저서에 『동자문집(董子文集)』 『춘추번로(春秋繁露)』 등이 있다.

·深察名號』)고 하였다. 동중서는 '성'을 '생'이라고 해석하였다. 이정도 이와 같다. 곧 '성'을 '생'이라고 해석하였기 때문에 '생지위성'과 같은 뜻이 된다. 그들은 고자(告子)가 사람과 사물의 공통성을 보고 '생지위성'이라고 한 주장은 착오가 없다고 생각하였다. 그러나 고자의 착오는 사람과 사물의 각자 특수한 개성을 보지 않고 "다만 일반적으로 말함"으로써 소·말·개의 성과 사람의 성을 혼합하여 하나로 말한 데 있다는 말이다. 이정이 보기에 고자의 착오는 불교의 "벌레 같은 미물도 모두 불성이 있다."는 말과 서로 비슷하다. 이정은 고자의 '생지위성'에서 취할 것은 취하여 '생'은 사람과 사물의 공통성임을 긍정하였고, 또 고자가 "다만 일반적으로 말한 바"의 잘못을 바로잡고, 사람과 사물은 각자 특수한 개성이 있음을 인정하였다. 이로써 이정의 인성론은 앞사람들과 비교하면 확실히 깊이가 있음을 알 수 있다.

둘째, "천명지위성(天命之謂性)"의 성은 『중용』에서 밝힌 사상으로 이정이 한 걸음 더 발전시켰다. 그들은 "'하늘이 내린 명(령)을 성이라고 하고, 성을 따름을 도라고 한다'는 말은 하늘이 아래로 내려와 삼라만상으로 이루어져 각각 성명(性命)을 바르게 함이 이른바 성이라는 뜻이다. 그 성을 따르고 잃지 않으면 이것이 이른바 도"(「遺書」 권2상, 『이정집』 29-30쪽)라고 하였다. 만약 '생지위성'을 사람과 사물이 생명을 부여받은 후에 비로소 '성'이라 부른다고 해석한다면, "천명지위성"은 생명을 부여받기 전에 이미 존재하며, '천도(天道. 저자주: 天理)'가 사람과 사물에 내려와 있음이니, 사람과 사물의 몸에서 드러남이 곧 성이다. 만물은 하늘의 기를 얻어 생겨난 바탕[質]에 따라 형상[形]을 이루며, 천리를 얻어 본원의 성을 이룬다. 여기서 이정은 비록 『중용』으로써 말을 확립하였으나 사실은 완전히 자신의 관점에서 한 말이며, 그 가운데 포함된 리학사상은 『중용』에는 없다.

이정은 또 인성에 대하여 자신들이 위에서 설명한 구분에 근거하여 공·맹의 인성론에 대해서도 평가하였다. 그들은 공자가 "성은 서로 가깝다[性相近]"고 한 말에서의 성을 단지 기품(氣稟)의 성일 뿐, 본원(本

原)의 성을 가리켜 한 말이 아니라고 이해하였으며, 맹자의 성선설이 비로소 "성(性)의 본(本)"과 "본원을 끝까지 궁구한[極本窮源] 성"이라고 보았다. 그들은 "성은 서로 가깝다고 할 때의 성은 내려받은 성을 가리켜 한 말이고, 성의 근본을 가리켜 한 말은 아니다. 맹자가 한 말이 곧 성의 근본을 가리켜 한 말이다."(「遺書」 권19, 『이정집』 252쪽)라고 하였고, 이와 유사한 말을 여러 차례 말했다. 그들이 보기에 공・맹은 각자 인성의 한 방면을 말했으며, 모두 어느 정도 치우친 측면이 있지만 굳이 비교하면 맹자가 더 낫다는 말이다. 인성의 전체를 말하려 하면 반드시 성과 기(氣) 두 측면을 모두 언급해야 한다. 따라서 '생지위성'을 말하려면 '천명지위성'을 말해야 하므로 양자는 하나도 빠뜨릴 수 없다.

이정은 '생지위성'과 '천명지위성'에 대하여 전체적으로 논하면서도 "성(性)의 리"를 더욱 중시하였다. 정이는 "성이 곧 리다[性卽理]"라는 유명한 명제를 제출하여 다음과 같이 말하였다.

> 성이 곧 리며, 이른바 리는 바로 성이다.
> 性卽理也, 所謂理, 性是也. (「遺書」 권22상, 『二程集』 292쪽)

> 성은 곧 리며, 리는 요순에서부터 평범한 사람까지 한결같다.
> 性卽是理, 理則自堯舜至于塗人, 一也. (위의 책 204쪽)

성은 천리가 사람의 몸에서 체현(體現)된 것이며, 하늘이 사람에게 부여한 것이다. 이정은 "하늘이 부여함을 명(命)이라 하고, 나에게 품부됨을 성이라 하며, 사업(事業)에 드러남을 '리'라고 한다."(「遺書」 권6, 『이정집』 91쪽)고 하였다. 또 "리(理)・성(性)・명(明) 셋은 일찍이 달랐던 적이 없다."(「유서」 권21하, 『이정집』 274쪽)고도 하였다. 리・성・명 셋은 동일하지만 하늘에서는 명이며, 사람에서는 성이며, 일[事]에서는 리라고 불린다. 리학자인 진순(陳淳)은 "성즉리(性卽理)"를 다음과 같이 해석하였다.

성이 곧 리다. 왜 리라 하지 않고 성이라 하는가? 대개 리는 천지간의 사람과 사물의 공동의 리를 통틀어 말한 것이고, 성은 나에게 있는 리다. 이러한 도리를 하늘에서 받아 내가 소유하였으므로 성이라 한다. 성이라는 글자는 생과 마음을 따르며, 사람이 생겨나 마음에 이 리를 갖추면서 비로소 성이라고 이름 부른다. 그 큰 항목은 단지 인·의·예·지 넷일 뿐이다. …… 성과 명(命)은 본래 두 가지 것이 아니며, 천에서는 명이라 하고, 사람에서는 성이라 하므로 정자는 하늘이 부여함은 명이며, 사람이 받은 바가 성이라고 하였다.

性卽理也. 何以不謂之理而謂之性? 蓋理, 是泛言天地間人物公共之理; 性, 是在我之理. 只這道理, 受于天而爲我所有, 故謂之性. 性字從生從心, 是人生來具是理于心, 方名之曰性. 其大目, 只是仁義禮智四者而已. …… 性與命本非二物, 在天謂之命, 在人謂之性, 故程子曰: 天所付爲命, 人所受爲性. (陳淳: 『北溪先生字義』)

여기서 "성은 나에게 있는 리(理)다."라는 말은 매우 훌륭하다. 이 '리'는 "하늘[天]에서 받아 내가 소유함"으로 '성(性)'이라 부른다. 그리고 성의 내포[內涵. 저자주: "大目"]는 곧 인·의·예·지다. 이것은 이정의 사상과 부합된다.

후일 주희(朱熹)가 정이의 "성즉리(性卽理)"의 사상을 계승 발전시켰으며, 육구연(陸九淵)은 "마음이 곧 리다."라는 명제를 주장하였다. "성즉리"와 "심즉리"는 주희와 육구연간의 논쟁의 초점이자 원칙 가운데 하나로써 리학과 심학(心學)을 판단하는 기준이 되었다.

2. 인성의 선악에 대한 해석

이정은 모두 성선설을 주장하였으나 인성의 선악이 형성되는 것에 대한 구체적인 해석은 다르다.

이정의 성선설은 그들의 천리관과 일치한다. 그들은 "리는 천하에 단지 하나의 리만 있다."(「遺書」 권2상, 『이정집』 38쪽)고 하고, "천하의 리는 그 말미암는 곳을 근원에까지 통찰하면 선하지 않음이 없다."(「유서」 권22상, 『이정집』 292쪽)고 하였다. '천도' 혹은 '천리'가 내려와 사람에게 있는 것이 곧 성(性)이다. 그러므로 "본원의 성[本源之性]"도 이와 같이 선하다. 정호는 이와 같이 본래 선한 성을 '천덕(天德)'이라 부르고, 그것은 "본래 천연으로 완전하게 자족하다."라고 생각하였다. 그는 "'나고 또 나는 것을 역이라고 한다[生生之謂易]'는 말은 하늘이 도가 되는 까닭을 의미한다. 하늘은 오직 생(生)을 도로 삼으며, 이 생의 리를 계속함이 곧 선이다. 여기서 선은 근본[元]의 뜻이다. '원(元)은 선(善)의 으뜸'이라는 말은, 만물은 모두 봄기운[104]이 있으니 '그것을 계속함이 곧 선'이라는 말이다. '그것을 이룸이 성이다'는 말에서 이룬다는 말은 만물이 그 성을 이룸으로써 비로소 이루어진다는 뜻이다."(「유서」 권2상, 『이정집』 29쪽)라고 하였다. 이것이 정호가 발전시킨 성선(性善)사상이다. 정이도 "성(性)으로부터 행해지는 것은 모두 선이다. 성인은 그것이 선하기 때문에 인·의·예·지·신이라 이름 하였으며, 그 베풀어짐이 다른 까닭에 다섯 가지로 구별하였다. 합하여 말하면 모두 도(道)이며, 구별해 말해도 역시 도다."(「유서」 권25, 『이정집』 318쪽)라고 하였다. 정이는 성선을 인·의·예·지·신으로 구체화하여, "오상의 성[五常之性]"이 인성의 고유한 것이라고 생각하였으며, 아울러 교훈적 어투로 "세상 사람들이 모두 성이나 도는 오상과 다르다고 말하는데 그것 역시 배우지 못하였기 때문이며, 아직 그 성을 체득하지 못한다. 도가 존재하는 곳을 모르기 때문일진저!"(「유서」 권25, 『이정집』 318쪽)라고 하였다. 정이는 근본적으로 사람들이 오상의 성을 위반함을 허용하지 않았으며, 위반하면 인성(人性)을 위반하고 천리를 거스르는 것이라고 생각했다. 이로써 곧 이정의 인성론이 봉건지주계급의 본질임을 한층 분명하게 드러내었다.

---

104) 여기서 춘의(春意)는 모든 생물체가 가진 이성(異性)간의 성적인 욕망, 즉 춘정(春情)을 의미하며, 모든 생명체의 종족유지본능을 의미한다.

이미 인성이 선하다면 악(惡)은 또 어디에서 유래하는가? 이정은 인성을 기품설(氣稟說)을 중심으로 선악을 구분하여 설명한다.

정호는 선악이 모두 성(性)이라고 생각하였다. 「유서(遺書)」 권1의 어록에서 주희는 특별하게 표제를 달아 「명도논성설(明道論性說)」(저자주: 『朱子文集』 권67을 보라)이라고 하였다. 그것은 특별히 중요하기 때문에 여기서 길게 인용한다.

"생을 성이라고 한다."는 말은 성이 곧 기며 기가 곧 성이므로 그것을 생이라고 한다. 사람이 기를 품부받아 생겨남에 이치상 선악이 있으나, 성(性) 가운데 원래 이 두 가지가 상대하여 생겨나지는 않는다. 어려서부터 선한 사람이 있고, 어려서부터 악한 사람이 있음은 기품이 그렇게 하기 때문이다. 선은 진실로 성이지만 악도 역시 성이라고 하지 않을 수 없다. 대개 "생지위성"이라는 말은 "사람이 태어나 고요함"의 이상(以上. 곧 출생하기 前)을 가리켜 하는 말이 아니며, 성이라고 말하자마자 이미 성이 아니다. 무릇 사람들이 말하는 성은 단지 "그것[=天命]을 계승함이 선이다."라고 할 때의 성을 가리켜 한 말이며, 맹자의 인성은 선하다는 말이 바로 이것이다. 무릇 이른바 "그것을 계승함이 선이다."라는 말은 마치 물이 아래로 흐름과 같다. 대개 물이 흘러서 바다로 갈 때까지 끝내 오염되지 않을 수 있는데, 이것이 어찌 번거롭게 사람의 힘으로 되겠는가? 흘러서 멀리 가기 전에 진실로 이미 점점 탁해지기도 하고, 흘러서 아주 멀리 가서야 비로소 탁해지기도 한다. 아주 흐린 것도 있고, 조금 흐린 것도 있다. 맑음과 흐림이 다르나 흐린 물일지라도 물이 아니라고 할 수는 없다. 이와 같다면 사람은 걸러서 깨끗이 하는 노력을 하지 않을 수 없다. 그러므로 힘써 노력하는 것이 민첩하고 용맹하면 빨리 깨끗해지고, 힘써 노력함이 느리고 태만하면 느리게 깨끗해지니, 그것이 깨끗해지면 원초의 물일뿐이다. 맑은 물을 탁한 물로 바꾸지도 않았으며, 흐린 물을 한쪽으로 모아 놓지도 않았다. 물이 맑은 것을 성선이라고 한다. 그러므로 선과 악은 성에서 상대되는 두 가지 사물이 아니고, 각자 흘러나오는 것이다. 이 리가 천명이다. 순응하여 따르면 도다. 이것을 따라 수양하여 각각 그 직분을 얻는 것이 가르침이다. 천명에서 가르침에 이르기까지 나는 더하고 뺀 것이 없으니, 이것이 순임금이 천하를 소유하면서도 그것과 함께 하지 않은 것이다.

"生之謂性", 性卽氣, 氣卽性, 生之謂也. 人生氣稟, 理有善惡. 然不是性中元有此兩物相對而生也. 有自幼而善, 有自幼而惡, 是氣稟有然也. 善固性也, 然惡亦不可不謂之性也. 蓋"生之謂性", "人生而靜"以上不容說, 才說性時, 便已不是性也. 凡人說性, 只是說"繼之者善"也. 孟子言人性善是也. 夫所謂"繼之者善"也者, 猶水流而就下也. 皆水也, 有流而至海, 終無所汚, 此何煩人力之爲也? 有流而未遠, 固已漸濁; 有出而甚遠, 方有所濁. 有濁之多者, 有濁之少者. 淸濁雖不同, 然不可以濁者不爲水也. 如此, 則人不可以不加澄治之功. 故用力敏勇則疾淸, 用力緩怠則遲淸, 及其淸也, 則却只是元初水也. 亦不是將淸來換却濁, 亦不是取出濁來置在一隅也. 水之淸, 則性善之謂也. 故不是善與惡在性中爲兩物相對, 各自出來. 此理, 天命也. 順而循之, 則道也. 循此而修之, 各得其分, 則敎也. 自天命以至於敎, 我無加損焉, 此舜有天下而不與焉者也. (『二程集』 10-11쪽)

여기서 인성의 선악문제에 대한 정호의 주요관점을 구체적으로 정리해 보자. 첫째 정호는 고자의 '생지위성'의 명제와 기(氣)개념을 연결하여 '성'을 새롭게 해석하면서 "성이 곧 기며[性卽氣], 기가 곧 성이다[氣卽性]"라고 하였다. 따라서 '생지위성'의 성도 기로부터 내려받은[氣稟] 성이다. 이를 두고 주희는 "정문(程門)에서 기(氣)자를 설파하면서 비로소 드러나게 되었다."(『近思錄集注』 권14)고 하였다. 이로써 이정은 인성의 선악문제를 해결하기 위한 전제를 확립하였다. 둘째 정호는 기품설(氣稟說)을 전제로 하여 선악은 기품이 표출되어 나오는 필연적인 추세로서 선은 진실로 성이지만 악도 성이라고 말하지 않을 수 없다고 생각하였다. 단지 이것뿐이라면 어찌 성선설과 서로 모순되지 않겠는가? 따라서 정호는 성 가운데 결코 선악이 원래 상대하여 생기지 않으며, 성 가운데 선악이 원래부터 결코 대립하않는다고 규정하였다. 셋째, 정호는 왜 성 가운데 원래 선악이 대립하지 않는가의 문제를 구체적으로 논술하였다. 그는 "인생이정(人生而靜)"의 이상 곧 출생하기 이전은 생명이 없으므로 '성'이 있다고 말할 수 없으며, 출생한 이후에야 '성'이라고 말할 수 있지만, 이것은 본원의 성(저자주: 天命之性)이 아니며, '생지위성'은 곧 기품의 성이라고 생각하였다. 왜 그런가? 정호는 통상

성(性)이라고 하는 말은 모두 "그것[=天命]을 계승함이 선이다[繼之者善]"라는 말에서의 선과, 맹자가 '인성은 선하다'고 한 말에서의 선이라고 생각하였다. 그는 물로써 비유하여 '그것을 이은 것이 선이다'는 말은 물이 아래로 흐르는 것과 같은 의미라고 하였다. 물이 흐름에 청탁이 다르지만 맑은 물이나 흐린 물이나 모두 물인 것처럼, 성의 유행과 발용에 비록 선악이 다르지만 선악도 모두 성이다. 그러나 "원초의 물"은 모두 맑으며, "성의 근본"도 선하니 "물이 맑음을 곧 성이라 한다."고 하여 성의 첫머리에서는 오직 선만 있고 악은 없다고 긍정하였다. 따라서 "선과 악이 성 가운데 상대하는 두 가지가 아니고 각자 흘러나온다."는 말은 본래 선한 성이 유행・발용하는 과정에서 기품으로 말미암아 악이 나타난다는 뜻이다. 넷째, 정호는 진일보하여 『중용』의 "하늘이 내린 명(령)을 성이라고 하고, 성을 따름을 도라고 하며, 도를 닦음을 가르침이라고 한다[天命之謂性, 率性之謂道, 修道之謂敎]"는 구절에 대한 관점을 논증하면서 기품설(氣稟說)과 천명론(天命論)을 결합함으로써 인성의 선악이 형성되는 문제를 해결하였다. 정호의 해석은 맹자의 성선설을 수정하고 맹자의 잘못을 바로잡았다. 그러나 그가 악도 성이라 본 관점은 물론 성선설과의 모순을 완전히 해결한 것은 아니다. 이것은 하나의 결함이라고 말하지 않을 수 없다. 정이도 분명하게 이 점을 느끼고 있었다.

정호가 인성의 선악이 형성되는 문제를 해결하려고 악을 성으로 본 잘못을 바로잡기 위하여 정이는 성(性)・정(情)・재(才)의 학설을 제출하였다.

> 성은 선하지 않음이 없으며 선하지 않는 까닭은 재(才)[105] 때문이다. 하늘에서 받은 것을 성이라 하며, 기에서 품부한 것을 재능이라고 하며, 재능의 선과 불선은 기의 치우침과 바름에서 비롯된다. 정(情)으로 말하면

---

105) 저자는 재(才)를 "'재'란 바로 사람의 '자질(資質)' 즉 재능(才能)"이라고 풀이하였다. 이에 따라 이하 재(才)는 재능(才能)으로 표시한다.

불선이 없다. 이제 나무의 굽음과 곧음이 그 성이며, 혹 수레로 쓰일 수도 있고, 혹 바퀴로 쓰일 수 있음은 그 재능이다. 그러나 재능의 불선도 역시 변화시킬 수 있으니 그 기를 길러서 선을 회복할 뿐이다. 그러므로 그 뜻을 가지고 기(氣)를 기를 수 있다면 역시 선이 될 수 있다. 그러므로 맹자가 "사람은 모두 요순이 될 수 있다."고 하였으니 다만 자포자기하면 선이 될 수 없다.

性無不善, 其所以不善者才也. 受于天之謂性, 稟于氣之謂才, 才之善不善由氣之有偏正也. 乃若其情, 則無不善矣. 今夫木之曲直, 其性也; 或可以爲車, 或可以爲輪, 其才也. 然而才之不善, 亦可以變之, 在養其氣以復其善爾. 故能持其志, 養其氣, 亦可以爲善. 故孟子曰: "人皆可以爲堯舜", 惟自棄自暴, 則不可以爲善. (「外書」 권7, 『二程集』 393-94쪽)

인성은 모두 선한데, 불선함이 있는 것은 '재[=재능]'이지 '성'이 아니다. 정이는 '악'을 인성에서 제거해버리고 '재능'으로 귀속시켰다. 이것이 곧 "성은 선하고 재능이 악하다."는 설이다.

그렇다면 무엇이 '재능'인가? 정이는 "나무의 재목(材木)과 같다. 나무로 비유하면 굽음과 곧음이 성이니, 마차의 바퀴도 될 수 있고, 기둥도 될 수 있으며, 서까래도 될 수 있음이 재능이다. 사람들이 재능이 있다고 함은 재능의 아름다움을 가리켜 한 말이다. 재능은 곧 사람의 자질이며 성을 좇아 수양하면 비록 지극히 악해도 이겨내어 선이 될 수 있다."(「遺書」 권22상, 『이정집』 292쪽)고 하였다. '재'란 바로 사람의 '자질(資質)' 즉 재능(才能)이다. 이정의 이른바 '재능[才]'은 기질지성을 바꾸어 부른 명사에 불과하다. 정이는 '성'은 "천에서 나옴"으로 순선(純善)이며, '재능'은 도리어 "기(氣)에서 나오고", 또 기에는 청탁(淸濁)의 구분이 있으므로 '재능'에는 선악의 구별이 있다고 생각하였다. '재능'의 선·불선은 완전히 기품으로 말미암아 만들어진다는 말이다. 기품에는 편벽됨과 바름이 있다. 기의 맑은 것을 얻은 것[稟得]을 '바름[正]'이라 부르는데 따라서 재능도 선하다. 기의 탁한 것을 품득함을 '치우침[偏]'이라 부르는데 따라서 재능도 불선이다. '재능'에 관한 정이의 개념은 맹자로부터 비롯되었다. 맹자는 "그 실정(實情)을 말하면 선이 될 수 있는 것이 이른바 선이다. 만약 불선함은 재능의 죄가 아니다."(『孟子・告子上』)라고 하였다. 맹자는 결코 '재능'을 불선이라고 생각하지 않았다. 따라서 정이의 제자가 "맹자의 뜻을 보면 성・정・재 셋은 모두 불선이 없고 품부한 곳에서도 불선이라고 말하지 않은 것 같은데 이제 재능에 선・불선이 있다고 함은 무슨 까닭입니까?" 하고 묻고, 맹자가 주장한 성선설에는 '기품'의 관념이 없다고 말하였을 때 정이는 말을 얼버무리면서 한편으로는 공자의 도움을 받아 "최상의 지혜[上智]와 최하의 어리석음[下愚]은 재능이다."라고 하고, "상지와 하우는 바꾸지 못한다."는 말을 '바꿀 수 있다'는 말로 바꾸어 자기의 관점을 논증하였다. 다른 한편으로는 또 "그러나 맹자가 '재능의 죄가 아니다'라고 한 말은 아마도 공도자(公都子)가 직접 성선을 물었기 때문에 맹자가 그에게 정의하여 대답하였으나, 하나하나 변론할 여유가 없었으며, 또 아마도 그 본의를 잃었을 것이다."(「유서」 권19, 『이정집』 253쪽)고 변론하였다. 사실 정이는 맹자의 '본의'를 잃고 완전히 자신의 뜻으로 맹자를 억지로 한 해석이다. 그러므로 차라리 정이가 이러한 뜻으로 본 점은 그가 '재악(才惡)'설로써 맹자의 성선설을 수정 혹은 보충하였다고 말하는 편이 좋다.

'정(情)'에 관한 정이의 설명방법은 다르다. 위에서 인용한 정이의 성・정・재에 관한 말에서 "그 실정으로 말하면, 불선함이 없다."고 한 말은 곧 정은 모두 선이라고 여긴 뜻이다. 그러나 다른 곳에서는 대다수가 정은 선도 있고 불선도 있다고 하였다. 그는 청년시절에 태학(太學)에서 공부할 때 쓴 한 편의 유명한 논문인 「안자소호하학론(顔子所好何學論)」에서 다음과 같이 설명하였다.

천지에 저장된 정밀함에서 빼어난 오행을 얻은 자는 사람이 된다. 그 근본은 진실하고 고요하며, 그것이 미발일 때는 오성(五性)이 갖추어져 있으니 인의예지신이라 한다. 형이 생기게 되면 외물이 그 형에 감촉하여 중(中)을 움직인다. 그 중이 움직이면 칠정이 나오니 희・노・애・락・애・오・욕이라 한다. 정이 치열해져 더욱 방탕해지면 그 성은 흠이 생긴다. 이런 까닭에 깨달은 자는 그 정이 중에 부합하도록 단속하여 그 마음을 바르게 하고 그 성을 기른다. 그러므로 성과 같은 정이라고 한다. 어리석은 자는 그것을 절제할 줄 모른다. 그 정을 따라 사악하고 편벽하게 되어 그 성을 질곡(桎梏)시켜 망쳐버리므로 '그 성을 (순수하게 타고난) 정으로 삼는다.'[情其性]고 한다.

天地儲精, 得五行之秀者爲人. 其本也眞而靜, 其未發也五性具焉, 曰仁義禮智信. 形旣生矣, 外物觸其形而動于中矣. 其中動而七情出焉, 曰喜怒哀樂愛惡欲. 情旣熾而益蕩, 其性鑿矣. 是故覺者約其情使合于中, 正其心, 養其性. 故曰性其情. 愚者則不知制之. 縱其情而至于邪辟, 梏其性而亡之, 故曰情其性. (「文集」 권8, 『二程集』 577쪽)

정이에 따르면 '마음[心]'은 "진실하고 고요한" 본체이며, 그것이 미발일 때는 인의예지신의 '오성'을 구비하고 있다가, 이미 발(發)한 후에는 외물에 의해 촉발되기 때문에 희·노·애·락·애·오·욕의 "칠정"이 생긴다. 정은 정감이나 정서에 해당한다. 이 정에 대해서는 반드시 자각적으로 절제하여 '중'의 도에 맞도록 해야 한다. 그렇지 않으면 "치열하고 더욱 방탕해지거나" "그 정을 따라 사악하고 편벽(偏僻)하게 되어 그 성을 질곡시켜 본성을 잃어버리게 한다."는 말이다. 이것이 정이가 정을 이해하는 관점이다. 후일 정이는 한 걸음 더 나아가 성·정·재의 학설을 제출하고 그 가운데 정을 더욱 많이 논술하였다. 그는 '정은 곧 '성'의 유행·발용이며, "외물에 감촉되어 중(中)에서 발하는 것"이라고 생각하였다. 정이는 "정이란 성의 움직임이다."(「粹言」 권2, 『이정집』 1257쪽)라고 하고, "성에 움직임이 있음으로부터 정이라는 이름이 있다."(「遺書」 권25, 『이정집』 318쪽)고도 하였다. '정'과 '재[=재능]'는 한결같이 선도 있고 불선도 있는데 정이는 "발(發)하여 중절(中節)하면 불선이 없다."(「유서」 권22상, 『이정집』 292쪽)고 하였다. 그리고 "그 정을 화순(和順)하게 하지 못하여 천리를 어그러지게 하면 악(惡)에로 흐른다."(「유서」 권22상, 『이정집』 291쪽)는 말은 정이 천리에 부합하는가의 여부에 따라 선악이 정해진다는 뜻이다. 이 때문에 정이는 인정(人情)을 "닦고 다스리는 일[修治]"을 매우 중시하여 "인정을 닦고 다스리지 않으면 사악함이 생기는데 도로를 보수하지 않으면 가시덤불이 생기는 것과 같다.”(「經說」 권3, 『이정집』 1062쪽)고 하였다. 그는 사람들이 자각적으로 감정과 욕망을 조절하고 절제하는 활동, 곧 ‘인욕’을 억제하고 제지하기를 요구하였다. 이렇게 이정의 ‘정’에 관한 관점은 ‘천리’관념과 함께 연계되었다. 이러한 관점은 그들의 “인욕을 없애고[滅人欲], 천리를 밝힌다[明天理]”는 입장과 완전히 일치함을 알 수 있다. 이정은 이렇게 하여 인성론과 윤리관을 “짝으로 연결[對接]”시켰다.

인성의 선악이 형성됨에 대한 이정형제의 구체적인 해석은 비록 다르지만 실질적으로는 같다. 그들은 다 함께 성선설을 근본전제로 삼았으며, 기품설로써 사람의 행위의 선악을 해석하였다. 선악의 표준조차도 같다. 이것은 일종의 추상적 인성론이다. 마르크스주의에서는 사람의 본질은 사회관계의 총화이다. 그러나 구체적인 인성은 추상적 인성이 아니다. 모택동(毛澤東)은 “계급사회에서는 단지 계급성의 인성만 있고, 초계급적인 인성은 없다. 우리는 무산계급(無産階級)의 인성과 인민대중의 인성을 주장한다. 그러나 지주계급과 자산계급(資産階級)은 자기들만의 인성(이 진정한 인성임)을 주장하면서도 겉으로는 이와 같이 말하지 않고, 유일(唯一)한 인성(곧 보편적 인성)만을 말한다.”(毛澤東: 「在延安文藝座談會上的談話」, 『毛澤東選集』 合訂本, 827쪽)고 지적하였다. 이정이 인성의 선악문제를 힘써 이와 같이 해석함은 사실은 지주계급의 인성론이 “유일한 인성”임을 잘 보여준다. 이것은 이정이 생각한 인성론의 계급적 실상을 잘 드러낸 것이다.

3. 인성의 수양방법

위에서 말한 것처럼 이정은 인성이 본래 선하며, 악은 기품으로 말미암아 조성된다고 보았다. 기품(氣稟)의 성은 수양을 통하여 바뀔 수 있다. 이 때문에 이정은 인성의 수양문제를 매우 중시하였다.

이정은 인성수양의 필요성과 근거를 논술하였다. 정호는 사람의 선천적 본성은 모두 "완전하고 만족"하지만, 후천적으로 "물든 습관" 때문에 "오염되고 흠이 생긴다."고 보았다. 이 때문에 반드시 "수양과 다스림"으로 선천적인 본성을 회복해야 한다. 이른바 "경(敬)으로써 다스려 처음과 같이 회복한다."는 말이다. 어떻게 "처음과 같이 회복"하는가? 정호는 "능히 처음과 같도록 하는 까닭은 대개 스스로의 본질은 원래 완전하고 만족하기 때문"(「遺書」 권1, 『이정집』 1쪽)이라고 하였다. 거울을 예로 들면, 표면에 앉은 먼지를 털어 버리고 나면 원래의 광택을 회복하여 만물을 비출 수 있는 것과 같다. 이 때문에 정호는 "사람은 걸러서 깨끗이 하는 노력을 하지 않을 수 없다."고 강조하고 또 말하기를 "사람은 모름지기 그 처음을 회복해야 한다."(「유서」 권6, 『이정집』 83쪽)고 하였다. 이 '처음'이란 곧 본원지성(本源之性)이며 곧 천리다.

"기질을 변화시킨다."는 명제는 이정의 인성론의 출발점이다. 이정은 사람의 본성은 바꿀 수 없고, 바꿀 수 있는 것은 다만 기질이라고 생각하였다. 정이는 "형(形)을 바꾸면 성도 바뀐다. 성이 바뀌지 않는 것은 기가 그렇게 하기"(「유서」 권25, 『이정집』 323쪽) 때문이라고 하였다. 이 때문에 그들은 변화기질을 학문하는 목적으로 삼아 "배워서 기질을 변화시키는 데 이르면 비로소 공(功)이 있다."(「유서」 권18, 『이정집』 190쪽)고 하였으며, 나아가 만약 3년을 공부하여 선(善)에 이르지 못하면, 이것은 공부를 잘하는 것이 아니라고 주장하였다. 어떻게 기질을 변화시킬 수 있는가? 귀납적으로 보면 세 가지 방법이 있다.

첫째, 꾸준히 공부하여 리(理)를 밝힌다. 정이는 "무릇 품수(稟受)한 재능으로서는 비록 힘써 노력해도 조금 진전하는 데 그치며, 우둔한 사람은 잘 할 수 없다. 오직 '리'이어야만 진보시킬 수 있다. 이것을 제외하고는, 꾸준히 공부함이 오래되어야만 기질을 변화시킬 수 있으니 우둔함도 반드시 밝게 되고 유약함도 강하게 된다."(「유서」 권18, 『이정집』 191쪽)고 하였다. 이것은 곧 "꾸준한 공부[積學]"가 있어야만 '리'를 이해하고 비로소 기질을 변화시킬 수 있다는 말이다. 주의할 것은 정이는 환경이 사람의 습성에 끼치는 영향을 매우 중시하였다는 점이다. 그는 "사람마다 자신의 습관이 있다. 이제 살펴보면 유신(儒臣)은 그들 일반의 기상을 가지고 있고, 무신(武臣)도 그들 일반의 기상이 있으며, 귀척[貴戚: 황제의 친인척]도 그들 일반의 기상을 가지고 있다. 이것은 생래적(生來的)으로 그렇게 되지는 않는다. 단지 습관일 뿐"[106] 이라고 하였다. 여기서 서로 다른 부류의 사람은 다른 부류의 '기상(氣象)이 있으며, 이러한 '기상'은 결코 선천적이 아니라, 후천적으로 습관에 물들었기 때문이다. 이 때문에 정이는 비교적 이상적인 환경을 만들어 양호한 도덕습관을 배양하기를 주장하였다. 예를 들면 그는 "나는 구당(舊黨) 시절에 임금과 태모(太母)에게 나아가 아뢰기를, 임금이 하루 중에 어진 사대부와 친하는 시간이 많게 하고 환관이나 궁인[宮人: 여기서는 궁녀]과 친하는 시간이 적도록 하여 기질을 함양하고 덕성을 훈도해야 합니다."(「유서」 권18, 『이정집』 190쪽)라고 하였다. 이 말은 그가 숭정전설서(崇政殿說書)의 직분을 다할 때의 일이다. 그가 마음을 쓴 목적은 당연히 어린 철종(哲宗)을 가르치고 인도하여 철종으로 하여금 수구파의 희망에 따라 "성군(聖君)의 인자한 군주"로 성장하고, 더 이상 신종(神宗)의 변법혁신(變法革新)의 길을 다시 걷지 않도록 하는 데 있었다. 정이가 여기서 인성의 수양에서 생활환경의 중요성을 강조한 점은 합리적이라고 할 수 있다.

둘째, 의지를 유지한다. 이정은 사람의 '의지[志]'와 '기(氣)'가 상호 작용한다고 생각하였다. 즉 한편으로 의지는 기를 통솔한다고 보아 "의지는 기의 장수(將帥)다."(「유서」 권15, 『이정집』 143쪽)라고 하고, 또 "의지는 기를 극복할 수 있다."[107]고 하였다. 또 다른 한편으로는 기도

106) 저자는 이 구절에 대한 정확한 인용구절을 표시하지 않았지만 위의 "배워서 기질을 변화시키는 데 이르면 비로소 공(功)이 있다."(「遺書」 권18, 『이정집』 190쪽)는 말과 이어져 있다.

역시 "의지를 움직일" 수 있으며, 심지어 "기는 의지를 이길 수 있다."(「유서」 권11, 『이정집』 124-25쪽)고 하였다. 어떻게 재능이 의지로 하여금 기에 의하여 움직이지 않도록 할 수 있는가? 정호는 "다만 의지를 유지하는 데 있을 뿐이다."(『河南程氏遺書』 권1)라고 하였다. 이른바 "의지를 유지한다."는 말은 곧 "의리로써 기를 이긴다."는 뜻이다. 이정이 보기에 "의지를 유지"할 수 있으면 기가 어지럽히는 상황에 이르지 않고 능히 악을 제거하고 선하게 될 수 있다는 말이다.

셋째, 기를 기른다. 이정이 말한 '양기(養氣)'는 주로 '호연지기(浩然之氣)'를 기름이다. '호연지기'는 맹자의 "나는 호연지기를 잘 기른다."(「公孫丑上」)는 말에서 유래한다. 정이는 더욱 발전시켜 "호연지기는 천지의 정기(正氣)며, 크기로는 없는 데가 없으며, 강직하기로는 굽힘이 없으니, 곧은 도리와 이치를 따라 기르면 천지의 사이에 가득 차게 된다."(「유서」 권1 「拾遺」, 『이정집』 11쪽)고 하였다. 이와 같은 '호연지기'는 다소 신비성을 띠고 있다. 정이는 '양기'의 필요성을 논술하기를 "기는 선(善)도 있고 불선(不善)도 있으나 성(性)은 불선이 없다. 사람이 선을 모르는 까닭은 기가 어두워 그것을 막기 때문일 뿐이다. 맹자가 기를 기른 까닭은 기름이 지극하면 청명(淸明)하고 순전(純全)하여 어둡고 막히는 근심을 제거할 수 있기 때문"(「유서」 권21하, 『이정집』 274쪽)이라고 하였다. '양기'는 "어둡고 막힌 것"을 제거하여 "청명하고 순전"한 성선의 상태에 도달하기 위함이다. 어떻게 '호연지기'를 기르는가? 먼저 점진적인 누적을 중시해야 한다. 정이는 "호연지기는 기르는 바가 각각 점진적이어야 하고 천지에 가득 차는데 도달하게 됨은 반드시 누적된 후에 이른다."(「유서」 권15, 『이정집』 158쪽)고 하였다. 이 말은 기를 길러 "잊어버리지도 않음[勿忘]"과 "조장하지도 않음[勿助長]"의 경지까지 이르도록 하기 위해서는 조금도 소홀히해서는 안 될 뿐만 아니라, 묘목을 뽑아 조장해서도 안 되며 반드시 점진적으로 누적

---

107) 이 인용문의 원전은 『河南程氏遺書』 권12, 「師訓」이다.

해야 한다는 뜻이다. 곧 양기의 과정은 점진적인 누적의 과정이다. 다음으로, 반드시 "의를 모아야 한다[集義]." 정이는 "의와 짝하고 도(道)와 함께 있다는 말은 의리로써 이 기(氣)를 양성하여 의와 합하고 도와 함께 함을 말한다. 바야흐로 아직 그것이 양성되지 않았으면 단지 기는 기일 뿐이며, 의(義)는 의일 뿐이다. 호연지기를 양성하면 기는 의와 합하고 함께 한다. 본래 합(合)한다고 말할 수 없다는 말은 양성하지 않았을 때의 말"(「유서」 권18, 『이정집』 206쪽)이라고 하였다. 양기는 곧 '의를 모음[集義]'이며, '의'와 '기'를 서로 결합하게 한다. 만약 '의를 모음'이 없으면 호연지기가 생길 수가 없다. 양기의 과정은 곧 '의를 모음'의 과정이다. 마지막으로 반드시 사사로움을 없애야 한다. 정이는 "기는 바로 기르면 해가 없어 천지에 가득 차게 되나, 사의(私意)가 조금이라도 있으면, 기는 어그러진다. 불의가 없음이 곧 '의를 모음'이며, 사의가 있으면 굶주리게 된다."(「유서」 권5, 『이정집』 78쪽)고 하였으며, 또 "하나라도 사심에 막히게 되면 스스로도 만족스럽지 못하여 굶주리게 되고, 아주 적은 것에 머물게 된다(「유서」 권2상, 『이정집』 20쪽)라고 하였다. 양기는 곧 '의'로써 '기질' 중의 사의를 대신한다. 이 때문에 양기의 과정은 곧 사사로움을 없애는 과정이다.

종합하면 정이는 "모름지기 기(氣)가 길러짐은 의를 모음[集義]으로부터 생긴다. 누적되어 모임이 오래되면 비로소 호연한 기상이 생길 수 있다. 사람은 오직 어떻게 길러야 할까를 보고 한 푼을 길렀으면 곧 한 푼이 있으며, 두 푼을 길렀으면 곧 두 푼이 있다."(「유서」 권18, 『이정집』 207쪽)고 보았다. 이정은 "양기(養氣)의 도(道)"를 인성을 수양하는 중요한 관문으로 보았다.

이정의 인성론은 북송 중엽 이후의 구체적인 사회 역사적 조건에서 생겼다. 이정은 시대의 요구에 부응하여 봉건사회 후기의 윤리사상을 정립하는 데 비교적 완전한 인성론의 기초를 제공하였다. 리학가들은 그들의 공헌을 두 가지 측면으로 평가한다. 하나는 "성즉리(性卽理)"를 주장한 것이며, 다른 하나는 "기(氣)자를 설파한."(『近思錄集注』 권14)

것이다. 주희는 "성인의 문하에 지극한 공(功)이 있으며, 후학에게는 보탬이 있었다."(『性理精義』 권9 「性命類 · 性命」)고 칭찬하였을 뿐만 아니라, 아울러 그들의 인성론이 족히 이전의 인성론의 관점을 대신할 수 있다고 생각하였다.

필자는 마땅히 이정의 인성론은 분명히 이전의 사람들보다 앞선 점이 있으며, 인류사유의 발전사에서도 진일보한 것임을 인정해야 한다고 생각한다. 그러나 이정의 인성론이 당시와 그 이후 상당히 긴 시기의 역사에서 사회에 끼친 해로움도 상당히 있었음을 부인할 수 없다. 이정의 철학에는 이론사유의 진보와 사회역사의 반동적 작용이 동시에 병존한다. 우리는 이정의 인성론의 이중성을 분명히 보아야 한다.

제5절: 이정의 리욕관(理欲觀)

리욕(理欲)에 관한 문제는 윤리·정치의 원칙과 물질적 욕망의 관계에 관한 문제다. 중국철학사에서 이욕에 대하여 장기적인 논쟁이 전개되었다. 북송 중엽에 생활하였던 정호와 정이는 앞사람들이 토론한 것을 종합적으로 결론내린 기초에서 비교적 집중적으로 이욕의 관계문제를 토론하였고, 아울러 리욕관(理欲觀)과 천리론(天理論)을 묶어 윤리도덕철학의 핵심적 고리가 되게 하였다. 그들의"천리와 인욕"의 변별은 송·명리학 중에서 창조성이 있다. 이정 리욕관의 기본적 사상은 이른바 '천리'와 '인욕'의 대립이다.

'천리'는 이정철학의 최고범주이며 본체론의 함의(含義)를 지닐 뿐만 아니라, 도덕론의 함의도 지니고 있다. 본체론의 범위에서 '리(理)' 혹은 '천리'는 우주의 "그와 같이 되는 원인[所以然]"이며, 우주가 그로써 우주가 되는 총원칙(總原則)이다. 도덕론의 범위 내에서 윤리도덕의 속성은 '천리'의 가장 주요한 내용도 된다. 이정은 다음과 같이 설명하였다.

> 리는 천하에서 단지 하나의 리이므로 사해에 두루 준칙이 된다. 모름지기 천지에 묻고 삼왕에게 고찰해도 바꿀 수 없는 리다.
>
> 理則天下只是一個理, 故推至四海而准, 須是質諸天地, 考諸三王不易之理.

(「遺書」 권2상, 『二程集』 38쪽)

이미 만물은 모두 하나의 '천리'며, 사람은 천지 중의 하나다. 따라서 사람도 다 같이 '천리'를 갖추고 있다. 그들은 다음과 같이 설명하였다.

> 사람이 사람이 되는 까닭은 천리가 있기 때문이다. 천리가 존재하지 않으면 금수와 무엇이 다르겠는가?
> 人之所以爲人者, 以有天理也. 天理之不存, 則與禽獸何異矣. (「粹言」 권2, 『二程集』 1272쪽)

사람과 금수는 어디서 구별되는가? 사람은 사회의 도덕규범을 지킬 수 있고 예의염치를 이해할 수 있는 데 있다. 이정의 어법으로는 "천리(天理)가 있다."고 한다. 만약 '천리'를 잃어버리면 사람은 사람이 될 수 없으며 금수와 구별이 없다. 그렇다면 인류는 무엇으로 윤리도덕의 규범을 준수할 수 있는가? 이정은 인성론 상에서 근거를 찾는다. 그들은 논리적으로 두 가지 측면으로 논증한다. 첫째, "성이 곧 리다."라고 논증한다. 무엇을 성이라고 하는가? 앞에서 한 말처럼, 이정은 성(性)을 "기품(氣稟)의 성"과 "사람이 태어나기 이전"의 성(저자주: 정호의 말) 혹은 "극본궁원(極本窮源)"의 성(저자주: 정이의 말) 곧 "하늘이 명한 성[天命之性]"으로 구분하였다. "기품의 성"은 후천적으로 품득(稟得)하였으며, 따라서 선도 있고 악도 있다. '천명지성'은 선천적으로 부여된 것으로 순수지선하여 한 올의 "악(惡)"에도 물들지 않았다. 그들은 '천명지성'과 '도(道)'는 합일된 것이라고 생각하였다. 이른바 "성의 선함을 도라고 하며, 도와 성은 하나다. 성의 선함이 이와 같으므로 성선(性善)이라 한다. 성의 본(本)을 명(命)이라 하며, 성의 자연을 하늘이라 하며, 성에 형체가 있을 때 마음이라 하며, 성에 움직임이 있을 때 정(情)이라 한다. 무릇 이 세 가지는 모두 하나"(「유서」 권25, 『이정집』 318쪽)라는 말은 곧 성과 도는 합일이라는 뜻이다. "성은 곧 리다."라는 말과 그리고 "리는 요순에서부터 길가는 사람에 이르기까지 하나다."(「유서」 권18, 『이정집』 204쪽)라는 말은 인성이 모두 서로 같다는 뜻이다. 둘째로는 오상(五常)이 곧 성이라고 논증하였다. 이른바 오상은 인의예지신(仁義禮智信)이다. 먼저 오상의 우두머리인 '인'은 리다. 이정은 "예가 아니면 보지도 말고, 예가 아니면 듣지도 말고, 예가 아니면 말하지도 말고, 예가 아니면 움직이지도 말라. 보고 듣고 말하고 행동함이 예에 맞으면 인이라고 한다. 인은 예와 다름이 없다."(「유서」 권25, 『이정집』 322쪽)고 하였으며, 또 "인은 리며, 사람은 사물이다. 인을 사람의 몸과 합하여 말하면 곧 사람의 도다."(「外書」 권6, 『이정집』 391쪽)라고 하였다. 다음으로 오상은 모두 리다. 이정은 "학자는 모름지기 먼저 인(仁)을 인식해야 한다. 인이란 혼연히 사물과 동체(同體)다. 의·예·지·신은 모두 인이다. 이 리(理)를 알면 성(誠)과 경(敬)으로 보존해야 한다."(「遺書」 권2상, 『이정집』 16-17쪽)고 하였다. 이것은 곧 '오상'의 인의예지신을 모두 통틀어 리라고 한 말이다. 끝으로 "성이 곧 리"라는 전제에서 출발하여'오상'이'성'이라는 결론을 도출하였다. 그들은 "인의예지신 다섯은 성이다. 인은 전체이며, 나머지 넷은 가지이다. 인은 체이며, 의는 마땅함이며, 예는 구별이며, 지는 앎이며, 신은 실이다."(「유서」 권2상, 『이정집』 14쪽)라고 하였다. 이 말을 살펴보면, 봉건적 윤리도덕규범은 외면적으로 사람의 몸에 더해진 것이 아니라 인성에 고유하므로 사람의 내재적인 자연본성이라는 말이다. 분명히 이와 같은 '천리'관은 일종의 선험적 도덕론이다.

여기서 주의해야 할 점은, 이정이 '천리'는 인류의 자연본성에서 유래한다고 긍정하였는데, 그 목적이 봉건사회의 엄격한 등급질서가 인성에 부합하는 이론임을 증명하기 위함이라는 점이다. 이정은 인성을 천명지성(天命之性)과 기질지성(氣質之性)으로 구별하였으며, 아울러 "성을 논하면서 기(氣)를 논하지 않으면 온전하지 못하며, 기를 논하면서 성을 논하지 않으면 밝지 못하다.(「유서」 권6, 『이정집』 81쪽)고 하였다. 이에 근거하여 정이는 '성'과 "재[才能]"를 특별하게 구분하였다. 그것은 정이의 다음과 같은 설명에서 잘 나타난다.

> 성은 하늘에서 나오며 재능은 기에서 나온다. 기가 맑으면 재능도 맑으며, 기가 탁하면 재능도 탁하다. 나무에 비유하면 굽고 곧음은 성이니, 기둥도 될 수 있고, 서까래도 될 수 있음이 재능이다.
> 性出于天, 才出于氣, 氣清則才清, 氣濁則才濁. 譬猶木焉: 曲直者, 性也, 可以爲棟梁, 可以爲榱桷者才也. (「遺書」 권19, 『二程集』 252쪽)

> 재능은 기에서 품수(稟受)되며, 기에는 맑음과 탁함이 있어 맑은 것을 품수한 사람은 어질게 되고, 탁한 것을 품수한 사람은 우둔하게 된다.
> 才稟于氣, 氣有淸濁. 稟其淸者爲賢, 稟其濁者爲遇. (「遺書」 권18, 『二程集』 204쪽)

여기서 이른바 '기둥[棟梁]'과 "서까래[榱桷]" 그리고 '현명함'과 '어리석음'은 인성 가운데의 서로 다른 등급이다. 또한 이정은 봉건적 강상(綱常: 三綱五倫)인 유가의 도덕관념[名敎]을 사람의 천성에서 나온다고 하여 존비와 귀천을 구분하는 근본으로 삼았다. 그들은 "공자는 '부자의 도리는 천성이다'라고 하였는데, 이것은 오직 효(孝)의 측면에서 한 말이다. 그러므로 부자는 천성이라고 한다. 군신·형제·빈주(賓主)·붕우(朋友)와 등이 역시 어찌 천성이 아니겠는가?"(「遺書」 권18, 『이정집』 234쪽)라고 하였으며, 또 "상하의 구분, 존비의 의(義)는 리의 마땅함이며, 예의 근본이며, 항상 행하여야 하는 도(道)이다."(『이천역전』 권1, 『이정집』 749쪽)라고 하였다. 또 "하늘은 존귀하고 땅은 비천하다. 존비의 위치가 정해지면 건곤(乾坤: 天地)의 의가 밝아진다. 높고 비천함이 이미 구별되면 귀천의 지위가 나누어진다."(「易說·繫辭」, 『이정집』 1027쪽)고 하였다. 이정은 왕안석의 변법이 "한두 사람의 용렬한 신하가 대계(大計)를 도모하고, 천함이 귀함을 능멸하고, 사악함이 바름을 막는다."(「文集」 권1, 『이정집』 458)고 공격하였는데 그 정치적 입장과 윤리사상은 일치한다.

도덕론의 범위에서 '천리'는 또 '천덕(天德)'이라도 칭하는데 인심이 갖춘 선천적 도덕을 품부하여 갖추고 있음을 가리킨다. 이정은 "마음은 천덕을 갖추고 있다."고 하여 다음과 같이 설명하였다.

> 천덕이라고 함은 하늘로부터 받은 것이 일찍이 온전하지 않음이 없음을 말한다. 진실로 오염되고 어그러짐이 없으면 바르게 그것을 실천할 뿐이다. 혹 오염되고 어그러짐이 있으면 경(敬)으로써 그것을 회복할 뿐이다. 그것이 반드시 바로잡아 수양할 필요가 없다면, 바로잡아 수양하지 않는 것이 의(義)다. 반드시 바로잡아 수양해야 한다면, 바로잡고 수양하는 것도 역시 의다. 그 온전한 천덕은 한결같다.
>
> 天德云者, 謂所受于天者未嘗不全也. 苟無污壞, 則直行之耳; 或有污壞, 則敬以復之耳. 其不必治而修, 則不治而修, 義也; 其必治而修, 則治而修, 亦義也. 其全天德一也. (「粹言」 권2, 『二程集』 1257쪽)

> 자신을 돌이켜 볼 수 없으면 천리는 없어진다. 천리라 함은 모든 이치가 구비되어 원래 조금도 흠이 없으므로 자신을 돌이켜 성(誠)하게 한다.
>
> 不能反躬, 天理滅矣. 天理云署, 百理具備, 元無少欠, 故反身而誠. (「遺書」 권2 상, 『二程集』 32쪽)

'천리' 혹은 '천덕(天德)'은 사람의 마음 속에 존재한다. 사람마다 품득한 것이 모두 천리의 전체다. 그러나 어떤 사람은 후천적으로 '천리'의 일부분을 손상시키거나 상실하는데 "수양과 다스림"을 더해야 한다. 이것을 "천리를 회복한다."라고 부른다. 만약 "수양과 다스림"을 더하지 않고,"자신을 돌이켜 볼 수 없으면" 곧 '천리'를 전부 상실하게 되며, 이것을 "천리가 소멸된다." 혹은 "천리를 소멸시킨다."라고 한다. 당연히 천리를 "오염시키거나 어그러트림"이 없는 사람(저자주: 이정은 '성인'이라 부른다)은 "수양과 다스림"을 할 필요가 없으며, 곧바로 실행하기만 하면 된다. 본체론에서 이정이 '천리'에 대하여 "요임금(과 같은 성인)을 위해서 존재하지도 않고, 걸(과 같은 폭군) 때문에 없어지지도 않는다."고 하고 또 "존망(存亡)과 가감(加減)"이 없다고 한 말은 규율의 객관성이라는 측면에서 한 말이며, 도덕론에서 "천리가 소멸된다."는 말은 곧 도덕수양의 필요성이라는 측면에서 한 말이다. 양자는 결코 모순이 아니지만 뒤섞어 말해서는 안 된다.

'천리'는 이미 선천적으로 풍부한 도덕이며, 마땅히 '선'하다. 이정은 "천하의 리는 그 말미암은 바를 근원에까지 고찰하면 선이 아님이 없다."고 하여 천리는 "선"이라고 긍정하였다. 그러나 그들은 또 "천하의 선악은 모두 천리다. 악이라고 하는 것은 본래 악이 아니다. 다만 혹 지나치고 혹 모자라서 이와 같을 뿐"(「이천학안」 상[108], 『송원학안』 권15)이라고 하였다. 왜 '악'도 '천리'인가? 사실 이정은 매우 분명하게 "악이라는 것은 본래 악이 아니다."라고 하였다. 곧 '천리'그 자체는 결코 '악'이 아니지만 그것이 발용(發用)하고 유행하면서 '지나침'이나 혹은 '모자람'이 '악'으로 표현된다는 말이다. 이 점은 이정의 '성선설'과 연계되어 있음을 더욱 분명하게 알 수 있다. 정이는 "맹자가 선(善)이라고 한 뜻은 곧 본원을 끝까지 궁구한[極本窮源] 성"(「유서」 권3, 『이정집』 63쪽)이라고 하고, 정호는 "마음은 본래 선하나 사려가 발동하면 선도 있고 불선도 있다."(「明道學案」 상, 『송원학안』 권13)고 하였다. 이른바 '선'이란 본체의 측면에서 말한 것이며, '악'이란 발용의 측면에서 한 말이다. 결국 '천리'는 '선'이며 '악'이 아니다. 후일 주희는 이것을 더욱 정밀하게 변별 분석하였다.

'천리'와 상대되는 범주는 '인욕(人欲)'이다. '인욕'의 함의는 무엇인가?

먼저, 무엇을 '욕(欲)'이라 하는가? 이정은 분명하게 "사물을 좇아가는 것이 욕이다."(「유서」 권22상, 『이정집』 297쪽)라고 하였다. 이와 같은 물질적 욕망[109]은 인지상정이다. 그들은 "이익이란 모든 사람이 함

---

108) 저자주: 이 조항을 황종희(黃宗羲)는 정이의 말이라고 판단하였는데 잘못인 것 같다. 마땅히 정호의 말이다. 이 장(章)의 제1절을 자세히 보라.

109) 욕(欲)에 대한 해석을 위 이정(二程)의 설명에 비춰보면 일반적인 물욕의 의미로 쓸 수 있으나 아래 성인도 물욕이 있을 수밖에 없다고 인정한 것을 보면 단지

께 욕망하는 것이다."(「粹言」 권1, 『이정집』 1187쪽)라고 하였으며, 또 "현자는 부귀를 욕망하지 않는다고 하는 말은 도리어 인정에 반대된다."고 하였다. 이 말은 성인도 역시 욕망이 있으나 그러나 언제나 법도[規矩]에 부합한다는 말이다. 이것을 그들은 "성인은 욕망하는 바가 있으나 법도를 벗어나지 않는다."(「유서」 권6, 『이정집』 88-89쪽)고 하였다. 이뿐만 아니라, 그들은 또 훌륭한 위정자가 되는 것은 "백성과 함께 하고자 함"에 있다고 생각하였으며, "백성과 함께 욕망하지 않으므로 백성이 윗사람을 질시한다. 시인이 말하기를 '임금이라면 마땅히 백성과 함께 욕망해야 한다.'고 하였다. 동포(同袍)[110]가 될 수 있으면 비록 추위에 떨어도 원망하지 않으며, 만약 백성과 고락을 함께하는 은혜를 미루어 나가면 역시 백성도 임금이 욕망하는 것과 같이한다."(「經說」 권3, 『이정집』 1061쪽)고 하였다. 이 말은 '욕망'이 사람의 천연의 본성에 부합되는 일면을 갖추고 있음을 인정한 말이다. 이정은 또 '욕망'의 작용을 긍정하였을 뿐만 아니라, 또 정세에 따라 유리하게 인도할 수도 이용할 수도 있다고 여겼다. 당연히 그 최종목적은 백성들로 하여금 "임금이 하고자 하는 것을 함께 함"에 있으며, 이것이 결정적인 지주계급의 본성이다. 이로써 이정이 일률적으로 물질적 욕망(저자주: 物欲)을 부정하였다고 생각하는 항간의 견해는 근거가 없음을 알 수 있다.

다음으로 무엇을 '인욕'이라 하는가? 인욕은 곧 사욕(私欲)이다. 이정은 결코 일률적으로 '욕망' 혹은 '물욕(物欲)'을 부정하지는 않았다. 다만 '기욕(嗜欲: =貪慾)'[111] 혹은 '사욕(肆欲)'[112]을 반대하고, 과분한 욕망이 사람을 악에 빠지도록 유혹한다고 생각하였다.

물욕의 의미로만 쓸 수 없다. 그리고 이 책의 저자도 욕망이라고 번역하고 있다. 따라서 욕(欲)을 해석할 때 예외적 경우를 제외하고는 욕망으로 번역하기로 한다.

110) 옷을 서로 바꾸어 입는 사이의 뜻으로, 괴로움을 함께 나누는 친우와 전우를 의미하기도 한다. 여기서는 임금과 백성이 한마음으로 고락을 나눔을 말한다.

111) 이것은 향락에 탐닉하는 것으로 이목구비의 욕망을 만족시키려는 것이다.

112) 욕망에 지나치게 탐닉함을 의미한다.

> 심하도다! 욕망이 사람을 해침이여! 사람이 불선(不善)하게 되는 것은 욕망이 그것을 유혹하기 때문이다. 유혹하는데도 알지 못하면 천리가 소멸되는데도 돌이킬 줄 모르는 데까지 이른다. 그러므로 눈은 (좋은) 색깔을 원하고, 귀는 (좋은) 소리를 원하며, 코는 (좋은) 향기를 원하고, 입은 (좋은) 맛을 원하고 몸은 안락하기를 원한다. 이것은 모두 그렇게 되도록 함이 있기 때문이다.
>
> 甚矣, 欲之害人也. 人之爲不善, 欲誘之也. 誘之而弗知, 則至于天理滅而不知反. 故目則欲色, 耳則欲聲, 以到鼻則欲香, 口則欲味, 體則欲安. 此皆有以使之也. (「遺書」 권25, 『二程集』 319쪽)

여기서 말한 "그렇게 되도록 하는 것이 있다."는 구절은 '인심'을 지적하는 말이다. 그들은 '인욕'과 '인심'을 동등하게 보고 말하기를 "인심은 사욕이며, 도심(道心)은 정심(正心)이다."(「유서」 권19, 『이정집』 256쪽), "인심은 인욕이며, 도심은 천리다."(「외서」 권2, 『이정집』 364쪽)라고 하였다. 이정이 보기에 무릇 사람의 천연의 본성을 넘는 과분한 욕망은 모두 사욕이라는 말이다.

'천리'와 '인욕'의 관계는 어떠한가? 이정은 상호대립 · 상호배척하며, 하나가 소멸되면 하나는 커진다고 생각하였다. 그들은 다음과 같이 설명하였다.

> 천리가 아니면 사욕이다. …… 인욕이 없으면 모두 천리다.
>
> 不是天理, 便是私欲. …… 無人欲, 卽皆天理. (「遺書」 권15, 『二程集』 144쪽)

그들은 거듭 '인욕'이 '천리'를 밝지 못하게 하는 근본원인이라고 보고 "천리에 어두움은 기욕(嗜欲)이 그것을 어지럽히기 때문이다."(「粹言」 권1, 『이정집』 1194쪽), "인욕이 방자(放恣)해지면 천리가 소멸된다."(「수언」 권2, 『이정집』 1242쪽), "인심은 앎이 없지 않으나 인욕에 가리우면 천리를 잊게 된다."(「유서」 권11, 『이정집』 123쪽)고 반복하여 말하였다. 그들은 또 천리가 인욕으로 바뀜을 본말의 관계로 설명하였다.

> 천하의 해(害)는 모두 본(本)을 멀리하고 말(末)이 이김으로써 생긴다. 집을 웅장하게 하고 담장을 조각하는 것은 궁실(宮室)에 근본하며, 주지육림은 마시고 먹는 데서 근본하며, 음란하고 잔혹하고 잔인한 것은 형벌에 근본하며, 무력을 남용하여 전쟁을 일삼는 것은 정벌에 근본한다. 선왕이 제정한 그 근본은 천리며, 후왕(後王)이 말(末)로 흐른 것은 인욕이다. 인욕을 덜어내고 천리를 회복함은 성인의 가르침이다.
>
> 天下之害, 皆以遠本而末勝也. 峻宇雕墻, 本于宮室; 酒池肉林, 本于飮食; 淫酷殘忍, 本于刑罰; 窮兵黷武, 本于征伐. 先王制其本者, 天理也; 後王流于末者, 人欲也. 損人欲以復天理, 聖人之敎也. (「粹言」 권1, 『二程集』 1170-71쪽)

여기서 이정은 합리적인 한계를 벗어난 모든 일은 천리가 인욕으로 변화되었다고 생각하였다. 그리고 피통치계급만 인욕이 있는 것이 아니라 통치계급도 인욕이 있으며, 이른바 "인욕을 덜어내고 천리를 회복한다."는 말도 똑같이 통치계급에게 적용된다고 보았다. 이정은 심지어 사람의 몸을 '인욕'의 소굴이며, '천리'와 대립한다고 생각하였다. 그들은 "대저 사람은 신체를 가지고 있으면 자연히 사(私)의 이치가 있게 되니, 마땅히 그것이 도(道)와 하나 되기 어렵다."(「유서」 권3, 『이정집』 66쪽)고 하였다. 이처럼 천리와 인욕의 대립을 극단적으로 밀고 나아감은 사실 "인욕을 덜어내고 천리를 회복시킨다."는 요구를 강조하기 위함이다. 왜냐하면 그것은 강조가 너무 지나쳐 유심주의의 동기론에 빠졌기 때문이다.

"천리 · 인욕"의 변론과 직접 상관이 있는 것은 의리지변(義利之辨)이다. 이정은 항상 의리를 함께 이욕(利欲)을 연결하여 열거하였다. 예를 들면 이정은 "의리로써 함양함"을 주장하면서 의리는 이욕을 바라는 마음을 이길 수 없다는 견해를 반대하였다. 이정의 "천리 · 인욕"의 변론을 깊이 토론하기 위해서는 마땅히 이정의 "의리와 이익[義利]"에 대한 변론을 함께 고찰해야 한다.

앞에서 한 말처럼 '천리'와 '인욕'은 대립적이며 동시에 의리와 이욕도 대립적이다. 이정은 '의리[義]'의 해석을 천리관념으로부터 출발한다.

「유서」 권18에 정이와 제자 사이의 문답이 기록되어 있다.

> 묻기를, '의(義)란 리(理)에 적중함이 아닙니까?'라고 하니, 대답하기를, "리에 적중함은 일[事]에 있고, 의는 마음 안에 있다. 진실로 의를 주로 하지 않으면 호연지기가 무엇을 따라 생기겠는가? 리는 단지 발하여 밖으로 드러난 것일 뿐이다. …… 이른바 덕은 얻음이다. 모름지기 자신에게서 얻은 후에 덕이라고 한다."고 하였다.
>
> 問: "義莫是中理否?" 曰: "中理在事, 義在心內. 苟不主義, 浩然之氣從何而生? 理只是發而見于外者. …… 所謂德者, 得也, 須是得之于己, 然後謂之德也. (『二程集』 206쪽)

'의(義)'는 인심에 고유한 내재적 덕성이며, 발하여 밖으로 드러난 것이 '리(理)'이므로 의와 리는 서로 표리관계다. '의'가 비록 사람의 내심에 존재하지만 실천으로 드러나야만 한다. 그리고 실천은 반드시 하나의 시비표준이 있어야 한다. 정이는 그것을 "리를 따라 실천하면 이것이 의가 된다."[113]고 하였다. 의는 곧 천리의 공[公: 公辨]이라는 말이다. 이른바 '공'이란 자연히 지주계급의 '공'을 가리킨다. 이정이 설명한 함의에 따라 보면, '의'는 완전히 일종의 선험적 도덕관념이며, 봉건지주계급의 이익과 의지가 승화된 것이다. 이정의 '이(利)'에 대한 해석도 리학적 관점에 충실하다. 그들은 '이'는 인정(人情)에 고유하므로, 인정은 이익[114]을 바라지 않음이 없다고 보았다. 곧 '의'가 마음에 근원하여 마음에 고유함이 되는 것처럼, '이(=利欲)'는 정(情)에서 나오며 역시 인정에 고유하다는 말이다. '이욕'은 이해(利害)를 계산하고 헤아림이다. 이정은 "이로움과 해로움에 대해서는 천하의 상정(常情)이 있다. 사람은 모두 이익을 추구하고 해로움을 피할 줄 안다."(「유서」 권

---

113) 이 부분에 대하여 저자는 정확한 인용부분을 제시하지 않았다. 역자의 조사에 의하면 아래 구절과 같다. 『河南程氏遺書』 권18 (伊川先生語四問): "敬義何別?" 曰: "敬只是持己之道, 義便知有是有非. 順理而行, 是爲義也. 若只守奉當如何"

114) 이(利)는 이 글의 전개과정에서 쓰이는 의미를 참조하여 이욕(利欲)으로 번역한다.

17, 『이정집』 176쪽)고 하였다. 그들은 심지어 '군자'조차도 "이욕을 바라지 않음이 없다.", "성인은 이(利)를 전혀 논하지 않을 수 없지만, 다만 의를 방해하는 데 이르지 않을 뿐이다."(「외서」 권7, 『이정집』 396쪽)라고도 하였다. 이로써 이정도 결코 일률적으로 '이욕'을 부정하지 않았음을 알 수 있다. 뿐만 아니라, 오히려 그들은 사람에게 '이욕'이 없을 수 없다고 보았다. 그래서 "사람은 이욕이 없으면 살아갈 수 없으니 어찌 이욕이 없을 수 있으리오? 의자(椅子)에 비유하면 사람이 앉으면 편안한데 편안함을 구하는 데 그치지 않고 방석을 요구하거나 따뜻하기를 구하는 등 하지 않는 일이 없게 되면 결국 임금에게서 빼앗고 아비에게서도 빼앗게 되니 이것이 이익을 좇아서 생기는 폐단이다. 이욕(利欲)은 단지 하나의 이익일 뿐이나, 오직 사람이 어떻게 이용하는가에 따라 구별된다."(「遺書」 권18, 『이정집』 215-16쪽)고 하였다. 여기서 이정은 이구(李覯)가 "사람은 이욕이 아니면 생활할 수 없다."고 한 관점을 이어받아 "사람은 이욕이 없으면 살아갈 수 없다."고 하여, 비교적 현실적인 태도를 취하였다. 그러나 '편안함'을 '이욕'의 표준으로 삼고, "끝없이 편안함만 구함"을 반대하였으며, 심지어 어느 정도 합리적인 요구(저자주: "따뜻하기를 구함"과 같은 것)조차도 "이욕을 따라가는 것"이라고 본 점은 완전히 착취계급의 편견을 드러냈다. 그것이 가져온 실제적 작용은 물질적 이욕에 대한 대다수 노동대중의 합리적 요구를 제한하였기에 봉건통치계급의 물질적 욕망을 최대한 만족시킬 수 있었다.

의리와 이욕의 관계에 대하여 이정은 양자가 대립적으로 이것이 아니면 저것으로 상호 소장(消長)한다고 생각하였다. 그들은 "대개 의리가 나오면 이욕은 들어가고, 이욕이 나오면 의리가 들어간다. 천하의 일은 오직 의리와 이욕일 뿐이다."(「유서」 권11, 『이정집』 124쪽), "의리와 이욕은 단지 공(公)과 사(私)일 뿐이다."(「유서」 권17, 『이정집』 176쪽)라고 하였다. 그러나 양자는 일정한 조건 하에서는 통일될 수도 있다. 이정은 『주역 · 문언전(文言傳)』의 "이욕은 의(義)의 화답이다."라는 말과 "이로운 것은 족히 의와 화(和)한다."는 말을 해석할 때, "이욕은 의리와 화합한다.", "의에 화함은 곧 사물을 이롭게 할 수 있음이니, 어찌 마땅함을 얻지 않고 능히 사물을 이롭게 할 수 있는 것이 있겠는가?"라고 하였다. 이것은 의리와 이욕이 서로 화답한다는 말이다. 정리하면, 의리가 먼저이며 이욕은 나중이지만, 의리가 있으면 반드시 이욕이 있으며, 의리가 없으면 필연적으로 이욕도 없다는 말이다. 이정이 보기에 '이욕'은 '의리와 화합함'과 '의리를 해침'의 두 가지 작용이 있고 그에 따라 '선'과 '불선'으로 나누어진다는 말이다. 그들은 "무릇 이욕이 의리와 화합하면 선이며, 의리를 해치면 불선이다."(「유서」 권19, 『이정집』 249쪽)라고 하였다. 그리고 "이욕은 불선이 아니다. 그것이 의를 해치면 곧 불선이며, 의리와 화합하면 불선이 아니다."(「수언」 권1, 『이정집』 1170쪽)라고도 하였다. 요약하면, 이욕에는 이중성이 있는데 곧 "의리와 화합함"이 아니면 "의리를 해침"이며, '선'이 아니면 '불선'이다. 어떤 것이 되는가의 관건은 "마땅함을 얻는가?"의 여부에 있고, "마땅함을 얻으면" 반드시 "사물을 이롭게" 할 수 있다. "마땅함을 얻으면" '의'며, "사물을 이롭게 하면" '이욕'이다. 이와 같이 '의리'와 '이욕'은 통일적이다. 이정이 보기에 "성인은 의리를 이욕으로 삼았으며, 의롭고 편안한 것이 바로 이욕이었다."(「유서」 권16, 『이정집』 173쪽) 실질적으로 이것은 착취계급의 이욕을 의 또는 리라고 하였으며, 착취계급의 사리[私利. 저자주: 물질적 욕망]를 추구하기 위하여 겉모양을 번드레하게 꾸몄다. 이로써 이정의 의리지변(義利之辨)은 그들의 리욕관을 또 다른 방면으로 반영한 것임을 알 수 있다.

이정의 리욕관의 또 다른 기본적 사상은 이른바 인욕을 없애고[滅人欲] 천리를 밝힌다[明天理]는 말이다.

이정은 천리와 인욕을 대립적이라고 주장하였지만 그러나 결코 천리와 인욕의 대립을 해소할 수 있는 방법이 없다고 하지는 않았다. 그들이 천리와 인욕의 변론을 극도로 확대한 목적은 사람들이 도덕수양에 힘써 '인욕'을 극복하고 '천리'를 모두 회복하여 '인'이라는 최고도덕의 경지에 이르도록 유도하는 데 있었다.

이정은 분명하게 "천리를 밝히고 인욕을 없애야 한다."고 주장하고, "사욕을 없애면 천리가 밝아진다."(「유서」 권24, 『이정집』 312쪽)고 하여, 사욕을 없애는 목적이 천리를 밝히기 위함이며, 천리를 밝힘을 사욕을 없애는 수단으로 삼았다. 이것은 이정의 수양방법이다. 그렇다면 어떻게 사욕을 없애고 천리를 밝히는가?

첫째, "오직 욕망을 억누르기를 생각한다." 이정에 따르면 인심(人心)은 앎이 없음이 없으며 천리는 본래 스스로 밝지만 사욕(私欲)에 막히기 때문에 천리를 잃게 된다. 이 때문에 반드시 막힘을 제거하고 욕망을 눌러야 한다. 그 방법이 곧 "사[思: 思索]"이다. 그들은 다음과 같이 설명하였다.

> 그러므로 어떻게 욕망을 억누르는가? 이르기를 사색일 뿐이다. 배움은 사색보다 귀한 것이 없으니 오직 사색만이 능히 욕망을 억누를 수 있다. 증자의 하루에 세 번 반성한다는 말은 욕망을 억누르는 방법이다.
> 然則何以窒其欲, 曰思而已矣. 學莫貴於思, 唯思爲能窒欲. 曾子之三省, 窒之欲之道也. (「遺書」 권25, 『二程集』 319쪽)

> 마음을 기르는 것은 욕망을 적게 함보다 좋은 것이 없으니 욕망하지 않으면 미혹됨도 없다. 원하는 것에 반드시 탐닉하지는 않아도 구하고자 하는 것이 있다면 그것이 곧 욕망이다.
> 養心莫善於寡欲, 不欲則不惑. 所欲不必沉溺, 只有所向便是欲. (「遺書」 권15, 『二程集』 145쪽)

사람의 욕망은 내심(內心)의 의념(意念)이므로, 이정은 '사색'으로써 극복할 수 있다고 보았다. 그 사례로 증삼(曾參)의 "하루 세 번 반성함[一日三省]"을 제시하였는데, 이것은 이지적(理智的) 역량으로 맹아(萌芽) 상태의 의념과 싸워서 이기도록 한 말이다.

둘째, "경(敬)은 모든 사악함[百邪]을 이긴다." 이정은 "도(道)에 들어감은 경을 근본으로 삼는다."고 주장하였다. 그들은 "한 번이라도 경하지 않으면 사욕이 만 갈래로 생기니, 인(仁)을 해침은 이보다 큰 것이 없다."(「粹言」 권1, 『이정집』 1179쪽)고 하였다. 무엇이 경(敬)인가?

> 경(敬)은 마음을 오로지 하여 잡념을 가지지 않음[主一]이다. 마음을 오로지 하면 동쪽으로 가지도 않고 서쪽으로 가지도 않으니 단지 중일 뿐이며, 여기로 가지도 않고 저기로 가지도 않으니 단지 내(內)일 뿐이다. 이것을 보존하면 자연히 천리는 밝아진다.
>
> 敬只是主一也. 主一則旣不之東, 又不之西, 如是則只是中; 旣不之此, 又不之彼, 如是則只是內. 存此則自然天理明. (「遺書」 권15, 『二程集』 149쪽)

이것은 집중하고 주의하여 잡념이 생기지 않도록[主一: 主一無適] 해야만 사욕이 싹트는[萌動] 것을 방지할 수 있고, 따라서 천리를 체인할 수 있다는 말이다. 이정은 '경을 보존함[持敬]'을 주장하였는데 불교의 좌선입정(坐禪入定)과 거의 다름이 없다. 그의 문인인 윤돈(尹焞)[115]은 이 단락에 대하여 매우 훌륭하게 설명하였는데 "경(敬)에 무슨 형체나 그림자가 있는가? 오직 심신을 수렴함이 곧 주일(主一)이다. 또 사람이 신사[神祠: 신을 모신 사당]에 가서 경배할 때 그 마음을 수렴하여 조금이라도 드러나지 않도록 함도 주일이 아니면 무엇이겠는가?"(「외서」 권12, 『이정집』 433쪽)라고 하였다.

셋째, "도(道)로써 욕망을 절제한다." 이정은 극기복례(克己復禮)와 도로써 욕망을 절제해야 한다고 주장하였다.

> 사람은 욕망을 갖고 있지만 당연히 믿음도 있고 의(義)를 안다. …… 진실로 오직 욕망만 따르면 인도(人道)는 없어지며, 금수와 같이 된다. …… 명(命)은 정리(正理)다. 도로써 욕망을 절제하면 명에 따른다.
>
> 人雖有欲, 當有信而地義. …… 苟惟欲祉從, 則人道廢, 而入于禽獸矣. …… 命, 正理也. 以道制欲, 則順命. (「說經」 권3, 『二程集』 1053쪽)

---

115) 윤돈(尹焞)에 관한 인적사항은 8장 낙학의 계승자들(하) 윤돈편 참조.

사람이 사욕(私欲)을 절제하여 언행이 완전히 '도' 즉 봉건윤리의 도덕규범에 부합할 수 있게 되면 범인을 벗어나 수양의 최고경지까지 도달하여 '어진 사람[仁人]' 또는 '성인(聖人)'이 된다는 말이다.

동시에 "도로써 욕망을 절제함"과 서로 관계가 있는데, 이른바 "의리로써 이욕을 얻는다."는 말이 있다. 이것은 이정의 의리지변의 기본적 관점이다. 이정은 다음과 같이 말하였다.

> 『역』에 이르기를 "이욕[利]이란 의리의 화답[和]이다."라고 하였다. 의리로써 이욕을 얻으면 이것은 옳다.
>
> 『易』曰: "利者, 義之和." 以義而致利, 斯可矣. (「外書」 권6, 『二程集』 383쪽)

"의리로써 이욕에 이른다."는 말은 무슨 뜻인가? 이정은 첫째, '이욕'을 버림과 취함을 판단할 때 반드시 '의'로써 표준으로 삼아야 한다고 주장하였다. 그들은 "부(富)는 사람이 원하니, 진실로 의리에서 구할 수 있다면 자신을 굽혀서라도 하며, 의를 구할 수 없다면 차라리 빈천할지언정 뜻을 지킨다. 빈천을 즐김도 옳지 않으며, 의를 잃어버려서도 안 된다."(「經說」 권6, 『이정집』 1144-45쪽)고 하였다. 둘째, 이욕을 도모할 때는 반드시 "덕을 숭상하는 일[尙德]"에 이로워야 한다. 그들은 왕안석의 변법이 취한 재정조치(財政措置)와 같은 것은 "정(正)으로써 모은 것"이 아니라고 생각하였다. 그리고 왕안석이 말한 "이익을 도모함[興利]"에 대하여, "이익만 도모하는 신하가 날로 늘어나고 덕을 숭상하는 기풍이 점점 쇠퇴함은 더욱 조정의 복이 아니다."(「文集」 권1, 『이정집』 458쪽)라고 하였다. 또 그들이 인식한 당시 상황에 대해서도 "지금 세상은 날로 경박해지고 저질풍속이 판을 치며, 염치를 모른다. 조정에도 덕을 존중하고 도를 즐기는 기풍이 일어나지 않으니 독실(篤實)하고 충후(忠厚)한 가르침이 더욱 절실하다."(「문집」」 권1, 『이정집』 448쪽)고 하였다. 셋째, 의리로써 마음을 절제해야 한다. 그들은 이욕을 마음에 두는 것은 부당하다고 생각하였다. 마음이 이욕에 의해 움직여서는 안

되며, 반드시 "의리로써 마음을 절제해야 한다."고 생각하여, "이것은 의요 저것은 불의(不義)라고 하는데 의라면 내가 당연히 취해야 하며, 불의라면 내가 당연히 버려야 한다. 이것이 의로써 마음을 절제하는 것"(「유서」 권21하, 『이정집』 273쪽)이라고 하였다. 이른바 "의리로써 마음을 절제한다."는 말은 "도로써 욕망을 절제하는 것"의 논리적 연장에 불과하며, 모두 "사욕을 없애고, 천리를 밝히는" 목표에 이바지하는 것이다.

"사욕을 없애고, 천리를 밝힌다."는 이정의 수양법은 봉건사회에서 실제로 어떤 의의가 있는가? 정이는 아래와 같이 말한다.

> 무릇 억조의 중생이 사욕의 마음을 발휘함에 인군이 힘으로써 제지하려고 한다면, 비록 법을 엄하게 하고 형벌을 엄격하게 해도 제지할 수 없다. …… 군자는 멧돼지를 거세하는 것과 같은 의(義)를 발하여[116], 천하의 악이 힘으로 제지될 수 없음을 안다. 그 기틀을 관찰하고 그 요점을 지켜서, 그 본원에서부터 막고 끊어버리기 때문에 형법을 준엄하게 하지 않아도 악은 스스로 멈춘다.
>
> 夫以億兆之衆, 發其邪欲之心, 人君欲力以制之, 雖密法嚴刑, 不能勝也. …… 君子發豶豕之義, 知天下之惡, 不可以力制也, 則察其機, 持其要, 塞絕其本原, 故不假刑法嚴峻而惡自止也. (『伊川易傳』 권2, 『二程集』 831쪽)

정이는 대중의 물질적 욕망(저자주: "사악한 마음[邪惡之心]")은 어떤 힘으로도 제어할 수 없다고 생각하였다. 굶주림과 추위에 몰릴 때는 "매일 사형(死刑)을 실시해도" 반항하는 사람들이 생겨나 생존의 권리를 쟁취하려고 한다. 무슨 방법으로 상대할 것인가? 이 통치계급의 사

---

116) 분시지의(豶豕之義)는 『주역』 大畜괘 六五, "豶豕之牙 吉"에서 나왔다. 멧돼지는 강하고 조급하고, 이빨이 사납고 날카롭다. 힘으로는 그 이빨을 쓸 수 없도록 제지할 수 있으나 멧돼지의 사나운 본성을 변하게 할 수 없기 때문에 고환(睾丸)을 제거하면 사나움과 조급함이 없어진다. 이에 비유하여 군자는 천하의 악을 힘(위엄과 형벌)으로 억제하려고 하지 않고, 기미와 요점을 파악하여 악의 근본과 근원을 막고 끊음으로써 백성들의 이욕(利欲)을 다스린다는 뜻이다.

상가(저자주: 程頤)는 이른바 "악을 없애는 방법"을 제출하였는데, 이것은 돼지를 '거세(去勢)하는 것처럼 "이욕의 마음[利欲之心]"을 버리는 것이다. 이것은 "인욕을 덜어내고 천리를 회복"하는 윤리원칙을 구체적으로 운용하여, 인욕의 변별을 실현했다는 역사적 의의를 지닌다.

이정의 리욕관은 윤리도덕철학의 중심문제로서 북송 중엽의 구체적인 역사적 상황의 산물이다. 그것은 당시 봉건통치계급의 "풍속을 바로잡고 도덕을 통일하려는" 요구에 부응하여 봉건전제주의의 계급질서를 강화하는 데 이론적인 논증을 제공하였으며, 일찍이 중국의 봉건사회 후기의 여러 생활방면에서 거대한 영향을 끼쳤다. 이처럼 역사상 민족의 정신에 거대한 작용을 한 사상체계는 당연히 불합리하다고 치부하거나 혹은 간단히 부정하는 방법으로 삭제할 수 없다. 우리는 마땅히 그것을 역사상의 의식형태라고 보고 당시의 역사적인 상황을 염두에 두고 고찰해야 하며, 그것의 구체적인 내용·실질·본질과 사회적인 작용에 대하여 과학적으로 평가해야 한다. 우리는 민족의 특징을 지닌 사회주의 윤리학을 건립하는 데에 당연히 정주학의 가치 있는 사상자료를 포괄하여야 한다. 이것이 우리가 이정의 리욕관(理欲觀)을 탐구하고 토론하는 가장 큰 의미이다.

제 6 장

이정의 철학

[하]

이 장에서는 이정의 성인관(聖人觀)에 대한 설명 외에, 사상적 동이(同異)를 연구하되, 그들이 다 같이 리학의 유심주의자라는 전제하에서 서로 다르게 드러난 철학적 경향들을 주로 연구하고자 한다.

제6절: 이정의 성인관(聖人觀)

성인관은 중국 고대철학에서 특유한 내용 중 하나다. 이정의 성인관은 비교적 체계적인 이론형태를 갖추고 있으며, 주로 인생철학의 문제를 다루고 있다. 그것은 낙학의 큰 특징 가운데 하나며, 리학에서 중요한 위치를 차지한다.

1. 이정(二程) 이전의 성인관

선진 이래로 역대의 사상가들은 수없이 '성인'에 대하여 담론하였다. 어떻게 성인이 되는가의 문제는 사상가들의 인생철학의 구성하는 중요한 내용이었다. 이정도 이러한 사상자료를 이용하여 자기의 성인관을 확립하였다. 이 때문에 이정의 성인관을 논술하기 이전에 반드시 간단하게 선진에서부터 송나라 중엽에 이르는 성인관의 발전을 회고할 필요가 있다.

『설문해자(說文解字)』에는 "성(聖)은 통(通)이다. 귀를 따라 소리로 드러난다."고 하였다. 『서(書)·홍범(洪範)』에는 "예[睿=叡: 智慧]가 성을 만든다."고 하였고, 그 「전(傳)」에는 "일에 통하지 않음이 없음을 성이라 한다."고 하였다. 즉 재지가 뛰어나 박식하고, 두루 통달하여 앞일을 예견함을 성(聖)이라 부른다는 말이다. 이른바 성이란 최초에는 다만 일종의 품덕과 조예를 가리켰다. 『시경』에서 '성인'이란 말을 썼는데 "오직 이 성인만이 백 리를 내다본다."(「大雅・桑柔」)고 하였으나, 『시경』의 작자는 '성인'을 '양인(良人)'과 함께 제시하여, '우인(愚人)'과 상대적으로 거론하였을 뿐, '성인'에 결코 신성(神聖)의 의미를 부여하지 않았다.

'성인'에 대한 신성화는 공자로부터 시작되었다. 공자는 춘추말기에 생활하였으며, 당시의 "예악(禮樂)이 붕괴된" 혼란한 국면을 몹시 마음 아파하여, 힘써 서주(西周)의 예악정치를 회복하고자 하였다. 이를 위하여 그는 "삼대(三代)의 정치"라는 이상사회를 설정하였을 뿐만 아니라, 전설 중의 요・순・우라는 이상적 성인을 형상화하였다. 공자의 성인관은 고대의 영웅적 조상에 대한 숭배와 하늘을 공경하고 조상을 본받는 사상을 흡수하였다. 그는 성인을 천과 같이 위대하고 숭고하다고 생각하여 "높고도 높구나! 오직 하늘만이 크며, 오직 요임금만이 나란히 한다."(『論語・泰伯』)고 하였으며, 아울러 군자는 "성인의 말을 두려워하며"(『논어・季氏』) 성인의 발 아래 엎드려 아뢰는 사람이라고 하였다. 공자가 꿈속에서도 성인을 구하려고 하였다. 그러나 성인에 도달하기란 기대만큼 쉽지 않았다. 심지어 공자는 요・순조차도 성인의 품행을 완전하게 구비하지는 못하였다고 생각하였다. 그래서 성인은 "백성에게 널리 (恩德을) 베풀어 대중을 구제할 수 있는 사람"인데, 요순도 이르지 못하였으므로 "요순도 오히려 어렵게 여겼다."(『논어・雍也』)고 하였다. 곧 성인은 신성(神聖)을 우상화한 일종의 허상이므로 바라볼 수는 있지만 이르지는 못하며, 단지 상상 중에 존재할 뿐이라는 말이다.

전국시대의 맹자는 공자가 말한 성인을 상상의 천국에서 인간으로 되돌려 성인을 현실생활의 토양 속에 뿌리내리게 하였다. 그는 요・순・우뿐만 아니라, 백이(伯夷)・이윤(伊尹)・주공(周公)・유하혜(柳下惠)

·공자(孔子) 등 성인의 계보를 만들어 모두 "옛날의 성인"이라고 하였다. 성인의 유형도 다양하여 "맑고 깨끗한 성인", "임무를 잘하는 성인", "조화를 이룬 성인", "시의적절(時宜適切)한 성인" 등등이 있다. 맹자는 어느 정도 성인의 표준을 정했기 때문에 "성인에 이를 수 있다."는 사상을 확립할 수 있었으며, "사람은 모두 요순과 같이 될 수 있다."(『孟子·告子下』)고 긍정하였다. 이것은 공자에 비해 진일보하였다.

전국시대 말기 제후들의 할거 상황이 끝날 무렵 중국은 통일을 추구하였다. 이러한 새로운 형세의 요구에 맞추어 순자(荀子)와 한비(韓非)는 새로운 성인관을 확립하였다. 순자는 인륜과 물리를 철저하게 깨달을 사람이 바로 성인이며 보통의 사람도 부단히 학습하여 될 수 있다고 생각하였다. 그는 "성(聖)은 윤리를 다한 사람이다."(『荀子·解蔽』), "그러므로 성인이란 사람이 학문을 쌓아야 이를 수있다."(『荀子·性惡』)고 하였다. 순자가 마음에 둔 성인은 "천하를 통일하는 공(功)"을 성취한 사람, 즉 통일의 대업을 완성한 제후왕(諸侯王)이다. 한비는 "새로운 성인"이 "옛 성인"에 비하여 더욱 고명하다고 생각하였다. 그는 "지금 세상에서 요·순·우·탕·무의 도가 현재에도 합당하다고 찬미하는 사람이 있다면 반드시 새로운 성인의 웃음거리가 될 것이다. 그러므로 성인은 옛것을 따르기를 바라지 않으며, 언제나 통용되는 바를 법도로 삼지 않으며, 그 시대 세상의 일을 논하여 그것을 준비한다."(『韓非子·五蠹』)고 하였다. 여기서 말한 새로운 성인은 변법개혁가를 지칭한다. 한비가 보기에 공자와 같은 성인은 권세가 없었기 때문에 노나라 애공(哀公)에게 머리를 조아려 신복(臣服)하였으나 "새로운 성인"은 그렇게 하지 않는다. 따라서 성인은 실제로 제왕의 대명사로 완전히 신흥지주 계급의 이익을 대표하였다.

선진(先秦) 도가의 성인관과 유가·법가의 성인관은 현격한 차이가 있다. 노자는 "성(聖)을 끊고 지혜를 버리라"고 주장하면서 유가와 같은 적극적인 성인을 부정하고 자기 나름의 표준을 제시하였다. 곧 이른바 "세 가지를 버림"으로써 "성인은 과격함을 버리고, 사치함을 버리며,

교만을 버린다."(『老子』 29장)는 말이 그것이다. 나아가 노자는 "성인은 무위(無爲)의 일에 처하고, 말하지 않는 가르침을 실천해야 한다."(『노자』 2장)고 요구하였다. 이것은 당시 제후들의 분쟁과 열국(列國)의 겸병이라는 사회상황을 겨냥한 비판이다. 노자는 또 "성인은 실천하지 않아도 안다."(『노자』 47장)고 하였는데 이것은 일종의 천재론(天才論)의 관점이다. 장자(莊子)는 노자의 성인관을 발전시켜 유가들이 말한 성인을 노골적으로 매우 싫어하고 통렬하게 비판하면서 '성인'을 '큰 도둑[大盜]'과 같은 부류로 보아 한데 묶어 곤장으로 내리쳤다. 그는 "성(聖)이란 큰 도둑이 되고자 함이 아니겠는가?", "성인이 죽지 않으면, 큰 도둑은 그치지 않는다.", "저 성인이란 천하의 날카로운 무기니, 천하를 밝게 하지 않는다. 그러므로 성인을 끊고 지혜를 버리면 큰 도둑은 곧 없어진다."(『莊子·胠篋』)고 하였다. 장자가 보기에 난을 일으키는 원인이 바로 성인이므로, 오직 성인이 죽어 없어져야 비로소 천하를 다스릴 방략을 말할 수 있다. 그러므로 성인이 나라를 다스리는 도구라는 사실을 세상 사람들이 명백하게 알도록 하지 않아야 한다. 장자가 이와 같이 성인을 배격하였으나 실제로는 신흥봉건군주에 대한 몰락계급의 적대감을 반영하고 있다.

한(漢) 이후 통일된 봉건제국이 건립됨에 따라 제왕은 유일무이한 지존의 지위에 올랐다. 의식의 형태상에서도 그에 상응하는 변화가 생겼다. "백가(百家)를 몰아내고 오로지 유술(儒術)을 존중해야 한다."고 건의한 동중서(董仲舒)는 특별히 성인은 "하나의 도를 지킨다."고 강조하였다. 그는 성인은 하늘의 뜻을 대표한다고 생각하여 "하늘이 내린 명령을 명(命)이라 하며 명은 성인이 아니면 실천할 수 없다."(『擧賢良對策』 3)고 하였다. 또 "이름[名]은 성인이 천의(天意)를 발명한 것"(『春秋繁露·深察名號』)이라고 하였다. 그리고 성인들은 단지 하나의 도를 서로 전하였다고 보아, "도의 큰 근원은 하늘에서 출발하는데, 하늘은 불변이므로 도 역시 불변이다. 이런 까닭에 우임금은 순임금을 계승하였으니, 순임금은 요임금을 계승하여, 세 성인은 서로 하나의 도를 물려

받아 그것을 지켰다."(『거현량대책』 3)고 하였다. 동중서는 한편으로 성인은 하늘을 대신해서 도를 실천한다는 기치를 듦과 동시에 다른 한편으로는 "세 성인이 서로 물려받았다."는 도통설(道統說)을 만들어내어 봉건대일통(封建大一統)을 위하여 이론적으로 논증하였다. 이것은 성인관의 새로운 발전을 의미한다.

그러나 『회남자(淮南子)』에 반영된 성인관은 이와 다르다. 『회남자』에서는 성인은 무위(無爲)한다고 주장하였다. 그는 "만물은 진실로 자연이니 성인이 또 무엇을 하리요?", "성인은 안으로 그 근본을 닦고, 겉으로 말단을 꾸미지 않으며, 그 정신을 보존하고, 그 원인을 알아내려고 노력하고, 막연히 무위하면서도 하지 않음이 없으며, 담연(澹然)하게 다스리지 않으면서도 다스리지 않음이 없다."(『淮南子 · 原道訓』)고 하였다. 이것은 한나라 초기의 황노사상(黃老思想)을 참조하여 만들어 낸 성인이다. 『회남자』의 이와 같은 성인관은 자연무위(自然無爲)의 우주관과 무위하면서 다스리는[無爲而治] 정치사상의 결합이다. 『회남자』가 만들어 낸 이와 같은 '무위'의 성인관은 그 목적이 중앙의 최고통치권자의 권력을 제한하고 제후왕(諸侯王)의 세력을 유지하기 위함이다. 곧 『회남자』에서 말하는 "성인"은 단지 지방의 제후왕이 중앙의 권력과 투쟁하기 위한 하나의 자료로 이용되는 도구에 불과하였다.

동중서 이후 유가는 성인을 점점 더 받들고 높였는데, 후한의 왕충(王充)[117]은 이들이 떠받드는 성인을 "지나간 천 년을 알고, 다가올 만세(萬世)를 알며, 오직 혼자만 볼 수 있고 들을 수 있는 총명함을 지닌다. 사물에 접하면 이름을 지어 붙이고, 배우지 않아도 스스로 알며, 묻

117) ?~192. 후한(後漢)의 학자. 상우(上虞)사람이다. 자는 중임(仲任)이다. 집이 가난하여 책이 없으므로, 늘 낙양(洛陽)의 서점들을 다니며 팔려가는 책들을 보며 공부하였다. 기억력이 비상하여 한 번 보면 기억하였다고 전한다. 그의 학문은 "허망함을 싫어하고 널리 통하기를 구함[疾虛妄 求博通]"을 기치로 삼았으며, 특히 한대(漢代)의 참위(讖緯)와 미신을 통렬하게 비판하였다. 특히 동중서(董仲舒)의 천인감응설(天人感應說)에 비판의 초점을 맞추었다. 그의 학문은 1949년 중국 공산화 이후 실학(實學)과 유물론의 특징으로 부각되었다.

지 않아도 스스로 깨닫는다."(『論衡·實知』)고 비꼬았다. 심지어 『백호통(白虎通)』[118]에서는 성인을 '통하지 않는 곳이 없고, 깨닫지 못함이 없으며, 천지와 귀신과도 능히 교통(交通)하는 사람'이라고 하여 신(神)과 같이 받들었다. 이러한 분위기에서 왕충은 "허망함을 싫어한다[疾虛妄]"는 기치를 높이 세우고 당시 유행하는 성인관을 공격하였다. 그는 "성(聖)이란 모름지기 배워서 되며, 만약 성인으로써 배운다고 하면 그는 이미 성인이 아님을 알 수 있다. 천지에 혈기를 가진 종류로서 천성적으로 알 수는 없다."(『論衡·實知』)고 하였다. 아울러 '효험(效驗)'을 중시하여 "목전에 다가오는 일을 먼저 안다고 성인이라고 단정하기에는 부족하다."고 하였다. 왕충이 '성인'을 부정하고, 성인이라도 선천적으로 안다[生知: 生而知之]고 말할 수 없다는 생각은 "성인은 선천적으로 안다."는 유심주의 선험론에 대한 엄중한 타격이었다. 왕충은 "세상이 다스려지는 것은 성현의 공이 아니다."라고 생각하였으나, 그는 여전히 사회적 치란(治亂)의 진정한 원인을 이해하지는 못하였다. 다만 그의 사상에서 합리적인 요소라고 평가될 수 있는 것은 사회의 치란에 사람의 의지로 전이(轉移)시킬 수 없는 객관적 규율이 있으며, 영웅적 인물도 어떤 필연적인 제약을 받을 수 있다고 생각한 점이다. 후일 유종원(柳宗元)이 '세(勢)'를 중하게 여긴 관점이나, 왕부지(王夫之)의 "이

---

118) 4권으로 되었으며, 『백호통덕론(白虎通德論)』이라고도 한다. 후한의 장제(章帝)가 79년에 북궁(北宮) 백호관(白虎觀)에 여러 유학자를 모아, 유교 경서에 관한 해석이 학자에 따라 다른 점에 대해 토론케 하고 반고(班固)에게 칙령을 내려 그때 나온 각종 의견을 절충하여 정리시켜 『백호통덕론』을 편찬하게 하였다.

내용은 작(爵)·호(號)·시(諡)·오사(五祀)·사직(社稷)·예악(禮樂)·봉공후(封公侯)·경사(京師)·오행(五行)·삼군(三軍)·주벌(誅伐)·간쟁(諫諍)·향사(鄉射)·치사(致仕)·벽옹(辟雍)·재변(災變)·경상(耕桑)·봉선(封禪)·순수(巡狩)·고출(考黜)·왕자불신(王者不臣)·기귀(蓍龜)·성인(聖人)·팔풍(八風)·상고(商賈)·문질(文質)·삼정(三政)·삼교(三教)·삼강(三綱)·육기(六紀)·정성(情性)·수명(壽命)·종족(宗族)·성명(姓名)·천지(天地)·일월(日月)·사시(四時)·의상(衣裳)·오형(五刑)·오경(五經)·가취(嫁娶)·불면(횡冕)·상복(喪服)·붕훙(崩薨) 등 44편으로 되었는데 각 항목에 대하여 그 고의(古義)를 해설하였다.

치와 세의 합일[理勢合一]"이라는 역사철학의 관점은 왕충의 사상을 한 걸음 발전시켰다.

위진(魏晋)시기의 성인관은 『열자(列子)』로 대표된다. 『열자』는 성인을 논하면서 자주 생사의 문제와 연관시켰다. 이것은 당시의 문벌 지주계급의 지극한 사치와 욕망, 취생몽사(醉生夢死)의 현실생활과 관계있다. 『열자』는 순・우・주공・공자의 '사성(四聖)'과 걸・주(桀・紂)의 '이흉(二凶)'을 대비하여, '이흉'과 '사성'이 죽은 뒤 그들에 대한 비난과 칭찬은 물론 달랐다. 그러나 그들 스스로는 결코 알지 못함이 있는데 "저 사성은 비록 찬미하여 마지않지만, 모두 수고로움으로 일관하여 죽음에 이르렀다. 저 '이흉'을 미워하여 마지않지만, 즐거움으로 일관하여 역시 죽음을 맞았음은 같았다."는 말이다. 『열자』의 작자는 봉건의 "명교[名敎: 三綱五倫]"를 저 멀리 던져버리고 '성인'에 대하여 날카롭게 풍자하고, 때와 더불어 즐기며 욕망에 따라 정(情)을 다하기를 주장하는 등 성인이 되려는 생각을 지워버렸다.

불교는 사람들에게 성불(成佛)만을 가르치므로, 유가가 사람들에게 성인이 되고 가르치는 것과 서로 대립된다. 당나라 때의 한유(韓愈)는 불교를 배척한 것으로 유명하며, "공맹의 도"의 계승자로 자처하였다. 그는 고대의 성인을 적극적으로 미화하여, "옛날에 성인이 없었던 것 같지만 사실 그것은 사람들이 오랫동안 잊고 있었기 때문"이라고 선전하였다. 그는 또 봉건제왕이 바로 그러한 성인이라고 생각하여 "제(帝)와 왕(王)은 그 이름이 비록 다르나 성인임은 한결같다."고 하였다. 그는 동중서의 뒤를 이어 거듭 '도통(道統)'을 제시하였는데, 다른 점은 동중서의 "삼성상수(三聖相受)"의 주장을 더욱 확충하여 전수계보를 열거하였다는 데 있다. 즉 그는 "요임금은 순임금에게 전하고, 순임금은 우임금에게 전하고, 우임금은 탕임금에게 전하고, 탕임금은 이로써 문왕・무왕・주공에게 전하고, 문・무・주공은 공자에게 전하였고, 공자는 맹자에게 전하였다. 맹자가 죽은 후 그 전함이 끊어졌다."(「原道」)고 하였다. 맹자는 성인의 명단에 열거되었으나 전수관계를 갖지는 못하였다. 동중서가 '삼성상수'의 관계를 말하였으나 지나치게 간단했기 때문에 한유는 『열자』와 동중서의 주장을 결합하여 '도통'의 계보를 만들었다. 말할 필요도 없이, "이 도를 자신의 임무로 삼은" 한유는 스스로를 이 도통에 '이어 붙였다[接着].' 후일 정이(程頤)도 한유의 설은 취하였으나 한유는 버리고 직접 정호(程顥)를 위로 맹자에 이어서 '도통'설을 확립하였다.

송나라 초부터 제가들 중 성인을 말하지 않은 사람은 매우 드물었는데 주돈이(周敦頤)만 하더라도 200여 자의 『태극도설(太極圖說)』에서 세 차례나(저자주: 自注의 "聖人의 道는 仁義中正일 뿐이다."라는 구절을 포함하여) '성인'을 언급하였다. 『통서(通書)』「성상제일장(誠上第一章)」에서 "성(誠)은 성인의 근본이다."라고 하였고, 「성하제2장(誠下第二章)」에서는 "성(聖)은 성(誠)일 뿐이다."라고 하였다. 그는 학생을 가르칠 때 "매양 안자(顏子)와 중니(仲尼)가 즐거한 곳과 즐거한 일을 찾도록 하라"(「遺書」권2상, 『이정집』 16쪽)고 하면서, 성인의 기상을 체득하기를 요구하였다. 이것은 이정에게 매우 큰 영향을 주었다.

종합하면, 선진 이래 성인관은 정치적으로는 통치계급의 '왕도'정치에 이바지하였고, 도덕적으로는 인생수양을 위한 최고의 목표를 제공하였다. 당나라 이후 불교와 도교의 흥성과 더불어 유가는 '성인'으로써 불교의 '부처'와 도교의 '신선'에 대항하고 의식상의 영역에서 통치권을 다투었다. 그 철학적 기초는 영웅사관이었으며, '성인'은 여전히 통치계급의 수중에서는 없어서는 안 되는 도구였다. 이것이 곧 역대사상가들이 크게 성인을 이야기하는 원인이다. 이정(二程)도 예외는 아니다.

2. 이정의 성인관

이정의 저작 특히 「유서(遺書)」를 펼치면, '성인(聖人)'이라는 글자가 눈에 많이 띄며, 「수언(粹言)」은 성인에 관하여 전문적으로 설명하고 있다. 무엇이 성인이며, 성인의 작용은 무엇이며 어떻게 성인이 될 수 있는가? 등의 여러 문제에 대하여 이정은 모두 상당히 정밀하고 상세하게 논술하였다. 이전과 비교하면 이정의 성인관은 논리적으로 더욱 완전하고 내용도 앞 사람보다 훨씬 뛰어나다.

성인 – 이상인격의 화신

이정이 수립한 성인의 형상은 완전한 인격을 갖추고 있다. 그들은 성인의 정신적 경계는 숭고하므로 드러나는 '기상(氣象)'도 보통사람과 다르다고 생각하였다. '기상'이란 두 글자는 이정의 발명에 속한다. 그 함축된 뜻을 살펴보면 사람의 정신상태를 가리키며, 사람의 내재적인 정신세계의 외재적 표현이다. 어떤 사람의 음성과 용모, 웃음, 행동거지, 사람을 대하고 사물을 접하는 데서 그 사람의 '기상'이 드러난다. 이정이 '기상'이란 말을 즐겨 한 것은 다분히 주돈이의 영향을 받았기 때문이다. 정호는 일찍이 "내가 스스로 주무숙을 다시 본 후 시를 읊조리며 돌아온 이유는 '나는 증점(曾點)을 허여(許與)한다.'[119]와 같은 뜻이 있었기 때문이다."(「遺書」 권3, 『이정집』 59쪽)고 하였다. 그가 공자의 "나는 증점을 허여한다."는 말을 매우 좋아한 취향으로 보면 선가(仙家)의 풍모가 다분히 있었는데, 대개 그것은 주돈이가 도가의 영향을 받았기 때문이라고 할 수 있다. 사람의 '기상' 즉 정신세계는 주로 철학사상과 수양공부로서 얻어진다. 이로 인해 후일 리학가의 관심은 심성수양의 문제에 집중되었고, 정신세계의 외재적 표현인 '기상'에 대해서는 오히려 중시하지 않았다. 이정의 삼전(三傳) 제자인 이통(李侗)

---

119) 『논어 · 선진편』, "吾與點也." 이 구절은 공자가 제자들에게 자신을 알아주는 사람이 있다면 어떻게 할 것인가를 물었을 때, 증점(曾點)이 "莫春者, 春服 旣成, 冠者五六人, 童子六七人, 浴乎沂, 風乎舞雩, 詠而歸."라고 대답한 것에 대하여 감탄하며 칭찬한 말이다. 천리의 유행에 따라 유유자적함을 의미한다.

은 『연평답문(延平答問)』에서 여러 차례 '기상'을 강론하였는데, 이미 "고요함[靜]에서 희로애락이 아직 발하지 않음을 보고 중(中)이라 한다면, 그 미발(未發)일 때는 어떤 기상인가"의 문제에 집중되었다. 그리고 육구연(陸九淵)은 "요·순·우·탕·문·무·주공·공자와 같은 성인으로 하여금 같은 집안에 함께 기거하게 하면 그 기상이 어찌 모두 같겠는가? 내가 여기서 말하는 기상은 외면적으로 하는 말이 아니라 곧 음양은 하나의 큰 기(氣)며, 건곤(乾坤)은 하나의 큰 상(象)이라고 말하는 기상"(『육구연집』 425쪽)이라고 하였다. 육구연의 '기상'에 대한 해석은 분명히 이정과 서로 차이가 있다. 육구연은 "외면적으로 말함"을 반대하였는데, 그의 뒤를 이은 리학가들이 '기상'에 대하여 별로 강론하지 않게 된 대략적 원인이 되었다. 이정이 발명한 '기상'이란 두 자는 성인관에 독특하고 함축적 의미를 가미하였는데, 성인의 기상이 최고의 정신경계가 완전한 인격을 체현하였음을 설명하려는 데 그 뜻이 있다. 따라서 그들은 특별히 "학자는 반드시 성현의 기상을 체득해야 한다."(「유서」 권22, 『이정집』 284쪽)고 강조하였다. 이러한 "성현의 기상"에 대하여 이정은 구체적으로 다음과 같이 묘사하였다.

> 중니는 원기며, 안자는 봄기운이며, 맹자는 가을 기운임이 분명하다.[120] 중니는 갖추지 않음이 없으며, 안자는 "우직하리만치 위반하지 않는" 학문을 후세에 보여주었는데 자연의 화기가 있으며, 말하지 않고도 교화한 사람이다. 맹자가 그 재능을 드러냄도 역시 때가 그러할 뿐이다. 중니는 천지며, 안자는 산들바람과 상서로운 구름이며, 맹자는 태산과 같이 위엄있는 기상이다. 그 말을 보면 모두 알 수 있다. 중니는 흔적이 없으며, 안자는 조금 흔적이 있으며, 맹자는 흔적이 뚜렷하다.
>
> 仲尼, 元氣也; 顏子, 春生也; 孟子, 并秋殺盡見. 仲尼, 無所不包; 顏子示"不違如愚"之學于後世, 有自然之和氣, 不言而化者也; 孟子則露其才, 蓋亦時然而已. 仲尼, 天地也; 顏子, 和風慶云也; 孟子, 秦山巖巖之氣象也. 觀其言,

---

120) 추살진견(秋殺盡見): 秋殺=肅殺: 가을의 찬 기운이 초목을 시들게 하는 일. 肅殺之氣: 쌀쌀한 가을의 기운.

皆可以見之矣. 仲尼無迹, 顔子微有迹, 孟子其迹著. (「遺書」 권5, 『二程集』 76쪽)

이정이 보기에 공자는 성인이며, 안자는 성인에 가까우며, 맹자는 다만 현인으로 간주될 뿐이었다. 이와 같이 구별하는 근본 이유는 그 '기상'이 크게 다르기 때문이다. '천지'에 비유된 공자는 "갖추지 않음이 없는" '원기(元氣)'와 같으며, 안자는 "산들바람과 상서로운 구름[和風慶雲]"과 같은 "자연의 화기(和氣)"라고 표현하였고, 맹자는 "태산(泰山)과 같은 위엄 있는 기상"이라고 표현하였다. 오직 공자의 '기상'이 최고의 정신적 경지로서 완전한 인격을 체현(體現)하였다는 말이다. 성인은 이와 같은 이상적인 인격의 화신이다. 이정은 성인의 탄생·지식·덕, 그리고 성현의 등급으로써 성인의 인격을 설명한다.

1. "하늘이 성인을 낳았다."는 설명이다. 이것은 성인의 기원에 관한 이정의 사상이다. 이정은 최초의 인간은 '기화(氣化)'로 생겨난다고 생각하였다. 정이는 "사람은 오행(五行)의 빼어난 기(氣)이니, 천지의 청명하고 순수한 기로 생겨났다."(「유서」 권18, 『이정집』 199쪽)고 하였다. 이 말은 인류의 기원이 '기화'라는 설과 일관되며, 성인에게도 적용된다는 뜻이다. 정이는 "성인도 천지가 교감함에 오행의 빼어난 기로부터 생겨난다."(「유서」 권15, 『이정집』 159쪽)고 하였다. 이미 그처럼 모두 "오행의 빼어난 기"로 말미암아 생긴다면 왜 성인과 어리석은 사람의 구별이 있는가? 이정은 '기품(氣稟)'에 청탁이 있기 때문이라고 생각하였다. 곧 정이는 "지극히 맑은 기(氣)를 품득(稟得)하여 태어나는 사람은 성인이 되고, 지극히 탁한 기를 품득하여 태어나는 사람은 어리석은 사람이 된다."(「유서」 권22상, 『이정집』 292쪽)고 하였다. 이로써 보면 성인은 매우 보기 드문 사람이다. 성인은 '화기(和氣)'로 생기며 모름지기 '화기'로써 수양한다. 그러나 기는 성쇠가 있으니 예를 들면, 삼대 때는 기가 왕성하여 성인이 많이 탄생하였으며, 그후에는 기가 쇠하여

성인이 적게 탄생하였다. 즉 춘추시대에는 "쇠퇴한 주(周)의 세상에서 화기는 한계가 있어 겨우 중니(仲尼)만 키울 수 있을 뿐이었다."(「외서」 권11, 『이정집』 417쪽) 그리고 안자는 '화기'가 결핍되어 요절하였다. 후세에 이르러서는 "사람들이 어려서부터 본 것이 모두 불선(不善)이라서 더럽고 악한 것에 물들고, 날마다 닳아 없어지고 사라지니 더 이상 무슨 천리가 있겠는가? …… 하루 가운데 어느 정도는 위선(僞善)이 일어나며, 어느 정도 기정(機穽: 奸計)도 싹튼다. 이러한 습속에 물든[薰蒸] 기로써 기를 움직이니 마땅히 성현도 태어나지 않고, 화기도 조짐이 나타나지 않는다."(「유서」 권2상, 『이정집』 35쪽) 이 말은 이정이 후세에 성인이 잘 태어나지 않았던 원인을 설명한 것인데, 설마 하늘이 성인을 태어나게 함에 회의할 만한 어떤 것이 있어서 그런 것이겠는가? 사실 이러한 관점은 결코 신선한 것이 아니다. 이것의 근원은 맹자의 "오백 년마다 반드시 왕자(王者)가 일어난다."는 말에 있다. 이에 대하여 정이는 결코 어긋난 말이라고 하지 않았으며, "맹자가 '오백 년마다 반드시 왕자가 일어나니, 그 사이에는 반드시 세상에 이름을 날리는 사람이 있다'고 하였는데 어림수[大數]로 보면 옳으나 재촉할 필요는 없다."(「유서」 권15, 『이정집』 146쪽)고 하였다. 여기서 "어림수는 옳다."는 말은 맹자의 천재사관(天才史觀)에 대하여 명확하게 찬동한 뜻이며, "재촉할 필요는 없다."는 말은 성인이 생겨나는 주기에 대하여 약간 수정하여 그 간격에 여유를 둔 뜻이다. 이것은 "하늘이 성인을 생겨나게 한다."는 이정의 입장표명으로 다만 맹자의 천재사관의 리학적 번역에 불과하다.

2. 성인은 태어나면서부터 알고 배워서도 안다는 설명이다. 지식의 근원에 관한 문제에서 이정은 "앎은 내게 고유하다."고 주장하였는데, 이것은 필연적으로 "생지(生知: 生而知之)"설로 연결된다. 그들은 "태어나면서 아는 성인"이 있다고 인정하였는데, 무슨 말인가 하면 "생지자(生知者)는 태어나면서 스스로 의리를 알고 배우기를 기다려서 아는 사

람이 아니다."(「유서」 권15, 『이정집』 152쪽)는 말이다. 그들은 한결같이 "이른바 '요순이 그것을 성(性)으로 삼았다'는 말은 생지(生知)"(「유서」 권18, 『이정집』 292쪽)라고 하였다. 동시에 그들은 "배워서 아는 성인"을 긍정하였으며, 아울러 매번 논술의 중점을 '학지(學知)'에 두어 성인이 되는 방법을 중시하였다. 말하자면 "비록 공자를 생지(生知)라고 한들 배움에 무슨 해가 되겠는가? 노담(老聃: 노자)에게 예(禮)를 묻고 담자(郯子)에게 관명(官名)을 구하였다고 하더라도 공자에게 무슨 해가 되겠는가? 예문(禮文)과 관명은 이미 옛것인데다가 헛되이 천착한다고 해서 알 수 있는 것도 아니기 때문에 모름지기 먼저 아는 사람에게 물어야 알 수 있다."(「유서」 권15, 『이정집』 152쪽)는 말이 그것이다. 즉 이 말은 배워서 안다고 해도 공자가 성인임을 방해하지 않는다는 뜻이다. 그들은 또 "'탕왕·무왕이 그것을 반추(反芻)하였다'는 말도 배워서 알았다는 말이며"(「유서」 권22상, 『이정집』 292쪽) "탕왕·무왕은 배워서 그것을 할 수 있었다."(「유서」 권2상, 『이정집』 41쪽)고 하였다. 이로써 이정은 성인을 생지(生知)의 성인과 학지(學知)의 성인 두 종류로 나누어 생각하였음을 알 수 있다. 물론 생지든 학지든 "요컨대 모두 성인"(「유서」 권2상, 『이정집』 41쪽)이다. 이정이 학지의 성인을 인정한 이유는 사람들이 배워서 성인에 이르도록 면려(勉勵)하기 위함이다. 그러나 근본적으로 말하면, 성인의 명석함은 "일월과 같으며", 특히 생지의 요순은 수천 년을 알 수 있어 "그 마음이 현재에까지 이른다."(「유서」 권7, 『이정집』 96쪽) 리학가들이 주장하는 "천 명의 성인이 전한 마음"이라는 설은 여기서 발단하였다. 따라서 이정의 생지와 학지의 성인설은 유심주의적 선험론의 관점임을 어렵지 않게 알 수 있다.

3. 성인은 "천연의 형체를 실천한다[踐形][121)]"는 설명이다. 성인은 숭고하고 완미(完美)한 품덕을 갖추었다고 이정은 생각하였다. 그들은 형

---

121) 『孟子』, "形色 天性也, 惟聖人, 然後可以踐形."

용하기를 "문왕의 덕은 하늘과 비슷하며"(「유서」 권2상, 『이정집』 41쪽) "성인은 인륜의 지극함"(「外書」 권2, 『이정집』 363쪽)이라고 하였다. 그들이 보기에 겨우 한 방면의 미덕을 갖춘 것만으로는 근본적으로 성인이라고 하기에 부족하였다. 정이는 다음과 같이 말했다. "한 번의 실천으로 어찌 성인이라고 부를 수 있겠는가? 성인에 도달하면 스스로 드러내지 않는다. 왜 '성인과 같은 효도란 무엇인가?' '성인과 같은 염치(廉恥)란 무엇인가?'라고 하는가?"(「유서」 권3, 『이정집』 61쪽) 성인은 '인도(人道)'를 모두 다할 수 있다. 이른바 인도란 군신·부자·형제·부부·붕우 등 인륜 관계를 가리킨다. 보통사람은 이러한 일반적인 인륜의 관계에서 항상 "직분을 다하지 못하는 곳"이 있으나 성인은 "인도를 모두 다한다." 맹자는 일찍이 "형색(形色)은 천성(天性)이다. 오직 성인이 된 후에야 천연의 형체를 실천할 수 있다."고 하였는데, 이정은 이것을 발전시켜 "오직 성인이 된 후에 천연의 형체를 실천할 수 있다는 말은 곧 성인은 인간의 도리를 다한다는 말이다. 사람은 천지의 바른 기를 얻어 태어나므로 만물과 다르다. 이미 사람으로 태어났으면 모름지기 인간의 도리를 다해야 한다. 뭇 사람은 그것을 가지고 있으나 알지 못하고, 현인은 실천하나 미진하니, 능히 천연의 형체를 실천할 수 있는 사람은 오직 성인"(「遺書」 권18, 『이정집』 211-12쪽)이라고 하였다. 또 "'오직 성인만 천연의 형체를 실천할 수 있다'는 말은 사람이 빼어난 오행을 얻어서 태어나 머리는 둥글고 발은 평평함이 하늘과 땅이 그러함과 같으니 형색이 곧 천성이며, 오직 성인만이 사람의 도리를 다할 수 있으므로 천연의 형체를 실천할 수 있다는 말이다. 인도는 군신·부자·형제·부부와 같은 것이 모두 이것이다."(「외서」 권5, 『이정집』 372쪽)라고 하였다.

정리하면, 성인이 "천연의 형체를 실천할 수 있는 것"은 리와 하나가 되기 때문이며, 지나침도 모자람도 없이 이른바 '중(中)'의 도를 봉행(奉行)하므로 한 마디 말과 하나의 행동이 모두 '천리'에 부합하지 않음이 없다는 말이다. 곧 인도를 다할 수 있기 때문에 성인이라고 일컬어진다. 그러나 이정의 이러한 '천형(踐形)'설은 천부도덕론(天賦道德論)의 재판에 불과하다.

4. 성인은 "허물이 없다."는 설명이다. 이미 성인의 도덕이 이와 같이 고상한 이상 성인은 모든 것이 온전하고 아름답고 완전한 사람으로 자연히 허물과 잘못이 없다. 이정은 "그러므로 성인도 허물이 있는가 하고 물으면, 아니다 성인은 허물이 없다고 대답한다."(「유서」 권6, 『이정집』 89쪽)고 하였다. 무엇으로 성인은 허물이 없음을 증명하는가? 그들은 두 가지 사례를 든다. 첫째는 『서경(書經)』의 "탕왕은 하(夏)나라를 정복하고 그 사직을 옮기려고 하였으나 할 수 없었다."는 구절이다. 일반적으로 이 구절은 탕왕이 그 사직을 옮기려고 하였지만 할 수 없었던 이유는 탕왕도 먼저 경거망동함이 있었기 때문이라는 뜻으로 해석하였다. 그러나 이정은 이와 같은 해석은 잘못이라고 생각하였다. 이 구절은 마땅히 망한 나라[夏나라]의 사직을 옮기는 것은 예에 합당하지만, 탕왕은 그것을 보존함으로써 "후세의 경계로 삼고자"하였으므로 사직을 옮기는 것에 동의하지 않았다고 해석해야 한다는 뜻이다. 이렇게 보면 탕왕은 결코 경거망동한 일이 없다는 뜻이 된다. 둘째는 공자가 "나에게 몇 년만 더 주어진다면 오십에 『역』을 공부하여 큰 허물이 없을 수 있다."고 한 말이다. 이미 공자가 『역』을 공부한 후에 큰 허물이 없었다고 하였다면, 『역』을 공부하기 전에는 큰 허물이 있었다는 말이다. 이정은 이 구절의 뜻은 마땅히 "오십이 되기를 기다린 후에 『역』을 편찬하니 『역』을 배움에 큰 허물이 없을 수 있었다. 마치 역(易)의 도(道)는 칭찬하면서 『팔삭(八索)』[122]을 몰아내는 행위와 같다."(「유서」

122) 팔삭(八索)은 고서(古書)의 이름이다. "索 素也. 著素王之法. [左氏昭十二] 是能讀三墳五典 八索九丘. [注] 皆古書名. [疏] 孔安國尚書序云 八卦之說 謂之八索 求其義也. [釋名 釋典藝] 八索, 索 素也. 著素王之法, 若孔子者 聖而不王 制此法者 有八也. [疏證] 蘇輿日 左昭十二年 傳八索 釋文索本作素 是索 素字同. 賈逵左傳注 八索素王之法 (據文選閑居賦引). 與此義同. 按孔疏所引 頗多異義乂云 諸家各以意言 無正驗 社

권18, 『이정집』 209쪽)고 해석해야 한다고 보았다. 따라서 공자는 "허물이 없는" 사람이라는 뜻이다. 성인도 허물과 착오가 있음을 부인할 방법이 없을 때나 그러한 상황을 만났을 때는 또 다른 해석을 둘러대었다. 예를 들면 "성인은 허물이 없다. 탕왕・무왕도 그것을 반성하였으니, 그 처음에는 허물이 반드시 없을 수는 없다. 이른바 일식(日食=日蝕)이나 월식(月食=月蝕)과 같은 것이 곧 군자의 허물이다."(「외서」 권2, 『이정집』 364쪽)라는 해석이 그러하다. 이 말은 탕왕과 무왕이 성인이 되기 이전에는 허물이 있음을 면하기 어려웠으나, 군자에게 이와 같은 허물과 착오는 분명히 일식과 월식 같은 허물이며, 허물을 꾸미고 잘못을 변명하는 소인의 허물과는 다르다는 말이며, 한 발 물러나 성인이 허물이 있다 하더라도, 그것은 "천리와 인정"에 부합하는 허물과 잘못으로서 만약 이러한 허물과 잘못이 발생하지 않으면, 오히려 천리와 인정을 위반하는 것이라는 말이다. 예를 들면 맹자는 "주공(周公)의 허물이 당연하지 않는가?"라고 하였다. 이정은 이 말을 천착하여 성인의 허물은 결코 진정한 허물은 아니라고 힘써 설명하였다.[123] 종합하면 성인은 순금(純金)과 같이 진정으로 완전한 사람이라는 말이다. 이것은 완전히 형이상학적인 관점이다.

所不信 故云皆古書名." (中國文化大學印行『中文大辭典』 인용)
이 구절은 팔삭(八索)은 공자가 『역』을 읽고 해석한 내용이므로 『역』의 도(道)와 차이가 없다. 그런데도 주역을 칭찬하면서 팔삭을 비판하는 것은 도리에 맞지 않는다는 의미다.

123) 『맹자・公孫丑下』, "(陳賈가) 맹자를 뵙고 '주공은 어떤 사람입니까' 하고 묻자, 맹자는 '옛 성인이다'라고 대답하였다. '관숙으로 하여금 은나라를 감독하게 하였는데, 관숙이 은나라를 배반하였다고 하는데 그런 일이 있습니까?' '그렇다'. '주공이 장차 배반할 것을 알면서 시켰습니까?' '알지 못했다'. '그렇다면 성인도 허물이 있습니까?'. '주공은 아우요 관숙은 형이니, 주공의 과실이 당연하지 않는가?' (見孟子問曰 周公何人也. 曰古聖人也. 曰使管叔監殷, 管叔以殷畔也, 有諸. 曰然, 曰周公知其將畔而使之與. 曰不知也, 然則聖人且有過與. 曰周公弟也, 管叔兄也, 周公之過, 不亦宜乎)"

5. "성인과 현인은 차이가 있다."는 설이다. 성인의 지위를 높이기 위하여 이정은 "성인과 현인은 차이가 있다."는 설을 제시하여 엄격하게 성인과 현인을 구분하였다. 앞에서 한 말처럼, 그들은 공자·안자·맹자를 비교한 뒤 공자는 성인이며, 안자는 성인에 가까우며, 맹자는 현인이라고 보았다. 이 외에도 공자와 안자(顔子)의 언지(言志: 자신의 뜻을 말함)가 다른 말에 따라서 성인과 현인의 구분을 설명하였다. 공자가 "늙은이는 편안하게 하고, 벗들에게는 믿음을 주며, 젊은이는 감싸줘야 한다."[124]고 말한 뜻은 "천리상(天理上)의 일"이며 "성인의 일"이기 때문이다. 그러나 안자가 "자신이 잘하는 것을 자랑함이 없고, 공로를 과시함이 없고자 한다."[125]고 한 말의 뜻은 단지 "성분상(性分上)의 일"이며 "대현(大賢)의 일"이다. 맹자에 대하여서는 "성인의 문하에 공이 없다고 할 수는 없으며 학문이 이미 지극한 데 이르렀지만", 여전히 "감히 그를 성인이라고 말할 수는 없다."고 하였다. 맹자와 성인을 서로 비교하면 그 차이는 색종이로 만든 꽃처럼 비록 모양은 아주 비슷하지만 끝내 천연의 꽃잎이 아님과 같다. 따라서 이정은 "공자와 맹자의 구분은 단지 성인과 현인이 별개임을 구별하기만 하면 된다."(「유서」 권2상, 『이정집』 44쪽)고 하였다. 이정은 공자·안자·맹자에 대하여 서로 비교한 후에 결론적으로 "성인과 현인은 진실로 차이가 있다."(「유서」 권9, 『이정집』 108쪽)고 하였다. 이것은 성인과 현인은 품격상 차별이 있다는 말이다. 이와 같은 품격상의 차별은 실제로 봉건적인 등급관념이 성인관에 반영되었음을 어렵지 않게 알 수 있다. 돌이켜보면 그것은 또 봉건등급제를 옹호하기 위함이기도 하다.

위의 서술을 종합하면, 성인은 하늘이 내린 완전한 인간이며 이상적 인격의 화신(化身)이므로 그 '기상' 곧 정신경계는 보통사람과 현격하게 다르다는 말이다.

---

124) 『논어』 公冶長, "老者安之, 朋友信之, 少者懷之."
125) 『논어』 公冶長, "顔淵曰 願無伐善, 無施勞." 여기서 저자는 '願'을 '愿'으로 인용하였으므로 바로잡는다.

여기서 지적하고 싶은 말은 성인에 대한 이정의 논술이 매우 많지만 성인에 대한 통일적인 정의는 하지 않았고 다수의 서로 다른 정황을 모아서 성인의 어떤 한 면의 특징에 대하여 묘사하거나 규정했다는 점이다. 예를 들면 "성인은 오직 변통을 잘한다."(「유서」 권6, 『이정집』 80쪽)고 하였는데, 이것은 성인이 그 변화에 매우 잘 통한다는 말이다. "성인은 곧 천지(天地)다."(「유서」 권2상, 『이정집』 17쪽)는 말과, "성인은 천지의 용(用)이다."(「외서」 권3, 『이정집』 366쪽)는 말은 성인이 천지와 같이 갖추지 않음이 없이 천지의 공용(功用)을 체현한다는 뜻이다. "마음을 한 곳에 집중하여 움직이지 않는 것이 성인이다."(「유서」 권3, 『이정집』 제84쪽)는 말은 성인은 정욕에 의하여 움직이지 않고 한 올이라도 인욕의 사사로움이 없음을 뜻한다. "대개 인(仁)의 도를 다하는 사람이 곧 성인이다."(「유서」 권18, 『이정집』 182쪽)는 말은 성인은 인간의 도리를 다할 수 있다는 것을 설명한다. 이와 같은 여러 가지 논법들 가운데서 이정의 기본적인 사상이 곧 "오직 성인만이 사람의 도리를 모두 다할 수 있다."는 것임을 알 수 있다. "인간의 도리를 다함"이 곧 인이기 때문에, "성인은 인을 다하지 않음이 아직 없다."거나 "성인이 어찌 불인(不仁)함이 있겠는가?"라거나 "널리 베풀어 대중을 구제한다."는 말은 곧 성인이 인(仁)을 실현한 현실적 성과[功用]를 말한다. 그리고 성인도 보통사람과 다르긴 하지만 희·노·애·구·애·오 · 욕 등의 정감이 있기 때문에 "성인도 일찍이 즐거움이 없지는 않으니 '상[象: 순임금의 형]이 기뻐하면 역시 기뻐하였으며', 성인도 일찍이 노여움이 없지는 않으니 '한 번 노하여 천하의 백성을 편안하게 하였으며'[126], 성인도 일찍이 슬퍼함이 없지는 않으니 '사고무친(四顧無親)함을 슬퍼하며', 성인도 일찍이 두려움이 없지는 않으니 '일에 임함에 두려워하며',

---

126) 주(周)의 문왕(文王)이 밀(密)땅의 사람이 완(阮)나라를 침략하기 위해 공(共)땅으로 가는 사람을 보고 크게 노하여 군대를 정돈하여 그들을 막은 것과, 주의 무왕은 한 사람이 난을 일으켜 천하를 어지럽히는 것을 보고 크게 노하여 그를 제거하여 백성들을 편안하게 한 일을 가리킨다. 『孟子 · 梁惠王下』 3장 참조.

성인도 일찍이 사랑함이 없지는 않으니 '백성에게 인자하고 사물을 아끼며', 성인도 일찍이 욕망이 없지는 않으니 '내가 인(仁)하고자 하니 이 인에 이른다.' 다만 그것이 절도에 맞으면 화(和)라고 한다."(「외서」 권10, 『이정집』 403쪽)고 하였다. 그리고 이정은 '성인'을 '신(神)'으로 간주하는 것을 결코 회피하지 않았다. 그들은 "맹자의 '성인이라도 알 수 없는 것을 신이라고 한다.'는 말은 성인의 위에 따로 신인(神人)이 있는 것이 아니라, 신 곧 성인이라도 알 수 없다."(「유서」 권17, 『이정집』 177쪽)고 하였다. 또 "성인의 위에 따로 신인이 있다는 말이 아니라, 다만 성인이라도 모르는 곳이 있는데, 그것이 곧 신이다."(「유서」 권1, 『이정집』 213쪽)라고 하여 '신인'을 부정하고 도리어 성인을 신(神)에 대신하였다. 이렇게 보면 성인은 반은 인간이며 반은 신이다. 다시 말하면 성인은 이상인격의 화신으로 신과 실제로 별 차이가 없으며 다만 현실적인 인간의 몸을 갖추고 있을 뿐이다.

성인 – 역사를 창조한 초인

이정이 그려낸 성인은 현실의 인류생활에 거대한 작용을 하였다. 이정은 성인의 작용을 어떻게 평가하였는지 살펴보자.

첫째, 성인은 "백성을 기른다." 이정은 인류사회는 성인에 의지하여 존재한다고 보았다. 성인은 백성을 위하여 이익을 도모하고 해를 제거하여 그 혜택이 천하에 영원하도록 미치게 한다. 그들은 "옛날에 백성이 적었을 때는 각자 높은 곳에서 살았으므로 나라에 비가 많이 와도 해를 입지 않았다. 요임금 때 사람이 점점 많아져 차츰 넓고 평평한 곳에서 살게 되면서 물이 범람하면 수해를 입게 되었다. 당시에는 용문(龍門)[127]이 아직 개설되지 않았으며, 이궐(伊闕)[128]도 아직 갈라지지

127) 본래 황하 상류의 용문(龍門)계곡을 가리킨다. 그러나 인재선발을 위한 과거시험장의 문이라는 뜻으로 등용문이라고도 한다. 여기서는 관리등용제도를 의미.

128) 산 이름. 용문산(龍門山). 현 하남성(河南省) 낙양현(洛陽縣)의 남쪽.

않았고, 지주(砥柱)[129]도 아직 깎아지지 않았으므로 요임금이 물의 범람을 다스려 천하후세에 무궁한 이익이 되게 하였다."(「遺書」 권6, 『이정집』 89-90쪽)고 하였다. 여기서 이정은 확실히 중국 원시사회의 역사적 자취를 드러나게 하였으나, 치수(治水)의 공로를 전설중의 요임금 즉 '성인'에게 돌리고 인민군중이 치수에 쏟은 투쟁은 부정하였다. 이것은 분명히 성인사관(聖人史觀: 英雄史觀)에 입각해 있다. 이정은 한 걸음 더 나아가 천하를 부양하는 일은 오로지 성인에 의존한다고 생각하였다. 정이는 그의 『역전』 가운데서 '이(頤)'괘를 해석할 때 "부양의 도"를 반복하여 설명하였다.

천지의 도는 만물을 양육함이며, 만물을 양육하는 도는 정도[正]일 뿐이다. 성인은 어진 인재를 길러 그와 더불어 하늘의 지위를 공유하며 그로 하여금 하늘의 녹(祿)을 먹도록 하며, 천하에 그 혜택을 좇아 베풀도록 하고, 어진 이를 길러 만민에게 미치도록 한다. 어진 이를 기르는 일이 만민을 기르는 방법이다.

天地之道, 則養育萬物; 養育萬物之道, 正而已矣. 聖人則養賢才, 與之共天位, 使之食天祿, 俾施澤于天下, 養賢以及萬民也, 養賢所以養萬民也. (『伊川易傳』 권2, 『二程集』 833쪽)

성인이 괘(卦)를 설립하여 부양의 뜻에 대한 추론은 크게 천지가 만물을 양육하는 데 이른다. 성인은 어진 이를 길러 만민에 미치게 하여, 인민과 더불어 양생·양형·양덕·양인함이 모두 이양(頤養: 保養)의 도다. 움직임과 쉼이 절도에 맞음으로써 양생하며, 음식과 의복으로써 양형하며, 위엄 있는 의식과 의를 실천함으로써 양덕하며, 자신을 미루어 사물에게로 나감으로써 양인한다.

[水經 伊水注] 옛날 우(禹)임금이 이 산을 갈라 물을 통하게 하였는데, 두 산이 서로 마주보고 있어서 바라보면 마치 궐(闕: 宮闕門의 양옆에 있는 臺)과 같았다. 이(伊)가 그 사이로 물을 북쪽으로 흐르게 하였으므로 이궐(伊闕)이라고 하며, 춘추시대의 궐새(闕塞)이다.

129) 중류지주(中流砥柱): 황하(黃河) 가운데의 지주산(砥柱山). 역경에 굴하지 않는 튼튼한 기둥의 의미.

聖人說卦, 推養之義, 大至于天地養育萬物, 聖人養賢以及萬民, 與人之養生・養形・養德・養人, 皆頤養之道也. 動息節宜, 以養生也; 飮食衣服, 以養形也; 威儀行義, 以養德也; 推己及物, 以養人也. (『伊川易傳』 권2, 『二程集』 832-33쪽)

여기서 말하는 '성인'은 곧 천자를 지칭한다. 이 때문에 성인이 백성을 부양한다는 말을 구체적으로 설명하면 "천자가 천하를 부양하고, 제후는 일국(一國)을 부양하며, 신하는 군주의 녹을 받아먹으며, 백성은 지방관리에 의해 부양되니, 모두 윗사람이 아래 사람을 기름이 바른 이치다."(『伊川易傳』 권2, 『이정집』 835쪽)는 말이다. 이정에 따르면 천자・제후・지방관리 등 크고 작은 통치자가 노동인민을 부양함이며, 노동인민이 통치자를 부양하지는 않는다. 정이는 "윗사람이 아랫사람을 부양함"이 "이치의 바름"이며, 만약 통치자가 "반대로 아랫사람에게 부양받음은 (본말이) 전도된다."라고 생각하였다. 그러나 전도된 것은 사실 이정(二程) 자신들이다. 통치자는 본래 하층의 노동인민에 의지해서 부양받으며 "반대로 구하는" 문제는 존재하지 않는다. 천자・제후・지방관리 등 크고 작은 통치자는 옛날부터 노동자의 과실(果實)을 착취함을 "이치의 바름"이라고 생각하였다. 일찍이 한유(韓愈)는 "임금은 명령을 내리는 사람이며, 신하는 임금의 명령을 행하여 백성에게 이르도록 하는 사람이다. 백성은 곡식과 베를 생산하고 그릇을 만들며 재화를 유통시킴으로써 윗사람을 섬기는 사람이다. …… 백성이 곡식과 베를 생산하지 않고 그릇을 만들지 않고, 재화를 유통하여 윗사람을 섬기지 않으면 주살(誅殺)한다."(「原道」)고 하였다. 비교적 일찍부터 한유는 솔직하게 통치계급의 압박과 착취를 "이치의 바름"이라고 인정하였으나, 정이는 편리한대로 말을 꾸며 "윗사람이 아랫사람을 부양함"이 "이치의 바름"이라고 말하였다. 이것은 순전히 통치계급의 기만적인 선전이다. 이뿐만 아니라, 당시 어떤 사람이 인류는 "스스로 서로 부양한다."고 주장하였는데, 이 관점은 본래 이미 노동의 성과를 창조함과 노동의 성과를 약탈하는 실질적 관계를 모호하게 설명하였으며, 착취와 피착취의 경계를 뒤섞어 버렸다. 게다가 정이는 더욱 혐오스럽게도 "만약 그렇다면 인류의 존재는 성현에 의존하지 않고 지극히 어리석은 사람에게 의존한다."(「유서」 권21상, 『이정집』 272쪽)고 하여 명확하게 인류는 성현에 의지하여 생존한다고 주장하였다. 이 말은 인류는 반드시 성인 곧 제왕의 통치와 착취를 필요로 한다는 뜻이다. 이것은 또 '압박(壓迫)에도 이치가 있고 착취에도 이치가 있다'는 일종의 반동적 이론이다.[130)]

둘째, 성인은 "백성을 보호한다." 정이는 성인은 백성을 부양할 뿐만 아니라, 백성의 안녕을 보호한다고 생각하여 다음과 같이 말하였다.

> 백성은 스스로를 보호할 수 없으므로 임금을 받듦으로써 안녕을 구하며, 임금은 독립할 수 없으므로 백성을 보호함으로써 안전하게 된다.
> 民不能自保, 故戴君以求寧; 君不能獨立, 故保民以爲安. (『伊川易傳』 권1, 『二程集』 739쪽)

여기서 '임금'은 곧 성인을 지칭한다. 임금과 백성의 관계를 백성은 임금을 받들고 임금은 백성을 보호하면서 서로 안녕을 구하는 관계라는 주장이다. 백성의 입장에서 말하면, "인민은 스스로 그의 안녕을 보호할 수 없으므로 친지들과 교제하여 서로 친밀하게 되면 안녕을 얻는다. 따라서 안녕하지 않을 때 마땅히 친숙해지기에 급급해야 한다."(『伊川易傳』 권1, 『이정집』 738쪽) 또 임금의 입장에서 말하면, "성인이 공언처럼 진실로 지성(至誠)으로 천하 사람이 따르도록 하여 백성을 편안하게 한다. 후대의 왕이 말처럼 아래 백성과 함께 하기를 구하지 않으면 위태하고 망하게 된다."(『이천역전』 권1, 『이정집』 739쪽) 정이는 이와 같이 "상하가 뜻을 합하여 서로 친숙해지는" 화락(和樂)한 광경을 조성하였다. 그러나 봉건등급제도가 삼엄하고 계급투쟁이 첨예하고 격

---

130) 저자의 이러한 해석은 임금에 대해 인격적 성인이 되기를 요구한 정주 이래의 정통 신유학자들의 기본관념을 고려하지 않았다. 그리고 이 글을 쓸 당시 사회주의적 이데올로기로서 북송(北宋)사회를 지배와 피지배의 이분법적 대립관계로 보는 것은 일상적 관점이었다.

렬한 사회에서 이처럼 “두 뜻이 서로 구함”과 “상하가 서로 응하는” 안녕한 국면은 근본적으로 출현하기 불가능하다. 왜냐하면 노동인민은 결코 정이가 말처럼 스스로를 보호할 수 있는 능력이 없는 사람들이 아니기 때문이다. 옛날부터 통치계급이 모두 인민이 “스스로를 보호함”을 인정하지 않았으며, 심지어는 외침을 받았을 때도 인민이 무장하여 자위함을 금지하였을 뿐이다. 거듭 말하지만 인민은 결코 정이의 말과 같지 않다. 통치계급의 핍박을 받아 생존하기 어렵거나 외족이 침범한 불안한 때에도 인민은 통치계급을 향하여 “겨우 친숙함만을 바라지 않고” 왕왕 떨치고 일어나 반항하며 국가를 보위하였다. 다른 한편으로, 통치계급의 보민(保民)사상은 주로 충분한 착취대상을 확보하려 함이다. 당시 북송중엽 민족의 모순이 첨예한 사회에서 보민사상은 확실히 북송의 통치계급으로 하여금 요(遼)나라와 서하(西夏) 등 소수민족의 귀족 통치세력의 압박과 굴욕을 참아내고 변경의 안녕을 얻기 위해 매년 대량의 금은과 금백(錦帛)을 헌납하고, 동시에 그 경제적인 부담을 노동인민에게 전가하여 부담시키고도 오히려 인민이 착취에 반항하지 않기를 희망하는 근거를 마련해 주었다. “아래 백성과 가까이하기를 구하지 않으면 위태하여 망하게 된다.”는 말은 곧 통치계급이 백성을 보호함으로써 스스로의 안녕을 구하였음을 반영하였다. 이 때문에 이정의 이른바 “성인은 백성을 보호한다.”는 사상은 북송의 이 같은 사회조건에서는 단지 관료와 지주계급의 이익을 반영하였을 뿐이다.

셋째, 성인은 “예를 제정한다.” 이정은 인류사회의 예악(禮樂)과 법도(法度)는 모두 성인이 제작한다고 생각하였다. 예에 대하여 정이는 아래와 같이 설명하였다.

> 예의 근본은 백성의 정에서 나오며, 성인은 그로 인하여 말로 표현할 뿐이다. 예의 그릇은 백성의 습속에서 나오며, 성인은 그로 인하여 절도에 맞게 꾸밀 뿐이다. 성인이 다시 나와도 반드시 지금의 의복과 용기(用器)에 의지하여 꾸밀 것이다. 이른바 근본을 귀하게 여기며 친숙하게 씀은 당시 왕의 짐작으로 빼고 더할 뿐이다.

禮之本, 出於民之情, 聖人因而道之耳. 禮之器, 出於民之俗, 聖人因而節文之耳, 聖人復出, 必因今之衣服器用而爲之節文. 其所謂貴本而親用者, 亦在時王斟酌損益之耳. (「遺書」 권25, 『二程集』 327쪽)

여기서 정이는 '예(禮)'의 기원과 성인이 예를 제정하는 과정을 설명하였다. 먼저 성인은 "인정에 연유하여 예를 만든다." 예는 사람의 천성에 근본하므로, 성인은 그에 근거하여 "예법(禮法)을 만들어" 어리석은 백성을 교화한다. 다음으로 성인은 또 "때에 맞추어 만든다." 곧 원래 있던 예를 손질하여 더하고 뺌으로써 "기풍(氣風)에 마땅하도록 합친다."는 말이다. 그리고 "누대의 성인이 계속하여 만드는" 과정을 거쳐 보다 완전하도록 만들어진 예로써 풍속을 도탑게 교화시킨다. 봉건사회에서 '예'는 봉건등급제도의 규범화를 반영한다. 이정은 '예'를 성인의 제작으로 귀결시키고 봉건예법을 신격화하는 역할을 하였다. 우리는 여기서 이정의 예(禮) 관점이 정치적으로 혁신변법의 조치를 반대하는 근거를 제공하기 위함임을 주의해야 한다. 그들은 "왕이 (禮를) 제작할 때, 선대(先代)에서 세속적으로 마땅한 일을 이용하였다. 오늘날에도 당연히 『주례(周禮)』의 이용을 본받아야 한다."(「유서」 권6, 『이정집』 94쪽)고 주장하였다. 비록 "세속에 마땅함"을 주장하기는 하나 '선대' 즉 고대의 성인이 만든 예법은 임의로 폐기할 수 없음을 강조하였다는 점을 간과해서는 안 된다. 이것은 그들의 개작(改作)을 중시하는 변혁론과 일치한다. 이것은 예 관점과도 서로 연결된다. 이정은 '즐김'이 완전한가 아닌가도 성인이 결정한다고 생각하였다. 그들은 "즐김은 풍기를 따르니 「소(韶)」에 이르면 지극히 완비된다. 예를 들면 요임금이 홍수의 피해를 막았으나 네 흉(凶)[131]이 물러가지 않았으므로 평화가 아직 이르지 못한 것과 같다. 순임금이 성인으로써 성인을 계승함에 다스림이 지극하고 화가 지극하였으므로 「소(韶)」가 완비되었다."(「외서」 권8, 『이정집』 400쪽)고 하였다. "즐김이 바르게 됨"은 공자의 꾸밈을 통

131) 순임금 때의 네 악인. 공공(共工)・환도(驩兜)・삼묘(三苗)・곤(鯀: 禹王의 아버지)

하여 비로소 실현되었다. 그들은 유가 경전을 백방으로 치켜세우고 숭배하여 천하에 족히 만세토록 본받을 만하다고 하였다.

종합하면 이정이 보기에 봉건사회의 예악과 법도 그리고 전장문물(典章文物: 文物制度)은 성인이 만들지 않은 것은 하나도 없다. 따라서 그것들은 신성하며 어떤 사람도 위반할 수 없다. 그렇지 않으면 '천리'를 잃게 된다. 그러나 필자가 보기에 "성인이 예를 만들었다."는 관점은 봉건사회의 상부구조를 신성화하는 데 이바지하기 위함이다.

넷째, 성인은 "다스림에 힘쓴다." 이정은 사회의 치란(治亂)을 성인이 결정할 수 있다고 생각하였다. 사회의 구성원 가운데 '군자'와 '소인'의 비례(比例)는 사회의 치란 및 그 정도와 직접관계가 있다. 구체적으로 이정은 "군자가 60%면 다스려지고, 60%가 소인이면 어지러워지며, 70%가 군자면 크게 다스려지고, 70%가 소인이면 크게 어지러워진다."(「遺書」 권15, 『이정집』 161-62쪽)고 하였다. 요순시대에도 소인은 있었지만 성인이 "예악과 법도로써 그들을 선(善)으로 인도하였고"[132], 이 때문에 '소인'이 비록 나쁜 짓을 하고자 해도 할 수 없었다. 더 자세히 말하면, 당시 성인의 시대가 아니었다면 '소인'은 쉽게 나쁜 짓을 하고 난(亂)을 일으켰으리라는 말이다. 그렇다면 난은 어떻게 일어나는가? 이천(伊川)은 '모임[聚]'을 중심으로 "사람이 모이면 어지러워지고, 사물이 모이면 다투며, 일이 모이면 문란(紊亂)해지니 대인이 그것을 다스리지 않으면 졸지에 다투어 어지럽게 된다."(『이천역전』 권3, 『이정집』 929쪽)고 하였다. 즉 어지러워지면 반드시 '대인'(저자주: 聖人)이 나타나 세상을 다스린다는 말이다. 그러면 성인은 어떻게 다스리는가? 먼저 "백성의 뜻을 안정시킨다."이다. 사회가 어지럽게 되는 중요한 원인은 "상하의 안정이 없기" 때문이다. 그러므로 상하의 구분을 변별하여 백성의 뜻을 안정시키는 것이 중요하다. 정이는 다음과 같이 설명하였다.

---

132) 이 글의 원문에는 "只是以禮樂法度驅而之養, 盡其道而已"(「遺書」 권15, 『이정집』 161- 62쪽)라고 하여 선(善)으로 인도하는 것이 아니라, 그들을 이끌어 길러준다[養]고 기록되어 있다.

> 상하의 구분이 분명한 연후에 백성의 뜻이 안정된다. 백성의 뜻이 안정된 연후에 다스림을 말할 수 있다. 백성의 뜻이 안정되지 않으면 세상은 다스려질 수 없다.
>
> 上下之分明, 然後民志有定. 民志定, 然後可以言治. 民志不定, 天下不可得而治也. (『伊川易傳』 권1, 『二程集』 750쪽)

공경대부(公卿大夫)와 서사(庶士), 농공인(農工人) 그리고 상인(商人: 農賈)이 각각 그 직분에 따라 마땅히 해야 할 일을 하여 자신의 직분을 안정시키면 곧 백성의 뜻이 안정된다고 한다는 말이다. 그러나 실제로는 노동인민에게 빈천에 안주하고 압박과 착취를 기꺼이 받아들이라는 요구이다. 왜냐하면 공경대부는 부귀영화의 지위에 안주하여 "종신토록 그 직분을 유지할" 수 있고, 서사는 "학문이 지극"하기만 하면 "임금이 그를 등용"하므로 공명(功名)과 이록(利祿)에 급급할 필요가 없기 때문이다. 이것이 과연 상하가 서로 무사히 안정될 수 있는 국면이겠는가?

다음으로 형벌과 교육을 잘 이용한다. 정이는 다음과 같이 설명하였다.

> 자고로 성왕이 다스림에 형벌을 실시하여 대중을 공평하게 하고, 교화를 밝혀 풍속을 선하게 하였다. 형벌을 확립한 후에 교화를 행하였으니 비록 성인이 덕을 숭상하고 형벌을 숭상하지는 않았지만 일찍이 한 쪽에 치우쳐 폐지한 적이 없었다.
>
> 自古聖王爲治, 設刑罰以齊其衆, 明教化以善其俗. 刑罰立而後教化行, 雖聖人尚德而不尚刑, 未嘗偏廢也. (『伊川易傳』 권1, 『二程集』 720쪽)

살펴보면 공자는 "덕치(德治)"를 제창하여 덕을 숭상하고 형벌을 가벼이 함을 주장하였다. 그러나 정이(程頤)는 도리어 형벌과 교화를 함께 실시하되 형벌을 먼저 한 후 교화함을 강조하였다. 이 말은 노동인민의 반항에 대한 통치계급의 진압을 한 층 더 강조하였음을 의미한다.

끝으로 "악(惡)을 그치게 하는 방법"이다. 이정은 노동인민이 굶주림과 추위의 압박을 받으면 형벌과 사형을 날마다 실시해도 계속해서 반항이 일어남을 깨달았다. 이에 다음과 같이 말하였다.

> 성인은 그것(인민의 반항)을 멈추게 할 방법을 알아 위엄과 형벌을 숭상하지 않고 정교(政教)를 보수하여 농사짓고 양잠하는 업에 종사하게 하고, 염치의 도를 알게 하니, 그들을 상을 주기에도 끝이 없었다. 그러므로 악을 멈추게 하는 도는 그 근본을 알고 그 요령을 얻는 데 있을 뿐이다.
>
> 聖人則知所以止之之道, 不尙威刑, 而修政教, 使之有農桑之業, 知廉恥之道, 雖賞之不窮矣. 故止惡之道, 在知其本, 得其要而已. (『伊川易傳』 권2, 『二程集』 831쪽)

표면적으로 보면 "위엄(威嚴)과 형(刑)을 숭상하지 않고, 정교(政教)를 보수(補修)한다."는 관점과 위에서 말한 형벌과 교화를 함께 실시하되 형벌을 먼저 한 후 교화한다는 사상은 서로 모순처럼 보이지만, 사실 여기서는 도덕교화의 작용을 강조하여 형법(刑法)의 부족함을 보충한 것에 지나지 않는다. 결코 "형벌을 없애라[去刑]"는 요구는 아니다. 백성을 다스리는 요결은 통치계급이 장기간의 통치과정에서 얻은 경험이다. 결론적으로 통치계급은 회자수(劊子手: 망나니)식의 진압을 받아들였을 뿐만 아니라, 목사식(牧師式)의 속임수도 받아들여 두 가지 수단을 서로 보충해 가며 동시에 사용하였다.

이정이 말한 성인은 인류사회의 생활에 극히 중요한 배역을 담당하였다. 성인은 무지몽매한 억조창생을 부양하였을 뿐만 아니라, 그들의 안녕을 보증하였다. 성인이 제정한 예악과 법도는 인류사회가 야만을 벗어나 문명으로 나아가게 하였다. 국가의 치란(治亂)과 안위는 완전히 성인의 존재여부와 그들의 노력에 달려 있다. 종합하면 인류는 성인에 의지하여 생존한다. 성인이 없으면 인류는 없으며, 성인이 없으면 인류사회는 발전할 수 없다. 성인은 역사를 창조한 '초인'이다. 이와 같은 성인관은 본질적으로 "초인철학(超人哲學)"이다.

그러나 이정은 결코 성인이 만능이라고 하지는 않았다. 정이는 말하기를 "성인은 천하에 한 사람도 나쁜 사람이 없게 하고, 그 방소(方所)를 얻지 못한 사물이 하나도 없게 하고자 하였으나 역시 불가능하였다."(「외서」 권6, 『이정집』 832쪽)고 하였다. 이정도 사회현실에 직면해서, 현존하는 사회의 병폐를 성인도 제거할 방법이 없음을 인정하지 않을 수 없었다. 그러나 성인도 할 수 없는 일이 있다는 말은 오로지 성인을 위한 변명일 뿐이며 결국 성인관이 파산위기에 직면하였음을 표명한 셈이다.

성인 – 인생이 추구할 목표

성인은 이상인격의 화신이 되어 인류사회의 역사상 이와 같은 거대한 작용을 하였을 뿐만 아니라, 성인은 자연히 지고무상이며 숭고하여 마땅히 사람이 태어나서 추구해야 할 최종의 목표가 되었다. 즉 사람으로서 최고의 이상은 곧 성인이 됨이며 이것은 이정의 성인관에서는 필연적인 귀결이다. 「외서(外書)」의 권12에는 다음과 같은 구절이 있다.

> 이정의 학문에서 성인은 반드시 배워서 이를 수 있다고 여기며, 자신이 반드시 배워서 성인에 이르고자 함이다.
> 二程之學, 以聖人爲必可學而至, 而己必欲學而至于聖人. (『二程集』 420쪽)

이 말을 설명하면, 이정의 학문적 특징과 실질을 정확하게 포착하여 이정의 학문이 성인을 배우고 성인이 됨을 목표로 삼고 있음을 드러낸 말이다. 정이는 그가 청년시절에 쓴 「안자소호하학론(顔子所好何學論)」 가운데서 첫머리에 그 요지를 밝혔다.

> 안자가 홀로 좋아한 학문은 무엇인가? 배워서 성인에 이르는 도다. 성인은 배워서 이를 수 있는가? 그렇다.
> 顔子所獨好者何學也? 學以至聖人之道也. 聖人可學而至歟? 曰: 然. (「文傳」 권8, 『二程集』 577쪽)

이정이 이른바 성인을 배운다는 말은 두 가지 내용을 포함하는데, 첫째, 성인은 결코 오를 수 없이 높지 않으며 "배워서 이를" 수 있으며, 둘째, 군자는 배우지 않으면 아니 되고, 배우면 반드시 성인에 이른 후에 그친다는 것이다.

성인은 어떻게 배워서 이를 수 있는가? 이정은 이론적인 근거를 인성론에서 찾아 다음과 같이 제시한다. 성인도 역시 사람이며, 인성은 본래 서로 같으므로 모두 「선(善)」의 본질을 가지고 있다. 이미 인성이 동일하다면 사람과 성인은 곧 상통하는 곳이 있으며 성인으로 통하는 큰 문은 어떤 사람에게나 열려져 있다는 뜻이 그 요지다. 정이는 "호랑나비의 애벌레[螟蛉]와 나나니벌[蜾蠃}은 본래 같은 종류가 아니지만 그 기(氣)가 같으므로 열심히 기원하면 같아진다. 또 하물며 사람과 성인은 같은 종류임에랴? 대개 모름지기 스스로 힘쓰고 쉬지 않고 앞으로 함양하고 성취하면 곧 성인의 경지에 도달하면 자연히 모습과 생김새[氣貌]가 바뀐다."(「遺書」 권23, 『이정집』 306쪽)고 하였다. 『시 · 소아(小雅) · 소완(小宛)』에 "호랑나비의 애벌레를 나나니벌이 등에 지고 다닌다."는 구절이 있는데, 정이는 이런 비과학적인 말을 믿어 의심치 않았다. 아울러 "기가 같다."고 해석한 후 종류상으로 비교하면 사람과 성인은 같은 종류이므로, "스스로 힘써 쉬지 않고" 기질을 함양하면 모습을 바꿀 수 있으며 "성인의 경지"에 도달할 수 있다고 생각하였다. 이정은 또 "사람은 유아 때부터 성인의 바탕이 이미 완비되어 있으나 다만 조기(早期)에 한쪽으로 치우쳐 드러날 뿐"(「유서」 권6, 『이정집』 81쪽)이라고 하고, "사람과 성인은 형질이 다르지 않는데 어찌 배워서 이르지 못하겠는가?"(「유서」 권18, 『이정집』 203쪽)라고 하였다. 사람은 본래적으로 "성인의 바탕"을 구비하고 있지만 어떤 한쪽의 품성이 지나치게 발전하여 기타 다른 품성의 발휘에 영향을 주기 때문에 부족하다고 보인다는 말이다. 이미 사람과 성인이 "형질이 다르지 않다."면 당연히 사람은 학습을 통하여 성인에 도달할 수 있다. 정이는 또 당시 보편적으로 유행하던 하나의 관점을 비평하기를, "사람의 성(性)은 하나인데 세상 사람들이 모두 내가 어찌 성인이 되겠는가라고 하며 스스로를 믿지 않는다. 그것 역시 살피지 않았기 때문이 아니겠는가?"(「유서」 권25, 『이정집』 318쪽)라고 하였다. 이 말은 성인이 되는데 자신감이 결핍된 까닭은 "사람의 성이 하나"라는 도리를 깨닫지 못하기 때문이며, 이 "사람의 성이 하나"라는 말은 실재로 사람마다 모두 성인이 될 수 있는 기초라는 뜻이다. 그러므로 이 도리를 깨달으면 "사람은 모두 성인이 될 수 있다."는 말은 헛된 말이 아니다. 이와 같이 이정은 인성론을 이용하여 "성인에 이를 수 있다."는 관점을 논증하였다.

「배움」에 있어 왜 반드시 성인에 이르러야 멈추는가? 이정은 학자는 마땅히 원대한 포부를 가져야 하며, 명확하고도 숭고한 목표가 있어야 한다고 주장한다. 그리고 일단 목표가 확정되면 나태해지지 말고 계속 노력하여 예정된 목표에 도달하도록 해야 한다. 정이는 "배움을 말하면 도를 뜻으로 삼고 사람을 말하면 성인을 뜻으로 삼는다."(「유서」 권18, 『이정집』 189쪽)고 하였다. "성인의 도"는 실제로 결코 배우기 어렵지 않고, 사람이 그것을 하지 않는다는 데 문제의 심각성이 있다. 그는 산을 오름에 비유하여 "요즘 사람의 학문은 산기슭을 올라가는 것처럼 쉬운 곳에서는 활보하다가 험한 곳에 이르면 멈추는데 인정도 이와 같다. 산이 높으면 오르기 어려움은 정한 이치로 실제로도 오르기 어렵다. 성인의 도는 형상(形狀)할 수 없으나 실제로는 어렵기 때문은 아니며 사람이 하지 않을 뿐이다."(「유서」 권18, 『이정집』 193쪽)라고 하였다. 정이가 보기에 성인에 이르도록 배우지 않는 것은 일종의 "자포자기(自暴自棄)"다. 그는 심지어 "사람은 모두 요순이 될 수 있고 또 이는 성인도 원하는 바이다. 요순이 되지 못하면 비천한 심부름꾼 밖에 되지 못한다."(「유서」 권2상, 『이정집』 37-38쪽)고도 하였다. 성인은 모든 사람이 요순이 되기를 희망하지만 어떤 사람은 요순이 되기를 스스로 기대하거나 힘쓰지 않고 스스로 자신을 비천하게 만드는 사람이 있게 마련이다. 따라서 이러한 사람은 비천하게 대하여 종이나 하인으로 써야 한다는 말이다. 이것은 분명히 지주계급을 대신하여 사람의 신분을 구별한 말이다.

이정은 안자(顔子)를 '배워서 성인에 이른 본보기'라고 생각하여 성인을 배우고자 하면 먼저 "반드시 안자를 배워야 한다."고 생각하였다. 그들이 안자를 예로 든 이유는 대체로 세 가지다. 첫째, 안자가 체현한 "성인의 기상(氣象)"을 쉽게 그려낼 수 있기 때문이다. 정이는 "학자는 성인을 배우지 않으면 그만이지만 배우려고 하면 반드시 성인의 기상을 열심히 완미(玩味)해야 하고, 다만 이름만으로 이해해서는 안 된다."(「유서」 권15, 『이정집』 158쪽)고 하였다. 어디서부터 성인의 기상을 완미하는 가장 빠른 지름길을 찾을 것인가? 대답은 '안자를 따라서'이다. 정이는 구체적으로 "성인의 덕행은 진실로 말로 표현하기 어렵다. 안자의 기상을 보면 마음으로 그를 알 수 있으니, 성인을 배우고자 하면 반드시 안자를 배워야 한다."(「유서」 권2상, 『이정집』 34쪽)고 하였다. 성인의 덕행은 말로 표현하기 어려우며, 볼 수도 없고 손에 잡을 수도 없으므로 안자의 「기상」만큼 쉽게 알 수 있는 것은 없다. 따라서 성인을 배우려면 안자를 따라 시작함이 가장 간편하다는 말이다. 둘째, 안자는 성인에 가까우며 그를 배우면 쉽게 잘못되지 않을 가장 좋은 본보기이기 때문이다. 이정은 "안자는 온화하고 순박하며 깊이 있고 우아하다. 얻은 도 더욱 깊고 순수하니 성인의 기상에 가깝다."(「유서」 권15, 『이정집』 151쪽), 따라서 "학자가 배움에 착오가 없으려면 반드시 안자를 배워야 한다."(「유서」 권3, 『이정집』 62쪽)고 하였다. 정리하면, 안자는 친히 공자의 가르침과 깨우침을 경청하고 충실하게 마음에 새겨 잊지 않았으니 성인을 배움에 가장 근면하고 가장 효과가 있어 "대략적으로는 성인과 모두 같았다." 따라서 이상적인 학습의 본보기로 삼을 만하다는 말이다. 정이는 또 "맹자는 재능은 높지만 의거하는 바가 없다. 학자는 마땅히 안자를 배워 성인에 들어가면 가깝고 효과가 있을 것이다."(「유서」 권2상, 『이정집』 19쪽)라고 하여 안자를 맹자와 비교하였다. 즉 안자의 "두 번의 허물이 없음"과 "선(善)을 어김이 없음" 등은 일반인도 쉽게 할 수 있으므로 구체적인 학습의 본보기가 될 수 있다는 말이다. 셋째, 안자의 안빈낙도(安貧樂道)적인 삶의 미덕을 역대 통치계급이 모범으로 삼았기 때문에 더욱 호소력이 있었다는 점이 매우 중요하다. 이정은 "누추한 거리에 살면서 '다른 사람들은 그 근심을 감당하지 못하였으나 안자는 그 즐김을 바꾸지 않았다'고 한다. 한 그릇의 밥과 한 표주박의 물을 먹고 사는 일이 즐길 만하지는 않지만, 스스로 그것을 즐길 뿐이었다. 여기서 '그것[其]'이라는 글자를 음미하면 스스로 깊은 뜻이 있다."(「유서」 권12, 『이정집』 135쪽), "만약 안자와 같이 한 그릇의 밥과 한 표주박의 물로 산다면 다른 사람들은 근심하겠지만 안자만이 홀로 인(仁)을 즐길 수 있었다."(「외서」 권1, 『이정집』 352쪽)고 하였다. 즉 인을 구비하면 성인인데, 안자는 3개월 동안 인을 어기지 않았으니 귀감이 된다고 할 수 있다는 말이다. 동시에 안자와 같은 덕(德)이 있으면 사공(事功; 일의 성과)을 이루기 어렵지 않다. 사공을 매우 중시하던 봉건시대에 안자는 자연히 통치자가 머리 숙여 숭배하던 대상이다. 이정은 이상 설명한 세 가지 이유를 근거로 안자를 배움이 성인을 배우는 출발점이 된다고 사람들을 가르쳤다.

이정은 사람들을 가르침에 성인을 배움을 출발점으로 삼았을 뿐만 아니라, 성인에 이르는 구체적인 과정을 보여주었다. 정이는 "함양(涵養)은 반드시 경(敬)으로 하고, 학문에 나아감은 치지(致知)에 있다."(「유서」 권18, 『이정집』 188쪽)고 하였다. 이 말은 성인에 이르는 과정에 두 갈래가 있는데 경(敬)으로써 궁리하고 독서로 치지한다는 뜻이다.

여기서 우선 이정이 천리와 인욕의 상호관계에서 출발하여 "인욕을 소멸시킴"과 "성인이 됨"의 관계를 설명하였다는 점을 설명해야 한다. 이정은 "천리의 바름을 얻고, 인륜의 지극함을 다함이 요순의 도다."(「文集」 권1, 『이정집』 450쪽)라고 하였다. 여기서 말한 "요순의 도"는 곧 "성인의 도"다. "천리를 얻음"과 "인륜을 지극하게 함"에 이른바 '인욕' 혹은 '사욕'이 방해가 된다. 따라서 이정은 "사욕을 없애면 천리가 밝아진다."(「遺書」 권24, 『이정집』 312쪽)고 하였다. 왜냐하면 반드시 도덕적 수양을 더하여 적극적으로 '인욕'을 버리며 '천리'를 모두 회복해야 비로소 '인(仁)'이라는 최고 도덕적 경계에 이를 수 있고, "성인의 영역"에 진입할 수 있기 때문이다. 따라서 "인욕을 덜어내고 천리를 회복함은 성인의 가르침이다."(「粹言」 권1, 『이정집』 1170-71쪽)라고 하였다. 그렇다면 어떻게 인욕을 모두 없앨 수 있는가? 첫째는 사색(思索)으로써 욕망을 억누른다. 이정은 인심에 본래 앎이 없지는 않고, 천리가 또 본래부터 분명하게 있지만 사욕에 가려져 있기 때문에 천리를 망각한다고 생각하였다. 따라서 막힘을 없애고 욕망을 억눌러야 함을 요구하였다. 그 방법은 '사색'이다. 정이는 "그렇다면 어떻게 욕망을 억누르는가? 사색일 뿐이다. 배움은 사색보다 귀한 것이 없으니 오직 사색만이 욕망을 억누를 수 있다. 증자(曾子)가 하루 세 번 한 반성은 욕망을 억누르는 도이다."(「유서」 권25, 『이정집』 319쪽)라고 하였다. '욕망'은 내심(內心)의 생각이며, '사색'은 이지(理智)다. 이것은 사람들이 이지의 역량으로 내심에서 싹트는 생각과 싸워 이겨야 한다는 말이다. 이것은 분명히 유심주의적 수양방법이지만, 여전히 어느 정도 합리적 요소는 있다.

둘째는 도로써 욕망을 절제한다. 정이는 "명(命)은 바른 이치다. 도로써 욕망을 절제하여 명에 따른다."(「經說」 권3, 『이정집』 1053쪽)고 하였다. 누구든 사욕을 절제하여 자신의 언행을 '도'와 같은 봉건윤리 도덕의 규범에 완전히 부합하도록 하면 범인(凡人)을 벗어나 성인의 영역에 들어가고, 수양의 최고경계에 도달하여 "성인"이 될 수 있다는 말이다.

이정은 "도에 들어감은 경(敬)을 근본으로 삼는다."고 주장하였다. 그들은 "학자는 멀리서 구하지 않고, 가까이 자신에게서 구하되 오직 경으로서 사람의 도리를 밝힐 뿐이니 그것이 요해처다. 『역』의 건(乾)괘는 성인의 학문을 말하였으며, 곤(坤)괘는 현인의 학을 말하였는데, 오로지 '경으로써 내심을 바르게 하고, 의로써 밖을 방정(方正)하게 하니, 경과 의가 확립되면 덕은 외롭지 않다'고 할 뿐이다. 성인에 이르는 길은 이와 같을 뿐 다른 방법이 없다. 계루(係累)[133]에 천착함은 스스로 도리가 아니다."(「유서」 권2상, 『이정집』 20쪽)라고 하였다. 이른바 '경'은 "하나를 오로지 하여 잡념을 가지지 않는다[主一無適]."는 말이다. "정신을 한 곳으로 집중하면 동쪽으로든 서쪽으로든 치우치지 않고 오직 중(中)일 뿐이며, 이쪽으로나 저쪽으로도 기울지 않고 단지 안(內)으로 보존될 뿐이다. 이것을 보존하면 자연히 천리가 밝아진다."(「유서」 권15, 『이정집』 149쪽)고 하였다. 위료옹(魏了翁)[134]은 정문(程門)에서 "경(敬)자의 뜻은 매우 커서" "성현의 본지를 얻었다."(『性理精義』 권7)고 생각하였다. 이정은 확실히 '경(敬)'자의 뜻을 중시하여 "도에 들어감은 '경'만한 것이 없다."고 하여 '경을 보존함'[持敬]이 궁리의 전제가 된다고 보았다. 이른바 '궁리'는 사물의 리를 끝까지 앎, 즉 사물이 "그와 같이 되는 원인[所以然]"을 분명하게 해야 한다. 정이는 "물리는 반드시 궁구해야 한다. 그것은 천지가 높고 깊은 까닭과 귀신의 그윽함과 드러남의 까닭을 말하는 것과 같다. 만약 하늘은 단지 높고, 땅은 단지 깊다고만 말하면 이것은 말장난과 무엇이 다르겠는가?"(「유서」 권15, 『이정집』 157쪽)라고 하였다. 그러면 물리를 어떻게 궁구하는가? 정이는 "궁구할 수 있는 까닭은 만물이 모두 일리(一理)이기 때문이다. 하나의 사물 하나의 일에 이르기까지 아무리 작더라도 모두 리가 있다."고 대답하였다. 그러나 궁리의 목적은 "선(善)을 밝힘"에 있을 뿐이다. 이 때문에 정이는 또 "격물(格物)하여 궁리함은 천하의 사물을 모두 궁구하는 것이 아니라, 다만 하나의 일에서 모두 궁구하면 기타의 일은 유추할 수 있다."(「유서」 권15, 『이정집』 157쪽)고 하였다. 이정이 보기에 누구나 "일에 따라 리를 관찰하면 천하의 리(理)를 알 수 있고 천하의 리를 알고 난 뒤 성인에 이를 수 있다."(「유서」 권25, 『이정집』 316쪽) 여기서 "천하의 리"는 "천하에 단지 하나의 리가 있다."고 할 때의 '일리(一理)'를 가리킨다. 다시 말하면 지경(持敬) 공부를 통하여

133) 다른 사물에 끌리고 얽매여 누(累)가 됨.
134) 송(宋), 포강(蒲江) 사람. 자는 화보(華父). 경원(慶元)때의 진사(進士). 학산선생(鶴山先生)이라고 부른다. 『宋史』 437; 『宋元學案』 80 참조.

"천하의 리"를 알 수 있고, 또 그것은 "성인에 이르는" 사통팔달의 대도(大道)가 된다.

'지경'으로 궁리함 이외에 독서(讀書)로 치지(致知)함도 마찬가지로 천하의 리를 알 수 있는 방법이다. 이 때문에 독서를 통하여 치지함도 "성인에 이르는" 과정이다. 이정이 말한 '독서'는 실제로 경전을 읽는 일이다. 그들이 보기에 경서는 성인의 말을 기록한 진리의 표준이다. 그들은 "『논어』와 『맹자』는 자[丈尺]와 저울[權衡]과 같아서 이로써 사물을 측량하고 측정하면, 자연히 장단과 경중을 알 수 있다."(「유서」 권18, 『이정집』 205쪽)고 하였다. 어떤 사람이 "어떻게 치지(致知)하는가"라고 물었을 때, 정이는 "리는 혹 앞 사람의 말과 행동을 많이 알면 밝아지니, 그것은 오로지 힘써 노력하는 데 있다."(「유서」 권18, 『이정집』 188-89쪽)고 하였다. 여기서 "앞 사람의 말"은 경전에 기록된 성인의 말이다. 이정은 독서의 주된 요점은 성인이 경에서 밝힌 종지를 확연히 깨달아, 그로써 "리를 밝힌" 기초에서 몸소 실천해야 한다고 주장하였다. 그들은 "독서란 성인이 경전을 쓴 까닭과, 성인이 마음을 쓴 까닭, 성인이 성인이 된 까닭, 그리고 내가 아직 이르지 못한 까닭, 알지 못한 까닭을 살펴서 자구(字句)마다 찾아 낮으로 암송하고 음미하며, 밤중까지 그것을 사색하여, 마음을 평안하게 하고 그 기(氣)를 새롭게 하여 의문을 해소하면 성인의 뜻이 드러난다."(「유서」 권25, 『이정집』 322쪽)고 하였다. 학자는 아침저녁으로 성인의 책을 읽고 성인의 뜻을 체험하여 어떻게 성인이 되는가를 고려해야 한다는 말이다. 이것은 이정이 독서로 치지하여 성인에 도달함을 묘사한 한 폭의 그림이다. 그러나 이러한 공부는 당시 사회에서 독서인(지식인)을 얼마나 많이 괴롭혔는지 모른다. 즉 당시 지식인들이 세상물정에 어둡고 실무를 감당하지 못하여 세상에 아무런 도움도 못했던 원인이 바로 여기에 있었다.

이정은 또 사람들이 성인을 너무나 신비화하여 예측할 수 없거나 높아서 오를 수 없다고 생각하지 않도록 하기 위하여 추상적인 곳으로부터 구체적인 곳으로, 높아서 올라갈 수 없는 곳으로부터 현실적인 인간

세상에서 체현해내는 데 힘써 노력하였다. 이에 이정은 먼저 한 무리의 성인들 명단을 배열하였는데 요·순 · 우·탕·문·무·주공·공자 등이다. 이 가운데 요 · 순과 같은 전설중의 인물을 제외하고는 모두 실제적 인물들이다. 어떤 사람은 공명(功名)이 혁혁한 '성왕(聖王)'이며, 어떤 인물은 덕성과 명망이 높거나 재상(宰相)으로 천자를 보좌하였던 사람이며, 어떤 사람은 도(道)로 자임하는 '지성(至聖)의 선사(先師)'들이다. 그러므로 성인은 모두 이와 같은 구체적인 역사적 인물이라는 말이다. 다음으로 이정은 성인은 사람이 해야 할 바를 마땅히 하였으며, 사람이 해서 안 되는 일은 하지 않았다고 주장하였다. 정이는 명확하게 "성인이 하는 바는 사람이 마땅히 해야 하는 일이다. …… 범인이 해서 안 되는 일은 성인도 하지 않았다."[135]고 하였다. 성인이 능히 할 수 있는 일은 일반인도 모두 할 수 있다는 말이다. 끝으로 이정은 '백성'과 '성인'을 이와 같이 연결지어 "무릇 백성의 소리를 종합하여 들으면 성(聖)이며, 각자 나누어 들으면 우(愚)이다. 종합하여 들으면 대동(大同)의 중용이 있고, 빛나는 윤리가 있게 되며, 시시비비가 부당한 이치가 없으므로 성이다. 각자 나누어 들으면 모두가 사의(私意)를 따르게 되고 시비가 전도되므로 어리석게 된다. 대개 공의(公義)가 있으면 반드시 사욕을 이긴다."(「유서」 권23, 『이정집』 310쪽)고 하였다. 여기서 "백성의 소리를 종합하여 들으면 성(聖)"이라는 관점은 합리적인 요소를 포함하고 있다. 즉 '백성'을 총체적으로 보면 '성'이라고 할 수 있으며, 이것은 '백성'과 '성'의 사이에 결코 넘을 수 없는 경계가 없음을 인정한 말이다. 그러나 "각자 나누어 들으면 우(愚)"라는 관점은 근본적으로 잘못이다. 왜냐하면 '백성' 개개인은 모두 '우'라는 말이며, 개별적으로도 모두 '우'라고 말하는 것과 같기 때문이다. 이와 같다면 "종합하여 들으면 성"이라는 합리적인 요소도 부정되고 만다. 그렇더라도 우리는 "백성의 소리를 종합하여 들으면 성"이라는 관점이 결국은 진리의 일면을

---

135) 『河南程氏遺書』 권25. 「伊川先生語」 11.

포함하고 있으며, 이것이 이정의 성인관으로 하여금 비교적 많은 인간적인 색채를 지닐 수 있게 하였다고 생각된다.

위에서 서술한 바에 의하면 성인이 됨은 사람으로서의 최고이상이며 인생이 추구할 최종목표다. 그리고 성인이 되는 길은 지경(持敬)으로 궁리함과 독서로 치지하는 두 가지 방법으로 정형화되어 있는데 곧 "배움으로 성인에 이를 수 있다."는 말로 요약된다. 순자는 일찍이 "학자는 선비로 시작하여, 성인으로 마친다."[136]고 하였다. 이정은 다 함께 순자의 이 말을 칭찬하였는데[137], 그 까닭은 순자와 이정이 설계한 성인이 되는 길이 서로 부합하였기 때문이다. 이와 같이 성인이 되는 길을 사람들이 엄격하게 준수하고 실천하도록 노력하기를 통치계급이 바란 희망이었다.

3. 이정의 성인관이 끼친 영향

이상의 분석을 통하여 이정의 성인관은 비교적 체계적인 이론형태를 갖추고 있었고 그것이 후세에 끼친 영향도 매우 컸음도 알 수 있다.

첫째, 이정이 만들어 낸 성인은 한편으로 신성성(神聖性)·지상성(至上性)을 갖추어 순수한 '천리'를 체현한 사람으로 인간이 지향할 최고의 이상이다. 다른 한편으로는 인간으로서 올라갈 수 없는 우상이 아니라 사람마다 배울 수 있고 사람마다 할 수 있는 목표이다. 이와 같은 성인관은 유가 성인관의 계승 발전이며, 이정의 중요한 인생철학의 내용을 구성한다. 구체적으로 그들의 유심주의 천리사관(天理史觀)에 집중적으

136) 『荀子・勸學篇』, "其義則始乎爲士, 終乎爲聖人." 이 구절은 저자의 인용이 없어 역자가 보충하였다.

137) 『河南程氏遺書』 권18. 「伊川先生語」 4, "荀子曰: '始乎爲士, 終乎爲聖人' 今人學者須讀書, 才讀書便肓爲聖賢, 然中間至之之方, 更有多少."

로 표현되었다.

둘째, 이정은 성인의 도를 자신의 임무로 삼아 도통설(道統說)을 확립하였는데, 이른바 성현이 서로 마음을 전하였다는 논지다. 도통설 혹은 서로 마음을 전하였다는 논지는 리학을 통치사상으로 만든 중요한 법보(法寶)였으며, 정주학파(程朱學派)가 육왕학파(陸王學派)와 더불어 리학의 정통성[正宗]을 쟁탈하는 데 있어서 편리한 도구였다. 근대에 이르기까지도 이처럼 자칭 성인의 학문적 '정통'을 "이어 받았다."는 사람들은 모두 리학의 무기고에서 도통설이라는 무기를 골라잡고 있다. 그러나 이것은 진실로 낡고 닳은 옛 창을 다시 잡았다고 할 수 있다.

셋째, 이정이 그린 성인은 배움으로써 이를 수 있으며, 배우면 반드시 성인에 이를 수 있다는 사상은 리학가들이 신봉하는 준칙이 되었다. 리학가는 일반적으로 (1) 사람은 성인이 될 수 있는가 (2) 사람이면 누구나 성인이 될 수 있는가 (3) 어떻게 성인이 되는가 이 세 가지 문제에 대답해야 한다. 리학이 "내성(內聖)의 학문"이라고 불리는 이유는 어떻게 성인이 되는가의 학문이기 때문이다. 주희(朱熹)는 이정을 이어받아 인성은 본래 선하며 따라서 누구나 성인이 될 수 있다고 여겼다. 즉 사람에게 있는 리를 성(性)이라고 하는데 성이 리(理)이므로 사람은 모두 성인이 될 수 있다는 말이다. 구체적으로 "경을 보존함[持敬]" "욕망을 버림[去欲]" 그리고 "격물치지(格物致知)"의 공부를 통하여 "지선(至善)의 곳"에 머물면 "성인의 영역"에 도달할 수 있다고 생각하였다. 육구연은 "리를 밝힘"을 성인이 되는 표준으로 삼아서 오직 "본심(本心)을 발명(發明)"하기만 하면 성인을 인식할 수 있을 뿐만 아니라, 성인도 될 수 있다고 생각하였다. 왕수인(王守仁)은 "치양지(致良知)"의 여부를 성인을 구분 혹은 판단하는 표준으로 삼고, "성인은 알지 못하는 것이 없다는 말은 단지 천리를 안다는 뜻이며, 할 수 없는 것이 없다는 말은 단지 천리를 행한다는 뜻이다." "사람이 천리에 온전하게 도달하면 성인이다."(『傳習錄』 상)라고 하였다. 이 말은 마음이 "천리에 순응함"의 경지에 도달하면 "성인"이 되기에 부끄러움이 없다는 뜻이다. 육구연과 왕수인은 성인을 각 사람마다의 마음속에 이입(移入)하여 마음으로 성인이 되면 성인이며 "온 거리에 모두 성인이 가득 찬" 경지에 이를 수 있다고 보았다. 이것은 통치계급이 군중을 우롱하는 효과적인 방법이다.

종합하면, 이정의 성인관은 리학사상의 체계를 이루는 부분으로 자못 특색이 있다. 이정의 성인관을 연구하여 그에 합당한 분석과 평가를 함으로써 장차 이정 내지 송·명리학 전체를 깊이 이해하는 데 도움이 된다고 생각한다.

제7절: 이정사상의 동이(同異)

낙학은 이정이 공동으로 창립하였으며 유심주의적 리본체론이 이론적 전제로 깔려 있다. 앞의 몇몇 장에서 한 논술을 통하여 보면, 이정의 천리론(天理論)·범신론(汎神論)·격물치지론(格物致知論)·인성론(人性論)·리욕관(理欲觀)·성인관(聖人觀) 등 기본적인 사상은 대체적으로 일치하고 있음을 알 수 있다. 그러나 같음 가운데 다름이 있으니, 그들은 유심주의 리학이라는 공통의 전제 하에 서로 다른 철학적 경향을 드러내었다.

정호는 시종 주관적 유심주의의 노선을 관철하였다. 천리론에서 정호는 심즉리(心卽理)의 사상적 싹을 갖추었는데 「유서」 권2상에서 다음과 같이 설명하였다.

"만물이 모두 나에게 갖추어져 있다."는 말은 사람만 홀로 그런 게 아니라 사물도 모두 그러하다. 여기서부터 출발한다 해도 사물은 추리할 수 없어도 사람은 할 수 있다. 추리할 수 있다면 어느 때 적은 양[一分]이라도 더할 수 있는가? 추리할 수 없다면 어느 때는 적은 양이라도 감소하는가? 모든 리(理)는 갖추어져 골고루 깔려 있다. 요임금 같은 사람이 임금의 도리를 다할 때면 임금의 도리가 더 많아지고, 순임금이 자식의 도리를 다하면 효의 도리가 많아지겠는가? 원래 의구하다.

"萬物皆備於我", 不獨人爾, 物皆然. 都自這里出去, 只是物不能推, 人則能

推之. 雖能推之, 几時添得一分? 不能推之, 几量減得一分? 百理具在, 平鋪放著. 几時道堯盡君道, 添得些君道多; 堯盡子道, 添得些孝道多? 元來依舊. (『二程集』 34쪽)

이 조목은 『송원학안(宋元學案)』 권13의 정호어록(程顥語錄)에 있다. 이른바 "만물이 모두 나에게 갖추어져 있다.[萬物皆備於我]"는 말은 "내가 만물을 생겨나게 할 수 있다."거나 혹은 "내가 만물보다 먼저 존재한다."는 말이 아니라 만물은 모두 하나의 통일적인 '리' '천리'가 있으며, 이 천리가 나의 마음에 갖추어져 있다는 의미다. 천하에는 하나의 리만 있으므로 사람에게서나 사물에게서나 한결같지만 사람은 능히 응용할 수 있고, 사물은 단지 응용할 수 없다는 말에 불과하다. 여기에는 합리적인 요소가 포함되어 있는데, 사람의 사유(思惟. 저자주: '마음')는 물질세계의 규율(저자주: '理')을 파악할 수 있는데 사유와 존재는 동일성(同一性)을 갖추고 있다는 말이다. 정호는 당연히 이와 같이 명확한 철학적 언어로 표현할 수는 없었지만, 맹자의 "만물이 모두 나에게 갖추어져 있다."라는 말을 발전시켜 만물의 리(저자주: 통일적인 천리)는 "모두 나에게 갖추어져 있으며" 사람의 마음에만 만리(萬理)가 갖추어져 있는 게 아니라, 사물도 역시 이와 같다고 생각하였다. 정호는 또 "마음은 리이며, 리는 마음이다."(『「유서」 권13, 『이정집』 139쪽)라고 하였는데, 이것은 이미 마음이 리를 갖추고 있는 게 아니라, 마음 그 자체가 리라는 말이다. 정호의 심학사상(心學思想)의 요소는 여기서 더욱 분명하게 드러난다.

정호는 또 "만물일체의 인(仁)"을 주장하여 다음과 같이 말하였다.

인은 천지만물을 일체로 삼으므로 나 자신이 아님이 없다. 나 자신임을 안다면 어찌 이르지 못하겠는가?

仁者, 以天地萬物爲一體, 莫非己也. 認得爲己, 何所不至? (「遺書」 권2상, 『二程集』 15쪽)

인은 사물과 혼연히 한 몸이다. …… 이 도는 사물과 상대함이 없으며, 커서 이름을 붙일 수 없으며, 천지의 쓰임은 모두 나의 쓰임이다. 맹자의 "만물이 모두 나에게 갖추어져 있다."는 말은 모름지기 자신에게 돌이켜 성실하면 크게 기쁘다는 뜻이다.

仁者, 渾然與物同體. …… 此道與物無對, 大不足以名之, 天地之用皆我之用. 孟子言"萬物皆備於我", 須反身而誠, 乃爲大樂. (「遺書」 권2상, 『二程集』 16-17쪽)

인은 최고의 정신적 경계를 가리킨다. 정호가 보기에 이와 같은 경계에 도달하면 자기와 우주만물이 일체임을 깨달을 수 있다. 이것이 "인은 사물과 혼연히 동체(同體)"라는 뜻이며, "이 도(道)는 사물과 상대하지 않는다."는 말이다. "사물과 혼연히 동체" 곧 "만물일체"라면, "천지의 쓰임은 모두 나의 쓰임"이라는 말도 이치에 맞는 말이다. "천지만물을 일체로 삼은" 결과는 객관을 주관에 융합되었으므로 "나 자신이 아님이 없다." 여기서 주관적 유심주의의 입장이 더욱 분명히 드러난다.

정호의 관점은 물(物)·심(心)의 관계문제에서 더욱 선명해진다. 『작탐천(酌貪泉)』이란 시에 "중심이 스스로 견고하니 외물이 어찌 움직이게 할 수 있겠는가?"(「遺文」, 『이정집』 664쪽)라는 구절이 있다. 지생춘(池生春)과 제성표(諸星杓)가 쓴 「명도선생연보」 권1에 기록된 이 시는 정호가 10세 때 썼다. 이와 같은 말로 보면 정호는 일찍부터 주관유심주의의 관점을 갖고 있었다. 이 관점은 그의 중요한 철학저작인 『정성서(定性書)』에 더욱 뚜렷하게 드러난다. 그는 "내외(內外)의 두 근본이 있다."는 말에 반대하고 "내외 모두의 망각[兩忘]"을 주장하였다.

만약 외물을 밖으로 여겨 자신을 끌어 그것을 따르면, 자신의 성을 안과 밖 둘로 여기는 것이다. …… 밖이 아니면 안이라고 여김은 안과 밖을 모두 잊는 것보다 못하다. 양쪽을 다 잊으면 맑게 걸러져 일삼음이 없어진다. 일삼음이 없으면 안정되고, 안정되면 밝으며, 밝으면 사물에 응해도 어찌 누가 되겠는가?

苟以外物爲外, 牽己而從之, 是以己性爲有內外也. …… 與其非外而是內, 不若內外之兩忘也. 兩忘則澄然無事矣. 無事則定, 定則明, 明則尙何應物之爲累哉? (「文集」 권2, 『二程集』 460-61쪽)

여기서 내외란, 마음과 물(物), 주체와 객체를 의미하며, "내외를 다 잊는 것보다 못하다."는 말은 마음과 사물, 주체와 객체의 구별을 모두 없애는 것이 더 좋다는 뜻이다. "양쪽 다 잊으면 맑게 걸러져 일삼음이 없다."는 말은 사실 사물을 부정하는 뜻이다. 사물이 없으면 마음은 자연히 외물에 이끌려 누(累)가 되지 않는다는 말이다. 육구연이 말한 "간단한 공부가 종내 오래도록 크다."는 말을 정호가 일찍이 "스스로 몸소 드러내었다."고 할 수 있다.

격물(格物)과 궁리(窮理)의 문제에서 정호는 궁리를 강조하여 "가까이 자신의 몸에서 취하여", 인륜의 리를 밝히고 내심의 인(仁)을 체험하기만 하면 되지 멀리서 구할 필요는 없다고 주장하였다.

학자는 멀리서 구할 필요가 없으며 가까이 자신의 몸에서 취한다. 사람의 리(理)를 밝힘에 경(敬)으로써 할 뿐, 이것이 요해처다.

學者不必遠求, 近取諸身, 只明人理, 敬而已矣, 便是約處. (「遺書」 권2상, 『二程集』 20)

그가 보기에 "자신의 밖에서 구하는" 인식방법은 "지리(支離)하고 다단(多端)하다."(「遺書」 권4, 『이정집』 74쪽) 후일 "지리하다."는 설은 육구연이 주희의 격물치지설을 비판하는 하나의 무기가 되었다. 밖에서 구함을 '지리하다'고 여겼으므로 필연적으로 안에서의 성찰은 '간단하다.' 그는 다음과 같이 설명하였다.

일찍이 마음으로 하늘을 알 수 있음을 비유하면, 경사(京師; 卞京. 지금의 開封)에 사는 사람이 장안(長安; 지금의 西安)에 가려면 다만 서쪽 문으로 나가면 장안에 도달할 수 있음을 아는 것과 같다. 이것은 두 가지 의미를 내포한다. 만약 성실하기만 하면 비록 서울에 있어도 장안(의 일)

을 헤아리며, 다시 따로 장안에 가서 구할 필요가 없다. 마음이 하늘이므로 마음을 다하면 성을 알며, 성을 알면 천을 아니, 합당한 곳에서 알아서 취하면 다시 밖에서 구할 필요가 없다.

嘗喩以心知天, 猶居京師往長安, 但知出西門便可到長安. 此猶是言作兩處, 若要誠實, 只在京師, 便是到長安, 更不可別求長安. 只心便是天, 盡之便知性, 知性便知天, 當處便認取, 更不可外求. (「遺書」 권2상, 『二程集』 15쪽)

마음을 다하기만 하면 성을 알고 천을 알 수 있으므로 근본적으로 밖에서 구할 필요가 없으니, 실재로 매우 '간단'하다는 뜻이다. 정호는 이로부터 궁리(窮理)·진성(盡性)·치명(致命) "세 가지 일을 동시에 병행하되" "만약 실제로 리를 궁구할 수만 있다면 성명(性命)을 아는 것도 역시 가능하다."(「유서」 권2상, 이정집 15쪽)고 하였다. 정호와 같이 인식론상에서 이러한 주장을 철저하게 관철하면 반드시 육구연(陸九淵)의 "본심(本心)을 발명(發明)한다."는 인식노선으로 향하게 된다.

정호(程顥)가 주관유심주의를 견지한 것과는 달리, 정이(程頤)는 주관유심주의를 거쳐 객관유심주의로 옮겨갔다.

정이가 학술활동에 종사한 초기에 정호처럼 맹자의 주관유심주의의 영향을 매우 깊이 받았다. 그는 "마음이 도"라는 명제를 주장하였다.

맹자의 "그 마음을 알면 그 성을 안다."는 말은 마음이 도라는 뜻이다.[138] 하늘에서는 명(命)이며 사람에서는 성이니, 마음이 주로 하는 바를 논하면 사실 단지 하나의 도일 뿐이다.

孟子曰: "盡其心, 知其性." 心卽道也. 在天爲命, 在人爲性, 論其所主爲心, 其實只是一个道. (『宋元學案』 권15)

이 말을 보면 이미 정이는 객관유심주의의 관점을 갖추었다. 그러나 여전히 "심즉도(心卽道)"의 주관유심주의 흔적이 남아 있었다. 재미있는

138) 저자주: 「遺書」 권18(『이정집』 204쪽)에서는 '道'를 '性'으로 썼다. 그러나 상하 문장의 뜻으로 볼 때 역시 아마도 '道'라고 해야 한다.

일은, 후일 어떤 사람이 "심즉도"의 명제와 왕양명(王陽明)의 "심즉리(心卽理)"라는 주관유심주의 명제와 함께 거론하기를 "『전습록(傳習錄)』에 '마음이 리이다'라는 말은 '마음이 도다'라는 말과 같은 입에서 나왔다고 한 일이다. 양명선생은 (정이보다) 뒷사람으로 사(事)에서 리를 구하였으므로 누누이 이 뜻을 언급하였다. 알지 못하는 사람이 혼돈하여 독창적이라고 여길 뿐이다."(『송원학안』 권15)라고 하였다. 여기서 말한 "사에서 리를 구한다."는 말은 정이와 주희로 대표되는 객관유심주의의 관점을 가리킨다. 그럼에도 유독 정이의 "심즉도"라는 명제만 이용하여 "사에서 리를 구한다."는 관점을 반대한 것은 "그대의 창으로 그대의 방패를 공격한다."는 말에 비유된다. 따라서 위에서 말한 어떤 사람이 왕양명의 '심즉리'설은 정이의 '심즉도'에서 탈태(脫胎)되었다는 말을 지적하였음을 알 수 있다. 정이는 또 "마음은 도를 생겨나게 한다. 이 마음이 있으면 형체로 생겨난다."(『송원학안』 권15)고 하였는데, 이것도 주관유심주의의 흔적이다. 이와 같은 흔적들은 대개 정호가 세상을 떠난 전후까지 연속되었다. 두 가지 예를 들어 설명할 수 있다.

첫째, 관중(關中)의 학자들이 기록한 정이의 『입관어록(入關語錄)』(1080년)에서는 다음과 같이 설명한다.

> "큼으로써 그와 화한다."는 말은 리와 자신이 하나임을 말할 뿐이다. 아직 변화하지 않은 것은 마치 사람이 척도로써 사물을 도량함에 그것을 이용해도 착오를 면하지 못하는 것과 같다. 변화에 이른 사람은 자신이 척도며, 척도가 곧 자신이다.
>
> "大而化之", 只是謂理與己一. 其未化者, 如人操尺度量物, 用之尚不免有差, 若至於化者, 則己便是尺度, 尺度便是己. (『二程集』 156쪽)

여기서 "리와 자신이 하나다."라는 말은 실제로 "리와 마음이 하나다."는 뜻이며, "자신의 마음"을 만물의 척도로 삼는다는 말이다. 비록 그렇더라도 이것은 '천인합일'의 경계를 실현한 이후의 일이므로, 다만 주관유심주의의 혐의를 가까스로 면할 수 있을 뿐이다.

둘째, 정이는 「명도선생행장(明道先生行狀)」(1085년)을 편찬하였는데 만년에 문인(門人)인 장역(張繹)에게 다음과 같이 설명하였다.

> 내가 옛날 명도선생의 행장을 썼을 때 나의 도는 대개 명도와 같았다. 달라진 때의 내 견해를 알고자 하면 이 글에서 구하면 된다.
>
> 我昔狀明道先生之行, 我之道蓋與明道同 異時欲知我者, 求之于此文可也. (朱熹: 「伊川先生年譜」『二程集』346쪽)

"나의 도는 대개 명도와 같았다."는 말은 주로 두 사람이 공동으로 창립한 유심주의의 리학을 가리키지만, 정이가 젊었을 때 정호와 함께 가졌던 주관유심주의의 관점을 배제하지는 않은 것 같다. 왜냐하면 정이가 이 말을 할 때는 이미 객관유심주의의 리본체론 체계를 건립하였기 때문에 "달라진 때의 내 견해를 알고자 하면 이 글에서 구하면 된다."고 한 말은 분명히 사람들에게 역사관점으로 그의 사상적 궤적을 연구해 주기를 희망하였다고 보아야 한다. 이와 같이 하면 낙학의 발전과 그 사상적 본질에 대한 이해가 더욱 쉬울 수 있다.

정이는 만년에 학술적 관심을 역학(易學)으로 전향하였는데, 『이천역전(伊川易傳)』은 그의 만년의 주요한 철학저작이다. 여기에는 정이의 객관유심주의 리본체론이 매우 성숙되어 있다. 그는 「역전서(易傳序)」(1099년)에서 다음과 같이 설명하였다.

> 지극히 은미함은 리며, 지극히 현저함은 상(象)이다. 체(體)와 용(用)은 하나의 근원이며, 현저함과 은미함은 사이가 없다.
>
> 至微者理也, 至著者象也. 體用一源, 顯微無間. (『二程集』689쪽)

그리고 「유서」 권2에도 이와 같은 말이 기록되어 있다.

> 지극히 현저함은 일[事]만한 것이 없으며, 지극히 은미함은 리만한 것이 없으나, 일과 리는 일치하며 은미함과 현저함은 한 근원에서 나왔다.

> 옛날의 군자가 말한 좋은 학자란 이에 능통한 사람일 뿐이다.
> 至顯者莫如事, 至微者莫如理, 而事理一致, 微顯一源, 古之君子所謂善學者, 以其能通於此而已. (『二程集』 제323쪽)

구체적인 일(事)과 상(象)은 현저하며, 추상적인 리는 은미하나, 리와 일은 서로 몸붙어(卽하여) 있어 떨어지지 않고 피차간에 사이가 없다. 그러나 리는 체며, 일은 용이라는 말은 리가 제일성(第一性)이며 일(事)은 제이성(第二性)이라는 뜻이다. 여기서 주의할 점은 정이가 "마음이 도다." 혹은 "마음이 도를 생겨나게 한다."는 주관유심주의의 잔재(殘滓)를 싹 쓸어버리고, 반대로 "좋은 학자"란 반드시 지극히 은미한 리를 체인(體認)해야 한다고 한 주장이다. 이것은 틀림없는 객관유심주의 관점이다.

정호가 제출한 "마음이 리며, 리가 마음이다."라는 명제와 상반되게, 정이는 명확하게 "성이 리다."라는 명제를 제출하였다. 그는 다음과 같이 설명하였다.

> 성이 곧 리이니, 이른바 리는 성이다.
> 性卽是理, 所謂理, 性是也. (「遺書」 권22상, 『二程集』 292쪽)

> 성이 리이니, 리는 요순에서부터 평범한 사람까지 한결같다.
> 性卽是理, 理則自堯・舜至於塗人, 一也. (「遺書」 권18, 『二程集』 204쪽)

"성즉리(性卽理)"는 리학사(理學史)에서 중요한 의의를 가진 명제로 "마음이 리다(心卽理)"라는 명제와 서로 대립되어 리본체론(理本體論)과 심본체론(心本體論)을 구분하는 중요한 원칙이다.

정이(程頤)는 격물치지론을 크게 발전시켜, 밖을 향하여 탐구하고 물리를 인식할 때 점진적인 축적을 거쳐 활연관통(豁然貫通)에 도달해야 한다고 주장하였다. 인식론상에서 안으로 향하는 정호의 경향과는 상반되게 정이는 분명히 밖으로 향하는 경향을 지녔다. 이미 앞의 이정의 격물치지론에서 설명하였으므로 여기서는 더 이상 필요 없는 서술은 하지 않는다. 다만 특별하게 지적할 점은 정이가 아래와 같이 제시한 원칙이다.

> 함양은 반드시 경을 이용해야 하며, 학문을 닦음은 치지에 있다.
> 涵養須用敬, 進學則在致知. (「遺書」 권18상, 『二程集』 188쪽)

여기서 드러나듯이 리학의 인식론과 수양론은 본래 한데 얽혀 있다. 정호는 주경(主敬)의 수양론을 중시하였으나, 정이는 주경의 수양론과 치지(致知)의 인식론을 함께 중시하였다. 이에 대하여 황종희(黃宗羲)는 다음과 같이 평론하였다.

> 주원공(周元公: 周敦頤)으로부터 정(靜)을 주로 하여 인극(人極: 인간의 도리)을 확립하기 시작하였다. 명도는 정(靜)이라는 글자에 약간 치우쳐 오로지 경(敬)을 주로 하지는 않았다. …… 이천은 경이라는 글자로는 미진하다고 보고 궁리의 설을 더하여 '함양은 반드시 경을 이용해야 하며, 진학은 치지에 있다'고 하였다. …… 이 종지가 한번 확립된 뒤 주자에 이르면 더욱 상세하게 된다.
> 自周元公(敦頤)主靜立人極, 開宗. 明道以靜字稍偏, 不若專主于敬. …… 伊川則以敬字未盡, 益之以窮理之說, 而日: 涵養須用敬, 進學則在致知. …… 此旨一立, 至朱子(熹)又加詳焉. (『宋元學案』 권16)

위의 인용문은 리학의 유심주의 발전과정 과정에 따라서 정이가 제출한 격물치지설이 인식론상에서 리학의 발전에 중요한 공헌을 하였음을 설명한 말이다. 인식론에서 정이는 주희와 일치하여 밖으로 사물의 리를 탐구하는 유심주의의 인식노선을 중시하였다.

정이의 철학사상이 주관유심주의로부터 객관유심주의로 바뀌는 발전과정에는 심각한 사회·역사적 근원이 깔려 있다. 정이가 활동한 전기는 왕안석의 변법(變法)시기였다. 이정은 왕안석의 "형공신학(荊公新學)"과의 투쟁 중에 리학을 발전시켰다. 이 시기 이정은 부필(富弼)과 사마광(司馬光)을 필두로 하는 관료지주계급으로 이루어진 정치세력의 지지를 받아 날카롭고 진취적이었으며, 주관적인 정신작용을 지나치게 믿고 과대(誇大)하였다. 이 때문에 주관유심주의적인 경향을 표현하였다. 정이가 활동한 후기는 정치상으로 여러 차례 좌절을 겪었다. 특히 원우당(元祐黨)이 실권을 잡은 후 정치적으로 대단히 실망하였다. 그래서 "삼대(三代)의 정치는 회복할 수 없다. 현군(賢君)이 나와야 능히 소강(小康)[139]에 이를 수 있다."(「外書」 권11상, 『이정집』 414쪽)고 한탄하였다. 그러나 사상적으로는 "명(命)은 천리다."(『이천역전』 권3, 『이정집』 928쪽)라고 하여 천명을 굳게 믿었다. 동시에 북송에서 일어난 과학기술의 발전과 정이 자신의 다년간의 정치와 학술활동도 리학체계를 발전시키고 완전하게 만드는 조건이 되었다. 이로 인해 정이의 만년의 객관유심주의적인 리본체론이 성숙되었고, 이것은 『이천역전』에 충분히 드러나 있다.

리학사상에 대한 두 정씨 간의 동이(同異)는 유심주의의 리학체계 내부의 두 갈래의 서로 다른 경향이다. 이러한 두 갈래의 경향은 후일낙학의 분화를 초래하여 리학과 심학의 분야를 형성하였다.

---

139) 정치・교화가 잘 행해져 세상이 태평함.

제 7장

낙학의 계승자들

[상]

낙학(洛學)은 신학(新學)과는 달리 창립되자마자 최고통치자의 지지를 얻어, 약 반세기 동안 사상계의 통치적 지위를 차지하였다. 조공무는 이에 대해 "홀로 세상에 유행함이 60년이었다."(晁公武: 『郡齋讀書志』 권1상)고 술회하였다. 또 관학(關學)과도 달랐다. 장재(張載)가 살았을 때 "관학의 왕성함이 낙학에 못지않았지만" 장재가 세상을 떠난 후 "2대 제자를 찾기가 매우 어려웠다."(『宋元學案』 卷首 「序錄」)고 할 만큼 매우 빨리 쇠퇴하였다. 낙학이 창립된 이후 "한 시절의 영재들이 그 문하로 모여들었다."(王夫之: 『張子正蒙注・序論』)는 왕부지의 말처럼 제자가 많았으며 전승이 끊기지 않았다. 후계자들은 끊임없이 낙학의 학설을 계속 발전시키고 완성시켜 마침내 사상계에서 장기간의 통치지위를 누리게 되었다.

이정 문하의 수많은 일대(一代) 제자들 가운데 낙학의 전파에 가장 힘쓴 사람은 사량좌(謝良佐), 양시(楊時), 유작(游酢)[140], 여대림(呂大臨), 윤돈(尹焞) 등이다. 이 책은 제7장, 제8장의 두 장에서 몇몇 주요한 낙학의 계승자[傳人]들이 어떻게 낙학을 계승하고 발전시켰는가를 비중있게 다룰 것이며, 이들 낙학 후계자들의 이론적 특색과 서로 다른 경향을 깊이 탐구하여 낙학발전의 궤적과 방향을 밝히고자 한다.

---

140) 游酢의 '酢'은 발음이 '초 초'와 '잔 돌릴 작'의 두 가지가 있다. 여기서는 '작'으로 읽는다.

제1절: 사량좌(謝良佐)

이정의 후학들 가운데 고제(高弟: 수제자)라고 호칭되는 사람이 이른바 '정문 4선생(程門四先生)'이다. 네 선생의 첫째가 사량좌로서 낙학의 중요한 전승자다.

사량좌(1050~1103)의 자는 현도(顯道)이며, 상채(上蔡. 저자주: 지금의 河南省 汝南縣) 사람이다.[141] 송 신종(神宗) 원풍(元豐) 원년(1078) 정호가 부구현(扶溝縣)의 지부(知府)일 때 과거공부를 하던 사량좌는 정이가 과거보다 도학(道學)을 중시하였음을 알게 되었다. 이에 부구현으로 가서 정호를 뵙고 학문을 물었으며, 그후 정이를 스승으로 섬겼다. 원풍 8년(1085) 진사(進士)에 급제하여 주(州)와 현(縣)의 관리를 역임하

141) 저자주: 사량좌에 관한 기록에 『송사』의 본전(本傳)에 '壽春上蔡人'이라고 하였는데 후인은 습관적으로 이 설을 따랐다. 그러나 상채(上蔡)는 패군(沛郡)에 하채(下蔡)가 있기 때문에 붙여진 이름이다. 하채는 송나라 때 수주(壽州)에 속하였으며, 북수춘(北壽春)이라고 불렸고, 지금의 안휘성(安徽省) 수현(壽縣)에 속한다. 주희의 『이락연원록』과 정원석(鄭元錫)의 『함사(函史)』에 근거하면, 다 같이 사량좌를 '上蔡人'이라고 한다. 『이정외서』 권12의 "장차 蔡州로 돌아간 뒤 이해하게 되었다."와 "채주(蔡州)로부터 낙양으로 왔다."(『이정집』 433, 434쪽)는 말에서도 사량좌가 채주에서 살았음을 확인할 수 있다. 그리고 채주는 지금 하남성(河南省) 여남현(汝南縣)에 속하므로 사량좌는 하남성 여남 사람이다.

였다. 송 휘종(徽宗) 건중정국(建中靖國, 1101) 초에 관경사(官京師)가 되어 황제를 알현한 뒤 "황제의 뜻이 성실하지 않음"을 알고, 감찰국에 청하여 감경서죽목장(監京西竹木場)의 자리를 얻었다. 이때 휘종에 대해 예언하기를, "한번 서울을 떠날 수밖에 없다."고 하였다. 이로써 유언비어를 퍼뜨린 죄로 관직을 삭탈당하고 서민으로 강등된 지 얼마 되지 않아 세상을 떠났다. 저서에는 『논어설(論語說)』 10권이 있다. 문인인 증념(曾恬)과 호안국(胡安國)이 기록한 「상채선생어록(上蔡先生語錄)」은 주희의 편집을 거쳐 3권으로 출간되었다.

사량좌는 장기간 이정의 낙학에 영향을 받았기 때문에 그의 리학사상은 당연한 이치로 낙학의 특색을 지닌다. 그러나 그는 불교의 영향도 상당히 깊이 받았기 때문에 선학(禪學)의 요소가 섞여 있으며 심지어 '선(禪)으로써 유(儒)를 증명한다'고 하기도 하였다.

1. 천인합일설(天人合一說)

사량좌는 이정의 학설을 발전시키면서, 적지 않게 독창적 견해를 확립하였다. 그의 사상적 특징은 낙학의 천인관에 대하여 비교적 충분하고 체계적으로 이론을 정립하고, 그로부터 천인합일설을 핵심으로 하는 리학체계를 형성한 데 있다.

사량좌는 이정의 천리론(天理論)을 계승하였다. 이정의 학문적 특징은 "천리라는 두 글자를 드러낸 데 있다."는 평가를 최초로 한 사람이 사량좌였다. 그는 "명도(明道)는 일찍이 '나의 학문은 비록 (남에게서) 배운 것이지만, 천리라는 두 글자는 스스로 드러내었다'라고 하였다."(「上蔡語錄」 상)고 말하였다. 그리고 이 천리에 대하여 "이른바 천리는 자연의 도리이며, 조금도 허구가 없다."(「상채어록」 상)고 해석하였다. 천리는 일종의 바꿀 수 없는 자연의 일정한 추세로서, 사람의 힘으로 창조할 수도 없고 사람의 힘으로 개변할 수도 없다는 뜻이다. 그는 리(理)가 천(天: 하늘)이며, 이 리로서 양자는 동등하다고 보아 "사물마다 모두 리가 있으며, 자연의 리가 천이다."(「상채어록」 중)라고 하였다. 그리고 천과 리 두 글자를 함께 붙여 씀으로써 천과 리가 같은 뜻이며, 서로 의미를 설명하는 말로 보았다. 이러한 의의에서 보면, 천리는 객관적이다. 그러나 다른 한편으로 천리는 인·의·예·지·신 등 도덕 원칙의 총칭이며, 인심(人心) 속에 존재하는 자연적 도리이므로 '사람의 도리'[人理]라고 할 수 있다. 이러한 의의에서 보면 천리는 또 주관적인 게 된다. 이처럼 천리 혹은 인간의 리는 인심 속에 존재하며 인욕(人欲)과 더불어 상대적인 면이 있다고도 할 수 있다. 사량좌는 스승의 설을 엄숙하게 지켜 천리와 인욕의 변별을 강조하였다. 그는 "천리와 인욕은 상대적이다. 한 푼의 인욕이 있으면 한 푼의 천리를 없애버리며, 한 푼의 천리가 있으면 한 푼의 인욕을 이긴다. 인욕이 날뛰자마자 천리가 소멸된다. 사사로운 마음으로 의미를 해석하고 함부로 일을 처리함이 이른바 인욕의 날뜀이다."(「상채어록」 상)라고 하였다. 여기서 천리와 인욕이 서로 승부하고 없애고 키우는 일반적인 설명 외에 "사사로운 마음으로 의미를 풀이하고 함부로 일을 처리함"이 '인욕의 날뜀'이라고 하였다. 그는 심지어 "임의로 즐거워하고 노여워함이 모두 인욕이다."라고 하였는데, 지론(持論)의 엄격함이 이정보다 지나치면 지나쳤지 모자람은 없다. 인욕을 소멸시키고자 사량좌는 "천리를 살피는" 하학상달(下學上達)의 공부를 제시하였다. 그는 "배움은 모름지기 먼저 리를 따라 공부해야 한다. 사람의 리를 다함이 천의 리를 다함이며 배움은 여기에서 마친다. 하학으로 상달하는 뜻이 이와 같다. 그러므로 '하늘만이 나를 알진저! 인심과 천지는 한 몸이다. 다만 사심(私心) 때문에 스스로 작아질 뿐이며 물욕으로 인하여 마음대로 처리하면 이미 더 이상 함께 할 수가 없다'고 하였다. 배워서 도달함이 어찌 천지와 더불어 일체가 되는 곳에 머물지 않겠는가? 이것이 하늘이다."(「상채어록」 중)라고 하였다. 인심은 본래 천지와 일체이므로 하학(下學)을 거쳐 상달하는 공부를 통하여, '사람의 리를 다함'에 도달하고 동시에 "하늘의 리를 다함에 도달한다." 한결같이 이와 같다면 이미 천지와 같아지며 자신이 천이 된다. 이것을 '천인합일(天人合一)'이라고 부른다.

주지하듯이 정호는 "인(仁)은 천지만물을 일체로 삼는다."는 관점을 가졌고, "의서에는 수족(手足)의 마비와 저림을 불인(不仁)이라고 말했는데, 이 말이 그 이름의 상태를 가장 잘 한 말이다."(『이정집』 15쪽) 라고 하였다. 정이도 "마음은 곡식의 종자와 비유되며, 생(生)의 성(性)이 인(仁)이다."(「遺書」 권18, 『이정집』 184쪽)라고 하였다. 이것이 곧 지각과 생의(生意)로써 인을 논한 효시(嚆矢)다. 사량좌는 이 방향의 관점을 계속 유지하여 이정의 심성론을 발전시켰다. 그는 다음과 같이 말하였다.

> 마음이란 무엇인가? 인(仁)일 뿐이다. 인이란 무엇인가? 살아 움직임이 인이며, 죽음은 불인(不仁)이다. 이제 사람의 신체가 마비되어 아픔과 가려움을 모름을 불인이라고 한다. 복숭아와 살구나무의 씨앗이 땅에 심어져 살아남을 복숭아와 살구나무의 인이라고 하며, 생(生)의 뜻이 있다고 말한다. 이것을 미루어보면 인을 알 수 있다.
>
> 心者何也? 仁是已. 仁者何也? 活者爲仁, 死者爲不仁. 今人身體麻痺, 不知痛痒, 謂之不仁. 桃杏之核可種而生者, 謂之桃仁杏仁, 言有生之意. 推此仁可見意 (「上蔡語錄」 上)

'아픔과 가려움'의 비유는 지각으로 인을 논한 것으로, 이는 정호로부터 시작되었다. '복숭아와 살구'의 비유는 생의(生意)[142]로써 인을 논한 것으로, 이것은 정이(程頤)로부터 시작된다. 사량좌의 "살아 움직임이 인이다."라는 말은 '활(活)'이라는 한 글자에 지각과 '생의'의 의미를 포섭함으로써, 이 문제에 대한 이정의 관점에 대한 종합적 설명이다.

---

142) 이 생의(生意)의 사전적 의미는, 활발하고 생생한 기운[生氣, 生機], 만물이 성장하는 의의(意義), 생업(生業) 등이지만 여기서는 생기(生機), 즉 우주전체를 관통하는 생생불식(生生不息)의 생명현상의 뜻이라고 할 수 있다.

이것은 황종희(黃宗羲)가 말한 "인(仁)을 논함에 깨달음과 생의로써 한다."(「상채학안」, 『송원학안』 권24)는 말과 같은 뜻이다.

그러나 '생의'는 단지 '인'의 여러 함의 가운데 하나일 뿐이다. 이 외에 인에는 천리라는 뜻이 있다. 정호는 "'천지의 큰 덕을 생이라고 한다', '천지의 기운 덩어리가 만물을 화순(化醇)한다', '생을 성이라고 한다'는 말에서 만물의 생의를 가장 잘 볼 수 있다. 이 (元亨利貞의) 원(元)은 선의 으뜸이며, 이것이 이른바 인이다."(「유서」 권11, 『이정집』 120쪽)라고 하였다. 정호는 『주역』에 근거하여 '대덕(大德)', '생(生)', '성(性)', '인(仁)'을 일률적으로 보았으며 '대덕'을 천리라고 하였다. 정리하면 '대덕=천리=인'이다. 사량좌도 같은 형식으로 "스스로 그러하여 바꿀 수 없음을 도(道)라고 부르며, 내 몸에 있는 체(體)를 덕(德)이라고 부른다. 지각이 있어 아픔과 가려움을 앎을 인이라고 부르며, 운용하는 곳에서 모두 합당함을 의(義)라고 부른다. 크게는 모두 하나의 일이며 어디에 허다한 분별이 있겠는가?"(「상채어록」 상)라고 하였다. 도, 덕, 인, 의는 단지 하나의 일이며 더 이상 분별은 없다. 그는 "인이란 하늘의 리이며, 근거 없이 한 말[杜撰]이 아니다. …… 맹자는 '인은 인심(人心)이다. 마음을 다하는 사람은 성을 안다. 성을 알면 천을 안다'고 하였다."(「상채어록」 상) '인'은 인심이며 또한 천리이므로 "천의 리를 따름이 성이다."(「상채어록」 중) 그러므로 마음을 다하기만 하면 성을 알 수 있고, 천을 알 수 있다는 뜻이다. 이처럼 그는 천인합일의 경계를 실현하기 위한 하나의 통로를 열었다.

사량좌는 천인합일의 경계를 어떻게 실현할까에 대한 문제에 대하여 궁리설을 전개하였다. 그는 정호의 "리를 궁구하고 성을 다함으로써 명(命)에 이르고, 세 가지 일을 일시에 병행한다."는 사상을 계승하여, 궁리할 수 있으면 성을 다하고 명에 이를 수 있다고 생각하였다. "궁리할 수 있고, 궁리하면 성을 다하며, 성을 다하면 명을 안다." 아울러 집의 기둥을 예로 들어 "이 나무가 기둥이 될 수 있음은 리다. 그 굽음과 곧음은 성이다. 굽고 곧은 까닭이 명이다. 리(理)·성(性)·명(命)은 하나일 뿐이다."(「상채어록」 중)라고 하였다. 리·성·명이 되는 원인은 동일하며, 궁리(窮理)·진성(盡性)·치명(致命)은 "동시에 병행할 수 있다." 그러므로 단지 '궁리'라는 이 요체를 잡기만 하면 된다. 이 때문에 그는 궁리의 필요성과 궁리에 필수적으로 구비되어야 할 조건을 중시하여 논술하였다. 그는 다음과 같이 말하였다.

> 학자는 모름지기 궁리해야 한다. 사물마다 모두 리(理)가 있으니 궁리하면 하늘이 하는 바를 알게 된다. 천이 하는 바를 알게 되면 천과 하나가 된다. 천과 하나가 되면 어디를 가든 리가 아님이 없다. 궁리는 리가 있는 곳을 찾는 일이다. 내가 궁리할 수 없는 일이 있는데 타인이 누가 진정한 나를 알 까? 무엇이 나인가? 리가 나이다. 궁리가 지극하면 자연히 힘쓰지 않아도 적중하고, 생각하지 않아도 알며, 조용하게 도(道)에 적중한다. '리는 반드시 사물마다 궁구해야 하는가?'라고 물으면, '반드시 그 큰 것을 궁구해야 한다. 리는 하나일 뿐이며 한 곳의 리를 궁구하면 닿는 곳마다 모두 통한다'라고 대답할 것이다. 모름지기 궁리의 근본을 깨달아야 할 진저!
>
> 學者且須是窮理. 物物皆有理, 窮理則能知天之所爲. 知天之所爲, 則與天爲一. 與天爲一, 無往而非理也. 窮理則是尋個是處. 有我不能窮理, 人誰識眞我? 何者爲我? 理便是我. 窮理之至, 自然不勉而中, 不思而得, 從容中道. 曰: 理必物物而窮之乎? 曰: 必窮其大者. 理一而已, 一處窮理, 觸處皆通. 恕其窮理之本歟. (「上蔡語錄」 중)

이를 통하여 사량좌의 궁리(窮理)설이 네 가지 내용을 포함하고 있음을 알 수 있다. 첫째, 궁리는 '옳은 곳을 찾아 구하는 것'이다. 사물이 그렇게 되는 원인을 찾아내는 일은, 어떤 사물이 그 사물이 되는 바의 원인을 탐구하여 크게는 천지만물의 궁극적 원인에까지 도달하는 것이다. 둘째, "내가 궁리할 수 없는 것이 있다."는 말은 인욕만 제거하기만 하면 천리를 인식할 수 있다는 뜻이다. '진정한 나'라는 말은 인욕을 배제한 천리를 의미한다. "무엇이 나인가? 리가 나다."라는 말에서 '나'는 '진정한 나'를 의미한다. 이것은 궁리에 반드시 갖추어야 할 주관적 조건을 가리켜 한 말이다. 셋째, 격물궁리(格物窮理)는 결코 '사물마다 궁구하기'를 요구하지 않으며, '그 큰 것을 궁구'하기만 하면 된다는 뜻이다. 왜냐하면 '리는 하나일 뿐'이고 만물은 모두 동일한 천리의 체현(體現)이기 때문에 한 사물의 도리를 모두 궁구하기만 하면 어디에나 통할 수 있다는 말이다. 이것은 정이가 "모름지기 오늘 하나를 격물하고 내일 또 하나를 격물하여 익힘이 이미 많이 쌓인 연후에 명쾌하게[산뜻하게] 관통하는 곳이 있게 된다."는 말에 나타난 "두루 사물의 이치를 구한다."는 관점과는 구별된다. 넷째, 궁리의 목적은 "하늘이 하는 바를 아는 것"이다. 따라서 '천과 하나가 됨'에 도달해야 천인합일이 이루어진다. 사량좌는 "이른바 격물하고 궁리함에 반드시 천리를 알아내는 것부터 시작해야 한다. …… 천리를 알고 난 뒤에 천이 하는 바를 할 수 있다. 성인의 문하에 있는 학자는 천이 하는 바를 하므로 감히 하늘로 자처(自處)한다."(「상채어록」 상)고 하였다. 궁리는 '천이 하는 바를 알아내는' 과정으로 즉 천리의 과정에 대한 인식이다. 일단 천리를 인식하면 "천이 하는 바를 할 수 있다." 그리고 '천이 하는 바를 함'은 실제로 인사가 천명에 응하는 것이다. 이러한 경지에 도달하면 천일합일이 된다는 말이다. 따라서 그는 "하늘은 리며, 사람도 역시 리다. 리에 따르면 천과 하나가 된다. 천과 하나가 되면 나는 내가 아니고 리이며, 리는 리가 아니고 천이다."(「상채어록」 중)라고 하였다. 이것이 사량좌의 천인합일설의 전체논리다.

'천인합일'의 경계는 결국 도달할 수 있는가 없는가? 사량좌는 『논어(論語)』를 읽는 것을 예로 들어 긍정적으로 말하였다.

> 그것(『논어』를 읽는)이 오래될수록 익힘이 더욱 깊어지고, 행함이 더욱 드러난다. 보고 듣고 말하고 행동함이 모두 천리임을 알면 목소리의 기운과 용모 안색이 모두 묘용이 아님이 없으니, 부자와 군신을 어찌 인간이 질서 지울 수 있으며, 인의예악을 어찌 인간이 억지로 이름 지을 수 있겠는가? 마음은 천지와 함께 흐르며, 체(體)와 신명(神明)은 하나다. 동물이건 식물이건 어떤 사물도 내가 아님이 없으며, 형(形)이 있거나 없거나 무슨 간격이 있겠는가? 이에 이르면 사람과 책은 서로를 잊어버린다.

其久也，習益深，行益著．知視聽言動蓋皆天理，聲氣容色無非妙用，父子君臣豈人能秩序，仁義禮樂豈人能强名．心與天地同流，體與神明爲一．若動若植，何物非我；有形無形，誰其間之．至此，蓋人與書相忘也．(「上蔡學案・論語解說」，『宋元學案』 권24)

『논어』를 읽고 사람과 책이 서로를 잊어버리는 경지에 도달하고 최후로 "마음은 천지와 함께 흐르며, 체와 신명이 하나가 되고" 하늘과 사람이 간격이 없으며, 융합하여 하나가 된다. 이것은 일종의 천인일체의 경계다. 사량좌는 주진(朱震)을 위하여 『논어』를 설명하면서 거듭 위의 관점을 중시하였다. 그는 "무릇 성인의 성은 드러남도 없으며 은미함도 없고 내외도 없다. 용모를 단정히 하고 물 뿌려 청소하고 응대함과 나아감과 물러남(일상의 평범한 생활)으로부터 천도(天道)에 이르며, 본말이 일관된다. 『논어』라는 한 권의 책은 단지 이와 같이 보아야 한다."(「上蔡語錄・附證・胡憲跋」)고 하였다. 이 관점은 정이(程頤)의 "체용은 일원(一源)이며, 드러남과 은미함은 간격이 없다."는 사상을 밝혀 드러냈다. 이로부터 사량좌의 천인합일설은 이정의 사상에 그 연원이 있음을 알 수 있다.

2. 선(禪)으로써 유(儒)를 증명한다

'선(禪)으로써 유(儒)를 증명한다'는 말은 사량좌의 리학사상에 나타난 큰 특색이다.

이정의 후학들은 선(禪)으로 흐른 사람이 많았는데, 양시(楊時), 유작(游酢), 사량좌(謝良佐)도 이와 다르지 않았다. 그러나 정이(程頤)는 양시와 사량좌 두 사람을 다른 사람들과는 달리 아직 불학(佛學)에 흐르지 않았다고 칭찬하였다. 「외서(外書)」에는 "이천(伊川)이 부(涪: 四川省의 涪江. 지금의 涪陵)로부터 돌아와 보니, 학자들이 조락하여 불학(佛

學)을 따르는 사람이 많았는데 오직 선생(양시)과 사량좌만 변하지 않음을 보고 찬탄하여 '학자들이 모두 오랑캐로 흘렀지만 오직 양시와 사량좌 두 사람만 크게 진보하였다'고 하였다."(「외서」 권12, 『이정집』 429쪽)고 기록되어 있다. 「외서」의 이 조항은 『구산어록(龜山語錄)』으로부터 인용하였으며, 양시에 대한 과분한 칭찬을 제외하면, 적확하면서도 어느 정도 근거도 있다. 양시는 제외하더라도 사량좌는 확실히 '선학(禪學)에 들어가지 않았다'고 스스로 자랑하였다. 그는 다음과 같이 공언하였다. "일찍이 이십 년 전에 이천선생을 뵈었을 때, 이천이 '근일의 일이 어떠한가?'라고 물으시어, 나는 '천하에 무엇을 생각하고 무엇을 근심하겠습니까?'라고 대답하였다. 이천은 '이것에는 이것의 이치가 있다. 자네는 도리어 너무 일찍 말하였다'고 하였다. 그리고 '당초에 이 말을 말할 때는 어떠하였는가?'라고 묻기에, '이 일을 알고 시간이 경과해도 다른 생각이 없었으며, 사물에 접함에 역시 대응해 나갔습니다.'라고 하였다. 묻기를 '이와 같다면 도리어 어떻게 한 구절에서 돌이켜 물러났는가?'라고 하여, '끝날 때까지 오로지 투철하지는 않았습니다. 당초 만약 다른 한 구절의 구원이 없었다면 아마 선가(禪家)로 들어갔을 것입니다'라고 대답하였다. 이천은 실로 다른 사람을 단련시킬 수 있는 분으로 공부하기에 매우 합당한 말씀을 하셨다."(「상채어록」 상) 여기서 아직 선학에 들어가지 않았다고 스스로 말한 까닭은 일찍이 정이의 '구원'이라는 한 구절의 말을 들었기 때문이다. 이에 대하여 황진(黃震)은 "타고난 자질이 높았기 때문에 그 마음은 하지 않으려고 해도 끝내는 선학에 들어가게 되었다. 스스로는 이천의 한 마디 말로 구원을 얻어 선학에 들어가지 않았다고 하였지만, 종내는 항상 선(禪)의 설로 유(儒)를 증명하였으니 (선학에) 들어가지 않았다고 할 수 없다."(「상채학안・부록」 인용, 『송원학안』 권24)고 논평하였다. 이 말은 기본적으로 사량좌의 사상과 실제로 부합한다.

장재(張載)와 이정(二程) 이래 리학가들은 다양하게 불교배척[辟佛]의 태도를 취하였다. 사량좌도 유・불의 구분을 강론하였는데 불학을 비판한 면이 있다. 그의 유·불에 대한 변론은 먼저 '리'의 관념을 중심으로 전개되었다. 그는 리학가의 천리로부터 출발하여 불학의 이장설(理障說)[143]을 비판하였는데, 구체적으로 불학이 유가의 하학상달(下學上達)의 공부를 결핍하고 있다는 말이다. 사실 이것은 유·불의 가장 큰 차이다. 그는 다음과 같이 말한다.

> 석씨(釋氏: 불교)가 우리 유가와 같지 않은 까닭은 "의로써 외면을 방정하게 함"이 없기 때문이다. 의로써 외면을 방정하게 함이 궁리다. 석씨는 도리어 리를 장애로 여겼다. 그러나 석씨도 본 것이 없다고 할 수 없다. 단지 리를 긍정하지 않았을 뿐이다.
> 釋氏所以不如吾儒, 無"義以方外"一節. "義以方外", 便是窮理. 釋氏却以理爲障碍. 然不可謂釋氏無見處. 但見了不肯就理. (「上蔡語錄」 하)

> 우리 유가는 하학상달하여 궁리가 지극하면 자연히 도를 알고 하늘과 하나가 된다. 그러므로 공자는 '오직 하늘만이 나를 알진저!'라고 하였으니, 천을 나로 삼았다. 불씨(佛氏)는 리를 따르지 않으므로 스스로 믿을 수 없어 반드시 다른 사람의 증명을 기다린 후에 믿었다.
> 吾儒下學而上達, 窮理之至, 自然見道, 與天爲一. 故孔子曰: 知我者其天乎? 以天爲我也. 佛氏不從理來, 故不自信, 必待人證明, 然后信. (「上蔡語錄」 중)

> 유가가 선(禪)과 다른 점은 하학(下學)에 있다. 예를 들어 안자의 공부는 진실로 백세의 모범이 된다. 이것을 버리면 마땅히 들어갈 길이 없으며, 살 집이 없다.
> 儒異于禪, 正在下學. 如顔子工夫, 眞百世軌範. 舍此, 應無入路, 無住宅. (「答胡康侯小簡」, 「上蔡語錄」 하)

유가의 최고 경계는 천인합일이며, 불교의 최고경계는 공적(空寂)이다. 추구하는 목표가 다르며 사용하는 방법도 다르다. 사량좌는 "궁리

143) 리(理)가 사람의 밝은 지혜를 어지럽히고 우주의 진리를 어기게 한다는 불교 이론.

가 지극하면 자연히 성을 알고 하늘과 하나가 된다."고 생각하여 궁리를 천인합일을 실현하는 수단으로 삼았으므로 하학공부를 중시하였다. 그러나 불교는 리를 장애로 여겼으므로 '의이방외(義以方外)'하는 궁리가 없으며 체인(體認)의 공부가 결핍되어 있다. 불교가 사량좌로부터 '본령이 옳지 못하다'는 비평을 받은 원인은 '천리를 따르지 않음'에 있었다.

이 외에 사량좌는 불학의 윤회설도 비판하였다. 「상채어록」 개편(開篇)[144]의 제1조는 불교의 윤회설에 대한 회답이다.[145]

> 묻기를 '불교를 배우는 사람은 윤회를 면하고 삼계(三界)를 벗어나고자 하는데 어떻게 생각하십니까?'라고 하니, 대답하기를 '이것은 이기심이며 사사로움일 뿐이다'라고 하였다. 묻기를 '윤회설이 그러하다고 믿습니까?' 라고 하니, 대답하기를 '이 마음은 그침이 있지만, 태허(太虛)는 결코 그것이 다함이 없음을 안다. 반드시 윤회한다고 할 때, 그 시작을 유추하면 어디에서 부여받고, 그 마침은 어느 때 끊어지는가? 그리고 천하의 사람과 사물은 각각 숫자가 한정되어 있다'라고 하였다.
>
> 問: 佛學者欲免輪回, 超三界, 于意云何? 曰: 是有利心, 私而已矣. [問]: 輪回之說信然否? 曰: 此心有止, 而太虛決知其無盡. 必爲輪回, 推之于始, 何所付受; 其終, 何時間斷也. 且天下人物各有數矣.

여기서 윤회설에 대한 비판은 윤리관과 우주관의 두 방면에서 진행되었다. 윤리사상에서 비판의 중심은 불교의 윤회설이 생사를 두려워하는 데서 나왔으며 이기적인 목적을 지녔다는 말이다. 즉 그는 "불교는 대개 자신을 위한 사심(私心)이다. 불교를 배우는 사람이 생사를 벗어나고자 함이 어찌 사심이 아니겠는가? 일체의 중생을 제도함도 역시 자신을 위하여 마음의 소원을 발휘함이다."(「상채어록」 상)라고 하였다.

---

144) 책의 기본 편제와 별도로 첫머리에 쓴 글.

145) 저자주: 『총서집성(叢書集成)』의 초간본에 있는 「상채어록(上蔡語錄)」에서 이 조항을 제4조로 옮겨 놓아 차례가 약간 다르다.

스스로 생사를 벗어나려고 함과 일체의 중생을 제도하고자 함은 모두 이기적 계산에서 출발하며 하나의 '사(私)'라는 글자를 벗어날 수 없다. 이러한 관점은 이정에 근원하며, 결코 사량좌의 창조는 아니다. 우주관에서 사량좌는 태허(太虛)는 없어지지 않으며, 사람과 사물은 그 숫자가 무한하므로 유한함과 모순이 된다고 보아 윤회설은 허망하다고 단정하였다.146) 이러한 관점은 타당성이 있다.

사량좌는 불학에 대하여 한편으로는 찬동하여 불학이 결코 전혀 타당성이 없지는 않으며 유·불은 많은 공통점이 있다고 생각하였다. 그는 다음과 같이 말하였다.

> 나는 일찍이 '장주(莊周)를 불교와 비교하면 어떠한가?'를 물었다. 이천은 '장주가 어찌 불교와 비교되겠는가? 불설은 실로 높고 오묘한 곳이 있다. 장주의 기상은 크기 때문에 평이하다.'고 하였다.
>
> 吾嘗問莊周與佛如何? 伊川曰: 莊周安得比他佛? 佛說直有高妙處. 莊周氣象大, 故淺近. (「上蔡學案」, 『宋元學案』 권24)

사량좌는 "불설은 실로 높고 오묘한 곳이 있다."는 말을 스승의 설로 받아들였다. 왜냐하면 그것은 장자(莊子)와 불학(佛學)을 비교하여 얻은 결론이므로 더욱 중요하였기 때문이다. 비록 무엇이 불학의 '높고 오묘한 곳'인지는 지적하지 않았지만, 적어도 이 하나의 사실을 승인한 점은 불학의 정심(精深)함이 장자와 비교할 바가 아님을 인정한 것이다. 사량좌는 불학이 장자의 사상보다 우수함을 의심할 수 없다고 생각하였다. 동시에 그는 유·불의 비교에 흥미를 가졌던 것 같다. 그는 불설과 유학의 공통점을 열거하며 정이(程頤)에게 가르침을 청하였다. 그 대강은 유·불의 '같은 점' 즉 공통점, 일치성을 알면 충분히 '선(禪)으로써 유(儒)를 증명할 수 있다'는 말이다.

---

146) 윤회설에 따르면 같은 숫자의 사람과 사물이 순환하게 된다. 그러므로 논리적으로는 새로운 사람과 사물이 등장하지 않고 늘거나 줄지도 않는다. 따라서 불교의 윤회관은 태허(太虛)의 무한함과는 모순된다는 뜻이다.

사량좌의 '선으로써 유를 증명한다'는 데는 두 가지 형식이 있다. 하나는 직접 선으로써 유를 말함으로써 선학사상과 유학사상을 종류에 따라 비교하는 것이다. 예를 들면 다음과 같다.

> 불교에서 논하는 성은 유학에서 논하는 마음과 같으며, 불교에서 논하는 마음은 유학에서 논하는 의(意)와 같다.
>
> 佛之論性, 如儒之論心; 佛之論心, 如儒之論意 (「상채어록」 중)

불학은 작용을 성(性)으로 생각한다. 선종(禪宗)의 조사(祖師)인 달마(達磨)는 "성을 앎이 부처다. …… 성은 작용에 있다. …… 태(胎)에서는 몸이 되며, 세상에 처해서는 사람이 되며, 눈으로는 본다 라고 하고, 귀로는 듣는다고 하며, 코에서는 향기를 분별한다고 하고, 입으로 담론한다고 하며, 손으로는 잡아 쥔다고 하며, 다리로는 걷고 달린다고 한다."(『五燈會元』 상, 42쪽)고 하였다. 불학의 성은 일종의 생리적 행위다. 사량좌가 보기에 성은 우주와 도덕의 본체며, '마음'은 성의 발용이다. 그는 "성은 본체며, 눈이 보고 귀가 듣고 손이 잡고 발이 움직임은 작용에서 보는 마음이다."(「상채어록」 중)라고 하였다. 따라서 불학의 성은 유학에서 설명하는 마음과 같다. 그리고 불학에서 설명하는 '마음'은 일종의 심리활동이며, 유학에서 설명하는 '의(意)'와 같다. 비록 선(禪)으로써 유(儒)를 말하기는 하였지만 이것은 오히려 유・불의 동이를 비교하여 얻은 결론이며, 동시에 불학보다 높게 성(性)을 본체로 인정하는 유가의 기본입장을 견지한다. 사량좌는 또 "학자는 조금 소득이 있자마자 멈추며, 사람들은 매우 쉽게 멈춘다. 백순(伯淳: 정호의 자)이 일찍이 '배움은 산을 오르는 것과 같다. 평지에서는 누군들 활보하지 않겠는가 마는 험준한 곳에 이르면 멈춘다. 불가에는 소헐장(小歇場: 적게 멈추는 장소)과 대헐장(大歇場)이 있다. 맹자(孟子)가 있는 곳에 이르러 안주함이 좋은 멈춤이다."(「상채어록」 중)라고 하였다. 전조망(全祖望)은 덧붙여 "자계 황씨(慈溪黃氏: 黃震)가 '이것 역시 선으로써 유를 말한 것이다'"(「상채학안」, 『송원학안』 권24)라고 하였다.

'선으로써 유를 말한다.'는 말의 또 다른 형식은 불학을 유학에 융합해 넣은 것으로, 사량좌의 선학을 자신의 유학사상에 포섭하였다. 앞에서 말했듯이 사량좌는 '깨달음'으로써 인(仁)을 논하여 불교의 '깨달음'의 관점을 유가의 인의 범주에 포함시켰다. 이에 대하여 주희는 "상채가 설명하는 인과 깨달음은 분명히 선(禪)이다."(「상채학안」 인용, 『송원학안』 권24)라고 논평하였다.

그는 또 '경(敬)'과 '복(復)'의 해석에서도 선학을 활용하였다.

우선 사량좌는 "경(敬)은 항상 깨어있는 법이다."라고 하였다. 이정은 경을 중심으로 하는[主敬] 수양방법을 제창하였다. 정이의 해석에 의하면 경은 단지 주일(主一)일 뿐이다. 주일이란 잡념을 배제하고 정신을 수렴하여 오로지 하나에만 주목하는 것이다. 이 때문에 '경(敬)'은 일종의 주의력을 고도로 집중하는 정신상태이다. 이정의 교육을 충분히 받은 사량좌는 이정 문하의 주경(主敬)이라는 함양요결(涵養要訣)을 매우 중시하였다. 그는 관학의 영수인 장재와 낙학의 영수인 정호를 비교하여, 장재는 "사람을 가르치는 데 예(禮)를 우선으로 삼았고" 정호는 "먼저 학자로 하여금 지식을 갖추게 하고 돌이켜 경에 들어갔다."(「상채어록」 상)고 하였다. 또 "경은 단지 일[事]과 하나다."(「상채어록」 하)라고 하였다. 이것은 사량좌가 기본적으로 이정의 주경설의 종지를 준수하였음을 설명하는 말이다. 그러나 그의 '경'에 대한 함의 속에는 자신의 해석도 들어있다. 그는 다음과 같이 말한다.

> 경은 항상 깨어있는 방법이며, 일마다 공손하고 삼가는 일인데 그 이치는 서로 다르다.
>
> 敬是常惺惺法, 齊(齋)是事事放下, 其理不同. (「上蔡語錄」 중)

'재(齋)'는 혹 '심재(心齋)'라고 하는데 『장자・인간세』의 "오직 성은 허(虛)에 모이는데, 허는 마음이 공손하고 삼가는[心齋] 일이다."에서 나왔다. 그 뜻은 일체의 사려와 욕망을 배제하고 심경이 청정하고 순일한 정신상태를 유지함이다. 사량좌가 말한 '일마다 안심한다'는 말이다. 그리고 '경'은 하나의 일만에 오로지 집중함이며, 언제나 경계하고 깨어있는 정신상태이다. 사량좌는 그것을 '항상 깨어있음'이라는 말로 부연하였다. '항상 깨어있음'이라는 말은 불전(佛典)에서 나왔다. 서암사언선사(瑞巖師彦禪師)에 대한 다음과 같은 일화가 전한다. "단구(丹丘)에 사는 서암(瑞巖)은 경석(磬石)[147]에 종일 바보처럼 앉아있었다. 매양 스스로를 주인공으로 부르고 거듭 응답하면서 '분명하게 깨어있으므로 타인의 헐뜯음을 받지 않았다'고 하였다."(『五燈會元』, 388쪽) 선학의 '깨어있음[惺惺]'은 '이 마음을 불러 깨우는 것'이어야 한다. 사량좌가 설명한 '항상 깨어있음'도 마찬가지로 '이 마음을 불러 깨우는 것'이다. 이는 분명히 선학의 말을 빌려 쓴 것이지만 또한 유학화된 것이다. 그것의 유학적 의의에 대하여 남송의 리학가 진순(陳淳)은 "상채의 이른바 항상 깨어있음은 도리어 심지(心地)상에서 공부할 곳이다. 말한 것이 역시 친절하다. 대개 마음이 항상 여기에 밝아야만 항상 깨어있는 것과 같이 살아있을 수 있다. 만약 그것이 없다면 죽은 것이다. 마음이 여기에 있어야만 만 가지 리가 그 가운데 빈틈없이 갖추어진다. 고인(古人)이 '경(敬)은 덕(德)의 모임이다'라고 한 말이 이와 같다."(「상채학안」 인용, 『송원학안』 권24)고 논술하였다. 이것은 항상 깨어있는 법은 여전히 리학가들이 제창한 경의 함양공부라는 말이다. 불교를 원용하여 유학에 들어가는 것은 본래 리학의 특색이다. 사량좌는 단지 이러한 특징을 다시금 체현(體現)하였을 뿐이다.

둘째, 사량좌는 '정(靜)'으로써 '복(復: 회복)'을 설명하였다. 주희는 이에 대해 다음과 같이 평가하였다. "상채가 『관복재기(觀復齋記)』에서 말한 리는 모두 선학(禪學)의 것이다. 그가 말한 '복'을 살펴보면 이천과는 다르며, '정'과 비슷하다. 예를 들면 '(유가의) 이것이 사라지고 생

---

147) 부처 앞에 절할 때 흔드는 구리로 만든 바리때 모양의 종. (=浮石)

김[消息][148]을 본다'는 말이나 '(선가의) 공부하지 않는다'는 말은 유·불이 서로 다름을 의미한다. 서로 다른 까닭은 다만 아래(기초)가 단절되었기 때문이다."(「上蔡語錄·附錄」 인용, 『송원학안』 권24) 사량좌의 『관복재기』는 현재 전하지 않으나, 말하고자 하는 뜻이 결국 어떤 '도리'임에는 더 설명할 필요가 없다. 주희에 따르면, 사량좌가 '정(靜)'으로써 '복(復)'을 설명한 뜻은 정이와 다르다. 정이는 『이천역전』에서 「복괘(復卦)·단전(彖傳)」의 "복(復)은 천지의 마음을 보는 것일진져!"라는 구절에 대하여 "그 성은 반복하여 왕래하며, 서로 번갈아 사라지고 생긴다. 7일만에 다시 오는 것은 천지의 운행이 이와 같다. 사라지고 생기는 것은 서로 원인이 되니 하늘의 리다. 양강(陽剛)은 군자의 성이 생기는 것이므로 가는 바가 있어도 이롭다. 하나의 양(陽)이 아래에서 다시 생기니 천지가 만물을 낳는 마음이다. 선유(先儒)는 모두 정(靜)으로써 천지의 마음을 알고자 하였는데, 대개 움직임의 단서를 알 수 없는 것이 천지의 마음이다. 도(道)를 아는 사람이 아니면 누가 능히 알겠는가?"(『이정집』 819쪽)라고 해석하였다. 즉 정이는 '정(靜)'이 아니라 '움직임의 단서'를 '천지가 만물을 낳는 마음'으로 여겼으며, 아울러 이것이 '도를 아는 것'이라고 보았다. 정이는 "정을 말하자마자 석씨(釋氏)의 설에 들어가게 된다."(「유서」 권18, 『이정집』 189쪽)고 말하여 '정(靜)'을 사용하지 않았다. 그러나 사량좌는 매번 '정'을 말하였다. 그는 다음과 같이 말한다.

> 도에 가까운 것은 정(靜)만한 것이 없으니, 그 덕(德)의 신명함에 의하여 재계함은 천하의 지극한 정이다. 마음이 사물을 궁구함에는 다함이 있으나, 천에는 다함이 없으니 어떻게 그것을 포함하겠는가? 이 이치는 말하자마자 깨닫는 사람도 있고, 수년 만에 깨닫는 사람도 있으며, 종신토

148) 본래 소(消)는 음기(陰氣)의 사라짐, 식(息)은 양기(陽氣)가 생긴다는 뜻으로, 없어지고 생기는 일, 사시의 변천과 세월의 흐름, 자연과 인간의 영고성쇠(榮枯盛衰)를 의미한다.

록 깨닫지 못하는 사람도 있다.

近道莫如靜, 齋戒以神明其德, 天下之至靜也. 心之窮物有盡, 而天者無盡, 如之何包之. 此理有言下悟者, 有數年而悟者, 有終身不悟者. (「上蔡語錄」 上)

주희가 『관복재기』에서 말한 리가 모두 선(禪)의 뜻이라는 말이 이 말을 가리켰는지는 아직 알 수 없다. 이것이 맞든 맞지 않든 간에 한 가지 부인할 수 없는 것은 사량좌가 언제나 선학사상으로 유가의 도리를 해석하였다는 점이다.

사량좌의 선으로써 유를 증명한다[以禪證儒]는 점에 대하여 일찍이 여러 리학가들이 논평하였다. 주희가 그 처음으로 사량좌를 '선에 가깝다', '선에 물들었다', '선에 들어갔다'고 하였다. 그가 이렇게 보는 이유는 두 가지다. 첫째 사량좌가 원래 '선문(禪門)으로부터 비롯'하였기 때문이다. 주희는 "이천의 문하 중에서 상채는 선문으로부터 왔으며, 학문도 역시 차이가 있다."(「上蔡語錄・增錄」), "유작(游酢)・양시(楊時)・사량좌 세 군자는 처음에 모두 선을 배웠다. 후일 그 남은 습관이 여전히 있었으므로 그것을 배운 사람은 많이 선으로 흘렀다."(『주자어류』 권101)고 하였다. 그러나 이정의 「유서(遺書)」・「외서(外書)」를 고찰하면 유작과 양시에 대하여만 "선을 배웠다."(「유서」 권2상, 『이정집』 38쪽)고 하였을 뿐, 사량좌가 '선을 배웠다'는 언급은 끝내 하지 않았다. 주희의 설은 어디에 근거하였는지 모르지만 사량좌가 여러 차례 정이에게 불학에 대하여 가르침을 청하였던 사실이 아마 주희의 근거일 것이다. 둘째 이정으로부터 받은 영향이다. 주희는 "도리를 자세히 살펴보지 않을 수 없다. 정문(程門)의 수제자들인 사상채(謝上蔡)・유정부(游定夫)・양구산(楊龜山)의 무리는 결국 모두 선학으로 들어갔다. 정선생(程先生)이 당초 그들에게 분명하게 설명해 주었으나 그들은 단지 일부분만 보고, 기초가 되는 실질적 공부에 힘쓰지 않았다. 그러므로 이와 같은 폐단으로 흘렀다."(「上蔡語錄・增錄」)고 하였다. 이것은 사량좌가 '선(禪)에 들어간 것'이 정문의 제자들이 하학(下學)공부가 부족하였기 때문에 폐단으로 흐르게 된 원인이 되었다는 뜻이다. 이것은 정문의 공통적인 병폐이다. 사실 리학(理學)은 유학을 기초로 하여 불교와 도교의 사상을 흡수하여 형성되었으며, '선에 가까움', '선에 물듦' 내지 '선에 들어감'은 응당 리학 속에 포함되어 있는 의미다. 사량좌 등 정문의 제자들만 이러한 것이 아니라, 주희 자신도 예외가 될 수 없다. '선을 말함'에 있어서 하나는 공개적이고, 하나는 은폐되어 있는데 불과할 뿐이다. 그것은 황진(黃震)의 말에서 잘 표현되고 있다. "상채가 선으로써 유(儒)를 증명한 것은 시비가 분명하며 후세의 학자들이 받들어 변론할 수 있다. 상채가 죽은 후 왕왕 선을 말하는 것을 부끄럽게 여겨 암암리에 선학의 설에 머물면서도 유학자에 이름을 가탁(假託)하였다. 그 술책이 정밀할수록 폐단은 더 심하였다."(「상채학안・부록」, 『송원학안』 권24) 여기서 '암암리에 선학에 머물렀다'는 말은 구체적으로 장구성(張九成)의 무리를 가리킨다. 이 점은 뒤에서 재론하겠다. 황진은 '선으로써 유를 증명함'을 공개한 사량좌에게 도(道)라고 칭할 만한 곳이 있다고 생각하였다. 왜냐하면 이러한 관점은 '암암리에 선학에 머무는 것'에 비교하면 위해(危害)는 적고, 얻음이 많기 때문이다. 물론 이것도 여전히 유학의 입장에서 본 평론이다. 사상사의 관점에서 보면 불교를 원용(援用)하여 유학에 들어가거나 혹은 선으로써 유를 증명하는 것은 이론사유의 발전에 필수적이다.

3. 사량좌에 관한 평가

사량좌(謝良佐)는 이정의 문인 가운데 식견이 탁월한 사람으로서 매우 영향력이 있는 인물이다.

그러나 역대 리학가들의 사량좌에 대한 평가는 일치하지 않는다. 이견은 크게 두 가지 점에 집중되어 있다. 그 하나는 사량좌가 스승의 설을 부정하였는가 하는 점이며, 다른 하나는 사량좌가 정문(程門) 제자 가운데 어떤 위상을 지니는가에 관한 문제다. 이 두 가지가 사량좌가 낙학을 계승하였는가 아닌가에 관한 문제를 포함하고 있음은 굳이 변명할 필요가 있다.

사량좌는 낙학을 계승·발전시켰는가 아니면 남달리 새로운 주장을 확립하였는가? 주희와 황종희는 두 가지 다른 관점을 대표한다. 주희는 한편으로 사량좌가 정문에서 배워 "뜻이 돈독하고 힘써 행하며, 유작(游酢) 등 여러 사람 가운데 소견이 가장 탁월하였다."(「上蔡語錄·跋」)고 찬양하고, 다른 한편으로는 "유작·양시·사량좌 이 분들은 당시에 이미 그들의 스승과 달랐으며, 도리어 따로 일가를 확립하였다. 사씨(謝氏)는 비교적 정채(精彩)하게 발명하였으나 온당하지 못한 점이 많았다."(『주자어류』 권101)고 평가하였다. 사량좌 등이 스승의 설과 달리 '따로 일가를 확립하였다'는 문제는 주희에 의해 제기되었다. 황종희는 주희의 이와 같은 관점에 동의하지 않았다. 그는 "말에 약간 차이가 있다. 적어도 그 스승의 설을 얻지 못했다는 말은 믿을 수 없다."(「상채학안」, 『송원학안』 권24)고 보았다. 그는 사량좌에 대한 주희의 평론에 대하여 하나하나 반박하였다. 제1조는 도(道)에 대한 해석이다. 사량좌는 도를 물 뿌리고 청소하며 응하고 대답[灑掃應對]하는 일에서부터 시작해야 함을 강조하였다. 주희는 이에 대해 '작은 곳에서 말한 것이 역시 크다'고 평가하였다. 왜냐하면 "도리는 본래 대소가 있기" 때문이다. 황종희는 "성은 정조(精粗)가 없으며, 말은 고하가 없다."는 이정의 말을 인용하여 사량좌의 말을 증명하고 아울러 주희의 설을 비판하였다. "도리에 대소가 있다고 말한다면, 성(性)에 정조가 있으며, 말에도 고하가 있다."(「상채학안」, 『송원학안』 권24) 이 말은 사량좌가 스승의 설을 거스르지 않았는데 도리어 주희가 낙학(洛學)과 서로 어긋난다는 말이다. 제2조는 인(仁)과 깨달음[覺]의 관계 문제다. 사량좌는 깨달음으로써 인을 말하였는데, 주희는 "깨달음이란 이 도리를 깨닫고자 하는 것으로 반드시 조금의 착오도 없어야 비로소 이 마음의 덕을 모두 얻을 수 있으며 이것이 곧 인이다. …… 그러나 깨달음을 인이라고 하면 옳지 않다."고 비평하였다. 황종희는 깨달음에 대한 이러한 이해에 동의하지 않았다. "무릇 깨달음이란 맑고 깨끗하여 사물이 없어도 만 가지 리가 따라 나온다. 만약 일에 응하고 사물에 접함에 리에 부당하면 깨달음이라고 할 수 없다."고 하였다. 아울러 주희를 비판하여 "깨달음 밖에서 인을 구하니, 깨달음이 하나의 일이고, 리도 또 하나의 일이 된다."고 하고, 이것이 주희가 평생 리기(理氣)를 두 가지로 여기게 된 원인."(「상채학안」, 『송원학안』 권24)이라고 보았다. 제3조는 궁리(窮理)와 거경(居敬) 공부에 관한 문제다. 사량좌는 "이미 아는 지식으로 물리를 궁구하여 얻은 뒤 경(敬)으로부터 함양하여 드러낸다."(「上蔡語錄」 상)고 하였다. 주희는 "경을 주로 하여 그 근본을 확립하고, 궁리로써 그 앎에 나아간다."고 하여 치지(致知)와 함양(涵養)은 함께 진행되며 선후를 나눌 수 없다고 주장하였다. 이 때문에 그는 "'(사량좌가) 먼저 지식이 있은 뒤에 경으로써 함양한다'고 한 말은 먼저 하나를 확립한 것과 같다."(「上蔡語錄 · 增錄」)고 비판하였다. 황종희는 사량좌의 말을 정호가 「식인편(識仁篇)」에서 말한 "이 리를 알고 성경(誠敬)으로써 보존한다."는 뜻과 서로 같다고 보고 "대개 처음 배우는 사람을 위하여 말하면 경(敬)이 오래되면 곧 본체이니, 어찌 먼저 하나의 사물이 있겠는가?"(「상채학안」, 『송원학안』 권24)라고 변론하였다. "경이 본체"라는 말은 사량좌가 거경궁리(居敬窮理)의 공부에서 도출한 핵심적 관점이다. 주희가 상술한 세 가지 견해에 대하여 황종희가 비판한 요지는 사량좌가 정문(程門)의 정통 계승자임을 설명하려는 데 있다. 그는 "상채는 정문에서 영명하고 결단력 있는 사람이다. 그가 깨달음과 생의(生意)로써 인(仁)을 논하고, 성(誠)을 실리(實理)로써 논하고, 경(敬)을 항상 깨어있음으로써 논하고, 궁리를 옳음을 구함[求是]이라고 논한 점은 모두 독창적이며, 그로써 스승의 설을 발명하였다."(「상채학안」, 『송원학안』 권24)고 하였다. 이것은 사량좌가 인을 논하고, 경을 논하고, 궁리를 논한 여러 방면에서 독창적 견해가 있으며 족히 스승의 설을 발명하였음을 가리킨다. 주희도 사실 이와 별 차이가 없는 말을 일찍이 말한 적이 있다. "선생의 사람됨은 영명하고 결단력 있는 사람으로 힘써 일하고 게으르지 않으며, 자신을 이기고 예를 회복하여 날마다 학문의 진보가 있었다. 예를 들면 생의(生意)로써 인을 논하고 실리(實理)로써 성(誠)을 논하며, 항상 깨어있음으로써 경을 논하며, 옳음을 구함으로써 궁리를 논한 것 등은 그 취지[命意]가 모두 정밀하고 합당하다. 또한 궁리와 거경을 덕으로 들어가는 직접적인 문이라고 본 점은 명도(明道)가 사람을 가르치는 강령이다."(「上蔡祠記」, 「上蔡語錄 · 附證」 인용)라고 하였다. 주희와 황종희는 어떻게 구별되는가? 주희가 사량좌에 대하여 "명도가 사람을 가르치는 강령을 모두 얻었다."고 평가하여 사량좌가 정호의 영향을 가장 깊이 받았음을 인정하였지만, 정작 주희 본인은 정이를 높이 받들고 정호에 대해서는 완곡하게 비판하였다. 이것은 객관유심주의의 입장에서 비롯되었다. 주희가 사량좌를 "그 스승과 비슷하지 않고 도리어 따로 일가를 세웠다."고 비판한 내용에서 '그 스승'이란 정이를 가리킨다. 만약 이 말이 성립된다면, 주희와 황종희의 쟁론은 실질상 정문의 후학은 두 가지 발전방향이 있음을 나타내는 것으로 하나는 정호의 주관유심주의에 따른 방향이며, 다른 하나는 정이의 객관유심주의에 따른 방향이다.

양시와 사량좌는 상하의 우열이 있다. 정문 제자들의 지위에 대하여 사량좌를 양시의 뒤에 놓는 리학가들이 많다. 그 이유는 두 가지다. 첫째는 학문적 정수(精粹)의 정도에 따라 배열하였다. 장식(張栻)은 "오직 이정선생의 설명이 완전한 정수며, 그 다음이 윤돈(尹焞)이며, 그 다음은 양시며, 그 다음이 사상채(謝上蔡)다. 후생이 어떻게 선배를 엿볼 수 있을까만 그 차이를 강론하면 분명하게 하지 않을 수 없다."(「상채학안」 인용 「答喬德瞻書」, 『송원학안』 권24)고 하였다. 그는 순서를 배열함에 "분명하지 않을 수 없음"을 강조하였다. 둘째는 공헌의 대소에 따라 배열하였다. 논자들은 "남쪽으로 도(道)를 전한 일파는 세 번 전승(傳承)하여 주자(朱子)가 나와 여러 유학자들을 집대성하였으므로 마땅히 양구산(楊龜山)을 상채(上蔡)의 위에 두어야 한다."고 주장한다. 이것은 인재를 배양한 면에서 양시가 후학들 가운데 리학을 집대성한 주희를 출현하게 하였으므로 마땅히 첫머리에 두어야 한다는 말이다.

황종희는 이러한 관점을 반박하였다. 그의 주장은 두 가지로 집약된다. 첫째, "한 사람의 공력(功力)이 어떻게 후인들에 의해 우열이 정해지겠는가?" 바꾸어 말하면, 인물을 평가할 때 마땅히 그 인물 자체로 평가해야 하며 다른 기준을 적용할 수 없다는 말이다. 둘째, 주희 자신이 "내가 어려서부터 학문을 하려는 뜻이 없었는데, 선생의 말에 의해 흥미를 가지게 되었다."고 하였으므로 "상채가 진실로 주자의 선구"(「상채학안」, 『송원학안』 권24)라는 말이다. 여기서 황종희는 주희학설의 사상적 연원에 대하여 사승관계에 착안하는 것은 완전하지 않고, 학술사상의 발전적 맥락에 따라 고찰하면 분명히 한 단계 높다는 것이 일반적 견해라고 보았다. 황종희의 결론은 "정문의 수제자들 가운데 아마도 상채가 첫째다."(「상채학안」, 『송원학안』 권24)는 말이다. 이정의 후학들 가운데 사량좌는 "낙학의 우두머리로 받들어 존중받았다."(『송원학안』 권首 「序錄」) 전조망(全祖望)은 황진(黃震)의 "상산(象山)의 학문은 상채에 근원한다."는 말을 인용하여 이것이 황종희가 '특히 진심으로 사량좌에게 경탄한' 원인이라고 보았다. 문제의 핵심은 여기에 있다. 황종희가 사량좌를 높게 평가한 까닭은 두 사람이 사상의 경향에서 서로 일치하기 때문이다. 이로써 철학상의 당성(黨性)이라는 원칙이 작용하였음을 알 수 있다.

후세에 대한 사량좌의 영향은 일반적 의미와 특수적 의미의 두 가지 방면에 따라 분석할 수 있다. 일반적 의미에서 보면 사량좌는 낙학의 전통을 간직하고 있으며, 그의 '열심히 묻고 스스로 돌이켜 생각하는[切問近思]' 학문, 혹은 "참되고 실속 있도록 힘쓰고 자신을 위한[務實爲己]" 학문은 후세 리학가들에 의해 으뜸으로 존중받으며, 낙학의 전파와 발전에 중요한 작용을 하였다. 주희는 리학을 집대성하였는데 그 가운데 사량좌가 발휘한 낙학의 관점을 포괄하였으니 어느 의미에서는 분명히 사량좌는 주희리학의 선구가 된다고 말할 수 있다. 특수한 의미로 말하면, 사량좌는 정호의 리학사상을 계승・발전시켰는데 심학(心學)의 방향으로 진일보하였으며, 육구연(陸九淵)의 심학의 선구가 된다는 점이다. 사량좌는 실제로 정호로부터 육구연에 이르는 매개인물이다. 종합하면 사량좌는 낙학 발전사에서 하나의 중요한 연결고리이며, 낙학 사상의 발전은 철학사상의 발전에 내재된 논리와 부합한다.

제2절: 양시(楊時)

이정의 후학 가운데 양시(楊時)는 중요한 인물의 한 사람이다. 그는 낙학의 전통을 계승·발전시켰으며, 도(道)를 동남쪽으로 인도하여 낙학이 남송(南宋)에 전파되고 발전하는 데 중요한 작용을 하였다. 후세 리학가들은 '남도대사(南渡大師: 남송으로 도를 전파한 큰 스승)', '민학(閩學: 주희의 신유학)의 비조(鼻祖)'라고 부른다.

양시(1053~1135)의 자는 처음에 행가(行可)였으며, 후에 중립(中立)으로 고쳤다. 남검장악[南劍將樂: 지금의 복건성] 사람이다. 구산(龜山) 아래에 살았으므로 학자들은 구산선생이라고 불렀다. 송 신종(神宗) 희령(熙寧) 9년(1076) 진사에 급제하고 그 다음해 정주사호참군(汀州司戶參軍)을 제수받았으나 "은거하며 벼슬길에 나아가지 않았다." 그리고 문을 닫고 수년간 책만 읽었다. 원풍(元豐) 3년(1080) 서울에 관리로 뽑혀가서 정호(程顥)의 '서언(緖言)'을 듣고 온 마음으로 흠모하였다. 그 다음해에 "영창(穎昌)에서 처음으로 스승의 예로써 명도 선생을 뵙고" 이정에게서 학문을 배우기 시작하였다. 양시의 벼슬은 서주사법(徐州司法), 건주사법(虔州司法), 영주방어추관(瀛州防禦推官), 지담주유양현(知潭州瀏陽縣), 무위군판관(無爲軍判官), 형주부학교수(荊州府學敎授), 여항지현(余杭知縣)[149], 소산지현(蕭山知縣) 등지의 지방관직을 거쳐 71세에 채경(蔡京)의 추천으로 입조(入朝)하여 비서랑(秘書郎), 저작랑(著作郎), 이영전설서(邇英殿說書), 우간의대부겸시강(右諫議大夫兼侍講), 국자좨주(國子祭酒), 휘유각대제(徽猷閣待制), 용도각직학사(龍圖閣直學士) 등 중앙관직을 거쳤다. 그의 저작은 많이 분실되어 현재는 『양구산선생집(楊龜山先生集)』 42권이 있다.

양시의 학술활동은 신학(新學)을 비판하고, 낙학을 전파하며, 민학(閩學)을 개창하는 데 집중되어 있다. 아래에서 차례로 논술하고자 한다.

1. 양시: 신학(新學)의 격렬한 비판자

북송 중기 왕안석(王安石)은 신종의 지지 하에 역사에서 '왕안석변법'이라고 칭하는 정치개혁운동을 영도하였다. 이 정치개혁운동의 이론을 표현하기 위한 것이 '형공신학(荊公新學)'이다. 그리고 정치상의 반변법투쟁(反變法鬪爭)과 상응하여 생겨난 것이 북송 리학의 전형적 형태인 낙학이다. 그후 북송 말까지 낙학은 시종 신학과 대립하였다. 송의 정권이 남쪽으로 옮겨옴에 따라 정치·경제·문화의 중심도 남쪽으로 이동하였다. 이 과정에서 정호에게 최고의 기대주였던 양시는 낙학을 남쪽으로 전파하는 주요한 담당자가 되었다. 낙학의 영향을 확대하고 사상계의 통치지위를 쟁탈하기 위하여 양시는 신학을 격렬하게 비판하는 입장을 취하였는데, 그것은 낙학의 전파를 위하여 길을 깨끗이 청소하기 위함이었다.

신학에 대한 양시의 비판은 결코 우연이 아니었다. 일찍이 정호에게서 배우기 시작한 때부터 신학에 대하여 부정적 태도를 가지기 시작하였다. 기록에는 "양시는 신학에 대하여 매우 정통하여, 오늘 하나를 질문하면 그 단점을 다 알아 자기 것으로 할 수 있었다. 개보(介父: 왕안

149) 지현(知縣)은 명조(明朝) 이래 현급(縣級)의 최고 행정장관에 대한 정식명칭이다.

석)의 학문은 대체로 지리(支離)하다. 백순(伯淳: 정호의 자)은 일찍이 양시와 여러 편을 읽었는데 그후에 모두 유추하여 통할 수 있었다."(「유서」 권2상, 『이정집』 28쪽)고 하였다. 본래 신학에 정통했던 양시가 도리어 신학의 단점을 모두 드러내었는데, 이것은 이정의 영향을 받았다고 하지 않을 수 없다. 왜냐하면 이정은 신학을 학술사상계의 '대환(大患)'으로 "후학들을 무너뜨리는 것"이라고 보고 "먼저 개보(介甫: =介父, 왕안석)의 학문을 정돈하여야 한다."(「遺書」 권2상, 『이정집』 38쪽)고 외쳤기 때문이다. 낙학은 신학과의 투쟁 과정에서 원우(元祐) 연간에 한 차례 득세하였지만, 오래지 않아 금지 당하고 낙학의 영수인 정이는 학도들을 해산하도록 박해받았다. 「연보」에는 정이가 "사방의 학자들에게 말하기를 '들은 바를 존중하고, 아는 바를 실천하면 옳을 것이니 나의 문하에 들어올 필요는 없다'고 하였다."(「이천선생연보」, 『이정집』 345쪽)고 기록하였다. 이후 "학자들은 흩어졌고"(「외서」 권12, 『이정집』 429쪽), 낙학의 활동은 뜸해졌다. 그러나 양시는 결코 스승의 가르침을 잊지 않았다. 낙학이 "세상에서 크게 금지 당하고, 학자들이 입을 굳게 다물고 감히 다시 도(道)를 말하지 않는"(「中庸義序」, 『楊龜山集』 正誼堂全書本, 82쪽) 상황에서, 그는 여전히 책을 쓰고 견해를 정립하며, 『이천역전(伊川易傳)』을 교정하고 동림(東林)에서 강학하며 낙학을 전파하였다. 북송 말기 양시는 조칙(詔勅)을 받아 대궐에 들어가 다음과 같이 진언하였다.

> 희령(1068~1077) 초에 대신들이 육례(六禮)의 말을 꾸며 사사로움을 행하니 조종(祖宗)의 법이 어지러워지고 거의 없어졌습니다. 원우(元祐 : 1086~1093) 때에는 조종의 옛것을 모두 회복하였고, 희령의 법은 모두 폐기되었습니다. 소성(紹聖: 1094~1097)과 숭녕(崇寧: 1102~1106) 때에는 도리어 더욱 심해져 원우의 정사가 법령으로 뚜렷이 기록되어 있는데도 모두 태워버리고 그 흔적을 없애버렸습니다. 이로부터 두 당이 나누어져 관리들의 화(禍)가 아직까지도 끊어지지 않습니다. 신이 원하건대 유능한 관리를 뽑아 조종의 법을 조목마다 갖추고 강목(綱目)을 드러내어 영

(令)에 합당함이 있으면 받들어 행하고, 마땅히 빼고 더할 바가 있으면 빼고 더하도록 하십시오. 원우·희령·원풍의 일은 잠시 불문에 부치고 오로지 중용을 따르십시오.

熙寧之初, 大臣文六藝之言以行其私, 祖宗之法紛更殆盡. 元祐繼之, 盡復祖宗之舊, 熙寧之法一切廢革. 至紹聖, 崇寧抑又甚焉, 凡元祐之政事著在令甲, 皆焚之, 以滅其迹. 自是分爲二黨, 縉紳之禍, 至今未殄. 臣愿明詔有司, 條具祖宗之法, 著爲綱目, 有宜于今者, 擧而行之, 當損益者損益之. 元祐, 熙, 豊姑置勿問, 一趨于中而已. (『宋史』 楊時傳, 12739쪽)

양시는 '중(中)'을 강조하여 겉으로는 공평·타당한 것 같으나, 사실은 구당(舊黨)의 편을 드는 뜻이 없지 않았다. 양시가 이때 '중용을 지킴[執中]'의 입장을 취한 까닭 가운데 하나는 당시 신당(新黨)이 여전히 정권을 잡고 있었기 때문이며, 다른 하나는 자신이 신당의 주도인물인 채경(蔡京)의 추천을 받았기 때문이다. 그후 오래지 않아 금(金)나라가 남하하여 송의 경성(京城; 지금의 開封)을 공격하자 때 양시는 임시로 국자좨주(國子祭酒)의 위험스런 책임을 맡았다. 이때 양시는 신당과 신학을 청산할 기회가 왔다고 생각하였다. 그는 '채경이 나라를 좀먹고 백성을 해치므로 사람들이 인간으로 여기지 않는다'고 하면서 채경이 나라를 그르친 것은 왕안석이 불러왔다고 비난하였다. 이에 "대개 채경은 신종(神宗)의 유업을 잇는다는 명분을 세웠으나, 사실은 왕안석을 끼고 자신의 이익을 도모하였다. 그러므로 왕안석을 추존하여 관작을 더하고 공자의 묘정(廟廷)에 배향하였다. 오늘의 화(禍)는 사실 왕안석이 있었기 때문에 초래되었다."(『宋史』 楊時傳, 12741쪽)고 하였다. 양시는 왕안석이 사설(邪說)을 퍼뜨리고 학자들의 심술(心術)을 파괴시켰다고 공격하면서 "임금을 사치하도록 인도하였다."고 하였다. 양시는 만년에 형공신학을 공격하는 데 더욱 힘쓰고 공개적으로 "나는 정씨의 문하에서 이른바 울타리만 지나가고 그 속에는 들어가지 못한 사람이다. 어찌 감히 스스로 정문의 무리와 같다고 자처하겠는가만 왕씨의 학문은 공격하지 않을 수 없다. 무릇 왕씨 학문의 잘못을 뻔히 보면서

(다른 사람의) 공격을 기다리지 않고 (스스로 먼저) 공격하는 사람이 무슨 죄가 있겠는가?"(「答吳國華」, 『양구산선생전집』 권17)라고 선언하였다. 그는 이론적으로 철저하게 신학(新學)을 뒤집어엎고 낙학의 기반을 넓히려는 의도로 혼신의 힘을 다하여 『삼경의변(三經義辨)』, 『자설변(字說辨)』, 『일록변(日錄辨)』 등을 저술하였다.

양시의 신학 비판은 왕안석이 "힘써 공부하나 도를 모른다." (「答吳國華別紙」, 『양구산선생전집』 권17)는 말에 비교적 집중되어 있다.

'도를 모른다.'는 비판은 다음 몇 가지에 근거한다. 첫째, 왕안석의 천인(天人)학설을 지목하여 한 말이다. 기록에 의하면 어떤 사람이 정이(程頤)에게 "개보(介甫: 王安石)가 '요임금은 천도(天道)를 실천함으로써 사람을 다스렸으며, 순임금은 인도(人道)를 실천함으로써 하늘을 섬겼다'고 한 말이 어떻습니까"라고 물었다. 정이는 "개보는 스스로 도라는 글자를 모른다. 도는 아직 천·인의 구별이 있은 적이 없으나 다만 천에서는 천도(天道)가 되며, 땅에서는 지도(地道)가 되며, 사람에게서는 인도(人道)가 된다."(「遺書」 권22상, 『이정집』 282쪽)고 대답하였다. 왕안석이 하늘과 사람을 서로 구분하고[天人相分], 천인합일(天人合一)을 반대하였다는 말이다. 정이는 천인일체(天人一體)와 천인합일을 주장하였다. 그러므로 정이가 보기에 왕안석은 "도를 몰랐다." 사실 천·인이 서로 간섭하지 않는다는 사상은 왕안석의 탁월한 견해다. 그런데도 왕안석의 천인상분(天人相分)의 사상에 대하여 양시는 매우 비난하였다. 양시가 교정한 「수언(粹言)·도론편(道論篇)」에 다음과 같은 기록이 있다.

> 누군가 "개보(왕안석)가 사람의 도리를 다함을 인(仁)이라 하고, 하늘의 도리를 다함을 성(聖)이라고 하였는데 어떻습니까?"라고 하니, 정자는 "하나의 일을 가지고 반드시 둘로 나뉜다고 말하는 것이 개보의 학문이다. 도는 하나이니 사람의 도리를 다하면서도 하늘의 도리를 다하지 못한 사람은 아직 없다. 천인을 둘로 여기는 것은 도가 아니다."라고 하였다.
>
> 或問: "介甫有言, 盡人道謂之仁, 盡天道謂之聖." 子曰: "言乎一事, 必分爲

二, 介甫之學也. 道一也, 未有盡人而不盡天者也. 以天人爲二, 非道也." (『二程集』 1170쪽)

「유서」 권18을 살펴보면 이 조목의 원작(原作)이 있다.

묻기를 "어떤 사람이 '사람의 도리를 다함을 인(仁)이라고 하고, 하늘의 도리를 다함을 성(聖)이라고 한다'고 하였는데 이 말이 어떻습니까?"라고 하니, 대답하기를 "이 말은 진실로 병통이 없으나 옳지는 않음에 유의해야 한다. 어찌 인도를 알면서 천도를 모르는 사람이 있겠는가? 도는 하나다. 어찌 인도는 스스로 인도이며, 천도는 스스로 천도일 뿐이겠는가?"라고 하였다.

或曰: "人有言: '盡人道謂之仁, 盡天道謂之聖.' 此語如何?" 曰: "此語固無病, 然措意未是. 安有知人道而不知天道者乎? 道一也, 豈人道自是人道, 天道自是天道?" (『二程集』 182쪽)

이 두 인용문을 비교하면, 양시는 "어떤 사람이 말하기를"이라는 구절을 명확하게 "개보(介甫)가 말하기를"이라는 구절로 지적한 것 외에, 또 "하나의 일을 가지고 반드시 둘로 나뉜다고 말하는 것이 개보의 학이다."와 "천인을 둘로 여기는 것은 도가 아니다."라는 두 구절을 덧붙였을 뿐이다. 이와 같이 그는 왕안석의 '천인상분(天人相分)'사상에 대한 비판을 더욱 분명하게 드러내었다. 이러한 입장 변화는 양시가 '천인합일(天人合一)'을 확신하게 되었음을 보여준다.

둘째, 왕안석의 심성학설을 지목하여 한 말이다. 마음에 대하여 정호는 유명한 『정성서(定性書)』에서 "내외 두 가지를 근본으로 삼음"을 반대하고 내외의 '양망(兩忘)'(「문집」 권2, 『이정집』 460-61쪽)을 주장하였다. 양시는 이에 근거하여 왕안석에 대한 비판을 전개하였다. 왕안석이 『자설(字說)』에서 '충(忠)'이라는 글자를 '중심(中心)'과 '외심(外心)'으로 나누어 해석한 데 대하여 양시는 다음과 같이 반박하였다.

마음은 안팎이 없다. "충(忠)"을 속마음(中心)이라고 생각하는 것은 이치에 맞지 않는다. 『예기』의 「예기(禮器)」편에는 "예(禮)가 많을수록 귀하게 여기는 것은 겉마음[外心] 때문이고, 적을수록 귀하게 여기는 것은 속마음[內心] 때문이다."라고 하였다. 대개 마음을 씀에 안팎이 있을 뿐 실제로 마음에 안팎이 있는 것은 아니다.

心無中外. 以"忠"爲中心, 無是理也. 「禮器」曰: "禮以多爲貴者, 以其外心也; 以少爲貴者, 以其內心也". 盖用心之有內外耳, 非心有內外也. (「字說辨」, 『楊龜山先生全集』 권7)

왕안석은 『신종일록(神宗日錄)』에서 "외물(外物)이 마음에 누를 끼치지 않도록 할 수 있는 것이 성(誠)이다."라는 명제를 제시하였는데, 양시는 이에 대하여 "성(誠)이란 천의 도이다. 외물이 아니면 마음에 누를 끼칠 수 없다는 말은 매우 옳다. …… 형공(荊公: 왕안석)은 스스로 '외물이 마음에 누를 끼치지 않도록 할 수 있는 것이 성(誠)이다'라고 하고는 매번 이 말을 지극하다고 여겼다. 그러나 그가 아직 천도(天道)를 알지 못하였기 때문에 그렇다."(「日錄辨」, 『양구산선생전집』 권6)라고 반박하였다. 이렇게 왕안석은 직접적으로 '아직 천도를 알지 못한' 인물로 비판받았다. 이정은 성선설을 주장하고 천지지성(天地之性)과 기질지성(氣質之性)으로써 성의 선악과 기원에 관한 문제를 해석하였다. 양시도 똑같이 "맹자의 성선설에 근원하였으며"(胡安國: 「楊文靖公墓志銘」, 『伊洛淵源錄』 권10), 아울러 이에 의거하여 왕안석을 비판하였다.

총노(摠老: 釋迦)가 말하기를 "경(經) 가운데 십식(十識)을 말하였다. 제8 아마라식은 당나라 말로 희고 깨끗하며 더러움이 없다는 뜻이고, 제9 아뢰야식은 당나라 말로 선악의 씨앗이라는 뜻이다."라고 하였다. 희고 깨끗하며 더러움이 없음은 맹자의 성선이다. 성이 선하다고 말한다면 그 근본을 탐구하였다고 일컬을 만하다. 선과 악이 혼재되어 있다고 말한다면 이는 선악이 막 싹트는 곳에서 본 것이다. 형공은 아마 이것을 모를 것이다.

摠老言: "經中有十識. 第八庵摩羅識, 唐言白淨無垢; 第九阿賴耶識, 唐言善惡種子." 白淨無垢, 卽孟子之性善是也. 言性善, 可謂探其本. 言善惡混, 乃是

于善惡已萌處看. 荊公盖不知此. (「語錄」 4 「毗陵所聞」, 『楊龜山先生文集』 권13)

양시가 보기에 근본적으로 성은 선하다. 그는 또 승(僧) 상총나리(常摠那里)의 말을 따라 선악이 상대하기 이전이 성이며, 상대하고 나면 성이 아니라는 관점을 받아들였다. "형공(荊公)은 아마 이것을 모를 것이다."는 말은 왕안석의 말이 양웅(揚雄)의 성선악혼설(性善惡混說)과 같다고 보았다는 뜻이다. 송의 진연(陳淵)도 이러한 관점을 표명하였다. "『맹자』 7편은 오로지 성선을 발명하였으나, 왕안석은 양웅의 성선악혼설을 받아들여 무선무악(無善無惡)에 이르렀으며, 또한 불교에 빠졌으니 그 성(性)을 잃음이 멀다."(『宋史』 陳淵傳, 11630쪽)고 하였다. 왕안석의 인성론을 던져버린 양시는 분명하게 유·불을 종합한 인성론의 관점으로 입론의 근거와 비판의 무기로 삼았다. 그리하여 왕안석을 '아직 도(道)를 알지 못하였다'고 공격하였다.

셋째, '도를 알지 못한다'는 말은 왕안석이 불교에 빠지고 도교를 좋아한 것을 지목한 말이다. 주지하듯이 장재와 이정으로부터 시작된 리학가들은 대부분 다양하고 공개적으로 불교배척과 도교배척의 입장을 취하였다. 양시도 예외가 아니다. 왕안석은 만년에 늘 승려와 왕래하여 재산의 일부를 "장산(蔣山)에 시주하고 상주(常住)"하기까지 하였다. 이외에도 『노자주(老子注)』를 저술하였다. 이 때문에 소식(蘇軾)은 왕안석에 대해 "만년에 구담(瞿聃)[150]을 스승으로 섬겼다."(「王安石贈太傅勅」, 『東坡外制集』 상권)고 비판하였다. 양시는 이를 왕안석이 '도(道)를 알지 못하였음'을 증명하는 중요한 논거로 삼았다. 그는 다음과 같이 말하였다.

왕씨가 불교를 신봉하고, 심지어 거주하는 집을 불사(佛寺)로 삼았으며, 그 무리 가운데 승려가 된 사람이 있으면 시를 지어 그 뜻을 장려하였는

150) 瞿曇. 범어 Gotama의 음역으로 부처 석가여래 또는 불교의 뜻.

데, 아름답기는 하지만 미흡함이 있다. 무릇 유·불은 양립할 수 없음이 오래되어 이것이 옳으면 저것은 그르고, 이것이 그르면 저것은 옳다. …… 왕씨는 그 시비(是非)와 사정(邪正)을 이해하지 못하고 그 사람을 존중하고 그 도(道)를 스승으로 삼았으니 진량(陳良)[151]의 무리와 다를 바가 없으니 도를 아는 사람이라고 하겠는가? 무릇 도를 아는 사람에게 귀중한 것은 시비를 구별하고 사정(邪正)을 심사할 수 있는 능력이니, 시비와 사정을 분변할 바가 없다면 어디서 도를 알리요!

且王氏奉佛, 至舍其所居以爲佛寺, 其徒有爲僧者, 則作詩以獎就其志, 若有美而不及者. 夫儒佛不兩立久矣, 此是則彼非, 此非則彼是. …… 王氏乃不會其是非邪正, 尊其人, 師其道. 是與陳良之徒無以異也. 而謂知道者謂之乎? 夫所貴乎知道者, 謂其能別是非·審邪正也, 如是非邪正無所分辨, 則亦烏在其知道哉! (「答吳國華」, 『楊龜山先生全集』 권17)

왕안석이 만년에 불교를 신봉한 것은 본래 심각한 정치·사상적 원인이 있었기 때문인데 양시가 이러한 사정을 분명하게 설명하기란 쉽지 않았을 것이다. 단지 '유·불은 양립할 수 없다'는 전제에 따라 설명하였으므로 결코 대단한 설득력은 없다. 사실 학술사상에서 불학적 요소를 말하면 양시는 결코 왕안석을 따라갈 수 없다. 정호는 "유작과 양시는 먼저 선(禪)을 배웠으나, 이미 지향하는 바가 안정된 곳이 없음을 알았으므로 여기로 왔다. 그러나 아마 변하지 않을 것이다."(「遺書」 권2상, 『이정집』 38쪽)라고 하였다. 양시의 선학사상은 분명히 그렇게 많이 변하지 않았다. 황진(黃震)은 다음과 같이 논평하였다. "구산(龜山)은 만년에 결국 불씨(佛氏)에 빠졌다. 예를 들면 그는 '총노(摠老: 釋迦)가 말하기를: 경(經) 가운데 십식(十識)을 말하였다. 제8 아마라식은 당나라의 말로는 희고 깨끗하며 더러움이 없다[白淨無垢]는 뜻이며, 제9 아뢰야식은 당나라 말로 선악의 씨앗이라는 뜻이다. 희고 깨끗하며 더러움이 없음 맹자의 성선이다'고 하였으며, 또 '『원각경(圓覺經)』에 말하기를: 작(作)·지(止)·임(任)·멸(滅)은 네 가지 병이라고 하였다. 작

151) 전국시대 초인(楚人). 진상(陳相), 진신(陳辛)이 모두 그 문도(門徒)이다. 『孟子』 「滕文公上」 참조.

(作)은 조장(助長)이며, 지(止)는 곧 작물(作物: 苗)을 가꾸지 않는 것이며, 임・멸(任・滅)은 아무것도 하지 않는 것이다'고 하였으며, 또 '『유마경(維摩經)』에 진심(眞心)이 도량이라고 하였다. 유・불은 이에 이르면 사실 두 가지 이치가 아니다'고 하였으며, 또 '장자의 「소요유(逍遙游)」는 모두 자득한 것이며, 「양생주(養生主)」에서 말한 행(行)은 아무것도 일삼지 않는 행이다'라고 하였다. 이러한 여러 가지를 보면 놀랍고 탄식할 만하다."(「구산학안」, 『송원학안』 권25) 이처럼 만년에 불교와 도교로 흘렀다는 점에서 양시도 마찬가지로 왕안석의 뒤를 따랐다.

이 외에 양시의 형공신학에 대한 비판은 의(義)와 이(利=이익)를 밝히는 변론에서 나타난다.

의를 중시하고 이익을 경시함은 공맹(孔孟) 이래 유가의 전통관념이다. 의리(義利)의 변별은 이정이 왕안석의 신법을 반대할 때 사상적 무기로 사용되었다. 예를 들면 그는 왕안석을 '이(利)를 좋아하는 신하'라고 공격하였다. 양시도 형공신학을 비판하면서 이것을 무기로 삼았다. 그는 신하가 임금에게 이익을 말하는 것을 반대하였다. "대개 군자가 임금을 섬김에 그 말이 이익만을 좇아서는 안 된다. 만약 이익만 좇으면 임금이 보는 것은 이익일 뿐이다. …… 왕도(王道)와 패도(覇道)를 가름하는 것은 이익과 의리의 사이다. 한 올이라도 이익을 위하면 왕도가 되기 부족하다."(「語錄」 1, 「荊州所聞」, 『楊龜山先生全集』 권10) 왕안석은 『신종일록(神宗日錄)』에서 "이재(理財)를 진실로 현실의 급선무로 삼아야 하지만 임금은 마땅히 예의와 염치를 아는 풍속을 급선무로 삼아야 한다. 무릇 이(利)는 음(陰)이며, 음은 마땅히 은거하여 엎드려 있어야 한다. 의(義)는 양(陽)이며, 양은 마땅히 드러나야 한다. 이것이 천지의 성이며 음양의 리다."라고 하였다. 왕안석은 의리와 이익을 양・음과 같은 대립과 통일의 관계로 보았으며, 의리가 이익보다 높다고 긍정하면서도, 이익도 독립적 가치가 있음을 인정하였다. 그러나 양시는 다음과 같이 반박하였다.

> 그 마땅히 취할 바를 취하면 이익은 의리다. 그러므로 국가가 이익을 이익으로 여기지 않고 의리를 이익으로 여기면 의리와 이익은 처음부터 두 갈래가 아니라고 하였다. 어찌 마땅히 드러내고 은밀히 엎드려 있는 것이 있다고 선언하겠는가?
>
> 取其所當取, 則利卽義矣. 故曰: 國不以利爲利, 以義爲利, 則義利初無二致焉. 何宣著・隱伏之有? (「日錄辨」, 『楊龜山先生全集』 권6)

이것은 의리를 이익으로 여기는 일종의 의리합일(義利合一)론이며, 실질적으로 '의'를 기치로 들어 '이재(理財)'를 중시하는 왕안석의 공리사상을 반대한 말이다. 양시도 입으로는 '이재'를 반대하지 않았다. 심지어 "내가 현재의 정사를 살펴보니 오직 이재가 가장 급선무다."라고 말하기도 하였다.

그러나 그는 '이재'에 대하여 다음과 같이 해석하였다.

> 선왕을 살펴보니 이재(理財)란 천하의 이익을 모조리 모으는 것이 아니다. 취함에 도(道)가 있고, 씀에 절도가 있어 각각 의에 합당함을 말한다.
>
> 考之先王, 所謂理財者, 非盡籠天下之利而有之也. 取之有道, 用之有節, 各當于義之謂也. (「答胡康侯」, 『楊龜山先生全集』 권20)

양시가 말하는 이재는 착안점이 이익을 취하는 데 있지 않고, 의리에 합당하게 하는 데 있다. 그는 신법(新法)의 이재(理財)조치가 순전히 이익을 목적으로 삼았다는 점을 한스러워하였다. 그는 "내가 말하는 청묘법(靑苗法)의 해로움은 (백성이) 원하거나 원하지 않거나 간에 곡식을 나누어주고 이자를 받는 데 있지 않고, 바로 관리들이 경솔하게 이자를 유치하는 데 있다. …… 청묘법은 이자를 얻는 데 의미가 있을 뿐이다."(「日錄辨」, 『양구산선생전집』 권6), "청묘법으로 취하는 이자가 비록 많지는 않지만 일 년에 만민(萬緡: 緡은 돈의 단위)을 풀면 백성들에게 2천민을 빼앗아 관부에 들여오며, 관부에 들어가면 민간인은 다시 그 돈을 얻어 쓸 수 없다. 면역법(免役法)은 민간에서 돈을 얻어 관부에서 사람을 고용하는데, 그 돈을 얻어 쓰는 사람은 대개 주(州)와 현

(縣)의 시정(市井) 사람이고, 향민에는 이르지 않는다. 향민은 돈이 이동한다는 것만 알 수 있을 뿐, 쓰지 못하므로 재물이 많이 결핍되어 있다."(「語錄」 3, 「余杭所聞」, 『양구산선생전집』 권12)고 하였다. 이것은 신법이 백성과 이익을 다툰다는 말이다. 이것은 반변법파의 상투적인 논조다. 만약 양시의 논조에서 무언가 새로운 것을 찾는다면 왕안석의 신법을 놓고 공리주의적인 '신불해(申不害)와 상앙(商鞅)의 방책[術']'이라고 공격했다는 점이며, 또한 '신불해와 상앙의 술책'과 왕안석의 '경술(經術: 유학의 경전에 의거한 정치이념)로 인물을 양성하는' 사상과 밀접한 관계가 있다고 보았다는 점이다. 그는 다음과 같이 말하였다.

> 희령(熙寧) 때 법령을 갱신하며 경술(經術)로 인물을 양성하였다. 세상의 유학자들은 망령되이 사사로이 지혜를 천착하고 문자를 분석하며, 지엽적인 말과 지루한 말로 경을 어지럽혔다. 육예의 문장을 빌어서 신불해와 상앙의 방책[術]을 추구하였다.
>
> 熙寧更新法度, 以經術造士. 世儒妄以私智之鑿, 分文析字, 而枝辭蔓說亂經矣. 假六藝之文, 以濟其申商之術. (「記劍州陳諫議祠堂記」, 『楊龜山集』 권4)

여기서 "6예(六藝)의 문장을 빌어서 신불해와 상앙의 방책[術]을 추구하였다."는 말은 왕안석이 경의 뜻을 새롭게 해석하면서 공리주의적인 "신불해와 상앙의 술"을 한 걸음 진보한 이론으로 만들었음을 말한다. 그리고 왕안석이 "경술(經術)로써 인물을 양성하였다."는 말은 인재들로 하여금 공리주의의 방향으로 향하게 했다는 뜻이다. 양시의 제자인 요강(廖剛)은 "왕안석의 학술은 대개 오직 이익을 숭상하며, …… 그 해가 매우 심하다."(「論王氏學札子」, 『高峰之集』 권1)고 하였다. 양시와 그 제자들은 왕안석의 학문을 홍수나 맹수처럼 보고 반드시 그것을 제거한 뒤 즐거움을 얻고자 하였다.

양시의 신학(新學)에 대한 비판의 격렬함은 이정(二程)보다 훨씬 심했다. 이것은 분명히 양송(兩宋)의 정치국면의 변화와 관계가 있으며, 동시에 낙학 후계자들이 사상계의 통치적 지위를 빼앗기 위하여 진행한 필사적 집착의 반영이다. 신학을 비판한 목적은 신학의 통치지위를 타파하고 이정이 창립한 낙학을 그것에 대신하려는 것이었다.

2. 양시: 낙학의 자각적 전파자

송 왕조가 남쪽으로 옮겨가자 최고통치 층은 북송 멸망의 경험과 교훈을 종합정리하지 않을 수 없었다. 양시를 대표하는 리학가들은 국가 멸망의 근원을 신법(新法)과 신학(新學)으로 돌렸다. 신학의 통치지위는 동요하기 시작하였다. 낙학은 '거짓학문'이라는 오명을 벗고 영향력이 날로 확대되었다. 양시가 유작(游酢)에게 보낸 편지 가운데서 "이천선생이 살아 계실 때 세상 사람들이 그를 현실과는 거리가 먼[迂遠] 괴상한 이론가라고 여겨 비웃음과 조소거리로 삼았지만 이제는 지나간 일이다. 그 학문을 존중하고 믿는 사대부들이 점점 많아진다."(「與游定夫」, 『양구산선생전집』 권19)고 하였다. 낙학을 존중하고 믿는 지식인이 점점 많아진 것은 이정의 여러 제자들이 낙학을 전파하려고 노력한 일과 매우 큰 관계가 있다. 이정의 사상과 학설은 주로 강학을 통하여 전수되었으며, 제자들이 기록한 대량의 어록이 있다. 이러한 어록은 아직 정리되기도 전에 진본을 잃어버린 것이 자못 많다. 정이(程頤)의 주요 저작인 『이천역전』조차도 아직 원고가 정리되지 않았다. 이 때문에 낙학은 몇 갈래로 나누어져 전파될 수밖에 없었다. 이러한 상황은 이정의 후학들이 시급히 해결해야 할 문제로 대두되었는데, 가능한 한 낙학의 내부적 통일을 실현해야 했다. 이정의 제자 가운데 오직 양시만이 "홀로 덕망이 높은 원로"라는 인정을 받아 '남도낙학대종(南渡洛學大宗)'이라는 영예를 누렸으며 이로 인하여 낙학의 관점을 통일하고 그 학술사상을 전파하는 임무를 담당할 가장 좋은 자격을 가졌다.

양시는 자못 낙학의 정통 전수자라고 자신하였다. 그는 스스로 "내가 서울(開封: 河南省 汴梁)에 도착하면서부터 정부(定夫: 游酢의 字)와 함께 하남(河南)의 이정선생을 따라 교유하며, 아침저녁으로 논설의 실마리를 들었다. 그러나 정밀하지 못하여 성학(聖學)의 가문(家門)을 엿보지는 못하였지만, 미혹하여 이단으로 흘러가지는 않았다."(「與陸思仲」, 『양구산선생전집』 권18)고 하였다. 낙학의 통일을 유지하고 전파하는 과정에서 '실진(失眞)'되는 것을 방지하기 위해 양시는 만년에 이정의 저작을 편집하고 교정하는 데 많은 힘을 쏟았다. 그는 두 가지 일에 집중하였다.

하나는 이정의 어록을 편집하였다. 그는 유작에게 편지를 보내 서로 어록을 대조하여 정정하는 계획을 의논하였다. "선생의 어록은 점차 널리 전해졌다. 그 동안에 잃어버린 기록이 자못 많다. 나는 그것들을 수집하여 중복되고 의심되는 것을 삭제하고자 한다. 공(公)이 다행히 한가롭고 바쁘지 않으니 유실된 것을 널리 찾아주기 바란다. 듣건대 주진(朱震)이 낙양에서 교수할 때 전한 바가 자못 많고, 강후(康侯: 胡安國)가 이를 모두 갖고 있다고 한다. 강후에게 편지를 보내 자문을 구하고 또 서로 교정·대조한 뒤 조금 윤색하여 합하여 한 권의 책을 만들어 후학에게 전함에 보탬이 되지 않을 수 없다. 선생 문하에 남아 있는 사람은 오직 나와 그대 두 사람뿐이다. 부득이 그 책임을 부탁한다."(「與游定夫」『양구산선생전집』 권19) 그러나 두 사람이 서로 어록을 대조하여 정정하려던 계획은 유작이 사망하였기 때문에 무산되고 말았다. 양시는 '이 학문(낙학)이 장차 소멸되어 전해지지 않음'을 그냥 눈뜨고 지켜볼 수 없어 의연히 홀로 어록을 편집하는 사명을 짊어졌다. 그는 호안국에게 보낸 편지에서 자신의 결심을 밝혔다. "이천 선생의 어록을 염두에 두고 잠시도 잊은 적이 없다. 그러나 전란에 유실되어 모두 모을 수가 없다. 예전에 나중소(羅仲素)[152]가 편집한 것이 매우 좋았으나 이미 객사하였고 행장(行狀)도 도적을 만나 불타버렸다. 다른 사람에게

152) 나종언(羅從彥: 1071~1135) 호는 예장(豫章).

그의 집을 방문하게 하여 5~6편을 얻었기에 곧장 착수하였다."고 하였고, 또 "어록을 항상 염두에 두었다. 선생의 문하에서 나 말고는 사람이 없다. 내가 마땅히 그 책임을 맡아야 한다. 내가 두 책을 부치니 보고 더욱 유념하라. 그러나 이 일은 매우 큰일이기에 비록 능력이 모자라더라도 힘쓰지 않을 수 없다."(「答胡康侯」, 『양구산선생전집』 권20)고 하였다. 양시는 어록편집의 과정에서 호안국(胡安國)에게도 책을 보내어 "어록의 책자를 부쳐 보낸 것이 이제야 도착하였다. 여러 공(公)들이 기록한 것을 편집함에 종류에 따라서 같음과 다름을 하나하나 고증한 뒤에 산정(删定)하고 윤색(潤色)해야 하니 열 달[153]이 걸려도 다 할 수 없다. 책이 만들어지면 바로 보내겠다."(「答胡康侯」, 『양구산선생전집』 권20)고 하였다. 그가 어록을 편집할 때 그 설을 사실 그대로 기록한 것은 결코 아니다. 그는 문아(文雅)한 언어로 고쳐 쓰고 다시 '종류에 따라' 분류 정리하여 「수언(粹言)」을 만들었다. 「수언」은 모두 10편으로 그 내용과 구조는 리학(理學)의 '대강(大綱)'으로 볼 수 있다. 「수언」은 진실로 이정의 낙학을 구성하는 부분이라고 볼 수 있지만 그보다는 낙학을 설명한 양시의 독립적인 사상체계라고 보는 것이 더 타당하다.

다른 하나는 『이천역전(伊川易傳)』을 교정하였다. 『이천역전』은 정이(程頤)의 역작이다. 정이의 제자 윤돈(尹焞)은 "선생이 평생 마음쓴 것은 오직 『역전』에 있다. 선생의 학문을 알고자 하면 이것을 보면 족하다."(「이천선생연보」 인용, 『이정집』 345쪽)고 하였다. 정이 자신도 특히 이 저작을 중시하여 평소 쉽게 다른 사람에게 보이지 않았으며, 만년까지도 계속 교정하다 병에 걸려 눕게 되었다. 그리고 임종에서야 비로소 문인인 장역(張繹)과 윤돈에게 전수하였다. 이 책은 정이가 살아 있을 때는 유포되지 않았다. 양시의 말에 의하면 "이천선생이 저술한 『역전』은 초고 때에는 아직 책으로 이루어지지 않았다. 선생이 병

153) 순월(旬月)은 한 달, 열 달, 열흘 혹은 달포 등 여러 가지 뜻이 있으나 이 글에서는 문맥에 따라 열 달의 의미로 해석하였다.

을 얻은 뒤 아랫사람에게 명하여 문인인 장역(張繹)에게 전수하였으나 얼마 지나지 않아 장역이 죽었다. 그래서 진본(眞本)이 학자들에게 전하지 않았다."(「校正伊川易傳後序」, 『양구산선생전집』 권25)고 하였다. 여기서 '아직 책이 이루어지지 않았다'는 말은 사실과 부합하지 않지만 "학자들에게 진본이 전하지 않았다."는 말은 믿을 만하다. 양시가 이 책을 교정한 공(功)은 진실로 자신이 말한 것과 같다. "정화(政和: 1111~1117)의 초에 나의 친구 사현도(謝顯道)가 그 책을 서울에서 얻어서 내게 보여주었다. 그러나 뒤섞이고 중복되어 거의 읽을 수가 없었다. 비릉(毗陵: 지금의 江蘇省 無錫)에 온 뒤 중복된 것을 제거하고 교정하였는데 해를 넘겨서야 완성되었다."(「校正伊川易傳後序」, 『양구산선생전집』 권25) 양시가 교정한 『이천역전』은 널리 유전되어 후일 과거에서 관리를 선발하는 관서(官書)가 되었으며 깊고 큰 영향을 끼쳤다.

이정의 저작을 교정 편집한 것은 양시가 낙학을 전파한 한 측면의 공적일 뿐이다. 다른 한 면으로 양시는 직접 자신의 저서를 통하여 낙학을 드러내었다. 그 가운데 『중용의(中庸義)』가 가장 전형적이다. 양시가 이정에게서 학문을 배울 때 일찍이 "그 서언(緖言)을 얻었다."는 말은 『중용』이 매우 중요함을 깊이 알았다는 뜻이다. 즉 희령(熙寧) 이래의 선비들은 경(經)에 대하여 연구하지 않은 것이 없었지만, 『중용』만은 빠뜨리고 강론하지 않았다. 이 때문에 양시가 뜻을 확립하여 『중용의』를 저술함으로써 널리 '도학(道學)을 전하였다.' 그는 다음과 같이 말하였다.

> 이에 선생이 남긴 교훈을 따라 이 책을 저술하였다. 들은 바로써 그가 아직 듣지 못한 것을 유추하였다. 선생의 심오함을 모두 다 전하기에는 부족하지만, 나의 뜻은 그것에 거의 가까울 것이다. 학자들이 나의 말을 따라 성학의 문에 들어가기를 구하면 가히 엿보고 들어갈 수 있을 것이다.
>
> 于是追述先生之遺訓, 著爲此書. 以其所聞, 推其所未聞者. 雖未足盡傳先生之奧, 亦妄意其庶幾焉. 學者因吾言而求之于聖學之門墻, 庶乎可窺而入也. (「中

庸義序」, 『楊龜山先生全集』 권25)

남긴 교훈을 따라 저술한다는 말은 조술(祖述)의 뜻이며, 들은 바로써 듣지 못한 것을 유추한다는 말은 추리하여 명백하게 하는 것이다. 양시는 이정의 낙학을 계승하였을 뿐만 아니라, 밝게 설명하였으니 앞을 이어 뒤로 전해주며, 지나간 것을 계승하여 미래를 열어주는 작용을 하였다.

이 외에도 양시는 이정의 옛 사례를 모방하여 생도를 모아 강학하였다. 그는 류양(瀏陽)·여항(余杭)·소산(蕭山) 등지에서 현(縣)의 정사를 돌볼 때도 "잊지 않고 교육"하였을 뿐만 아니라, 직접 형주(荊州)의 주립학교 교수(敎授)와 국자좨주(國子祭酒)를 담당하였다. 그리고 비릉(毗陵: 지금의 無錫)에 기거할 동안, 동림(東林)에 강학소(講學所)를 설치하여 18여 년 동안 강학하였다는 일도 빼놓을 수 없다. 유명한 동림서원(東林書院)은 양시가 강학한 옛터에 건립되었다. 고반룡(高攀龍)·고헌성(顧憲成) 등은 양시의 풍모와 재능을 배우며, 동림에서 강학활동과 정치활동을 전개하여 한때 이름을 떨쳤다.

정문의 여러 제자들 가운데 양시처럼 자각적으로 낙학을 전파하고 사문(師門)을 장대하게 한 사람은 없었다.

3. 양시: 민학의 적극적인 창시자

양시(楊時)는 낙학을 조술(祖述)하고 동남으로 전파하여 민학(閩學)을 우뚝 솟게 지도하였다. 이 때문에 그는 낙학의 계승자일 뿐만 아니라, 민학의 창시자[154]라고 할 수 있다. 그의 리학사상은 이정을 사승(師承)

154) '閩'은 민중(閩中: 지금의 福建省 閩侯縣)을 의미하며 주희의 고향이다. 그러므로 민학은 주자학을 의미하며, 양시는 곧 주자학의 선구자라고 할 수 있다.

하고 또 발전시켰으며, 스스로 체계를 이루었다.

1) 리기론(理氣論)

주지하듯이 천리론은 이정철학의 핵심이다. 이정은 "만물은 모두 하나의 천리"라고 여겼다. '리(理)' 혹은 '천리'는 우주만물의 총체적 근원이다. 양시는 이정의 이러한 핵심 사상을 계승하여 "대개 천하는 단지 하나의 리다."(「語錄」 4 「余杭所聞」, 『楊龜山先生全集』 권13)라고 하였다. 이 '리'는 우주의 최고원칙이다. 물론 자연계의 만사와 만물 그리고 사회적 윤리도덕은 모두 '일리(一理)'에 근본하며 리는 일체의 사물에 관통한다. 양시는 "사물이 있으면 반드시 원칙이 있으며, 사물은 형색(形色)이며 원칙은 천리다."(「어록」 4 「南都所聞」, 『양구산선생전집』 권13)라고 하였다. 하나하나의 사물마다 모두 천리의 체현(體現)이다. 리는 또 태극이라고도 하며 그것은 만물변화의 원인이다. 양시는 "이미 태극이 있으면 상하가 있으며, 상하가 있으면 전후좌우가 있으며, 전후좌우 사방이 있으면 네 가지 유(維: 천지의 구석)가 있다. 모두 자연의 리다."(羅欽順, 『困知記』 하 재인용)라고 하였다. 리는 일(一)이지만 리일(理一) 가운데 양극의 대립이 있어, 이로 인하여 운동 변화할 수 있다. 이것은 분명히 장재(張載)의 기론 중의 두 가지 명제를 흡수 개조하였다. 그러나 본래 유물주의적 명제를 유심주의적 명제로 변화시킨 것이다.

'리일분수(理一分殊)'설은 정이의 천리론이 지닌 중요한 내용이다. 양시는 정이와 더불어 장재 「서명(西銘)」의 사상을 토론할 때, 정이를 따라 '리일분수'설을 받아들였다. 그는 정이에게 보내는 편지에서 다음과 같이 말하였다.

> 리는 하나이면서 분수이다. 그러므로 성인은 사물을 헤아려서 고르게 베푸니, 이것은 인의 지극함과 의의 극진함으로 여겼기 때문이다. 사물을

헤아림은 무엇을 말하는가? 친소·원근을 각각 그 구분에 따라 합당하게 하는 것이 '사물을 헤아린다'는 말이다. 무엇을 고르게 베푼다고 하는가? 베풀되 그 마음을 한결같이 함을 '고르게 베푼다'고 말한다.

理一而分殊, 故聖人稱物而平施之, 玆所以爲仁之至, 義之塵也. 何謂稱物? 親疏遠近各當其分, 所謂稱物也. 何謂平施? 所以施之, 其心一焉, 所謂平施也. (「答伊川先生」, 『楊龜山先生全集』 권16)

그는 '리일분수'의 논리로써 봉건사회의 등급질서인 존비·친소를 합리화하는 이론적 근거로 삼았다. '리일분수'에 관한 양시의 논지를 종합하면 오로지 정치윤리관으로 운용하였으며, 봉건적인 등급질서를 확립하기 위하여 본체론적으로 증명하였다.

천하의 사물은 리일이면서 분수다. 리일을 알게 되면 그로써 인을 할 수 있고, 분수를 알면 그로써 의를 할 수 있다. 그 구분의 경중을 저울질함에 조금도 오차가 없으면 정밀해질 것이다.

天下之物, 理一而分殊. 其知理一, 所以爲仁; 知其分殊, 所以爲義. 權其分之輕重, 無銖分之差, 則精矣. (「答胡康侯」, 『楊龜山先生全集』 권20)

「서명」을 논하자면, 하남선생(程頤)은 '리는 하나이면서 분수'라고 하였다. 리일(理一)을 알면 그로써 인을 할 수 있으며, 그 분수를 알면 그로써 의(義)를 할 수 있다. 이른바 분수는 맹자의 '친한 사람을 친하게 함으로써 백성에게 어질게 하며, 백성에게 어질게 함으로써 사물을 사랑한다.'는 말과 같이 그 분(分)이 다르다. 그러므로 베풂에 차등이 없을 수 없다. 혹자가 '이와 같다면 체와 용은 진실로 떨어져 둘이 된다.'고 하였다. 대답하기를 '용은 체를 떠난 적이 없다. 사람의 일신을 보면 온 몸이 다 갖추어짐이 이른바 체다. 그 용으로 보면 신발은 머리에 신을 수 없으며, 관(冠)은 발에 쓸 수 없다. 체에 즉하여 보면 분(分)은 그 가운데 있다'고 하였다.

論「西銘」曰: 河南先生言理一而分殊. 知其理一, 所以爲仁; 知其分殊, 所以爲義. 所謂分殊, 猶孟子言"親親而仁民, 仁民而愛物." 其分不同, 故所施不能無差等. 或曰: 如是, 則體用果離而爲二矣. 曰: 用未嘗離體也. 且以一身觀之, 四體百骸皆具, 所謂體也. 至其用處, 則履不可加之于首, 冠不可納之于足. 則卽體

而言, 分在其中矣. (「語錄」 2 「京師所聞」, 『楊龜山先生全集』 권11)

한 마디로 분수(分殊)인 사물은 일리(一理)에 근본하며, 이 일리에 의해 규정되는 사물이 또 각자 다르다는 말이다. 만물이 일리에 근본함을 알면, 사랑은 반드시 타인에게 미치며, 만물이 각자 다름을 알면 사회의 등급에 구별이 있으며, 따라서 사랑도 차등이 있음을 알게 된다. 양시는 "그 분이 다르므로 베풂도 차등이 없을 수 없다."는 것과 "신발은 머리에 신을 수 없으며, 관(冠)은 발에 쓸 수 없다."는 사실을 강조하였다. 이로써 그는 '분'과 '분수'관념을 빌어 봉건적 등급질서의 합리성을 논증하려고 하였다. 이 일리(一理)론은 그후 "리일(理一)을 근심하지 않고 어려운 것은 분수다."라는 이통(李侗) 사상의 선구가 되었다.

정문의 제자들 가운데 양시는 비교적 '기'를 중시하여, 우주에 가득 찬 것은 단지 일기(一氣)며, 천지간 일체의 사물은 모두 일기의 변화라고 보았다.

> 천지를 관통하는 것은 하나의 기일 뿐이다. 천지는 그 몸[體]이며, 기는 몸을 채우고 있다. 사람은 천지의 중(中)을 받아 태어나니, 똑 같이 일기(一氣)일 뿐이다.
>
> 通天地一氣. 天地, 其體也; 氣, 體之充也. 人受天地之中以生, 均一氣耳. (「孟子解」, 『楊龜山先生全集』 권8)

> 천하를 관통하는 것은 일기(一氣)다. 사람은 천지의 중(中)을 받아서 태어나며, 그 텅 비고 꽉 참은 항상 천지와 더불어 유통(流通)하니 어찌 굳세고 크지 않겠는가?
>
> 夫通天下一氣也. 人受天地之中以生, 其虛盈常與天地流通, 寧非剛大乎? (「答胡康侯」, 『楊龜山先生全集』 권20)

만물은 단지 일기(一氣)의 유행일 뿐이며, 이 기는 음양의 두 기를 포함한다. 음양 두 기는 끊임없이 운동변화하며, 천지만물은 음양 두 기의 굴신(屈伸)·왕래(往來)·승강(升降)·부침(浮沈)·동정(動靜)·순환(循環)

으로 인하여 형성된다. 양시의 이와 같은 '기'사상은 유물주의 철학이며, 분명히 장재(張載)의 철학에서 영향을 받은 것이다. 양시는 일찍이 '장재의 학문이 이정으로부터 나왔다'고 하였다. 이것은 장재를 깎아내리려는 뜻도 있지만, 장재의 일부 사상이 이정학(二程學)의 장단점을 보충하여 형성되었음을 말해준다. 이정의 기에 관한 논술은 장재의 풍부함에는 크게 미치지 못한다. 양시는 자연적으로 장재의 기 관념을 흡수하여 자신의 사상체계를 확충하였는데, 그 흔적은 쉽게 찾아볼 수 있다. 예를 들면, 그는 "천하를 관통하는 것은 일기일 뿐이다. 합하여 생겨나고, 다하여 죽으니, 무릇 심지(心知)와 혈기가 있는 것이라면, 그렇지 않는 사물은 없다. 합해도 오는 것이 아니며, 다한다고 가는 것이 아님을 알면, 그 생겨남도 물거품과 같고, 죽는 것도 얼음이 녹는 것과 같음을 깨닫게 된다. 이는 낮과 밤이 끊임없이 변하는 이치와 같다."(「踵息庵記」, 『양구산선생전집』 권24)고 하였다. 이 '물거품' 설이 장재로부터 나왔음은 의심할 수 없다. 그러나 양시의 '기' 범주와 함의는 장재와 구별된다. 양시에게서 '기'는 철학적 최고범주가 아니라 '리'에 종속되며, '리'에 의해 규정되는 제2의 것이다. 이것은 그의 천리론의 전제로부터 결정된다. 따라서 양시는 '천하를 관통하는 일기(一氣)'를 강론한 것 외에 "천지만물은 하나의 성이다."(「浦城縣重建文宣王殿記」, 『양구산선생전집』 권24)라고 하였다. 성(性)은 리며, 기보다 높고 기를 지배한다. 낙학의 입장에는 기본적으로 변화가 없으나 양시가 장재의 기 사상을 흡수하여 낙학의 리기관을 충실하게 하였다는 데 주의할 필요가 있다. 주희(朱熹)에 이르면, 장재의 기 학설에 대하여 전면적으로 흡수 개조하게 된다. 양시는 그 단서를 열었을 뿐이다.

2) 심성론(心性論)

양시의 성론(性論)은 성선론의 입장에서 정립되었다. 이것은 첫째 맹자가 성선(性善)을 말했고, 둘째 정이가 성즉리(性卽理)를 주장했기 때문이다. 양시는 성론에 대해 어록에서 집중적으로 설명하였다.

> 중소(仲素: 羅從彦)가 묻기를 "횡거가 말한 기질지성이 어떻습니까?"라고 하니, 대답하기를 "사람이 품부받은 자질은 진실로 다름이 있다. 그 근본을 논하면 불선함이 없다. 대개 한번 음하고 한번 양함을 선이라고 한다. 음양은 불선함이 없으니 사람은 그것을 받아 태어나기 때문이다. 그러나 선함이 상도지만 때로 악도 있다. 마치 사람이 태어남에 조화된 기를 얻으면 안락한 사람이 되며, 질병이 있어 조화되지 않은 기를 얻으면 상도에 상반되는 것과 같다. 그 상도는 성이다. 이것이 맹자가 말한 성선이다. 횡거가 말한 기질지성도 역시 사람의 성에 강유·완급·강약·혼명이 있음을 말하였을 뿐 천지지성이 그렇다는 말은 아니다. 진흙찌꺼기를 제거하면 맑음은 스스로 있다. 이 때문에 군자가 기질지성을 반드시 변화시키려고 함은 탁한 것을 걸러내고 영원히 맑게 하려는 뜻이다."고 하였다.
>
> 仲素問: "橫渠云氣質之性, 如何?" 曰: "人所資稟, 固有不同者. 若論其本, 則無不善. 蓋一陰一陽之謂善. 陰陽無不善, 而人則受之以生故也. 然而善者其常也, 亦有時而惡矣. 猶人之生也, 氣得其和, 則爲安樂人; 及其有疾也, 以氣不和, 則反常矣. 其常者, 性也. 此孟子所以言性善也. 橫渠說氣質之性, 亦云人之性有剛柔緩急强弱昏明而已, 非謂天地之性然也. 今夫水清者, 其常然也. 至于汨濁, 則沙泥混之矣. 沙泥旣去, 其清者自若也. 是故君子于氣質之性, 必有以變之, 其澄濁而永清之義歟." (「語錄」 3 「余杭所聞」, 『楊龜山先生全集』 권13)

위 내용을 아래 몇 가지로 분석할 수 있다. 첫째, 양시는 장재가 성을 천지지성과 기질지성으로 구분함을 찬동하고, 이러한 구분이 성의 선악문제를 해석하는 데 이론적 근거를 제공하였음을 인정하였다. 둘째, "한번 음하고 한번 양함을 선이라고 한다."는 명제를 제출하여 성의 근본은 불선함이 없으며 선이 성의 상도(常道)이며, 품부받은 기에 때로 악도 있으나 악은 상도에 반대된다는 말이다. 셋째, 물의 청탁으로써 성의 선악을 비유하였다. 청탁의 비유는 정호의 논법을 이어받았다. 넷째, 변화기질은 "본성의 회복"의 필연적 요구라는 점이다. 위에서 말한 몇 가지 점에서 보면, 양시의 인성론은 기본적으로 장재와 이정의 인성론을 중복시켰으며, 내용적으로 빈약할 뿐만 아니라, 어떤 새로운 견해도 없다.

양시는 마음을 논하면서 천리를 따르고 이기려는 마음을 버리라고 주장하였다. 그는 다음과 같이 말하였다.

> 사람은 각각 이기려는 마음이 있지만, 이 마음을 모두 버리고 오직 천리를 따르면 기교와 속임수를 부리지 않는다. 만약 이기려는 마음을 품고 일을 하면 반드시 자신의 시비기준을 옳다고 여기게 되니 그 사이에 막히고 장애가 되는 곳이 없을 수 없다. 고집하여 바꾸지 않는 것은 기교와 속임수로부터 생긴다. …… 천리를 따르면 일에 반드시 그렇게 하려고 고집하는 마음이 없어지며, 반드시 그렇게 하려고 고집하는 마음이 없어지면 계교(計較)는 쓸 데가 없다.
>
> 人各有勝心, 勝心去盡, 而惟天理之循, 則機巧變詐不作. 若懷其勝心, 施之于事, 必以一己之是非爲正, 其間不能無窒碍處. 又固執之不移, 此機巧變詐之所由生也. …… 循天理, 則于事無固必; 無固必, 則計較無所用. (「語錄」 3 「余杭所聞」, 『楊龜山先生全集』 권12)

이기려는 마음은 '인욕(人欲)'의 또 다른 표현에 불과하다. 양시는 '이기려는 마음'이 기교와 속임수의 근원이라고 보았다. 그리고 기교와 속임수는 천리의 위반이므로 반드시 제거해야 한다고 보았다. 천리를 따르고 이기려는 마음을 버린다는 말은 사실 이정의 "천리를 밝히고, 사욕을 없앤다."는 말과 같다. 이러한 이론은 송과 금이 대치하던 남송시대에 최고통치자들이 '금나라와의 화친'을 주장하는 안이한 사상과 잘 부합한다. 이것이 양시의 심성이론이 당시 사회에서 발휘한 실제적 효용이다.

3) 격물치지론(格物致知論)

이정의 격물치지론은 그대로 양시에 의해 계승발전되었다. 양시의 격물치지론은 '궁리(窮理)'설과 '명선(明善)'설을 포괄한다.

먼저 '궁리'설을 말하면, 양시는 치지(致知)와 격물(格物)의 임무가 궁리에 있다고 생각하여 다음과 같이 말한다.

> 치지와 격물은, 대개 마땅히 사물의 이치를 끝까지 다 궁리하여 아는 것을 말한다. 리에 다하지 않음이 있다면 천하의 사물은 모두 나의 앎과 생각을 어지럽히게 된다.
>
> 致知格物, 盖言致知當極盡物理也. 理有不盡, 則天下之物皆足以亂吾之知思. (「答胡康侯」, 『楊龜山先生全集』 권20)

이미 격물과 치지가 "사물의 이치를 끝까지 다 궁리함"이라면, 그 대상은 당연히 '천하의 사물'이다. 따라서 '천하의 사물' 즉 외물(外物)의 '리'를 전부 인식하기 전에는 사람은 사상적으로 자유를 얻을 수 없다. 자유를 얻고자 하면 반드시 격물을 통하여 사물의 도리 혹은 규율을 인식해야 한다. 양시는 다음과 같이 말하였다.

> 『시경』에 "하늘이 백성을 낳으니 사물이 있으면 법칙이 있다."는 구절이 있다. 무릇 내 몸에 갖추어진 형색(形色)은 사물이 아님이 없으며 각각 법칙이 있다. 색깔에는 눈이, 소리에는 귀가, 냄새와 맛에는 코와 입이 각각 외부와 접촉하여 피할 수 없음은 반드시 그것이 있기 때문이다. 사물을 길러주되 빠뜨림이 없음을 알면 천하의 리를 얻는다. 천하의 리를 얻으면 사물과 나는 하나가 된다.
>
> 『詩』曰: "天生蒸民, 有物有則." 凡形色之具于吾身, 無非物也, 而各有則焉. 目之于色, 耳之于聲, 口鼻之于臭味, 接乎外而不得遁焉者, 其必有以也. 知其體物而不可遺, 則天下之理得矣. 天下之理得, 則物與吾一也. (「題蕭欲仁大學篇后」, 『楊龜山先生全集』 권26)

주체적으로 '외부에 접촉'하는 '사물을 길러주는[體物]' 공부를 통하여 사물의 '법칙' 규율을 인식할 수 있다. 이것이 '격물'의 임무이자 목적이다. "인식의 진정한 임무는 감각을 통하여 사유에 도달하고 다시 점차적으로 객관사물의 내부적 모순을 이해하고 그것의 규율성을 이해하는 것이다. 이 과정과 저 과정 사이의 내부적 관계를 이해하는 데 도달하면 이론적 인식에 도달하게 된다."[155] 양시는 이러한 자각에 도달할 수 없었지만 그의 '격물(格物)'설은 적어도 위에서 말한 관점에서 보면 유물주의적 인식론과 분명히 서로 부합하는 곳이 있다.

양시는 격물의 방법을 설명할 때 먼저 6경(六經)을 연구하여 읽어야 하고 또 외물에서 구하고 찾아야 한다고 주장하였다.

> 계속 격물에 대해 묻습니다. …… 6경의 미묘한 말들은 천하의 지극한 심오함이 있다. 옛 사람은 조수와 초목의 이름을 많이 알고 있는데 어찌 다만 그 이름만 알겠는가? 깊이 탐구하고 힘써 구하면 모두 격물의 도다. 무릇 학자는 반드시 공맹을 스승으로 삼아야 하고 배우되 공맹의 여러 말을 구하지 않으면 말단이 된다.
>
> 承問格物. …… 六經之微言, 天下之至賾存焉. 古人多識鳥獸草木之名, 豈徒識其名哉? 深探而力求之, 皆格物之道也. 夫學者必以孔孟爲師, 學而不求諸孔孟之言則末矣. (「答呂居仁」, 『楊龜山先生全集』 권21)

양시의 '격물의 도'는 이러한 여러 과정을 거치고 두루 뭇 사물에 나아가 '사물의 이치를 끝까지 다함'에 도달하기를 요구한다. 이것은 기본적으로 정이의 '두루 사물의 리를 구한다'는 사상에 대한 존중이다. 그러나 그는 정이의 '점점 쌓아나감[積累]'과 '산뜻하게 관통[脫然貫通]한다'의 주장과는 달리 '자신을 반성하여 성실(誠實)'하기를 주장하였다. 이것은 그의 '선을 밝힘[明善]'과 관계있다.

양시는 '명선'을 치지(致知)의 근본 목적으로 보았다. 그는 다음과 같이 말하였다.

> 이 도를 행하기 위해서 반드시 먼저 선을 밝혀야 선이 됨을 안다. 선을 밝힘은 치지에 있으며 치지는 격물에 있다.
>
> 爲是道者, 必先乎明善, 然後知所以爲善也. 明善在致知, 致知在格物. (「答李杭」, 『楊龜山先生全集』 권18)

---

155) 저자주: 모택동(毛澤東)의 「실천론(實踐論)」, 『모택동선집』 4권, 262-63쪽.

옛날 천하에 명덕을 밝히고자 하는 사람은 반드시 먼저 치지하였다. 치지가 선을 밝히는 까닭이다. 그 앎에 이르고자 하면 배우지 않으면 불가능하다.

古之欲明明德于天下者, 必先于致知. 致知所以明善也. 欲致其知, 非學不能. (「經筵講義」, 『楊龜山先生全集』 권5)

양시가 보기에 치지(致知)는 단지 선을 밝히는 수단에 불과하다. 이와 같다면 하나의 문제가 생기는데, 만약 격물이 "사물의 이치를 끝까지 다함"으로 외부를 향하여 구하고 찾아야 한다면, 치지는 '선을 밝힘'을 위함이며 외부에서 구해야 한다고 강조할 필요 없이 단지 "자신을 반성하여 성실"하기만 하면 되고, 속으로 반성하고 체험하면 곧 목적에 도달할 수 있다는 말이다.

배움은 치지에서 시작되며 마침내 앎이 지극해지면 멈춘다. 치지는 격물에 있다. 사물은 진실로 끝까지 궁구할 수는 없다. 자신을 반성하여 성실하면, 온 천하의 사물이 모두 나에게 있다.

學始于致知, 終于知至而止焉. 致知在格物. 物固不可勝窮也. 反身而誠, 則擧天下之物在我矣. (「題蕭欲仁大學篇后」, 『楊龜山先生全集』 권26)

명선(明善)은 치지에 있으며, 치지는 격물에 있다. 격물할 것이 수만(저자주: 어떤 곳에는 "사물의 이름 수"라고 썼다)에 이르면 사물은 아마도 다 궁구할 수는 없을 것이다. 자신을 반성하여 성실하면 천하의 사물이 모두 내게 있다.

明善在致知, 致知在格物. 格物之多(一作"號物之數")至于萬, 則物盖有不可勝窮者. 反身而誠, 則擧天下之物在我矣. (「答李杭」, 『楊龜山先生全集』 권18)

양시는 격물에서 '점점 쌓아나감[積累]'의 공부를 말하지 않았을 뿐만 아니라, '탈연관통(산뜻하게 貫通)'의 '돈오(頓悟)'도 말하지 않았다. 그러나 "사물의 이름 수가 만 가지에 도달하면" "다 궁구할 수 없다."는 사실을 "자신을 반성하여 성실하면 천하의 사물이 모두 내게 있다."는 묘한 논법으로 설명하였다. 양시의 이 말은 정호의 '만물일체'관의 영향을 받았다. 이미 '만물일체'로 사물과 내가 모두 천리를 체현하였으므로, 나로부터 출발하여 안으로부터 자신을 반성하기만 하면, 자신에게서 체현된 '천리'를 인식할 수 있고, 또 천하만물의 '리'를 인식할 수 있다. 요약하면 "돌이켜 구하면 천하의 리를 얻는다."는 말이다. 양시의 구체적 표현을 빌리면 "천하의 뜻을 통하고 만물의 정(情: 實情)을 유추하여 천지의 조화에 참여한다."(「答李杭」, 『양구산선생전집』 권18)는 말이다. 따라서 양시는 '묵묵히 인식함'과 '함양(涵養)'의 중요성을 특히 강조하였다. 그는 "지극한 도(道)의 귀추(歸趨)는 진실로 필설(筆舌)로는 다할 수 없다. 오직 몸으로 체험하고 마음으로 징험(徵驗)하여, 온화하고 조용하게 아무 근심 없이 묵묵히 인식하면 되며, 책의 말과 의미가 상징하는 표상을 모두 잊으면 지극함에 가깝다."(「寄翁好德」, 『양구산선생전집』 권17)고 하였다. 밖으로 구하는 격물공부가 내성(內省)의 밝힘과 함양(涵養)의 공부로 바뀐 것은 근본적 전환이라고 하지 않을 수 없다. 양시는 양자를 조화시키려고 애썼지만, 결국 격물치지론이 하나의 모순된 체계가 되도록 한 결과를 불러왔다.

위의 설명을 종합하면, 양시가 건립한 리학사상의 체계는 낙학의 인상을 깊고 깊게 낙인찍었다. 그를 민학(閩學)의 비조로 삼는 까닭은 실제로 낙학의 연장과 발전이 있었기 때문이다. 양시로부터 창시된 민학은 주희에 이르러 비로소 완성되었다. 양시는 실제로 이정과 주희의 사이에 다리를 놓아 준 중개인물이다.

제 8 장

낙학의 계승자들

(하)

제3절: 유작(游酢)

유작(游酢)은 "정문(程門)에서 사량좌(謝良佐), 양시(楊時)와 더불어 솥의 세 발"(『宋元學案』, 권首 「序錄」)이라고 평가될 만큼 이정의 뛰어난 제자 가운데 한 사람이다. 앞 장의 설명처럼, 사량좌는 정호(程顥)의 '마음이 리다'와 만물일체의 인(仁)사상을 중시하여 이를 계승 발전시켜 육구연의 심학(心學)을 여는 선구가 되었으며, 정호와 육구연을 이어주는 중개인물이 되었다. 양시는 정이의 '성즉리', '리일분수', '격물치지'의 사상을 중시하여 이를 계승 발전시켜 주희 민학(閩學)의 선구가 되었다. 그러나 유작은 사량좌, 양시와 이름을 나란히 하지만 이론상의 창조적 면은 크게 모자란다. 그는 주로 "기를 다스리고[治氣], 마음을 수양하고[養心], 스스로 행하고[行己], 사물에 접함[接物]"이라는 심성수양의 문제를 중시하였다. 리학의 다른 문제들에는 별로 관심이 없었던 것 같다. "힘써 실천하고 마음으로 얻는 말에 근본하여 경(經)을 설명한다."는 그의 주장은 후일의 리학가들로부터 칭찬을 받았다.

1. 생애와 저술

유작(游酢: 1053~1123)은 자가 정부(定夫)며, 건주(建州)의 건양(建陽: 지금의 福建省 陽縣) 사람이다. 송 신종(神宗) 원풍(元豊) 5년(1085) 진사에 급제하여 소산위(蕭山尉)를 맡았다가 조정의 부름을 받아 태학록(太學錄)이 되고, 박사(博士)를 제수받았으며 하청현(河淸縣)의 지부(知府)가 되었다. 부학교수(府學教授), 천주(泉州)의 첨판(僉判)를 지냈으며, 다시 부름을 받아 감찰어사(監察御使), 심지화주(尋知和州)를 지냈다. 또 지한양군(知漢陽軍)과 서주(舒州)·호주(濠州)를 거쳐 71세에 세상을 떠났다. 일찍이 치산(廌山)의 산기슭에 초당을 지었으므로 학자들은 치산선생(廌山先生)이라고 불렀다.

유작은 거의 40여 년 동안 관리생활을 하였으나 한 차례 조정에서 감찰어사(監察御使)를 맡은 것을 제외하면 대부분 지방관으로 보냈으므로 크게 현달하지는 못하였다. 그 원인은 대개 그의 정치태도와 관계있다. 그는 이정의 제자로 낙당(洛黨)에 속하였다. 낙당은 북송 후기에 촉당(蜀黨)과의 싸움과 신구(新舊) 당쟁의 와중에 배척과 타격을 받았다. 유작은 정치적으로 보수에 치우쳤으며 구당에 기울어져 있었기 때문에 최고 권력자의 눈에 들지 못함은 당연한 이치다. 주희는 이에 대해 "유정부(游定夫)는 휘묘(徽廟. 저자주: 송 徽宗의 조정)에서 처음 찰원(察院)이었을 때 갑자기 중앙에서 거듭 외지로 나가고자 하였는데, 청한 바대로 되었다. 지완(志完)이 그것을 보고 의아하게 생각하니, 유작은 '자네(지완)는 보는 것이 정말 늦다. 만약 자네와 같다면 어찌 오래 가겠는가'라고 하였다."(「諸儒論述」, 『游定夫先生集』 권首)고 설명하였다. 이것은 한편으로 시국에 대한 유작의 명쾌한 견해를 보여주지만, 한편으로는 관리세계에 대하여 실망하는 정치상의 원인을 나타내었다. 유작의 정치적 업적은 그렇게 뛰어나지는 않았다. 양시가 쓴 유작의 묘지명(墓志銘)에는 다음과 같이 적혀 있다. "처음 관리생활을 시작했을 때 현(縣)에 10여 년이나 해결하지 못한 의문의 옥사(獄事)가 있었다. 공이 읍의 송사를 모아서 한 번 묻고는 그 실정을 알고 파악하고 해결하였는데 마치 평소 궁중에 출사한 것처럼 숙련되게 처리하였다. 사람들이 그 명쾌함에 탄복하였다. (탐관오리들이) 매년 백성을 쥐어짜 조세를 징수하였고, 사관(祀館: 제사지내는 곳과 관청)을 고치고 제사지내고, 시중에는 재화를 조달하는 일에 쉬는 달이 없어 지극히 시끄럽고 시름겨웠는데[騷然], 공이 네 군의 수령을 거치면서 풍족하고 넉넉하게 처리하였다. 비록 때로 공공공사를 해야 할 때가 있더라도 백성이 처음에는 모르게 하여 공사(工事)가 이루어지도록 하였다."(楊時: 「御史游公墓志銘」, 『유정부선생집』 권首) 여기서 말하는 것은 두 가지 일이다. 하나는 유작이 처음 정치를 시작하였을 때 의문의 옥사를 해결하는 방안을 가지고 있어 "잘 숙련됨이 마치 평소 궁중에 출사한 것 같이" 정밀하고 명쾌했다는 말이다. 다른 하나는 조세를 징수하는 데 법도가 있어 비록 세금을 거두더라도 백성을 수고롭게 하지 않았다는 말이다. 이것이 양시가 찬양한 "백성을 보살피는 정치[惠政在民]"이다. 양시의 이와 같은 설명과 "정사(政事)에도 다른 사람보다 아주 뛰어났다."는 정이의 말을 제외하면 유작이 남긴 훌륭한 정치적 업적을 알 수 있는 구체적 재료는 없다.

학통상 유작은 낙학의 충실한 신봉자다. 그는 이정에게서 배우기 전에 이미 문장과 행동으로 이름이 났으며 널리 천하의 영웅들과 교유하였다. 송 신종(神宗) 희령(熙寧) 5년(1072)에 유작이 서울에서 처음 정이를 만나뵈었을 때, 정이는 "그 자질은 도를 따라 함께할 만하다."고 칭찬하였다. 원풍(元豊) 원년(1078)에 정호는 부구(扶溝)의 지현(知縣)으로 부임하여 학교를 세워 강학하였다. 유작은 이정의 부름을 받고 학직(學職)을 담당하면서 이정에게서 수업을 받았다. 따라서 그가 "이전에 배운 것을 다 버리고 다시 배웠다."는 말은 사장(詞章)의 학문을 내버리고 리학을 다시 배웠다는 뜻이다. 이정은 그를 "영리하고 재주가 뛰어나다."고 칭찬하였다. 그는 양시와 동년배로 이정의 영향을 받았으며 태학(太學)에 입학한 후 논의가 남달리 총명하고, 행동도 남달라 태학의 여러 생도들로부터 '다른 종류'라고 평가되었다. 왕안석은 『춘추』를 '여러 조각이 난 조정의 기록[斷爛朝報]'이라고 배척하였는데 유작과 양시 등이 서로 『춘추』를 깊이 연구하자, 태학의 여러 학생들은 "경계

정문입설도-겸재 정선 그림(국립중앙박물관 소장)

하여 조심스럽게 대하였으며, 겉으로는 공경하되 속으로는 멀리하였다."(「諸儒論述」, 『유정부선생집』 권首) 유작은 원풍 연간에 정호에게서

배웠으며, 원우(元祐) 이후에는 정이에게서 배웠다. 정호는 사람을 부드럽게 대하였으므로 마치 봄바람에 앉아 있는 것 같았으나, 정이는 '정문입설(程門立雪)'의 고사가 생겨나게 할 정도로 사도(師道)가 준엄하였다. 이 고사의 전말은 아래와 같다. 송 철종(哲宗) 원우 7년(1092) 겨울, 유작과 양시는 낙양에서 스승의 예로 정이를 뵈었다. "그 날 선생이 정좌하여 명상하고 있어서, 두 사람은 시립(侍立)한 채 감히 나가지 못하였다. 오래되어 선생이 드디어 돌아보며 '자네 두 사람이 아직도 있었는가? 날이 어두웠으니 그만 물러가게'라고 하였다. 두 사람이 물러나오니 문 밖에 눈이 한 자나 쌓여 있었다."(「이천선생연보」, 『이정집』 346쪽. 「外書」 권12, 『이정집』 429쪽에도 비슷한 기록이 있다) 유작은 낙학사상을 최초로 받아들인 제자 가운데 한 사람으로 "도학(道學)이 아직 크게 밝지 않았을 때 홀로 분연히 떨치고 일어났으며, 정문입설(程門立雪)은 바로 도를 구하여 이르고자 한 뜻이다."(『游定夫先生集·序』) 그러나 유작은 사량좌·양시와 더불어 정문의 확고한 3대 제자 가운데 한 사람이지만 사도(師道)를 크게 떨치거나 사문(師門)을 크게 떨치지는 못하였다. 양시는 유작에 대하여 "그의 도학은 족히 사람을 깨우칠 수 있으며, 남긴 은혜는 천하를 윤택하게 할 수 있다."고 평가하였다. 그러나 실제로 유작은 사량좌, 양시, 윤돈(尹焞) 등과 비교하면 모자라는 점이 많을 수밖에 없다.

유작의 저술은 「묘지명(墓志銘)」의 기록에 의하면, "「중용의(中庸義)」 1권, 「역설(易說)」 1권, 「시이남의(詩二南義)」 1권, 「논어맹자잡해(論語孟子雜解)」 각 1권, 「문집(文集)」 10권이 그의 집에 소장되어 있다."고 하지만, 현존하는 『유정부선생집(游定夫先生集)』 6권은 청(淸) 동치(同治) 6년 화주(和州)의 중간본(重刊本)이다. 일본의 동경대학 동양문화연구소에 소장된 『유치산선생집(游廌山先生集)』 10권은 건륭(乾隆) 10년에 간행된 동치(同治) 3년의 복간본(復刊本)이다.

2. 리학사상의 내용과 특색

유작의 철학은 사문(師門)을 모방하였고 독자적으로 발전시킨 것은 거의 없다. 그는 결코 자신의 독자적 사상체계를 형성하지 못하였으며, 단지 경의 뜻을 해석할 때 몇몇 리학 관점을 드러내었을 뿐이다. 그 내용은 "기를 다스리고[治氣], 마음을 수양하고[養心], 스스로 행하고[行己], 사물을 접하는[接物] 요점"(「廌山學案」, 『송원학안』 권26) 방면에 집중되어 있다. 그리고 그는 "힘써 행동하고 마음으로 얻은 말에 근거하여 경(經)을 설명하였다."(『游定夫先生集·序』) 이것은 송·원·명·청 시대의 의경사조(疑經思潮)의 반란을 더 크게 부채질하는 작용을 하였다. 이 외에 그의 사상은 선학(禪學)의 영향을 받았으며 더욱이 만년에는 "더욱 열심히 선학을 공부하였다."(朱熹: 『伊洛淵源錄』 권9)

1) '치기(治氣)·양심(養心)·행기(行己)·접물(接物)'의 학문

이정은 심성의 수양문제를 매우 중시하였다. 그들이 말한 수양은 기질을 변화시켜 인욕을 버리고 천리를 보존하는 인성의 회복이다. 즉 인간이 선천적으로 갖추고 있으나 후천적으로 잃어버린 천덕(天德)과 양지(良知)의 회복이다. 심성수양을 내용으로 하는 '자신을 위한 학문[爲己之學]'은 낙학의 중요한 구성부분이다. 유작이 학문의 중점으로 삼은 것도 '기를 다스림[治氣], 마음을 수양함[養心], 스스로 행함[行己], 사물에 접함[接物]'의 공부다.

이정과 마찬가지로 유작이 말한 '기를 다스림'과 '마음을 수양함'은 기질을 변화시켜 천명지성(天命之性)을 온전하게 함이다. 기를 다스리고 마음을 수양해야 하는 까닭은 인심이 항상 사욕에 가려져 본래 심중에 갖추어진 천리를 잃어버렸기 때문이다. 그는 다음과 같이 말하였다.

이 리는 우러러보면 천문에 드러나고, 굽어보면 지리에 형이 나타나고, 중간에는 사람의 마음에 감추어져 있다. 그러나 백성은 미혹된 지 오래되어 스스로 얻을 수 없다. 이해의 경계에 눈이 어두워 그 향하는 바를 모른다.

斯理也, 仰則著于天文, 俯則形于地理, 中則隱于人心. 而民之迷, 日久不能以自得也. 冥行于利害之域, 而莫知所尙. (「廌山學案・廌山遺文」, 『宋元學案』 권26)

그렇다면 어떻게 잃어버린 천리를 다시 회복하는가? 사심을 버리는 것이 가장 중요하다. "선을 좋아하고 악을 미워함은 세상 사람들이 모두 같다. 그러나 사람들이 매양 그 바름을 잃어버리는 이유는 마음이 얽매여 스스로 극복할 수 없기 때문이다. 오직 어진 사람만이 사심 없이 좋아하고 미워할 수 있다."(朱熹: 『論語集注』 인용, 69쪽) 마음의 극치(克治)공부를 강화하고, '마음을 얽어매는 것'을 억제하고, 좋아하고 미워함에 그 바름을 잃지 않음이 수양의 일반적인 요구다. 유작은 사람의 도덕수양은 '학문함[爲學]'을 통하여 실현된다고 생각하였다. 다시 말해 학문함의 목적이 '인륜을 밝히는' 데 있다는 말이다. 그는 다음과 같이 말하였다.

3대(夏・殷・周)의 학문은 모두 인륜을 밝히는 일이다. 이 네 가지(살피건대: 『논어』의 "어진이를 어질게 여기되 색(色)을 좋아하는 마음처럼 하며, 부모를 섬기되 힘을 다하고, 임금을 섬기되 몸을 바치며, 벗들과 사귀되 말에 믿음이 있다."는 말을 가리킨다)를 할 수 있으면 인륜이 두텁다. 배우되 도로써 하면 무엇을 여기에 더하겠는가? …… 그러므로 '「학이(學而)」'편은 대강이 근본을 힘쓰는 데 있다.

三代之學, 皆所以明人倫也. 能是四者(按: 指『論語』"賢賢易色, 事父母能竭其力, 事君能致其身, 與朋友交言而有信") 則于人倫厚矣. 學之爲道, 何以加此. …… 故'學而'一篇, 大抵皆在于務本. (朱熹: 『四書章句集注・論語集注』, 50쪽)

유작의 이러한 관점을 주희는 매우 칭찬하였다. 주희는 또 학이(學而)편에 대하여 "기록이 근본을 힘쓰는 뜻이 많은데, 성에 들어가는 문,

덕을 쌓는 기초, 학자가 먼저 힘써야 할 일 등이다."(『論語集注』 47쪽) 라고 하였다.

유작의 '치기(治氣)·양심(養心)·행기(行己)·접물(接物)'의 학문은 그가 처음 장재(張載)의 「서명(西銘)」을 공부할 때 이미 그 단서가 드러났다. 정호는 "유작은 「서명」을 공부한 뒤 이미 그 마음에 거슬릴 것이 없었으며, 언어의 밖에 따로 이 의리를 확립하였는데 중용(中庸)이다."(「外書」 권10, 『이정집』 403쪽)라고 하였다. 정호의 이 말을 남송의 리학가인 진덕수(眞德秀: 1178~1235)는 아래와 같이 해석하였다.

> 명도선생은 언어의 밖에서 능히 구하였음을 칭찬하였는데, 근세의 학자들은 그 종지를 아직 깨우치지 못하였다. 나는 『중용』의 강령이 성·도·교라는 세 글자에 있으며, 마지막 편까지의 모든 뜻이 사람을 가르쳐 천명지성을 온전하게 하는 것이 아님이 없다고 하였다. 「서명」의 강령도 다만 체와 성이라는 두 글자에 있으며, 마지막 편까지 반복하여 미루어 밝힌 것도 오직 사람이 건부(乾父)·곤모(坤母)가 부여한 것을 잃지 않고 천지와 닮은 자식이 되고자 하였기 때문이다. 그러므로 유(游)선생이 『중용』의 리에 나아갔다고 생각하였다. 어찌 믿지 않겠는가?
>
> 明道先生稱其能求之言語之外, 近世學者或未喻其旨. 愚謂『中庸』綱領, 在性道教三言, 而終篇之義無非教人以全天命之性. 「西銘」綱領亦只在其體其性之二言, 而終篇反復推明, 亦欲人不失乾父坤母之所賦予者, 爲天地克肖之者而已. 故游先生以爲卽『中庸』之理也. 豈不信哉! (「諸儒論述」, 『游定夫先生集』 권首)

"『중용』의 강령이 성·도·교 세 글자에 있다."는 말은 "하늘이 명한 것을 성이라 하고[天命之謂性], 성을 따름을 도라고 하며[率性之謂道], 도를 수양함을 가르침이라고 한다[修道之謂教]"는 구절을 가리킨다. "「서명」의 강령도 단지 체(體)와 성(性)이라는 두 말에 있다."는 말은 "천지의 가득 참이 나의 체며, 천지의 으뜸이 나의 성이다."는 말을 가리킨다. 리학가들의 해석을 살펴보면, 「서명」과 『중용』에서 천명한 말은 모두 동일한 종지다. 유작의 설명을 빌어 말하자면, 「서명」이 논한 바가 『중용』의 리라는 말이다. 이 '리'는 건(乾)의 아버지[乾父]와 곤

(坤)의 어머니[坤母]가 부여한 인간의 '천명지성(天命之性)'이다. '기를 다스림'과 '마음을 수양하는 일'은 실제로 사욕을 이겨 물리치고 가리고 막힌 것을 제거하여 "천명지성을 온전하게 함"이다. 오직 이와 같아야 비로소 진정한 인성을 실현할 수 있다. 이것은 인간이 인간일 수 있는 근본적인 지표이다.

기를 다스리고 마음을 수양하는 구체적인 방법에 관하여 유작은 단지 경계하고 삼가며 몸을 성실하게 함에 주의하였을 뿐 논의는 매우 간략하다.

우선 '계신(戒愼)'을 논해 보자.

그는 "보지 못하고 듣지 못하는 가운데서 경계하고 삼갈 수 있으면 상천(上天)의 운행은 순서에 따라 진행된다."(「諸儒論述」 인용, 『유정부선생집』 권首)고 하였는데 이것은 『중용』의 사상에 대한 자세한 설명이다. 『중용』에서는 "군자는 보지 못한 바를 경계하고 삼가며, 듣지 못한 바를 두려워한다."고 하였다. 이에 대해 주희는 "군자의 마음은 항상 경외(敬畏)함을 보존하고, 비록 보고 듣지 못하더라도 감히 소홀히하지 않으므로 천리의 본연을 보존하여 잠시라도 떠나지 않게 한다."(『중용장구』, 17쪽)고 주석하였다. 경계하고 삼감은 마음에 보존된 일종의 경외심이며, 심지를 정결하게 보존함이며, 털끝만큼의 잡념에 물들지 않는 정신상태다. 『중용』에서는 『시경(詩經)』의 '상천의 운행은 소리도 없고 냄새도 없다'는 구절을 인용하여 "지극하다."고 하였다. 이것은 성인의 지극한 덕에 대한 형용이다. 유작(游酢)은 경계하고 삼감의 수양공부를 통하여 최고의 도덕적 경계에 점차적으로 도달할 수 있다고 생각하였다. 이러한 점은 일찍이 정이(程頤)로부터 제한적인 찬동을 받았다. 정이는 "비록 일리가 있지만 그 사이에는 몇 가지 주의해야 할 점이 있다. …… 예를 들면 순자(荀子)는 '시작은 선비지만, 마침은 성인이다'고 하였는데, 말이야 어찌 옳지 않겠는가? 길들임[馴致]의 도(道)도 역시 옳다. 그러나 순자는 도리어 성을 악하다고 보아 걸주(桀紂)의 성과 같은 것이 성이며, 요순(堯舜)의 성은 작위(作爲: 僞)라고 하였는데, 이와 같은 길들임이라면 크게 잘못되었다."(「諸儒論述」, 『유정부선생집』 권首)라고 하였다. 정이가 보기에 경계하고 삼감은 진실로 수양의 수단이지만 인심은 기미를 예측할 수 없으므로 선념(善念)이 싹트기도 하고 악념(惡念)이 싹트기도 하여 비록 하나의 생각차이지만 그 결과는 전혀 다르다. 이 때문에 반드시 최초의 일념(一念)을 단정하게 하고, 아울러 이 일념을 선의 방향으로 인도하여 조금씩 수양해 나가면 '시작은 선비지만 마침은 성인인' 과정을 벗어나지 않을 수 있다. 유작은 비록 '순서에 따라 진행한다.'는 수양방법을 주장하였지만 어떤 순서를 따르며, 순서를 따르는 명확한 관점이 무엇인가를 잘 설명하지 못하였으므로 정이의 비평을 받게 되었다. 이것은 유작의 수양방법이 낙학에서는 여전히 자세하지 못하고 성글었음을 설명한다.

다음으로 '성신(誠身)'을 논하고자 한다.

유작은 "선(善)에 밝지 못하면 몸을 성실하게 할 수 없다. 배움이 몸을 성실하게 하는 데 이르면 나아가되 어찌 그 끝에 이르지 않겠는가? 안으로는 친혈육에게 도리를 다하고, 밖으로는 친구에게 믿음이 있으며, 위로는 임금의 신임을 얻을 수 있으며, 아래로는 백성의 신망을 얻을 수 있다."(朱熹: 『孟子集注』 인용, 282쪽)고 하였다. 즉 그는 이와 같이 『중용』의 사상을 발휘하였다. 『중용』에는 "몸을 성실하게 하는 데는 성이 있으니, 선에 밝지 않으면 몸을 성실하게 할 수 없다."고 하였다. 유작은 '성신(誠身)'을 배움의 극치로 보고 일단 이 경계에 도달하면 인심과 천명의 본연상태를 통찰할 수 있으며 진정으로 지선(至善)이 무엇인가를 깨달을 수 있다고 보았다. 동시에 훌륭하게 입신(立身) 처세(處世)할 수 있으며, 친우와 군민(君民)의 관계도 정확하게 처리할 수 있다고 생각하였다. 유작이 이른바 "스스로 실천하고, 사물과 접촉한다[行己接物]."고 한 말은 실제로는 이와 같은 처세의 도리가 있음을 강론한 것이다.

유작의 "기를 다스리고, 마음을 수양하고, 스스로 실천하고, 사물과 접함"의 학문은 주체적인 도덕수양을 맨 위에 올려놓고 경계하고 삼감과 자신의 몸을 성실하게 함의 수신공부를 제시하여 완전하게 선하고 지극한 덕(德)의 경계에 도달하려함이다. 그러나 사회의 현실과 떨어지고, 구체적 실천과 떨어져 진행된 개인의 도덕수양은 실제로 단지 일종의 선(禪)적인 깨달음과 같은 수련에 불과하다.

2) "힘써 행동하고 마음으로 얻은 말에 근본하여 경을 설명하였다."

북송의 경력(慶歷: 1041～1048) 연간에 한 줄기 의경사조(疑經思潮)가 일어났다. 리학가들은 경학을 연구하면서 더 이상 '장구(章句)와 훈고(訓詁)'의 방법에 얽매이지 않고 의리(義理)로써 경전을 설명하였다. 당시 상황을 피석서(皮錫瑞)는 "송나라 사람들은 주소(注疏)를 믿지 않고 경전을 의심하는 데 매달렸으며, 경전을 의심하는 데 그치지 않고 마침내 경전을 고치고, 산정(刪定)하고 경전의 문장을 옮기거나 바꾸어 자신의 설로 삼는 데까지 이르렀다."(皮錫瑞: 『經學歷史』, 264쪽)고 설명한다. 이정의 「경설(經說)」은 의리(義理)를 밝혀내는 데 중점을 두었다. 정이의 『이천역전』은 여태까지 역학 의리파의 권위적 저작으로 신봉되어 왔다. 이정은 또 『대학』, 『중용』을 높여서 경서의 위치에 올려놓았으며, 각각 자신의 견해에 따라 『대학』의 장(章)의 순서를 옮기고 바꾸었다. 그리고 『서해(書解)』 가운데 『개정무성(改正武成)』이라는 책이 있다. 이 책은 실제로 주희가 장구(章句)를 정하는 선례가 되었다. 종합하면 전주(傳注)를 버리고 자신의 뜻으로 단정하는 것이 이정이 경학을 연구하는 특색이다.

유작은 경학연구에서 이정의 특색을 계승하였다. 그의 『논어』, 『맹자』, 『중용』 등에 대한 해석에는 "힘써 행동하고 마음으로 얻은 말에 근본하여 경을 설명함"으로써 사람들로 하여금 깊이 반성하도록 하는 논설이 있어 "충분히 감동하여 분발하게 하는 자료가 진실로 많다." 그 가운데 적지 않은 내용이 주희의 『정의(精義)』, 『혹문(或問)』, 『집주(集注)』

등의 저작에 채택되었다. 그러나 유작의 몇몇 견해는 주희의 논박을 받기도 하였다. 예를 들면 『논어』의 '학이시습지(學而時習之)'장을 유작은 다음과 같이 해석하였다.

> 예를 때에 맞추어 익히면 외모는 장중하고 공경하지 않음이 없다. 악(樂)을 때에 맞추어 익히면 심중에 화합하고 즐거워하지 않음이 없다. 장차 날마다 의를 바르게 하는 경지에 나아가므로 즐겁다. 안으로는 자신을 충분히 이루고, 밖으로는 족히 사물을 이루니 이른바 군자의 세 가지 즐거움을 안팎으로 얻으므로 즐겁다.
>
> 時習于禮則外貌無斯須不莊不敬, 時習于樂則心中無斯須不和不樂, 且將日進于理義之地矣, 故說(悅). 內足以成己, 外足以成物, 君子所謂三樂者, 內外兩得矣, 故樂.

이에 대하여 주희는 "사물을 이룬다[成物]는 유씨의 말은 그럴 듯하지만, 반드시 세 가지 즐거움을 인용하여 한 말은 가차(假借)의 병통에 빠진 것"(『論語或問』)이라고 비평하였다. 이것은 유작이 경을 설명할 때 가끔 경문의 본래 뜻과 부합하지 않는 곳이 있음을 설명한다. 이것은 그가 '스스로의 마음을 따름'으로부터 조성되었다. 경학을 연구할 때 의리의 탐구에 치중하는 것은 "한·당의 유학자들이 훈고(訓詁), 명물(名物), 의소(義疏)에 골몰하여 더 이상 의리를 탐구하지 않아 심신을 국가의 쓰임에 바친 것"과는 분명한 대조가 되며, 학풍에서는 일대 변환을 이루었다. 유작과 사량좌, 양시, 윤돈 등 정문의 제자들은 모두 의리로써 경을 해석하는 데 뛰어났다. 예를 들면 사량좌는 "공자가 제최(齊衰)를 입은 사람을 보고"156)라는 장과 "악사(樂師)인 면(冕)을 볼 때"157)라는 두 장을 예로 들어 『논어』의 요의를 설명하였다. 그는 "무릇 성인의 성은 드러남도 없으며 은미함도 없고 내외도 없이 물 뿌리

---

156) 『論語·子罕篇』 9장, "子見齊衰者, 冕衣裳者, 與瞽者, 見之, 雖少必作, 過之, 必趨."
157) 『論語·衛靈公』 41장, "師冕見, 及階, 子曰 階也, 及席. 子曰 席也. 皆坐, 子告之曰 某在斯, 某在斯."

고 청소하고 응대하고 진퇴(進退)하는 것에서부터 천도에 이르기까지 본말이 일관되어 있다. 『논어』라는 한 권의 책을 나는 단지 이렇게 본다."(「상채학안」, 『송원학안』 권24)고 하였다. 그는 여기서 정이가 말한 "체와 용은 하나의 근원이며, 드러남과 은미함은 간격이 없다."는 관점을 빌려와 『논어』의 두 장에서 말한 처세의 원칙을 '본말이 일관된' '성인의 도'에까지 높여 보편적 원리로 삼았다. 낙학의 인물들의 이러한 경학연구 방법은 아주 큰 영향을 끼쳤는데, 주희의 『사서장구집주(四書章句集注)』는 실제로 낙학의 인물들을 집대성한 것이다. 청의 방종성(方宗誠)은 이정과 유작 등의 경학연구의 공헌을 다음과 같이 서술하였다.

> 이정 선생님이 일어나면서부터 처음으로 장구의 전소(箋疏: 註解) 밖에서 홀로 얻어서 또 성현이 입언(立言)한 본심을 드러내었다. 선생(游酢)과 동문의 제자들이 서로 그것을 밝게 드러내니 경(經)의 대체(大體)와 대용(大用)이 비로소 드러났다. 주자가 이어서 나와 한·당의 훈고를 송의 여러 유학자들의 의리와 합하여 가장 정밀한 것을 선택하고 가장 상세한 것을 모았다. 이로부터 성현의 경의(經義)가 비로소 일월(日月)이 하늘을 경위(經緯)하고 강과 하천이 땅에서 흐르고, 베와 비단, 콩과 조처럼 모두 사람의 일용(日用)과 잠시도 떨어질 수 없게 되었다. 농사와 비유하면 주자는 정리하여 배열하고 수리하여 전답의 경계를 획정한 사람이다. 그러나 처음 근면하게 묵정밭을 개간한 선생의 연배들이 없었다면, 주자 한 사람만이 어찌 쉽게 풀을 베고 나무를 잘라 경지(耕地)를 얻었겠는가?
>
> 自二程夫子起, 始獨得于章句箋疏之外, 而見聖賢立言之本心. 先生(游酢)及同門諸子, 互有以發明之, 于是經之大體大用始著. 朱子繼起, 乃合漢唐之訓詁, 宋諸儒之義理, 擇之極其精·語之極其詳, 由是聖賢之經義始如日月經天, 江河行地, 布帛菽粟之切于人生日用而不可離. 譬之農焉, 朱子則陳列修治而爲之疆畎者也. 然非始有旣勤敷菑如先生輩者, 則朱子一人, 又豈易芟柞而耕獲也哉. (「諸儒論述」, 『游定夫先生集』 권首)

떠받들고 찬미하는 말들은 다 버리더라도 이정과 주희는 분명히 경학발전에서 하나의 중요한 단계(저자주: 義理之學)를 대표한다. 그리고 유작(游酢) 등은 그 중간의 과도기적 대표인물이다. 만약 유작 등이 "처음 근면하게 묵정밭을 개간"하지 않았다면, 주희가 '풀을 베고 나무를 잘라 경지를 얻는다."는 것은 불가능하였다. 낙학의 여러 학자들의 경학사상과 그 방법론의 특징을 연구·토론하는 것은 송명리학의 연구에서 하나의 중요한 과제다.

3) 이른바 "선학(禪學)을 공부하였다."는 문제

유작과 선학의 관계에 대한 문제는 논증의 자료로 삼을 만한 상세한 자료가 결핍되어 있다. 「유서」 권2에는 다음과 같이 기록되어 있다.

> 유작과 양시는 먼저 선(禪)을 배웠으나 향하는 데가 안정된 곳이 없음을 알았으므로 여기로 왔지만 아마도 변하지 않을 것이다.
> 游酢楊時先知學禪, 已知向里沒安泊處, 故來此, 却恐不變也. (『二程集』 38쪽)

이것은 유작이 젊은 시절 일찍이 선학을 학습하였으나 그 잘못을 깨달았기 때문에 이정을 따라 낙학을 연구하였다는 말이다. 이정은 그가 선학에서 받은 영향을 보았으며, 철저하게 불학(佛學)에서 유학(儒學)으로 옮겨오지 못함을 근심하였다. 훗날 사실로 드러난 결과를 보면 이정의 이러한 근심은 결코 부질없는 것이 아니었다. 이것은 유작과 여본중(呂本中) 사이에 오간 서신에서 증명할 수 있다. 『여씨잡지(呂氏雜志)』에 아래와 같은 기록이 있다.

> 유정부는 뒤에 다시 선학을 공부하였다. 대관(大觀: 1107~1110) 연간에 여본중이 편지로 묻기를 "유자의 성은 부자·군신·부부·붕우·형제 이 다섯 가지 도리를 따름으로써 성인에 이를 수 있다고 생각한다. 불자의 성은 이것을 버린 후에 성인에 이를 수 있다. 어른께서는 이미 이정선생을 따라 배웠고, 뒤에 다시 여러 선사들과 교유하니 양자의 사이에 반

드시 막힘과 간격이 없지는 않을 것입니다. 감히 묻건대 서로 다른 것은 무엇입니까?"라고 하였다. 유장(游丈: 游酢)은 답서에서 다음과 같이 말하였다. "불경에서 하는 말을 속된 유학자들 또한 깊이 고찰하지 않았다. 왕년에 이천선생을 뵈었을 때 '내가 공격하는 것은 형적이다'고 하였다. 그러나 형적이 어디를 따라 나오는가? 이 일을 요약하면 모름지기 친히 이 경지에 이르러야만 비로소 그 동이를 변별할 수 있으며, 그렇지 않으면 입으로만 쟁론하기 어렵다."

游定夫後更爲禪學. 大觀間, 本中嘗以書問之云: "儒者之道, 以爲父子・君臣・夫婦・朋友・兄弟, 順此五者, 則可以至于聖人. 佛者之道, 去此然後可以至于聖人. 吾丈旣從二程先生學, 後又從諸禪老游, 則二者之間, 必無滯閡. 敢問所以不同何也?" 游丈答書云: "佛書所說, 世儒亦未深考. 往年嘗見伊川先生云: 吾之所攻者迹也. 然迹安所從出哉? 要之此事須親至此地, 方能辨其同異, 不然, 難以口舌爭也." (朱熹: 『伊洛淵源錄』 권9)

여본중의 편지 가운데 나타난 하나의 사실은 유작이 만년에 분명히 "여러 선사들과 교유하였다."는 말이다. 유도(儒道)와 불도(佛道)는 서로 다르지만 유작이 이미 이정을 따라 배우고 또 선사(禪師)들과 교유하였다면 반드시 다음과 같은 의문이 들게 한다. 즉 유도와 불도는 서로 "막힘이 없는가"의 여부, 그리고 양자는 결국 어떤 구별이 있는가의 문제다. 유작은 이와 같은 의문에 대하여 사람들이 불도에 대하여 깊은 연구가 결핍되었기 때문에 비롯된다고 생각하였다. 그는 정이가 불교의 형적(形迹)을 공격한 말을 인용하여 논증하였다. 정이가 (불교의) "형적을 공격"한 말은 유작이 기록한 어록에 있다. 그는 "선생은 불어(佛語)를 좋아하지 않았다. 누군가 '불도는 옳으나 그 형적은 그르다'라고 하니, 대답하기를 '이른바 형적이 과연 성에서 나오지 않았겠는가? 그러나 내가 공격하는 것은 그 형적일 뿐이며, 그 성은 내가 알지 못한다'고 하였다."(「遺書」 권4, 『이정집』 69쪽) 정이는 비록 불교의 형적이 불도에서 나왔다고 인정하면서도 단지 그 형적을 적극 공격하였을 뿐 그 도(道)를 연구하지 않았다. 유작은 이 때문에 앞 사람도 불서(佛書)를 보지 않고 불교를 비난하게 되었다고 추론하였다. 사실 만약 불도에 대한 깊은 체험이 없다면 유・불의 동이를 변별할 방법이 없다. 그렇다면 유작 자신이 유・불의 동이에 대하여 설명하였는가의 여부가 남아 있는데, 그는 궁극적으로 유・불이 어떤 동이가 있다고 생각하였지만 자료가 모자라기 때문에 추단할 방법이 없다. 현존하는 재료로서 보더라도 그가 "선학을 공부하였다."고 한 말은 증거가 부족하다. 단지 그는 결코 선학에 대하여 모종의 흥미를 가지고 있었으며 불도에 대하여 심층적인 연구를 하려고 하였음을 감추거나 속이지 않았다. 이것은 그가 정이와 약간 다른 점이다. 그러나 불학을 더욱 깊이 연구해 보면, 유학(儒學: 여기서는 理學)이 불학을 더 많이 흡수하였거나, 혹은 유・불이 진일보하여 융합되었음을 알 수 있다. 이것이 리학발전의 과정이었다.

제4절: 여대림(呂大臨)

정문(程門) '네 선생'의 한 사람으로 불리는 여대림은 비교적 특수한 인물이다. 그는 낙학을 관중(關中)에 전파하여 관학(關學)의 낙학화(洛學化)를 촉진하였다.

여대림(1046~1092)의 자는 여숙(與叔)이며, 호는 예각(藝閣)으로 섬서(陝西)의 남전(藍田) 사람이다. 관료세가 출신으로 소년시절에는 장재(張載)를 스승으로 섬기고 관학(關學)사상의 영향을 받았다. 장재가 세상을 떠난 후 관학은 영수를 잃었고 여대림도 이정의 문하로 깊이 편입되어 낙학을 받아들였다. 여대림은 일찍이 시를 지어 "학문은 원개(元凱)[158]를 닮고자 하였고, 문장은 사마상여(司馬相如)[159]를 흉내 내고자 하였다. 공문(孔門)을 벗어난 것은 하나도 일삼지 않고, 오직 안자(顔子)의 즐거움을 다하여 마음의 엄숙함을 얻는다."(『關學宗傳』 권4)고 자신의 뜻을 피력하였다. 정이는 이 시를 배우 칭찬하였다. 문음(門蔭)

---

158) 현인재자(賢人才子). 팔원팔개(八元八凱)의 준말. 여덟 사람의 화합한 사람과 여덟 사람의 선량한 사람. 옛날 고양씨(高陽氏)의 팔재자(八才子)와 고신씨(高辛氏)의 팔재자(八才子)를 이름.

159) 한(漢)의 문인. 자는 장경(長卿). 성도(成都) 사람. 자허(子虛)·상림(上林)·대인(大人) 등의 부(賦)는 한위육조(漢魏六朝) 문인의 모범이 되었다.

으로 관직을 얻어 원우(元祐) 중기 태학박사(太學博士)가 되고 비서성정자(秘書省正字)로 옮겼다. 조신(朝臣)들이 그를 추천하여 "학문을 좋아하고 받아들임이 고인(古人)과 같았으며, 배우기를 권할 만한 것은 모두 갖추었으나, 쓰이기도 전에 세상을 떠났다."(「呂大臨傳」, 『宋史』 권340, 10849쪽)고 하였다.

여대림의 주요 저작은 『역장구(易章句)』 1권, 『대역도상역전(大易圖象易傳)』 몇 권, 『논어해(論語解)』 10권, 『맹자강의(孟子講義)』 14권, 『노자주(老子注)』 2권, 『서명집해(西銘集解)』 1권, 『옥계집(玉溪集)』 25권, 『별집(別集)』 10권 등이 있으나 모두 없어졌다. 『예각예기해(禮閣禮記解)』 10권, 『대학해(大學解)』 1권, 『중용해(中庸解)』 1권, 『고고도(考古圖)』 10권이 남아있다. 이 외에 이정(二程)의 빼어난 말을 기록한 『동견록(東見錄)』이 『이정유서(二程遺書)』에 편입되어 있다.

『송사(宋史)』에 「여대림전(呂大臨傳)」이 있지만 겨우 「여대방전(呂大防傳)」에 부록되어 있으며 「도학전」에 들어있지 않다. 후인들이 이에 대하여 자못 이의를 제기하자 겨우 『송사 · 도학전』에 "여대림과 채원정(蔡元定)이 빠졌다."는 말을 넣었다.

1. '경세실제(經世實濟)'의 관학 학풍

황백가(黃百家)는 『송원학안』에서 여씨 3형제(呂大忠, 呂大鈞, 呂大臨)에 대하여 "같은 덕과 한 마음으로 힘써 수양하고 덕을 쌓았다. 그리고 또 함께 세상을 다스리고 성실하게 구제하는 학문을 강론하였으며 이단에 대해서는 엄격하였다."(「呂范諸儒學案」, 『송원학안』 권31)고 하였다. 이른바 '세상을 다스리고 성실하게 구제하는 학문'은 경세치용(經世致用)의 학문이다. 이것은 여대림이 '삼여(三呂)'의 학문을 대표하여 여전히 '치용'을 중시하는 장재 관학(關學)의 독실한 학풍을 유지하고 있었음을 말한다.

여대림의 '국사(國事)를 돌봄에 실제로 효용이 있도록 함[經世實濟]'의 학문은 아래의 몇 가지 분야에서 구체적으로 실현되었다.

1) 관리선발[選擧]을 논하다.

봉건관료정치의 체제에서 관리의 선발은 '선거(選擧)'제도로서 나라를 다스리는 인재를 뽑는 큰일이다. 송대의 '선거'제도는 매우 많은 폐단이 있었다. 여대림은 북송 중기의 관리들이 번잡하고 부패하였다고 비난하였다. "지금 사람을 취하여 씀에는 그가 어떤 일을 할 수 있는가를 묻지도 않으며, 사람에게 일을 맡기면서 그 재능이 감당할 수 있는가도 묻지 않는다. 그러므로 벼슬길에 들어가는 길이 수 없이 많지만 관리로 삼을 선비는 항상 재능이 부족함을 근심하고, 다음을 잇는 관리는 해를 거듭하면서 조화하지 않으나 그 직무를 돌보는 데는 항상 다스려지지 않음을 근심한다."(「여대림전」, 『송사』 권340) 관리의 공무집행을 쇄신하기 위하여 그는 선거의 개혁방안을 제출했다.

> 이제 덕을 기르고 힘써 실천함으로써 선비의 규범을 확립하고, 다시 인재를 헤아리고 예(藝)를 닦는 것으로 학제를 정하며, 정시법(定試法: 법으로 정한 시험)으로 능력을 구별하고, 수벽법(修辟法: 법을 공부해야 하는 규정)으로 능력을 쌓아 쓰임에 대비하며, 엄거법(嚴擧法)으로 실질을 조사하여 사람을 얻으며, 제고법(制考法)으로 임무를 따지고 공과를 고려하면, 아마 점차 옛것을 회복할 수 있을 것이다.
>
> 今欲立士規以養德勵行, 更學制以量才進藝, 定試法以區別能否, 修辟法以興能備用, 嚴擧法以核實得人, 制考法以責任考功, 庶幾可以漸復古矣. (「呂大臨傳」, 『宋史』 권340, 10848쪽)

후인이 논평하기를 이러한 일련의 방안은 실제로 실행할 수 있다고 하였다. 그러므로 일단 실제로 실시되었다면 관리들의 다스림을 명확히

하고, 간사함과 허위를 식별하여 신진인사들을 고무시키고 인재를 선발하는 데 실효를 거두었을 것이다. 왜냐하면 이러한 일련의 방안은 실제와 비교적 잘 부합되어 '경세실제(經世實濟)'의 사상을 구체적으로 운용하는 것이기 때문이다.

2) 정전(井田)의 시행을 주장하다.

북송의 중기에 토지겸병이 극도로 자행되어 빈부의 격차가 매우 심하였다. 장재(張載)는 정전의 실행을 주장하여 빈부불균형의 문제를 해결하고자 하였다. 여대림은 「횡거선생행장(橫渠先生行狀)」에서 정전에 관한 장재의 주장을 상세히 논술하였다.

> 선생은 개연히 삼대(三代)의 정치에 뜻을 두고 도를 지향하여 드러내고자 하였다. 사람을 다스리는 데 있어서 먼저 힘써야 할 것을 논하되 늘 논밭의 경계를 정함을 시급하게 여겼다. 법제를 강구하고 찬연하게 구비하여 지금 시행되도록 하기 위해 나를 등용하는 사람이 있다면 받들어 그것을 시행할 뿐이다. 일찍이 "인정(仁政)은 반드시 구획을 정하는 일로부터 시작한다. 빈부가 균등하지 않고 본받을 교양이 없다면 다스림을 말하고자 해도 모두 부질없는 짓이다. 세상에서 행하기 어렵다고 근심하는 것 가운데, 부자들의 전답을 재빨리 빼앗는 일이 가장 어렵다고 말하지 않을 수 없다. 그러나 이 법을 시행할 때 진실로 많은 사람이 기뻐하고 처리하는 방법이 있으니, 몇 년 안에 사람을 벌주지 않고도 극복할 수 있다. 다만 위에서 아직 행하지 않음이 병통일 뿐이다."라고 하였다. 또 이어서 "천하에 널리 행할 수 없다면 한 고을에라도 실험할 수 있다."고 하였다. 바야흐로 학자들과 더불어 옛날의 법을 검토하여 공동으로 밭 일방(一方)을 사서 몇 정(井)[160]으로 나눈 뒤, 위로는 공가(公家: 朝廷 또는 王室)의 부역(賦役)을 빼먹지 않으며, 물러나 그 사전(私田)의 경계를 바르게 하고 마을 거리를 구분하고, 조세법을 확립하고, 저축을 늘이며, 학교를 일으키고, 예속을 이루고, 재앙을 구제하고 환난을 구휼하여, 근본을 돈독

---

160) 사방 일리(一里)의 땅, 중국 주대(周代)의 제도로 900묘(畝) 넓이의 전지(田地).

하게 하고 말단을 누른다면 선왕이 남긴 법을 미루어 오늘날 행할 수 있음을 밝히기에 충분할 것이다. 이것이 모두 뜻은 있지만 아직 행하지 못한다.

先生慨然有意三代之治, 望道而欲見. 論治人先務, 未始不以經界爲急, 講究法制, 粲然備具, 要之可以行于今, 如有用我者, 擧而措之爾. 嘗曰: "仁政必自經界始, 貧富不均, 敎養無法, 雖欲言治, 皆苟而已. 世之病難行者, 未始不以亟奪富人之田爲辭, 然兹法之行, 悅之者衆, 苟處之有術, 期以數年, 不刑一人而可復, 所病者特上未之行爾." 乃言曰: "縱不能行之天下, 猶可驗之一鄕." 方與學者議古之法, 共買田一方, 劃爲數井, 上不失公家之賦役, 退以其私正經界, 分宅里, 立斂法, 廣儲蓄, 興學校, 成禮俗, 救菑恤患, 敦本抑末, 足以推先王之遺法, 明當今之可行. 此皆有志未就. (『張載集』 384쪽)

여기서 여대림은 정전제(井田制)에 대한 장재의 이론적 요지를 자세히 설명하였을 뿐만 아니라, 장재가 학자들과 서로 관계를 맺고 향리에서 시행한 정전의 구체적인 계획도 서술하였다. 이 계획은 말할 것도 없이 공상적이지만, 장재의 입장에서는 도리어 구체적으로 실시할 준비가 된 것이었다. 그것은 토지제도의 면에서 유산된 개혁방안이었다. 여대림도 정전의 회복을 주장하였으며 정전의 시험적 계획을 찬조(贊助)하였다. 이것은 관학(關學)의 "실천에 힘쓰는" 정신의 체현이었다.

3) 향약(鄕約)을 정하다.

장재는 관중(關中)에서 예교(禮敎)를 창도하였으며, 여씨 형제는 "그 스승의 교훈을 지켜 실천하고" 서로 절차탁마(切磋琢磨)하며 도를 논하고 예를 밝혔다. 그들은 향리사람들을 모아 향약을 만들었는데 그 내용은 다음과 같다. "무릇 다음과 같은 것을 함께 약속한다. 덕업(德業)은 서로 권하며, 과실(過失)을 서로 바로잡고, 예속(禮俗)은 서로 교환하며, 환난(患難)은 서로 구휼하며, 선한 일이 있으면 문서에 기록하되, 지나치게 약속을 어기는 사람이 있으면 기록하며, 세 번 잘못을 저지르면 벌을 주고 그래도 고치지 않으면 내쫓는다."(「呂大防傳」, 『송사』 권340,

10844쪽) 향약은 도덕율령의 형식을 사회생활을 규정하는 행위규범으로 삼아, 도덕적 교화를 강화하는 방면에서 중요한 작용을 하였다. 향약을 추진한 결과 "진(秦)나라 사람을 교화하여" 관중의 풍속을 일변시킬 수 있었다. 이렇게 그는 향약을 제정하고 추진하여 관학의 "예교를 몸소 실천한다."는 주지(主旨)를 몸소 구체적으로 밝혀내었다.

4) 이단(異端)의 학문을 배척하였다.

송대의 수많은 왕공대신들은 불학(佛學)에 탐닉하였다. 여대림은 이에 대하여 매우 불만이었다. 그는 부필(富弼)[161]에게 보낸 편지에서 "옛날에 삼공(三公)[162]은 일삼는 직무가 없었으며, 오직 덕이 있는 사람이 자리에 앉아 안으로는 조정에서 도를 논하고, 밖으로는 향리에서 가르침을 주관하였다."고 말하며, 부필이 "작위의 진퇴와 체력의 성쇠에 따라 변화"하지 않아야 하는데, 관직에서 물러난 이후 불학을 배우고 이단에 미혹되어 "성인이 완전하게 선하지 않다고 의심하고, 예문(禮文)이 배우기에 부족하다고 가볍게 여긴다."고 비판하였다. 이에 부필에게 "도로써 자임하고, 무너진 세속을 진작시키기"(「여대림전」, 『송사』 권340, 10848쪽)를 요구하였다. 황백가(黃百家)의 이른바 '이단의 가르침을 엄금한다.'는 것은 이것을 두고 한 말이다. 그것은 장재의 벽불(辟佛)의 전통의 계승이다.

이상 열거한 여대림의 선거(選擧)를 논함, 정전제(井田制)의 시행, 향약(鄉約) 규정, 이단의 배척 등은 모두 '실천에 힘쓴다[務實]'는 정신을 표현이며, 그것은 관학의 "학문은 쓰임을 귀하게 여긴다." "실천에 힘

161) 송(宋) 하남(河南) 사람. 자는 언국(彦國), 시호는 문충(文忠). 『宋史』 333; 『宋史斷編』 98; 『東都事略』 68.

162) 삼정승(三政丞). 주(周) 태사(太師)・태부(太傅)・태보(太保). 한(漢) 대사도(大司徒)・대사마(大司馬)・대사공(大司空), 한・당(漢・唐)의 태위(太尉)・사도(司徒)・사공(司空)

쓴다."는 특색을 갖추고 있음을 설명한다. 이것은 또 '국사를 돌봄에 실제로 효용이 있도록 함'의 학문적 취지다.

2. '의리를 함영(涵泳)한다'는 낙학의 특징

여대림(呂大臨)이 이정의 문하에 투신한 이후 낙학의 감화를 받아 "암묵적으로 인식하고 마음으로 합쳐지며", "오직 성정(性情)을 기르는 데 힘쓰는" 리학의 취지를 깨닫고, 점점 낙학으로 향하여 '의리를 함영[涵泳: 젖고 잠김]'하는 방향으로 발전하였다. 이것은 관학으로부터 낙학으로 전화(轉化)하는 과정이다.

일찍이 장재를 스승으로 섬겼기 때문에 여대림의 사상발전의 논리적 기점은 관학이 된다. 그는 처음에 '기(氣)'를 우주를 구성하는 기본적 요소로 인용하였다. "만물이 생겨남에 기가 있지 않음이 없으니 기라는 말은 신(神)의 성(盛)함이며, 백(魄)이 있지 않음이 없으니 백이라는 말은 귀(鬼)의 성(盛)함이다."(「呂范諸儒學案」, 『송원학안』) 이것은 장재의 우주생성론과 기본적으로 일치한다. 그러나 여대림은 기를 우주의 본체로 보는 장재의 관점을 떠나 리가 우주의 본체라고 주장하여 낙학으로 돌아갔다. 그는 『동견록』에서 이정이 장재의 '청허일대(淸虛一大)'와 "형체가 무너지면 근원으로 돌아간다(形潰返原)"[163) 등의 관점을 비판한 것을 기록하였다. 이정은 여대림에 대하여 한편으론 "옛날에도 잡학(雜學)함이 있었다."고 나무라고 다른 한편으로는 "만물은 모두 단지 하나의 천리다.", "리는 천하에 단지 하나의 리다."(「遺書」 권2상, 『이정집』 26・30・38쪽)라는 천리관을 주입하였다. 여대림은 낙학의 근본적인 관점을 받아들여 '리'를 철학의 최고범주로 삼았다. 그는 '성(誠)'을 이렇게 설명한다. "성(誠)이란 리가 실제로 그러함이며, 일치하여 바꿀

163) 『正蒙』 乾稱下, "形潰反原. 反原者, 其游魂爲變與!"

수 없다. 만고 이래 세상 사람의 마음과 사물의 이치가 모두 함께 그러한 바는 오직 하나다. 비록 앞의 성인이던지 뒤의 성인이던지 간에 만약 부절(符節)에 맞으면 이것이 성인니 성은 곧 천도다." 그는 또 "실제로 이 리가 있으면 이 사물이 있다."(「中庸解」[164], 『이정집』 1158-60쪽)고 하였다. 즉 '리'와 '천도'는 '사물(物: 氣)'보다 앞서 있는 더욱 근본적인 실재라는 말이다. 이것은 일종의 동기본체관(同氣本體觀)으로 리본체관(理本體觀)과 서로 대립된다. 이와 같이 여대림은 자연관 혹은 본체론에서 완전히 낙학으로 전향하였다.

심성론에 있어서 여대림은 먼저 성과 기의 구분을 강조하였다. "성은 하나다. 유행의 방식이 굳고[剛], 부드럽고[柔], 어둡고[昏], 밝음[明]은 성이 아니다. 만약 세 사람으로 하여금 모두 눈으로 색깔을 구별케 하되 한 사람은 밀실에 두고, 한 사람은 벌여놓은 잠박(蠶箔: 발)의 아래에 두고, 한 사람은 넓은 곳에 둔다면 세 사람이 보는 어둠과 밝음이 각각 다르다. 이것이 어찌 눈이 다르기 때문이겠는가? 그 있는 곳에 따라 막힘의 얕고 깊음이 있을 뿐이다."(「呂范諸儒學案」, 『송원학안』 권31) 이것은 장재가 "성은 만물의 일원(一源)이다.", "사람의 강유·완급·재(才)와 부재(不才)는 기의 편벽함이다."라고 한 관점과 자못 비슷하다. 그는 또 기품의 편벽됨과 막힘을 다음과 같이 설명하였다.

> 사람은 천지의 중(中)을 받았으며 생겨날 때 천지의 덕을 갖춘다. 부드럽고 강하고 어둡고 밝음의 질은 비록 다르지만 그 마음에 공통적인 일은 모두 그러하다. 다만 막힘에 얕고 깊음이 있으므로 어둡고 밝음의 구별이 있다. 품부(稟賦)에 많음과 적음이 있으므로 강하고 부드러움의 구분이 있으며, 그러나 리가 함께 그러한 바는 성인과 어리석은 사람에게도 다름이 없다. 자신의 성(性)을 다하면 천하의 성은 모두 그러하므로 능히 사람의 성을 다할 수 있다. 막힘에 얕음과 깊음이 있으므로 어두움과 밝음이 있으며, 막힘에 열리고 닫힘이 있으므로 사람과 사물이 있다. 품부

164) 저자주: 『이정경설(二程經說)』 권8 「중용해(中庸解)」는 여대림이 저술하였다. 주희가 이미 자세히 변론하였다. 이것은 주희의 설을 따랐다.

의 많음과 적음이 있으므로 강함과 부드러움이 있고, 품부에 편벽함과 바름이 있으므로 사람과 사물이 있다. 그러므로 사물의 성이 사람과 다른 것은 매우 적다. 다만 막히어 열리지 않았을 뿐이므로 앎이 사람의 밝음과 같지 않으며, 편벽하여 바르지 않으므로 재능이 사람의 아름다움과 같지 않다. 그러나 사람도 사물의 성과 비슷한 것이 있고 사물도 사람의 성과 비슷한 것이 있으니 역시 이것과 관계있다.

人受天地之中, 其生也, 具有天地之德, 柔强昏明之質雖異, 其心之所同者皆然. 特蔽有淺深, 故别而爲昏明; 稟有多寡, 故分而爲剛柔; 至于理之所同然, 雖聖愚有所不異. 盡己之性, 則天下之性皆然, 故能盡人之性. 蔽有淺深, 故爲昏明; 蔽有開塞, 故爲人物. 稟有多寡, 故爲剛柔; 稟有偏正, 故爲人物. 故物之性與人異者幾希, 惟塞而不開, 故知不若人之明; 偏而不正, 故才不若人之美. 然人有近物之性者, 物有近人之性者, 亦系于此. (「中庸解」, 『二程集』 1159쪽)

여대림의 말을 정리해 보자. 첫째, 인간은 지혜로운 자와 어리석은 자를 막론하고 모두 선천적으로 '천지지덕(天地之德)'과 "부드러움 · 강함 · 어두움 · 밝음의 질(質)"을 구비하고 있다. 전자는 천지지성(天地之性)이며, 후자가 기질지성(氣質之性)이다. 둘째, 사람의 기질지성이 부드러움 · 강함 · 어두움 · 밝음의 다름이 있는 까닭은 기품(氣稟)에 편벽함과 막힘이 있기 때문이다. '막힘[蔽]'의 얕음과 깊음 그리고 '품부'의 많음과 적음은 기질지성의 어두움과 밝음, 강함과 부드러움을 결정하며, '막힘'의 열림과 닫힘 그리고 '품부'의 편벽함과 바름은 사람과 사물의 구별을 결정한다. 셋째, 사람과 사물의 성은 서로 비슷한 것과 공동적인 것이 있다. 자신의 성을 다할 수 있으면 사람의 성을 다할 수 있고, 사람의 성을 다할 수 있으면 사물의 성을 다할 수 있다.

그 다음으로 여대림도 변화기질(變化氣質)의 설을 찬성하였다. "군자가 배우는 까닭은 기질을 변화시킬 수 있도록 하기 위해서다. 덕이 기질을 이기면 어리석은 사람도 밝음에 나갈 수 있고, 유약한 사람도 강해질 수 있다. 만약 (덕이 기질을) 이길 수 없으면 비록 학문에 뜻을 두고 있어도 어리석어 밝을 수 없고, 유약하여 확고히 설 수 없다. 대개 균등하게 선하고 악이 없는 것은 성(性)이며, 이 점에서 사람은 모두 같다. 어두움과 밝음, 강함과 약함의 품부가 한결같지 않은 것은 재(才)이며 이것은 사람마다 다르다. 그것을 정성되게 하는 것은 그 같음으로 돌아가고 그 다름을 변화시키기 위함이다. 무릇 아름답지 못한 기질을 변화시켜 아름답기를 구한다면, 그 공부를 100배로 하지 않으면 도달하기에 부족하다."(朱熹: 『중용장구』 인용, 32쪽) 이는 곧 '변화기질'을 수양의 목표 혹은 배움의 종지로 삼은 것으로써, 장재와 이정이 함께 승인한 것이다. 이른바 '덕(德)이 기질을 이긴다'와 '어리석음과 밝음, 유약함과 강함'은 장재가 말한 "덕이 기를 이기지 못하면 성이 기의 명(命)을 받으며, 덕이 기를 이기면 성은 덕의 명을 받는다."(「正蒙·誠明篇」, 『張載集』 23쪽)는 말이다. '균등하게 선하고 악은 없다', '같음으로 돌아가고 다름을 변화시킨다.', '그 공부를 백배로 한다.'는 말은 정호(程顥)가 말한 "성현이 천덕을 논함에 대개 스스로 원래 천연으로 완전함을 말한다. 만약 오염과 어그러짐이 없으면 그대로 곧게 그것을 행하고, 만약 조금이라도 오염되고 어그러짐이 있으면 경(敬)으로써 그것을 다스려 본래대로 돌아가게 한다."(「유서」 권1, 『이정집』 1쪽)는 말이다. 그러나 여대림은 장재와 이정의 사이에서 이정(二程)에 기울어져 있었다. 그는 다음과 같이 말하였다.

> 성에 고유한 것은 내외를 합하여 간격이 없다. 무릇 천은 밖이 없이 크며, 조화와 발육은 모두 그 사이에 있으며 스스로 내외의 구별이 없다. 사람은 형체가 있으므로 형체에 질곡당한다. 그러므로 내외가 여기서 생긴다. 내외가 한번 생기면 사물은 스스로 사물이고, 자신은 스스로 자신이어서 천지와 서로 닮지 않는다. 성의 덕으로 돌아가면 어찌 사물과 나의 다름이 있으며 내외의 구별이 있겠는가?
>
> 性之所固有, 合內外而無間者也. 夫天大無外, 造化發育, 皆在其間, 自無內外之別. 人有是形, 而爲形所梏, 故有內外生焉. 內外一生, 則物自物, 己自己, 與天地不相似矣. 反乎性之德, 則安有物我之異, 內外之別哉? (「中庸解」, 『二程集』 1161쪽)

정호는 『정성서(定性書)』에서 일찍이 장재를 "성은 내외가 없음을 모른다.”, “내외를 두 근본으로 삼는다.”고 비평하였는데, 여대림도 여기서 성은 내외의 구별이 없고 ‘내외를 합한다.”고 주장하였다. 우리는 여기서 여대림이 정호와 장재의 ‘정성(定性)’에 관한 변론 가운데 정호의 편에 섰음을 알 수 있다.

여대림이 낙학으로 전향하였음을 가장 잘 나타내 주는 것은 그가 ‘식인(識仁)’설을 받아들였다는 사실이다. 여대림은 본래 “방비하고 잡도리하며 궁구하고 사색하는[防・檢・窮・索]” 학문방법을 주장하였다. 정호는 ‘식인’으로써 그를 지도하여 “학자는 모름지기 먼저 인(仁)을 인식해야 한다. 인은 사물과 혼연한 동체(同體)다.”라고 하였는데 일종의 만물일체의 정신경계를 추구한 것이다. 그후에 다시 “성(誠)과 경(敬)으로 그것을 보존한다.”면, 근본적으로 “방비하고 잡도리할 필요가 없으며, 궁구하고 사색할 필요가 없다.”고 하였다. 왜냐하면 ‘성’은 “망령되지 않음”이며, ‘경’하면 마음이 분산되지 않기 때문이다. 마음이 성(誠)과 경을 보존하면 게으르지 않아 자기를 방비하고 지킬 필요가 없으며, 자기의 행위가 잘못이 있을까를 근심할 필요가 없다. 마음이 성과 경을 보존하면 자연히 얻음이 있으며 도리가 스스로 분명해져서 다시 추구할 필요가 없으며 깨달은 도리에 착오가 있을까를 근심할 필요가 없다. 이와 같이 “성과 경으로써 보존한다.”는 학문방법은 맹자의 “호연지기(浩然之氣)를 기른다.”는 방법이다. 맹자의 말을 빌리면 이러한 방법은 “반드시 일삼는 바가 있어도 결과를 예상하고 기대하지 말아야 하며, 마음에 잊지도 않고, 조장하지도 말아야 한다.”[165]는 말이니, 게으르지 않음을 견지하고 또 지나치게 조급하지도 않으며, 억지로 조장할 필요도 없다는 말이다. 이 ‘잊지 않음’과 ‘조장하지 않음’의 방법은 심성을 수양하는 데 둘도 없는 법문(法門)이다. 정호의 인도를 거쳐 여대림은 탁 트이고 밝아져 오로지 성・경(誠・敬)의 공부에 뜻을 두었으며, 더 이상 사려가 분분히 어지러워지는 고통을 받지 않았다. 그리하여 “깊이

---

165) 『맹자』 공손추상. 2장 16절.

침잠하고 마음 씀이 자세하고 주의 깊었으며", "깊고 두텁게 성에 근접하였다." 여대림의 사상과 학설은 "의리에 젖고 잠긴다[涵泳]"는 낙학의 특징으로 귀착되었다.

정이는 일찍이 "관중(關中)의 학자들을 살펴보니 스승이 세상을 떠난 후 그를 배반한 사람은 아직 보지 못하였다. 다만 (그 학문을) 더 이상 강론하지 않았을 뿐이다."(「유서」 권2상, 『이정집』 50쪽)라고 평가하였다. 여기서 말한 '관중의 학자'는 장재의 문인을 가리키며 여대림을 대표로 하는 '3여(三呂)'도 그 속에 포함된다. 정이는 비록 이들 학자들이 장재가 창립한 관학(關學)을 배반하지 않았다고 하였지만 그들이 관학을 '더 이상 강론하지 않았다'고 인정하였다. 이것은 사실 관학의 몇몇 기본 관점을 포기하였다는 말이다. 따라서 여대림 등이 낙학의 관점을 받아들였다는 점에서 관학은 실제로 이미 낙학에 종속된 지위에 처하였다.

3. '중화(中和)'의 논쟁

여대림과 정이는 일찍이 '중화(中和)'에 대한 문제를 두고 한 바탕 논변을 전개하였다. 이 논변의 기록이 「여여대림논중서(與呂大臨論中書)」라는 서간이며, 『이정문집(二程文集)』에도 수록되어 있다. 『송원학안』에는 「미발문답(未發問答)」이라는 제목으로 앞부분에 부록되어 있다.

쟁론거리는 '성과 천도'로써 리학의 중심문제였다. 토론은 '중화'의 문제로부터 시작되어 이발(已發)·미발(未發)의 문제로 전개되었다.

『중용』에서 "희노애락(喜怒哀樂)이 아직 발하지 않음을 중이라고 하고, 발하여 절도에 적중함을 화(和)라고 한다. 중이란 천하의 대본(大本)이며, 화는 천하의 달도(達道)다."라고 하였는데, '중'과 '화'를 어떻게 이해해야 하는가? 여대림은 먼저 "중은 성이 말미암아 나오는 곳이다."(『이정집』 605쪽)라는 명제를 제출하였다. 그가 내세우는 이유는 성과 도, 대본과 '달도'는 둘이면서 하나이기 때문에 나눌 수 없다는 말이다. 즉 "중(中)이 곧 성(性)이다."(『이정집』 606쪽) 하늘[天]에서는 명(命)이며, 사람에게서는 성이며, 중으로부터 나오는 것은 성이 아님이 없다. 그러나 정이는 여대림의 이러한 관점에 동의하지 않고 "중은 도"라고 주장하였다. 정이가 내세우는 이유는 성과 도, 대본과 달도는 섞어 하나로 보아서는 안 된다는 말이다. "성(性)이라 하고, 명이라 하고, 도(道)라고 하는 말은 각각 담당하는 뜻이 있다. 대본은 그 체(體)를 말하며, 달도(達道)는 그 용(用)을 말하니 체와 용은 스스로 다른데 어찌 둘이 되지 않겠는가?"(『이정집』 606쪽)라고 하였다. 중(中)은 성이 아니며 성과 도는 합하여 하나로 말할 수 없다. 중은 체를 말할 수 있는데 그치며, 성과 같은 덕이라고 할 수 없다. (여대림처럼) 도가 중 안에 없고, 도는 중으로부터 나온다고 하면 마치 천지는 방원(方圓)에서 나온다고 하는 말과 같다.

위의 논쟁에서 여대림이 말하는 도(道)는 성(性)에 내재해 있음을 알 수 있다. 도가 성에서 생긴다는 말은 도가 중(中)에서 나온다는 뜻이며, 이것은 주관유심주의의 관점이다. 정이가 말하는 도는 성에 외재한다. 도는 성에서 나오지 않고 중에서도 나오지 않는다. 이것은 객관유심주의의 관점이다. "중이 곧 성이다[中卽性]"와 "중이 곧 도다[中卽道]"라는 논쟁은 실제로는 주관유심주의와 객관유심주의의 대립을 의미한다.

여대림과 정이의 차이는 '중즉성(中卽性)'과 '중즉도(中卽道)'의 차이이며, 이로부터 '갓난아이의 순수한 마음[赤子之心]'과 '미발·이발'의 논제로 발전되었다. 여대림은 "적자지심(赤子之心)"을 희로애락의 '미발'로 생각하여, "적자지심은 (마음이) 미발일 때를 논한 말이며, 순일(純一)하고 허위가 없으며 편벽되고 치우침이 없어 중(中)이라고 말할 수 있다."(『이정집』 608쪽)고 말하였다. 아울러 자기의 관점이 '성인'과 같다고 보아 "맹자의 뜻도 역시 그러하다."고 하였다. 그는 또 정이를 "무릇 마음[心]을 언급한 것은 모두 이발(已發)을 가리켜 한 말이다."고 논평하여 내린 결론은 "미발의 전(前)을 무심(無心)이라고 한다."는 말이며, 실제로는 미발의 전이 마음의 체며, '이발'은 마음의 용이다.(『이정집』 608쪽)라는 말이다. 그러나 정이는 "갓난아이의 마음"이 곧 희로애락의 '이발'이며, "갓난아이의 마음은 화(和)라고 할 수 있지만, 중(中)이라고 할 수는 없다."고 보고, "무릇 마음이란 이발을 가리켜 말한다."는 말은 진실로 부당하다고 보았다. 다만 "마음은 하나지만, 체를 가리켜 말한 것(저자주: 적연하여 움직이지 않음)이 있고, 용을 가리켜 말한 것(저자주: 感하여 모두 천하의 일에 통함)이 있다."고 하였다. 어린아이의 마음이 비록 "발하여 중과 아직 멀어지지 않았더라도", 만약 "중이라고 하면" "대본을 인식하지 못한다."(『이정집』 609쪽)고 하였다. 논변 가운데 두 사람은 각각 한 단서를 고집하여 서로 양보하지 않았으므로 누구도 서로를 설복할 수 없었다. 이것은 이정에게 있어 다른 제자들과는 거의 없었던 현상이다. 정이는 그 원인을 여대림이 먼저 견지하였던 관학의 입장을 바꾸지 않았기 때문이라고 보고 "여여숙(呂與叔)이 횡거의 학문을 고수함이 매우 견고하여 매번 횡거가 말하지 않은 곳은 나를 따랐으나, 말한 것이 있으면 옳게 여기고 돌이키지 않았다."(「유서」 권19, 『이정집』 265쪽)고 하였다. 이것은 여대림이 낙학에 대하여 소화·흡수하는 데 주의하였고 결코 맹목적으로 따르지 않았음을 말한다.

여대림과 정이가 이발과 미발의 문제에 관한 쟁론에서 아무런 결과를 얻지 못한 것은 결코 아니었다. 그들에게서 이 문제는 해결되지 않은 이론적 문제였다. 그러나 그 영향은 심원하였다. 그 뒤 양시 일파는 이발·미발설의 탐구를 매우 중시하였다. 이발·미발설은 하나의 심성철학이 되었으며 주로 리학의 수양방법에 이론적 기초를 제공하였다. 나종언(羅從彦)은 이통(李侗)을 "정(靜) 가운데서 희로애락의 미발을 볼 때 어떤 기상인가?"라는 문제로 교도하였으며, 이통은 또 그것으로써 주희를 교도하였다. "미발의 전에서의 체험"이라는 수양의 종지는 "양구산(楊龜山: 楊時) 문하에서 서로 전한 요결"(저자주: 주희의 말)이 되었다. 호상학파(湖湘學派)인 호굉(胡宏)·장식(張栻) 등이 주장한 '단초가 되는 싹을 관찰하여 인식한다.[察識端倪]'는 말은 즙산(蕺山: 劉蕺山) 학파의 '신독(愼獨)'설에까지 미쳤으며, 모두 이발·미발학설에 기초하여 도출된 수양방법론이다.

제5절: 윤돈(尹焞)

정이(程頤)는 "만년에 두 선비를 얻었다."(『涪陵記善錄』)고 하였는데 윤돈(尹焞)이 그 '두 선비' 가운데 한 사람이다. 그는 정이가 만년에 가장 자랑스러워했던 문하생이었다.

1. 생애 · 저작과 학술활동

윤돈(尹焞. 1071～1142)은 자가 언명(彦明) 또는 덕충(德充)이며, 대대로 낙양(洛陽) 사람이다. 일찍이 화정처사(和靖處士)라는 칭호를 얻었기 때문에 학자들은 화정(和靖)선생이라고 불렀다.

윤돈은 어려서 정이를 스승으로 모셨으며, 일찍이 진사시험에 응시하였으나 시무책의 제목166)에 원우(元祐)의 여러 신하를 주살(誅殺)한다는 논제가 있었으므로 결국 대답하지 않고 물러나왔으며, 돌아와 정이에게 고하기를 "저는 더 이상 진사시험에 응시하지 않겠습니다."(朱熹: 『伊洛

---

166) 발책(發策)은 임금이 친히 시무책(時務策)에 관한 문제를 내어 보는 시험. 책(策)은 고시문제를 의미. 책문(策問)이라고도 한다.

淵源錄』 권11)라고 하였다.[167)]

송 휘종(徽宗) 대관(大觀: 1107～1110) 때 신학(新學: 왕안석 학파)이 날로 번성하여, "정이는 이단을 창도(倡導)하였으며, 윤돈(尹焞)과 장역(張繹)이 그의 왼팔과 오른팔"이라고 공격하는 자가 있었다. 윤돈은 정이를 추종하였으므로 함께 연루되었고, 이에 따라 그 자신도 "벼슬을 원치 않았다." 그러나 "명성은 더욱 높아갔다."

송 흠종(欽宗) 정강(靖康) 원년(1126), 조정은 금(金)의 남진으로 내우외환에 처하자 재덕(才德) 있는 선비를 등용하여 인심을 수렴하고자 하였다. 윤돈은 포의(布衣: 서민)로 임금의 부름을 받아 '화정처사(和靖處士)'를 제수받고 돌아왔다.

그 다음해 금은 낙양을 함락시켰다. 윤돈의 전 가족이 해를 입었으며 윤돈은 거의 죽을 뻔하였으나 겨우 살아나 산골짜기로 숨었다. 금의 조종을 받던 유예(劉豫) 정권이 승상이라는 두터운 예로 그를 모셨으나 그는 밤을 틈타 도망친 후 숨어다니며 촉(蜀: 四川省)지방의 여러 곳을 전전하였다. 고종(高宗) 소흥(紹興) 4년(1134)에 부릉(涪陵)에 거주하였다. 그곳은 일찍이 정이의 유배지였다. 윤돈은『이천역전』을 찾으려고 그곳을 탐방하였는데 후에 무신(武信)에서 비로소 그 전본(全本)을 얻었다.

소흥 5년(1135)에 대신들이 모두 추천하므로 조정은 정이가 포의(布衣)인 채로 숭정전설서(崇政殿說書)가 된 예(例)에 의하여 좌선교랑숭정전설서(左宣敎郎崇政殿說書)로 윤돈을 불렀다. 조정에서 다시 한 번 더 정중하게 재촉함에 윤돈은 소흥 6년(1136)에 비로소 길을 떠나 그 다음해 구강(九江)에 이르렀다. 그러나 함부로 말하는 사람이 있어 정이의 학문을 헐뜯으므로 상소하여 "돈(焞)이 실로 정이를 스승으로 모신

167) 원우(元祐)는 1086～1093년의 기간으로 이 때 이정(二程)은 정치적으로 핍박을 받아 조정에서 배척당하던 때였다. 그런데 과거시험의 문제에 원우 때의 신하를 주살(誅殺)한다는 내용이 있었으므로 이정을 스승으로 모신 윤돈(尹焞)으로서는 결코 대답할 수 없었다.

지 20년이나 되었으며, 오로지 그것을 배우고 스스로 믿음이 매우 돈독합니다."라고 하여 사퇴하고 나가지 않았다. 후에 승진하여 서울로 가서 고종(高宗)의 위로와 격려로 비서랑(秘書郞)을 제수받았다. 소흥 8년(1138)에 비서소감(秘書少監)을 제수받고, 4월에는 다시 직휘헌각(直徽猷閣)을 제수받아 만수관(萬壽觀)을 주관하고 숭정전설서를 겸하였으며, 9월에는 태상소경겸설서(太常少卿兼說書)를 제수받았다. 11월에는 권예부시랑겸시강(權禮部侍郎兼侍講)과 진관좌통직랑(進官左通直郞)을 제수받았고, 12월에는 휘헌각대제(徽猷閣待制)와 제거만수관겸시강(提擧萬壽觀兼侍講)을 제수받았다. 금(金)에 사절을 보내 화의(和議)를 논할 때 윤돈은 상소를 올려 화의를 반대하고 아울러 진회(秦檜)[168]에게 편지를 보내 화의의 옳지 않음을 설명하다가 진회의 노여움을 사 좌천되었다. 소흥 9년(1139) 2월, 조정은 윤돈의 사면요구를 받아들여 대제제거강주태평관(待制提擧江州太平觀), 진관좌봉의랑(進官左奉議郞)으로 보냈으나 사직하였다.

소흥 12년(1142) 윤돈은 72세로 절강(浙江)의 소흥(紹興)에서 세상을 떠났다. 송 이종(理宗) 경정(景定) 원년(1260)에 숙(肅)이라는 시호(謚號)를 내려 숙공(肅公)이라고 불렀다. 사적(事迹)은 『송사(宋史)·도학전(道學傳)』에 기록되어 있다.

윤돈의 저작은 『송사·예문지(藝文志)』의 기록에 근거하면 『논어해(論語解)』 10권, 『맹자해(孟子解)』 14권(저자주: 책으로 완성되지 않음)이 있다. 이 외에 『화정집(和靖集)』 8권이 있다.

윤돈의 일생은 순탄하지 못하였으나 가슴에 "도가 때에 부합하지 않으면 오직 옛것을 본받는다."는 포부를 간직하여 시종일관 낙학을 연구전파하였다. 그가 낙학 특히 정이의 학문을 믿는 깊이와 절조를 지키는 견고함은 이정의 다른 제자들이 미칠 바가 아니었다. 낙학의 전파와 발

---

168) 1090~1155. 남송의 정치가. 고종(高宗) 때 재상이 되어 금의 위세를 두려워하여 화의를 주장하고 악비(岳飛) 등의 주전론자를 모살(謀殺)하였다.

전 과정에서 내부적으로 몇몇 다른 의견이 출현하자, 윤돈은 이를 매우 불만스럽게 여기고, 『논어해』를 빌어 "옛 성인들이 남긴 책은 읽고 외우며 전해지지만 혹 해설이 잘못된 곳도 있다. 하물며 그 논의의 추세가 착오가 없을 수가 없으니, 어찌 무익할 뿐이겠는가? 해가 심하다."(「進論語狀」, 『尹和靖集』 3쪽)고 비평하며 이론에 물든 학설을 바로잡고자 하였다. 그는 평생 학술활동을 하면서 오직 낙학의 순수함과 통일을 유지하고 옹호함을 종지로 삼았다. 진실로 정이가 "내가 죽더라도 그 올바름을 잃지 않을 사람은 윤씨뿐이다."(「墓志銘」, 『이락연원록』 권11)라고 예언처럼 이정의 문하에서 윤돈이 "가장 그 정통을 얻었다."(저자주: 黃震의 말)

윤돈은 낙학 내부에서 이견이 생긴 원인이 정리되지 않은 이정의 어록이 대량으로 유포된 데 있다고 생각하였다. 이 때문에 그는 「어록(語錄)」이 완전하고 정확하게 이정의 사상과 학설을 대표할 수 없음을 특히 강조하였다. 첫째, 그는 정이 자신이 어록을 보는 것을 반대하였다고 거듭 진술하였다. 정이는 "만약 누군가의 마음을 얻지 못하면 단지 그의 (대략적인) 뜻만 기록하였으니 어찌 착오가 없겠는가?"라고 하였다. 윤돈도 정이의 훈계를 받고 감히 어록을 읽으려고 하지 않았다. 둘째, 윤돈은 촉(蜀)에 머무를 때 이정의 어록에서 진본이 많이 없어진 것을 보고, "오늘날 도학의 강론이 끊어지고, 친히 가르침을 받은 사람이 매우 적기 때문에 미망에 빠지고 진본을 잃어버린 것이 진실로 많으니 슬프지 않을 수 없다."고 개탄하였다. 그는 일찍이 "여러 사람들의 기록을 취합하여 버리고 취할 것을 고증하여 「사설(師說)」이라는 한 편을 만들었다."고 하였다. 그러나 밖으로 전하지 않았고 매우 조심스러워하였다. 셋째, 회계(會稽)의 어떤 학자가 정이의 어록을 "부문별하게 편성하여 선생[程頤]에게 정정(訂正)을 청하고자 하였으나" 윤돈은 반대하였다. 이것은 아마 양시가 그와 함께 「수언(粹言)」을 편찬하고자 의논했던 일을 가리키는 것 같은데 다른 기록이 없으므로 자세히 고찰할 수는 없다. 종합하면 윤돈이 보기에 어록은 '잡설'이며 이정의 학문을 대표하기에는 부족하다는 말이다.

또 다른 한편으로 윤돈은 『이천역전』을 매우 높이 받들었는데 이것은 그가 어록에 대하여 가졌던 태도와는 매우 대조적이다. 그는 반복하여 강조하였다. "만약 잡설을 보고자 하면 『역전』을 보는 것만 같지 못하다. 『역전』은 선생이 만든 책이며, 잡설은 다른 사람이 기록한 것이다."(「師說」, 『윤화정집』 13쪽) "이천이 만든 책은 오직 『역전』뿐이다. 『역전』을 읽으면 이천의 학문을 충분히 알 수 있다."(「墓志銘」, 『이락연원록』 권11) 그는 정이의 생전에 이미 「역전서(易傳序)」를 얻어 읽었다. 촉 지방에서 지낼 때 다시 부릉(涪陵)에서 정이의 『역전』 상십괘(上十卦)를 구하고 삼외재(三外齋)로 피하여 은거하면서 『역』을 읽었다. 그 뒤 그의 사위인 형순(邢純)이 『이천역전』의 전본(全本)을 기증해 주었다. 이때 윤돈은 "이 생명을 꽃피우기 위해 마땅히 나의 재능을 다하고 공자가 도를 전한 뜻을 저버리지 않기를 맹세한다."(「書易傳後序」, 『윤화정집』 4쪽)고 다짐하였다. 『이천역전』의 사상에 대한 그의 이해는 매우 깊었다. 어떤 사람이 그에게 "『이천역전』은 어느 곳이 가장 중요합니까?"라고 물으니, 그는 "체용(體用)은 일원(一源)이며, 드러남과 은미함은 간격이 없다는 말이 가장 중요한 곳이다."(「和靖學案」, 『송원학안』 권27)라고 대답하였다. 이것은 그가 정이의 『역전』에서 리학사상을 핵심으로 간주하였음을 말한다. 그는 오직 『역전』만이 정이의 사상을 전면적으로 드러낼 수 있는 대표작이라고 생각하였다. 이 때문에 만약 낙학의 정통성을 잃지 않으려면 『이천역전』을 존중하지 않으면 안 된다. 『이천역전』은 낙학에 내재하는 각파의 사상을 통일함에 있어서 근거로 삼을 수 있는 경전이다.

윤돈은 또 제이천사(祭伊川祠)라는 희극을 연출하였다. 그는 조정의 부름을 받고 부릉(涪陵)을 떠나기 전에 이천사(伊川祠)에 들러 증임시강지직적정이(曾任侍講之職的程頤)라는 제문을 지었다. 제문에서 그는 "돈(焞)이 갑인(甲寅: 1134)년 맹추(孟秋)에 부릉(涪陵)에 살기 시작하였는데 을묘(乙卯: 1135)년 한겨울에 부끄럽게도 임금의 명을 받았습니다.

이어 책을 내리시어 시강(侍講)의 일을 잇도록 명하셨습니다. 사람됨이 미미하고 명망이 가볍지만 감히 앞 사람[程頤]의 행적을 계승하려 하니, 말로는 명(命)을 얻지 못했다고 하면서도 조정으로 가서 힘써 실천하려고 합니다. 세상에 보탬이 있다면 미래의 일이며, 사문(師門)을 욕되게 하지 않으면 족합니다. 이제 떠나려고 하니 오직 선생님께서 살펴주십시오."(「告伊川先生祠文」, 『윤화정집』 5쪽)라고 하였다. 여기에서 "사람됨이 미미하고 명망이 가벼운데도 감히 앞 사람의 행적을 계승한다."는 말은 한편으로 윤돈이 정이와 같은 예우를 받기를 주저하는 심정을 반영한 뜻이며, 다른 한편으로 윤돈이 사문의 명성을 빌어 위신을 세우려는 마음을 드러낸 말이다. "세상에 보탬이 있다."는 말과 "사문을 욕되게 하지 않는다."는 말은 윤돈이 일반적 리학가들과 마찬가지로 '도(道)로써 자임하고' '세상을 다스리고 백성을 구제한다'는 역사적 사명감과 사회적 책임감을 가졌음을 나타낸다. 윤돈이 조정에 부임하기 전에 이천사(伊川祠)에 제사한 실제 목적은 사문에 충실하다는 자신의 이미지를 세우고자 함이며, 낙학에서 자신의 지위를 견고하게 하고 자신에 대한 각계 인사의 감화력을 증강시키려는 데 있었다. 이것은 또 윤돈이 낙학의 통일을 강화하고 낙학의 사회적 지위를 제고하기 위한 노력의 일종이기도 하였다.

2. 윤돈의 철학사상

1) '동정일리(動靜一理)'의 천리관

철학사상에서 윤돈이 우주본체론에 대하여 언급한 내용은 매우 적다. 많지 않은 논술들 가운데 대체적인 것을 살펴보면, 그는 정이의 객관유심주의 천리론을 견지하고 있음을 알 수 있다. 특히 '리일분수'의 관점을 강조하고 '동정일리(動靜一理)'의 명제를 제출하였다.

이정의 천리론에 대하여 윤돈이 발전시킨 것은 조금도 없다. 그가 한 일은 겨우 정이의 몇몇 사상을 중복하여 말하였을 뿐이다. 구체적으로 두 가지 면에서 그러하다.

(1) '도체(道體)'설이다. 어떤 제자가 『논어』의 '자재천상(子在川上)' 장[169]의 함의에 대하여 묻자 다음과 같이 대답하였다.

> 내가 일찍이 이것을 이천에게 묻자 이천이 대답하셨다. "이것은 도의 체를 형용한 말이다. 하늘의 운행은 그치지 않으니 날이 가면 달이 오고 추위가 가면 더위가 온다. 물은 흐르기를 쉬지 않으며, 사물은 생겨남이 끝이 없으니 엿보고 쉽게 알 수 있는 것은 시내만 한 것이 없다. 군자는 그것을 본받아 스스로 도야하기를 멈추지 않아야 지극함에 이르러 순수함만 있을 수 있다."
>
> 某嘗以此問伊川. 伊川曰: 此蓋形容道之體也. 天運而不已, 日往則月來, 寒往則暑來, 水流而不息, 物生而不窮, 可窺而易見者莫如川. 君子法之, 自强不息, 及其至也, 純亦而不已. (「師說」, 『尹和靖集』 18쪽)

윤돈은 정이가 도체를 해석한 말을 인용하여 제자에게 대답하였을 뿐만 아니라, 『논어해(論語解)』에서도 인용하였다. 이것은 그가 정이의 '도체(道體)'설을 전반적으로 받아들였음을 말한다. '도체'란 우주만물의 본원으로서 구체적 사물을 벗어난 본체존재로 이해하였다. 이는 윤돈의 우주관이 객관유심주의임을 드러내었다.

(2) '리일분수(理一分殊)'설이다. 윤돈은 「서명」의 발문[170]에서 다음과 같이 말하였다.

---

169) 『論語 · 子罕』 16장.
170) 책의 끝에 그 책의 내용과 그에 관계되는 일을 설명하는 글의 문체.

횡거선생이 지은 이 명(銘)[171]이 혹 묵자(의 겸애)와 같아 보여서 편지로써 이천선생에게 여쭙자 (선생은) 대답하셨다. "「서명」이라는 책은 리를 유추하여 의를 보존하였으며 앞 성인이 아직 펴지 못한 것을 확충하였으니, 맹자가 성선과 양기의 이론을 확립한 것과 같은 공로이니 어찌 묵자와 비교되겠는가? 「서명」은 리일이면서 분수임을 밝혔으나, 묵자는 근본이 둘이며 구분이 없다."

橫渠先生作此銘, 或疑同于墨氏之兼愛, 寓書以問伊川先生. 答曰: 「西銘」之爲書, 推理以存義, 擴前聖所未發, 與孟子性善養氣之論同功, 豈墨氏之比哉. 「西銘」明理一而分殊, 墨子則二本而無分. (「師說」, 『尹和靖集』 5쪽)

한 책의 발문으로서는 자신의 뜻을 완전하게 펴지 못하였지만, 스승의 말을 자신의 말로 대신하였으므로 윤돈이 '리일분수'설에 대하여 가슴에 간직한 정도를 설명해 주기에는 충분하다. 그러나 그가 중시한 것은 아마도 단지 '일리(一理)'이며 '분수(分殊)'는 아닌 것 같다. 이정은 항상 "소리개는 하늘에서 날고, 물고기는 연못에서 뛰어오른다."는 말을 인용하여 "만약 이를 따라 이해하고 깨달으면 요·순의 기상(氣象)에 들어갈 수 있다."(「遺書」 권3, 『이정집』 61쪽)고 보았는데 윤돈은 몸소 체험한 것을 '상하일리(上下一理)'로써 개괄하여 정이의 수긍을 얻었다.(「外書」 권12, 『이정집』 432쪽) 그리고 "요·순의 도는 효·제(孝·悌)일 뿐이다."라는 문제를 토론할 때 윤돈은 일반적으로 요·순을 천도로 간주하고, 효와 제를 인도로 간주하였다. 사실 요·순의 도는 효·제에 머문다고 보았기 때문에 그는 "『효경』에 '아버지를 효로써 섬기므로 하늘은 밝음으로써 보살피며, 어머니를 효로써 섬기므로 땅은 살핌으로써 일삼는다'고 하였으니, 하늘·땅·부·모는 단지 하나의 도리다. ……「곡례(曲禮)」의 무형에서 보고, 무성(無聲)에서 듣는다는 말도 역시 이 뜻이다."(「外書」 권12, 『이정집』 435쪽)라고 하였다. "하늘

171) 문체의 하나. 금석(金石)이나 기물(器物)에 새겨 그 사람의 공덕을 기려 후세의 자손에게 보이거나, 또는 경계의 글을 새겨 조석으로 반성하는 자료로 삼는 글. 여기서는 장재(張載)의 「서명」을 가리킴.

·땅·부·모는 단지 하나의 도리다."라는 말은 자연법칙과 사회법칙이 동일하고, 천도와 인도가 모두 하나의 '천리'의 체현이라는 말이다. 실제로 이것은 사회의 윤리도덕과 규범을 천지만물에까지 밀고 나아가 우주의 법칙으로 변화시키고, 그후 다시 그것을 인류사회로 돌이켜 그것을 신성화, 영원화시킨 것이다.

태극 혹은 리의 움직임과 고요함은 리학가들이 항상 토론하는 문제다. 주돈이(周敦頤)는 "태극이 움직여 양(陽)을 생겨나게 하고, 움직임이 극에 이르면 고요해지며, 고요하여 음(陰)을 생겨나게 하며 고요함이 극에 이르면 다시 움직인다. 한번 움직임과 한번 고요함은 서로 근거가 된다."(『太極圖說』)고 하여 태극·동정(動靜)·음양의 생성 등의 문제를 제출하였다. 이정은 동·정을 논하여 "고요함 가운데 움직임이 있으며 움직임 가운데 고요함이 있으므로 고요함과 움직임은 하나의 근원이다."(「粹言」 권 1, 『이정집』 1182쪽)라고 하였다. 이른바 "고요함과 움직임은 하나의 근원"이라는 말은 그 함의가 여전히 "고요함 가운데 움직임이 있고, 움직임 가운데 스스로 고요함이 있다."(「遺書」 권7, 『이정집』 98쪽)는 뜻이므로 동·정을 서로 포함하는 사상이다. 윤돈(尹焞)은 이 기초에서 한 걸음 더 나아가 "움직임과 고요함은 하나의 리다."라는 명제를 제출하였다.

> 일찍이 이천에게 가르침을 청하여 '저는 움직임과 고요함은 하나의 리라고 봅니다'라고 하였다. 이천은 '시험삼아 종소리를 듣는 것에 비유해보자'고 하였다. 내가 '비유하면 종을 치지 않았을 때도 소리는 여전히 있다'고 하였다. 이천은 기뻐하며 '더욱 함양해야 한다'고 하였다.
>
> 嘗請益于伊川曰: 某謂動靜一理. 伊川曰: 試喻之. 適聞鐘聲. 某曰: 譬如鐘未撞時, 聲固在也. 伊川喜曰: 且更涵養. (「師說」, 『尹和靖集』 17쪽; 저자주: 『二程集』 440쪽에도 이 조목이 실려 있으나 글자가 약간 다르다)

이것은 종을 칠 때는 종소리가 나고, 종을 치지 않았을 때는 종소리가 나지 않지만, 비록 나지 않더라도 종 속에는 소리가 일찍이 존재하지 않은 적이 없다는 말이다. 바꾸어 말하면 종소리를 낼 수 있는 것은 종의 본성이다. 이미 나온 소리든 아직 나지 않은 소리든 모두 그 근원은 종에 있으므로 종소리는 모두 일원(一源)에서 나온다는 말이다. 이로써 동・정을 비유하면, 움직임은 종을 칠 때 종소리가 이미 난 것과 같으며, 고요함은 종을 치지 않았을 때 종소리가 아직 나지 않는 것과 같다. 이미 종과 종소리는 하나의 근원이므로 동・정은 하나의 리다. 위의 내용에 따라서 보면 윤돈이 말한 '동정일리(動靜一理)'와 이정이 말한 '동정일원(動靜一源)'의 의미는 서로 같은 것 같다. 그러나 이에 대하여 다른 기록이 있다.

> 동정을 논할 때 절의 승려가 치는 종소리를 들었다. 화정(和靖)이 "정(靜)을 말하자마자 곧 하나의 동(動)이라는 글자가 있다. 동(動)을 말해도 역시 그러하다."고 하였다. 이천이 고개를 끄덕였다. 화정은 매번 '동정은 단지 하나의 리며, 음양과 생사도 역시 그러하다'고 하였다.
>
> 又論動靜之際, 聞寺僧撞鐘. 和靖曰: "說著靜, 便多一个動字. 說動亦然." 伊川頷之. 和靖每曰: 動靜只是一理, 陰陽生死亦然. (「外書」 권12, 『二程集』 432쪽)

"정(靜)을 말하자마자 곧 하나의 동(動)자가 있다. 동(動)을 말해도 역시 그러하다."는 말에는 "동 가운데 정이 있고, 정 가운데 동이 있다."는 뜻 외에도 "동이 정이며, 정이 동이다."라는 뜻도 있다. 만약 이러한 해석이 없었다면 "동・정은 단지 하나의 리며, 음양과 생사도 역시 그러하다."는 말은 서로 통한다고 말하기 어렵다. 만약 그렇다고 하면 이정(二程)의 '동정일원(動靜一源)'이라는 명제는 동・정을 구체적 사물에서 떠나지 않은 본체의 용(用)으로서 한 말이며, 윤돈이 말한 '동정일리(動靜一理)'의 명제는 동・정을 구체적 사물에서 절대적 본체로 뽑아내어 형이상의 '일리(一理)'로 만든 것이다.

윤돈의 '동정일리'설은 정이의 "체(體)와 용(用)은 하나의 근원이며, 드러남과 은미함은 간격이 없다."는 관점을 벗어났다. 왜냐하면, 정이의 체용관에서 체와 용이 서로 붙어 떨어지지 않는다 하더라도 여전히 체와 용은 나누어져 둘이기 때문이다. 그러나 윤돈이 말한 '움직임과 고요함은 하나의 리다'는 말은 움직임이 고요함이며, 고요함이 움직임이어서 움직임과 고요함은 합하여 하나며, 체와 용에서 말하면 체는 용이며 용이 체여서 체와 용은 합하여 하나다. 따라서 왕양명(王陽明)의 '체용일원(體用一源)'설의 선구가 된다.

2) 몸과 마음을 수렴하는(收斂身心)의 주경설(主敬說)

윤돈의 수양론에서 뛰어난 점은 '경(敬)'이라는 글자에 있다. 주희는 "윤화정(尹和靖)은 정문(程門)에서 오로지 경이라는 한 글자의 공부에서 마침내 성취를 이루었다."(『화정선생문집』 권9 「附錄」)고 말하였다. 주경(主敬)설은 윤돈의 수양론에서 핵심내용이다. 윤돈의 철학사상의 가장 큰 특색은 여기에 있다.

그러나 윤돈의 주경설도 역시 스승의 설에 근원한다. 이정은 "함양은 모름지기 경으로 함양해야 하며, 학문을 닦음은 치지(致知)에 있다."(「遺書」 권18, 『이정집』 188쪽), "도에 들어감은 경만한 것이 없으며 치지할 수 있음에도 경이 없는 적이 없다."(「유서」 권3, 『이정집』 66쪽)고 하였다. 윤돈이 생각한 주경(主敬)과 치지는 이정이 말한 "사람으로 하여금 도를 행하고 덕에 들어가도록 가르치는 큰 단서다."(「尹和靖言行錄序」, 『朱文公文集』 권75)는 뜻과 같다. 윤돈은 정이의 사상을 계승하여 종신토록 경이라는 글자를 마음에 새겨 잊지 않았다. 그는 "학문을 가르치며 가난하게 살면서도, 일찍이 조금도 스스로 낮추거나 비굴하여 않았으며, 항상 선생(二程)이 가르친 '경이직내(敬以直內)'를 마음에 새겼다." 아울러 "혼자만 힘써 그것을 실천할 수 있었다."(「外書」 권12, 『이정집』 444쪽)

무엇을 경(敬)이라고 하는가? 인식론의 의미에서 말하면 경은 인식주체의 수양형식이다. 윤돈은 정이가 '경'에 대하여 설명한 두 가지 서로 다른 규정을 열거하였다. 하나는 경은 '주일(主一)'이다. 그는 "처음 이천선생을 뵈었을 때 나에게 가르침을 주시면서 경자(敬字)를 보여 주셨다. 내가 도움을 청하자 이천선생은 '주일이 곧 경이다'고 하셨다."(「外書」 권12, 『이정집』 433쪽) 이것은 내심의 정신을 오로지 하나에만 주의하여 결코 떠나지 않음을 말한다. 다른 하나는 경은 "의관을 반듯하게 하고, 용모를 엄숙하게 함"이다. "옛날에 조승의(趙承議)가 이천을 따라 배웠는데 인성이 매우 온화하지 않으므로 이천이 역시 경자(敬字)를 보게 하였다. 조승의가 도움을 청하자 이천은 의관을 반듯하게 하고 용모를 엄숙하게 할 뿐이었다."(「외서」 권12, 『이정집』 433쪽) 이것은 겉으로 드러나게 정돈되고 엄숙하며 정중하고 자중해야 한다는 말이다. 이상의 두 가지를 합하여 보면 경은 인식주체인 '마음'이 외면으로부터 내면에 이르기까지 이 마음을 보존하여 외물에 따라 움직이지 않도록 함을 말한다.

윤돈은 정이의 "주일이 경이다."라는 사상을 발전시켰다. 주희 등 리학가들은 항상 그의 다음과 같은 말을 인용한다.

> 기관(祁寬)이 묻기를 "무엇이 주일(主一)입니까? 선생님께서 잘 깨우쳐 주십시오"라고 하였다. 공은 "경에 어떤 형상이나 그림자가 있겠는가? 다만 몸과 마음을 수렴하는 것이 주일이다. 또 사람이 신사(神祠)에 가서 경건해 할 때, 그 마음을 수렴하여 털끝만큼의 일도 드러내지 않는 것이 주일이 아니면 무엇이겠는가?"라고 하였다.
>
> 祈寬問: "如何是主一, 愿生生善[喻]." 公言: "敬有甚形影? 只收斂身心, 便是主一. 且如人到神祠中致敬時, 其心收斂, 更不著得毫發事, 非主一而何." (「師說」, 『尹和靖集』 16쪽)

"몸과 마음을 수렴한다."는 뜻은 주희의 말을 빌리면, "자신의 정신을 수습하여 오로지 한 곳에 둔다."(『주자어류』 권12)는 말이다. 사람이 그 마음을 수렴하여 어떤 잡념도 없음을 경(敬)이라고 한다. 예를 들면 사람이 신사(神祠)에 가서 경건해야 할 때 이러한 정신상태를 갖춘다.

그것은 인식주체의 수양이 도달하고자 하는 목표다.

윤돈의 주경설은 인식주체의 수양문제이며, 정이의 사상을 발전시켰으며, 그 가운데는 여전히 합리적 요소가 있다. 예를 들어 “몸과 마음을 수렴한다.”는 말은 인식주체와 주관적인 정신작용을 중시한다는 것을 의미한다. 그러나 주경만을 말하고 치지(致知)는 설명하지 않았으므로 인식주체의 수양만 중시하고 객관대상에 대한 인식을 소홀히 한 것이다. 그는 지식을 추구하되 완전하게 아는 것을 내심의 수양으로 삼았으므로 밖을 향한 탐색을 배척하였다. 바로 이 점이 주희의 비판을 받았는데 황종희(黃宗羲)의 기록에 의하면 “회암(晦庵: 주희)은 윤돈이 (정이천의 뜻 가운데) 단지 반만 밝혔다고 비판하였다. 대개 이천이 ‘함양함에는 반드시 경으로써 하고, 진학(進學)은 치지에 있다’고 하였는데, 화정(和靖)은 경이라는 반만 썼고, 치지라는 나머지 반은 빠뜨렸다.”(「화정학안」, 『송원학안』 권27)고 하였다. 이 말은 윤돈에게는 주경(主敬)의 수양론만 있고 격물치지의 인식론이 없다는 뜻이다. 주희의 이러한 평가는 매우 당연하다. 그러나 황종희는 주희의 비평에 대하여 다음과 같이 변론하였다.

> 나는 앎이 아직 이르지 않으면 여전히 경(敬)도 다하지 못한 곳이 있다고 본다. 「식인편」으로써 논하면 “방비하고 점검함”은 경을 다하는 것과 같으며, “궁리하고 사색함”은 치지와 흡사하다. 그러므로 “마음이 진실로 해이하지 않다면 방비할 것이 무엇이 있겠는가?”라고 하였다. 그렇다면 “방비하고 점검한다.”는 말은 경의 작용이지 방비하고 점검하여 경이 된다고 믿을 수는 없다. 또 “보존함이 오래되면 스스로 분명해지니, 어찌 궁리하고 사색함을 쓰겠는가”라고 하였다. 이로써 치지의 공은 경 속에 있음을 알 수 있다. …… 만약 화정(和靖)의 지위가 아직 충실함에 이르지 못했다고 하면 옳으나, 사문의 혈맥과 단절된 것은 결코 없다.
>
> 愚以謂地之未致, 仍是敬之未盡處也. 以「識仁篇」論之, “防檢”似用敬, “窮索”似致知. 然曰: “心苟不懈, 何防之有”, 則“防檢”者是敬之用, 而不可恃防檢以爲敬也. 曰“存久自明, 安用窮索”, 則致知之功卽在敬內, 又可知也. …… 若和靖地位, 謂其未到充實則可, 于師門血脈固絶無走作也. (「和靖學案」, 『宋元

學案』 권27)

황종희는 여기서 정이의 「식인편(識仁篇)」의 사상을 빌어 "치지(致知)의 공(功)은 경 속에 있다."는 것을 논증하고, '경' 자체에 '치지'의 공부가 포함되어 있다고 보았다. 그러나 그는 부지불식간에 다음과 같은 사실을 빠뜨렸다. 즉 주경(主敬)만을 중시한 정호로부터 주경과 치지를 아울러 중시한 정이에 이르는 과정은 인식론 방면에서 중대한 발전이 있었음을 표시한다는 점이다. 윤돈의 주경설이 "사문(師門)의 혈맥과 떨어져 나간 일은 결코 없다."고 한 말은 옳다고 할 수 있다. 그러나 인식론상에서 "아직 충실함에 이르지 못했다."고 보면서도, 한편으로 "치지라는 나머지 반을 빠뜨렸다."는 말을 인정하지 않은 것은 매우 억지에 가깝다. 윤돈은 근본적으로 주경설에서 치지설로 나아간 것이 없으므로 "치지의 공(功)은 경 속에 있다."고 말하기는 매우 어렵다. 정이와 비교해 보면 그의 인식론은 불완전하고 체계적이지 않다. 윤돈의 리학사상의 불충분함은 그가 앞의 리학가들에 비하여 학술상에서 새로운 창조정신에 대한 용기가 부족했음을 설명한다. 이것은 윤돈과 같은 일류의 정문제자(程門弟子)도 결국 낙학을 더 진흥시킬 수 없었던 하나의 중요한 원인이다.

3) '이룸에 차례가 있다'는 성인관

성인은 이상 인격의 화신이며 인간의 최고 이상이다. 그리고 사람마다 모두 배워서 성인에 이를 수 있다. 이것은 이정 성인관의 기본 내용이다.

윤돈은 이정의 성인관의 기본 사상을 계승하였다. 그에 따르면 배움이란 "사람됨을 배우는"(「師說」, 『尹和靖集』 20쪽) 것이며, 사람의 도리를 학습하는 것이다. 그는 "성현이 보여준 기를 다스림[治氣]과 마음을 기르는[養心] 요점을 손수 써서 집 벽에 붙여놓고 스스로 경계하였다."

(「壁帖 · 聖學」, 『윤화정집』 10쪽) 이것은 '성학(聖學)'을 스스로 기약하였음을 말한다. 그의 제자 여계중(呂稽中)이 "선생의 학문은 성인을 배우는 것"(「墓志銘」, 『윤화정집』 26쪽)이라고 한 말처럼 그의 학문적 요지는 성인을 배우는 것이다.

성인을 배우려면 우선 성인은 과연 배워서 가능한가 그리고 성인을 배우는 데 어떤 요령이 있는가의 문제에 대답해야 한다. 윤돈은 벽에 써 붙인 표제에서 성인은 배움으로써 가능하며 성인을 배우는 요령은 이른바 '일(一)' '무욕(無欲)'이라고 하였다. 성인은 어떻게 배워서 이를 수 있는가, 그리고 '배움'은 어떻게 반드시 성인에 이르러 머물 수 있는가의 문제에 대하여 이정은 이미 해결하였다.[172] 윤돈은 주로 어떻게 성인을 배울 것인가의 문제에서 약간의 공헌을 하였다. 그는 성인을 배우는 데 반드시 '차례가 있으며' 일정한 과정, 순서, 및 요령을 장악해야 함을 강조하였다. 이러한 과정과 순서 그리고 요령에 대하여 풍충서(馮忠恕)는 다음과 같이 설명하였다.

> 선생은 성인의 학문을 배운 사람이다. 성인이 한 말은 나도 당연히 말하고, 성인이 한 것은 나도 당연히 해야 할 뿐이니 어찌 사장(詞章)을 운운하겠는가? 그 요체는 세 가지가 있으니 첫째는 완미하는 것이다. 말과 글을 외고 읊조리며, 취지를 연구 사색하여 성현이 마음 쓰는 미묘함을 추구한다. 둘째는 함양이다. 스스로 얻은 것을 함영하여 쌓고 간직하여 흔들리지 않게 하고, 기질을 보존하고 기르며, 충실하게 성취하여 강대함에 이른 뒤에 얻는다. 셋째는 실천이다. 헛되이 말만 하지 않고, 반드시 실행하는 일에 드러나게 하고, 몸소 실천하는 실질이 일상적인 일에서 진행되고 동정하고 말하고 침묵하는 데서 이루어지게 한다. 길흉을 알아 그로써 사업을 성취할[開物成務] 때 이 도를 떠나지 않게 한다. 이른바 수학(修學)이란 이와 같을 뿐이며, 독서도 이와 같을 뿐이다.
>
> 先生學聖人之學者也. 聖人所言, 吾當言也; 聖人所爲, 吾當爲也. 詞章云乎哉! 其要有三: 一曰玩味. 諷詠言辭, 研索歸趣, 以求聖賢用心之微. 二曰涵養.

172) 저자주: 이 책의 제6장 이정의 성인관을 보라.

> 涵泳自得, 蘊蓄不撓, 存養氣質, 成就充實, 至于强大, 然後爲得也. 三曰踐履. 不徒謂其空言, 要須見之行事, 躬行之實, 施于日用, 形于動靜語默, 開物成務之際, 不離此道. 所謂修學, 如此而已; 所謂讀書, 如此而已. (『尹和靖集』 16쪽)

윤돈이 보기에 완미(玩味)·함양(涵養)·천리[踐履=實踐] 이 세 가지는 성인이 되는 데 반드시 거쳐야 하는 단계이다. 이것으로 윤돈의 성인관이 가진 본질과 특징을 알 수 있다.

완미(玩味)라는 것은 독서를 가리키는 말이다. 독서는 성인을 학습하는 중요한 과정이다. 윤돈은 “앞일을 말하고 책을 읽음에 마땅히 성인이 경(經)을 만든 뜻과 성인이 마음 쓰는 바와 성인이 성인이 된 까닭과, 내가 아직 이르지 못한 점과 얻지 못한 까닭을 살펴야 한다. 구절마다 탐구하여 낮에는 암송하고 음미하며, 밤에도 사색해야 한다. 그 마음을 평정하게 하고 그 기를 바꾸고 의심나는 것을 해결해 나가면 성인의 뜻이 드러난다.”(「壁帖·聖學」, 『윤화정집』 9쪽)고 하였다. 독서의 주요 내용은 경을 읽음으로써 경서의 취지를 연구 탐색하며, 성인이 마음 쓰는 것을 몸으로 이해하고 아울러 성인을 표준으로 삼아 자신을 반성하는 것이다. 이것이 곧 “완미하여 탐색함”이다. 그것은 성인이 되는 데 반드시 거쳐야 할 길이다. 이로부터 보면 성인이 되는 것은 선비 혹은 ‘중인(中人) 이상’의 계층들의 일이며, ‘중인 이하’의 우부(愚夫)와 우부(愚婦)는 그 사이에 들지 못하는 것 같이 보인다. 그래서 윤돈의 성인관은 계급적이라는 낙인이 깊이 찍혔다.

함양(涵養)은 수신(修身)의 일이다. 수신의 내용은 주로 “기질을 보존하고 기름”이며, 호연지기(浩然之氣)를 배양하고 그것을 확충시켜 안으로는 지극한 의리(義理)가 충만하도록 하고 밖으로는 성덕(盛德)이 드러나도록 하여, “말은 온 세상에 실언(失言)이 없으며, 행함은 온 세상에 원악(怨惡)이 없음”(「師說」, 『윤화정집』 19쪽)의 상태에 도달하는 것이다. 윤돈은 “귀는 망령된 소리를 듣지 않으며, 눈으로는 망령된 것을 보지 않으며, 입으로는 망령된 말을 하지 않으며, 마음으로는 망령된 생각을 하지 않는다. 이 네 가지 망령되지 않음은 성현이 갖춘 것이다. 나라는 사람도 감히 바라고 원하지 않겠는가?"(「壁帖·聖學」, 『윤화정집』 10쪽)라고 하였다. 보고 듣고 말하고 행동하는 네 가지에 망령되지 않음은 오직 성현이라야 비로소 할 수 있지만 그것은 함양을 통하여 성취할 수 있다는 말이다. 이것이 "함양으로 이룰 수 있다."는 말이다. 그것은 성인이 되는 데 필요한 수단이다.

천리(踐履)는 천행(踐行)이라고도 부르는데 몸소 행하는 실천이다. 윤돈은 역행(力行)을 귀하게 여기고 공언(空言)을 천하게 여겼다. 그는 반복하여 이 뜻을 거듭 밝혀 "배움은 역행을 귀하게 여기고 공언(空言)을 귀하게 여기지 않는다."(「論語解序」, 『윤화정집』 3쪽)고 하였고, 또 "진실로 실천하지 않는다면 단지 공허한 말이 될 뿐이다."(「進論語狀」, 『윤화정집』 3쪽)라고 하였다. 아울러 이것이 자신의 중요한 주장임을 강조하였다. "내가 경연(經筵)에서 『논어해』를 진행할 때 별로 취할 만한 것이 없고 다만 한 편의 서(序)만이 나의 뜻과 맞았다. 그래서 이르기를 '배움은 역행을 귀하게 여기며 공언을 귀하게 여기지 않는다. 만약 의미를 신기하게 하고 문장과 사(辭)를 화려하고 풍부하게 하려고 하는 것은 신(臣)이 아는 바가 아닙니다.'라고 하였는데, 이것이 나의 뜻이다."(「師說」, 『윤화정집』 11쪽) 그는 말은 쉽고 행동은 어렵다고 보아 중요한 것은 말할 수 있는 것이 아니라 행할 수 있는 것이라고 생각하였다. 그는 사람들이 입으로는 성현이 되어야 한다고 뇌까리지만 행동으로는 '한 마디도 진보가 없다'고 개탄하면서 그 자신이 귀감이 되기 위해 "돈독하게 실천하고 허황된 말을 하지 않았다."(黃干: 「和靖先生祠堂記」, 『화정윤선생문집』 권9) 그리고 "참다운 지식으로 힘써 행하고, 부끄러운 일은 하나도 없었다."(「謚肅公告詞」, 『화정윤선생문집』)고 주장하였다. 리학가의 눈에는 윤돈이 성인을 배우는 모범이었다. 황간(黃干)은 윤돈을 최고로 높이 평가하여 "지극히 험난함을 겪어도 변하지 않았으며, 귀하고 높은 자리에 자주 있었지만 흔들리지 않았으며, 인(仁)을 품고 의(義)를 실천하며 종신토록 후회하지 않았다. 성덕(盛德)이 아니라면 능히 이와 같을 수 있겠는가? 속에 의리가 충만하니 화복과 성패, 영욕과 득실이 복잡하게 얽히고설켜 변화가 무상(無常)하여도 마음은 태연자약하였다. …… 그러므로 선생은 정문(程門)의 안연(顔淵)이다."(「和靖先生祠堂記」, 『화정윤선생문집』 권10)라고 하였다. 이것은 적잖이 칭찬이 과분한데 윤돈을 "정문의 안연(顔淵)이다."라고 한 말이 그 극치다. 그러나 그 속에 담긴 뜻은 매우 분명하다. 윤돈이 실천의 모범이 되는 "성인의 학문을 배운 학자"라는 말이다. 그는 자신의 행동을 봉건사대부의 전형적인 모범으로 확립하였다. 리학가들이 그를 존중하는 원인이 여기에 있다.

윤돈은 정이의 후기 제자로 학술활동에 종사한 것이 다른 제자들에 비하면 늦지만, 양시(楊時)의 뒤를 이어 "제왕의 스승"으로 활약하였으며, 스승의 설을 엄수하고 돈독하게 실천하여 낙학이 남송으로 전파되고 발전하는 데 분명한 역할을 하였다. 전조망(全祖望)은 『송원학안(宋元學案) · 서록(序錄)』에서 윤돈을 "낙학에서 가장 늦게 나왔으나 스승의 설을 순일(純一)하게 지켰다."고 평가하였다. 따라서 윤돈이 "스승의 설을 지킨 것"과 "스승이 전수한 것을 잃지 않았음"을 긍정하되 동시에 그의 사상이 멀리 이정과 비교하면 빈약하고 창조적 견해가 결핍하다는 점을 마땅히 알아야 한다.

제 9 장

낙학의 심학화

낙학의 발상지는 북송의 낙양이다. 이정이 살아 있을 때 이미 양시(楊時)가 낙학을 남방으로 전파하였다. 송의 남도(南渡) 이후 양시와 윤돈(尹焞) 등 이정과 문하의 제자들은 남방에서 낙학을 전파하는 활동에 전력을 다하였으며 많은 학생들을 받아들였다. 낙학은 남방에서 흥성하였다.

낙학이 남송에서 흥성하고 발전함에 따라 낙학도 분화되기 시작하였다. 대체로 낙학은 두 가지 방향으로 분화되었다. 하나는 장구성(張九成)에서부터 육구연(陸九淵)까지로 주로 정호(程顥)의 '마음(心)은 리다', '만물일체(萬物一體)의 인(仁)', '궁리진성(窮理盡性)' 등에 관한 사상을 계승 발전시켰으며, 마음을 본체로 보는 주관유심주의의 사상체계를 형성하였는데 일반적으로 육학(陸學) 혹은 심학(心學)이라 부른다. 다른 하나는 나종언(羅從彦)과 이통(李侗)에서부터 주희(朱熹)까지로 주로 정이(程頤)의 '성즉리(性卽理)', '리일분수(理一分殊)', '격물치지(格物致知)', '이발(已發)·미발(未發)'에 관한 사상을 계승 발전시켰으며, 리를 본체로 삼는 객관유심주의의 사상체계를 형성하였는데, 일반적으로 이것을 정주리학(程朱理學)이라고 부른다. 이 외에 금나라가 통치하던 북방에서도 낙학은 결코 자취가 끊어지지는 않았다. 낙학의 한 가닥 맥락은 여전히 계속 활동하였으며 금의 말기까지 세력이 왕성하였다. 그리고 금

· 원 시기 남방의 신유학(저자주: 주로 주희의 리학)이 북으로 전파된 뒤 북방리학의 학맥을 형성하는 데 기초를 닦았다.

낙학의 창시인 가운데 한 사람인 정호에게는 이미 어느 정도 심학의 요소가 있었다. 그리고 낙학의 계승자 가운데 한 사람인 사량좌(謝良佐)는 정호의 사상 가운데 심학의 요소를 어느 정도 발전시켰다. 사량좌의 사상은 또 장구성에 의하여 계승발전되었다. 육구연은 위에서 말한 여러 사람들의 사상을 모아서 심학(心學)을 형성하였다. 정호(程顥) — 사량좌(謝良佐) — 장구성(張九成) — 육구연(陸九淵)의 계보는 심학 사조의 발생과 발전의 필연적 추세이며, 낙학이 거쳐 온 구체적인 변화발전의 과정 가운데 하나다.

제1절: 장구성(張九成)

장구성의 초상

장구성(張九成: 1092～1159)은 자는 자소(子韶), 호는 횡포거사(橫浦居士) 또는 무구거사(無垢居士)로 절강(浙江)의 전당(錢塘) 사람이다. 청년시절에 양시를 스승으로 모셨다. 소흥(紹興) 2년(1132)에 과거에 응시하여 중장원(中壯元)으로 뽑혔다. 벼슬은 진동군첨판(鎭東軍簽判), 저작랑(著作郎), 종정소경(宗正少卿), 권예부시랑겸시강(權禮部侍郎兼侍講) 등의 직책을 거쳤다. 금나라와의 화의를 반대하고 재이(災異)와 정치의 상관성을 논하였기 때문에 당시 권력자인 진회(秦檜)의 미움을 받아 탄핵을 당하여 수소주(守邵州)로 유배되었다. 그후 궁관(宮觀)벼슬을 얻었으나 진회가 또 동당(同黨)들과 작당하여, 종고선사(宗杲禪師)와 조정을 비방하고 헐뜯었다고 탄핵하였다.

이때 남안군(南安軍)으로 유배되어 14년을 보냈다. 진회가 죽자 방기지온주(方起知溫州)가 되었다가 4년 후 개사(丐祠: 조상의 제사를 지내고자 사직을 청함)하여 돌아와 몇 달이 지나지 않아 병으로 세상을 떠났다. 송의 이종(理宗)은 보경(寶慶: 1225~1227) 초에 특별히 태사(太師)로 추증하고 숭국공(崇國公)으로 봉하여 문충(文忠)이라는 시호를 내렸다. 사적은 『송사(宋史)』 권374에 기록되어 있다.

장구성의 저작은 대부분 잃어버려 존재하지 않는다. 현재까지 전하는 것은 『횡포문집(橫浦文集)』 20권, 『횡포심전(橫浦心傳)』 3권, 『횡포일신(橫浦日新)』 1권, 『가전(家傳)』 1권, 『맹자발제(孟子發題)』 1권 등이 신안(新安) 오강우(吳康虞)씨 본의 『횡포문집』에 수록되어 있으며, 『맹자전(孟子傳)』 29권, 『중용설』 3권 등이 『사부총간』 「경부(經部)」에 수록되어 있다.

청대 학자인 초횡(焦竑)은 장구성의 리학사상을 "미발지중(未發之中)을 종지로 삼았다."(「橫浦文集序」)고 평가하였다. 이것은 장구성이 양시의 제자라는 데 근거하여 학설의 사승관계로 한 말이다. 사상발전의 논리에 착안한다면 반드시 장구성의 사상은 사량좌와 훨씬 가까우며 분명한 심학 요소를 갖추고 있다. 의심할 필요가 없이 장구성도 마찬가지로 낙학의 특유한 천리론을 갖추고 있다. 장구성의 '리(理)' 혹은 '천리(天理)'는 주로 두 가지 함의가 있다. 첫째, '리'는 사물의 '그렇게 되는 바의 원인[所以然之故]' 혹은 사물의 내부에 존재하는 일종의 필연법칙이다. 그는 다음과 같이 말하였다.

> 용은 변할 수 있고, 매미는 빨아들일 수 있고, 토끼는 멀리 볼 수 있으며, 뱀은 소요(騷擾)할 수 있으며, 지렁이의 머리는 날카롭지는 않지만 토양을 갉을 수 있다. 만물이 어찌 원인이 없는 리가 있겠는가? 다만 사람이 그것을 추구하지 않을 뿐이다.
>
> 龍能變, 蟬能吸, 兎能望, 蛇能擾, 蚓首不銳而能食壤. 萬物豈有無故之理? 但人不推之耳. (『橫浦心傳』 권상)

양에는 반드시 음이 있으며, 낮이 있으면 반드시 밤이 있다. 군자가 있으면 반드시 소인이 있고, 중국이 있으면 반드시 이적이 있으니 이것은 자연의 리다. 이로써 추리하면 어떤 사물이 그렇지 않겠는가?

陽必有陰, 晝必有夜, 有君子必有小人, 有中國必有夷狄, 此自然理也. 以此推之, 何物不然? (『橫浦日新』)

"만물이 어찌 원인이 없는 리가 있겠는가?"라는 말은 "천하에 리가 아닌 사물은 하나도 없다."(『橫暴文集』 권19)는 말로 바꾸어 말할 수 있다. 음양, 낮과 밤, 군자와 소인 그리고 중국과 이적은 상호 대립하고 상호 의존하면서, 이것이 있으면 반드시 저것이 있고, 이것이 없으면 저것도 없다. 만사와 만물이 이와 같지 않음이 없으니 이것이 "자연의 리다." 이것은 리를 사물이 발전하는 필연적인 추세로 여긴 이정의 관점과 일치한다.

둘째, '리'는 윤리도덕의 원칙이다.

천리는 인의다. 인의가 이미 밝으면 이로써 뭇 사물을 밝혀 금수가 금수인 까닭을 알고, 이로써 인륜을 살펴 인륜이 인륜이 되는 까닭을 안다.

天理者, 仁義也. 仁義旣明, 則以此明庶物, 知禽獸之所以禽獸; 以此察人倫, 知人倫之所以人倫. (『孟子傳』 권19)

무릇 부자·군신·부부·형제·붕우는 모두 그 사이에 천리가 있다. 일용의 가운데 천리는 매양 여기에서 발현된다.

夫父子·君臣·夫婦·兄弟·朋友, 皆有天理在其間. 日用之中, 天理每于此而發見. (「孟子拾遺」, 『橫浦文集』 권15)

장구성도 이정과 같이 인의예지 등 봉건 도덕규범을 천리의 위상으로 높이고 본체론적 설명을 덧붙였다. 물론 아무리 밝지 않은 리[悖理][173]를 가진 사상이나 행위도 일단 인의 등의 도덕규범과 부합한다고

173) 여기서는 도리에 맞지 않는 이치라는 패리(悖理=背理)의 의미와 같다.

논증되면 '천리'의 권위를 얻는다. 예를 들면 장구성은 국가간의 관계를 처리할 때 취할 수 있는 두 가지 태도가 있다고 보았다. 하나는 대국이 반대로 소국을 섬기는 것인데, 그것은 포용할 수 있다는 뜻으로 어진 태도[라고 부를 수 있다. 다른 하나는 소국이 대국을 섬기는 것으로 그것은 이해(利害)를 헤아리는 것이니, 지혜로운 태도라고 부를 수 있다. "이와 같다면 작은 나라에 있든 큰 나라에 있든 불가할 것이 없다. 이것이 천리다." 이와 반대로 취할 수 없는 두 가지 태도가 있는데 대국이 소국을 포용하지 못하는 것과 소국이 대국을 섬길 수 없는 것이다. 이 두 가지 태도는 모두 '사의(私意)'이며, '하늘을 거스르는' 행위다. 이것은 당시 남송의 작은 조정이 금나라에 굴욕적으로 화의를 구한 것에 대한 변호나 마찬가지다. 장구성 본인은 금과의 화의를 반대하였지만 그의 천리론은 도리어 남송의 최고통치자가 금나라와의 화의를 청하는 이론적 근거를 제공하였다.

도기(道器)의 문제에서 장구성은 역시 이정의 도기설의 틀을 벗어나지 못하였다.

> 형이상자를 도라고 하고, 형이하자를 기(器)라고 한다. 만약 형기(形器) 가운데 도가 없다면 역시 형기가 될 수 없으니 어찌 쉽게 나눌 수 있겠는가? 형이상자는 형상을 이름부를 수 없으므로 도라고 말하며, 형과 함께 깔려 만물로 분산되므로 만물에는 모두 도가 있다. 그러므로 혼동하여 말해서는 안 된다.
>
> 形而上者謂之道, 形而下者謂之器. 若形器中非道, 亦不能爲形器, 又安可輒分之. 形而上者無可名象, 故以道言; 形而在下散于萬物, 萬物皆道, 故不混言耳. (『橫浦心傳』 권하)

형기(形器) 가운데 만약 도가 없다면 형기가 될 수 없다는 말은 도(道)와 기(器)가 서로 붙어 떨어지지 않으며, 도가 형기 가운데 붙어 있어 둘을 "쉽게 나눌 수" 없다는 뜻이다. 그러나 "형상을 이름부름"의 가부를 논하면 두 가지는 역시 "혼동해서 말할 수" 없다. 이와 같은 도

기불가분(道器不可分)의 관점은 정호로부터 근원한다.

장구성이 보기에 도는 "형상을 이름 부를 수 없다."고 하더라도 결코 '허무'는 아니다. "도는 허무가 아니며, 일용일 뿐이다. 허무를 도(道)로 삼으면 족히 나라를 망하게 한다. 일용을 도로 삼는 것은 요순 3대의 공이다."(『橫暴日新』), "누군가 도는 과연 형적(形迹)이 없습니까? 하고 묻자, '도는 허무가 아니며 실제로 쓰이는 곳에서 변통(變通)함이 이것이다'라고 대답하였다."(『橫暴心傳』 권中) 이 말은 '일용' 혹은 '실용'의 곳이 '도'라는 말이다. '용(用)'을 강조하였기 때문에 그는 눈앞에 전개되는 정치에서 '선왕의 도'라는 사회정치적 의미를 매우 중시하였다.

> 선왕의 도는 어떤 도인가? 뽕나무를 심고 밭에 씨를 뿌리며, 닭과 돼지를 키우고, 개와 돼지를 기르며, 학교[174]교육을 엄격하게 하고, 효제를 신장시켜 노인들에게 비단옷을 입히고 고기를 먹게 하며 짐을 지고 길을 가지 않게 하며, 모든 백성이 굶주리지 않게 하고 추위에 떨지 않게 하며, 도랑과 계곡으로 유랑하지 않게 하는 것 이것이 선왕의 도다.
>
> 所謂先王之道, 何道也? 植桑種田, 育鷄豚, 畜狗彘, 謹庠序, 申孝弟, 使老者衣帛食肉, 不負載于道路, 黎民不饑不寒, 不漂浪于溝壑者, 此先王之道也. (『孟子傳』 권14)

이것은 장구성이 말하는 '경세치용(經世致用)'의 설이다.

정호는 "마음이 리며, 리가 마음이다."(「遺書」 권13, 『이정집』 139쪽) 라고 하였다. 이것은 일종의 심학사상의 요소다. 장구성도 '마음'을 매우 중시하였다. "사람은 모두 이 마음을 가지고 있는데 왜 그것을 인식하는 사람이 적은가? 만약 사사로운 지식이 소멸되어 없어지면 이 마음이 드러난다. 이 마음이 드러나면 공자의 네 가지가 없음[絕四][175]의 경지에 들게 된다."(『橫浦日新』) '이 마음이 드러난다'는 말은 무슨 말인가? 장구성의 논지를 살펴보면 "만약 사람이 시비(是非)·부귀(富貴)

---

174) 중국 고대의 지방학교. 은(殷)은 서(序), 주(周)는 상(庠)이라 하였다.

175) 『論語·子罕』, "子絕四, 毋意, 毋必, 毋固, 毋我."

· 영욕(榮辱) 등과 처음부터 상관이 없다면, 내가 상대를 이기려는 마음이 없고, 상대가 나를 이기려는 생각이 없게 된다. 상대와 내가 서로 잊는다면 천하의 가능한 일은 모두 끝난다."(「靜勝齋記」, 『橫浦文集』 권17)는 경지에 도달하는 것이다. 여기서 '서로 잊는다[兩忘]'는 말은 주체와 객체 상호간의 부정이며, 불학(佛學)에서 말하는 '공(空)'이다. '양망(兩忘)'은 마음을 밝히고 도를 깨닫는 정신적 경계다. 그러나 장구성의 '양망'설은 『정성서(定性書)』에서 정호가 말한 '내외양망(內外兩忘)'설에서 비롯되었다. 장구성은 "마음이 리며, 리가 마음이다."라는 명제를 제출하였다. 그는 격물과 궁리를 논할 때 "무릇 이와 같다면 마음이 리며, 리가 마음이다. 안으로는 하나의 생각이지만 밖으로는 만사이며, 아무리 미세해도 만물은 모두 여기로 회귀하며, 출입도 여기에 있다."(『孟子傳』 권19)고 하였다. 정호는 내외가 하나의 근본이며 마음과 리는 하나라고 주장하였다. 장구성은 "심즉리(心卽理), 리즉심(理卽心)"의 명제를 사용하여 정호의 사상을 개괄하였으며, 정호의 사상에서 심학의 요소를 확대하였다. 그는 세상의 모든 사물은 자연적이든 사회적이든 모두 '마음'의 현현(顯現)이며 "천하만사는 모두 마음 가운데서부터 나온다."(『맹자전』 권27)고 하고, 혹은 '성(性)'의 산물이라고 하여 "나의 성은 보고 듣고 말하고 꾸미고 생각하는 데에 그치지 않고, 무릇 천지간의 동작, 흐르는 물과 높은 언덕[流峙], 생식(生植), 비상(飛翔), 잠영(潛泳)에 반드시 함께 있으니 모두 나의 성이다."(「西銘解」, 『횡포문집』 권15)라고 하였다. '나의 마음이 만사를 만든다'는 말이나 혹은 '나의 성이 만물을 만든다'는 말은 분명히 주관유심주의 관점이다.

장구성은 또 '본심(本心)'과 '마음[心]의 본체'라는 범주에 대하여 다음과 같이 분명하게 주장하였다.

> 천하의 근본은 임금에게 있으며 임금의 근본은 일심(一心)에 있다. 일심의 본체는 어떤 것인가? 인 · 의 · 정일 뿐이다. …… 마음의 본체는 자리 잡고 있으면 인이 되고, 그로 말미암으면 의가 되며, 쓰면 바름(正)이

된다. 임금도 이 마음을 갖고 있으며, 천하에도 역시 이 마음이 있다. 임금이 본심의 인을 받들어 천하에 보이면 천하의 본심은 받든 바에 따라 모두 인하며, 임금이 또 본심의 의를 받들어 천하에 보이면 천하의 본심은 받들은 바에 따라 모두 의로우며, 임금이 또 본심의 바름을 받들어 천하에 보이면 천하의 본심은 받들은 바에 따라 모두 바르게 된다.

天下之本在人君, 人君之本在一心. 一心本體有何物哉? 仁義正而已矣. ……心之本體, 居則爲仁, 由則爲義, 用則爲正. 君有此心, 天下亦有此心. 君擧本心之仁以示天下, 則天下本心隨所擧而皆仁; 君又擧本心之義以示天下, 則天下本心隨所擧而皆義; 君又擧本心之正以示天下, 則天下本心隨所擧而皆正. (『孟子傳』 권16)

"본심"과 "마음의 본체"라는 범주에 따라 보면 장구성은 이미 '마음'을 우주본체의 높이로 끌어올리기 시작하였다. 분명히 그의 '심즉리(心卽理)'라는 명제는 본체론적인 의의를 갖추고 있다. 후일 육구연이 본심을 밝혀 드러냄을 강조하여 '심즉리'를 주장하였는데 그의 심학사상은 장구성과 너무도 같아 부르면 그대로 걸어 나올 것처럼 닮았다.

인식론과 방법론에서도 장구성은 낙학의 격물치지설을 계승발전시켰다. 먼저 장구성은 '격물'을 어떻게 이해하였는가? 그는 격물은 궁리(窮理)라고 생각하였다.

무릇 학자는 격물을 우선으로 삼아야 한다. 격물은 궁리를 이르는 말이다. 일심(一心)의 리를 궁구하여 천하의 리에 통하며, 한 사물의 리를 궁구하여 만사의 리에 통한다.

夫學者以格物爲先. 格物者, 窮理之謂也. 窮一心之理以通天下之理, 窮一事之理而通萬事之理. (「重建贛州州學記」, 『橫浦文集』 권17)

격물이란 궁리를 이르는 말이다. 한 생각의 미묘함이나 만사와 같은 많음과 만물의 다수는 모두 리다. 오직 깊이 조예가 있는 사람만이 천하의 근본으로부터 언저리와 가지를 소급하여 나아가고 또 나가기를 멈추지 않고, 격물에의 조예가 지극하다. 이런 까닭에 하나의 미세한 생각과 하나의 일에서 그리고 하나의 사물에서도 그 시작을 살펴보고 그 끝을 궁구하지 않음이 없으며, 그 미묘함을 관찰하고 그 드러남을 징험하며, 그 하나에 통하고 만 가지를 행하면 만 가지를 수렴하여 하나로 돌아가며, 드러남을 돌이켜서 미묘함을 관찰하고, 또 끝을 고찰하여 처음을 구하고, 가고 옴이 끝이 없으며 운용이 그치지 않는다. 이것이 조예가 깊은 학문이다.

所謂格物者, 窮理之謂也. 一念之微, 萬事之衆, 萬物之多, 皆理也. 惟深造者, 自天下之本, 溯流沿葉, 進進不已, 而造極于格物. 是故于一念之微, 一事之間, 一物之上, 無不原其始而窮其終, 察其微而驗其著, 通其一而行其萬, 則又收萬以歸一, 又旋著以觀微, 又考終而要始, 往來不窮, 運用不已. 此深造之學也. (『孟子傳』 권19)

장구성의 이러한 논술은 다음 몇 가지 사상을 포함하고 있다. (1) 격물은 궁리다. 그리고 격물의 범위는 자연의 사물과 주관의 의식을 포괄하여 안으로는 하나하나의 생각과 꾀함의 미묘함 그리고 밖으로는 만물과 만사의 많음이 '격(格)'과 '궁(窮)'의 예(例)에 해당하지 않음이 없다. (2) 격물은 일(一)과 만(萬)의 모순을 해결할 수 있으며 일리(一理)를 궁구하여 만리(萬理)를 깨우칠 수 있다. "일심(一心)의 리를 궁구하여 천하의 리에 통하며, 일사(一事)의 리를 궁구하여 만사(萬事)의 리에 통한다."는 말이다. (3) 격물은 처음을 원찰(原察)하고 끝을 구하는 것이며, 만물과 만사를 궁구함으로써 만리가 일리로 귀결됨을 깨달음으로써 "만을 수렴하여 하나로 귀결한다."는 말이다. '하나로 귀결함[歸一]'은 곧 '마음에로 귀결함[歸心]'이다. 따라서 "하나에 통하여 만 가지를 행함"에 도달한다. 장구성의 격물궁리설은 "일심의 리를 궁구함"과 "만(萬)을 수렴하여 하나로 귀결한다."는 것이 뚜렷한 특징인데 사실 일종의 "마음을 밝히는 일[明心]"이다. 그의 '심즉리' 사상이 인식론적으로 관철되었으면서 육구연의 "본심을 밝힘[發明本心]"의 선구이기도 하다.

장구성의 '격물궁리' 설은 분명하게 정호의 '식인(識仁)' 과 '정성(定性)' 설의 영향을 받았다.

첫째, 격물의 주요 목적은 '성선을 추구하는 방법'에 있다. 장구성은 "무릇 사람의 성은 모두 선하지만 내가 배운 것이 만약 그러한 도가 아니면 세상에 그것을 지시해 줄 스승과 친구가 없게 된다. 나로 하여금 격물(格物)과 지지[至知=致知]의 학문을 알게 하여 안으로는 한 생각과 밖으로는 만사에 그 원류를 궁구하지 않음이 없이, 시작과 끝을 궁구한 뒤 궁구하고 또 궁구하여 극진한 데까지 이르면 인욕은 모두 없어진다. 일단 확연해지기만 하면, 성선(性善)이 밝게 빛나 의심할 것이 없다."(『孟子傳』 권15)고 하였다. 또 "학문이란 과연 무엇을 일삼아야 하는가? 성선의 길을 구할 뿐이다."(『맹자전』 권10)라고 하였다. 여기서 격물의 학문은 인욕을 모두 제거하여 성선을 구하는 학문으로 변하였다. 정이(程頤)가 격물의 목적을 선을 밝히는 데 있다고 여긴 것과 장구성의 "성선을 구함"과는 다르다. 이 점에서 장구성은 정이와 다르다. 장구성은 또 『대학』의 치지설(致知說)과 『맹자』의 수신(修身)설을 연결하여, 『대학』의 도(道)는 치지에서 시작하고 『맹자』의 논의는 수신(修身)에 근본한다고 하였다. 왜냐하면 치지는 "체(體)를 구하는 것"이며, 수신은 "용(用)에서 드러나는 것"이라고 보았기 때문이다. "내가 『맹자』의 논의에 근본하고 또 『대학』의 도로부터 출발함으로써 수신의 근본은 격물로부터 시작해야 함을 알았다. 그런 뒤에 맹자의 학문을 거의 알 수 있었다."(『맹자전』 권14) 이 말은 격물과 수신의 밀접한 관계를 설명하는데 격물은 "체를 밝힘"이며, 수신은 "용에 통달함"이라는 뜻이다. 장구성은 격물을 욕망을 버리고 성선을 구하며 수신하고 양성(養性)하는 수단으로 보았다. 이것이 정호의 식인(識仁)설, 정성(定性)설과 상통하는 점이다.

둘째, "인(仁)은 깨달음[覺]이며, 깨달음은 마음이다."라는 말과 같이 생의(生意)와 지각으로써 인을 논하였다. 이정으로부터 출발하여 사량좌가 계속 발전시켰으며, 장구성에 이르러 명확하게 "인은 깨달음이다."라는 명제가 확립되었다. 그는 먼저 다음과 같이 말하였다.

> 마음이 지각한 바가 있음을 인(仁)이라고 한다. 그러므로 초목의 열매를 인이라고 하며 그것이 흙을 얻으면 생장한다. 사지가 병들어 아픔과

> 가려움을 모르는 것을 불인(不仁)이라고 한다. 그러므로 한 사람에게만 이롭고 타인에게는 해를 끼치며 보살피지 않는 것을 불인이라고 한다.
>
> 心有所覺謂之仁, 故草木之實謂之仁, 以其得土則生也. 四體不知疴痒, 謂之不仁, 故利于一己, 害及他人而不恤者, 謂之不仁. (『孟子傳』 권14)

이것은 기본적으로 정호와 사량좌가 지각(知覺)과 아픔과 가려움[痛痒]으로써 인(仁)을 논한 구설(舊說)이다. 사량좌는 깨달음으로써 인을 논하였을 뿐만 아니라, 마음으로도 인을 논하여 "마음이란 무엇인가? 인일 뿐이다."라고 하였다. 장구성은 한 걸음 더 나아가 다음과 같이 말하였다.

> 인(仁)은 깨달음이며 깨달음은 마음이다. 마음에 원인하여 깨달음이 생기고, 깨달음에 의하여 인이 있으므로 몸체와 분리된 것이 인이다. 깨달음이 없으면 마음도 없으며, 마음이 있으면 깨달음이 생기니 이미 구별된다. 구별하는 가운데 상세하게 생각하면 융화된다.
>
> 仁卽是覺, 覺卽是心. 因心生覺, 因覺有仁, 脫體是仁. 無覺無心, 有心生覺, 已是區別. 于久別中熟, 則融化矣. (『橫浦心傳』)

인(仁)=깨달음[覺]=마음[心]의 구도는 사량좌가 깨달음으로써 인을 논하고, 마음으로써 인을 논한 것의 종합이자 발전이다. '깨달음'과 '마음'은 모두 인간의 심리와 사유활동이다. '인'은 이와 같이 심리와 사유활동의 내용이다. "무릇 인심을 인으로 삼으면, 눈이 사물을 보고 귀가 소리를 듣고 코가 냄새를 맡고 혀가 맛을 보며 사지가 가려움을 아는 것이 모두 마음에서 나온다. 마음이 곧 인이다."(『맹자전』 권27), "인은 곧 깨달음이며, 깨달음은 신(神)이다. 한가로이 기를 안정시키면 어찌 편안하지 않겠는가? 불인(不仁)이면 어둡고, 어두우면 생각이 어지러워 잠시라도 안녕을 얻을 수 없다. 의는 리며, 리는 말에 믿음이 있다. 행동이 돈독하고 공경스럽다면 어찌 바른 길이 아니겠는가? 불의하면 어지럽고, 어지러우면 사특하고 편벽되며 온갖 잡귀신과 함께 있게 된다. 인의가 어찌 다르겠는가? 나의 마음일 뿐이다."(「孟子拾遺」, 『橫浦拾遺』

권15) 이처럼 반복하여 말하였지만 오직 한 구절 '인(저자주: 義)이 마음이며, 혹은 마음이 인(저자주: 義)'이라는 말이다. 이정의 심성설은 본래 인의예지 등의 윤리와 강상(綱常)을 인성의 내함이라고 보았으며 "마음이 성이다."라고 할 때의 마음도 역시 인의를 포함한다. 그러나 이 '마음'은 '도심' 혹은 '인심'의 마음이며, 사유기관으로서의 마음은 아니다. 또한 심리활동의 마음도 아니다. 그러나 장구성은 인의를 인간의 심리활동으로 귀결시켰다. 이것은 윤리도덕의 원칙으로서의 '인'과 '의'를 심리활동의 '마음'과 '깨달음'과 합하여 하나로 한 말이다. 전조망(全祖望)은 장구성이 "깨달음을 인으로 여긴 견해는 사량좌의 설이며, 그 설도 역시 불씨에 근본 한다."(「橫浦學案」, 『송원학안』 권40)고 하였다. 이 말은 "인은 깨달음"이라는 장구성 자신의 관점과 같다. 여기에는 두 가지 사상적 연원이 있는데 사량좌와 선학(禪學)이다. 만약 선학의 영향을 말하지 않는다면 사량좌로부터 이정으로 바로 소급해 올라갈 수 있는데, 그 요점은 이정의 '식인(識仁)'설이다. 따라서 당연히 장구성이 이정과 사량좌보다 발전된 점이 있다.

여기서 눈여겨보아야 할 것은 장구성이 제출한 "유위(有爲)하고자 하는 뜻이 모두 6경(六經)을 이룬다."는 사상이다. 그는 6경이 천하의 리를 천명하였기 때문에 만약 자신이 격물의 학문으로부터 천하의 리를 궁구하여 작든 크든 남김없이 그리고 숨어서 잘 드러나지 않는 것이나 뚜렷이 드러나는 것이나 모두 통하여 내외가 일치하게 되면 6경의 말은 모두 자신의 흉중(胸中)에 있는 말이라고 생각하였다. 이와 같다면 자신의 뜻에 따라 써도 불가할 것이 없다. 그는 다음과 같이 말하였다.

> 학자들이 6경을 인용할 때에는 마땅히 먼저 6경의 도를 마음에서 밝히고, 몸에서 아름답게 하고, 집안에서 충실하게 하고, 한 국가에 시행하고, 천하에 행할 수 있어야 한다. 무릇 내가 가부를 밝혀 응낙하고, 나아가고 물러나며 억누르고 드높임, 일을 만나거나 사물과 접촉함, 정책을 세워 대중을 고무시킴 등의 근거는 모두 6경이다. 그러므로 6경의 도를 얻으면, 유위(有爲)하고자 하는 것이 모두 6경을 이룬다.

學者之引六經，當先得六經之道明于心，美于身，充于家，布于一國，行于天下. 凡吾所以唯諾可否，進退抑揚，遇事接物，立政鼓衆，皆六經也. 故得六經之道矣，意欲有爲，皆成六經. (『孟子傳』 권7)

여기서 "먼저 6경의 도를 마음에서 밝혀야 한다."고 말하였지만, 그가 말하는 뜻은 직접 6경 자체에 나아가서 6경의 도를 밝히는 것이 아니라 격물을 통하여 천하의 리를 밝히는 것이다. 천하의 리를 궁구하는 것이 6경의 도를 얻는 일이기 때문이다. 장구성의 말을 빌리면 "뜻을 확립하는 것이 앞이고 시서(詩書)는 나중이다. 먼저 6경의 도를 얻는 것이 아니라 실천에서 드러낸다."(『맹자전』 권7)는 뜻이다. 6경의 도를 마음에서 얻으면 "유위(有爲)하고자 하는 뜻이 모두 6경을 이루게" 된다. 왕응린(王應麟)은 『곤학기문(困學紀聞)』에서 다음과 같이 말하였다. "『효경(孝經)』은 『시경(詩經)』의 시 10수와, 『서경(書經)』의 1장을 인용하였다. 장자소(張子韶: 子韶는 장구성의 字)는 '『시경』과 『서경』의 의미와 서로 비견(比肩)되지 않는 것이 많다'고 하였다. 직접 성인의 뜻을 취하여 쓰면 6경이 성인에 합치하는 것이며, 성인이 6경에 합치하는 것이 아니다. 6경은 곧 성인의 마음이며 그것이 쓰이는 곳마다 모두 사리에 맞는다."(「橫浦學案」 인용, 『송원학안』 권40) 장구성의 "유위하고자 하는 뜻이 모두 6경을 이룬다."는 말과 육구연(陸九淵)의 "6경이 나를 주석하고 내가 6경을 주석한다."(「어록상」, 『육구연집』 399쪽)는 유명한 명제는 모두 "자신의 뜻"을 6경으로 여긴 것이며 양자는 실질적으로 같다. 육구연의 "6경은 모두 내가 주각(注脚)[176]하였다."는 사상은 장구성에게서 그 근원을 찾을 수 있다.

심성론에서 장구성은 기본적으로 낙학의 특색을 유지하고 있다. 또한 이정과 마찬가지로 성선설을 주장하였다. 성은 무엇인가? 그에 따르면 "생명이 있는 것에는 모두 성이 있다."고 한 말이 결코 지나치지 않다.

---

176) 注脚: 본문의 아래에 주를 첨가하여 뜻을 해석하는 것. 본문 사이에 들어가는 것을 '注'라고 하고, 아래로 들어가는 것을 '脚'이라고 한다. 注解, 注釋의 의미.

다만 "생명을 성이라고 한다."는 말은 천하의 성을 모두 설명하였다고 볼 수 없다. 인성은 인·의·예·지·신이다. 그는 몇 가지 인성론의 관점을 비평하였다. "성은 선도 없고 불선도 없다."는 설은 "성의 정체(正體)를 모르는 것"이라고 하였으며, "성은 선도 될 수 있고 불선도 될 수 있다."는 말은 "물듦과 습관을 논하였지 성을 말하지 않았다."라고 하였고, 또 "성선도 있고 성불선(性不善)도 있다."는 말은 "기질과 습관을 논하였지 성을 논하지 않았다."고 하였다. 이 말들은 모두 성을 논한 것으로는 좋지 않고, 오직 맹자만이 성을 잘 논하였다는 말이다. "물듦과 습관을 논하고, 기질과 습관을 논한 것과, 성의 정체를 인식하지 못하는 것은 모두 성을 잘 논한 것이 아니다. 성을 잘 논한 사람으로는 맹자와 같은 사람은 없다. 무릇 맹자가 논한 성선(性善)은 성의 본체를 가리켜 말하였으며 악과 대립한 선이 아니다."(『孟子傳』 권26) 그가 보기에 맹자가 말한 성선은 공자의 논의와 깊이 부합할 뿐만 아니라, 제자백가를 초월하였다. 왜냐하면 맹자의 성선론에 의거하여 사람마다 모두 요순이 될 수 있고 따라서 명교(名教)[177]에 보탬이 있었기 때문이다. 이정(二程)이 성인은 사람마다 배울 수 있고 사람마다 할 수 있다고 여긴 이유는 인성이 본래 서로 같으며 모두 선의 본질을 갖추고 있기 때문이다. 장구성은 이러한 관점을 전반적으로 받아들였다. "무릇 마음이 공통적으로 그러함이 성선설이다. 성이 선하므로 마음도 함께 그러한 것이 리며 의(義)다. …… 오직 성선이기 때문에 리와 의(義)를 즐거워한다. 리와 의를 즐김으로써 성인이 될 수 있다."(『맹자전』 권26)

그러나 장구성의 성선론은 이정과 다른 점도 있다. "정(情)으로써 성을 예견한다."는 말이 그것이다. 그는 다음과 같이 설명하였다.

> 무릇 성선은 무엇으로부터 볼 수 있는가? 어린아이가 우물에 빠지려고 할 때 예견할 수 있다. 사람들은 어린아이가 장차 우물에 빠지려는 것을

177) 인륜도덕의 가르침이라는 뜻으로 유교(儒教)를 지칭.

보자마자 모두 두려워하고 근심하는 측은지심이 있게 되고, 두려움과 근심과 측은함이 갑자기 생겨나니 모두 성의 영역에서의 일이다. 성이 발하여 정이 되니 두려워하고 근심하고 측은해함이다. 정으로써 성을 예견하면 그것이 선이 됨을 알 수 있다.

夫性善何自而見哉? 于赤子入井時可以卜矣. 今人乍見孺子將入于井, 皆有怵惕惻隱之心, 怵惕惻隱, 忽然而發, 易墜于性矣. 性發爲情, 乃爲怵惕惻隱. 以情卜性, 可以見其爲善矣. (『孟子傳』 권26)

정이는 정에는 선도 있고 불선도 있다고 보았으므로 자연히 정으로써 성을 예견한다고 주장할 수 없었다. 그러나 장구성은 "성이 발하여 정이 되니 두려워하고 근심하고 측은해함이다."라는 말로부터 "정으로써 성을 예견하여 그것이 선이 됨을 알 수 있다."는 결론을 도출하였다. 두려워하고 근심하고 측은해함이란 사실 단지 정이 선으로 표현되는 일면이다. 정은 악으로 표현되는 일면도 있다. 만약 정의 선한 일면만으로 성선을 증명하려고 한다면 똑같이 정의 악한 일면으로 성악을 증명할 수 있다. 이것은 장구성의 희망과는 위배된다. 따라서 장구성의 "정으로써 성을 예견한다."는 말은 결코 정이의 성정설로부터 한 걸음도 앞으로 나아가지 않았음을 알 수 있다. 그렇지 않다면 그가 선악이 모두 성이라는 정이의 관점을 포기하고 그 가운데서 악은 부정하고 성선만을 위주로 하였기 때문에 "정으로써 성을 예견한다."는 명제를 제출하였다고도 할 수 있다.

장구성은 인성론으로부터 출발하여 천리와 인욕의 구별을 엄격하게 주장하였다. 그의 천리와 인욕의 구별은 사실 선(善)과 이익의 구별이다.

선(善)은 천리며, 이익은 인욕이다. 순임금과 도척(盜跖)의 구분은 다만 천리와 인욕의 사이에 있을 뿐이다. 그러나 천리에 밝은 사람은 이로운 형세 가운데 있을지라도 인욕에 의해 동요되지 아니하며, 인욕에 흔들리는 사람은 비록 인의(仁義) 가운데 있더라도 천리에 하나도 합하지 못하게 된다. 이것은 변별하지 않을 수 없다.

善者天理也, 利者人欲也. 舜跖之分, 特在天理人欲之間而已. 然天理明者,雖居利勢之中而不爲人欲所亂; 人欲亂者, 雖居仁義之中亦無一合于天理者. 此又不可不辨. (『橫浦日新』)

천리와 인욕은 절대적으로 배척되는 것이므로 천리를 다하려면 반드시 인욕을 없애야 하며 인욕을 다하려면 반드시 천리를 없애야 한다. 인욕을 다하면 반드시 화와 근심을 부른다. 그러므로 "물질로 나의 욕망을 만족시키려고 하면 물질은 한계가 있는데 욕망은 끝이 없다. 물질이 욕망을 다 채울 수 없는데도 욕망을 끝없이 추구하게 되면 결국 자신을 망치고 가정을 잃고 국가를 망하게 한다. 이것은 모두 욕망의 추구가 불러오는 화다."(『橫浦心傳』 권상)라고 하였다. 따라서 그는 인욕을 없애고 천리를 보존하는 것이 극기복례(克己復禮)라고 하였다. 그는 다음과 같이 말하였다.

무릇 천하에는 리가 아닌 사물은 하나도 없으며 인(仁)이 아닌 사물도 하나도 없다. 사욕이 있으면 리가 어둡고, 사욕이 없으면 리가 밝다. 사욕이란 무엇인가? 인욕이다. 예(禮)란 무엇인가? 천리다. 천리를 없애고 인욕을 추구하면 어디로부터 인을 얻겠는가? 인욕을 없애고 천리를 다하면 여기서 비로소 인이 된다. 극기는 인욕을 없애는 것이다. …… 보고 듣고 말하고 행동함이 한결같이 천리에 적중하면 인욕은 없어지며, 사사로운 욕심이 극복되고 천리가 밝아지며 천하가 모두 인으로 돌아간다. 극기복례는 인의 정체(正體)다.

夫天下無一物之非理, 亦無一物之非仁. 有己則理暗, 無己則理明. 己者何也? 人欲也. 禮者何也? 天理也. 滅天理窮人欲, 何由而得仁? 滅人欲盡天理, 于是乃爲仁. 克己也者, 滅人欲者也. …… 視聽言動一循乎天理之中, 則人欲滅矣, 私己克矣, 天理明矣, 天下皆歸于仁矣. 克己復禮, 此仁之正體也. (「雜著」, 『橫浦文集』 권19)

이에 따르면 '기(己)'는 인욕이며 '예(禮)'는 천리다. '극기복례'는 인욕을 없애고 천리를 다하는 것이다. 장구성이 분명히 낙학의 천리와 인욕의 변별에 대한 '진전(眞傳)'을 얻었음을 설명한다.

장구성은 또 왕도와 패도에 대하여 변별하였다. 그는 성왕의 학문과 패자(霸者)의 학문은 '백성을 위주로 삼는 것'과 '이익을 위주로 삼는 것'에서 구별된다고 보았다. 그는 다음과 같이 말하였다.

> 성왕의 학문이 있으며 패자의 학문이 있다. 성왕의 학문은 천하 국가를 근본으로 삼기 때문에 백성을 위주로 하며, 패자의 학문은 오직 한 사람의 사욕에 근본하기 때문에 이익을 위주로 말한다.
>
> 有聖王之學, 有霸者之學. 聖王之學, 其本爲天下國家, 故其說以民爲主; 霸者之學, 其本在于便一己而已矣, 故其說以利爲主. (『孟子傳』 권2)

'백성을 위주로 한다'는 말은 천하의 백성들로 하여금 아비와 아들이 서로 보호하며, 형제간에 서로 의지하며, 가족 구성원이 서로 친하며, 마을간에, 친척과 친구간에 서로 왕래하고, 닭과 돼지와 기장과 술과 감주와 소와 양으로 서로 연회를 즐길 수 있도록 하는 것이다. 이것은 결코 유가에서 일반적으로 말하는 이상사회의 범주를 벗어나지 않는다. 한편 "이익을 위주로 한다."는 말은 백성들로 하여금 거친 음식[糟糠]도 족하지 않게 하고, 짧은 옷마저도 온전하지 않게 하며, 농막[田廬: 시골집]도 편안하지 않게 하여 종묘를 폐허로 만들고, 사직을 망치고, 죽은 이의 시체[暴骨]가 산을 이루고, 피가 강물을 이루게 하여 천하[寰][178]를 비참하기 짝이 없는 경지로 내모는 것이다. 왜 '이익을 위주로 하면' 결국 이와 같은 국면에 이르게 되는가? 이익만을 추구하면 천하를 구휼하지 않고 오로지 한 사람의 사리(私利)만 도모하게 되며, 이웃 국가를 구휼하지 않고 오로지 일국(一國)의 이익만 추구하게 되며, 인민을 구휼하지 않고 오로지 한 때의 이익만 추구하기 때문이다. 이 "세 가지의 구휼하지 않음"과 "세 가지의 오로지 이익을 추구함"이 있으면 매우 해롭다는 말이다. 따라서 장구성은 "이익추구"를 반대하고, "백성을 마음으로 여겨야 한다."고 주장하였다. 이것은 "백성을 위주로 하

178) 환(寰)은 천자가 직할하던 영지로서 천하, 인간세상 등을 의미함. 환내(寰內)= 우내(宇內), 기내(畿內), 환우(寰宇).

고" "백성을 마음으로 여기는" 민본사상의 체현이다.

장구성은 선학(禪學)의 영향을 깊이 받았다. 그는 공개적으로 선을 말하였다. 이 점은 벽불(辟佛)을 주장하였던 낙학의 창시인과 현격한 차이가 있다. 그러나 사실 사량좌(謝良佐), 유작(游酢), 양시(楊時) 등의 정문의 제자들도 이미 "선과 가까웠다." 장구성이 그들보다 더욱 멀리 나갔을 뿐이다. 그는 불학(佛學)이 유학에 보충이 된다고 생각하였다.

> 불씨(佛氏)의 법은 음(陰)으로 우리 교(教: 儒學)에 도움이 매우 깊으니 갑자기 무시해 버릴 수는 없다. 내가 승려인 종고(宗杲)[179]와 교유해 보니 의론이 뛰어나고 탁월하여 기뻐할 만하였기 때문이다.
> 佛氏一法, 陰有以助吾教甚深, 特未可遽薄之. 吾與宗杲尙游, 以其議論超卓可喜故也. (『橫浦心傳』 권중)

종고(宗杲)의 의론이 "뛰어나고 탁월"한 점은 불(佛)로써 유(儒)를 해석하였기 때문이다. 예를 들면, 종고는 『중용』의 "하늘이 내린 명령을 성이라 하고, 성을 따름을 도라 하며, 성을 닦음을 교(教)라고 한다."는 세 구절을 해석하기를 "천명지위성(天命之謂性)은 청정한 법신(法身)이며, 솔성지위도(率性之謂道)는 원만한 보신(報身)이며, 수도지위교(修道之謂教)는 수없이 많은 화신(化身)이다."(『횡포심전』 권중)라고 하였다. 장구성은 이와 같은 의론의 영향을 받아 무의식적으로 공(空)을 담론하고 묘(妙)를 말하는 것을 즐거워하였다.

> 세간을 보니 환상이 아닌 것이 없는데, 사람은 환상 가운데 있으면서도 깨닫지 못하여 기쁨 · 노여움 · 사랑 · 미움을 참이라고 여기고, 기쁨 · 노여움 · 사랑 · 미움이 어디서 생기는지를 모른다. 본래 있다[本有]라고 하면

---

179) 송대의 승려. 영국해씨(寧國奚氏)의 아들. 자는 담회(曇晦). 張商英一見奇之, 名其菴曰妙喜. 嘗參圓悟禪師克勤, 聞薰風自南來, 殿閣生微涼句, 豁然有得. 以雄辯負重名, 往徑山, 孝宗召對, 稱旨, 尋賜號大慧. 御書妙喜菴三字賜之. 卒諡普覺. 著有臨濟正宗記, 正法眼藏. 見大明高僧傳 5. 新續高僧傳 12.

형체가 없는 사물이 없으며, 본래 없다[本無]라고 하면 목석이라고 책망할 수도 없다. 양자의 사이에서 자각한 사람이라고 불리는 사람들이 흔히 환상을 깨달음이라고 생각한다. 깨달음은 환상이다. 환상이 없으면 깨달음이 아니므로 깨달음에는 환상이 있다. 그러므로 깨달음도 그러한 데 하물며 기쁨・노여움・사랑・미움임에랴?

視世間無非幻, 而人處幻中不覺, 乃認喜怒愛惡爲眞, 不知喜怒哀惡從何而生, 以爲本有, 則非物不形; 以爲本無, 則不可責之木石. 其間號爲自覺者, 往往又是認幻爲覺. 覺卽幻也. 無幻不覺, 因覺有幻, 則覺又可認着, 況喜怒哀惡乎? (『橫浦心傳』 권중)

환상을 깨달음으로 여기는 것은 분명히 유가의 사상을 떠나 선학으로 흘렀다. 장구성의 사상과 학설도 이 때문에 주희의 맹렬한 비판을 받았다. 주희는 친구에게 보내는 편지에서 "이 성은 적요(寂寥: 고요하고 공허함)한데 근래에 사설(邪說)이 세상을 어지럽히고 사람들을 두렵게 한다. 듣건대 홍적(洪適)[180]이 회계(會稽)에서 장자소(張子韶: 장구성)가 경(經)을 해석한 간행물을 모두 얻어 보았다고 한다. 이것의 화가 매우 심하여 홍수나 오랑캐 그리고 맹수보다 더 사람으로 하여금 두렵고 오싹하게 한다."(「答石子重」, 『주문공문집』 권42)고 한탄하였다. 주희는 장구성의 저작을 "홍수(洪水)와 맹수(猛獸)"같이 보았으며, 장구성의 학설을 "세상을 어지럽히는 사설"로 보아 "금지하여야 한다."고 하였다. 황진(黃震)은 장구성에 대해 "근심이 깊고 간절하며, 힘써 노력하고 독립한 근세의 걸출한 선비"라고 칭찬하였지만, "승려인 종고(宗杲)와 교유하고 불학에 잘못 물들었으니 공문(孔門)의 정학(正學)에 시비가 없을 수 없었다."(「횡포학안」, 『송원학안』 권40)고 견책(譴責)하였다. 주희는 종고(宗杲)가 장구성을 교도한 상황을 다음과 같이 설명하였다. "그 사람이 이미 주도권을 잡고 가르쳐 인도할 때, 당연히 단지 겉만을 바꾸고 내용을 그대로 두었으며 그럴 듯하게 말하여 다른 길들을 같은

---

180) 송 번양(番陽) 사람. 홍호(洪皓)의 아들. 자는 경백(景伯), 호는 반주(盤州). 『宋史』 373; 『宋史新編』 141; 『南宋書』 37; 『南宋館閣錄』 8.

곳으로 귀결되도록 하였으니 세속에 머물거나 세속을 떠나거나 간에 모두 한을 남김이 없었다."(「雜學辨·張無垢中庸解」, 『주문공문집』 권72) 황진은 이에 근거하여 장구성을 비평하기를, "상채(上蔡)는 선(禪)을 매양 밝게 말하였으며 성정대로 행함[直情]과 번거로운 절차가 없는 행동[徑行]을 숭상하였다. 종고는 횡포(橫浦: 장구성)에게 간판만 바꾸어 가르쳤으며, 유학을 빌어 선을 담론하였으나 스스로는 선을 인정하지 않았다. 이것은 거짓을 진실로 바꾼 것인데 미혹되지 않은 사람이 드물었다."(「횡포학안」, 『송원학안』 권40)고 하였다.

사실 장구성은 기본적으로 여전히 유학의 입장에 서 있었으며 선을 빌어 유학을 말하였을 뿐이다. 그러나 불학의 입장에서 유학을 빌어 선을 말한 것은 아니었다. 이 점에 대하여 황종희는 이렇게 지적하였다. "횡포(橫浦)가 비록 종문[宗門: 同宗의 一派]들에게서 힘을 얻었지만, 청빈하고 성실하고 돈독하며, 지킬 바를 바꾸거나 자신이 선가(禪家)가 아니라고 꺼린 적이 없었다. 단지 겉만을 바꾸고 내용은 그대로였다면 자신을 속이고 타인을 속인 것이니, 아울러 종문의 존중을 받지 못하였을 것이다."(「횡포학안」, 『송원학안』 권40) 여기서 "지킬 바를 바꾸지 아니하였다."는 말은 유가의 설을 지키고 바꾸지 않았음을 가리킨다. "아직 자신은 선가(禪家)가 아니라고 꺼린 적이 없었다."는 말도 역시 기본적으로 사실과 부합한다. 불학을 유학에 융해시켜 리학 체계를 구성한 것은 리학가들이 공통적으로 가진 특색이다. 장구성이 "선(禪)에 가깝다.", "선에 빠졌다."고 하더라도 유학의 기본입장을 결코 잃은 적이 없었다.

종합하면, 장구성의 사상은 주관유심주의의 경향을 심화시켰으며, 낙학이 '심학화'되는 방향으로 한 걸음 더 나아갔다. 그리고 육구연의 심학으로 발전해 가는 중요한 다리역할을 하였다.

제2절: 육구연(陸九淵)

육구연의 초상

낙학이 심학의 방향으로 발전함에 따라 육구연(陸九淵)은 '심학'으로 학파를 이루었다. 육구연은 낙학을 '심학화(心學化)'시킨 사람이다.

육구연(1139~1193)은 자가 자정(子靜)이며, 무주(撫州)의 금계[金溪: 지금의 江西省 金溪縣] 사람이다. 송 효종(孝宗) 건도(乾道) 8년(1172)에 남궁(南宮)에 응시하여 중(中)으로 뽑혔으며, 진사출신(進士出身)을 함께 하사받았다. 융흥부(隆興府) 정안현(靖安縣)과 건녕부(建寧府) 숭안현(崇安縣)의 주부(主簿)와 국자정(國子正), 칙령소(勅令所) 산정관(刪定官), 주관태주숭도관(主管台州崇道觀), 지형문군(知荊門軍) 등의 관직을 역임하였다. 귀계(貴溪)의 상산(象山)에서 강학하였기 때문에 스스로 상산거사(象山居士)라고 불렀으므로 학자들이 그를 상산선생(象山先生)이라고 불렀다. 그의 저작은 『상산선생전집(象山先生全集)』에 수록되었으며, 1980년 중화서국에서 『육구연집(陸九淵集)』의 교점본(校点本)을 출판하였다. 그의 사적은 『송사 · 유림전 4』에 모두 기록되어 있다.

육구연이 스스로 한 말에 근거하여 보면 그의 사상과 학설은 맹자를 계승하였다고 할 수 있다. 그의 학생이 "선생님의 학문도 전수받은 것이 있습니까?"라고 물으니, 그는 "『맹자』를 읽음으로 인하여 스스로 얻었다."(「어록하」, 『육구연집』, 471쪽)고 대답하였다. "스스로 얻었다."는 말은 낙학에서 특히 강조하는 관점이다. 이것은 육구연이 리학의 입장에서 『맹자』의 사상을 소화하고 흡수하였음을 나타낸 말이다. 사실 육구연도 맹자와 이정이 말한 "도의 큰 줄기[道統]"를 계승하였다고 자랑하였다.

> 맹씨(맹자)가 죽자 우리의 도(유학)는 전해지지 못했다. 그리고 노씨(노자)의 학문은 주나라 말에 시작되어 한나라에서 왕성하였으며 진(晋)나라 때에 쇠퇴하였다. 노씨가 쇠퇴하자 불씨(佛氏)의 학문이 출현하였다. 불씨는 양(梁)나라의 달마(達磨)에게서 시작하여 당나라에서 왕성하였으며 지금에는 쇠퇴하였다. 대현이 출현하였으니 이제 우리의 도가 흥성할진저!
>
> 孟氏沒, 吾道不得其傳. 而老氏之學始于周末, 盛于漢, 迨晋而衰矣. 老氏衰而佛氏之學出焉. 佛氏始于梁達磨, 盛于唐, 至今而衰矣. 有大賢者出, 吾道其興矣夫! (「語錄下」, 『陸九淵集』 권35, 473쪽)

중국학술사는 유학 · 도교 · 불교의 순환사라고 할 수 있다. 도교와 불교는 모두 흥 · 쇠가 있었으나 유학만은 단지 "그 전함을 얻지 못하였을" 뿐이며, 사람(저자주: 大賢)을 기다려서야 흥할 수 있다는 뜻이다. 송대 이래 이와 같은 '대현'은 이미 출현하였으며 현재도 여전히 출현하고 있다. 그는 "한퇴지(韓退之)도 '가(軻: 맹자)가 죽자 그 전함을 얻지 못하였다'고 하였을 뿐, 진실로 후세에 어진 사람이 없다는 허튼소리를 감히 하지 않았다. 이락[伊洛: 周敦頤와 二程까지의 학자와 제자]

의 여러 학자들에 이르러 천 년 동안 전해지지 않았던 학문을 얻었다. 그러나 초창기에는 빛을 발하지 못하였으니 오늘날에 이르러 만약 광명(光明)을 드러내지 못하면 다시 무슨 일을 감당할 수 있겠는가?"(「어록하」, 『육구연집』 권35, 436쪽)라고 하였다. 이 말은 북송의 이정(二程) 등이 비록 "천 년 동안 전해지지 않았던 학문을 얻었다."고 하더라도 여전히 초창기에 속할 뿐이어서 '광명(光明)'이라고 할 수 없다는 뜻이다. 육구연의 뜻은 '대단한 광명'을 방출하여 이채(異彩)를 가지도록 하려는 데 있다. 그는 자신이 학술상에서 적지 않게 공헌하였다고 보아 다음과 같이 말하였다.

> 곰곰이 스스로 헤아려 보지는 않았지만, 나의 학문을 스스로 말하면, 맹자 이후 지금에 이르러 비로소 한 번 밝아졌다고 할 수 있다.
>
> 竊不自揆, 區區之學, 自謂孟子之後, 至是而始一明也. (「與路彦彬」, 『陸九淵集』 권10, 134쪽)

이것은 그가 실제로 자신을 '도통(道統)'의 정통적 계승자의 위치로 올려놓았음을 말한다.

육구연은 결코 낙학을 전면적으로 계승하지는 않았다. 단지 낙학 가운데 심학 요소를 소화 흡수하여, 심학의 단일한 방향으로 발전시켰다. 정이의 학설에 대하여 육구연은 배척하는 태도를 취하였다. 양간(楊簡)은 다음과 같이 말하였다.

> 선생이 홀로 나에게 "어린아이 때, 사람들이 이천의 말을 암송하는 것을 듣고 마치 나를 상(傷)하게 하는 것처럼 스스로 느꼈다."고 하였다. 그러나 또한 일찍이 다른 사람에게는 "이천의 말이 어찌 공자와 맹자의 말과 같은 종류가 아니겠는가?"라고 하였다.
>
> 先生獨謂簡曰 "丱角[181]時, 聞人誦伊川語, 自覺若傷我者." 亦嘗謂人曰: "伊川之言, 奚爲與孔子孟子之言不類." (「象山先生行狀」, 『陸九淵集』 권33,

---

181) 관각(丱角): 丱은 상투 관. 두 가닥 지게 묶은 머리. 어린이를 이름.

388쪽)

육구연은 어릴 때부터 정이의 사상이 도무지 맞지 않음을 느꼈다. 그가 보기에 정이의 학설은 '분산되어 복잡[支離]'하며, 공맹의 학설은 '간이(簡易)'하여 양자는 분명하게 구별된다. 육구연은 '간이'를 주장하고 '지리'함을 반대하였다.

> 나의 형 복재(復齋: 육구령)가 『이천역전』의 "간기배(艮其背)[182]"에 대한 해석을 보고 "이천의 말이 어떠한가?"라고 나에게 묻기에, 내가 "말한 것이 사리가 분명하지 않다."고 하자, 드디어 나에게 설명해 보라 하였다. 나는 "'그 등에 그치면 몸을 보지 못한다.'는 말은 자아가 없다는 뜻이며, '뜰을 가면서 사람을 보지 못한다.'는 말은 사물이 없다는 뜻이다."라고 하였다.
>
> 復齋(陸九齡)看『伊川易傳』解"艮其背", 問某: "伊川說得如何?" 某云: "說得鶻突." 遂命某說. 某云: "'艮其背, 不獲其身', 無我; '行其庭, 不見其人', 無物" (「語錄上」, 『陸九淵集』 권34, 419쪽)

'골돌(鶻突)'이라는 말은 "곧고 바르지 않고, 명백하지 않다."(「연보」, 『육구연집』 권36, 483쪽)는 뜻이며, '지리(支離)'함을 말한다. 육구연은 '무아(無我)'와 '무물(無物)'이라는 단지 두 말로 해석하였지만 매우 '간이(簡易)'하다. 이것은 육구연과 정이의 방법론이 서로 다름을 보여준다. 육구연은 여전히 정호와 정이를 구별하였다.

> 이정이 주무숙을 만난 후 음풍농월하고 돌아갔는데, "나는 증점(曾點)을 허여(許與)한다."[183]는 뜻이 있었다. 후일 명도는 이 뜻을 보존하였으나 이천은 이미 이 뜻을 잃어버렸다.

---

182) 艮卦의 괘사, "그 등에 그치면 몸을 보지 못하며, 뜰에 가면서도 사람을 보지 못하여 허물이 없으리라(艮其背, 不獲其身, 行其庭, 不見其人. 无咎)."

183) 『논어 · 선진편』, "吾與點也." 세속의 명리(名利)를 떠나 우유자적(優遊自適)하는 삶을 뜻한다. 주 118 참조.

二程見周茂叔(敦頤)後, 吟風弄月而歸, 有"吾與点也"之意. 後來明道此意却存, 伊川已失此意. (「語錄上」, 『陸九淵集』 권34, 401쪽)

육구연은 이정의 '기상(氣象)'이 서로 다를 뿐 아니라 사상과 학설에서도 "이천은 막힘이 매우 깊으며, 명도는 통하고 트였다."(「어록상」, 『육구연집』 권34, 413쪽)고 보아, 정호를 칭찬하고 정이를 칭찬하지 않았다. 그의 학설은 정호의 리학을 밝히고 확충하였으며 아울러 유가의 사맹(思孟: 子思와 孟子)학파와 불교 선학의 사상적 자료를 종합하여 하나로 용해시켜 이루었다. 즉 '심즉리'를 핵심으로 삼는 심학의 철학체계를 이루었다.

육구연의 '심학'의 특색은 '마음'을 '리'의 높이로 올리고 '마음'을 우주의 본체로 삼은 데 있다. 그는 다음과 같이 말하였다.

사람은 모두 이 마음을 가지고 있으며 마음은 모두 이 리(理)를 갖추고 있으니, 마음이 리다.

人皆有是心, 心皆具是理, 心卽理也. (「與李宰(2)」, 『陸九淵集』 권11, 149쪽)

이미 '심즉리(心卽理)'라면 '마음'을 이해하기 위해서는 먼저 반드시 '리'를 이해해야 한다. 육구연이 말한 '리'는 이정에게서 비롯되었으며, 그는 다음과 같이 말하였다.

우주에 가득 찬 것은 일리(一理)일 뿐이다. 학자가 배우고자 하는 것은 이 리를 밝히고자 할 뿐이니, 이 리의 큼이 어찌 한량이 있겠는가? 정명도가 (크기에 있어) '천지(天地)에도 모자람이 있으니, 천지보다 큰 것이다'고 한 말이 바로 이 리를 말한다.

塞宇宙一理耳. 學者之所以學, 欲明此理耳, 此理之大, 豈有限量? 程明道所謂有憾于天地, 則大于天地者矣, 謂此理也. (「與趙詠道(4)」, 『陸九淵集』 권12, 161쪽)

하늘이 덕 있는 사람에게 명을 내리니, 오복(五服)[184]과 오장(五章)일진저! 또 하늘이 죄 있는 사람에게 벌을 내리니, 오형(五刑)[185]과 오용(五用) 일진저!. 여기에서의 상벌이 모두 천리이니, 그래서 백성을 대중(大中)으로 거두고 이 세상을 대화(大和)로 올린다.

天命有德, 五服五章哉; 天討有罪, 五刑五用哉. 其賞罰皆天理, 所以納斯民于大中, 躋斯世于大和者也. (「與吳子嗣(6)」, 『陸九淵集』 권11, 146쪽)

"우주에 가득 찬 것이 일리(一理)"라는 구절에서의 리는 이미 정호의 말에서 일일이 지적하여 밝혔다. "상벌이 모두 천리"라는 구절에 대하여 이정도 "만물이 모두 단지 하나의 천리인데 그것을 어디에서 무엇으로 알 수 있는가? '하늘이 죄 있는 이에게 벌을 내리니 오형(五刑)과 오용(五用)일진저! 하늘이 덕 있는 사람에게 명을 내리니, 오복(五服)과 오장(五章)일진저!'라고 한 말과 같다. 이것은 모두 천리의 자연(自然)이 마땅히 이와 같을 뿐이다."(「遺書」 권2상, 『이정집』 30쪽)라고 말한 적이 있다. 육구연이 이해한 '리' 혹은 '천리'는 이미 항거할 수 없는 자연법칙이다. 그래서 그는 "하늘은 덮고 땅은 싣고, 봄은 낳고 여름은 기르며, 가을은 거두고 겨울은 보관하여 이 리를 갖추고 있다."(「어록하」, 『육구연집』 권35, 450쪽)고 하였다. 그리고 그것은 또 위반할 수 없는 사회윤리의 원칙이기 때문에 그는 "이 리는 우주에 가득 차 있으니 무엇이 벗어날 수 있겠는가? 그것에 순응하면 길하고, 거스르면 흉하다. 가리어 막히면 어둡고 어리석게 되며, 꿰뚫어 통하면 밝고 지혜롭게 된다. 어둡고 어리석은 사람은 이 리를 알지 못하기 때문에 많이 거스르게 되어 흉하게 된다. 밝고 지혜로운 사람은 이 리를 알기 때문에 순응하여 길하게 된다."(「易說」, 『육구연집』 권21, 257쪽)고 하였다. '리'는

---

184) 고대 중국에서 왕기(王畿) 밖 오백리마다 차례로 구역을 정하고 일컫던 지역의 명칭. 甸服, 侯服, 綏服, 要服, 荒服을 의미하며, 한편으로 천자·제후·경·대부·사의 제복(制服)을 의미하기도 한다.

185) 야형(野刑): 농사를 게을리한 죄. 군형(軍刑): 軍令을 어기는 죄. 향형(鄉刑): 불효(不孝) 또는 그 밖의 잘못 하는 죄. 관형(官刑): 관직을 게을리하는 죄. 국형(國刑): 질서를 문란하게 하는 죄.

이정의 표현처럼 세계의 본원(本原)으로 최고의 철학범주다. 그리고 육구연도 "우주에 가득 찬 것이 일리(一理)다.", "이 리는 우주에 가득 차 있다."고 하였으니 '리'가 우주의 본원임을 인정한 말이다. 그러나 육구연은 우주의 본원을 탐구하는 과정에서 결코 여기서 멈추지 않았다. 앞에서 말한 바와 같이 그는 리가 인심에 갖추어져 있다고 보아 '심즉리(心卽理)'라고 하였다. 본래 이정도 모두 "리(理)와 마음은 하나다." 혹은 "리와 자신은 하나다."라는 관점을 가지고 있었다. 특히 정호는 여전히 "마음은 리며, 리는 마음이다."라고 하거나, "마음은 하늘일 뿐이다."라고 하였다. 그리고 장구성(張九成)이 다시 "심즉리(心卽理), 리즉심(理卽心)"의 명제를 주장하였다. 육구연은 한 걸음 더 나아가 '리'를 '마음' 가운데 두어 '리'와 '마음'을 통일시켰다. 그는 다음과 같이 말하였다.

> 대개 마음은 일심(一心)이며, 리는 일리(一理)다. 지극히 마땅하게 귀결되며, 정(精)과 의(義)는 둘이 아니니, 이 마음과 이 리는 실로 둘이 아니다. …… 이것은 하늘이 나에게 부여한 것이며, 내가 원래 그것을 갖고 있는 것이지 밖으로부터 나에게 뚫고 들어온 것이 아니다. 그러므로 "만물이 모두 나에게 갖추어져 있으니, 자신을 반성하여 성실하면 이보다 더 큰 즐거움이 없다."고 하였다. 이것이 나의 본심이다.
>
> 蓋心, 一心也; 理, 一理也. 至當歸一, 精義無二, 此心此理, 實不容有二. …… 此天之所與我者, 我固有之, 非由外鑠我也. 故曰: "萬物皆備於我矣, 反身而誠, 樂莫大焉." 此吾之本心也. (「與曾宅之」, 『陸九淵集』 권1, 4-5쪽)

여기서 그는 '마음'과 '리'의 통일 혹은 일치를 강조하였다. 리는 하늘이 마음에 부여한 것으로 마음에 고유하다. 마음과 리는 분할할 수 없으며, 둘이면서 하나가 되고 하나면서 둘이 된다. 이것은 첫 단계로서 마음으로 하여금 리와 동등한 지위를 얻게 하였다. 다음 단계로 또 마음이 리를 통섭(統攝)한다고 함으로써 리를 마음의 산물이라고 설명한다.

> 인간의 마음은 지극히 영명하고 이 리는 지극히 밝으니, 사람은 모두 이 마음을 가지고 있으며 마음은 모두 이 리(理)를 갖추고 있다.
>
> 人心至靈, 此理至明, 人皆有是心, 心皆具是理. (「雜說」, 『陸九淵集』 권22, 273쪽)

육구연은 먼저 리를 마음[心] 가운데 두고 계속하여 리가 마음 가운데서부터 발한다고 생각하여, 마음 가운데의 리를 중요한 영역으로 강조하였다. 이렇게 하여 '마음'이 세계의 본원으로 등장하게 된다.

육구연은 개체자아로서의 마음과 타아(他我)로서의 마음을 동일하게 보았으며 심지어 전체 우주와도 동일하다고 보았다. 그는 다음과 같이 말하였다.

> 사방과 상하를 우(宇)라고 하고, 고금과 왕래를 주(宙)라고 한다. 우주는 나의 마음이며, 나의 마음이 우주다. 천만 세 전에 출현한 성인도 이 마음과 같으며 이 리(理)와 같다. 천만 세 뒤에 출현한 성인도 이 마음과 같으며 이 리와 같다. 동서남북 사해(四海)에 출현한 성인도 이 마음과 같으며 이 리와 같다.
>
> 四方上下曰宇, 往古來今曰宙. 宇宙便是吾心, 吾心卽是宇宙. 千萬世之前, 有聖人出焉, 同此心同此理也. 千萬世之後, 有聖人出焉, 同此心同此理也. 東南西北海有聖人出焉, 同此心同此理也. (「雜說」, 『陸九淵集』 권22, 273쪽)

여기서 육구연은 마음을 전체 우주로 팽창시켰을 뿐만 아니라, 마음을 고금(古今)에 항존(恒存)하며, 만세토록 오래 오래 존재하는 보편적인 절대적 본체로 변화시켰다. '리'를 언제나 '마음'과 함께 거론하였지만, 또 언제나 먼저 "이 마음과 같다."고 말한 뒤에 "이 리와 같다."고 하였다. 마음이 같으므로 리가 같다고 하는 말은 '마음'과 '리' 중에서 '마음'을 더 근본적인 것으로 여긴 것이다. 이와 같이 육구연에게서 '마음'은 우주의 본체를 표시하는 최고의 철학범주가 되었다.

육구연의 철학체계에서 '마음'이라는 범주는 다음과 같은 함의를 갖추고 있다. 첫째, '마음'은 사유기관이며 지각능력이다. 그는 다음과 같이 말하였다.

> 사람은 목석이 아닌데 어찌 마음이 없겠는가? 마음은 오관 가운데 가장 존귀하다. 『홍범』에 "생각을 지혜라고 하는데, 지혜로움이 성인을 만든다."고 하였으며, 『맹자』는 "마음의 기능은 생각함이니, 생각하면 얻고 생각하지 않으면 얻지 못한다."고 하였다.
> 人非木石, 安得無心? 心于五官最尊大. 『洪範』曰: "思曰睿, 睿作聖." 『孟子』曰: "心之官則思, 思則得之, 不思則不得也." (「與李宰(2)」, 『陸九淵集』 권11, 149쪽)

'마음'은 '오관(五官)'의 하나로 '생각[思]'의 지각기능을 갖추고 있다. 이것은 유가 경전에 나타나는 전통적 관념이다. 육구연은 이러한 사유기관과 지각작용을 하는 '마음'을 오관 가운데 '가장 존귀한 것'이라고 보았다. 이는 물론 정신의식[心]을 중시한 것이긴 하지만 정신의식의 작용을 너무 과장하였다.

둘째, '마음'은 일종의 윤리도덕의 본체다.

> 사람이 사람이 되는 까닭은 오직 이 마음 때문이다.
> 人之所以爲人者, 惟此心而已. (「與傅全美(2)」, 『陸九淵集』 권6, 76쪽)

> 인(仁)은 인심이다. 마음이 사람에게 있는 것은 사람이 사람이 되는 까닭이며, 금수나 초목과는 여기서 다르다.
> 仁, 人心也. 心之在人, 是人之所以爲人, 而與禽獸草木異焉者也. (「學問求放心」, 『陸九淵集』 권32, 373쪽)

> 인의는 사람의 본심이다. 맹자는 "사람에게 보존된 것에 어찌 인의의 마음이 없겠는가?"라고 하였다.
> 仁義者, 人之本心也. 孟子曰: "存乎人者, 豈無仁義之心哉?" (「與趙監」, 『陸九淵集』 권1, 9쪽)

인심의 본질은 윤리도덕성이다. 이것은 금수나 초목과는 구별되는 근본적인 징표다. 인심이 포함하는 구체적인 내용이 인의며, 측은(惻隱)·수오(羞惡)·시비(是非)·사양(辭讓)의 '사단(四端)'이다. 그는 "사단도 이 마음이며, 하늘이 나에게 부여한 것도 이 마음이다."(「與李宰(二)」, 『육구연집』 권11, 149쪽)라고 하였다. 이러한 윤리도덕의 원칙은 하늘이 인심에 부여한 것이며 '마음'은 윤리도덕의 본체다.

셋째, '마음'은 주체정신이다. 그는 다음과 같이 말하였다.

> 마음은 오직 하나의 마음이니, 나의 마음이나 내 친구의 마음, 위로 수천 년 전 성현의 마음, 그리고 아래로 수천 년 이후 태어나는 성현도 그 마음은 역시 이와 같다. 마음의 체(體)는 매우 커서, 만약 나의 마음을 다할 수만 있으면 하늘과 같아진다.
>
> 心只是一个心, 某之心, 吾友之心, 上而千百載聖賢之心, 下而千百載復有一聖賢, 其心亦如此. 心之體甚大, 若能盡我之心, 便與天同. (「語錄下」, 『陸九淵集』 권35, 444쪽)

'마음'은 소리도 없고 냄새도 없으며, 형도 없다. 어떤 시간을 막론하고 현명한 사람이나 어리석은 사람이나 구분 없이 모두 같다. 따라서 '심체(心體)'를 북돋워 기르고 확충하면 하늘과 동등할 수 있다. 이러한 '마음'은 의심할 것 없이 초시간적 초공간적이지만, '내 마음[吾心]'을 벗어나지 않고 존재하므로 일종의 주체정신이다.

넷째, '마음'은 우주만물의 본원이다.

> 만물이 방촌[心]의 사이에 빽빽하게 갖추어져 있으니, 마음에 충만되어 발하며 우주를 가득 채우는 것은 이 리가 아님이 없다.
>
> 萬物森然于方寸之間, 滿心而發, 充塞宇宙, 無非此理. (「語錄上」, 『陸九淵集』 권34, 423쪽)

이처럼 만물이 '내 마음[吾心]'의 가운데 떠오르고 '내 마음'에 의해 포괄되며, '내 마음'을 발육하고 확충하면 '내 마음'의 '리'가 전체 우주에 가득 차게 된다. '내 마음'은 심지어 작위(作爲)가 있어서 사물을 생겨나게 할 수 있는 특성을 갖추고 있다. "마음이 하는 일은 생겨나는 사물들이 황종(黃鐘)[186]과 대려(大呂)[187]의 기(氣)를 얻게 하고, 기르되 반드시 도달하고자 하는 곳에 이를 수 있게 하고, 와석(瓦石)으로 하여금 무너지지 않게 하며, 중첩한 집들이 서로 막히지 않도록 하는 것에 비유할 수 있다."(「敬齋記」, 『육구연집』 권19, 228쪽) 이와 같이 사물을 생겨나게 하면서 우주를 포괄하는 '마음'은 또 우주만물의 본원이기도 하다.

종합하면, 육구연에게 있어서 '마음'이라는 범주는 본체론의 함의를 획득하였으며, 또한 '심즉리(心卽理)'의 명제는 본체론적 증명을 얻었다. 이것은 그의 심본체론 사상이 이미 정호, 사량좌, 장구성 등을 넘어섰음을 의미한다. 그는 낙학 가운데 심학(心學)의 요소를 하나의 심학사상 체계로 발전시켰다.

육구연의 심학체계에서 중요한 구성부분이 되는 인식론과 방법론은 낙학과는 분명히 구별되면서도 관계가 있다.

낙학 인식론의 주요 내용은 격물치지론(格物致知論)이며, 그것은 주희에 의해 계승 발전되었다. 육구연도 결코 격물치지의 학문을 강론하지 않은 것은 아니다. 명대의 저명한 심학가 왕수인(王守仁)은 상산(象山)의 학문에 대해 단순하고 명쾌하다[簡易直截]고 평가하면서도 격물치지에 관한 설명만은 "옛 습관을 답습한 흠을 면할 수 없다."(「與席元山」, 『王文成公全書』 권5), "치지와 격물은 유자들이 모두 이 설을 답습해 왔으므로 상산도 선례를 따라 더 이상 의심하지 않았다. 그러나 이 때문에 결국 상산도 정밀하지 못하였음을 숨길 수 없다."(「答友人問」, 『왕문성공전서』 권6)고 하였다. 육구연이 답습한 것은 낙학의 격물치지론이다. 이처럼 왕수인은 육구연의 격물치지론에 대해 "아직 정밀하지 못한 곳이 있다."고 하였지만, 그는 육구연이 낙학의 격물치지론을 어느 정도

---

186) 음율(音律)의 이름. 십이율(十二律)의 하나 6律·6呂의 기본이 되는 음. 11월

187) 주(周) 종묘의 대종(大鐘) 이름. 구정(九鼎)과 함께 주나라의 보기(寶器). 귀중함을 이르는 말.

발전시키고 개조하였다는 점을 부인하지는 않는다.

먼저, 육구연이 말한 '격물'은 '격심(格心)'으로서 내 마음[吾心]의 리에 대한 체인(體認)이다. 육구연은 이정의 설을 답습하여 '격물'의 '격(格)'을 '이르다[至]'·'궁구하다[窮]'·'연구하다[究]'의 뜻이 있다고 보았다. 그는 다음과 같이 말하였다.

> 격(格)은 지극함이며 궁(窮)자, 구(究)자와 같은 뜻이니, 모두 연마하고 고찰하여 그 지극함을 구하는 것이다.
>
> 格, 至也, 與窮字·究字同義, 皆研磨考察, 以求其至耳. (「格矯齋說」, 『陸九淵集』 권20, 253쪽)

그는 또 이정의 '사물의 이치를 끝까지 궁구함[格物窮理]'의 사상을 이어받았다. 격물궁리의 필요성을 논하면서 그는 격물이란 일리(一理)를 궁구하여 이르는 것이라고 보았다. 이에 선행해야 할 것은 "반드시 일마다 사물마다 놓치지 않고 그 리를 연마하고 고찰해야 한다."(「어록하」, 『육구연집』 권35, 453쪽) 제자가 그에게 "어떻게 격물합니까?"라고 물었을 때 그는 "사물의 이치를 연구한다."고 대답하였다. 이것은 밖을 향하여 물리를 연구 탐색해야 함을 요구하는 것과 같다. 그러나 제자가 "천하 만물은 끊임없이 번성하는데 어떻게 다 연구할 수 있습니까?"라는 문제를 제기하였을 때, 그는 또 "만물이 모두 나에게 갖추어져 있으니 단지 리를 밝히면 된다. 그러나 리를 자명하게 이해하지 못하면 반드시 스승과 친우를 극진하게 대해야 한다."(「어록하」, 『육구연집』 권35, 440쪽)고 하였다. 인식주체의 유한한 능력과 인식객체의 무한하고 다양함의 모순에 대하여 육구연은 해결할 방법이 없기 때문에 다만 '마음'에서 잘 도움을 구해야 한다고 하였다. 그는 사람들을 객관사물의 규율을 연구하고 탐색하는 데로 인도하지 않고, 사람들이 심중의 '리'를 밝히면 된다고 하였다. 이것은 "연마하고 고찰하는" 대상은 외물이 아니라 '이 마음['이라는 말과 같다. 그는 다음과 같이 말하였다.

> 격물은 이것(=마음)을 바로잡는[格] 것이다. 복희는 우러러 상(象)을 보고 굽어 법(法)을 살폈으니 먼저 이것에 힘을 다하였다. 그렇지 않다면 격물이라는 것은 말단일 뿐이다.
>
> 格物者, 格此者也. 伏羲仰象俯法, 亦先于此盡力焉耳. 不然, 所謂格物, 末而已矣. (「語錄下」, 『陸九淵集』 권35, 478쪽)

"이것을 바로잡는다."와 "이것을 먼저 한다."에서의 '이것'은 '이 마음', 곧 '본심(本心)'이다. 따라서 격물은 '격심(格心)'이므로 밖을 향하여 연구 탐색하는 것은 말단일 뿐이다. 격물의 목적은 '명덕(明德)을 밝힘'이다. "천하에 명덕을 밝히고자 하는 것이 대학(大學)에 입문하는 목표다. 격물치지(格物致知)는 출발점이다. 『중용』은 널리 배움[博學], 자세히 물음[審問], 신중하게 생각함[愼思], 밝게 변론함[明辯] 네 가지를 말하였는데, 이것이 격물의 방법이다."(「學說」, 『육구연집』 권21, 262-63쪽) 그는 박학·심문·신사·명변을 '격물의 방법'으로 삼았으며 아울러 '명명덕(明明德)'과 함께 결합시켰다. 낙학의 후학 중에도 이미 그 단서를 언급한 자도 있었으나, 육구연이 더욱 명확하게 표현하였다.

육구연이 말한 격물은 이미 격심(格心)이었으며 거기에는 특정한 내용이 있다. 그는 명확하게 다음과 같이 말하였다.

> 내가 독서할 때 단지 고주(古注)만 보아도 성인의 말이 스스로 명백하였다. 그리고 예를 들면 "제자(弟子)는 가정에 들어가서는 효도하고 밖에 나와서는 공손해야 한다."[188]는 말은 분명하게 네가 들어가서는 효도하고 밖에 나와서는 공손해야 함을 설명한 것인데, 왜 반드시 「전주」를 얻어야 하는가? 학자는 여기에 정신이 피폐해지고 이 때문에 부담만 점점 무거워진다. 내가 여기에 이르러 단지 남들의 부담을 줄여주기만 하면 이것이 격물일 뿐이다.
>
> 某讀書只看古注, 聖人之言自明白. 且如"弟子入則孝, 出則弟", 是分明說與

188) 『논어·학이(學而)』: 여기서 제자(弟子)는 남의 아우나 아들로 나이 어린 사람을 의미한다. 그러나 상대적 관계로서 어린 사람이지 어린이나 단지 20세 미만 정도의 학생을 의미하는 것은 아니다.

你入便孝, 出便弟, 何須得「傳注」? 學者疲精神于此, 是以擔子越重. 到某這里, 只是與他減擔, 只此便是格物. (「語錄下」, 『陸九淵集』 권35, 441쪽)

이 말은 「전주(傳注)」에 정신을 피폐하지 않게 하고 '효제'와 같은 인륜의 리를 밝히고 봉건도덕을 실천하는 것이 곧 격물(格物: 독서 역시 격물의 방법 가운데 하나다)이라는 뜻이다. 격물은 지식을 조금씩 쌓아서 관통하기를 구하는 것이며, 마음이 막힌 곳을 제거하여 선(善)을 밝히기를 구하는 것이다. 그러므로 그것을 "부담을 줄임"이라고 한다. 이것은 실제로 '떨쳐냄[剝落]'의 공부일 뿐이다. 육구연은 다음과 같이 말하였다.

이제까지 외물에 연연해 한 것이 많았는데, 날마다 그것을 떨쳐내어 나의 하늘을 온전하게 하면, 나의 도는 두터워질 것이다.
向來累外處多, 得日剝落之, 以全吾天, 則吾道幸甚. (「與朱濟道(三)」, 『陸九淵集』 권11, 143쪽)

사람의 마음에 병이 있으면 모름지기 떨쳐내야 한다. 한 번을 떨쳐내면 한 번 청명해지며, 뒤이어 또 떨쳐내면 또 청명해지니, 모름지기 떨쳐내어 완전히 깨끗해져야 비로소 옳다.
人心有病, 須是剝落. 剝落得一番, 卽一番淸明; 後隨起來, 又剝落, 又淸明, 須是剝落得淨盡方是. (「語錄下」, 『陸九淵集』 권35, 458쪽)

사람의 마음이 이러한 몽폐(蒙蔽: 明智가 덮여 어두움)로 말미암아 없어지거나 추락하여 빠지게 되면 이 마음이 영명(靈明)함을 잃어서, 이 리가 밝지 못하게 되니, 반드시 '인욕'을 제거하며 '사의(私意)'를 쓸어 없애야만 이 마음의 영명함을 회복하고 이 리의 밝음을 회복할 수 있다. '인욕'을 제거하고 '사의'를 쓸어 없애는 것이 이른바 '떨쳐냄[剝落]'이다. 즉 하나의 반복적인 과정으로 '인욕'과 '사의'를 철저하게 소멸시킨 뒤에야 멈춘다는 말이다. 만약 낙학의 격물설이 인식론의 내용을 비교적 더 많이 포함하고 있다(저자주: 비록 똑 같이 수양론과 함께 결합되어 있지만)고 한다면, 육구연의 격물설은 거의 완전하게 하나의 수양방법론으로 변한 셈이다.

다음으로, '치지(致知)'는 "본심을 드러내어 밝힘", '본심'에 대한 철저한 깨달음이다. 『맹자 · 고자(告子)상』에 "그 본심을 잃는다."는 말이 있다. 이 말은 본래 고유한 마음을 상실한다는 뜻이다. 육구연은 '본심'에 새로운 함의를 부여하였다. 그는 양간(楊簡)[189]과 '본심'의 문제에 대하여 전문적으로 토론하였다.

> 묻습니다. "무엇이 본심입니까?" 선생은 "측은은 인(仁)의 단서며, 수오는 의(義)의 단서며, 사양은 예(禮)의 단서며, 시비는 지(智)의 단서다. 이것이 본심(本心)이다."라고 대답하였다. "간(簡)은 어렸을 때 이미 알았습니다. 결국 무엇이 본심입니까?" 무릇 여러 번 물어도 선생은 끝내 그 말을 바꾸지 않았으며, 경중(敬仲: 양간)도 깨닫지 못하였다. 우연히 부채를 파는 사람이 뜰에 와서 송사(訟事)를 맡겼는데 경중은 곡직(曲直)을 판결하여 끝낸 뒤, 또 처음과 같이 물었다. 선생은 "부채의 송사를 판결하였다고 들었는데, 옳은 것은 그 옳음을 알고, 그른 것은 그 그름을 아는 것이 경중의 본심이다."라고 하였다. 경중이 홀연히 크게 깨달았다.
>
> 問: "如何是本心?" 先生曰: "惻隱, 仁之端也; 羞惡, 義之端也; 辭讓, 禮之端也; 是非, 智之端也. 此卽是本心." 對曰: "簡兒時已曉得, 畢竟如何是本心?" 凡數問, 先生終不易其說, 敬仲亦未省. 偶有鬻扇者訟至于庭, 敬仲斷其曲直訖, 又問如初. 先生曰: "聞適來斷扇訟, 是者知其爲是, 非者知其爲非, 此卽敬仲本心." 敬仲忽大覺. (「年譜」, 『陸九淵集』 권36, 487-88쪽)

육구연은 양간의 "본심에 관한 질문"에 대하여 먼저 '사단(四端)'으

---

189) 송 자계(慈谿) 사람. 정현(庭顯)의 아들. 자는 경중(敬仲). 건도(乾道) 연간에 진사(進士)가 됨. 지락평현(知樂平縣), 흥학훈사(興學訓士), 무송옥도적(無訟獄盜賊)를 제수받았으며, 백성들은 양부(楊父)라고 불렀다. 관직은 국자박사(國子博士), 비서랑(秘書郎)을 거쳐 지온주(知溫州), 민화상사지관(民畵像祠之官)으로 나갔다가 보모각학사(寶謨閣學士)로 마쳤다. 시호는 문원(文元). 학자들은 그를 자호선생(慈湖先生)이라 불렀다. 저서에는 『갑을고(甲乙稿)』, 『양씨역전(楊氏易傳)』, 『오고해(五誥解)』, 『기명시전(器明詩傳)』, 『관기(冠記)』, 『혼기(昏記)』 등이 있다. 참고자료: 『宋史』 407, 『宋元學案』 74.

로 대답하고, 뒤에 부채송사의 시비판단을 예로 들어 마침내 양간이 "홀연히 이 마음의 시작과 끝이 없음을 깨닫고 홀연히 이 마음이 통하지 않는 바가 없음을 깨닫게" 하였다. 이로써 '본심'은 선천적으로 갖추어진 윤리도덕 관념이며, 시비(是非)관념, 선험적 주관의식임을 알 수 있다. 육구연이 말한 치지(致知)는 '격물(格物)' 즉 '격심(格心)'을 통하여 '본심(本心)'에 대한 철저한 깨달음에 도달하는 것이다. 그는 다음과 같이 말하였다.

> 이른바 격물치지는 이 사물을 바로잡아 이 앎에 도달하는 것이기 때문에 명덕을 세상에 밝힐 수 있다. 『주역』의 궁리는 이 리를 궁구하는 것이므로 성(性)을 다하면 명(命)에 이를 수 있다. 『맹자』의 진심(盡心)은 이 마음을 다하는 것이므로 성을 알고 하늘을 알 수 있다.
> 所謂格物致知者, 格此物致此知也, 故能明明德于天下. 『易』之窮理, 窮此理也, 故能盡性至命. 『孟子』之盡心, 盡此心也, 故能知性知天. (「武陵縣學記」, 『陸九淵集』 권19, 238쪽)

> 누군가 "선생의 학문은 어디에서 비롯되었습니까?"하고 물으니, 선생은 "자기의 반성을 철저히 하여 허물을 고치고 선으로 옮겨갈 뿐이다."라고 하였다.
> 或問: "先生之學自何處入?" 先生曰: "不過徹己自反, 改過遷善." (「年譜」, 『陸九淵集』 권36, 502쪽)

격물치지를 통하여 마음의 막힘을 제거하고 허물을 고치고 선(善)을 실천하여 본심의 밝음을 회복한 후에, 성을 다하여 명에 이르며 성을 알고 하늘을 알게 된다. '본심'을 인식하는 것은 매우 중요하며, '본심'을 인식함과 인식 못함의 경계는 분명히 다른 경계이다. "본심을 인식하지 못하는 것은 마치 구름이 태양을 가린 것과 같으며, 본심을 인식하였다면 근본적으로 일물(一物)도 없다."(「연보」, 『육구연집』 권36, 524쪽』) 본심이 한 번 밝으면 일체가 모두 밝아지므로 크게 통하고 크게 깨달았다[大徹大悟]고 할 수 있다. 불교의 선종(禪宗)에서는 "지혜로 관조하여 내외(內外)가 밝게 통하면 인식은 저절로 본심이 된다. 만약 본심을 인식한다면 이것이 본래 해탈(解脫)이다."(「般若品」 제2, 『六祖法寶壇經』)라고 하였다. 이미 이처럼 육구연이 달려간 "철저한 자기반성"의 인식노선은 그의 치지설을 결국 선종과 동일한 선상에 있게 하였으며, 이것은 털끝만큼도 기괴한 것이 아니다.

한편 특별하게 부연 설명해야 할 것이 하나 있다. 덕성을 높임[尊德性]과 도를 묻고 배움[道問學=學問]의 문제다. 육구연과 주희는 이 문제에서 서로 의견을 달리하였다.

> 주원회(朱元晦: 朱熹)는 책을 써서 학자들에게 주며 "육자정은 덕성을 높이는 것(尊德性)으로써 사람들을 가르쳤으므로 그 문하에서 교유한 사람들은 대부분 실천을 중시하는 선비들이었으나 도를 묻고 배움[道問學]에 대해서는 모자랐다. 내가 사람을 가르칠 때 어떻게 도문학을 더 많이 하지 않겠는가? 이 때문에 나의 문하에서 교유한 사람들은 실천에 모자라는 점이 많았다."고 하였다. 이것을 보면 원회(元晦)는 두 문제의 단점을 버리고 장점을 합하고자 하였다. 그러나 나는 옳지 않다고 여겼다. 존덕성을 모르는데 어찌 도문학이 있겠는가?
>
> 朱元晦曾作書與學者云: "陸子靜專以尊德性誨人, 故游其門者多踐履之士, 然于道問學處欠了. 某教人豈不是道問學處多了些子? 故游某之門者踐履多不及之." 觀此, 則是元晦欲去兩短, 合兩長. 然吾以爲不可, 旣不知尊德性, 焉有所謂道問學? (「語錄上」, 『陸九淵集』 권34, 400쪽)

주희는 '도를 묻고 배움[道問學]'을 제창하였으며, 육구연은 '덕성을 높임[尊德性]'을 제창하였다. 주희는 후일 태도를 변화시켜 "양자의 단점을 버리고 양자의 장점을 합하고자" 하였는데, 육구연은 존덕성을 견지하지 않으면 도문학도 없다고 보았다. 따라서 주희와 그 제자들은 마침내 육구연을 "강학을 모두 폐하고 오로지 실천에만 힘썼다.", "독서하지 않고 궁리도 하지 않았다."고 비평하였다. 사실 육구연이 강학을 하지 않거나 독서를 하지 않았던 적은 없었다. 육구연이 강서(江西)의 응천산(應天山. 저자주: 뒤에 象山으로 고침)에서 강학하던 정황과 백록동서원(白鹿洞書院)에서 『논어』의 "군자는 의(義)에 민첩하고 소인은 이(利)에 민첩하다."는 장을 강론한 업적을 보면, 그가 어떻게 강학에 정진하였는가를 알 수 있다. 독서에 대하여 육구연은 이렇게 말했다. "청년[後生]은 오직 독서라는 한 길을 가야하는데, 독서는 모름지기 사물의 이치를 밝히고, 일의 정황을 헤아리며, 일의 추세를 논하는 일이다. 그리고 역사를 공부하며 모름지기 그것이 성공한 원인과 실패한 원인 그리고 잘못된 곳을 살펴야 한다. 여유롭게 학문의 이치를 깊이 음미함[優游涵泳]이 오래되면 스스로 힘을 얻는다. 만약 이와 같이 3~5권 정도를 독서하면, 그냥 3만 권을 보는 것보다 낫다."(「어록하」, 『육구연집』, 442쪽)고 하였다. "청년은 오직 독서라는 한 길을 가야 한다."는 이 말처럼 독서의 중요성을 강조한 말은 없다. 다만 육구연은 독서에 대하여 자신의 주장이 있다. 독서는 모름지기 "사물의 이치를 밝히고, 일의 정황을 헤아리고 일의 추세를 논한다."는 말을 따라서 보면, 그는 오히려 독서를 소이연(所以然)의 리를 궁구해야 한다는 뜻으로 보았으며, 자연과 사회의 '리' 곧 규율에 대한 탐구도 배제하지는 않았던 것 같다. 그러나 그는 독서를 기본적으로 성정(性情)을 도야하고 도덕을 함양하는 것이라고 생각하였다. 이 때문에 그는 다시 한 번 독서는 한가롭게 학문의 이치를 깊이 음미하고 정숙(精熟)함을 귀하게 여기며 뜻의 종지(宗旨)를 목적으로 삼아야 함을 강조하였다. 그는 "학문은 진실로 근본[本]을 알아야 하며 6경(六經)은 모두 나의 주석이다."(「어록상」, 『육구연집』 권34, 395쪽)라고 하였다. 여기서의 '근본'은 '성인의 마음'이다. 그리고 '성인의 마음'과 나의 마음은 서로 같지 않음이 없다. 6경에서 말한 것은 모두 나의 마음속에 고유한 '리'다. 이 때문에 어떤 사람이 그에게 "어찌 6경을 주석하지 않습니까?"라고 물었을 때 그는 "6경이 당연히 나를 주석해야지 내가 어떻게 6경을 주석할 수 있겠는가?"(「연보」, 『육구연집』 권36, 522쪽)라고 대답하였다. 진실로 남송의 학자 섭소옹(葉紹翁)이 "육구연은 단지 이 마음만 믿었다."(「慈湖疑大學」, 『四朝聞見錄』 甲集)고 말한 것과 같다. 육구연의 '존덕성(尊德性)'은 실제로 단지 "이 마음을 믿은" 필연적 결과다. 이미 '마음'을 우주의 본체로 팽창시켰기 때문에 필연적으로 마음을 따라 사물에 이르는 유심주의 인식노선을 견지하였다.

백록동서원

지금의 강서성(江西省) 성자현(星子縣) 북쪽의 여산오로봉(廬山五老峯) 밑에 있었는데, 이곳은 당대(唐代)의 이발(李渤)이 은거하여 백록(白鹿)을 기르면서 독서를 하여 즐거운 나날을 보냈기 때문에 백록동이라 부르게 되었다. 5대 10국 때에는 이곳에 학교를 설립하여 여산국학(廬山國學)이라 하였으며, 송대에는 이 서원이 건립되어 지방자제를 교육하였다. 남송의 주희(朱熹)가 남강군(南康軍)의 지사(知事)가 되었을 때 재흥시켜서 스스로 백록동서원 원장이 되어, 삼강오륜과 『중용』을 학생에게 강의하는 동시에 천하의 학자를 초청하는 등 유교의 이상 실현에 힘썼다. 따라서 이 백록동서원은 점차 유명해져 천하제일의 학교로 되었다.

주희는 논평하기를 "상채(上蔡)의 설이 한 번 전환하여 장자소(張子韶: 장구성)가 되었다. 장구성이 한번 전환하여 육자정(陸子靜: 육구연)이 되었다. 상채가 감히 뛰어넘을 수 없었던 것을 장구성이 모두 뛰어넘었으며, 장구성이 감히 뛰어넘을 수 없었던 것을 육자정이 모두 뛰어넘었다."(「上蔡學案·附錄」, 『송원학안』 권24)고 하였다. 이는 육구연과 사량좌 그리고 장구성 세 사람간의 사상적 연원관계와 발전맥락을 밝힌 것이다. 정호에서부터 사량좌, 다시 장구성에 이르고 곧바로 육구연에 이르기까지 낙학 가운데의 심학적 요소는 끊임없이 발전하는 과정이었으며, 심학(心學)사조가 모여서 성숙되는 과정이었다. 육구연의 '심학'이 출현한 것은 낙학의 '심학화'가 완성되었다는 표시였다. 육구연 이후 심학이 계속적으로 발전하여 왕수인(王守仁)에 이르러 심학이 집대성된 것은 심학 자체의 진행과정으로 이미 낙학의 변화발전 범위를 초월한 것이다. 이 책에서는 더 이상 논술하지 않는다.

제 10 장

낙학의 민학화

송·명리학의 근본 줄기는 신유학(新儒學)이다. 신유학은 일반적으로 정이(程頤)와 주희(朱熹)를 대표로 하는 리학체계다. 정이에서부터 주희에 이르기까지 그 중간에 양시, 나종언, 이통 등이 번갈아 서로 전수하는 과정을 거쳤다. 양시(楊時)는 민학(閩學)의 비조(鼻祖)이며 주희는 민학의 최고 대표자다. 그러나 민학은 사실 낙학이다. 정주리학의 완성과 낙학의 민학화는 실제로 동일한 과정이다.

제7장에서 이미 양시에 대하여 논술하였으므로 이 장에서는 나종언(羅從彦)과 이통(李侗) 그리고 주희 등의 사상적 발전과 맥락을 자세히 설명함으로써 낙학의 또 다른 발전방향을 설명하고자 한다.

제1절: 나종언(羅從彦)

양시(楊時)와 나종언(羅從彦) 그리고 이통(李侗)은 '남검(南劍)의 세 선생'이라고 불린다. 그들은 주희의 선구(先驅)며, 이정을 대표로 삼는 낙학을 주희를 대표로 삼는 민학(閩學)으로 변화 발전시킨 중요한 과도기적 인물들로서 신유학의 발전사에서 중요한 지위를 차지한다.

나종언(1072～1135)은 자가 중소(仲素)며, 남검(南劍)의 주사현(州沙縣. 지금의 福建省 沙縣)[190] 사람이다. 처음 오의(吳儀: 자는 國華)를 따라 경학(經學)을 배웠고, 후에 양시를 스승으로 섬겼는데, 중간에 밭을 팔아 받은 양식을 싸들고 낙양으로 가서 정이에게 가르침을 구하였다. 또 돌아와 양시에게서 졸업하고, "양구산(楊龜山)의 비전(秘傳)을 얻었다."(張伯行: 「重刻羅先生集序」, 『羅豫章先生集』 卷首) 남송의 고종(高宗) 소흥(紹興) 2년(1132)에 특과(特科)로 혜주박나현주부(惠州博羅縣主簿)를 제수받고, 만기가 되어 돌아오는 길에 세상을 떠났다. 송 이종(理宗) 순우(淳祐) 7년(1247)에 문질(文質)이라는 시호를 받았다. 명 신종(神宗) 만력(萬曆) 42년(1614) 공묘(孔廟)에 배사(拜祀)되었으며, 청 강희(康熙)

---

190) 저자주: 『송사(宋史)』 본전에는 검포나원인(劍浦羅源人)이라고 하였다. 이제 『나예장선생집』 권수에 게재된 「나종언전(羅從彦傳)」의 고증에 근거하여 고친다.

45년(1706)에 어서(御書)로 “오묘한 학문과 맑은 절개[奧學淸節]”라는 편액을 하사받아 사당(祠堂)에 걸었다. 사적은 『송사(宋史) · 도학전(道學傳)』에 갖추어져 있다.

나종언의 저작에는 『준요록(遵堯錄)』, 『시해(詩解)』, 『춘추지귀(春秋指歸)』, 『어맹사설(語孟師說)』, 『중용설(中庸說)』, 『태형록(台衡錄)』, 『의논요어(議論要語)』, 『시문집(詩文集)』 등이 있으나 대부분 실전(失傳)되었다. 현존하는 주요 저작은 『준요록』, 『의논요어(議論要語)』 등이 『나예장선생집(羅豫章先生集)』에 수록되어 있다.

나종언이 생활하던 시대는 북송 말에서 남송 초로서 민족모순과 계급모순이 매우 첨예하던 시기였다. 송나라 조정 당인(黨人)들의 분쟁과 금(金)나라의 남진에 즈음하여 나종언은 “이웃끼리의 다툼을 아는 것은 나의 일이 아니니, 또 봇짐에 술과 술잔을 챙긴다.”(「邀月臺」, 『나예장선생집』 권12)고 하여 외물에 초연한 태도를 취하였으나, 시종 정치에 대한 정서를 잊지 않았다. 그는 자신의 정치적 견해와 사회에 대한 이상을 『준요록』에 기탁하였다. 이 책은 송의 건국 이래 “훌륭한 본보기와 명신(名臣)의 훌륭한 보좌 그리고 원풍(元豊)연간의 공리주의자들이 자주 법령과 제도를 변경하여 국가에 끼친 환난들의 대강을 정리하여 모은 것으로, 치란(治亂)과 안위의 대강이 되는데 꼭 필요한 것”(周坦: 「覆謚議」, 『나예장선생집』 권말)을 서술하였다. 나종언은 또 양시와 마찬가지로 왕안석의 신법(新法)을 맹렬하게 공격하였다. “원풍 때의 제도 개혁의 이유를 조사해 보면 모두 왕안석이라는 허수아비로부터 비롯된 것으로 관중(管仲)의 마음과 상앙(商鞅)의 법으로서 공리를 도모한 것이다. 장(章: 章惇)이 창도(倡導)하고 채(蔡: 蔡京)가 따랐으며, 결국 백성들에게 오랑캐의 세력이 뻗치는 모욕을 당하게 하였다.”(劉允濟: 「繳進遵堯錄狀」, 『나예장선생집』 권首)고 하여 변법운동이 북송멸망의 원인이 되었다고 설명하였다.

그는 이러한 입장에서 출발하여 아래의 몇 가지 ‘치도(治道)’를 이끌어냈다. 첫째는 조종(祖宗)의 법도를 지켜야 한다. “다스림을 논하면,

조종의 법도는 폐지할 수 없으며, 덕택(德澤)은 믿을 수 없다. 법도를 폐지하면 변란이 일어나며, 덕택을 믿으면 교만하고 편안하려는 마음이 생긴다. 옛날부터 덕택이 가장 두텁기는 요순과 같은 것이 없으니 자손으로 하여금 의지할 수 있게 하여 요순이 반드시 그 자식에게 전하였다. 법도의 밝음은 주(周)만한 나라가 없으니, 자손 대대로 문(文)・무(武)・성(成)・강(康)왕의 순서로 전하게 하였다. 지금도 보존함이 옳다."(『송사・道學傳二』, 12744쪽) "덕택은 믿을 수 없다."는 말은 합리적인 면이 있다. 그러나 "조종의 법도는 폐지할 수 없다."는 말은 오히려 취할 것이 없다. 왜냐하면 아무리 '지극히 밝은' 법도일지라도 시간이 지나면 반드시 때에 따라 변혁해야 하기 때문이다. 나종언은 "요순과 같은 3대의 임금을 법으로 삼을 수 없다는 말은 모두 망령된 짓"(「遵堯錄」三, 『나예장선생집』 권3)이라고 여겼다. 만약 그의 주장대로 요순과 같은 3대의 임금만을 법도로 삼는다면 오로지 진부한 법을 고집하는 완고한 수구파가 될 뿐이다. 둘째는 입법의 엄격함과 법 시행의 관대함이다. "조정에서 입법할 때는 엄격하지 않을 수 없으며, 관리가 법을 시행할 때는 관대하지 않을 수 없다. 엄격하지 않으면 천하의 악을 금지하기에 부족하며, 관대하지 않으면 천하의 정을 통하게 하기에 부족하다."(「議論要語」, 『나예장선생집』 권10) 입법을 엄격하게 하는 목적은 엄격함으로써 악을 금지하려는 데 있으며, 법을 관대하게 시행하는 것은 관대함으로써 정의를 구하자는 데 있다. 그러나 나종언은 다스림을 구하는 관건이 '도'에 있으며, '법'에 있지 않다고 보았다. "3대의 다스림은 도에 있지 법에 있지 않다. 3대의 법은 실(實)을 귀하게 여기고 이름을 귀하게 여기지 않았다. 후세에는 이와 반대였다. 이것이 나라를 향유하는 것과 치안(治安)이 다른 까닭이다."(「의논요어」, 『나예장선생집』 권10) 여기서 '도'는 '성인의 도' 혹은 '왕도(王道)'이며, 제도・질서와 관계 있는 봉건원칙이다. '법'은 정교(政敎)의 법령으로 일련의 구체적인 법률조치다. 전자는 근본이며, 후자는 지엽이다. '법'을 설명하려면 명실(名實)의 문제를 언급하지 않을 수 없는데, 그는 실(實)

을 중시하고 명(名)을 중시하지 않는다. 만약 왕안석처럼 "관중(管仲)과 상앙(商鞅)의 법을 정치에 시행한다면" 필연적으로 "순임금과 도척(盜跖)을 전도(顚倒)시키고, 그 의로운 마음을 빼앗고, 장자(莊子)와 양웅(揚雄)을 한곳에 뒤섞어버리고, 불법으로 흐려놓고, 정도(正道)를 황무지로 만드는"(「遵堯錄別錄」, 『나예장선생집』 권8) 결과를 초래하게 된다. 나종언은 신법(新法)에 대하여 털끝만큼도 증오와 원한을 숨기지 않았다. 여기서 나종언이 남송에서부터 청조의 통치자들로부터 높은 평가를 받은[推重] 원인을 쉽게 알 수 있다. 즉 이통과 주희 같은 1대와 2대의 제자를 제외하고 『준요록(遵堯錄)』이라는 한 권의 책이 통치자들을 위하여 "한 시대의 대법(大法)이며 천하의 임금이 되는 본보기"(卓說: 「(羅先生)文集原序」, 『나예장선생집』 권首)를 제공한 것도 하나의 원인이다.

나종언은 양시(楊時)로부터 "오직 나종언만이 더불어 도를 말할 수 있다."고 할 만큼 자못 재주가 있다고 인정을 받았다. 주희는 "구산(龜山)은 도를 동남쪽으로 전하였으며 그 문하에서 교유한 선비들이 매우 많았다. 그러나 깊이 생각하고 힘써 실행함에 임무가 무겁고 조예가 지극한 사람은 대개 나공(羅公) 한 사람뿐이었다."(「諸儒議論」, 『나예장선생집』 권말)고 하였으니, 여기서 충분히 양시의 문하에서 나종언의 지위를 알 수 있다. 그러나 전조망은 다른 견해를 가졌다. 그는 나종언에 대해 "양시의 문하에서 배운 것이 비록 순일하지만, 실천한 것은 얕다."(「예장학안」, 『송원학안』 권39)고 평가하였다. 나종언의 리학사상을 살펴보면, 그가 결코 전면적으로 낙학을 계승하지는 않았으며, 윤리도덕 학설에 편중되었음을 알 수 있다.

후인들이 나종언의 학문적 종지를 논평할 때 대부분 "주정(主靜)을 종지(宗旨)로 삼았다."(羅塈 · 羅天廣: 『重刻羅豫章先生集』)는 말이다. 이 말의 근거는 대략 두 가지로 요약된다. 첫째, 나종언이 나부산(羅浮山)에 집을 짓고 "3년을 정좌(靜坐)하면서 천지만물의 리를 궁구하였다."(馮夢得: 「文集原序」, 『나예장선생집』 권수)는 말이다. 이정도 정좌와 궁리를 주장하였다. 정호는 사람을 가르칠 때 "또 정좌해야 한다."고 하였고, 정이는 "매양 정좌하는 사람을 볼 때마다 배움을 잘한다고 찬탄하였다."(「外書」 권12, 『이정집』 432쪽) 그러나 나종언처럼 오로지 정좌의 방법으로 천지만물의 리를 궁구하지는 않았다. 따라서 나종언이 말한 궁리는 '격물'을 거쳐 외부세계에 대한 지식을 획득하는 것이 아니라 "깨끗한 마음으로 묵묵히 정좌하여 천리를 체인(體認)하는 것"(卓說: 「文集原序」, 『나예장선생집』 권수)이다. 실제로 이것은 내심(內心)의 깊은 깨달음[體悟]이다. 그는 한 편의 시를 빌어 표현하였다. "정숙한 곳에서 마음을 관조하니 티끌에 물들지 않고, 한가한 가운데 옛 뜻을 살피니 더욱 깊다. 주돈이의 성(誠)과 정이의 경(敬)은 마땅히 대략 이해하고, 오묘한 리는 이로부터 밖에서 찾기를 멈추었다."(「觀書有感」, 『나예장선생집』 권12) 이 시는 리학의 기미가 충만한 철학시(哲學詩)로서, 그가 주돈이와 정이의 성과 경의 학설을 깨우치려 할 때 '관심'의 방법을 운용하여 안에서 '오묘한 리'를 구하고 '밖에서 찾는 방법을 반대하였음'을 보여준다. 그는 학생들에게 독서의 방법을 전수하였는데 "몸으로 그것을 체험하고 마음으로 징험(徵驗)하며, 조용하고 그윽하며 한가하고 정일(靜一)한 가운데 묵묵히 이해하고, 초연히 책에서 말하는 뜻의 표상을 스스로 얻어야 한다."(「本傳」, 『나예장선생집』 권수)고 하였다. 이것은 기본적으로 고요함 속에서 천리를 체인하는 일종의 직각(直覺)의 방법이다.

둘째, 나종언은 "고요함 가운데 희로애락이 미발(未發)일 때 어떤 기상인가를 살피는 것이 진학(進學)에 도움이 될 뿐만 아니라, 마음을 함양하는 요체"(「議論要語」, 『나예장선생집』 권10)라고 주장하였다. 정이가 여대림과 이발(已發)・미발(未發)의 문제를 토론하였지만 결과를 얻지는 못하였다. 그러나 이 문제는 일종의 심성학설이 되었으며 수양 방법론을 위한 이론적 기초를 제공할 수 있었다. 이 때문에 양시(楊時)로 이어지는 낙학의 계승자들이 이 문제를 중시하였다. 양시 계열의 학자인 나종언이 처음으로 명확하게 "미발(未發)의 전(前)에서의 체험"을 주장하였다. "마음씨[性地]를 배양함에 쉽게 거칠어지게 될까를 두려워하며, 시비(是非)와 이욕(理欲)은 그 처음에서 근신(謹愼)해야 한다."(「自警」, 『나예장선생집』 권12) 곧 심성수양은 희로애락이 아직 발하지 않고 사려가 아직 싹트지 않았을 때의 본연의 상태를 따라서 공부를 시작해야 한다는 뜻이다. 단지 고요함 가운데 대본(大本)을 체인할 수 있기만 하면 미발일 때의 기상이 분명해지며, 일을 처리하고 사물에 응할 때 자연히 리에 부합하고 중절(中節)할 수 있다. 이것이 낙학 가운데 양시 일파만이 "서로 전수한 요결"(저자주: 주희의 말)이다. 청대의 학자 장백행(張伯行)은 "선생(저자주: 나종언)의 학문은 이연평(李延平. 이통)에게 전하였다. 항상 이연평에게 고요함 가운데 희로애락이 미발일 때 어떤 기상인가를 보라고 가르쳤다. 대개 적연부동(寂然不動)한 가운데 천하만사와 만물의 리가 이로부터 나오지 않는 것이 없으므로 반드시 붙잡아 보존하고 함양함으로써 일에 응하고 사물을 접하는 근본으로 삼는다. 이것이 바로 양구산(楊龜山)의 심법(心法)으로서 이천의 낙학이 전한 것을 깊이 얻었다."(「文集原序」, 『나예장선생집』 권수)고 하였다. 장백행은 정(靜)은 체(體), 동(動)은 용(用), 마음은 체, 리는 용이라는 신유학의 관점으로써 나종언의 '미발(未發)'설을 해석하였는데 대체로 본래의 종지와 부합한다.

위에서 설명한 두 가지 점에 근거하여 나종언의 학문 종지는 첫째, "주정(主靜)을 종지로 삼았다."는 평가가 합리적이다. 신유학은 주돈이가 '주정'으로써 개종(開宗)하였고, 정호가 '주경(主敬)'으로써 계승하였으며, 정이가 "함양은 반드시 경(敬)으로써 해야 하며, 진학(進學)은 치지에 있다."고 한 데서 한 걸음 진보하였다. 나종언이 비록 "주돈이의 성(誠)과 정이의 경"을 회통해야 한다고 주장하였지만 사실은 '주정'에 편중되었으며, 이것은 그가 격물치지를 소홀하게 보고 오로지 심성의 수양에 기울어진 것과 떼려야 뗄 수 없는 사실이다. 전조망(全祖望)이 그를 낙학 가운데 "실천면에서 얻은 것이 얕다."고 한 말은 당연한 말이다.

나종언이 낙학에 대하여 비교적 많이 계승 발전시킨 부분은 윤리도덕의 학설이다. 먼저 그는 봉건적 교화를 매우 중시하여 도덕으로 백성을 교화하고 풍속을 이루기를 주장하였다. 그는 다음과 같이 말하였다.

> 교화는 조정의 급선무며, 염치는 선비의 아름다운 예절이며, 풍속은 천하의 큰 일이다. 조정에 교화가 있으면 선비는 염치가 있고, 선비가 염치가 있으면 천하에 풍속이 있다. 혹 조정이 교화에 힘쓰지는 않고 선비의 염치를 질책하고자 하며, 선비가 염치를 숭상하지는 않고 풍속의 아름다움을 바란다면 그것이 가능하겠는가?
>
> 教化者, 朝廷之先務; 廉恥者, 士人之美節; 風俗者, 天下之大事. 朝廷有教化, 則士人有廉恥; 士人有廉恥, 則天下有風俗. 或朝廷不務教化, 而責士人之廉恥; 士人不尙廉恥, 而望風俗之美, 其可得乎? (「議論要語」, 『羅豫章先生集』 권10)

조정의 가장 중요한 임무는 도덕교화다. 교화는 선비들의 기풍[士風]이 좋은가 나쁜가와 관련 있으며, 선비들의 기풍이 좋고 나쁨은 전체 사회의 풍속의 좋고 나쁨과 연결된다. 정호는 "천하를 다스림에 풍속을 바르게 하고 어진 인재를 얻는 것을 근본으로 삼는다."(「請修學校尊師儒取士札子」, 『이정집』 448쪽)고 주장하였다. 이것은 도덕교화를 중시하는 것이 유가(儒家)의 근본이며 전통이라는 말이다. 나종언이 교화를 강조한 목적은 전 사회에 걸쳐 일종의 "덕을 존중하고 도를 즐기는" 기풍을 형성하여 안정된 봉건적 통치질서를 세우자는 데 있었다. 이것은 송대 이후의 통치자들이 봉건예교를 강화시키는 데 중요한 영향을 끼쳤다.

둘째, 나종언은 봉건적 강상[綱常: 三綱과 五常]을 확고하게 뿌리내리게 하는 것을 매우 강조하여 군신과 부자(父子)의 엄격한 구별을 주장하였다. 그는 임금은 임금의 도가 있고 신하는 신하의 도가 있다고 보았다. 임금과 신하 사이에는 마땅히 예의와 염치를 강구해야 한다. 임금의 표준이 되는 것은 '명(明)'이며, 신하의 표준은 '충(忠)'이다. 무엇을 임금의 밝음이라 하는가? 그는 송 태조가 문호를 개방하도록 명령을 내린 일을 예로 들어 다음과 같이 설명하였다.

> 인군은 천하의 표상이니 만약 스스로 마음이 바르면 천하가 바르게 된다. 스스로의 마음이 사악하고 왜곡되어 있는데 어떻게 천하가 바르겠는가? 모든 문을 개방하여 모두 단정하고 정직하며 마음이 넓고 여유가 있어 본심이 드러나게 되면 임금의 도를 안다고 할 수 있다. 무릇 네 문을 열면 네 조목이 밝아지고 네 가지 총명함에 이르니 요순의 도다. 태조와 같은 사람이 그에 가깝다고 할 만하다.
>
> 人君者天下之表, 若自心正, 則天下正矣. 自心邪曲, 何以正天下? 令洞辟諸門, 使皆端直開豁, 以見本心, 可謂知君道矣. 夫辟四門, 明四目, 達四聰, 堯舜之道也. 若太祖, 可謂近之者也. (「遵堯錄」 一, 『羅豫章先生集』 권1)

조광윤(趙匡胤)이 네 문을 열도록 명령을 내린 것을 억지로 임금의 도에 갖다 붙인 점은 제쳐두고라도, 나종언이 말한 임금의 도란 곧 막힌 폐해를 제거하고 본심을 통찰하는 것이며, 시비와 곡직(曲直)을 명찰(明察)하는 것이다. 그러나 비록 곧고 밝은 임금도 때로 '사(私)에 막힘'이 있어 '불명(不明)'할 수 있으므로 신하의 '선도(善道. 저자주: 善導)'에 의지해야 한다. 단지 법을 얻는 데로 인도하기만 하면 비록 사(私)를 벗어나지 않더라도 "그 총명을 더럽힘"이 있을 수 없다.

무엇을 '충신'이라고 하는가? 나종언은 '충(忠)'에 주로 두 가지 내용이 있다고 보았는데, 첫째는 "임금을 부모처럼 사랑하는 것"이다.

> 조정에 나아간 선비는 마땅히 임금을 사랑함이 부모를 사랑함과 같아야 하며, 나라를 사랑함이 가정을 사랑함과 같고, 백성을 사랑함이 자식을 사랑함과 같아야 한다. 그러나 세 가지는 아직 서로 의지하지 않은 적이 없었다. 무릇 사람이 임금을 사랑하면 반드시 나라를 사랑하며, 나라를 사랑하면 반드시 백성을 사랑한다. 임금을 마음으로 여기면서 백성을 마음으로 여기지 않은 사람은 아직 없다.
>
> 立朝之士當愛君與愛父, 愛國與愛家, 愛民與愛子. 然三者未嘗不相賴也. 凡人愛君則必愛國, 愛國則必愛民. 未有以君爲心而不以民爲心者. (「議論要語」, 『羅豫章先生集』 권10)

이 말은 애군·애국·애민 세 가지가 통일적이며 그 가운데 애군이 가장 중요하다는 뜻이다. 천하를 제왕이 다스리는 봉건사회에서 봉건군주와 국가 그리고 인민의 이익은 단지 표면적으로 일치할 뿐, 제왕을 최고의 통치자로 삼는 국가는 광대한 노동인민의 근본적 이익과 대립적이다. 나종언은 당연히 이러한 점을 인정하지 않는다.

둘째는 "임금을 선으로 인도하는 것"이다. 신하는 임금으로 하여금 "사안에 따라 규율을 지키게 하고[隨事箴規]" "때에 맞추어 경계하고 바로잡는[卽時戒正]" 역할을 잘하여 "감히 예(禮)가 아닌 것을 할 수 없도록" 해야 한다. 이는 바로 "도(道)를 따르고 임금을 따르지 않는다."는 입장에 선 것이다. '왕도(王道)'와 '인정(仁政)'을 척도로 삼아 인군이 "자기 허물을 책하고 선을 베푸는[責難陳善]" 태도를 갖게 하며, 어느 정도는 인군의 월권행위를 제한하여 주(紂)임금처럼 포학하게 되지 않도록 한 것이다. 이 때문에 나종언은 군신 사이에는 마땅히 예의와 염치를 강구해야 한다고 주장하였다. "옛날에는 군신 사이에 오직 예의와 염치만 있었다. 위(임금)가 예를 알면 감히 신하를 업신여기지 아니하고, 아래(신하)는 염치를 알고 임금을 섬겼다. 상하가 서로 고쳐주는 것만큼 세상에 더 귀한 것이 없다."(「遵堯錄」一, 『나예장선생집』 권1) 즉 그에게 있어 예의와 염치 등 봉건적 도덕규범에 기초한 군신관계는 천하를 다스리는 지극히 중요한 관건이 된다.

군신관계 외에 부자관계도 매우 중요하다. 역사 기록에 근거하면 나종언은 "천하는 제 부모가 아님이 없다."는 명언을 남겼다.

> 선생은 순임금이 부모를 섬기는 도를 다한 것을 논하여 "천하는 제 부모가 아님이 없다."고 하였다. 진료재(陳了齋: 陳瓘)가 듣고 그것을 옳다고 보아 "이와 같은 뒤에야 천하의 부자관계가 정해졌다. 자식이 부모를 죽이고, 신하가 임금을 시해하는 것은 처음부터 이러하지 못한 곳이 있기 때문에 일어난다. 짧은 말 사이에 족히 삼강을 돕고 오상을 확립하였다."고 하였다. 이와 같으면 그 말이 세상에서 천하의 법이 됨을 알 수 있다.
>
> 先生嘗論堯盡事親之道, 則曰: "天下無不是底父母." 陳了齋(瓘)聞而是之, 曰: "如此而後天下之爲父子者定. 彼子殺其父, 臣殺其君, 嘗始于見其有不是處

耳. 片言之間, 足以扶三綱立五常." 如此則其言而世爲天下法者 可知矣. (「延平府書院志」, 『羅豫章先生集』 卷末)

"순임금이 부모를 섬기는 도를 다하였다."는 전형적인 사례로부터 "천하는 제 부모가 아님이 없다."는 일반적 결론을 도출하였다. 그 사이의 논리적 오류는 굳이 들추어내지는 않겠지만 결론 자체만 가지고 말한다면 이는 충분히 봉건적 종법사상(宗法思想)이다. "천하의 부자관계가 정해졌다."는 말에서 '정해졌다'는 말은 자식은 부모에게 영원히 절대적으로 복종해야 하는 지위에 있다는 뜻이다. 나종언은 한 폭의 이상적인 봉건가정의 안락도(安樂圖)를 "들어와서는 효도하고 나가면 공경하며, 문행충신(文行忠信)[191]해야 한다. 입으로는 육예(六藝)의 문장을 읊조리기를 끊이지 않으며, 손으로는 백가의 책을 펴기를 멈추지 않는다. 규문(閨門 =家庭) 안에 엄정함이 이와 같고 가정 밖에서는 느긋하고 온화함이 이와 같다."(「誨子侄文」, 『나예장선생집』 권11)고 묘사하였다. 이 가정은 표면적으로 보면 천륜(天倫)의 즐거움이 충만한 학자의 가문이다. 그러나 '천륜의 즐거움'의 배후에는 언제나 잔혹한 봉건예교가 작용하고 있다. 가정 내부에서 아버지는 자녀를 '가법(家法)'으로 묶어 놓을 수 있으며, 가법은 가끔 국법보다 엄격하여 "아버지가 자식을 죽이고자 하면, 자식은 죽지 않을 수 없었다." 송대 이후 봉건사회에서는 이러한 사람을 잡아먹는 예교로 인하여 '불효자식' 혹은 '역자(逆子)'라는 이름으로 젊은이들이 파묻히는 해를 당하였다. 그것은 5・4운동 시기에 이르러 노신(魯迅: 1881～1936. 본명 周樹人, 자 豫才)이 "어린이를 구하자"라는 호통을 내 지르고서야 비로소 소탕되기 시작하였다. 오늘날에도 우리들은 여전히 봉건종법사상의 잔재를 계속 깨끗이 제거해야 할 필요가 있다.

나종언은 이론적으로는 결코 그렇게 큰 공적을 쌓지는 못했으나 "앞

191) 공자 문하의 네 가지 교육강령. 시서예악(詩書禮樂), 궁행(躬行)・충성(忠誠)・신실(信實)을 말한다. 『논어・술이(述而)』, "子以四教, 文行忠信."

을 잇고 후배를 계도하는 임무를 어깨에 메었다." 이정의 낙학과 주희의 민학(閩學) 사이에 가교의 역할을 한 점에서는 결코 소홀히 볼 수 없다.

제2절: 이통(李侗)

이통의 초상

이통(李侗: 1093~1163)은 자가 원중(愿中)이며, 남검주(南劍州) 검포(劍浦: 지금의 福建省 南平市) 사람이다. 24세 때 나종언이 하락(河洛)의 학문을 양구산(楊龜山)에게 전수한다는 소식을 듣고 나종언을 스승으로 모시고 수 년 동안 따랐다. 후에는 산촌에 기거하며 세상과의 교제를 끊고 40여 년을 보냈으며 향리에서 학생들을 가르쳤다. 학자들은 그를 연평(延平)선생이라고 불렀다. 이통은 주희와 같은 고명(高名)한 제자로 인하여 이름이 세상에 알려졌다. 명 만력(萬曆) 43년(1615)에 공묘(孔廟)에 배사(配祀)되었으며, 청 강희(康熙) 45년(1706)에 어서(御書)로 "고요함 가운데의 기상[靜中氣象]"이라는 네 글자의 편액

(匾額)을 하사받았다. 이통은 일생동안 저서를 쓰지 않았으며 문장도 짓지 않았다. 겨우 주희가 편집한 『연평답문(延平答問)』과 적은 분량의 어록만이 세상에 전해지고 있다.

낙학의 후계자 가운데 이통은 도통관념을 견지하였다고 알려져 있다. 그는 원망스럽게 다음과 같이 말하였다.

> 맹씨(孟氏) 이후에 성은 그 전함을 잃고 파가 나뉘어져 스스로 문호를 세우니 천하에 진실한 유학이 다시 세상에 드러나지 않았다. 그들은 생도를 모아 무리를 이루고 서로 전수하는 것이 다만 문의(文義)를 구독(句讀[192]))하는 데 그칠 뿐이다. 망하고 없어졌다고 이를 만하다.
>
> 孟氏之後, 道失其傳, 枝分派別, 自立門戶, 天下眞儒不復見于世. 其聚徒成群, 所以相傳授者, 句讀文義而已爾, 謂之熄焉可也. (「初見羅豫章先生書」)

성현의 도가 맹자 이후에 실전(失傳)되어 천하에 아직도 '진실한 유학'이 출현하지 않았다. 이것은 낙학의 도통관념의 중복이다. 이를 이어서 이통은 붓끝을 옮겨 나종언을 칭송하며 다음과 같이 말하였다.

> 선생은 구산(龜山)선생이 강론하던 자리에 있었던 몇 년조차도 가슴에 간직하여 잊지 않았으며, 더구나 이천선생의 문하에서 1,500년 간 전하지 않았던 도를 얻었다. 성(性)은 밝게 수양하고, 행(行)은 완결하여 깨끗하였다. 그것을 광대하도록 확충시키며, 인(仁)과 서(恕)로써 몸에 배게 한 것이 정심(精深)하고 미묘하여 각각 그 지극함에 이르렀으니, 한·당의 유학자들은 이와 근사한 사람이 아무도 없었다.
>
> 其惟先生服膺龜山先生之講席有年矣, 況嘗及伊川先生之門, 得不傳之道于千五百年之後, 性明而修, 行完而潔, 擴之以廣大, 體之以仁恕, 精深微妙, 各極其至, 漢唐諸儒無近似者. (「初見羅豫章先生書」)

이 말에는 이정이 도통의 정통계승자임을 인정한다는 전제가 포함되

---

192) 구독(句讀): 구(句)는 문장을 문의(文義)에 맞추어 끊는 것을 의미하며, 독(讀)은 문장의 구절을 해독하는 것을 의미한다.

어 있다. "1,500년 간 전하지 않았던 도를 얻었다."는 말은 본래 정이가 정호에 대하여 한 말을 잘라낸 것으로 이통은 교묘하게 말을 바꾸어 나종언(羅從彦)에게 이 월계관을 씌워놓았다. 이통의 눈에는 나종언이 한당(漢唐)의 유학자들을 초월한 도통의 유지자였다. 그리고 이통 자신도 "그 문하에서 수업하여 안신(安身)의 요체를 구하기를 원하였다." 아울러 "내가 버릴 수 있으므로 오히려 지금의 내가 존재한다. 예전에 추구했던 것은 잡아둘 이유[塗轍][193]가 없다. 이제 받은 것에 장애가 없다."고 자신의 심정을 밝혔다. 또 도(道: 儒學)에 부지런히 힘쓰기를 맹세하여 "죽은 뒤에야 멈춘다."고 하였다. 이것은 이통이 청년시대부터 도통을 계승하려는 뜻을 세웠음을 설명하는 말이다. 이 점은 주희 이후의 리학가들에게 매우 큰 영향을 끼쳤다.

우주관에서 이통(李侗)은 태극 혹은 리를 철학의 최고범주로 삼았다. 그는 천지간에 존재하는 것은 하나의 통일적 리며, 이 리가 우주의 본원이며 근거라고 생각하였다. 그는 다음과 같이 말하였다.

> 태극이 움직여 양(陽)을 생겨나게 하는데, 지극한 리의 근원은 단지 움직임과 고요함, 열림과 닫힘일 뿐이다. 만물이 시작하고 마침에 이르기까지 역시 단지 이 리로 일관한다. 리와 기가 교감하여 만물이 생성·변화할 때와 또 사람과 사물에 나아가서 유추해도 역시 이 리일 뿐이다.
>
> 太極動而生陽, 至理之源, 只是動靜闔闢. 至于終萬物始萬物, 亦只是此理一貫也. 到得二氣交感, 化生萬物時, 又就人物上推, 亦只是此理. (「延平答問」)

이 글에 포함된 뜻은 태극이 곧 리며, 태극에는 움직임과 고요함, 열림과 닫힘이 있으므로 또한 리에도 움직임과 고요함, 열림과 닫힘이 있다는 말이다. 만물은 시작과 끝이 있고, 유행하고 화육(化育)하는 것은 모두 리의 작용이다. 그러나 이통의 사상은 일찍이 처음부터 이처럼 명확하지는 않았다. 정이는 "선유(先儒)들은 모두 정(靜)으로 천지의 마음

---

193) 길의 수레바퀴 자국. 사물의 조리(條理)

[天地之心]을 볼 수 있고, 대개 움직임의 단서를 알 수 없는 것이 곧 천지의 마음이다."(『이천역전』 권2, 『이정집』 819쪽)라고 하였다. 이 말의 의미는 고요함 가운데 움직임의 기(機)[194]가 포함되어 있다는 것이니, 고요함 가운데 움직임이 있으며, 움직임 가운데 고요함이 있어 움직임과 고요함이 서로 떨어지지 않는다는 뜻이다. 이와 같이 고요함 가운데 포함된 움직임의 기(機)는 천지가 만물을 낳는[生] 마음이다. 이통은 정이가 한 말이 "움직여 양(陽)을 생겨나게 하는 리"라는 뜻으로 생각하였는데, 왜냐하면 '동(動)'의 주체는 리·태극이며, 태극의 동·정은 실제로 바로 리의 유행(流行)과 화육(化育)이기 때문이다. 이와 같이 리는 우주간에 시작과 마침을 관철(貫徹)하며, 일체를 관철하는 형이상학적 본체다.

이통(李侗)은 특히 '리일분수(理一分殊)'설을 중시하였다. 황종희는 이통의 말을 인용하여 다음과 같이 말하였다.

> 우리 유학이 이단과 다른 까닭은 리일분수다. 리(理)는 그것이 한결같지 않음을 근심하지 않으니, 어려운 것은 분수(分殊)일 뿐이다.
>
> 吾儒之學, 所以異于異端者, 理一而分殊也. 理不患其不一, 所難者分殊耳. (「豫章學案」, 『宋元學案』 권39)

여기서 '이단'은 주로 묵자(墨子)의 '겸애(兼愛)'설을 가리킨다. 유학과 묵학(墨學)이 다른 점은 전자는 '리일분수'를 주로 하고, 후자는 "근본이 둘이며 구분이 없다."는 데 있다. 이는 기본적으로 정이의 「답양시론서명서(答楊時論西銘書)」의 사상을 드러내어 밝힌 것이다. 이통은 한 걸음 더 나아가 '리일분수'를 이해하려면 '분수'를 장악해야 한다고 하였다. 그는 다음과 같이 말하였다.

---

194) 機(틀 기)의 의미를 살펴보면, 『설문해자(說文解字)』에서는 "機는 發을 主宰하는 것을 일러 機라고 한다(機, 主發謂之機)"고 하였고, 『예기·대학』의 "其機如此"에 대한 정현(鄭玄)의 주에서는 "機는 發動이 말미암는 바다.(機, 發動所由也)"라고 하였다. 이로써 보면 '機'는 "발동 혹은 발생의 기틀"의 뜻이라 할 수 있다.

만약 리일(理一)을 개괄하고 그 나누어져 다름(分殊)을 살피지 않는다면, 그래서 학자들이 유사함으로 진실을 어지럽히는 논설에 흘러가도 스스로 알지 못하게 되는 까닭이다.

若概以理一, 而不察其分之殊, 此學者所以流于疑似亂眞之說而不自知也. (『宋史 · 道學傳 2』, 12747쪽)

"유사함으로 진실을 어지럽히는 것"을 피하기 위하여 그는 여러 차례 주희와 '리일분수'의 문제를 토론하였으며, 그때마다 모두 "분수를 이해해야 한다."고 강조하였다. 언젠가 주희가 이정의 어록 가운데 "인자(仁者)는 혼연하게 사물과 동체(同體)"라는 구절을 보고 「서명(西銘)」의 의지라고 단정하자 이통은 곧 이렇게 훈계하였다. "살펴본 맥락이 매우 옳으니 마땅히 이로써 미루어 널리 그것을 구해야 한다. 그러나 한눈에 인의 기상(氣象)을 보려고 하면 도리어 어렵지 않으나 모름지기 분수(分殊)를 이해해야 하며, 털끝만큼이라도 잘못됨이 없어야만 비로소 유자(儒者)의 기상이다."(『연평문답』) "한눈에 인의 기상을 본다."는 말은 '리일'을 밝히는 것으로 이는 결코 어려운 일이 아니다. 단지 '분수'에서의 이해가 조금도 잘못이 없어야만 비로소 "유자의 기상"을 얻는다는 뜻이다.

또 언젠가 인의를 논한 주희의 말을 이렇게 비평하였다. "네가 이천(伊川)의 '리일분수'와 양구산(楊龜山)의 '리일(理一)이 인(仁)이 되는 까닭을 알고, 분수가 의(義)가 되는 까닭을 안다'는 뜻을 체인하지 못하였기에, 오로지 지(知)라는 글자에 힘을 쓴 것을 자랑한다."고 하였다. 아울러 사량좌의 말도 인용하였다. "불인(不仁)은 죽은 사람[死漢]이며, 아프고 가려움을 인식하지 못한다. 인이라는 글자는 단지 지각의 명확함이 있는 본질[體段: 몸통]이다. 만약 이것을 투철하게 공부하지 않으면 어디에 연유하여 본원에서의 털끝 같은 분수를 알 수 있겠는가? 만약 이에 대하여 명확하지 않으면 체용과 함께 거론할 수 없다. 이것이 본원과 체용을 함께 거론해야 하는 이유이다."(『연평문답』) 여기서 이통의 '리일분수'설은 여전히 윤리적 의미로 설명하였지만 '지'라는 글자에 착안하여 분수에 대한 인식을 강조하였으므로, 이에 따라 '궁리(窮理)'(저자주: 개별적 사물의 특성을 인식하는 것)라는 인식론의 단초를 갖춘 셈이다.

이통은 또 특별히 주희의 학문방법에서 "막연하고 넓고 대략적인[宏闊] 말에 힘쓰고, 같음을 좋아하고 다름을 싫어하며, 큼을 좋아하고 작음을 부끄럽게 여기는" 결점을 따끔하게 지적하여 "리는 그것이 하나가 아님을 근심하지 않으니, 어려운 것은 분수(分殊)다."라고 훈계하였다. 그러나 주희는 처음에 "의심하여 불복(不服)하고 천하의 리는 하나(一)일 뿐이니 어찌 많은 일이 이와 같겠는가라고 여겼다." 후일 반복적인 사고를 거쳐서 마침내 위에서 말한 이통의 사상을 함께 받아들일 수 있었다. 황종희(黃宗羲)는 이에 대하여 아래와 같이 평론하였다.

> 주자가 이 말을 함으로써 그 뒤의 학자들이 대부분 만수를 향해 이해하고 스스로 궁리의 설에 의탁하게 되어 지리한 병폐가 생겼다. 연평이 묵묵히 앉아 마음을 맑게 한[澄心] 공부를 생각해 보니, 그 착수처가 모두 리일로부터 시작되었다. 궁리는 이 일(一)을 궁구하는 것이다. 만수라는 것은 그것에 곧바로 도달하는 것일 뿐이다. 만약 리일을 알지 못하면 망연하여 무엇이 다른 것인지, 또 다르다면 얼마나 다른 것인지 알지 못한다. 공부하는 순서가 꼭 합당하며, 주자의 말에 조금도 착오가 없다.
>
> 自朱子爲是言, 于是後之學者多向萬殊上理會, 以自託于窮理之說, 而支離之患生矣. 亦思延平默坐澄心, 其起手皆從理一. 窮理者, 窮此一也. 所謂萬殊者, 直達之而已矣. 若不見理一, 則茫然不知何者爲殊, 殊亦殊个甚麽. 爲學次第, 鮮有不紊亂者, 切莫將朱子之言錯會. (「豫章學案」, 『宋元學案』 권39)

궁리(窮理)는 마땅히 먼저 리일(理一)을 밝힌 후에 분수(分殊)를 인식해야지 만약 만수(萬殊)로부터 이해하면 쉽게 "무질서하고 조리가 없음"의 병통이 생긴다고 황종희는 생각하였다. 황종희의 이러한 논평은 일부분 심학파(心學派)의 견해를 따르고 있다.

이통도 나종언과 마찬가지로 "묵묵히 앉아 마음을 맑게 하여 천리를 체인(體認)함"을 제창하였다.

> 대략 의심이 있는 것은 모름지기 조용히 앉아 몸소 궁구하여 반드시 인륜을 밝히고 천리를 살펴야 한다. 일상생활에서 힘써 드러내면 단서를 알 수 있으니 노력의 여하에 달렸다.
>
> 大率有疑處, 須靜坐體究, 人倫必明, 天理必察. 于日用處著力, 可見端緖, 在勉之爾. (「延平問答」)

의문이 생기면 정좌하여 심지를 편안하고 고요하게 유지하고 마음으로 궁구하되, 주의력을 일상의 일을 실천하고 사물을 접하는 데에 두어야만 인륜을 밝히고 천리를 살필 수 있다. 이통은 조용함과 고요함[靜默], 다시 말해 주의력을 고도로 집중함과 일상생활에서 일을 실천하고 사물에 접함을 인식의 두 가지 조건이라고 생각하였는데, 이것은 합리적인 요소가 있다. 그러나 그가 더 많이 강조한 것은 조용함과 고요함이다. 그는 나종언에게서 '정좌하여 몸소 궁구함'의 방법을 배웠다. "나는 옛날에 나종언 선생을 따라 학문을 할 때 종일 서로 정좌하여 단지 문자만 말할 뿐 한 마디의 잡스러운 말을 한 적이 없었다. 선생은 극히 정좌를 좋아하여 어떤 때는 누가 드나드는지도 알지 못할 때가 있었는데 역시 단지 정좌하였을 뿐이다."(『延平問答』) "나는 젊었을 때 나종언 선생을 따라 학문을 배웠는데, 그 전에 세상일에 전혀 간섭하지도 않았고, 받아들이는 것도 없었다. 선생의 말을 듣고서야 비로소 마음의 고요함을 찾을 수 있었다. …… 지금에 이르기까지 다시 진보한 것이 없어 항상 간절히 정좌하여 그것을 생각한다."(『연평문답』) 스승과 제자 두 사람이 종일 마주보고 정좌하여 책에 있는 지식을 강론할 뿐 다른 일을 하지 않았다. 이통은 이 때문에 종신토록 묵묵히 앉아 마음을 맑게 하여 고요한 곳에서 찾는 사유습관을 양성하였다. 정좌하여 몸소 궁구한다는 말은 일종의 인식방법으로 그것은 안정된 사유환경을 만들어 최대한도로 사유능력을 동원해야만 최대효과를 얻을 수 있다는 말이다. 여기에는 당연히 합리적인 면도 있지만, 오로지 정좌하여 외물과 접촉하지 않고 스스로 실천활동에 참여하지 않는다면 그 인식은 생산적인 것이 아니다. 따라서 결국 정좌하여 몸소 궁구한다는 말은 단지 일종의 직각(直覺)적인 내심의 체험에 호소하는 것일 뿐이며, 외부세계에 대한 지식을 얻을 수 있는 것은 아니다.

그러나 한 가지 중시할 점은 이통이 제출한 "의심을 푼다[融釋]"는 설이다.

> 처음 공부할 때는 마땅히 이 마음을 항상 보존해야 하며 다른 일에 뺏기면 안 된다. 무릇 하나의 일을 만나면 그 일에 나아가 반복하여 추구하여 그 리를 궁구해야 한다. 이 하나의 일에 대한 의심을 완전히 떨쳐버린 후에 순서에 따라 조금씩 나아가 다른 일을 궁구해야 한다. 이와 같이 함이 오래되어 쌓여진 것이 많아지면 가슴에는 마땅히 스스로 후련한 곳이 있게 되니 문자나 언어로 미칠 바가 아니다.
>
> 爲學之初, 且當常存此心, 勿爲他事所勝. 凡遇一事, 卽當且就此事反復推尋, 以究其理. 待此一事融釋脫落, 然後順序少進, 而別窮一事. 如此旣久, 積累之多, 胸中自當有灑然處, 非文字言語所及也. (『延平問答』)

일을 만나 "반복 추구하여 그 리를 궁구한다."는 말은 실제로 격물궁리(格物窮理)다. '의심을 푼다'[融釋]'는 말은 인식대상에 대한 투철한 이해를 의미하며, 정이가 말한 '관통(貫通)'과 비슷하다. 주희는 다음과 같이 보충 설명하였다. "예전에 선생님께서 '문자를 이해함에 반드시 하나의 일에 대한 의심을 풀어버린 이후라야만 다른 또 하나의 일을 이해할 수 있다'고 하였다. '융석(融釋)'이라는 글자가 매우 좋은데, 이것 역시 이천(伊川)이 말한 '오늘 하나를 바로잡고 내일 또 하나를 바로잡아 그것이 많아진 후에 스스로 자연히 관통하는 곳이 있게 된다'는 의미다. 이것 역시 그의 진정한 경험으로 한 말이기 때문에 이와 같이 분명하다. 만약 이제 하나의 일을 분명하게 이해하지 못하고서 또 하나의 일을 이해하려고 하면 두 번째 일을 이해하지 못한다. 그렇게 하여 만사에 미루어 나가면 일마다 이해할 수 없으니 무슨 이익이 있겠는가?"(「延平答問補錄」)라고 하였다. 문자를 이해할 때 하나하나의 순서대로 '융석'해야 한다 함은 대체로 정이의 하나하나씩 격물하여 점점 쌓아나감으로써 관통함에 도달하는 것과 같다. 그러나 두 사람 사이에는 구별이 있다. 정이의 '관통'설은 양적인 누적에 의지하여 질적인 비약을 실현하며, 동류(同類)의 사물의 본질을 인식하고(저자주: '貫通'), 그에 따라 인식의 과정 중에서 일(一)과 만(萬)의 모순을 해결한다는 뜻이다. 이에 비해 이통의 '융석'설은 하나하나마다 질적인 비약을 헤아려 마땅히 사물의 특수한 본질을 인식하고(저자주: '融釋') 나아가 만사에까지 유추하여 만물을 '융석'하고 그에 따라서 인식의 과정 중에 일(一)과 만(萬)의 모순을 해결하는 것이다. 분명히 '융석'설이 '관통'설에 비하여 심화된 점이 있다.

도덕수양의 문제에서 이통은 미발(未發)에서의 존양(存養)을 주장하였다. 이것은 그가 나종언에게서 이어받은 사상이다.

> (나종언) 선생은 삼가고 고요함 가운데 희로애락의 미발(未發)을 중(中)이라 하니, 미발일 때 어떤 기상인가를 살펴야 한다고 하였다. 학문할 때의 방법일 뿐만 아니라, 마음을 기르는 요령이기도 하다.
>
> (羅)先生令愿中靜中看喜怒哀樂未發之謂中, 未發時作何氣象. 不惟于進學有方, 亦是養心之要. (「豫章學案」, 『宋元學案』 권39)

"마음을 기르는 요령"에 대해 이통은 고요함 가운데 "존양을 주재하는 것"이라 하였다. 심성의 수양은 반드시 '미발(未發)'로부터 시작해야 하며 '이발(已發)'한 뒤를 기다릴 수 없다. 그는 "언제나 존양할 수 있다."는 관점은 '미발'에서의 존양의 중요성을 경시하였다고 비판하였다. 그는 직접 유가의 경전인 『중용』에서 "미발에서 존양(存養)한다."는 근거를 찾았고, "희로애락의 미발을 중(中)이라고 한다는 말이 또한 이 책의 요지다."(『연평문답』)라고 하였다. 후일 주희는 "내가 선생님에게 학문을 배울 때 『중용』을 받아 희로애락의 미발이 가리키는 뜻을 구하였으나 도달하기도 전에 선생님이 돌아가셨다."(「豫章學案」, 『송원학안』 권39)고 적고 있다. 이것은 이통이 '미발의 뜻'을 학문을 가르치는 데까지 관철시켰음을 의미한다. 그는 주희로 하여금 『중용』을 따라 미발의 종지를 구하도록 계발시켰을 뿐만 아니라, 일상에서 일에 응하고 사물에 접할 때 고요함 가운데 미발의 기상(氣象)에 주의하도록 인도하였다. 만약 이러한 경지에 도달한다면 수양에 큰 도움이 된다고 할 수 있다. 이것은 주희의 이발・미발설(저자주: 中和說)의 형성에 매우 큰 영향을 주었다.

이발과 미발의 문제는 처음 정이와 여대림이 토론하기 시작하여 양시(楊時)에 이르러 "학자는 마땅히 희로애락이 미발하였을 때 마음으로 체득하면 중(中)의 뜻은 자연히 드러난다."(「구산학안」, 『송원학안』 권25)고 말한 뒤, 나종언과 이통이 서로 번갈아 전승하여 드디어 낙학 심성수양론의 중요한 구성부분이 되었다. 주희가 그것(이발・미발설)은 "구산의 문하에서 서로 전한 요결"이라고 한 말은 전혀 이상할 것이 없다.

양시가 낙학을 복건성(福建省)으로 전한 뒤 나종언・이통을 통하여 전승 발전되어 점점 하나의 새로운 학파가 형성되었는데 그것이 민학(閩學)이다. 민학의 최고 대표자인 주희는 역시 이통의 문하에서 배출되었다. 낙학의 민학화는 낙학 자체의 발전과정에서 필연적 추세였다.

제3절: 주희(朱熹)

주희의 초상

양시로부터 시작된 낙학의 민학화(閩學化)로의 진행과정은 주희에 이르러야 완성되었다. 주희의 리학은 낙학을 대표하는 최고의 성취다.

주희(朱熹: 1130~1200)의 자는 원회(元晦), 혹은 중회(中晦)며, 호는 회암(晦庵)·회옹(晦翁)·운곡노인(云谷老人)·창주병수(滄州病叟)·퇴옹(腿翁)이며 별호(別號)는 자양(紫陽)이다. 조상의 본적은 휘주(徽州)의 무원(婺源: 지금의 江西省 婺源縣)이며, 남검주(南劍州)의 우계(尤溪: 지금의 福建省 尤溪縣)에서 출생하였다. 오랫동안 복건(福建)에 거주하고 고정(考亭)에서 강학하였기 때문에 드디어 그 학파를 '민학(閩學)' 또는 '고정지학

(考亭之學)'이라고 불렀다.

주희는 송 고종(高宗) 소흥(紹興) 18년(1148) 19세에 '등왕좌방진사(登王佐榜進士)'로 뽑혀 "진사출신(進士出身)을 하사받아" 벼슬길에 올랐다. 안현주부(安縣主簿)·지남강군(知南康軍)·제거양절동로상평차염공사(提擧兩浙東路常平茶鹽公事)·지장주(知漳州)·지담주형호남로안무사(知潭州荊湖南路按撫使)·환장각대제겸시강(煥章閣待制兼侍講) 등의 관직을 역임하였다. 그의 관리로서의 생활은 순탄하지 못하여 50여 년간 지방관을 다섯 차례 약 10년간을 지냈으며, 조정에 있었던 기간은 겨우 46일이었다. 그는 늘 배척 당하고 압박 받는 처지에 있었고 끝내 '경원당금(慶元黨禁)'을 만나 "위학(僞學)이 당적(黨籍)을 어지럽힌다."는 혐의를 받고 한을 품은 채 물러났다. 세상을 떠났을 때 "문하생과 친구들이 감히 장례에도 참석하지 못하였다."(「寧宗慶元紀事」, 『續資治通鑒』 권155) 세상을 떠난 후 9년, 송 가정(嘉定) 2년(1209)에 조칙을 내려 시호를 '문(文)'이라 하여 주문공(朱文公)이라 칭하게 되었다. 그의 사적이 『송사·도학전 3』에 기록되어 있다.

주희는 일생 동안 약 10년 간의 관직생활을 제외하고는 모두 문하생들에게 강학하거나 학문을 연구하였다. 그의 저작은 매우 많은데 중요한 것은 『주문공문집(朱文公文集)』 100권과 『주자어류(朱子語類)』 140권, 『주자유서(朱子遺書)』(저자주: 『近思錄』, 『延平答問』, 『雜學辨』, 『中庸輯略』, 『論孟或問』, 『伊洛淵源錄』, 『謝上蔡語錄』을 포함) 등이 있다. 주희가 40여 년에 걸쳐 편찬한 『사서집주(四書集注)』는 그의 저작 가운데 가장 권위 있는 대표작이며, 유가 전적 가운데 심지어 오경(五經)의 지위를 대신하였다.

주희는 '유학의 명가' 출신으로 부친인 주송(朱松)은 이정의 2대 제자인 나종언(羅從彦)의 학생이었다. 따라서 주희는 어렸을 때부터 낙학(洛學)의 사상적 훈도를 받았다. 뒤에 그는 부친의 명을 따라 유면지(劉勉之)·유자휘(劉子翬)·호헌(胡憲)을 스승으로 섬겼는데, 세 사람은 모두 낙학을 숭상하였던 사람이다. 이어서 또 부친의 동문이자 친구이며,

이정의 3대 제자인 이통에게서 수업하고 학문을 연마하여 낙학의 사상을 계승하였다. 주희는 낙학을 사승(師承)한 기초 위에 여러 가지 설을 겸하여 "광대하고 지극히 정밀하게 백대(百代)를 종합"하였고 북송 이래의 리학사상을 전면적으로 종합하여 하나의 광대한 리학사상 체계를 건립하였다. 주희의 리학은 그 구성체계가 광대할 뿐만 아니라, 이론사유도 정밀하여 이전의 어떤 철학체계보다도 훨씬 뛰어나다. 주희의 리학은 결코 낙학을 계승 발전시킨 데에만 그치지 않는다. 낙학의 변화방향을 따라서 볼 때 주희의 리학은 낙학을 최상의 경지까지 발전시켰다. 이 책에서는 주희의 사상과 학설을 전면적으로 다루지 않고, 다만 낙학의 변화와 관계있는 부분에 대해서만 밝히고자 한다.

1. 주희의 리기론(理氣論)

주희는 낙학의 천리론(天理論)을 완전한 이론체계를 갖춘 리기론(理氣論)으로 발전시켰다. 리기론은 주희리학(朱熹理學)의 이론적 기초다.

우리는 장재(張載)가 기(氣)를 본체로 삼는 유물론 철학을 건립하였고, 이정(二程)은 리(理)를 본체로 삼는 유심론 철학을 건립하였음을 안다. 그러나 장재와 이정이 각자의 본체론 철학을 건립할 때, 주요 관심은 우주의 본원이 기(氣)인가 리인가의 문제였으며, 리기(理氣)의 관계문제는 깊이 있게 토론하지 않았다. 주희는 처음으로 전면적이고 체계적으로 리기의 관계문제를 연구하고 해결한 리학가였다.

'리' 혹은 '천리'에 대하여 주희는 이정에 비하여 한층 엄밀하게 논술하여 그 내용이 더욱 충실하고 완비되도록 하였다. 이정의 철학에서 '리' 혹은 '천리'는 주로 세 가지 함의를 가진다. 1. 구체적인 사물의 준칙, 사물이 발전하는 필연적인 추세, 2. 우주만물의 본원, 3. 사회윤리와 도덕규범의 총합이다. 주희의 철학에서 '리'는 서로 다른 층차와 내함(內涵)을 가진 범주다.

첫째, 리는 태극으로서 천지만물의 본원이다. '태극'은 『역·계사전』의 "역에 태극이 있다[易有太極]"라는 말에 처음 보인다. 리학가들이 말하는 '태극'은 주돈이(周敦頤)의 『태극도설(太極圖說)』에서 처음 쓰여졌는데, 주희가 그의 사상을 발전시켜 태극이 리라고 주장하였다. 그는 "태극이란 역시 리를 말할 뿐이다."(「天問」, 『楚辭集注』 권3), "태극은 단지 하나의 리(理)자다."(『주자어류』 권1)라고 하여 '태극'을 리와 동등한 지위에 두고 "천지만물을 합하여 말하면 단지 하나의 리다."(『주자어류』 권1)라고 하였다. 이 '하나의 리'는 '리일분수(理一分殊)'의 '리일(理一)'에 해당하며 태극이라고 부른다. 태극은 천지만물의 리를 총합한 이름이다. 주희는 "태극이라는 것은 천지만물의 리를 합하여 하나로 불렀을 뿐이다."(「隆興府學濂溪先生祠祀」, 『朱文公文集』 권78)라고 하였다. 즉 태극은 일체의 리를 포함하며 천지만물의 본원이라는 말이다. 천지만물은 '일원(一源)에 근본하여' 모두 태극으로부터 나오며, 태극을 근저(根柢)로 삼는다. "성인이 태극이라 한 말은 천지만물의 근저를 가리킨 까닭이다."(『주자어류』 권94) 리가 이미 태극의 칭호를 얻었다면 우주의 본원이라는 의미는 더욱 분명해진다.

둘째, 리는 형이상의 도(道)로서 초감각 초시공의 절대정신이다. 주희는 "리는 형이상자(形而上者)다."(「答江德功」, 『주문공문집』 권44), "형이상의 도는 본래 방소(方所)와 이름할 만한 상태(狀態)가 없다."(「太極圖說解」 『周子全書』 권1)고 하였다. 리는 '형이상자'로서 형체도 없고, 방소도 없으며, 이름할 만한 상태가 없다. 그리고 만유(萬有)의 위에 초연하여 하나의 "정결(淨潔)하고 공활(空闊)한 세계"이다. 그것은 천지만물에 의뢰하지 않는 영원한 존재이다. "천지가 아직 있기 전에 필경 먼저 이 리가 있다.", "만일 산하대지가 모두 함몰되어도 결국 리는 도리어 이 속에 있다."(『주자어류』 권1) 이와 같이 초감각적이며 초시공적인 '리'는 "정의(情意)도 없고, 계탁(計度)도 없고, 조작(造作)도 없는" 절대정신일 뿐이다.

셋째, 리는 인의예지를 총합한 이름이며, 윤리도덕의 준칙이다. 주희는 "천리는 단지 인의예지를 총합한 이름"(「答何叔京」『주문공문집』 권40)이라고 하였다. "무릇 천하의 일은 리가 있지 않음이 없다. 군신에게는 군신의 리가 있다. 부자에게는 부자의 리가 있으며, 부부 형제 붕우에 있어서도 마찬가지다. 출입하고 기거하고 일에 응하고, 사물에 접할 때에도 역시 각각 리가 있지 않음이 없다."(「甲寅行宮便殿奏札2」, 『주문공문집』 권14) 리의 기본내용은 '삼강오상(三綱五常)'이다. 주희가 인의예지 등 윤리도덕의 원칙을 모두 통합하여 '리'라고 한 목적은 봉건적 '삼강오상'을 본체론적으로 증명하여 그것을 합리화하고 영원화하기 위한 데 있었다.

넷째, 리는 '사물의 준칙(準則)'으로 자연계의 규율이다. 주희는 "하늘이 백성을 나게 함에 사물이 있으면 준칙이 있다. 사물은 형(形)이며, 준칙[則]은 리다."(「答江德功」, 『주문공문집』 권44)라고 하였다. "리(理)는 사사물물(事事物物)이 각각 가진 준칙에 나아가서 한 말이다."(『주자어류』 권5) 여기에서 '준칙'이 곧 '리'며, 그것은 구체적인 사물의 준칙 또는 규율이다. 어떤 사물도 모두 자신의 고유한 규율을 지니고 있으므로 "무릇 하나의 사물에는 하나의 리가 있으며, 아무리 미세한 것이라도 역시 리가 있다."(「雜學辨 · 呂氏大學解」, 『주문공문집』 권72) 큰 것은 천지에까지, 작은 것은 초목과 곤충 같은 미세한 것까지 모두 각각 그 리(理: 規律)를 지니고 있다. 규율에 대하여 말하면 특수규율과 보편규율의 구분이 있다. 각각의 사물은 모두 특수한 본질과 규율을 가지고 있는데, 주희는 "꽃병은 꽃병의 도리를 가지고 있고, 등불은 등불의 도리를 가지고 있다. 물이 아래로 적시며 흐르고[潤下], 불이 위로 타오르며[炎上], 쇠가 따르고 변혁하며[從革], 나무가 굽거나 곧으며[曲直], 흙이 씨앗을 키우고 갈무리하는 것[稼穡], 하나하나마다 모두 성과 리를 가지고 있다."(『주자어류』 권97)고 설명하였다. 구체적인 사물의 특수한 성질과 규율은 차별이 있으며, 리도 차별적이다. 이와 같은 각각의 차별적인 '리'는 분수(分殊)의 리 혹은 '분리(分理)'다. 같은 종류의 사물은 또 공동의 본질과 규율을 가지고 있는데, 주희는 "초목과 같은 것은 단지 하나의 도리지만 복숭아도 있고 오얏도 있으며, 한 사람도 단지 하나의 도지만 장 씨의 셋째 아들[張三]도 있고, 이 씨의 넷째 아들[李四]도 있다."(『주자어류』 권6)고 설명하였다. 복숭아와 오얏은 초목에 속하며 같은 종류의 사물로서, 공동의 '도리'를 가진다. 장삼이사(張三李四)는 사람에 속하며, 같은 종류로 공동의 '도리'를 가진다. 초목의 리는 일반규율이며, 복숭아와 오얏의 리로 표현되면 특수규율이다. 동시에 천지만물은 또 그것의 가장 보편적인 성질과 규율이 있으므로, 주희는 "사물마다 각각 리가 있으며, 총합하면 하나의 리다."(『주자어류』 권94), "천하의 리는 만수(萬殊)이나 그 귀착처는 하나일 뿐이며, 둘이나 셋을 용납하지 않는다."(「答徐正甫」, 『주문공문집』 권63)고 하였다. 천지만물이 각각 구체적인 규율을 가지고 있지만 최종적으로는 동일한 보편적인 규율을 따르며, 모두 동일한 보편적인 규율의 표현으로서의 통일성을 갖추고 있다는 말이다. 결국 자연규율이라는 이 의미에서 보면 '리'에 다른 층차가 있다.

종합하면 주희의 리본체론(理本體論) 철학에서 리는 우주의 본원이며, 만물의 주재(主宰)로서 초감각·초시공적인 절대정신의 본체이다. 사회윤리도덕의 총화이며, 자연계의 규율이다. 이것은 여러 가지 층차이며 여러 가지 함의를 가진 철학범주다.

주희의 철학체계에서 '기(氣)' 또한 중요한 범주다. 주희는 리본체론의 관점에서 출발하여 장재(張載)의 학설을 흡수 개조하였다. 그는 '기'를 '리'의 지배와 결정 아래 두고 체계적인 리기론을 제출하였다. 리는 정신의 범주며 기는 물질범주다. "천지간에 리도 있고 기도 있다. 리라는 것은 형이상의 도며, 사물을 생겨나게 하는 근본이다. 기(氣)라는 것은 형이하(形而下)의 기(器)며, 사물을 생겨나게 하는 도구다."(「答黃道夫」, 『주문공문집』 권58) 다시 말하면 기와 리는 서로 대대(待對)하는데, 리는 형이상의 도며 사물을 생겨나게 하는 근본이고, 기는 형이하의 기(器)며 사물을 생겨나게 하는 도구라는 뜻이다. 기는 천지간에 가득 차 있으며, 기의 유행으로 말미암아 천지만물이 생겨난다. "천지간에는 오직 하나의 기(氣)만 있을 뿐이다."(『주자어류』 권65), "일원(一元)의 기가 돌고 돌며 유행하고 통함에 조금도 쉼이 없으니, 허다한 만물을 만들어 낸다."(『주자어류』 권1) 기(氣)는 음양으로 나뉘고 음양은 오행을 낳는다. 음양은 기며, 오행은 질(質)이다. 음양과 오행이 뭉치고 합하여 만물을 생겨나게 한다. 그 "사물을 생겨나게 하는" 과정은 대체로 두 단계로 나뉜다. 제1단계는 천체(天體)의 형성이다. "천지의 첫 순간은 단지 음양의 기일 뿐이다. 이 하나의 기가 운행함에 갈고 문지르다가 급박하게 되면 문득 허다한 찌꺼기[渣滓]가 뭉쳐지며, 어디서 나오는지도 모르게 문득 땅이 중앙에 생긴다. 기(氣)가 맑은 것은 하늘이 되고 일월(日月)이 되고 성신(星辰)이 되어 단지 밖으로만 운행한다. 땅은 중앙에서 움직이지 않고 아래로 꺼지지도 않는다."(『주자어류』 권1) 이것은 주희의 우주생성론 관점이다. 제2단계는 사람과 사물이 생겨남이다. "하나의 음양·오행의 기가 천지 가운데서 도도히 흘러 다니다가, 아름답고 빼어난 것은 사람이 되고 찌꺼기는 사물이 된다."(『주자어류』 권14) 사람과 사물은 최초에는 모두 '기화(氣化)'로부터 생성되며, 그후에 '형화(形化)'를 거쳐 무수히 번성한다. '기화'는 '씨가 없이' 저절로 생겨나며하며 "자연변화로 드러난다." '형화'는 '씨'로부터 산생되며, 대대로 서로 전한다. 주희는 기화의 진행이 만물이 생장하고 발육하는 기초라고 생각하였다. "기화가 유행함에 끊어진 적이 없으므로 밤낮 없이 온갖 사물이 생겨난다."(「맹자집주」 권11, 『사서장구집주』 330쪽) 기화의 유행은 쉼이 없으므로 만물이 비로소 생장 발육한다. 그러나 기화의 유행은 리와 떨어지지 않고 리와 함께 동반하여 진행한다. "천도가 유행하여 만물을 발육한다. 그 조화하는 까닭은 음양·오행일 뿐이다. 음양·오행이란 반드시 이 리가 있은 후에 이 기가 있게 된다. 사물을 생겨나게 함에 이르면 반드시 기가 응취함이 있은 이후에 형(形)이 있게 된다. 그러므로 사람과 사물이 생겨남에 반드시 이 리를 얻은 연후에 건순(健順)과 인의예지(仁義禮智)의 성(性)이 있으며, 반드시 이 기를 얻은 후에 혼백(魂魄)·오장(五臟)·백해(百骸)의 몸이 있게 된다."(『대학혹문』 권1) 기는 겨우 사람과 사물의 신체와 형해(形骸)를 형성할 뿐, 사람과 사물의 건순과 오상의 성을 형성할 수는 없다. 사람과 사물에 건순오상의 성이 있게 되는 까닭은 기가 응취하여 사람과 사물이 되는 과정에서 리가 그 가운데 부여되기 때문이다. 사람과 사물이 생겨남에 리와 기 어느 하나라도 빠질 수 없다. 주희의 철학에서 리와 기는 밀접하게 서로 관련되니 반드시 두 가지를 연계하여 고찰해야 한다.

리기의 관계문제는 주희 리기론의 핵심을 이룬다. 개괄적으로 말하면, 리기의 관계에 대한 주희의 논점은 리기본말(理氣本末), 리기선후(理氣先後), 리기동정(理氣動靜) 세 가지 방면에 집중되어 있다. 아래에서 차례로 살펴보자.

1) 리기(理氣)의 본말에 관한 문제

주희는 리와 기의 양자 사이는 일종의 본말 혹은 으뜸과 버금의 관계라고 생각하였다.

> 이 리가 있으면 이 기가 있다. 그러나 리가 근본이다.
> 有是理, 便有是氣, 但理是本. (『朱子語類』 권14)

> 본체(本體)로써 말하면 이 리가 있은 연후에 이 기가 있다.
> 以本體言之, 則有是理, 然後有是氣. (「孟子或問」, 『朱子四書或問』 권3)

'리'가 '본(本)'이며, '기'는 '말(末)'이다. 본은 본체며, 말은 현상이다. 이처럼 본말의 관계는 본체와 현상의 관계다. 그는 또 다음과 같이 말하였다.

천도가 유행하여 만물을 발육함에 리가 있은 후에 기가 있다. 비록 일시(一時)에 모두 있다고 해도 결국 리가 으뜸이 된다.

天道流行, 發育萬物, 有理而後有氣. 雖是一時都有, 畢竟以理爲主. (『朱子語類』 권3)

기가 모이는 곳에 리가 몸 붙어 있으나 리가 끝내 으뜸이 된다.

氣之所聚, 理卽在焉, 然理終爲主. (「答王子合」, 『朱文公文集』 권49)

사람과 사물이 생성되는 것으로부터 말하면 리와 기는 동시에 구비되지만 리가 주도적이며, 기는 복종적이다. 따라서 양자에는 으뜸과 버금의 구분이 있다. 왜냐하면 리는 "사물의 생겨나게 하는 근본"이며, 기는 '사물을 생겨나게 하는 도구'이기 때문이다. 리기의 본말, 으뜸과 버금의 관계는 리기가 만물을 구성하는 지위와 작용을 반영한다.

2) 리기의 선후에 관한 문제

주희는 명확하게 리선기후(理先氣後)의 관점을 제출하였다. 그는 "천하에는 리가 없는 기는 없으며 기가 없는 리는 없다."고 하여 리기가 서로 몸 붙어 있어[卽] 떨어지지 않음을 인정하였지만, 그는 또 다음과 같이 말하였다.

리와 기는 본래 선후가 없다고 할 수 있으나 위로 유추해 나갈 때는 도리어 리가 먼저 있고 기는 뒤에 있는 것과 같다. 이것은 본래 선후가 없다고 할 수 있다. 그러나 반드시 그 소종래(所從來)를 유추하고자 하면 반드시 이 리가 먼저 있다고 해야 한다.

理與氣本無先后之可言, 推上去時, 却如理在先, 氣在後相似. 此本無先后之可言. 然必欲推其所從來, 則須說先有是理. (『朱子語類』 권1)

만물이 구성되는 데 따라 말하면 리기(理氣)는 근본과 말단, 으뜸과 버금이 있으나 선후는 없다. 다만 "위로 유추해 간다."거나 "그 소종래

(所從來)를 유추한다."는 경우처럼, 세계의 본원을 계속해서 유추하면 반드시 리선기후(理先氣後)를 인정해야 한다. 리선기후를 긍정하는 기초 위에서 주희는 한 걸음 더 나아가 '리가 기를 생출한다.[理生氣]'는 명제를 제출하였다. 그는 다음과 같이 말하였다.

> 태극은 음양을 생(生)하고, 리(理)는 기를 생겨나게 한다. 음양이 이미 생기면 태극은 그 가운데 있으며 리도 다시 기의 안에 있다.
>
> 太極生陰陽, 理生氣也. 陰陽旣生, 則太極在其中, 理復在氣之內也. (「太極圖說解」, 『周子全書』 권1)

이것은 주돈이(周敦頤)의 "태극이 움직여 양(陽)을 생(生)하고, 움직임이 극에 다다르면 고요해진다. 고요하여 음을 생하며, 고요함이 극에 다다르면 다시 움직인다."는 말을 사상적으로 발전시켰다. 그는 특별히 '생(生)'자를 "움직여 양을 생하며, 고요하여 음(陰)을 생한다는 말에서 이 '생'자는 태극으로부터 생겨난다는 뜻이다."(『주자어류』 권94)라고 해석하였는데, 음양의 기는 태극 즉 리로부터 왔다는 말이다. '이생기(理生氣)'는 기가 리로부터 왔음을 가리킨다. 그것은 리선기후의 관점과 서로 일치한다.

3) 리기의 동정(動靜: 움직임과 고요함)에 관한 문제

주희는 리는 동·정이 없으나 기는 동·정이 있다고 생각하였다. 그는 "리는 움직임과 고요함으로 말할 수 없다."는 말에 동의하였으나, "리는 기에 몸담고 있으므로 움직임과 고요함이 없을 수 없다. …… 그 움직임과 고요함은 기를 타고 움직인다."고 하였다. 이것은 리 자체에는 움직임과 고요함이 없으나 기에 몸 붙어 있고, 기는 움직임과 고요함이 있으므로 반드시 기의 움직임과 고요함에 따라서 움직임과 고요함이 있고, 따라서 리도 움직임과 고요함이 없을 수 없다는 말이다. 그가 아래에서 말한 것과 같다.

> 태극은 리며, 움직임과 고요함은 기다. 기가 운행하면 리도 역시 운행하며, 양자는 항상 서로 의존하여 아직까지 서로 떨어진 적이 없다. 태극은 사람에 비유되며, 움직임과 고요함은 말에 비유되는데 말이 사람을 태우는 바와 사람이 말을 타는 바와 같이 말이 한 번 나가고 한 번 들어오면, 사람도 역시 한 번 나가고 한 번 들어온다. 대개 한 번 움직이고 한 번 고요함에 태극의 묘(妙)는 아직 한 번도 있지 않은 적이 없다.
>
> 太極理也, 動靜氣也. 氣行則理亦行, 二者常相依, 而未嘗相離也. 太極猶人, 動靜猶馬, 馬所以載人, 人所以乘馬. 馬之一出一入, 人亦與之一出一入. 蓋一動一靜, 而太極之妙未嘗不在焉. (『朱子語類』 권94)

리가 기를 타고 운행하는 것은 마치 사람이 말을 타고 달리는 것과 같다. 기는 주동자며 리는 피동자다. 그러나 주희는 리 자체는 비록 움직임과 고요함이 없지만 도리어 기가 움직임과 고요함의 근거라고 생각하였다. 그는 그것을 다음과 같이 말하였다.

> 리에 움직임과 고요함이 있으므로 기에도 움직임과 고요함이 있다. 만약 리에 움직임과 고요함이 없다면 기가 어찌 스스로 움직임과 고요함이 있겠는가?
>
> 理有動靜, 故氣有動靜. 若理無動靜, 則氣何自而有動靜乎? (「答鄭子上(14)」, 『朱文公文集』 권56)

"리에 동정이 있다."는 말은 리 가운데 동정하는 기(機)가 존재함을 가리키며, "이 움직임의 리가 있으므로 움직여 양(陽)을 생겨나게 할 수 있고, 이 고요함의 리가 있으므로 고요하여 음(陰)을 생겨나게 할 수 있다. 이미 움직임이 있으면 리는 움직임 가운데 있고, 이미 고요함이 있으면 리는 고요함 가운데 있다."(『주자어류』 권94) 기의 움직임과 고요함은 그 가운데 움직이고 고요한 까닭 즉 "그렇게 되도록 하는 것[使之然]"이 있기 때문이며, 그렇지 않으면 기는 움직이고 고요할 수 없다. 리는 기의 움직임과 고요함에 따라서 움직이고 고요하며, 기는 또 움직이고 고요한 리를 자신의 움직이고 고요한 근거로 삼는다. 왜냐하면 리기(理氣)의 움직임과 고요함의 문제는 리기의 관계에 대한 한 면을 반영하기 때문이며 이것은 주희 리기론의 내용 가운데 하나다.

위 세 방면으로부터 보면 주희는 리가 정신의 본체임을 견지하였다. 리는 제일성이며 결정자, 파생자다. 기는 제이성이며, 피결정자, 피파생자이다. 이처럼 주희의 철학은 리를 최고 본체로 삼는 객관유심주의다. 주희가 준수한 것은 바로 정이(程頤)의 노선이다.

2. 주희의 격물치지론(格物致知論)

주희는 『대학』에 격물치지전(格物致知傳)을 보충하였다. 그것은 낙학의 격물치지론에 대한 전면적인 해명과 발전이다. 주희의 인식론의 핵심은 격물치지론이다.

먼저, 주희는 격물과 치지의 함의를 정리 분석하고 양자의 관계를 설명하였다.

무엇을 격물이라고 하는가? 주희는 이정의 격물에 대한 해석을 이어받았다. "격(格)은 지(至)다. 물(物)은 사(事)와 같다. 사물의 이치를 끝까지 궁구하여 그 궁극의 곳에 이르고자 하는 것이다."(「대학장구」, 『사서장구집주』 4쪽), "격(格)이란 끝까지 도달함을 말하니 문조(文組)[195]의 격(格)에 도달함과 같으며, 궁구하되 그 궁극의 곳에 도달함을 말한다."(『대학혹문』 권1) 이처럼 그는 '격(格)'을 '지(至)', '극지(極至)'로 해석하였다. '극지(極至)'는 "궁구하되 그 궁극에까지 도달한다."는 뜻이며, 곧 '지(至)'와 '궁(窮)'을 통일적으로 파악한 것이다. '물(物)'은 '사(事)'로 해석하였는데 이것은 일체의 객관적 존재의 사물과 실천 활동

---

[195] 文組. 文綬也. 『後漢書 王符傳』 文組綵牒. 『阮籍 大人先生傳』 挾金玉垂文組.

을 가리킨다. '격물'은 "사물에 접하여 그 리를 궁구하는 것" 또는 "일에 접하여 리를 살펴보는 것"이다. 이것은 객관사물의 본질과 규율을 인식한다는 뜻을 포함하고 있다. 그러나 주희의 격물은 주로 "천리를 궁구하고, 인륜을 살피고, 성인의 말을 풀이하며, 세상일에 통달하는 것"이다. 그는 다음과 같이 말하였다.

> 격물론에서 이천의 뜻은 명백하기는 하지만, 그것을 격(格)함에 반드시 완급과 선후의 순서가 있어야 하니, 어찌 갑작스럽게 하나의 초목과 용기(用器)들에 마음을 두고서 홀연히 근거 없이 깨달았다고 여겼겠는가? 또 지금처럼 이러한 학문을 하면서 천리를 궁구하고 인륜을 밝히며 성인의 말을 익히고 세상일에 통달하지 않으면서 오롯이 초목과 용기들에만 마음을 둔다면, 이것이 무슨 학문이겠는가? 이와 같이 하여 소득이 있기를 희망한다면, 이것은 모래로 밥을 지어 식사하기를 바라는 것과 같다.
>
> 格物之論, 伊川意雖謂眼前無非是物, 然其格之也, 亦須有緩急先后之序, 豈遽以爲存心于一草木器用之間, 而忽然懸悟也哉! 且如今爲此學而不窮天理・明人倫・講聖言・通世故, 乃兀然存心于一草木一器用之間, 此是何學問! 如此而望有所得, 是炊沙而欲其成飯也. (「答陳齊仲」, 『朱文公文集』 권39)

격물은 단지 '초목과 용기(用器)들에만 마음을 두는 것'이 아니며, 만약 이렇게 하여 '천리'를 인식하려고 한다면, 모래로 밥을 지어 식사하려는 것과 같이 헛되이 마음만 쓰는 것이다. 격물은 마땅히 "천리를 궁구하고 인륜을 밝히고 성인의 말을 익히며 세상의 일에 통달하는 것" 즉 도덕수양에 착안하여 지선(至善)의 도덕경지에 도달하려는 데 마음을 두어야 한다. 이것이 주희 격물설의 출발점이자 결론이다.

무엇을 치지(致知)라 하는가? "치(致)는 궁극까지 미루어가는 것이다. 지(知)는 식(識)과 같다. 나의 지식을 궁극까지 미루어 나아가 완전하게 알기를 바라는 것이다."(「대학장구」, 『사서장구집주』 4쪽) 주희는 '치(致)'를 '끝까지 미루어 나감[推極]'으로, '지(知)'를 '지식(知識)'으로 해석하였다. 치지는 내 마음의 고유한 지식을 끝까지 미루어 나아가 '다하지 않음이 없는' 정도에 이르도록 함이다. 다시 말해 최대한으로 인식의 주체(나, 나의 마음)를 확충하여 전체적인 지식을 구하는 것이다.

주희는 "치지와 격물은 단지 하나"(『주자어류』 권15)라고 하여 '격물'과 '치지'를 동일한 인식과정에 속하는 두 가지 서로 다른 면으로 보았다. 그는 아래와 같이 설명하였다.

> 격물은 단지 하나의 사물에서 그 사물의 리(理)를 완전히 궁구하는 것이며, 치지는 사물의 이치를 완전하게 궁구한 후 나의 지식도 불완전함이 없도록 이 지식을 미루어 나아가 궁극에 도달함과 같다. 이것은 그 문장의 뜻이 오직 이와 같아야 비로소 인식이 확정되며, 바로 이로써 공부하기를 바란다. 그러나 격물할 수 있으면 인식은 스스로 이르기 때문에 또 다른 하나의 일은 아니다.
>
> 格物只是就一物上窮盡一物之理, 致知便只是窮得物理盡後我之知識亦無不盡處, 若推此知識而致之也. 此其文義只是如此, 才認得定, 便請以此用功, 但能格物則知自至, 不是別一事也. (「答黃子耕(五)」, 『朱文公文集』 권51)

이것은 격물이 사물의 이치를 궁구하는 인식과정이라는 말이다. 사물의 이치를 궁구하고 나면 인식주체(認識主體: 나)의 지식도 그것을 따라 완비되는데, 이것이 치지다. 이것은 주체적 자아가 지식을 확충하는 과정이며, 격물의 필연적 결과다. 격물은 치지의 전제이며 "격물로써 치지한다." 치지는 격물의 과정에서 실현되는 것으로 "치지는 격물 중에 있다." 단지 물리를 궁구하기만 하면 주체는 지식을 얻는다[致知]. 따라서 격물과 치지는 통일적이다.

그렇다면 치지와 격물은 어떻게 구별되는가? 격물은 주체가 인식대상에 작용하는 과정이며, 치지는 인식과정이 주체쪽에서 일어나는 결과다. 주희는 "치지는 자아로써 말하며, 격물은 사물에 나아가서 말한다.", "격물은 리로써 말하며, 치지는 마음으로써 말한다."(『주자어류』 권15)고 하였다. 여기에서 "리로써 말하는 것"과 "사물에 나아가서 말하는 것"이 곧 격물이다. 이것이 사물의 이치를 궁구함이며, 이것이 주관이 객관을 향해 작용하는 인식과정이다. 그리고 “마음으로써 말하는 것”과 “자아로써 말하는 것”은 치지이다. 이것은 내 마음의 지식을 궁극까지 미루어 나가는 것이며, 주체지식의 누적 과정이다.

주희의 격물과 치지 그리고 상호관계에 대한 설명이 낙학을 풍부하게 발전시켰음은 의심의 여지가 없다.

다음으로, 주희는 격물과 치지의 과정과 방법에 대하여 누적과 관통의 관계로 서술하였다.

정이(程頤)는 격물과 궁리의 과정을 여러 가지로 다양하게 주장하였는데, 그 가운데 독서하여 의리를 익히고, 고금의 인물을 논하여 그 시비(是非)를 구별하고, 일과 사물에 응접하여 그 옳고 그름을 가늠하는 것, 이 세 가지를 주요한 과정으로 삼았다. 주희는 정이의 “궁리는 많은 단서가 있다.”는 말을 해석하기를 “사물의 이치는 무궁하므로 그(程頤)도 역시 다양하게 말했다. 독서로써 도의(道義)를 익히고 밝히면 이리는 책에 있다. 일과 사물에 응접하여 그 옳고 그름을 가늠하면 리는 일과 사물을 응접하는 데 있다.”(『근사록』 권3)고 하였다. 여기서 주희는 명확하게 궁리의 과정이 다양한 까닭이 사물의 이치가 무한하기 때문이라고 지적하였다. 정이가 열거한 세 가지 궁리의 과정이 성립되는 까닭은 모두 ‘리’가 그 가운데 존재하기 때문이다. 주희는 격물과 치지의 과정을 ‘공부하는 방법’이라고 부르며, 다음과 같이 설명하였다.

> 그 공부하는 방법을 말하면, 혹 일이 진행된 과정을 고찰하고, 혹 생각의 기미를 고찰하고, 혹 문자의 적중함을 구하고, 혹 강론할 때 구하고, 심신(心身)과 성정의 덕(德)과 날로 쓰는 인륜의 평상함으로 하여금 천지귀신의 변화와 금수와 초목의 마땅함에 이르도록 하고, 그 당연하여 그만두지 못하는 것과 원래 그러하여서 바꿀 수 없는 것을 모두 드러내도록 하는 것이다.
>
> 若其用力之方, 則或考之事爲之著, 或察之念慮之微, 或求之文字之中, 或索之講論之際, 使于身心性情之德, 人倫日用之常, 以至天地鬼神之變, 鳥獸草木之宜, 自其一物之中, 莫不有見其所當然而不容已與其所以然而不可易者. (『大學或

問』 권2)

여기서는 네 종류의 “공부하는 방법[用力之方]”을 제출하였다. 그 가운데 “일이 진행된 것을 고찰하는 것”과 “문자 가운데서 구하는 것” 그리고 “강론할 때 구하는 것”은 실제로 정이(程頤)가 열거한 세 가지 궁리의 과정과 같다. 그런데 “생각의 기미를 고찰하는 것”은 의식 활동, 특히 도덕의식의 활동도 한 종류의 과정으로 삼았다는 말이다. 주희가 이처럼 “공부하는 방법”을 말한 목적은 사물의 “당연하여 그만둘 수 없는 것과 소이연(所以然)으로써 바꿀 수 없는 것”을 인식하기 위해서다. 그는 항상 “마땅히 그러한 법칙[所當然之則]”으로 사람의 도덕규범을 표시하고, “그러한 원인[所以然之故]”으로서 사물의 본질과 규율, 그리고 도덕규범의 근원을 표시하였다. 따라서 그는 “궁리란 사물의 소이연(所以然)과 소당연(所當然)을 알기 위함일 뿐이다. 그 소이연을 알기 때문에 행동에 그릇됨이 없다.”(「答或人(七)」, 『주문공문집』 권64)고 하였다. 그가 말한 공부하는 방법으로부터 그의 격물치지설의 두 가지 특징을 알 수 있는데, 첫째는 지식을 얻는 수단은 간접지식을 위주로 한다는 것이며, 둘째는 지식을 획득하는 범위는 도덕실천을 위주로 한다는 점이다. 이 두 특징을 종합하자면, 주희의 격물치지는 주로 구체적인 실천 활동을 통하여 객관사물의 본질과 규율을 인식하고 장악하는 데 있지 않고, 도덕실천을 통하여 윤리도덕의 원칙과 규범을 체험하고 파악하는 데 있다고 할 수 있다. 이 때문에 주희의 격물치지설이 분명히 인식론의 의미를 갖추고 있긴 하지만 이러한 인식론은 수양론과 한데 얽혀 있다. 리학자들은 인식론의 문제를 설명할 때 모두 수양방법과 결코 분리하지 않는다.

주희가 제출한 ‘공부하는 방법’은 격물치지의 과정에 대한 규정이며, 그 격물과정은 반드시 구체적인 방법과 순서를 갖추어야 한다는 뜻이다. 이것이 바로 “격물공부의 순서”로부터 “치지의 효험을 극대화하는” 데까지, 즉 “점점 쌓아나감”에서부터 ‘관통’에 이르는 전체의 인식과정이다.

주희의 격물치지의 궁극적 목표는 "뭇 사물의 표리와 정조(精粗)에 이르지 않음이 없으며, '내 마음이 쓰는 모든 움직임[全體大用]'이 분명하지 않음이 없음"(「대학장구」, 『사서장구집주』 7쪽)에 이르는 것이다. 이를 위하여 반드시 '점점 쌓아나감'의 공부를 거쳐야 한다. 점점 쌓아나감[積累]이란 사물 하나마다 알아 나가 '분수(分殊)'의 리에 대한 지식을 얻는다는 말이다. 그는 다음과 같이 말하였다.

> 성인이 단지 "격물"이라는 두 글자만 말한 까닭은 사람이 사물에 나아가서 이해하기를 희망하였기 때문이다. 한 생각의 미세함으로부터 모든 사물과 사건에 이르기까지 모든 동정(動靜)·거처(居處)·음식(飮食)·언어(言語)와 같은 것은 이 일이 아님이 없으며, 각각의 천리와 인욕을 가지지 않음이 없다. 반드시 하나씩 증험해야 한다.
>
> 聖人只說"格物"二字, 便是要人就事物上理會. 且自一念之微, 以至事事物物, 若靜若動, 凡居處·飮食·言語, 無不是事, 無不各有个天理人欲. 須是逐一驗過, (『朱子語類』 권15)

천지(天地)와 같이 큰 것으로부터 일물(一物)의 미세함에 이르기까지 각각 '리'가 그 가운데 있지 않음이 없다. 또한 인류사회의 생활 가운데 거처·음식·언어 등등에는 "천리와 인욕"이 반드시 포함되어 있다. 세계에 존재하는 사물에 대하여 반드시 하나하나마다 "하나하나 증험(證驗)하고" "하나라도 빠뜨려서는 안 된다." 이것은 분명히 정이(程頤)의 "오늘 하나를 격(格)하고, 내일 또 하나를 격한다."는 사상을 계승한 것이다. 주희가 이와 같은 점점 쌓아나감[積累]의 공부를 중시한 까닭은 그것이 "환하게 도를 깨달음[豁然貫通]"에 도달하는 전제이기 때문이다.

주희가 말한 '점점 쌓아나감'은 두 가지 특징이 있는데, 첫째는 점진적 수양[漸修]을 주장하고 갑자기 나아감[頓進]을 반대한 것이다. "내가 말한 치지(致知)와 격물(格物)은 대학(大學)의 출발점이며 배움의 일이다. 하나의 사물을 격(格)하면 하나의 앎에 이르며, 그 공부가 차츰 쌓음이 오래되어 관통하고 나면 마음이 분명하여 행함에 의심이 없고 뜻이 성실하고 마음이 바르게 된다."(「雜學辨」, 『주문공문집』 권72), "궁리의 학문은 진실로 갑자기 나아갈 수 없으며, 반드시 점진적으로 궁구해야 한다. 그 점점 쌓아나감이 많아짐을 기다려 확연하게 관통하여 대체(大體)를 인식할 수 있을 뿐이다."(「答王子合」, 『주문공문집』 권49) 여기에서 "그 공부가 차츰 나아간다[漸進]"와 "점진적으로 궁구한다."는 말은 모두 점진적 수양을 강조한 것이다. 이와 같은 점진적 수양의 점점 쌓아나감의 공부(저자주: 주희는 '수적촌누(銖積寸累)'[196]라는 말로 형용함)를 통과해야만 비로소 관통할 수 있다. 관통하기 전의 점점 쌓아나감은 인식과정 중의 양적 변화이며, 반드시 점진적이어야 하지 결코 '갑자기 나아갈' 수 없다. 둘째, 두루 구할 것을 주장하고 "단지 하나의 큰 곳만을 궁구하는" 공부를 반대하였다. "천하에 어찌 단지 하나의 리에만 통하면 만리(萬理)를 모두 통함이 있겠는가? 반드시 점점 쌓아나감으로써 나아가야 한다. …… 어떤 사람이 학문은 단지 하나의 큰 곳만을 궁구하면 나머지는 모두 통한다고 말하였으나, 내 감히 말하거니와 그렇게 하여서는 안 되며 반드시 차례를 따라서 나아가야 한다. 하나만을 궁구하고 나머지는 오불관언(吾不關焉)한다면 모두를 이해할 수는 없다. 어찌 이런 이치가 있겠는가?"(『주자어류』 권18) 이는 곧 육구연(陸九淵)의 "먼저 그 큰 것을 확립한다[先立乎其大]"는 말을 비판한 말이다. 주희가 보기에 천하의 리는 만수(萬殊)이기 때문에 단지 어떤 하나의 분수(分殊)의 리만을 인식하는 것으로는 만수를 파악할 수 없다는 말이다. 만수의 리가 동일한 천리의 체현(體現)이긴 하지만 궁극적으로 보편과 특수의 구별은 여전히 존재한다. 반드시 수많은 특수를 하나씩 인식하고 파악해야만 비로소 최종적으로 보편을 인식하고 파악할 수 있다. 주희는 '두루 구하여' 점점 쌓아나감의 공부를 통하여 "천하

196) 銖: 무게 단위 수. 한 냥의 24분의 1. 銖積寸累: 아주 조금씩 모으고 쌓음.

만물의 리를 궁구하여 그 지식을 알고" 아울러 이와 같은 지식이 "널리 정밀하고 적절하여 다하지 않음이 없도록" 하여 "만리에 모두 통함"에 이르게 해야 한다고 주장하였다. 이것은 인식의 과정에서 귀납적 방법과 부합하며 적극적 의의를 가진다.

주희는 일정한 '점점 쌓아나감'을 통과하면 사람의 지식은 관통한다고 생각하였다. 관통이란 분수의 리를 점점 쌓아나간 기초에서 인식상의 비약이 이루어져 보편의 천리를 깨닫는다는 말이다. 그는 그것을 다음과 같이 설명하였다.

> 그러므로 대학을 처음 가르칠 때 반드시 배우는 자로 하여금 천하의 사물에 몸 붙어[卽] 이미 알려진 리(理)에 연유하지 않음이 없게 하고 더욱 그것을 궁구하여 그 궁극에까지 이르도록 해야 한다. 노력함이 오래되어 일단 환하게 도를 깨달으면 뭇 사물의 표리(表裏)와 정밀함과 조잡함에 이르지 않음이 없으며, 내 마음이 쓰는 모든 움직임[全體大用]이 밝지 않음이 없다. 이것을 격물이라 하고, 이것을 앎이 지극하다고 한다.
>
> 是以大學始敎, 必使學者卽凡天下之物, 莫不因其已知之理而益窮之, 以求至乎其極. 至於用力之久, 而一旦豁然貫通焉, 則衆物之表裏精粗無不到, 而吾心之全體大用無不明矣. 此謂物格, 此謂知之至也 (「大學章句」, 『四書章句集注』 7쪽)

여기서 이미 "환하게 도를 깨달음[豁然貫通]"에 도달하기 위한 전제조건이 '공부함이 오래됨'이라는 점점 쌓아나감의 공부임을 설명하고 또 "환하게 도를 깨달음"이 도달한 것은 "뭇 사물의 표리와 정조(精粗)에 도달하지 않음이 없고, '내 마음이 쓰는 모든 움직임'이 밝지 않음이 없다."는 일종의 정신적 경지임을 가리켜 밝혔다.

점점 쌓아나감의 공부에 대해서는 앞에서 이미 설명하였고, 여기서는 "환하게 도를 깨달음"에 대하여 설명하고자 한다. "뭇 사물의 표리와 정조에 이르지 않음이 없다."는 말은 사물의 현상과 본질에 대하여 전면적으로 인식한다는 말이다. 주희는 일종의 전면적인 인식이 되기 위해서는 마땅히 겉에서부터 안으로, 조잡한 데서 정밀한 데로, 표리와 정조를 모두 다해야 한다고 생각하였다. 그가 “궁리는 반드시 모두 궁구해야 한다. 그 겉만 아는 것이 표(表)이며, 심오(深奧)한 것을 아는 것이 이(裏)다. 그 조잡한 것만 알고 정밀함을 깨닫지 못하면 모두 격(格)이라고 할 수 없다.”(『주자어류』 권18)고 한 말이 바로 이 뜻이다. 이것은 당연히 진리를 다 궁구[窮盡]하는 것이 아니다. 주희는 “리가 무궁하다.”는 것을 알고 있기 때문에, “만리(萬理)에 통”할 수 있으려면 모든 지식을 융합하여 꿰뚫어 통해야[融匯貫通] 하고, 사물에 대한 전면적 인식을 얻어야 한다고 말하였다. “내 마음의 전체대용(全體大用)이 밝지 않음이 없다.”는 말은 인식의 주체가 수많은 사물의 현상과 본질에 대하여 전면적으로 인식한 후에 일심(一心)이 만리를 관통할 수 있음을 의미한다. 그가 “이미 알고 있는 것으로부터 미루어 나아가 미지(未知)의 것을 지극한 데까지 탐구하여 반드시 천지만물의 리에까지 하나로 꿰뚫은[一以貫之] 후에 앎이 지극하게 된다.”(「答吳晦叔」, 『주문공문집』 권42)고 한 말이 이 뜻이다. 여기에는 인식주체의 능동적 작용을 적극적으로 긍정하였지만 필요이상 과장되어 있다. 이것은 역시 유심주의의 병통이며, 주희도 예외일 수 없다.

주희의 ‘활연관통’설은 인식을 양적으로 점점 쌓아나감으로부터 질적인 비약에 도달하는 문제인 동시에 감성인식으로부터 이성인식으로의 비약을 의미한다. 그러나 결코 견문(見聞)의 지식을 배척하는 것은 아니다. “먼저 견문지식을 공부한 후에야 산뜻하게 관통한다. 대개 견문지식을 통해 하나의 일은 단지 하나의 도리가 있다는 것을 알 수 있으니, 만약 관통하더라도 하나의 리일 뿐이다.”(『주자어류』 권98) 이것은 견문지식이 결코 중요하지 않다는 뜻이 아니며 인식과정에서 결코 뺄 수 없는 요소라는 뜻이다. 다만 견문의 지식공부는 전문가가 되어서야 비로소 “산뜻하게 관통”할 수 있다. 그러나 견문지식은 감성지식에 속하므로 반드시 이성지식으로 상승시켜야 한다. 견문지식은 개별적이며, 이성지식은 일반적이다. 개별로부터 일반으로 상승하는 것은 인식상의 일차적 비약이다. 이것을 주희는 ‘활연관통(豁然貫通)’이라고 불렀다.

다음으로 주희는 인식[知] 실천[行]의 관계문제에 대하여 설명하면서 '인식과 실천이 반드시 서로 수반하여 함께 발현한다[知行相須互發]'고 주장하였다.

낙학의 창시자 정이(程頤)는 '지선행후(知先行後)'설을 주장하여 비교적 체계적으로 인식과 실천의 관계문제를 토론하였다. 주희는 낙학의 지행설을 계승하고 동시에 매우 발전시켰다. 그는 인식과 실천의 관계를 다음과 같이 말하였다.

> 지(知)와 행(行)은 항상 서로 수반한다. 마치 눈은 발이 없으면 움직일 수 없고, 발은 눈이 없으면 볼 수 없는 것과 같다. 선후를 논하면 지(知)가 먼저이며, 경중을 논하면 행(行)이 중요하다.
>
> 知行常相須, 如目無足不行, 足無目不見. 論先後, 知爲先; 論輕重, 行爲重. (『朱子語類』 권9)

이렇게 주희는 인식과 실천의 선후문제에서 선지후행(先知後行)의 입장을 견지하였고, 인식과 실천의 경중(輕重)에 관한 문제에서는 실천이 인식보다 중요하다고 주장하였다. 이 두 가지 점에서 그는 정이(程頤)의 사상을 계승 발전시켰다. 예를 들면 인식과 실천의 선후 문제에서 그는 두 가지 상황을 구별하였다. 일을 두고 말할 때는 '선지후행'을 주장하였지만, 사람의 일생을 말할 때는 필수적으로 소학(小學)의 "실천을 함양하는[涵養實踐]" 단계를 거쳐야 비로소 대학(大學)의 "격물로써 그 인식에 나아가는"(「答吳晦叔」, 『주문공문집』 권42) 단계로 진입할 수 있다고 하였다. 이것이 곧 실천으로부터 인식으로 나아가는 선행후지(先行後知)다. 그는 실천으로부터 인식을 더욱 깊게 하며, 실천이 인식의 목적이라는 면에서 '실천을 중시하는' 관점을 가졌다. 더욱 중요한 점은 인식과 실천이 서로 수반하여 함께 발현한다고 주장한 것이다.

주희는 항상 "끝까지 궁구함과 힘써 실천함[致知力行]"을 강론하며 사람의 전체 인식활동을 인식(知)과 실천(行)의 두 가지로 개괄하였다. "단지 두 가지 일, 이해[理會]와 실천(實踐)이 있을 뿐"(『주자어류』 권9)

악록서원

호남성(湖南省) 장사(長沙)에 있는 서원으로 하서악록산(河西岳麓山) 동쪽에 위치하며 호남(湖南)대학교 내에 있다. 976년에 건설에 착수하였으며 담주(潭州)의 태수(太守) 주동(朱洞)이 창건하였다. 1018년 송(宋)의 진종(真宗)이 하사한 "악록서원(岳麓書院)"의 편액으로 서원은 더욱 유명해졌다. 송의 전성기에는 장식(張栻), 주희(朱熹) 등이 이곳에 와서 강연을 하였으며, 호상(湖湘)학파의 발상지이기도 하다. 명말(明末)부터 왕부지(王夫之), 위원(魏源), 증국번(曾國藩), 좌종당(左宗棠) 등 당대(唐代)의 걸출한 인재를 배출하였다. 서원 내의 조경은 매우 아름다우며, 유적들 또한 보존이 잘되어 있다.

이라고 하였다. '이해[理會]'는 '치지(致知)'로써 인식의 범주에 속하며, '실천'은 '역행'으로써 실천의 범주에 속한다. 그가 말한 인식은 분명히 객관사물에 대한 지식을 포함하고 있으나 주로 도덕적 지식이며, 그가 말한 실천은 분명히 사람의 어떤 사회적 실천행위를 포함하지만 주로 도덕적 실천이다. 이 때문에 그가 강론한 인식과 실천의 관계는 결코 일반적인 의미의 인식과 실천의 관계가 아니라, 인간의 도덕지식과 도덕실천의 관계에 관한 문제다. 이 점은 주희의 지행학설의 성질을 이해하기 위해서 상당히 중요하다.

주희의 '인식과 실천은 반드시 서로 수반하여 함께 발한다'는 설은 두 가지 방면의 내용을 포함하고 있다. 그 하나는 인식과 실천이 "항상 서로 수반하므로[相須]" 피차를 분리할 수 없고, 상호연결되어 의존적이다. 이와 같은 관계는 눈과 다리의 관계와 같다. 걸어 다니기 위해서는 눈과 발 어느 하나도 빠뜨릴 수 없다. 눈은 있으나 발이 없으면 다닐 수 없으며, 발은 있으나 눈이 없으면 길을 볼 수 없다. 인식과 실천은 이와 같이 서로 수반하여 떨어지지 않는다. 인식은 실천으로써 실현되고, 실천은 인식의 지도를 받는다. 이미 단지 인식만으로는 실천할 수 없고, 실천만으로는 인식에 이를 수 없으므로, 주희는 "치지(致知)와 역행(力行)의 공부는 한쪽에 치우칠 수 없으며, 한쪽에 치우치면 한쪽이 병든다."(『주자어류』 권9)고 하였다. 또 다른 하나는 인식과 실천(知行)이 함께 발현하여 같이 도달한다는 점이다. 어떤 사람이 주희에게 장식(張栻: 張南軒)의 "치지와 역행(力行)은 서로 함께 발현(互發)한다."는 말을 어떻게 이해해야 합니까 하고 물으니 다음과 같이 대답하였다.

> 반드시 서로 발현한다는 것을 깨우치지 못하면 각각 따로 나아간다. 만약 인식이 지극하지 못함이 있으면, 인식한 것으로부터 이해하고, 행(行)에 지극하지 못함이 있으면, 행(行)으로써 이해한다. 그러면 잠깐 사이에 저절로 서로 함께 발현한다.
>
> 未須理會相發, 且各項做將去. 若知有未至, 則就知上理會, 行有未至, 則就行上理會, 少間自是互相發. (『朱子語類』 권9)

주희는 인식과 실천이 함께 발현하지만[互發] '함께 발현함'은 전제 조건이 있음을 인정하였다. 먼저 인식과 실천에서 이해[理會]하는 것을 구별하고 나서 어느 한쪽이 모자라면 그 쪽에 나아가 공부해야 한다. 이렇게 하여 공부가 절정에 이르면 인식과 실천은 "서로 함께 발현하게" 되는데 이것은 자연적 결과다. 그가 말한 "인식과 실천은 모름지기 함께 나란히 진행해야 바야흐로 서로 함께 발현할 수 있다."(『주자어류』 권117)는 말은 "함께 나란히 진행한다."는 것을 '서로 함께 발현함'의 조건으로 본 것이다. "인식과 실천의 공부를 모름지기 함께 진행해야 한다. 인식이 점점 분명해질수록 실천도 점점 돈독해지며, 실천이 점점 돈독해지면 인식이 더욱 분명해진다. 둘 가운데 어느 한 쪽도 없어서는 안 된다."(『주자어류』 권14)고 하였다. 인식과 실천의 공부는 함께 도달한다는 것과 "함께 나란히 진행한다."는 것은 실제로는 하나의 일이며, 모두 인식과 실천 "둘 중 하나도 폐지할 수 없음"을 강조한 말이다. 이 지점에 도달하기만 하면 인식과 실천은 서로 추동(推動)하고 서로 촉진할 수 있다.

인식과 실천이 서로 반드시 함께 발현한다는 설은 인식과 실천이 서로 미루어 나아가는 변증적 관계임을 반영한다. 응당 이것이 중국 고대의 지행관 특히 낙학의 지행관에 중대한 공헌을 하였음을 인정하지 않을 수 없다.

3. 주희의 심성학설(心性學說)

주희의 심성학설은 낙학에서보다 더욱 완비된 이론형태를 갖추었다. 우선, 인성(人性)에 대한 분석이 더욱 세밀하고 깊이가 있다.

이정으로부터 시작된 낙학은 일찍이 리기관을 인성론으로 끌어들여, "성을 논하면서 기(氣)를 논하지 않으면 모자라며, 기를 논하면서 성을 논하지 않으면 밝지 못하다."(「유서」 권6, 『이정집』 81쪽)고 하였다. 이정은 장재(張載)를 계승하였는데 성을 '생지위성(生之謂性)'의 성과 '천명지위성(天命之謂性)'의 성으로 구분하였다. 전자는 기질에 품수(稟受)된 것으로서 기품의 성[氣稟之性]이라 부르고, 후자는 '본성의 리[性之理]'로서 천명의 성[天命之性]이라 불렀다. 이처럼 이정이 리기를 겸하여 말한 성이 주희의 표준이 되었다. 주희도 장재와 이정처럼 성을 천명의 성[天命之性]과 기질의 성[氣質之性]으로 구분하였다. 그는 "천지의 성을 논하면 오로지 리를 가리켜 말하며, 기질의 성을 논하면 리와 기를 섞어서 말한다."(「答鄭子上(十四)」, 『주문공문집』 권58)고 하였다. 그는 인간이 '천리'를 품수하여 몸에 간직하고 있는 성을 천명의 성이라고 생각하였다. "성이란 인간이 태어나면서 품수한 천리다.", "성은 천리며 불선함이 없다."(「맹자집주」, 『사서장구집주』 325쪽) 여기에서 성이 곧 천리라고 할 때의 성 속에는 인의예지신과 같은 도덕원칙이 포함되어 있다는 뜻이다. 리는 순수 지선하지만 리가 만약 기와 떨어지면 안주할 곳이 없어진다. 엄격하게 말해 "사람이 태어나는 고요함의 이전[人生而靜以上]"은 사람이 아직 태어나지 않았을 때를 가리키며, 이때도 리가 일정하게 안주함이 없으면 여전히 성이라고 할 수 없다. 그러나 "사람이 태어나는 고요함의 이후[人生而靜以下]"는 사람이 태어난 후를 가리키며, 이때도 리는 형기(形氣)의 가운데 안주하여야 비로소 성이라고 부를 수 있다. 그렇지만 이것은 이미 더 이상 성의 본연의 상태가 아니며, 기질에 의해 '오염된' 성이다. 리와 기가 서로 섞여 형성된 기질지성은 리와 기의 영향을 동시에 받는다. 리는 순수 지선하지만 기에 청탁(淸濁)과 편정(偏正)이 있기 때문에 인성은 선악의 이중성을 드러내며, 사람은 지혜로운 사람과 어리석은 사람, 어진 사람과 그렇지 못한 사람의 차별이 있게 된다. 기질의 성은 이미 도덕이성과 감성욕구를 포괄하고 있기 때문에 천리와 인욕의 종합체인 셈이다. 그러나 주희는 천명지성과 기질지성이 서로 구별되긴 하지만 결코 상관없는 독립적 인성은 아니라고 하였다. 그는 천지지성과 기질지성을 둘로 나누어 보는 관점을 반대하고, "기질지성이 천지지성임"을 인정하였다. "기질지성은 리가 기질의 가운데 떨어진 있는 것으로 기질에 따라 스스로 하나의 성을 이룬다. …… 하물며 원래 본연지성(本然之性)이 없다고 하면 이 기질지성(氣質之性)은 또 어디에서 얻겠는가?(「答徐子融(三)」, 『주문공문집』 권58) 이처럼 천명지성과 기질지성은 함께 연계되어 있어 서로 떨어지지 않는다. 기질지성의 밖에 독립된 천명지성이란 없으며, 본연지성과 무관한 기질지성도 없다. 현실의 인성은 모두 천명지성과 기질지성의 통일체다. 주희는 한 걸음 더 나아가 낙학의 본체론에 따라 인성론을 완성시켰다.

다음으로 마음에 대한 주희의 분석은 정밀하고 엄정하였다.

낙학에서는 본래 마음에 대한 연구를 매우 중시하여 마음을 인식의 주체로 인정하고 마음과 리의 관계를 논술하였다. 동시에 마음을 도덕의식의 주체로 보고 도심과 인심의 문제를 제출하였다. 주희도 마음을 인식의 주체와 도덕의식의 주체로 간주하였다. 그에 의하면 인식의 주체로서의 마음이 지각이다. "마음은 사람의 지각이며 몸체의 주인으로서 사물에 응한다."(「大禹謨」, 『주문공문집』 권65), "마음이란 저 사심이 없고 영명한 지각[虛靈知覺]의 성이며, 귀로 듣고 눈으로 보는 것과 같다."(「知言疑義」, 『주문공문집』 권73) 지각은 "깨닫는 능력[能覺]"과 "깨닫는 대상[所覺]'을 포괄하는데 "깨닫는 대상이란 마음의 리며, 깨닫는 능력이란 기(氣)의 영명함이다."(『주자어류』 권5) 마음은 허령(虛靈)[197]하고 신묘한 인식의 작용인 '능각(能覺)'과 마음의 인식내용인 '소각(所覺)'을 갖추고 있다. 지각작용과 관련하여 마음은 주재(主宰)작용을 갖고 있다. "사람의 몸과 지각운용은 마음이 하는 바가 아님이 없다. 마음이란 진실로 몸체의 주인으로써 동정(動靜)과 어묵(語默)에 모두 있다."(「答張欽夫(四九)」, 『朱文公文集』 권32) "마음은 신명(神明)이 몸담고 있는 집이며 몸의 주재다."(『주자어류』 권97) 이것은 지각과 사

---

197) 허(虛)는 사심과 편견이 없는 적연부동(寂然不動)함을, 영(靈)은 신명(神明)과 같이 형통(亨通)함을 의미한다.

유는 물론이고 행위와 활동도 모두 마음의 지배하에 실현된다는 말이다. 마음은 일체의 사유와 행위의 주재다. 그리고 사유와 실천 활동은 주체(저자주: 人身)와 객체(저자주: 인식대상)와 떨어져 있지 않다. "무릇 마음이란 인간 몸체의 주인이 되며, 하나이지 둘은 아니며, 주인이 되지 손님이 되지 않으며, 사물에게 명령하지 사물의 명령을 받지는 않는다."(「觀心說」, 『주문공문집』 권67), "인심은 지극히 영명하며 만변(萬變)을 주재하고, 사물의 주재를 받지 않는다."(「答潘淑度(三)」, 『주문공문집』 권46) 이것은 리가 의식 활동의 주체이지 객체가 아니며, 능동적으로 사물과 그 변화를 지배하고 제약하지, 반대로 사물과 그 변화에 좌우되지 않음을 가리켜 한 말이다. 그래서 "사물에게 명령하고 사물의 명령을 받지 않고" 또 "만변을 주재하고 사물의 주재를 받지 않는다."고 한다. 마음이 만물을 주재한다는 주희의 말은 실제 마음이 사물을 지배하고 제약하는 작용을 의미하고, 사물에 의지하여 마음이 존재하지 않는다는 뜻이다. 주희는 마음이 만물을 주재할 뿐만 아니라, "모든 리[衆理]를 갖추고" "만사에 응한다."고 강론하였다. "마음이란 사람의 지각이며, 몸의 주인이 되어 만물에 응한다."(「大禹謨」, 『주문공문집』 권65) 마음은 만사에 응할 수 있고, 실천에서 소극적이거나 피동적이지 않고 지배적 지위에 있다. 도덕실천에서도 이와 같다.

주희는 도덕적 의식 활동과 비도덕적 의식 활동을 구분해야 한다고 주장하였다. 그는 마음[心]을 '도심'과 '인심'으로 구분하여, 도심(道心. 저자주: 도덕의식)은 천리와 관련 있고, 인심(人心. 저자주: 감성욕망)은 사욕(私欲)과 관련 있으므로, 반드시 도심으로써 인심을 제한하고 도덕의식으로써 감성의 욕망을 제한하여 인간 행위가 봉건도덕의 규범에 합치하도록 해야 한다. 그러나 항상 "사람은 오로지 이 일심(一心)일 뿐"(『주자어류』 권13)이라고 하여 도심과 인심은 동일한 실천주체의 두 가지 서로 다른 측면일 뿐, 두 개의 병렬적인 주체는 아니라고 강조하였다.

여기서 마땅히 생각해야 할 것은 비록 주희가 마음을 인식과 실천의 주체라고 인정하였지만, 끝내 마음을 본체(本體)로 끌어올리지 않았다는 점이다. 그가 본체적 개념으로 표시한 것은 리(理. 저자주: 太極)와 성(性)이지 마음[心]은 아니다.

그는 '성즉리(性卽理)'를 주장하고 '심즉리(心卽理)'는 반대하였으며 마음과 리, 마음과 성은 구별이 있어 함께 섞일 수 없다고 생각하였다. 그는 다음과 같이 설명하였다.

> 마음이란 사람의 신명으로서 뭇 이치를 갖추어 만사에 응한다. 성은 마음이 갖춘 리이며 하늘 또는 리를 따라 나온다.
>
> 心者人之神明, 所以具衆理而應萬事者也. 性則心之所具之理, 而天又理之所從以出者也. (「孟子集注」 권13, 『四書章句集注』 349쪽)

주희는 마음과 리의 관계에 대하여 "마음이 중리(衆理)를 갖추고" "일심(一心)은 만리(萬理)를 갖추며" 혹은 "마음은 만리를 포함한다."고 보았다. '포(包)'는 포함(包含)이나 포섭(包攝)의 의미다. 마음은 만리를 포섭하고 만리는 마음에 갖추어져 있다. 인간은 리를 품부받아 성을 이루므로 성이 리다. 따라서 마음이 리를 포함한다는 말은 실제로 마음이 성을 포섭한다는 뜻이다. "마음은 허령(虛靈)하며, 성은 그 속에 꽉 차 있다."는 말은 마음을 하나의 텅 빈 병으로, 성을 그 속에 가득 차 있다는 비유이다. 이 비유는 형상을 통해 마음과 리(理), 마음과 성을 포섭과 피포섭의 관계로 설명한 것이다.

주희는 또 한 걸음 더 나아가 마음과 성정(性·情)의 관계를 설명하면서 "마음이 성·정을 통섭한다[心統性情]"는 설을 제출하였다. 심통성정(心統性情)의 의미 가운데 하나는 마음이 성·정을 겸함이다. "성은 그 리며, 정은 그 작용[用]이다. 마음은 성·정을 겸하여 말한다. 성·정을 겸한다는 말은 성·정을 포괄한다는 뜻이다."(『주자어류』 권20), "성은 아직 움직이지 않음이며[未動], 정은 이미 움직임이다[已動]. 마음은 이동과 미동을 포괄한다. 대개 마음이 아직 움직이지 않았으면 성이며, 이미 움직였다면 정이 되니 이처럼 마음은 성과 정을 통섭한다[心

統性情]"(『주자어류』 권5)고 하였다. 마음의 미동과 이동은 미발(未發)과 이발(已發)을 의미한다. 미발은 성이 되고, 이발은 정(情)이 된다. 성은 마음의 체(體)며, 정은 마음의 용(用)이니, 마음은 성·정을 겸하고 체용도 겸한다. 심통성정은 마음이 마땅히 성·정을 겸하며, 성·정을 포괄한다는 뜻이다. 심통성정의 두 번째 의미는 마음이 성·정을 주재한다[心主性情]는 뜻이다. "성이란 마음의 리며, 정은 성의 움직임이니, 마음은 성·정의 주인이다.", "성은 리로써 말하며, 정은 그것이 발하여 작용함이니, 마음은 성·정을 통제[管攝]한다."(『주자어류』 권5) 곧 마음은 성·정에 대하여 통제하고 주재(主宰)하는 작용이 있다. 이것은 '마음이 주재가 된다'는 앞의 말과 일치한다. 주희의 '심통성정'설은 장재(張載)에 근원하지만, 그는 '심통성정'설을 정이의 '성즉리'설과 결합하였으므로 실제로는 낙학을 심화·발전시켰다.

다음으로 주희는 '천리와 인욕'의 구별을 극단에까지 추론하였다.

이정(二程)은 인성론의 관점에서 '천리와 인욕'을 구별하고, 인욕을 없애고 천리를 밝히기를 주장하였다. 그리고 리욕관(理欲觀)과 천리론을 연계하여 그것을 윤리도덕철학의 핵심이 되도록 하였다. 주희는 낙학의 이러한 특징을 유지하되, 한 걸음 더 나아가서 "천리를 보존하고 인욕을 소멸시켜야 한다[存天理, 滅人欲]"는 주장으로 발전시켰다. 여기서 천리는 최고의 정신적 본체인 '리'가 사람의 몸에 체현된 윤리도덕의 원칙 즉 "인의예지를 총합한 이름"을 가리킨다. 인욕은 천리에 위반되는 물욕(物欲), 사욕(私欲)을 가리킨다. 이정은 "인심은 인욕이며, 도심은 천리다."(「外書」 권2, 『이정집』 364쪽)라고 하였는데 주희는 도심이 천리라는 데에는 찬동하였지만, 그러나 인심이 인욕이라는 것에 대해서는 수정하였다. 그는 "'인심은 인욕이다'라는 말에는 병폐가 있다."고 하였다. 즉 인심이라고 모두 인욕은 아니며, 인심이 곧 인욕이라고 할 수 없다는 말이다. 다만 "사욕을 드러내는" 마음만이 인욕이라고 생각하였다. 인욕 가운데는 천리와 합치하는 '욕(欲)'과 천리와 합치하지 않는 '사욕'의 구분이 있다. 천리와 인욕의 구분에 대하여 주희의 유명한 말이 있으니, "마시고 먹는 것은 천리며, 맛 좋은 음식을 요구하는 것은 인욕이다."(『주자어류』 권13)라는 말이 그것이다. 즉 굶주려 먹고자 하고 목말라 마시고자 하는 '이와 같이 합당한' '욕(欲)'은 리와 합치하므로 '천리'라고 부른다. 표준을 초과하여 '좋은 맛'을 요구하면 이 리와 합치하지 않으므로 결국 '인욕'이라 해야 한다. 주희가 결코 물질적인 욕구 일체를 반대하지는 않는다. 다만 분수에 넘치는 물질욕구를 반대하였다. 그는 '욕망을 줄여야 한다[寡欲]'고 주장하였다. 과욕(寡欲)이란 낮은 수준의 물질욕구를 유지하고, 표준을 뛰어넘는 물질적 향유를 제한하는 두 가지 함의를 갖고 있다. '멸인욕(滅人欲)'도 생존을 유지하는 물질욕구를 모두 없애버리라는 말이 아니라, 분수에 맞지 않고 표준을 초과하는 물질의 향유를 소멸하는 것이다. 이것은 일종의 금욕적 색채를 가진 절욕주의(節慾主義)다.

천리와 인욕의 관계 문제에서 주희도 이정과 같이 천리와 인욕은 근본적으로 대립된다고 생각하였다. "천리와 인욕은 병립할 수 없다."(「맹자집주」 권5, 『사서장구집주』 254쪽), "인간의 마음[一心]은 천리가 존재하면 인욕이 없어지며, 인욕이 이기면 천리가 소멸된다."(『주자어류』 권13) 즉 양자 사이에는 존망(存亡)과 소장(消長)의 관계가 존재한다. 다만 "인욕을 남김없이 변혁해야" 비로소 '천리를 모두 회복'할 수 있다. 그러나 그는 또 양자의 대립 가운데서 동일성을 보았다. "인욕은 천리의 이면으로부터 드러나니, 비록 인욕이더라도 그 인욕 가운데 스스로 천리가 있다."(『주자어류』 권13) 인욕은 이미 "천리의 이면으로부터 드러나므로" 인욕 가운데는 천리의 성분과 요소가 포함되어 있다. 그렇다면 천리와 인욕은 자연히 서로 떨어지지 않고 마음 가운데 함께 있게 된다. 따라서 단지 '인심'만 말하더라도(저자주: '도심'은 오로지 천리다), 여전히 천리와 인욕의 관계를 반영한다.

이 외에 주희는 또 "천리와 인욕은 함께 실행되는 다른 정(情)이다." 라고 주장하였다. 주희는 결코 무턱대고 일체의 '욕(欲)'을 반대하지 않았다. 심지어 인욕 가운데 스스로 천리가 있으며, 천리와 인욕은 서로 얽혀 함께 있어서 그 경계가 불확실하다고 보았다. 이른바 "천리와 인욕은 기미(幾微)의 차이"라고 하여 둘 사이에 분명한 경계선을 긋지 않았다. 천리와 인욕을 구분하는 기준은 신축성이 매우 크다. 같은 하나의 일이라도 동기가 다르면 어떤 사람에게는 천리가 되고, 다른 사람에게는 인욕이 된다. 이것이 "천리와 인욕은 함께 실행되는 다른 정(情)이다."라는 말이다. 그는 제(齊)나라 선왕(宣王)이 음악과 용맹과 재화와 여색을 좋아했다는 고사에 대해 다음과 같이 변론하였다.

> 대개 음악, 사냥[苑囿][198], 유람을 즐기고, 용맹과 재화와 여색을 좋아하는 마음은 모두 천리가 가진 바로서 인정에 없을 수 없다. 그러나 천리와 인욕은 함께 실행되는 다른 정(情)이다. 리에 순응하여 천하의 공(公)이 됨은 성현이 그 성을 다하기 때문이며, 욕을 좇아 자기 한 사람만 사(私)가 되는 것은 뭇 사람이 그 하늘을 소멸시키기 때문이다. 둘 사이에는 조금의 차이도 없지만, 그 시비와 득실의 귀결은 서로 멀다.
>
> 蓋鍾鼓·苑囿·游觀之樂, 與夫好勇·好貨·好色之心, 皆天理之所有, 而人情之所不能無者. 然天理人欲, 同行異情. 循理而公于天下者, 聖賢之所以盡其性也; 縱欲而私于一己者, 衆人所以滅其天也. 二者之間, 不能以髮, 而其是非得失之歸, 相去遠矣. (「孟子集注」 권2, 『四書章句集注』 219쪽)

천리와 인욕의 표준은 이와 같이 불확정적이며, 사람에 따라 다르다. '천하의 공(公)'이라는 깃발 아래 극단적으로 욕(欲)을 좇는 행위를 '천리'라고 말하기도 하고, 반대로 똑 같은 행위를 "자기 한 사람의 사욕(私欲)"이라는 죄명을 씌워 "천리를 소멸시킨[滅天理]" 행위라고 말하기도 하였다. 이와 같이 통치계급의 부패와 욕망을 방임할 수도 있고, 인민대중의 합리적인 물질욕구(저자주: 주희가 보기에 시비로 나누어지는 욕구)를 압박할 수도 있었다. 따라서 주희의 "천리와 인욕은 함께 실행되는 다른 정(情)이다."는 설은 한편으로 '천리와 인욕'의 허구성을 폭

198) 초목을 심는 동산과 금수(禽獸)를 기르는 곳.

로하였다.

주희는 '천리와 인욕'을 구분한 결과 "천리를 보존하고 인욕을 소멸하라[存天理, 滅人欲]"고 주장하였다. 이 주장은 봉건통치계급에 의하여 널리 유행된 구호가 되었는데 반인성(反人性) 반인도(反人道)의 성격을 지닌다.

주희의 심성학설에 포함된 내용은 매우 광범하지만, 그 요점은 '성'이라는 핵심개념을 축으로 삼아, 밖으로 '천리'를 윤리도덕[綱常]이라는 명교(名教)로 변화시켜 윤리철학을 건립한 데 있다. 주희는 심각한 철학적 반복사유에 기초하여 리기론, 인성론, 윤리관을 하나로 결합시켜 완성된 이론 형태의 리학체계를 갖추었다.

주희의 리학사상은 풍부하고 매우 깊다. 여기서는 특정한 각도에서 그 대략적인 구획만을 살펴보았다. 그러나 이것만으로도 주희가 낙학을 전면적이고 체계적으로 발전시켰음을 알 수 있다. 낙학의 변화발전 과정에서 신유학은 의심할 수 없는 가장 중요한 지주이며, 낙학에서 비롯된 어떤 학파보다 뛰어난 발전을 이룩하였다.

제 11 장

금원시대 낙학의 북방으로의 전파와 발전

금(金)나라의 통치 하에 있었던 북방에서 낙학이 시대적 풍조가 되거나 대표적 학문에 속하지는 않았지만, 그 여훈(餘薰)이 끊어지지 않고 여전히 몇몇 후계자가 활동하고 있었다. 낙학은 이들에 의해 '가학(家學)'의 형식으로 대대로 전해지다가 금나라 말기에 이르러 새롭게 부상하였다. 그후 몽고족이 금을 멸하고 중원(中原)으로 진입하여 송을 멸망시키고 통일정권을 건립하자 남북의 경제·정치·문화의 대대적 교류가 이루어졌다. 게다가 원(元)의 통치자들이 한족(漢族)을 망라하여 인재를 중시하자 조복(趙復)과 같은 남송의 리학가들이 거기에 참여함으로써 신유학을 북방에 대규모로 전파시킬 수가 있었다.

금·원시기 남송으로부터 북방으로 전파된 주희리학(朱熹理學)은 북방에서 유전(流傳)되던 낙학과 함께 합쳐졌고 그에 따라 남방의 리학과 함께 발전할 기회를 얻었다. 북방의 리학은 발전과정에서 점점 자체의 특징을 형성하였으며 나름의 특색을 갖춘 독립된 학파를 창립하기 시작하였다. 조복은 북방에서 강학활동에 종사하였으며 아울러 초보적인 학문의 사승(師承)체계를 이루어 북방 리학파의 건립을 위한 기초를 다졌다. 학경(郝經)은 북방에 원래 있던 낙학의 "남은 학풍[余緖]"을 계승하는 동시에 조복이 전수한 정주 '신유학'을 받아들여 범주론을 중심으로 하는 리학사상 체계를 형성하였다. 그리고 허형(許衡)은 원나라 초기 북방의 학자들 가운데 조복의 리학사상을 이어받은 가장 대표적 학자로 송·원의 왕조교체 시기에 리학이 중원의 여러 한족문화 전통의 사회적 기능을 발전시키고 이어나갈 수 있도록 힘써 노력하였다. 그는 몽고족의 통치자들이 중원으로 들어온 이상 마땅히 한(漢)의 법제를 행하여야 한다고 주장하였는데, 이것은 유가(儒家)의 정치를 받들어 행하라는 뜻으로 경세치용(經世致用)의 특징을 지녔다. 전란의 와중에 사회의 도덕 수준의 보편적 저하를 반성하고, 더욱이 그것이 몽고 귀족들이 드러낸 극도의 탐욕에서 비롯되었음을 알고 허형은 특별히 도덕실천의 학문을 중시하였으며, 마음을 다스리는 방법의 중요성을 강조하였다. 그는 하나의 실천학문을 핵심으로 삼는 학파를 창립하였으며, 그것은 경세치용의 성격을 갖춘 리학의 사상체계로 원대 내내 그 영향이 계속되었다. 원나라 초기 리학가들의 노력을 거쳐 신유학은 마침내 관방철학(官方哲學)의 보좌(寶座)에 올랐으며, 학술사상계의 통치적 지위를 확립하였다.[199]

---

199) 저자주: 『진양학간(晋陽學刊)』 1986년 제4기에 실린 졸고 『金元時期 北方에서의 理學發展의 특징과 사회작용』을 참조.

제1절: 조복(趙復)

금·원 시기 북방리학의 새로운 국면은 조복이 열었다.

조복(趙復)은 자가 인보(仁甫)며, 호북성(湖北省) 덕안(德安: 지금의 安陸縣) 사람이다. 그의 생몰연대는 자세히 알 수가 없으며 학술활동은 대략 1230년에서 1260년 사이에 이루어졌다. 조복은 송 이종(理宗) 단평(端平) 2년(1235)에 원나라 군대가 송을 공격하여 덕안을 함락했을 때 포로로 잡혀가게 되었고, 이때 정주의 저작이 그에 의해 체계적으로 북방의 학자들에게 소개되었다. 아울러 연경(燕京)에 새로 건립된 태극서원(太極書院)에서 신유학을 강의하면서 "원나라에서 도통(道統)을 연" 인물이 되었다. 학자들은 강한선생(江漢先生)이라 불렀다. 저작은 『전도도(傳道圖)』, 『이락발휘(伊洛發揮)』, 『사우도(師友圖)』, 『희현록(希賢錄)』 등이 있으나 대부분 전해지지 않는다.

조복은 주요 저작인 『전도도』와 『사우도』에서 집중적으로 도통관(道統觀)을 자세하게 설명하고 있다.

『원사·조복전(趙復傳)』은 다음과 같이 기술하고 있다.

> 조복은 주돈이와 이정 이후 그 책들이 넓고 넓어 학자들이 관통하지 못하기 때문에, 복희·신농·요·순에 근원하여 하늘을 잇는 대중지정(大

中至正)의 도덕표준을 세웠으며[繼天立極], 공자・안연・맹자가 세상에 널리 전한 교육 내용을 정리하고, 주돈이・이정・장재 …… 주자 등이 계승하여 발명한 것을 『전도도』를 지어서 책의 조목으로 뒤에 배열하였다. 그리고 …… 주자의 문인들이 사방에 흩어져 있었는데, 글로 기록된 사람과 전하여 듣게 된 사람이 모두 53명이니, 『사우도』를 만든 것은 사숙(私淑)[200]의 뜻에 의한 것이다.

復以周・程而後, 其書廣博, 學者未能貫通, 乃原羲・農・堯・舜所以繼天立極, 孔子・顔(淵)・孟(軻)所以垂世立教, 周・程・張 …… 朱氏所以發明紹續者, 作『傳道圖』, 而以書目條列于後; …… 朱子門人, 散在四方, 則以見諸登載與得諸傳聞者, 共五十三人, 作『師友圖』, 以寓私淑之志. (『元史』 권189, 4314쪽)

이 말은 조복이 쓴 『전도도(傳道圖)』의 요지가 복희와 신농이 밝혀낸 도(道)가 공자・맹자를 거쳐 주돈이・이정・장재・주자에까지 한 맥으로 전수된 계통을 자세히 설명하는 데 있으며, 그가 만든 『사우도(師友圖)』는 "사숙(私淑)의 뜻에 의한 것"으로 스스로 도통의 전수자로 자처하였다는 뜻이다.

조복이 쓴 『전도도』는 실제로 성현이 서로 전한 한 폭의 계보도(系譜圖)다. 도통관은 분명히 결코 조복의 발명이 아니며, 양송(兩宋) 리학가들에 의해 전해 내려온 것이다. 단지 송・원 시기에 그것이 일으킨 작용이 양송시기와 다를 뿐이다.

도통관의 핵심은 고대로부터 현재에 이르기까지 사회를 뛰어넘는 초역사적이며 영원불변한 관념과 사상 곧 이른바 '도(道)'가 존재함을 강조하려는 데 있다. 동중서(董仲舒)의 설명에 의하면, "도의 큰 근원은 하늘[天]에서 나오며, 하늘은 불변이므로 도 역시 불변이다. 그러므로 우임금은 순임금을 계승하고, 순임금은 요임금을 계승하여 세 성인이 서로 이어받아 하나의 도를 지켰다."(「對策三」, 『中國哲學史資料選集・

200) 고인(故人) 또는 먼 곳에 있는 사람을 속으로 그 덕을 사모하고 직접 가르침이 없어도 그 사람을 자신의 스승으로 삼아 자기 학문이나 도를 닦는 일.

兩漢之部』상 89쪽) 여기서 실제로 이미 도통관의 최초 형식이 갖추어졌으며, 아울러 두 가지 원칙이 확정되었다. 하나는 "도의 큰 근원은 하늘[天]에서 나왔다."는 말로서 '도'의 영원불변성을 확립하였으며, 다른 하나는 "세 성인이 서로 이어받아 하나의 도를 지켰다."는 말로서 성현이 유일한 도를 물려주고 받았다는 관점을 확립한 것이다. 당대의 한유(韓愈)는 노·불(老佛)이 미친 듯이 날뛰며 사상계의 통치적 지위에 있던 유가를 위협하는 상황에서 노·불을 반대하는 투쟁의 필요성에 따라 동중서 이래 성현이 도로써 물려주고 받았다는 관점에 근거하고, 또 불교의 각 종파들이 스승과 제자가 서로 전하는 '법통(法統)'을 모방하여 '도통(道統)'설을 엮어 만들었다. 그로써 유가의 근원이 멀고 흐름이 오래된 도통을 노·불과 필적하도록 하여 유가의 지위를 끌어올렸다. 한유는 예로부터 성현이 도(道)로써 서로 전한 일에 대하여 "요임금은 이로써 순임금에게 전하고, 순임금은 이로써 우임금에게 전하고, 우임금은 이로써 탕임금에게 전하고, 탕임금은 이로써 문왕(文王)·무왕(武王)·주공(周公)에게 전하였으며, 문왕·무왕·주공은 공자에게 전하고, 공자는 맹자에게 전하였으나 맹자가 죽은 후 그것은 전해지지 못했다."(「原道」)고 설명하였다.

한유의 '도통'설은 비교적 완전한 형태를 갖추었는데 그 특징은 두 가지다. 하나는 비교적 상세하게 물려주고 받은 성현의 명단을 배열한 것이며, 다른 하나는 도통의 전수과정이 중단되었다는 중단론을 제시한 것이다. 그는 맹자 이후 "전해지지 않았다."고 단언하고, 자신의 사명이 이 도통을 이어주었다고 보았다. 북송시대 낙학을 창시한 정이는 도통관을 정식으로 확립한 사람이다. 정이는 "주공이 죽자 성인의 도는 행해지지 않았으며, 맹자가 죽자 성인의 학문이 전해지지 않았다. 도가 행해지지 않으면 백세(百世)라도 좋은 정치는 없으며, 학문이 전해지지 않으면 천 년을 기다려도 진정한 유학자는 없다. …… 선생(저자주: 程顥)은 1,400년 이후에 태어나 남겨진 경(經)에서 전해지지 않는 학문을 얻어 장차 이 도를 백성들에게 깨닫도록 하고자 하였다."(「明道先生墓

表」, 『이정집』 640쪽)고 하였다.

정이의 도통관의 특징은 도통중단론(道統中斷論)의 기초에서 명확하게 도통의 접속론(接續論)을 제시한 것이다. 그는 한유의 말만 취하고 한유라는 사람을 빼버림으로써 자기 형제가 맹자를 이은 "진정한 유학자"라고 스스로 자랑하였다. 도통의 과정에서 이정(二程)의 지위는 남송의 주희(朱熹)가 승인함으로써 인정받게 되었다. "하늘이 먼저 복희·요·순·문왕을 태어나게 하고, 그 다음에 공자를 태어나게 하지 않았다면 이어지지 않았을 것이다. 그 뒤 또 맹자를 태어나게 하지 않았다면 역시 이어지지 않았을 것이며, 2,000년 뒤 또 이정을 태어나게 하지 않았다면 역시 이어지지 않았을 것이다."(『주자어류』 권93)

주희는 명확하게 도통은 "사람이 맡아 전한다."는 관점을 제출하여 "도는 세상에서 없어지지 않았다. 다만 맡은 사람이 혹 끊어지기도 하고 혹 이어지기도 하기 때문에 세상에 행해짐이 밝을 때도 있고 어두울 때도 있다."고 하였다. 주희는 또 "16자로 마음을 전한다."라는 이른바 "성인이 마음을 전하였다."는 논리를 창조하였다. 주희의 제자 황간(黃榦)은 한 걸음 더 나아가 "도의 정통은 사람이 나타난 후에 전해지며, 주(周)나라 이래 도를 전할 책임을 진 사람은 몇 사람에 지나지 않는다. 이 도를 밝고 분명하게 드러낼 수 있는 사람은 한두 사람에 불과하다. 공자 이후로 증자(曾子)와 자사(子思)가 그 작은 것을 이었고, 맹자에 이르러 비로소 드러났다. 맹자 이후에 주돈이·이정·장재가 그 끊어진 것을 계승하였으며 주희에 이르러 비로소 드러났다."(『송사』 권249, 12769-770쪽)고 하였다. 여기서 그는 도통의 전승자를 "작은 것을 계승함[繼微]", "끊어진 것을 계승함[繼絕]" 그리고 "밝게 드러냄[章著]"의 세 가지로 구분하면서, 주희를 맹자와 동등한 지위에 두었다. 이것은 신유학을 정통의 지위로 올려놓기 위한 발언이다. 리학가들은 이를 통하여 계속 "도를 전하는 책임을 진다."는 명예심과 사명감을 키웠다. 조복(趙復)은 "도의 정통은 사람을 기다린 후에 전해진다."는 관점에 의지하여 송과 원의 전란 중에 "구족(九族)이 모두 멸망당한" 극도의 개인적인 불행을 꾹 참을 수 있었으며, 한민족의 전통문화가 위기에 처한 역사의 고비에서도 용감하게 "도(道)로써 자임(自任)"하고 도가 세상에 크게 밝아지기를 바라며, 북방에 신유학을 전파하는 책임을 떠맡았다.

만약 동중서(董仲舒)가 말한 "세 성인이 서로 전달받아 하나의 도를 지켰다."는 표현방법이 당시에 유가학설이 유일한 지위가 되도록 기초를 다졌다면, 한유(韓愈)는 맹자 이후 "전해지지 않았다는" 도통중단론을 통해 유·불·도 3가의 투쟁을 자극하였고, 정주(程朱)는 "도의 정통은 사람을 기다려 전해진다."는 도통접속론으로 리학을 유가의 정통 지위로 확립한 셈이다. 그렇다면 조복(趙復)을 대표로 삼는 원대의 도통론은 몽고족이 자신의 입장만 주장하는 조건에서 한편으로 전통적인 한족 문화를 보존하여 멸망의 액운을 벗어나게 하고, 다른 한편으로 리학을 주체로 삼는 비교적 높은 이론형태로써 몽고족의 통치구역에 있는 한족 지주계급과 지식인들을 감화시키고 몽고족의 문화에 영향을 주어 한족 지주계급의 이익에 부합하는 방향으로 발전하도록 하였다.

이 때문에 조복은 북방으로 신유학을 전파하는 과정에서 특히 리학의 도통관을 중시하였다. 그가 지은 『전도도(傳道圖)』에 등장하는 복희와 신농에서부터 주희에 이르기까지의 인물들은 모두가 단지 일반적인 도통의 전수자가 아니라 리학에 발을 들여놓은 최대의 대표인물들이다. 이것은 물론 그의 리학자로서의 입장에서 결정되었지만 시대적 요구를 포함하고 있다. 이것은 그가 『전도도』의 뒤에 배열한 도서목록에서도 알 수 있다. 눈길을 끄는 것은 그가 배열한 도서목록 전부가 리학가의 저작들이며 시대감이 매우 강렬하다는 점이다. 당연히 조복도 도통의 계속적 전승에서 자신의 위치를 드러내는 것을 잊지 않았다. 이 때문에 또 『사우도(師友圖)』를 지었던 것이다. "사숙(私淑)의 뜻에 의하였다."는 말은 자신을 주희를 사숙한 제자의 대열에 편입시켜 신유학의 정통 전수자라는 신분을 얻기 위함이었다.

여기서 설명해야 할 것은 리학가들이 보기에 처음에는 도통(道統)과 황통(皇統)이 제왕 한 사람에게 집중되어 황통이 도통의 담당자로써 숭고한 지위를 갖추었지만, 공자 이후로부터는 도통의 유지자와 수호자가 더 이상 제왕(저자주: 혹은 君王과 宰相)의 지위에 있지 않았으며, 도통과 황통이 둘로 나누어져 있었다는 점이다. 황통이 리학가들로부터 강조되긴 하였으나 도통과 필적할 만한 지위는 갖추지 못하였으며, 단지 하늘을 대신하여 도를 해치는 도구에 불과하였다. 아울러 이 때문에 황통은 천도(天道)를 위배할 수 있는 가능성이 있었다. 따라서 황통은 단지 도통의 종속적 지위에 머물렀다. 즉 도통이 황통보다 높았다. 도통은 이미 지존이 되어 양송 이래 리학정치관(理學政治觀)의 특징이 되었다. 이 점은 리학가들로 하여금 사회위기의 시대에 중원의 봉건문화를 지켜야 한다는 필요성으로부터 출발하여 종족의식의 울타리를 뛰어넘어 외족의 통치하에서도 지고무상의 도통을 계속 추진할 수 있도록 해주었다. 원초에 한족 지주계급의 지식인과 몽고족 통치자가 합작하여 공동으로 한대의 법[漢法]을 시행함으로써 안신입명(安身立命)의 이론적인 근거를 제공하였다. 원나라 초 리학의 명신(名臣)인 학경(郝經)은 "중국의 도를 행하면 중국의 주인이 된다."고 하였다. 이로써 하나의 정치원칙으로 도통이 황통보다 높다는 관점을 구체화 하였다. 다시 한 걸음 더 나아가 도통과 황통을 한 몸에 가진 이상적인 대표를 찾아 도통과 황통을 한데 합하였다. 쿠빌라이(忽必烈)[201]는 적극적으로 한대의 법을 추진하였기 때문에 한족 사대부들의 옹호를 받아 "유교대종사(儒教大宗師)"라는 아호(雅號)를 얻었다. 리학가들이 보기에 이것은 아마도

201) 세조(世祖: 1215～1294). 몽골제국 제5대 칸이며, 중국 원나라의 시조(재위 1260～1294). 칭기즈칸의 손자. 1244년 유생(儒生) 왕악을 고비사막 이북 지역(현재의 蒙古)으로 초청하는 등 일찍부터 한족 문화에 관심을 보였는데, 특히 1253년부터는 신유학자 왕순(王恂)에게 명하여 맏아들 친킴[眞金]의 교육을 맡겼다. 그리하여 그의 휘하에는 유병충(劉秉忠), 요추(姚樞), 허형(許衡) 등 특별히 신유학계의 중국 지식인들이 모이게 되었다. 쿠빌라이는 도읍을 연경(燕京: 北京)으로 옮겨 대도(大都)라 일컫고, 이어 1271년 『역경』에 입각하여 나라 이름을 원이라 하였다. 원나라가 남송을 멸망시키고, 이민족으로서 최초의 중국 통일을 이룬 것은 1279년의 일이다.

조복이 힘써 선전한 리학도통관(理學道統觀)이 원나라 초기 정치현장에서 성공적으로 운용되었다고 할 수 있을 것이다.

조복은 몽고족이 중원에 들어와서 주인노릇을 하는 특수한 조건에서 학술활동에 종사한 사람이었다. 따라서 그의 리학사상은 시대적인 영향을 받지 않을 수 없었다. 그는 유가의 전통적인 관점에 자신이 절실하게 몸으로 느낀 것을 결합하여 특별히 "군자의 학문"을 마땅히 유가 '왕도'의 귀착지로 삼아야 한다고 강조하였다. 그는 왕도(王道)와 패도(霸道)의 구별을 매우 중시하였다. 이 사상은 그가 『양자양문집(楊紫陽文集)』을 위해 쓴 서문에 잘 나타나 있다.

> 군자의 학문은 왕도에 이르러야 멈춘다. 배움이 왕도에 이르지 않으면, 세속에 따라 변하지 않을 수 없다. 삼대의 성인은 심학을 천하의 후세에 전하였으며, 이윤[202]과 부열[203]의 교훈에서 드러났으니, 군자는 장차 여기에서 몸을 마친다.
>
> 君子之學, 至于王道而止. 學不止于王道, 未有不受變于流俗也. 三代聖人, 以心學傳天下後世, 見于伊尹・傅說之訓, 君子將終身焉. (蘇天爵; 『元文類』 권32)

조복이 보기에, '왕도'는 삼대에 행해졌으며 군자의 학문은 성인의 마음을 얻어 "왕도의 본원"을 깨닫는 데 있다. 그러나 불행하게도 후세에 "명철한 왕"이 일어나지 않았고, 춘추(春秋) 이래로 제자(諸子)들이 각각 자신의 뜻으로 학문을 말하여 고대 성인들의 전체를 알아낼 수 없었다. 게다가 공리적인 말단의 학문이 흥기하여 드디어 성인의 뜻이 없어져 1,100년 이래 왕도가 밝혀지지 않았다. 이에 조복이 목소리를 높여 "무릇 호걸지사(豪傑之士)는 비록 문왕(文王)이 없어도 일어난다."

---

202) 은(殷)의 재상. 이름은 지(摯). 탕왕(湯王)을 도와 하(夏)의 걸(桀)왕을 멸망시키고 천하를 평정하였다. 탕왕이 죽은 후 그의 손자인 태갑(太甲)이 무도(無道)하였으므로 이를 동궁(桐宮)에 내친 뒤 3년 만에 그의 뉘우침을 보고 다시 제위에 복귀시켰다.

203) 은(殷)나라 고종(高宗) 때의 어진 재상.

고 하였다. 그는 '왕도'가 흥하고 폐하는 것은 인인(仁人)과 지사(志士)의 주체적인 노력에 따라 결정된다고 생각하였다. 역사를 돌이켜보면 가끔 어떤 사람은 입으로만 왕도를 표방하지만 실제로는 패도를 일삼는 무리가 있다. 조복은 세상에 '왕도'를 행하고자 하면 반드시 사상적으로 "참됨[誠]과 거짓[僞]에 대한 엄격한 변별" 즉 왕도인가 아니면 왕도를 가장하는가를 구별해야 한다고 하였다. 오직 "참됨과 거짓이 정해져야만" 비로소 "왕도와 패도가 간단히 밝혀질" 수 있기 때문이다. 조복의 왕도와 패도에 관한 입장은 유가에서 왕도를 존중하고 패도를 천시하는 전통관념과 결코 조금도 다르지 않다. 그러나 조복은 몽고족이 무자비하게 정벌전쟁을 하는 동안 유가의 왕도와 패도의 변별을 강론하고 각 민족의 지식인들에게 "세속에 따라 변하지 말고" '왕도'에 힘쓰라고 호소하였다. 이는 몽고족 통치에 대한 날카로운 비판이며, 무력으로 중국을 정복한 몽고족의 통치자들이 자행하는 패도를 왕도로써 힘써 바로잡고자 함이다. 이러한 점을 알게 되면, 조복이 왜 '왕도'를 3대의 성인이 전수한 '심학'의 핵심이라고 한 이유를 분명하게 이해할 수 있다. 이로써 그의 학술적 종지가 여전히 리학가들의 말처럼 성현이 물려주고 받은 '심법(心法)'이며, 이러한 '심법'이 정치상에서 체현되는 것이 곧 '왕도'임을 알 수 있다.

조복에 따르면 군자의 학문은 한편으로는 "왕자(王者)로서의 일"을 배워 왕도정치에 힘쓰는 것이며, 다른 한편으로는 "자신을 위한" 도덕수양을 쉬지 않아야 한다. 이러한 사상은 『희현록(希賢錄)』에 집중적으로 나타나 있다. "현인을 희망한다[希賢]"는 말은 주돈이(周敦頤)에 근원한다. 주돈이는 『통서(通書)·지학(志學) 제10』에서 "성인은 하늘을 희망하고, 현인은 성인을 희망하며, 선비는 현인을 희망한다. 이윤(伊尹)과 안연(顔淵)은 대현(大賢)이다. 이윤은 그 임금이 요순과 같지 않음을 부끄럽게 여겼으며, 한 사람의 범부가 잘못하면 자신이 시장에서 매를 맞는 것처럼 부끄럽게 여겼다.[204] 안연은 노여움을 남에게 전가하지 않았으며, 두 번 잘못을 범하지 않으며, 세 달 동안 인(仁)을 어기지 않았다. 이윤이 뜻한 바에 뜻을 두고, 안자(顔子)가 배운 바를 배워야 한다. 뛰어나면 성인이며, 미치면 현인이다. 미치지 못해도 영명(令名)을 잃지는 않는다."[205]고 하였다. 이것은 리학가들이 제출한 인간의 목표다. 『희현록』은 조복이 주돈이의 "선비는 현인을 희망한다."는 종지를 근거로 이윤과 안연의 언행록을 한 권으로 편집한 책이다. 그 목적은 학자들로 하여금 수양공부를 하도록 인도하여 성인이 되고 현인이 되도록 하는 데 있다.

어떻게 해야 현인(賢人)이 될 수 있는가? 조복이 원호문(元好問)에게 보낸 글에서 그 일면을 살펴볼 수 있다. 『원사(元史)·조복전(趙復傳)』에는 다음과 같이 기록되어 있다.

> 원호문은 한때 문명을 떨쳤다. 그가 남쪽에서 돌아왔을 때 조복이 글을 보내 말하기를, '너무 넓으면 마음을 빠지게 하고, 말단은 근본을 잃게 하니 이것을 경계하고, 스스로 수양하여 『역』을 읽고 문왕과 공자가 애쓴 마음으로 면려(勉勵)해야 한다'고 하였다. 그가 사람을 사랑하는 덕이 이와 같았다.
>
> 元好問文名擅一時, 其南歸也, 復贈之言, 以博溺心, 末喪本爲戒, 以自修讀『易』求文王·孔子之用心爲勉. 其愛人以德類若此. (『元史』 권189, 4315쪽)

원호문(元好問)은 금나라 말에서 원나라 초기에 걸쳐 성대한 명성을 누린 문인이다. 조복은 리학가의 입장에서 원호문에게 두 가지를 경고(警告)하였는데, 하나는 "너무 넓으면 마음을 빠지게 하며, 말단은 근본

---

204) 이 내용은 『상서(尚書)』「說命下」 제14의 "乃曰, 予弗克俾厥后惟堯舜, 其心愧恥, 若撻于市, 一夫不獲, 則曰時予之辜" 부분을 재설명한 것이다. 즉 이윤(伊尹)이 "내가 임금을 요순처럼 만들지 못한다면, 내 마음의 부끄러움이 시장에서 매 맞는 것과 같으며, 한 남자라도 옳게 되지 않는 사람이 있다면 이것은 곧 나의 허물이다."라는 말을 설명한 것이다.

205) "聖希天, 賢希聖, 士希賢. 伊尹·顔淵, 大賢也. 伊尹恥其君不爲堯舜, 一夫不得其所, 若撻于市. 顔淵不遷怒, 不貳過, 三月不違仁. 志伊尹之所志, 學顔子之所學. 過則聖, 及則賢, 不及則亦不失于令名."

을 잃게 한다."는 것이며, 다른 하나는 "스스로 수양하여 『역』을 읽고 문왕과 공자가 애쓴 마음으로 면려한다."는 것이다. 이것은 사실 조복의 인생신조다.

"넓음은 마음을 빠지게 하고, 말단은 근본을 잃게 한다."는 말에 관하여 리학가들은 공부할 때 덕(德)에 힘쓰는 수업을 근본으로 삼아야 한다는 뜻이라고 보았다. 일반학자들은 가끔 문장에 빠지거나 훈고에 이끌려 본심을 상실하기도 하기 때문에 리학가들은 오로지 문사(文辭)에만 뜻을 두는 것을 반대하였다. 정이는 "지금 학자들에게는 세 가지 병폐가 있는데, 첫째 문장에 빠짐이요, 둘째 훈고(訓詁)에 이끌림이요, 셋째 이단(異端)에 미혹됨이다. 진실로 이 세 가지가 없으면 장차 어디로 돌아가겠는가? 반드시 도를 좇아간다."(「유서」 권18, 『이정집』 187쪽)고 하였다. 그는 문(文)과 도를 완전히 대립적으로 보아 일반적으로 도를 중시하고 문을 경시하는 정도가 아니라 문을 버리고 도를 추구하기를 주장하였다. 조복의 '마음이 빠지고 근본을 잃는다.'는 논리는 한편으로는 그의 리학가적 입장에서 결정되었지만, 다른 한편으로는 송나라 말기의 학자들이 문장에 빠진 폐단과 관련이 있다. 왜냐하면 당시 "오경과 사서에 대한 소주(小注)는 번잡하기 그지없었으며, 읽는 사람은 진실로 문(文)이 질(質)을 없애고, 지나친 넓음이 마음을 빠지게 하는 근심이 있었기"(저자주: 薛瑄의 말) 때문이다. 따라서 그는 문장과 사장(詞章)으로 세상에 이름을 떨친 원호문에게 마음을 빠지게 하고 근본을 잃게 하지 말라고 경고이다. 그의 이러한 행동은 "덕으로써 남을 사랑한다."는 칭송을 들었다.

"스스로 『주역』을 읽고 문왕과 공자가 애쓴 마음으로 면려해야 한다."는 말에서 '힘쓴다'는 말은 실천을 의미하며, '마음'은 사상을 의미한다. 문왕과 공자가 애쓴 마음을 구한다는 말은 성인(저자주: 문왕과 공자)의 실천과 사상을 몸으로 느낀다는 뜻이다. 정이는 사람이 어떻게 덕(德)을 온축(蘊蓄)하는가를 논할 때 "사람이 온축하는 것은 배움으로부터 확대되는데, 옛 성현의 말과 행동을 많이 듣고, 흔적을 고찰하여 그 용(用)을 관찰하고, 말을 관찰하여 그 마음을 구하여 그것을 인식함으로써 그 덕을 쌓아 이룬다."(『이천역전』 권2, 『이정집』 828-29쪽)고 하였다. 정이가 말한 "옛 성현의 말과 행동을 많이 듣는다."는 방법은 책에서 공부하는 것이다. 독서를 통하여 흔적을 고찰하고 말을 관찰하여 성현이 실천한 것(저자주: 用)과 사상(저자주: 心)을 몸으로 느끼고, 그로써 자신의 '성덕(成德)'을 배양해야 한다는 말이다. 조복은 "옛 성현의 말과 행동을 많이 듣는다."는 말을 "스스로 『역』을 읽고 닦는다."고 직해하였다. 왜냐하면 조복이 보기에 『역』은 성인의 말이므로 성인이 "마음을 쓴 것"을 구할 수 있기 때문이다. 이것이 조복이 제창한 특수한 수양방법과 과정이다.

조복은 남송의 정주리학(저자주: 洛學 혹은 閩學化된 낙학)을 체계적으로 북방에 소개한 가장 중요한 학자다. 그는 북방에서 반관방(半官方)의 강단(저자주: 太極書院)에서 공개적으로 정주리학을 강론하였으며, 북방의 학술분위기를 일변시켰다. 원나라 초기 리학의 명신(名臣)인 학경(郝經)과 허형(許衡) 등은 모두 조복에게서 리학사상의 훈도(薰陶)를 받았거나 혹은 조복의 리학사상에 의해 교육받고 성장하였다. 청대의 리학가인 손기봉(孫奇逢)은 조복에 대하여 "한 시대의 학술을 진작시켰다."(『元儒趙江漢太極書院考』)고 하였는데 이것은 적절한 판단이다.

제2절: 학경(郝經)

학경의 초상

금·원 시대 북방으로 전해진 주희 리학과 본래 북방에 있던 낙학이 서로 합류한 것은 필연적 추세였다. 학경(郝經)은 북방의 전통 낙학을 남방의 주희리학과 결합시킨 대표적 인물 중의 한 사람이다.

학경(郝經: 1223~1275)은 자가 백상(伯常)이며, 택주능천(澤州陵川. 저자주: 지금의 山西省 陵川縣) 사람이다. 그의 집안은 대대로 유학을 업으로 삼았으며 6대조는 정이에게서 가르침을 받았고, 숙부인 학진(郝震: 호는 東軒)은 향리에서 이정의 학문을 가르쳤다. 또 조부인 학천정(郝天挺)의 문하에서 최고 제자인 원호문이 배출되었다. 그러므로 "능천(陵川)의 학자로는 학씨(郝氏)를 으뜸으로 칭한다."고 하였다. 학경은 겨우 명맥만 남은 낙학을 이어 청년시대부터 뜻을 세워 "무용한 학문은 배우지 않고, 성서(聖書)가 아니면 읽지 않으며, 우환을 일으키는 일을 하지 않고, 이욕(利慾)에 구애받지 않고, 겉모양을 일삼지 않고[邊幅][206], 장구(章句)로써 유학을 공부하지 않는다."(「志箴」, 『陵川文集』 권20)고 하였다. 철불사(鐵佛寺)와 만권루(萬卷樓)에서 잇따라 경적(經籍)을 열심히 공부하였다. 학경의 재능은 몽고족 통치자들로부터 아주 금방 인정을 받았으며, 쿠빌라이는 학경을 불러서 보고는 시종으로 두었다. 학경은 몽고족의 통치자들이 '한대의 법[漢法]'을 시행하도록 추진한 창도자의 한 사람이다. 그는 쿠빌라이를 따라 송의 정벌을 통솔하여 송을 취하는 방책을 진헌하였다. 1260년에 학경은 쿠빌라이의 명을 받들어 국사(國使)의 신분으로 남송으로 출사하여 남송 당국에 16년이나 구금되었으나, 그 지조와 절개가 굳고 강인하여 끝까지 굴하지 않았다. 원나라 12년(1275)에 가서야 비로소 원으로 돌아가 그 해에 병으로 세상을 떠났다. 학경이 구금되어 있던 기간에 "날마다 입에 올리는 것은 도를 실행해야 한다는 말이었으며" 저술에도 힘썼다. 그의 저작에는 『속후한서(續後漢書)』, 『춘추외전(春秋外傳)』, 『역외전(易外傳)』, 『태극연(太極演)』, 『원고록(原古錄)』, 『통감서법(通鑒書法)』, 『옥형진관(玉衡眞觀)』 등의 책과 문집이 있다. 현존하는 것은 『속후한서(續後漢書)』와 『능천문집(陵川文集)』 등이다.

1. 학경(郝經)의 범주론

학경의 리학사상은 '가학(家學)'형식으로 대대로 전해진 이정(二程)의 학문에 연원하는 한편, 또 송·원 시대 북방으로 전해진 주희 리학의 영향을 받아 두 가지가 서로 결합한 결과로 생긴 산물이다.

학경의 가학은 이정에 근원한다. 그는 그의 선대에 대하여 "고조와

206) 피륙의 광협(廣狹)의 정도라는 뜻으로 '겉모양'을 이르는 말. 외모(外貌).

증조의 윗대로부터 정(程)선생의 문하에 들어가 가학으로 삼았다. 6대를 전하여 오는 과정에서 남은 실마리를 받들어 이음에 감히 실추시킬 수 없었다."(「兩宋先生祠堂記」, 『능천문집』 권27)고 서술하였다. 그는 이처럼 낙학(洛學)의 "남은 실마리[餘緖]"를 계승하고 있었기 때문에 주희의 리학이 북방에 전파됨을 매우 기뻐하고 고무되었다. 그것은 조복(趙復)에 대한 태도에서 잘 알 수 있다. 그는 조복을 정주리학이 북방에 존재하게 한 첫째 전수자라고 칭찬하면서 "정맥(正脈)을 이속(異俗)에 전하고, 이역(異域)에 정학(正學)을 흐르게 하고, 우리 백성들의 심술(心術)이 진부함을 지적하고, 백성의 막힌 이목을 열고, 번잡하고 산만함을 삭제하고, 사악하고 굽은 것을 단절하고, 어둡고 막힌 것을 타파하고, 6경의 뜻과 성인의 도를 따르게 하였으니, 해와 별처럼 빛나고, 강물과 바다처럼 성대하며, 태산과 화산처럼 높고 크며, 널리 가득 퍼져, 북방에 크게 빛을 발하였다."(「宋漢上趙先生序」, 『능천문집』)고 평가하였다. 그는 조복의 이러한 "성리(性理)의 학문"을 받아들였으며 아울러 자신의 이해에 따라 해명을 더하여 범주론을 중심으로 하는 자신의 리학사상 체계를 형성하였다.

학경(郝經)은 자못 특색 있는 범주체계를 건립하였다. 그의 우주론과 심성론, 그리고 방법론은 모두 이 범주체계 가운데 들어 있다. 우리는 학경의 범주체계를 범주론이라 부르기로 하고 이것을 빌어 그의 리학사상의 특색을 표현하고자 한다.

학경의 철학에서 범주의 논리적 기점은 '도'이며, 그는 리(理), 기(氣), 형(形), 덕(德)을 거쳐 '도'로 복귀하는 일종의 머리와 꼬리가 서로 맞물리는[首尾相衡] 순환체계를 형성하였다. 이 체계에는 우주의 생성과 인간의 자아완성이라는 두 가지 계열이 존재한다. 이 두 계열은 모두 '도'에 통일되어 있다.

학경은 『일관도설(一貫圖說)』의 첫머리에서 "도는 일(一)에 근본하고 이(二)에 행해지며, 일(一)에 복귀한다."고 하였다. 이것은 우주에 관한 학경의 근본 관점이다.

무엇을 도라고 하는가? 학경은 두 개의 명제를 제출하였다. "무릇 도는 상(常)일 뿐이다."(「恒齋記」, 『능천문집』 권25), "무릇 도는 복(復)일 뿐이다."(「休復亭記」, 『능천문집』 권25) 그는 사물은 변화하지만, 그 변화에는 일정한 규칙이 있으므로 그것을 '상(常)'이라고 부르며, 사물이 어떻게 변화하든 간에 결과는 언제나 원래 있던 상태로 되돌아오므로 이것을 '복(復)'이라 부른다고 생각하였다. 도(道)는 '상(常)'과 '복(復)'의 통일이라는 말이다. 학경의 "도는 일(一)에 근본하고 이(二)에 행해지며, 일(一)에 복귀한다."는 말은 도가 만물을 생겨나게 하고 만물은 도로 복귀한다는 뜻이다. 도는 일(一)을 출발점이자 귀착처로 삼으므로, 도는 일(一)이다. 이것은 노자(老子)의 "도가 일(一)을 생겨나게 하고, 일(一)은 이(二)를 생겨나게 하고, 이(二)는 삼(三)을 생겨나게 하고, 삼(三)은 만물을 생겨나게 한다."(『노자』 42장)는 말과는 구별된다. 노자가 말한 '일(一)'은 혼연하여 아직 나누어지지 않은 통일체로서 본원인 도로부터 파생된 것이며, '이'는 천지를 가리키며, '삼'은 음양과 충기(盅氣)를 가리키며, 이 음양과 충기로부터 만물이 생출(生出)된다는 뜻이다. 그러나 학경이 말한 '일'은 도의 체(體)를 가리키며, '이'는 도의 용(用)을 가리킨다. "도가 일(一)에 근본한다."는 것은 도가 일(一)을 체로 삼는다는 말이며, "이(二)에 행해진다."는 것은 도가 이(二)를 용으로 삼는다는 말이다. 그는 명확하게 "도는 항상된 체[常體]가 있으며, 항상된 용[常用]도 있다. 체의 항상성은 오래되어도 변하지 않고, 용의 항상성은 비록 변해도 오래가니, 이 때문에 만고에 떨쳐도 닳아 없어지지 않는다."(「恒齋記」, 『능천문집』 권25)고 하였다. 그에 따르면 도는 변화하여 예측할 수 없지만 언제나 항상성을 잃지 않으며, 은연중에 우주만물을 주재한다.

체용(體用)을 겸비한 '도'는 그 내부에 상호 대립적인 두 가지 방면이 존재하여 모순운동을 시작한다. 학경은 그것을 다음과 같이 설명하였다.

무릇 도는 일(一)이 있으면 이(二)가 있으며, 이(二)는 일의 짝이다. …… 그러므로 고요함이 있으면 움직임이 있고, 음이 있으면 양이 있고, 홀수가 있으면 짝수가 있다. 죽음은 삶을 근원으로 삼으며, 실은 허를 겉모양으로 삼으며, 땅은 하늘을 몸체로 삼으며, 달은 해를 넋(달빛)으로 삼는다. 둘씩 쌍쌍으로 대대(待對)하여 변화를 이루지 않는 것이 없은 뒤에 생겨나고 생겨남이 끝이 없이 진행되니 그로써 역(易)이 된다.

무릇 태극은 일(一)이며, 일은 양(兩: 음양의 兩儀)을 생겨나게 할 수 있으므로 태극은 일로써 양의를 갖추어 역의 중요한 관건이 되고, 천지만물의 근원이 된다. 돌고 돌아 만물을 낳되, 낳고 또 낳으니 그로써 역(易)이 되어, 기수와 우수의 근원이 된다. 그러므로 일(一)이 나누어져 이(二)가 되고, 이가 나누어져 사(四)가 되며, 사(四)가 나누어져 팔(八)이 되니, 따로 그림으로 상(象)을 정하면 그 순서가 이와 같다.

夫道有一卽有二, 二者一之耦也. …… 故有靜卽有動, 有陰卽有陽, 有奇卽有耦. 死爲生根, 實爲虛形, 地爲天體, 月爲日魄. 莫不兩兩待對以成變化, 而後生生不窮, 所以爲易也.

夫太極一也, 非一莫能生兩, 故太極以一具兩, 爲易之樞機, 天地萬物之根抵, 旋轉而生, 生而又生, 所以爲易, 而爲奇耦之原也. 故一分而爲二, 二分爲四, 四分爲八, 別圖定象, 其序如此. (「先天圖說」, 『陵川文集』 권16)

"둘씩 쌍쌍으로 대대하여 변화를 이룬다."는 말과 "일(一)이 나누어져 이(二)가 된다."는 명제는 장재와 이정 그리고 소옹(邵雍)으로부터 유래되었다. 학경은 북송 리학가들이 제출한 이 몇몇의 명제를 빌어서 '도'의 변화발전을 변증적 운동으로 파악하였다.

그에 따르면 '도'는 변증운동을 시작하는 첫 출발점으로, 태극(太極)의 힘을 빌어 '리(理)'로 드러난다. 그는 『일관도설(一貫圖說)』에서 이렇게 말한다. "한번 움직이고 한번 고요해지는 도에 태극이 있고, 리의 체(體)가 갖추어진다. 펴져[信=伸] 끝까지 다 길어지면 신(神)이 생겨나며, 굽히어[屈] 끝까지 다 짧아지면 귀(鬼)가 생겨난다. 일(一)과 이(二)가 삼(三)을 생겨나게 함으로써 수(數)가 생겨난다. 홀수와 짝수가 쌍으로 구비됨에 상(象)이 생겨난다. 신 · 귀 · 수 · 상이 온갖 변화를 생겨나게 하고, 리의 용(用)을 갖추고 있다." 도 · 태극 · 리는 리학가에게 있어서 일반적으로 동일한 층차에 속하는 범주다. 그러나 학경은 더욱 정밀하게 분석하여 '태극'을 '도'의 층차보다 아래에 두었다. 학경의 해석을 살펴보자. "극(極: 태극)이라는 것은 끝까지 다하여 남음이 없음을 말한다." 이로부터 태극을 설명하면, "천지와 사람과 사물을 널리 포함하고, 귀신과 조화를 포괄하니 혼연한 하나의 큰 활물(活物)"(『태극도설』)이라는 뜻이다. 학경은 또 "도의 단서는 태극에서 드러난다."(「태극서원기」, 『능천문집』 권26)고 하였다. 태극이 있은 후에 리(理)가 있으며, 리는 태극에 관통되어 있으나 그 층차는 태극보다 아래라는 뜻이다. 그러므로 '도'로부터 '태극'이 있고 '리'가 있게 되는 것은, '도'가 진화(進化: 演化)하는 추이다.

'태극'은 도의 진화과정에서 관건이 되는 위치에 있다. 태극은 쉼 없이 널리 유전(流轉)하며, 천지를 만들어 내고, 만물을 발육시키는데, 생겨나고 생겨남이 끊임이 없기 때문에 '만변(萬變)'이라 부른다. 『일관도설』은 하늘·땅·사람이 출현하는 순서를 밝혀 설명한다.[207]

첫째, 태극(저자주: 理)이 동정(動靜)하여 음양을 태어나게 한다.

"한번 음하고 한번 양하니, 태극은 하늘에서는 기(氣)의 체(體)로 갖추어진다. 양은 정밀하고 빛나고 아름다워 그로부터 태양이 생겨나며, 음은 넋(魄: 달빛)이며 햇빛[曜]을 나누어 받아 그로부터 달이 생겨난다. 양의 광채가 밝게 퍼지니 그로부터 별이 생겨나며, 음은 체가 잠잠히 얽히어 그로부터 별자리가 생겨난다. 일월성신은 만상을 생겨나게 하며 기의 용(用)이 갖추어져 있다."

그에 따르면 음양은 기이며 하늘은 무형의 기(氣)로 구성된다. 음양 두 기의 운행과 변화가 일월성신과 여러 유형의 천체를 만들어 낸다. 학경은 그것을 '만상(萬象)'이라고 불렀다. 학경은 천체의 형성을 일기(一氣)의 운행을 중심으로 설명하였을 뿐만 아니라, 중국 고대의 자연

---

207) 이하 학경(郝經)의 범주론에서 인용근거가 없는 것은 모두 『일관도설(一貫圖說)』에 근거함.

과학 전통을 계승하였다. 이것은 자못 긍정적이다.

둘째, 태극의 동정(動靜)과 음양이 강함·부드러움[剛·柔]을 만들어 낸다.

"한번 강하고 한번 부드러워지니, 태극은 땅에서는 형질[形]의 체(體)로 갖추어진다. 한번 강함이 부드러움으로 변화되면 물이 생겨나며, 한번 부드러움이 강함으로 변화하면 불이 생겨난다. 강함이 부드러움에 근원하여 목(木)이 생겨나며, 부드러움이 강함에 온축(蘊蓄)되어 금(金)이 생겨난다. 수·화·목·금이 만물을 만들어 내어 형(形)의 용(用)을 갖춘다."

형은 곧 형질(形質)이다. 형질이 있는 땅은 무형의 하늘과 서로 대응한다. 땅은 흙[土]이며, 수·화·목·금의 오행을 구성한다. 그리고 이 오행이 만물을 만들어 낸다. 태극으로부터 천지만물에 이르기까지는 "천도(天道. 저자주: 地道를 포함하여)"에 속하는 순서다.

셋째, 천·지·만물의 뒤를 이어 태극은 한 걸음 더 진화하여 인간을 생겨나게 한다. 학경은 이것을 다음과 같이 설명하였다.

"건도(乾道)가 남성을 이루고, 곤도(坤道)는 여성을 이룬다. 한번 남성이 되고 한번 여성이 되니, 태극은 사람에게서는 덕(德)의 체(體)로 갖추어진다. 고요함과 음(陰)이 바뀌지 않으니 그로부터 명(命)이 생겨나며, 움직임과 양(陽)이 변역하니 그로부터 성(性)이 생겨난다. 강(剛)함과 주재(主宰)가 바뀌지 않으니 그로부터 마음[心]이 생겨나며, 부드러움과 드러남이 변역하니 그로부터 정(情)이 생겨난다. 명·성·마음·정은 만사를 만들어 내므로 덕의 용을 갖추고 있다."

태극의 진화가 사람에 이르면 '도'는 '덕'의 형태로 사람의 몸에서 체현된다. '덕'은 사람의 본성이며 사람이 획득한 '도'이다. 즉 "사람이 그 도를 얻은 것을 덕(德)이라고 한다." 덕은 사람의 가치가 존재하는 곳이다. 즉 덕의 구체적인 표현이 사람의 명·성·마음·정이다. 사람이 그 도를 잃은 것은 부덕(不德)이라고 한다. 그러므로 학경은 반드시 "명(命)을 확립하여 성(性)을 함양하고, 마음을 보존하여 정밀하게 제도

(制度)하고, 그 덕을 한결같이 하여 도에 이르러야 한다.”고 보았다. 왜냐하면 사람은 “덕의 한결같음”이 있어야만 비로소 “도로 복귀할 수 있기” 때문이다. 도가 일단 사람의 몸에서 실현되고, 또 그것이 최고도로 표현되고, 그 과정 전부를 다 경과하여 그로부터 자신의 몸으로 회복하면 하나의 대순환이 완성된다. 이것은 헤겔(Hegel)의 “절대관념”이 거치는 과정과 매우 비슷하다.

여기서 지적해야 할 것은 학경(郝經)이 『일관도설(一貫圖說)』에서 특히 도가 어디에도 있지 않음이 없으며, 있지 않은 때가 없이 일체를 관통하고 있음을 강조하였다는 점이다. 도는 형이상자지만 진화의 각도에서 보면 서로 다른 서열에서 서로 다른 존재형식을 갖고 있다. 학경은 “도(道)는 형이상이다. 형이하로 미루어 유추하면, 극(極: 태극)을 관통해서는 일리(一理)가 되고, 하늘을 관통해서는 일기(一氣)가 되며, 땅[地]을 관통해서는 하나의 형체[一形]가 되며, 사람을 관통해서는 하나의 덕[一德]이 됨으로써 도의 대체(大體)가 갖추어진다.”고 설명하였다. 이는 태극 — 하늘 — 땅 — 사람의 진화계열에서 앞뒤로 리(理)—기(氣)—형(形)—덕(德)이 더불어 대응한다는 말이다. 이와 반대로 사람은 형이하자다. 그러나 “도는 만물을 떠나지 않고, 천지의 밖에 있지 않으며, 모두 사람에게 모여 있다.”(「論八首 · 道」, 『능천문집』 권17) 이 때문에 사람은 도의 공용(功用)을 모두 체현할 수 있다는 것이 학경의 주장이다. “사람은 형이하지만 위로 미루어 나가면 자신을 관통해서는 하나의 덕(德)이 되고, 땅을 관통해서는 하나의 형(形)이 되고, 하늘을 관통해서는 하나의 기가 되며, 태극을 관통해서는 하나의 리(理)가 되니, 이로써 도의 대용(大用)이 갖추어진다.”고 설명하였다. 이것은 사람은 능히 도를 관통하고 성인으로 승화하여 도와 합일하는 경계에 도달할 수 있다는 말이다. 이것은 도를 향해 복귀하는 과정이다.

앞에서 설명한 명 · 성 · 마음 · 정은 모두 인도(人道)에 속하는 서열의 범주인데, 학경은 전문적으로 분석하여 『일관도설』의 미비한 점을 보충하였다.

명(命)의 경계에 대하여 설명하자. 중국의 고대철학에서 명은 두 가지 뜻이 있다. 하나는 인간에 대한 자연의 제한(制限)을 가리키며, 사람의 힘으로 어떻게 할 수 없는 것이다. 다른 하나는 성명(性命)의 명을 가리키며, 부여한다는 뜻이다. 리학가들은 통상 뒤의 의미에서 '명' 개념을 사용한다. 이러한 의미로서의 명은 『중용』의 "천명지위성(天命之謂性)"이라는 말에 근원한다. 하늘이 부여한 것이 성(性)이다. 사람이 받은 것을 가리켜 말하면 성이라고 하며, 하늘이 부여한 것을 가리켜 명(命)이라고 한다. 낙학의 창시자인 정호는 분명하게 "하늘이 스스로 그러함을 천도(天道)라고 하며, 하늘이 만물에게 부여한 것을 천명(天命)이라고 한다."(「遺書」 권11, 『이정집』 125쪽)고 하였다. 정이는 "하늘이 부여한 것이 명(命)이며, 사물이 받은 것은 성(性)이다."(『伊川易傳』 권1, 『이정집』 698쪽)라고 하였다. 낙학은 이처럼 하늘이 부여한 것을 리(理)로 보았으며, 리·성·명은 단지 하나라고 보았다. 학경이 말한 명은 이 뜻을 이은 것이다. 그는 "명이란 도의 명령으로서 음에 근거하여 양으로 나아가, 성(性)의 주인이 되어 마음을 확립하며 바꿀 수 없는 것이다."(「論八首·命」, 『능천문집』 권17)라고 하였다.

학경의 철학범주의 논리적 출발점은 도이며, 도는 하늘·땅·사람·사물을 관통한다. 도와 하늘·땅·사람·사물의 사이에는 일종의 부여(賦與)와 수수(授受)의 관계가 존재한다. 학경은 그것을 "도로부터 나와서 하늘·땅·사람·사물들을 불러내며[號召], 도(道)를 사용하므로 천변만화해도 도를 떠날 수 없어 모두 이에 묶여 있으므로 이것을 명(命)이라고 부른다."(「論八首·命」, 『능천문집』 권17)고 설명하였다. '명'은 '도'를 따라 나오며, 하늘·땅·사람·사물의 모든 행위와 변화를 주재한다. 그 가운데 은밀히 감추어져 명령으로 정해진 필연성이 있으므로 명(命)이라고 부른다. 앞의 말처럼, 마땅히 '도'가 최종적으로 사람의 몸에서 체현될 때 '도'는 자신을 향한 복귀를 실현하게 된다. 마찬가지로 "도의 명령"으로서의 '명'도 필연적으로 그것의 출발점으로 돌아가야 한다. 이에 학경은 명(命)을 수명(受命), 청명(聽命), 조명(造命), 복명

(復命)으로 구분하였다. 수명(受命)은 도덕・인의・효제(孝悌)・충신(忠信) 등과 같은 윤리관념을 모두 하늘로부터 얻는다는 뜻이다. 청명(聽命)은 장수와 요절, 곤궁함과 현달(顯達)함, 귀천, 득실 등과 같은 개인들의 처지 혹은 운[際遇]은 모두 하늘이 정한다는 뜻이다. 조명(造命)은 주관하고 계획하고[宰制] 베풀어 행함과 자신을 이루고 사물을 이루는 이와 같은 인사활동은 모두 자신에게서 나온다는 뜻이다. 복명(復命)은 사람은 반드시 하늘이 명한 것을 전부 받아들이고 완전하게 귀환하여 털끝만큼도 천명을 위반함이 없어야 하며, 자기의 노력을 다하여 "하늘과 하나가 됨"에 도달하는 것을 뜻한다. 수명(受命)과 청명(聽命)을 따라 조명(造命)과 복명(復命)에 이르는 것은 도덕이성의 요구다. 그리고 도덕실천에 있어서 사람은 능히 "학문으로써 명(命)을 알 수 있으며", "수신(修身)으로써 명(命)을 기다릴" 수 있다. 학경은 성인・현인・소인 사이에는 안명(安命: 천명에 따라 분수에 맞게 삶), 사명(俟命: 천명을 기다림), 위명(委命: 운명에 맡김, 목숨을 맡김)의 구별이 있다고 생각하였다. "안명은 도(道)로 화(化)한 것이며, 사명은 덕(德)이 온전한 것이며, 위명은 자포자기한 것"으로 이 세 가지는 서로 다른 도덕실천과 수준을 대표한다.

이제 학경이 본 성(性)의 경계에 대하여 말해보자. 중국 고대에 성을 논하지 않은 철학자는 거의 없다. 성의 문제에서 각 가(家)와 각 파(派)들은 뭇 설이 분분하였다. 낙학의 성론(性論)은 일반적으로 리기(理氣)를 겸하여 말한다. 성은 천명과 기질의 구분이 있으며, 천명지성(天命之性)은 리(理), 기질지성(氣質之性)은 리와 기가 섞여 있다고 생각하였고, 이로부터 성의 선악을 해석하였다. 학경의 성론도 역시 그 설을 이어받았다. 그는 여전히 '도'를 출발점으로 삼아 "무릇 도가 사람에게 있는 것을 성이라고 하며 인・의・중・정은 정(靜)을 위주로 한다. 통섭하여 말하면 태극의 전체다. 나누어 말하면 명(命)은 음이며, 성(性)은 양이고, 명은 정(靜)이며 성은 동(動)이다. 천명 이후의 인성(人性)이며, 인성 이후의 물리(物理)다. 합하여 말하면 단지 하나의 도일 뿐이니 무엇 때문에 많은 논설이 있겠는가?"(「與漢上趙先生論性書」, 『능천문집』 권24) 라고 하였다. 성(性)은 사람이 받은 바의 도이며, 그것이 포함하는 도덕적 내함(內涵)은 인 · 의 · 중 · 정이다. 학경은 '도'라는 한 글자를 이용하여 모든 것을 개괄하고, 기타의 논설은 모두 불필요하다고 보았다. 또 성은 '본연(本然)'과 '타고난 기질[生質]'의 구분이 있다고 주장하였다. "대개 본연지성(本然之性)이 있으면 타고난 기질의 기가 있다. 성은 기를 통솔하고, 기는 성을 실으며 서로 수반하는 하나(一)다."(「論八首 · 性」, 『능천문집』 권17) 그는 본연지성이 생명의 바탕인 기를 통솔하지만, 생명의 바탕인 기가 본연지성을 싣고 있으므로 양자는 서로 기다리는 하나라고 생각하였다. 그리고 본연지성과 생명의 바탕인 기의 통일성을 강조하였다. "천하를 일리(一理)로 관통하고 만물을 일기(一氣)로 융회(融會)함"으로부터 보면 인간의 본성은 서로 같지만 생명의 바탕[生質]은 다르다. 그러나 생명의 바탕이라는 면에서 보면 사람과 초목 그리고 조수(鳥獸)는 도리어 서로 같다. "사람이 금수와 다른 점은 거의 드물다. 서민(庶民)은 그것을 버리고, 군자는 그것을 보존할 뿐이다."라는 맹자의 말은 이것을 가리켜 한 말이다. 사람이 물욕에 의해 막히면 "천리를 보존"할 수 없다. 따라서 욕망을 절제하고[節欲], 정을 안정시키고[定情], 마음을 보존하며[存心], 성을 회복할[復性] 필요가 있다. 공부가 절정에 이르고자 하면 다음과 같아야 한다. "욕망을 절제한 뒤에 정(情)이 안정되고, 정이 안정된 뒤에 마음이 보존되며, 마음이 보존된 뒤에 성(性)이 회복된다. 성이 회복되면 사람의 도를 다한다. 사람으로서 사람의 도를 다하면 비로소 사람이라 부를 수 있다."(「論八首 · 情」, 『능천문집』 권17) "성을 회복함"은 인생의 수양에서 최고의 경계다. 여기에 도달하면 '성(性)'도 운행의 종점(저자주: '人道를 다함')에 도달하며, 다시 출발점(저자주: '도')으로 되돌아간다.

학경이 말한 마음의 경계에 대하여 설명해보자. 마음은 성 · 정과 관계 있는 범주다. 장재(張載)는 마음이 성 · 정을 통섭한다고 하였다. 이정(二程)은 마음에 체(體)와 용(用)이 있는데, 마음의 체가 성(性)이며 마음의 용은 정이라고 하였다. 주희는 마음이 성·정을 통섭한다고 하고 또 그것을 마음의 체와 용으로 설명하였다. 정주(程朱)는 또 모두 도심과 인심을 구별하였다. 학경의 마음에 관한 논의는 이정에 더욱 가까운 것 같다. 그에게 있어 명·성·마음·정은 차례로 진행되는 관계이다. "명(命)이 부여되면 성(性)이라고 하고, 성이 드러나면 정(情)이라고 하며, 성·정의 기미를 마음이라고 한다. 명이란 성의 본원이고, 정이란 성의 공용(功用)이며, 마음이란 성의 추뉴(樞紐: 구심점)이다."(「論八首·心」, 『능천문집』 권17) 마음은 성의 구심점이 되어 주재(主宰) 작용을 한다. 사람에게 마음은 천지에게서의 태극과 같다. "태극이란 천지의 마음[天地之心]이며, 마음이란 사람의 태극이다."(「論八首·心」, 『능천문집』 권17) 여기서 "마음이란 사람의 태극이다."라는 말은 마음의 지위와 작용이 태극과 같은 위상임을 가리킨다.

학경의 생각을 정리하면 다음과 같다. 마음은 사려[思]를 용(用)으로 삼으므로, 사려가 아니면 드러남이 없다. 그러나 마음은 또 사려 때문에 해를 입으니 사려가 어긋나면 망령되게 된다. 사람의 마음은 다스리기 어려우므로 반드시 노력으로 이겨 다스려야 한다. 이로부터 거듭 그는 '성현이 서로 전한 유일한 마음'을 강조하여 다음과 같이 말하였다. "앞 성인과 뒤의 성인이 한 마음[一心]으로 서로 전한 것이 마치 부절(符節)이 합하는 것과 같으며, 그것이 도덕이 되고 6경(六經)이 되고 만세토록 교육의 모범이 되고 백성의 대중지정(大中至正)한 도덕의 표준이 되었다." 그리고 그는 결론적으로 "만세토록 한 마음"(「論八首·心」, 『능천문집』 권17)이라고 하였다. 그는 또 "그 마음이 같이 그러한 것은 의리(義理)다."(「醉經記」, 『능천문집』 권25)라고 하였다. 이것은 육구연(陸九淵)이 말한바 동해·서해·남해·북해에서 성인이 나오고, 백세 천세 후에 성인이 나와도 "이 마음은 같으며, 이 리(理)도 같다."는 말과 같이 사상적으로 서로 통하는 것이다. 학경은 완전히 리학가의 환상에 도취되었으니, 일단 "옛날의 요임금이 전한 것", 즉 성현의 마음을 얻으면 "나도 역시 하나의 태극이며, 만세의 세월이 지나도 죽지 않는 사람"(「醉經記」, 『능천문집』 권25)이 될 수 있다고 여겼다. 이것이 그가 주장한 마음으로의 복귀다.

학경이 말한 정(情)의 경계에 대하여 설명하자. 학경은 '인도(人道)'의 범주에서 서열의 가장 말단에 있는 것이 정(情)이라고 보았다. 학경은 "정이라는 것은 성이 발한 것이며, 본연의 실리(實理)다."(「論八首·情」, 『능천문집』 권17)라고 하였다. 정은 성에 근원하며 성의 외재적 표현이다. 그러나 성이 발하여 정이 되고 나면 가끔 흘러가 돌아오지 않아 "인위(人爲)에 의한 거짓"이 태어나게 한다. 이것은 욕망 때문에 조성된다. 즉 "대개 성이 있으면 기가 있고, 정이 있으면 욕구가 있다. 기가 성을 이기면 악이 되고, 욕이 정을 이기면 거짓이 된다."는 말이다. 악을 제거함은 기질을 고치기 위함이며, 거짓을 제거함은 욕망을 절제하기 위함이다. 이를 위하여 학경은 욕망을 절제하고, 정(情)을 안정시키고, 마음을 보존하며, 성(性)을 회복하는 일련의 수양공부를 제시하였다. 이 점은 앞에서 이미 언급하였다. 학경의 '정을 안정시킴[定情]'은 '거짓'을 제거하고 '진실[實]'을 보존하며, 결코 '무정(無情)'을 주장하지는 않는다.

학경은 또 "절욕(節欲)과 정을 안정시킴"의 관점에서 출발하여 노·불을 비판하였다. "하늘을 담론하고 도를 말하며, 성(性)을 드러내고 마음을 인식하며, 자른 듯이 사념(思念)을 끊고, 망연자실이 무위(無爲)하여 정(情)에 다가가지 않는다. 그들이 말한 성(性)과 마음이라는 것은 어디에 있는가? 정이 없는 학문이라고 할 수 있다." 그는 이처럼 노·불의 '무정(無情)'설을 반대하였다. 그는 '무정'설을 비판하고 나서 한 걸음 더 나아가 "조화(造化)의 정이 천지에 드러나고, 천지의 정은 만물에서 드러나며, 사람의 정은 조화에 참여하여 만물에 통한다. 사람의 정을 다할 수 있으면 사물의 정을 다할 수 있으며, 사물의 정을 다할 수 있으면 천지의 정을 알 수 있다."(「論八首·情」, 『능천문집』 권17)고 하였다. 학경은 하늘·땅·사람·사물의 정은 모두 갖추어지지 않음이 없으며, 다하지 않은 바가 없다는 이른바 '진정(盡情)'설을 제창하였다.

사람과 사물의 정을 다한 뒤 천지의 정을 아는데 이르면 역시 정(情)으로의 '복귀'라고 할 수 있다.

위에서 성·마음·정의 경계에 대한 학경의 설을 서술하는 과정에서 우리는 성·마음·정의 여러 범주가 각각 일정한 과정과 순서에 따라 각자에게로 복귀를 실현함을 알아보았다. 동시에 성·마음·정의 세 가지는 일정한 순서에 의거하여 순환 왕복한다. 학경은 이것을 다음과 같이 개괄한다.

> "생겨나되 정(靜)한 것은 성(性)의 근본이며, 동(動)하되 항상 정(靜)함은 성(性)의 돌아감[復]이다. 그 동의 기미(幾微)는 마음의 체(體)며, 동하되 묶어두지 않는 것은 마음의 돌아감이다. 사물과 서로 접하는 것은 정(情)의 용(用)이며, 응하되 흘러가지 않는 것은 정의 돌아감이다. 그러므로 그것이 시작할 때 성은 마음으로 들어가고, 마음은 정으로 들어가며, 그것이 마칠 때 정은 마음으로 돌아가고, 마음은 성(性)으로 돌아가며, 만사를 주재하고 마름하며[宰制], 만변(萬變)을 거두어 저장하니[收藏] 둥근 고리처럼 단서가 없다."(「休復亭記」, 『능천문집』 권25)

표면적으로 학경이 말한 것은 사물의 운동이지만 실제로는 단지 개념과 범주 자체의 운동이다. 이와 같은 사변철학은 원나라 초기 중국의 북방 리학가들의 대표적 수준의 사유였다.

2. 학경의 경사론(經史論)

우주의 본체로서의 도는 진화하여 하늘·땅·사람·사물을 만들어 내고 최종적으로 사람을 통하여 도로 복귀한다. 이것은 학경의 범주론의 주요 내용이며 이미 위에서 설명하였다. 이와 같은 도는 집중적으로 성인이 저술한 경서에 체현되었다. 따라서 경(經)은 사(史: 역사)다.

학경의 경사론은 두 가지 방면의 내용을 포함한다. 하나는 "6경(六

經)은 하나의 리(理)”라는 것이며, 다른 하나는 “6경 자체가 역사일 뿐이다.”라는 것이다. 관점을 요약하면, 경사(經史)와 도의 관계를 설명하는 것으로, 경사는 성인의 도를 기록함으로써 도의 용(用)을 드러낸다.

“6경이 하나의 리”라는 말은 6경은 오직 하나의 리를 기록하고 있음을 말한다. “리의 통체(統體)를 도라고 한다.”(「論八首·道, 『陵川文集』 권17) 따라서 6경이 싣고 있은 것은 오직 하나의 도라고도 할 수 있다. 학경은 ‘성인’을 “도와 하나”가 된 사람이라고 보았다. “태극의 체(體)를 온전하게 하고 조화의 기미를 타고, 귀신의 정(情)을 다하고 도와 하나가 된 사람을 성인이라고 한다. 천지라는 것은 도가 머무는 집이며, 만물은 도의 배달부며, 성인은 도의 주재자다.”(「論八首·道」, 『능천문집』 권17) 그리고 6경은 만세토록 언제나 행해지는 경전이며 성인이 아니면 결코 지을 수 없었다고 한다. “호천(昊天)이 때맞추어 사람에게 전수해주고 성인은 경을 지어 하늘을 본받았다.”(「오경론」, 『능천문집』 권18) 여기서 “하늘을 본받은[法天]” 경이 바로 6경이다. 학경은 ‘도’와 6경의 관계를 다음과 같이 설명하였다.

> 천지만물이란 도의 형기며, 6경은 성인의 형기다. 도는 천지만물을 베풂으로써 사람을 싣고, 성인은 책에 도를 기록한다. 그러므로 『역』은 도의 리며, 『서』는 도의 말이며, 『시』는 도의 정(情)이며, 『춘추』는 도의 정(政)이며, 『예악』은 도의 용이다.
>
> 天地萬物者, 道之形器也; 六經者, 聖人之形器也. 道爲天地萬物以載人, 聖人書以載道. 故『易』卽道之理也; 『書』, 道之辭也; 『詩』, 道之情也; 『春秋』, 道之政也, 『禮樂』, 道之用也. (「論八首·道」, 『陵川文集』 권17)

이에 따르면 『역』, 『서』, 『시』, 『춘추』, 『예악』[208]은 모두 ‘성인’이

208) 저자주: 『송서(宋書)·악지(樂志)』의 “진(秦: 秦始皇)이 전적을 불태웠기 때문에 『악경(樂經)』은 없어졌다.”는 기록에 의하면 유가의 6경은 실제는 『역』, 『서』, 『시』, 『춘추』, 『예』 5경이다. “예(禮)”는 “악(樂)의 용(用)”이라고 간주되어 고대에 오경을 언급하는 사람은 한결같이 예악(禮樂)을 하나로 합쳤다. 학경도 이와 같다.

도를 실은 문장이 아님이 없다. 그의 『오경론(五經論)』은 오경이 도를 싣고 있는 책이라는 성질을 긍정한 것이다.

『역(易)』 – "궁리(窮理)의 책"

학경은 "『역』은 궁리의 책이다."(「오경론 · 춘추」, 『능천문집』 권18)라고 하였다. 그는 "『역』은 성인의 마음을 싣고 있으며", '성인'은 『역』에 대하여 『시』, 『서』와 비교하면 더욱 많은 힘을 다하였다고 생각하였다. 그의 설명에 의하면 '성인'은 『시』, 『서』에 대해서는 겨우 '산정(刪定)'[209]하고, 『춘추』에 대해서는 단지 필삭(筆削)[210]만 하였으나, 유독 『역』에 대해서는 "상하 수천 년 동안 네 성인만을 거쳤다. 혹 그림을 그리기도 하고 혹 중복시키기도 하고 혹 말을 보태기도 하였으나, 감히 경솔하게 하지 않았으며, 핵심을 빠뜨리지도 않았고, 일부분만 하였을 뿐이다."(「오경론 · 易」, 『능천문집』 권18)라고 극찬하였다. 이 말은 앞뒤의 네 성인이 번갈아 일어나 계속 지었는데 그 방법이 달랐다는 말이다. 어떤 성인은 "자신의 마음을 다하여 천하의 마음을 미루어 보았으며", 어떤 성인은 "천지만물의 그림을 빌어 괘(卦)를 만들고 그로써 도의 큰 줄기를 이었으며", 또 어떤 성인은 "그것을 당기고 늘여서 천하의 변화를 다하여 그 괘를 중복시켰으며, 그로써 비록 변화하지만 그것을 주재(主宰)하는 것이 있음을 밝혔고", 또 어떤 성인은 "효(爻), 상(象), 단(彖), 계(繫)의 사(辭)를 짓고 조리(條理) · 형(形) · 상(象) · 수(數)의 조짐과 명(命) · 성(性) · 마음 · 흔적의 근본을 드러내어 그로써 길흉과 소장(消長)의 도를 밝혔으며, 진퇴와 존망의 리(理)를 후세의 가르침으로 남겼다."는 것이다. 최후로 공자에 의해 비로소 그 성과들이

---

209) 刪定: 쓸데없는 字句를 삭제하고 정리하여 일정하게 고침.

210) 가필(加筆)과 삭제(削除). 써 놓은 글에 더 써넣거나 지움. 공자(孔子)가 필삭(筆削)한 『春秋』를 가리키는 말. 필삭포폄(筆削褒貶): 공자(孔子)의 춘추필법(春秋筆法)을 가리키는 말.

모여 『역』이 되었다. 따라서 학경은 『역』을 “네 성인”이 “천하의 마음을 다하여” 만든 것으로서, 다른 경들과 비교할 수 없이 높은 것이라고 생각하였다. 마음을 다하는 공부는 실제로는 궁리의 공부다. 『역』이 이미 천하의 마음을 다 표현하였다(저자주: 혹은 성인의 마음을 다하였다)면, 천하의 리를 끝까지 모두 궁구하였다는 뜻이므로 “역(易)은 도의 리”라는 뜻이 된다. 따라서 “궁리의 책”이라고 한다.

『서(書)』 – 성인이 도를 전수한 큰 줄기를 남긴 책

학경은 말은 마음을 위하여 소리를 내며, 마음은 쓰려는 것이 있을 때 말로써 그것을 나타낸다고 생각하였다. 『서』에는 당·우(唐·虞) 2대가 5편, 하대(夏代)는 4편, 상대(商代)는 17편, 주대(周代)는 32편이 실려 있다. 이들 편과 장은 모두 성인이 “당우에서 주대까지의 훌륭한 말과 교훈적인 가르침을 기록하여 후세에 남긴 것이다. 그로써 요·순·우 3대의 세상을 밝혔으며, 그 중(中)은 매우 참되고, 그 말은 매우 믿음직하여 그로써 충분히 대도(大道)를 전하고, 큰 의혹을 타파하고, 대란을 그치게 하며, 큰 정치를 확립할 수 있다.”(「오경론·書, 『陵川文集』 권18) 『서』에 있는 말은 “도의 말”이므로 충분히 도를 전하고 큰 줄기를 이을 수 있다.

『시(詩)』 – “정치에 도움이 되는[資治]” 책

학경은 천하의 다스려짐과 어지러움은 인정이 통하거나 막히는 데 있다고 생각하였다. 백성의 정(情)이 험악하고 막히면 어지러워지고, 백성의 정이 통하고 화락하면 다스려진다. 나라의 임금이 천하를 다스리고자 하면 반드시 백성의 정을 통하도록 하여 옹색함을 방지해야 한다. 『시』로서 “사람의 정을 풀어낼 수 있다.” 따라서 다스림에 힘쓰는 임금이 “인정을 살피고자” 한다면, “『시』를 읽지 않으면 안 된다.” 그가 보기에 『시』는 왕정(王政)과 인정(人情) 그리고 치란(治亂)에 관련된 매우 중요한 책이다. 문왕(文王)·무왕(武王)·주공(周公)·소공(召公)이 나라를 잘 다스리고 선왕(宣王)이 중흥시킬 수 있었던 것은 그들이 『시』를 통하여 "천하 사람의 정을 다 이해하였기" 때문이며, 여왕(厲王)이 도망하고 유왕(幽王)이 죽임을 당하고, 평왕(平王)과 환왕(桓王)이 실정할 수밖에 없었던 까닭은 그들이 『시』가 반영하고 있는 "만민이 원망하고 탄식하며, 온 세상이 주먹을 불끈 쥐는" 백성의 정에 대하여 털끝만큼도 알지 못했기 때문이다. 이 때문에 『시』는 "도의 정"이 되어 임금이 나라를 다스리는 데 도움이 된다.

『춘추(春秋)』 — 성(性)을 다한 책

학경은 『춘추』를 "성인의 업적"을 기록한 책이라고 보았다. '업적'은 공업(功業)과 언론(言論)이다. 순(舜)·우(禹)·탕(湯)·문왕(文王)의 '업적'은 공업에서 드러나며, 공자의 '업적'은 언론에서 드러난다. 『춘추』는 공자가 "성(性)을 다한 공업"이다. 성은 소리와 냄새가 없어서, 일반적으로 쉽게 드러나지 않으나, 업적은 징표를 살필 수 있다. "그러므로 성을 관찰하는 책은 모두 『춘추』만한 것이 없다."(「오경론·춘추」, 『능천문집』 권18) 비교해서 말하면 순·우·탕·문왕의 사업은 단지 "그 성(性)을 다하여 일시에 그것을 행한 것"이지만, 공자의 『춘추』는 "그 성을 다하여 행함이 무궁하다." 따라서 일반적인 지식인들은 "『춘추』를 보고 행하면 충분히 성을 다하고 저 성인을 배울 수 있다. 대개 성을 다하고 리(理)를 궁구하면 역(易)은 그 가운데 있으며, 역이 그 가운데 있으면 성인도 그 가운데 있다."(「오경론·춘추」, 『능천문집』 권18) '성(聖)'은 인간의 최고이상이며, 『춘추』 가운데서의 말을 참조하여 실천해 가면 평범함을 넘어 성의 경지로 들어갈[超凡入聖] 수 있다. 동시에 『춘추』라는 책은 공자가 "천하의 경중을 저울질하여, 천하의 옳고 그름을 정하고, 쇠퇴한 왕실을 일으키며, 다섯 패자[五伯][211]의 잠칭(潛

稱)을 물리치고, 대부(大夫)의 전횡을 막고, 난신적자의 죄를 다스리기 위한 책이니, 공자는 노국(魯國)의 한 유학자로서 천자의 일을 행하고 성인의 마음을 행사한 것이다." 따라서 『춘추』는 "도(道)의 정치사다." 가령 "왕이 될 사람에게 …… 성인의 업적을 답습하여 성인의 마음을 구하며, 『역』을 이용하여 리를 궁구하며, 『춘추』를 이용하여 천하를 맡기면 순·우·탕·문왕의 공업을 손가락으로 가리키듯이 쉽게 도달할 수 있다."(「오경론·춘추」, 『능천문집』 권18) 따라서 『역』은 궁리의 책이며, 『춘추』는 "성(性)을 다한 책"이다.

『예악』 – 왕정(王政)의 대강(大綱)

학경은 예악은 사람의 성정(性情)에 근원한다고 보았다. 사람은 성이 있으면 반드시 정이 있으며, 또 혈기가 있으므로 반드시 욕망이 있다. 정과 욕망은 항상 서로 이긴다. 예악은 정과 욕망을 조절하고 규범을 제시하는 작용을 한다. "천하에 참람되게 비뚤어진 간적(奸賊)과 사리분별을 마비시키는 교활한 눈물이 있으면 예(禮)로써 그것을 잘라야 하며, 분노와 질시로 일어나는 혼란과 잘 포장된 간특함이 있으면 악(樂)으로 그것을 풀어야 한다."(「오경론·예악」, 『능천문집』 권18) 왕이 천하를 다스리려면 반드시 예악으로 해야 하며, 예악으로 다스리는 것은 곧 "왕도정치의 지극함이다." 이 때문에 "예악은 왕정의 대강(大綱)이다. 얻으면 다스려지고 그렇지 않으면 어지러워진다. 성인이 다스림에 힘썼던 공업[功]은 반드시 여기에서 취하였으니 감히 바꿀 수 없다."(「五經論·春秋」, 『능천문집』 권18) 그러므로 예악은 왕정의 대강 즉 "도의 쓰임새[用]"다.

종합하면, 6경(六經)은 도를 기록한 글이므로 학경은 6경을 중시하고

---

211) 춘추오패(春秋五覇): 제환공(齊桓公), 진문공(晋文公), 진목공(秦穆公), 송양공(宋襄公), 초장왕(楚莊王)을 말함.

6경을 떠나서 도를 말하는 것을 반대하였다. 이것은 송대 리학가들이 4서를 중시하고 6경을 경시한 경향과는 분명한 차이가 있다. 대개 이것은 학경이 송대 "의론(議論)의 학문"이 항상 "고원함에 빠져 설명이 부족하다."고 보았기 때문에 비롯되었다. 더욱이 그는 '도학(道學)'이라는 이름을 "거짓되고 망령된 소인의 사사로운 이름"일 뿐이라고 하였다. 그에 따르면 '도학'이 성행한 결과, "송씨(宋氏)[212]에 화(禍)를 미친 것이 100여 년이나 되었다." 그는 심지어 '도학'이 "미래의 어느 날 반드시 송씨보다 더 심하게 천하에 화를 끼칠 것"이라고 예언하였다. 학경이 6경을 중시한 것은 송대 '도학'의 병폐를 제거하기 위함이었다. 이것은 또 원나라 초기 일부의 북방학자들이 받아들인 송대 리학에 대한 일종의 비판과 흡수의 태도이기도 하다. 학경은 결코 리학을 근본적으로 반대하지는 않았다. 단지 리학을 받아들일 때 시대의 요구에 적합하도록 힘써 개조하여 그것이 '유용'한 학문이 되게 하였다.

이른바 "6경에는 본래 역사[史]가 있을 뿐"이라는 말은 실제로 "6경이 모두 역사"라는 말이다. 경(經)이 곧 역사라는 관념의 사상적 연원은 매우 이르다. 수(隨)나라 사람 왕통(王通)은 "성인이 역사를 서술한 것이 세 가지가 있는데 『서(書)』, 『시(詩)』, 『춘추(春秋)』가 그것이며, 세 가지는 모두 역사에서 나왔다."(『文中子・王道』)고 하였다. 이것은 6경 가운데 『서』, 『시』, 『춘추』 세 경은 역사라는 말이다. 송의 유서(劉恕)는 다음과 같이 설명하였다. "역대의 국사는 『춘추』에서 흘러나왔다. 유흠(劉歆)은 『칠서(七書)』를 서술하였으며, 왕검(王儉)은 『칠지(七志)』를 찬술하였으며, 『사기(史記)』 이하는 모두 『춘추』와 관련되어 있다. 순욱(荀勖)은 네 부로 나누어 『사기』에 기록된 옛 일을 병부(丙部)에 편입하였다. 완효서(阮孝緖)[213]는 『칠록(七錄)』에서 전록(傳錄)과 사전

---

[212] 이 송(宋)씨가 누구인지를 저자는 밝히지 않고 있으나 문맥상으로 보면, 송 왕조를 가리킨다고 생각된다.

[213] 양(梁) 위씨(尉氏) 사람. 자는 사종(士宗). 13세에 이미 5경에 두루 통하였다. 성격이 지극히 효성스러웠다. 저서에 『칠록삭번(七錄削繁)』 등이 있다. 『梁書』 51쪽,

(史傳: 史書)을 구분하여 기록하였다. 이로부터 경(經)과 사(史)의 구분이 있게 되었다.”(『資治通鑑外紀』 권수)고 하였다. 이 말은 역대의 국사(國史)의 체재와 형식은 모두 『춘추』를 따라 진화되어 온 것이며, 경과 역사의 구분이 완효서로부터 비롯되었다는 뜻이다. 바꾸어 말하면 『춘추』는 역사의 근원이며, 『칠록』의 이전에는 경과 역사가 아직 구분되지 않았다는 말이다. 학경의 “옛날에는 경과 역사의 구분이 없었다.”는 말이나 “6경에는 본래 역사가 있을 뿐”이라는 말은 대개 이것을 이은 것이다. 그는 그것을 다음과 같이 말했다.

> 옛날에는 경(經)과 역사의 구분이 없었다. 공자가 6경을 정하자 경의 이름이 비로소 확립되었으나, 아직 사(史)와의 구분은 없었다. 6경에는 본래 역사가 있을 뿐이다. 그러므로 『역』은 역사의 리(理)며, 『서』는 역사의 사(辭: 논술)며, 『시』는 역사의 정(政)이며, 『춘추』는 역사의 논단이며, 『예악』은 그 사이의 경위이니 어찌 다름이 있겠는가? 사마천 부자에 이르러 『사기』가 이루어지고 경과 역사가 비로소 구분되었다. 그후 점차 경학과 사학이 있게 되고 학자들이 둘로 나눠지기 시작하였다.
>
> 古無經史之分. 孔子定六經, 而經之名始立, 未始有史之分也. 六經自有史耳. 故『易』卽史之理也; 『書』, 史之辭也; 『詩』, 史之政也; 『春秋』, 史之斷也; 『禮樂』, 經緯于其間矣, 何有于異哉! 至馬遷父子爲『史記』, 而經史始分矣. 其後遂有經學・有史學, 學者始二矣. (「辨微論・經史」, 『陵川文集』 권19)

학경(郝經)의 이 말은 두 가지 점에서 주목할 가치가 있다. 첫째 “옛날에는 경과 역사의 구분이 없었다.”고 단정하고, 아울러 경과 역사의 구분은 송나라 유서(劉恕)의 말처럼 남조(南朝) 완효서(阮孝緖)의 『칠록(七錄)』에서 비롯되었고, 또 『칠록』의 구분은 서한(西漢) 사마천의 『사기(史記)』로부터 연원한다고 본 것이다. 둘째 “6경에는 본래 역사가 있을 뿐임”을 논증하고, 아울러 6경이 각각 갖추고 있는 역사적 특징을 설명하였다는 점이다. 이 두 가지를 종합하면, 비록 학경이 명확하게

『南史』 76쪽 참조.

"6경은 모두 역사"라는 명제를 제출하지는 않았지만, 실제로는 이러한 사상을 구비하였음을 알 수 있다. 학경은 경(經)을 사적(史的) 관점에서 출발하여 경으로써 역사를 자리매김하고, 경으로써 역사를 바로잡기를 제창하여 "옛날의 경으로 지금의 역사를 자리매김할 수 있으며, 지금의 역사로써 경을 바로잡을 수 있다."고 하였다. 그는 경과 역사를 함께 공부하기를 주장하여 "만약 경만 공부하고 역사를 공부하지 않으면 리(理)만 알고 사적(事迹)은 모르며, 역사만 공부하고 경을 공부하지 않으면 사적은 알고 리는 모른다."(「辨微論・經史」, 『능천문집』 권19)고 하였다. 경을 공부함으로써 "리를 알고", 역사를 공부함으로써 "사적을 안다." 따라서 둘 가운데 하나도 빠뜨릴 수 없는 것이다. 이로부터 경과 역사가 학경의 마음 속에 자리한 위치를 알 수 있다. 학경의 "도는 용보다 귀하다."(「上紫陽先生論學書」, 『능천문집』 권24)라는 주장은 경을 공부하는 것이 도를 중시하는 데 있고, 역사를 공부하는 것은 정(政)의 자료로 삼는 데 있다는 말이다. 따라서 학경의 경사론(經史論)은 그의 경세이론을 표현한 것이다. 이것은 사상사에서 그 자체로 진보적 의미를 지닌다고 할 수 있다.

학경의 경사관(經史觀)은 후대에 깊고 큰 영향을 끼쳤다. 학경보다 조금 뒤의 원대 리학가 유인(劉因)도 고대에는 경과 사의 구분이 없었으며, 역사는 '성인'의 정리와 수식을 거쳐서 비로소 경이 되었다고 생각하였다. 그는 "옛날에는 경과 역사의 구분이 없이 『시』, 『서』, 『춘추』가 모두 역사였다. 성인이 산정하고 필삭(筆削)하여 대경(大經)과 대전(大典)을 확립함으로써 경이 되었다."(「敍學」, 『劉靜修先生集』 권1)고 하였다. 이것은 학경의 말을 그대로 이어받은 것이다. 만약 굳이 차이를 구별하고자 하면, 학경의 경우 성인이 6경을 산정할 때는 경과 역사를 구분하지 않았다고 보았는데, 이것은 경이 역사를 포함하는 것이라고 할 수 있지만 반면에 유인(劉因)은 『시』, 『서』, 『춘추』가 본래 역사이며, 성인의 공들인 정리를 거쳐서 경이 되었다고 보았으므로, 이것은 역사가 경이라는 입장이라고 할 수 있다. 한 걸음 더 나아간다면, 학경의 경우 비록 “공자가 6경을 산정(刪定)한 뒤 경의 이름이 비로소 확립되었다.”고 하였지만, 그는 『시』, 『서』, 『춘추』가 원래 먼저 ‘경’의 지위를 갖추고 있었음을 완전히 부정하지는 않았다. 반면에 유인은 『시』, 『서』, 『춘추』가 원래 먼저 ‘경’의 지위를 갖추었다는 것을 부인하고 나아가 유가경전으로서 6경의 신성함을 깎아 내리기까지 하였다. 명·청 시대 더욱 많은 학자들이 학경의 역사관으로부터 가르침을 받았다. 왕양명의 “『춘추』도 역시 경이며, 오경(五經)도 역시 역사다.”라는 말과, 이지(李贄)의 “경과 역사는 서로 표리(表裏)가 된다.”는 말, 그리고 장학성(章學誠)의 “6경은 모두 역사다.”라는 말은 모두 학경이 제출한 “옛날에는 경과 사의 구분이 없었다.”, “6경에는 원래 역사가 있을 뿐이다.”라는 명제의 계승임을 알 수 있다.

3. 학경의 이하론(夷夏論)

학경이 생활한 시대는 몽고족이 남하하여 남송 정권을 소멸시키려는 전환기였다. 몽고 군대의 회오리바람 같은 충격으로 인하여 중원의 선진적인 화하문화는 손상과 훼멸의 액운을 당할 위기에 처하였다. 유학은 역대로 “성인의 도”로 간주되어 왔고, 리학가들은 또 역대 성현이 서로 전승한 전도(傳道)의 큰 줄기를 만들어내어 ‘도통(道統)’이라고 불렀다. 그런데 송원 시기 외족이 들어와 주인노릇을 하면서 ‘도통’의 존속에 문제가 생겼다. 어떻게 해야 ‘도통’이 유지되고 교체되지 않도록 보증할 수 있는가? 이것은 중원의 유학자와 선비들이 고려해야 할 첫 번째 중요 문제였다. “한족문화를 이용하여 오랑캐를 변화시킨다[用夏變夷]”는 유가의 관점은 이때도 중대한 작용을 하였다. 학경의 정치사상도 이하론(夷夏論)을 통하여 전개되고 있다. 학경의 범주론 가운데 우리는 이미 ‘도’가 태극·하늘·땅·사람과 사물을 거쳐 마침내 자신에게로 복귀한다는 것을 알아보았다. 그리고 '사람'에서의 단계는 '도'로써 성현들에 의해 번갈아 서로 전해주고 받는다. 학경은 이것을 개괄하여 "처음에 도로부터 극(極: 태극)에 이르고, 태극은 하늘로 전하고, 하늘은 땅에 전하고, 땅은 사람과 만물에게로 전하였다. 성주(聖主)가 명(命)을 받아 하늘 · 땅 · 사람 · 사물을 위하여 주인이 되고, 이에 다시 도를 큰 줄기로 삼아서 전하였다."(「傳國璽論」, 『능천문집』 권19)고 하였다. 여기서 학경은 "성주(聖主)가 도를 큰 줄기[統]로 삼았다."고 하여 '도통'을 제왕에게로 귀속시켰다. 그가 보기에 도통은 본래 하나지만 그 전승방식에는 두 가지가 있다. 하나는 "지위의 전승[位傳]"이며, 다른 하나는 "마음의 전승[心傳]"이다. "도의 큰 줄기는 하나지만, 그 전승에는 두 가지가 있다. 존귀하여 왕이면 그 큰 줄기는 지위에 있으니 지위로 전승하는 것이며, 교화하여 성인이 되면 그 큰 줄기는 마음에 있으니 마음으로 전승하는 것이다." 그의 말에 따르면 삼대(三代) 이상은 '성인'이 재위(在位)하였으므로 도는 지위로 전승되었고, 삼대 이하는 '성인'이 지위가 없었으므로 마음으로 전승되었다. 그는 특별히 공자가 영토도 없고 왕의 지위도 없었으며, 한 번도 명(命)을 받은 적이 없었는데도 한 사람의 유자(儒者)로서 역대로 숭배와 제사를 받은 것은 그가 도통의 전승자이기 때문이라고 강조하였다. 이것은 "도의 존귀함이 지위보다 높다."(「順天府孔子新廟碑」, 『능천문집』 권34)는 것을 의미한다. 원래 도통(道統)과 황통(皇統)은 통일되어 있었는데 뒤에 둘로 분리된 이후 도통은 더 이상 황통으로 전이(轉移)되지 않았다. 그리고 황통은 도통의 지배에 복종해야 했다. 특히 외족(몽고족)이 남진하여 민족이 망하려는 위급한 상황에서 도통을 수호하는 것은 분명히 황통을 보호하는 것보다 훨씬 중요하였다. 이러한 관념은 중원의 일부 유학자들로 하여금 민족의 경계를 뛰어넘어 외족의 통치자들과의 합작을 대가로 중원의 화하문화를 계속되도록 하고, '도통'이 실추되지 않도록 할 수 있었다. 이 때문에 원나라 초의 사회상황에서 도통은 객관적으로 보면 한족 지식인과 몽고 귀족 사이의 합작을 이루어 한 · 몽 지주계급이 연합한 통일 전제정권의 이론적 근거가 되었다.

동시에 도통관과 유가의 전통적인 "한족의 문화로 오랑캐를 변화시킨다[用夏變夷]"는 관념 사이에도 일정한 연계가 있다. 오랑캐와 중국의 편가름은 본래 유가의 해묵은 관념이다. 공자는 "오랑캐에게도 군주가 있으니, 제하(諸夏: 중국의 여러 제후국)에 (군주가) 없는 것과는 같지 않다."(『논어 · 팔일』)고 하여 오랑캐의 문화가 제하보다 아주 멀리 낙후되었다고 여겼다.[214] 맹자는 "나는 화하의 문화로 오랑캐를 변화시킨다는 것은 들었어도 오랑캐에로 변화된다는 말은 아직 듣지 못했다."(『맹자 · 등문공』)고 하여 명확하게 "화하의 문화로 오랑캐를 변화시킨다."는 관념을 제출하였다. 여기에는 두 가지 뜻이 있는데 하나는 앞서가는 중화문화를 이용하여 중원 이외의 낙후된 문화를 가진 궁벽한 곳의 부족들에게 영향을 미치고 감화시키기를 바라는 것이며, 다른 하나는 지역과 종족으로써가 아니라 중원의 전장(典章: 法)과 문물제도를 받아들이는가의 여부에 따라 화하(華夏)와 오랑캐[夷狄]를 구분하는 것이다. 이와 같이 문화의식에 기초하여 화하와 오랑캐를 구분하는 관념은 동한의 하휴(何休)[215]가 쓴 『춘추공양해고(春秋公羊解詁)』에서 충분히 표현되었다. 그것은 중국처럼 다민족으로 이루어진 국가가 장기적으로 융합한 역사과정이 유가의 사상에 반영된 것이다. 북방지역에서 진(秦) · 북위(北魏) · 금(金)대의 민족의 융합과 동화에 부합하여, 오랑캐와 화하로 나누는 관념은 이 지방의 일부 사인(士人: 백성)에게서는 점점 의미

214) 저자의 이러한 해석은 원문과는 뜻이 다르다고 생각된다. 『논어 · 팔일(八佾)』의 "공자가 오랑캐에게도 군주가 있으니 제하(諸夏)에 없는 것과는 같지 않다(子曰 夷狄之有君, 不如諸夏之亡也)"는 구절은 본래 오랑캐에게도 군주가 있어 어느 정도 군신의 도리를 행하는데, 제하의 일부 제후국들에서 이러한 군신의 도리가 없이 참람하고 어지러웠음을 공자가 한탄한 뜻으로 보아야 한다.

215) 후한의 학자. 자는 소공(邵公). 6경을 깊이 연구하였으며, 역산(曆算)에 밝고, 『춘추공양전(春秋公羊傳)』에 정통하였다. 벼슬은 의랑(議郞), 간의대부(諫議大夫)에 이르고, 저서는 『춘추공양해고(春秋公羊解詁)』, 『공양묵수(公羊墨守)』, 『좌씨고맹(左氏膏肓)』, 『곡량폐질(穀梁廢疾)』 등이 있다.

를 잃고 있었다. 원나라 초의 민족관계는 또 한 번의 대변동을 일으켰다. 학경은 이미 기본적으로 유가전통의 이하관념(夷夏觀念)의 테두리를 타파하고 자신의 이하론(夷夏論)을 확립하였다.

학경은 도통(道統)이 황통(皇統)보다 높다는 관점에서 황통은 천명(天命)에 연계되며, 천명은 인심(人心)에 연계되어 있다고 생각하였다. 다시 말해 인심을 버리면 천명도 끊어진다는 말이다. 이것은 맹자의 "하늘은 명하고 사람은 베푼다[天命人與]"[216]는 관념을 이어받은 것이다. 그러나 그는 만약 '천명'이 '오랑캐'에게 있다면 '오랑캐' 중에도 또 '착한 사람들'이 있으며, 마찬가지로 "그것을 베풀고", "그것을 따를 수 있다."면 굳이 오랑캐와 화하를 갈라야 할 필요가 없다고 생각하였다. 그는 그것을 다음과 같이 설명하였다.

> 하늘이 반드시 베풀어주는 것은 없으나 오직 선만은 베풀어주고, 백성은 반드시 따르는 것은 없으나 오직 덕을 따른다. 중국은 이미 망하였는데 어찌 반드시 중국인이 있은 뒤에야 잘 다스릴 수 있겠는가! 성인이 한 말 가운데 "오랑캐가 중국에 들어오면 중국이 된다."는 말이 있다. 진실로 선함이 있다면 그것을 베풀어주는 것이 옳으며, 따르는 것도 옳다. 어찌 중국과 오랑캐의 다름이 있겠는가?
>
> 天無必與, 惟善是與; 民無必從, 惟德之從. 中國而既亡矣, 豈必中國之人而後善治哉! 聖人有云: "夷而進于中國, 則中國之." 苟有善者, 與之可也, 從之可也. 何有于中國・于夷. (「辨微論・時務」, 『陵川文集』 권19)

"오랑캐가 중국에 들어오면 중국이 된다."는 말은 여전히 "화하(華夏)로써 오랑캐를 변화시킨다."는 관점을 벗어나지 않는다. 화하의 문화로써 이민족을 동화시킨다는 사상이다. 일반적으로 말하면, 전쟁에서 승리한 선진민족이 낙후된 민족을 정치・경제・문화 등에서 선진민족의 것으로 동화시킨다. 학경이 비록 이러한 규율을 알지 못한 것은 아니지만 그는 이민족도 똑 같이 '선한 정치(善治)'를 할 수 있으며 한족의

216) 『孟子・萬章上』 5章 참조.

땅에서 예악의 정치를 실행하기만 하면, 마땅히 그들을 지지하고 복종해야 한다고 주장하였다. 그는 "한(漢)의 법률을 이용한" 북위(北魏)의 효문제(孝文帝)를 예로 들어, "효문제가 낙양으로 천도하여 한결같이 한의 법률로 정사를 돌보아 전장(典章: 법)과 문물을 찬연하게 한 것이 전대(前代)보다 더욱 융성하였으며"(「立政議」, 『陵川文集』 권32), "화하를 이용하여 오랑캐를 변화시킨 현명한 군주"(「班師議」, 『능천문집』 권32)라고 높이 찬양하였다. 그는 "한(漢)의 법률을 이용하였는가?", "한결같이 한대의 법[漢法]을 정사(政事)로 삼았는가?"의 여부에 따라서 중원으로 들어와 주인행세를 한 소수민족의 통치자들이 현명한가 그렇지 않은가를 판단하는 선결조건으로 삼았다. 이로 말미암아 학경은 또 하나의 중요한 정치원칙을 도출하였으니, "중국의 도를 행할 수 있으면 중국의 주인"(「與宋國兩淮制置使書」, 『능천문집』 권37)이라는 것이다. 그는 원의 세조(世祖) 쿠빌라이(忽必烈)에 대해서도 다음과 같이 찬양하였다. "오랫동안 인망(人望)을 얻었고 또 존중받았으며, 덕은 두텁고 공은 크며, 이치에 순응하며, 중국을 사랑하고 부양(扶養)시키며, 관대하고 인자하며 사람을 사랑하고, 어진 사람을 좋아함이 선비들에게까지 미쳐 오랑캐와 화하민족의 마음을 깊이 얻어 한당(漢唐)의 영명한 군주와 같은 기풍이 있었다. 여기에 더하여 영토를 넓히고 백성을 늘리니, 장수는 용맹하고 병사는 강하였다. 신(神)과 같은 결단과 신령스런 위력이 있어 바람의 신과 같고 우레와 같이 무서웠다."(「復與宋國丞相論本朝兵亂書」, 『능천문집』 권38) 물론 이러한 면에서 보면 쿠빌라이는 유가의 표준에 모두 부합하여 "능히 중국의 도를 행할 수 있는" 적합한 인물이므로 "그가 천하의 주인이 되는 것은 의심할 것이 없었다." 분명히 학경의 이하론(夷夏論)은 이미 새로운 정치적 내용을 갖추고 있었다. "능히 중국의 도를 행할 수 있다면 중국의 주인"이라는 정치원칙은 몽고와 한족의 연합정권에 직접적으로 이바지하였다. 그러므로 학경의 이하론은 실제로 정치론이었다.

이미 학경이 "능히 중국의 도를 행할 수 있다."는 함으로써 외족 통치자들이 "중국의 주인"이 될 자격을 갖추고 있는가의 선결조건으로 삼았다면, 그가 몽고 통치자들을 향하여 "한(漢)의 법률을 시행하라"고 요구하는 것은 필연적이었다. 심각한 사회위기에 직면하여 학경은 천하를 자신의 임무로 삼고 백성을 재난으로부터 구원하려는 강렬한 사회적 사명감을 가지고 있었다. 비록 정치적으로 동요하는 불안한 국면이었지만, 그는 결코 소극적이거나 비관적이지 않았다. "천하에는 무용(無用)한 것은 없으며, 무용한 사람도 없다. 사람은 세상이 잘 다스려질 때도 유용(有用)하고 어지러울 때도 유용하다.", "세상에는 시대에 맞는 인물이 없을 수가 없으며, 때에 맞는 사람이 없을 수가 없다."(『辨微論·厲志』) 그는 "유용한 인물"이 '유위(有爲)의 일'을 행해야 한다고 주장하였다. 무엇을 유위의 일이라고 하는가? 도를 행하는 것이다. 그는 "하늘이 이미 우리의 무리를 생겨나게 하였다면 도는 장차 행하여 질 것일진저!"(「送常山劉道濟序」, 『陵川文集』 권30)라고 하였다. 여기서 학경은 도로써 자임(自任)하는 포부를 드러내었다. 이러한 포부는 실제적인 정치적 내용을 포함하고 있다. 학경이 쿠빌라이의 징용을 받아들일 때 그는 쿠빌라이가 중국을 통일하려는 웅심(雄心)을 품고 있다는 것을 알았다. 그리고 학경의 신이하론(新夷夏論)은 그로 하여금 비교적 분명하게 원이 중국을 통일하는 것이 자연적인 추세라고 인식하게 하였다. 그는 "대리(大理)에 근본하여 대세를 살피고", "이치에 따라 행하고 요점을 파악하여 추세에 따라 응한다."(「上宋主陳請歸國萬言書」, 『능천문집』 권39)고 주장하며 천하의 사업을 이루었다. 구체적으로 말하면 한대(漢代)의 법을 시행하는 것이 곧 "이치에 따라 행하는 것"이었다. 오직 이렇게 해야만 비로소 시대의 요구에 부응하여 "추세에 따라 응할 수 있었다." 학경은 원의 통치자들에게 방책(方策)을 헌상하기를 "반드시 다스림에 힘쓰고자 하면 법과 제도를 창제하는 것에 먼저 힘써야 한다."(「删注刑統賦序」, 『능천문집』 권30)고 하였다. 그는 연경(燕京)으로의 천도, 태자의 옹립, 남송과의 화의, 전쟁을 그치고 백성을 쉬게 하는 것 등을 건의하였으며, 쿠빌라이는 모두 받아들였다. 학경은 원나라 초에 비교적 일찍 '한대(漢代)의 법'으로 치국(治國)할 것을 주장한 사람 가운데 한 사람이다.

학경(郝經)이 주장한 "한대(漢代)의 법"은 두 가지 특징이 있다.

첫째, "예악(禮樂)의 정치"를 강조하였다. 학경은 역대 봉건통치의 경험을 종합하여 "예(禮)는 국가의 근간"(「二履辨」, 『능천문집』 권20)이므로, 예로써 나라를 다스릴 것을 주장하였다. "예악의 정치는 임금된 자의 지극한 정치다."(「禮樂」, 『능천문집』 권18)라고 하여, 제왕이 창업하여 큰 줄기를 이음[垂統]에 마땅히 시기를 잃지 말고 예악을 일으켜, 자손만대로 이어지는 통치의 견실한 기초로 삼아야 한다고 하였다. '예악'은 화하문화의 중요한 상징이다. 학경이 예악의 정치를 강조한 목적은 주로 '예악'을 정치의 규범으로 삼아 새롭게 건립된 원나라 정권으로 하여금 오로지 한화(漢化)의 방향을 향하여 발전하도록 고정시키기 위함이었다.

둘째, '치도(治道)'를 강구하였다. 학경은 원의 통치자들이 인민을 무자비하게 약탈하는 상황을 겨냥하여 "취(取. 저자주: 국가의 財政에 필요한 稅收)"와 "치(治. 저자주: 나라를 다스리고 백성을 안정시킴)"의 관계를 정확하게 처리해야 한다고 강조하였다. 오직 "도로써 거두어들이고, 도로써 다스린다면" 국가의 통일은 장구하게 유지되지만, 만약 '취함'과 '다스림'을 모두 도로써 하지 않으면 토지와 인민을 얻자마자 잃어버리게 될 것이다. 국가의 통치는 반드시 군신이 힘을 합쳐 협조해야 한다. 학경은 "비록 성실하게 다스리는 임금이 있더라도 다스림의 요체를 아는 신하가 없다면 겨우 한때의 다스림에 지날 뿐이며, 비록 다스림의 체를 아는 신하가 있더라도 성실하게 다스리는 임금이 없다면 세상에 파묻혀 끝내 등용되지 못하니 한 순간의 다스림도 어렵다."(「思治論」, 『陵川文集』 권18)고 하였다. 군신이 국가를 다스리기 위해서는 서로 도와야 한다. 임금은 성실하게 다스려야 하고, 신하는 다스림의 요체를 알아야 한다. "성실하게 다스림"은 원조(元朝)의 최고 통치자를 향하여 제시한 요구이며, "다스림의 요체를 안다."는 것은 신하의 필요조건이다. 이것은 몽고족과 한족 등 각 종족의 통치자들이 더 밀접하게 협력하여 공동으로 국가를 다스리기를 요구한 것이다. 학경은 "다스림에 힘쓰는 도는 스스로를 다스리는 것이 최상이며, 타인을 다스리는 것은 그 다음이다. 스스로를 다스림은 그 근본이며, 타인을 다스림은 그 말단이다."라고 하였다. "스스로를 다스림"은 통치자 자신들에 대한 요구이니, 그 뜻은 다스림을 위한 도를 깨달아야 한다는 것이며, "타인을 다스림"은 오로지 백성과 인민을 다스리는 데 힘쓴다는 뜻이다. 근본이라는 것은 "원대한 계획에 힘쓰는 것이 아니라 자신에게 돌이켜 가까운 것으로부터 시작하는 것"(「사치론」, 『능천문집』 권18)이라는 말이다. 이것은 원의 통치자들에게 더 이상 대외적으로 병사를 동원하여 영토를 확장하려 하지 말고, 이미 있는 통치영역의 안에서 힘써 건설하고 생산을 회복하기를 경고한 말이다. 구체적으로는 다음과 같은 일을 해야 한다. "인의를 수양하고, 기강을 바르게 하고, 법도를 확립한다. 인재를 변별하고, 군대를 변경에 주둔시켜 군사를 쉬게 하고, 농업에 힘써 식량을 풍족하게 한다. 때에 따라서 힘을 보존하고, 부세(賦稅)를 경감하여 백성에게 실익을 준다. 학교를 설립하여 풍속을 단속하고, 절의(節義)를 두텁게 하여 염치(廉恥)를 알게 한다. 수령(守令)을 선발하여 은택을 베풀고, 자신의 일대(一代)에 국가의 규모를 완성하고, 만세(萬世)의 통치기반을 확립한다."(「사치론」, 『능천문집』 권18) 이는 학경이 원의 통치자들에게 제시한 건국의 강령이라고 할 수 있으며 학경이 주장한 "한대의 법[漢法]"의 주요 내용을 나타내었다.

학경(郝經)의 "한대의 법을 시행한다."는 정치적 주장은 몽(蒙)·한(漢)의 통치계급이 봉건적인 연합정권을 수립하는 데 필요한 요구조건을 충족시켰으며, 전쟁으로 인하여 각 종족의 인민들이 겪어야 하는 고통을 줄이고, 전쟁의 상처를 치료하며, 몽고족과 한민족의 단결과 융합을 촉진하며, 중원의 선진문화를 보존하는 데 모두 중요한 작용을 하였다. 이 때문에 그의 이하론(夷夏論)과 그로부터 도출된 정치원칙은 시대의 발전적 추세에 부합하였다.

종합하면, 학경(郝經)은 송·원시기에 북방의 낙학(洛學)과 남송의 리학(理學)을 결합시켰으며, 아울러 시대적 요구에 근거하여 일정한 개조와 발전을 이루어 몽고족과 한족의 통치계급이 연합정권을 건립하는 데 이론적 근거를 제공하였다. 이 점은 북방에서 낙학의 발전방향에 결정적 영향을 끼쳤다.

제3절: 허형(許衡)

허형의 초상

허형(許衡)은 조복(趙復)의 영향을 받아 정주리학으로 전향하여 공훈을 세운 북방학자 가운데 가장 뛰어난 사람이다. 그가 창립한 노재학파(魯齋學派)[217]는 북방리학(北方理學)의 대종(大宗)이며, 그 영향은 원대(元代) 전체에 미친다. 그 자신은 원대리학(元代理學)의 종사(宗師)로 일컬어졌다.

허형(許衡: 1209~1281)은 자가 중평(仲平)이며, 회경(懷慶)의 하내(河內. 저자주: 지금의 河南省 沁陽縣) 사람이다. 금나라 말에 태어나 전란 중에 산동(山東)의 태안(泰安) 동남쪽의 조래산(徂徠山)으로 피난가서 살았다. 뒤에 위

217) 노재(魯齋)는 허형의 호다.

(魏)로 옮겨가 대명부(大名府)에서 강학하였다. 1238년 원이 하북(河北)에서 선비를 선발할 때 뽑혀 유가(儒家)의 기록에 올랐다. 그후 소문(蘇門)으로 가서 요추(姚樞[218])가 있는 곳에서 조복이 전한 이락(伊洛)[219]의 신유학 책을 얻어 읽고 리학으로 전향하였다. 1254년 쿠빌라이가 중국에 친정(親征)하면서 유신(儒臣)들을 등용하였는데 허형은 경조제학(京兆提學)으로 출사(出仕)하였다. 1260년 쿠빌라이가 제위에 즉위한 후 한 차례 중서좌승(中書左丞)으로 출사하였으며, 여러 번 국자좨주(國子祭酒)를 담당하여 관제(官制)를 정하고 조의(朝儀)를 확립하는 데 참여하였으며, "수시력(授時曆)"을 수정하였다. 사후에 문정(文正)이라는 시호를 받았다. 학자들을 그를 노재선생(魯齋先生)이라고 불렀다. 『원사(元史)』에 그의 전기가 있으며, 저작에는 『노재유서(魯齋遺書)』가 있다.

1. 허형의 천도관

명대 학자인 하당(何塘)은 허형(許衡)의 사상적 특징에 대하여 아래와 같이 설명하였다.

> 노재는 어려서부터 독서하며 성현의 도에 뜻을 두었다. 후일 고정(考亭)[220]의 『소학』과 『사서』를 얻어 옛 습관을 모두 버리고 한결같이 거기에 종사하였다. 그러므로 자신을 확립하고 처신하며, 조정에 출사하여서는 임금을 섬겼다. 후진을 깨우치고 인도할 때는 언어나 문자로만 일삼지 않

---

218) 원 유성(柳城) 사람. 자는 공무(公茂), 시호는 문헌(文獻). 세조(世祖)를 따라 대리(大理)에 원정을 가서 멸망시켰다. 관직은 한림학사(翰林學士)와 승지를 거쳤다. 『元史』 158과 『宋元學案』 90에 기록이 있다.

219) 북송의 주돈이(周敦頤)에서부터 이정에 이르는 신유학자들과 그 문하생들.

220) 고정(考亭)은 주희가 복건(福建)에서 강학하던 곳이다. 따라서 주희의 민학(閩學)을 '고정지학(考亭之學)'이라고도 한다. 여기서는 주희가 주석한 『소학』과 『사서』를 의미한다.

았으며, 도는 치용을 우선으로 삼아 성명의 오묘함에만 머무르지 않았다.

魯齋幼而讀書, 卽有志于聖賢之道, 後得考亭『小學』·『四書』, 乃盡棄故習, 一從事于其間. 故立身行己, 立朝事君, 乃啓迪後進, 而不徒事于言語文字之間; 道以致用爲先, 而不徒極乎性命之奧. (「表彰文正公碑記」, 『魯齋遺書』 권14)

이상의 내용으로 알 수 있는 것은 첫째, 허형은 주희(朱熹)의 숭배자이며, 그 사상과 학설은 주희의 리학 범주에 속한다는 사실이다. 둘째, 허형의 사상은 치용(致用)의 경향이 있으며, 도덕적 실천을 중시하고 "성명(性命)의 오묘함"을 추구하지 않는다. 이 두 가지가 허형의 철학사상의 성격을 결정하였다.

허형은 '도'를 철학의 최고범주로 생각하였다.

도는 일상적으로 쓰는 사물의 당연히 행하는 리(理: 이치)다. 도는 천리(天理)의 당연함이다.

道是日用事物當行之理. 道者, 天理之當然. (「中庸直解」, 『魯齋遺書』 권5)

'도'와 '리'는 동일한 층차의 개념이다. '도'는 어떤 특징을 갖추고 있는가? 그는 천·지·인의 기원을 소급해 나가면서 아래와 같이 설명하였다.

태극의 전(前)에 이 도는 독립해 있다. 도가 태극을 태어나게 하니 셋(三)을 하나로 포함하고 있다. 일기가 이미 나누어지면 천지는 정해진 위치를 차지한다. 만물의 신령하나 오직 인간만이 귀하다.

太極之前, 此道獨立. 道生太極, 函三爲一. 一氣旣分, 天地定位. 萬物之靈, 惟人爲貴. (「稽古千文」, 『魯齋遺書』 권10)

여기서 말한 '셋'과 '하나'가 결국 무엇을 가리키는가에 대하여 학술계의 관점은 일정하지 않다.[221] 그러나 여기서 "셋을 하나로 포함하고

---

221) 저자주: 손숙평(孫叔平)은 "'셋'은 아마 천·지·인을 가리키며, '일'은 아마 리(理) 혹은 일기(一氣)를 가리키는 것이다. 만약 일기를 가리키는 것이라면 아래의

있다.”는 것은 ‘태극’에 대하여 내린 해석이다. 문제의 관건은 허형이 “태극”에 대하여 어떻게 해석하는가에 있다. 허형이 『계고천문(稽古千文)』을 쓸 때는 아직 주희의 저작 전부를 얻지 못하였고, 그 때문에 그는 ‘태극’에 대하여 그가 읽었던 왕필 『주역주(周易注)』의 영향을 매우 많이 받고 있었다. 왕필은 『주역주』에서 ‘삼극(三極)’을 ‘삼재(三材: 三才)’ 천 · 지 · 인으로 해석하였다. 또 “역(易)에 태극이 있다.”는 말을 “태극이란 호칭이 없는 호칭이며, 이름을 붙일 수도 없으며, 취함에 한계가 없으므로 태극이라고 한다.”(『왕필집교석』하, 538 · 553쪽)고 하였다. 태극은 천 · 지 · 인을 포괄하는 우주 최대 · 최고의 범주이다. 이 때문에 “셋을 하나로 포함한다.”고 할 때의 ‘셋’은 실제로 천 · 지 · 인을 가리키며, ‘일’은 ‘태극’의 전체를 가리킨다.

‘태극’은 결국 리(理)인가 아니면 기(氣)인가? 허형에 따르면, 유형(有形)의 천 · 지 · 인은 마땅히 형이하의 기(氣)다. 그러나 비록 지천으로 깔린 사물들에도 역시 반드시 형이상자가 있다. 형이상자는 리다. 리와 기 양자는 서로 몸담고 있어 분리되지 않는다. “사물은 반드시 리가 있으며 여태까지 리가 없는 사물은 없었다. 리(理)와 사물은 분리될 수 없다. 사물이 없다면 리가 어디에 머물 것인가?”(「語錄上」, 『魯齋遺書』 권1) 이것은 구체적인 사물에는 리가 있으며, 리는 사물의 가운데에 존재한다는 것을 인정한 말이다. 필자가 보기에 이것은 비교적 합리적이다. 그러나 허형은 사물 자체와 사물의 리를 동등하게 보았다. 그는 “리는 하늘에서 나오며, 하늘은 리에서 나온다.”는 문제에 대답하면서 “하늘은 리다. 있다면 일시(一時: 같은 시간)에 있으며, 본래 선후가 없

‘일기(一氣)가 이미 나누어진다’는 구절과 연결될 수 있다. 만약 일리(一理)를 가리킨다면 그것은 여전히 주희의 ‘리는 스스로 기(氣)를 태어나게 할 수 있다’는 말을 빌린 하나의 과도적인 고리다.”(『中國哲學史稿』 177쪽)라고 보았다. 몽배원(蒙培元)은 “‘셋을 하나로 포함하고 있다’는 말은 음과 양의 두 기와 양자의 통일을 가리킨다. ‘일기(一氣)가 이미 나누어진다’는 것은 태극의 기가 음양으로 나누어진 것이다.”(『理學的演變』 181쪽)라고 하였다.

다. 이 리가 있은 뒤에 이 사물이 있다."(「語錄上」, 『노재유서』 권1)고 하였다.

여기서 아주 큰 모순이 있지만 허형의 뜻은 두 가지 점에서는 분명하다. 첫째, 리와 사물은 서로 몸담아 있어 분리되지 않으며, 동시에 존재하고 선후가 없다는 점이다. 둘째, 리는 본원(本原)이며, 리가 있어야만 비로소 사물이 있을 수 있다는 것이다. 그리고 허형의 착오도 두 가지 점에서 분명히 드러난다. 먼저 사물과 리가 서로 몸담고 있어 분리될 수 없다는 것을 사물과 리가 동등한 것, 다시 말해 사물을 리라고 본 것이 그 하나다. 다음으로 사물의 규율(저자주: 理)을 사물 가운데서 독립적인 것으로 뽑아내어 본원적인 실체로 간주하였다는 것이다. 이미 "하늘이 리"라면 '태극'도 역시 '리'다. 허형 자신도 "천하에는 모두 짝(對)이 있으나 오직 일리(一理)만 짝이 없으니 태극이다."(「語錄上」, 『노재유서』 권2)라고 하였다. 위에서 말한 허형의 입장을 종합하면, '태극'은 "태극의 리"와 "태극의 기" 둘의 통일이라고 할 수 있다. 허형에게서 우주의 변화와 그 순서는 제 1단계가 독립적인 본원 곧 도로부터 태극으로 진행하며, 제 2단계는 태극의 리가 태극의 기로 나타나고, 나누어져 음양이 되어 천지로 갈라지며, 제 3단계는 천지가 만물과 인간을 태어나게 하고, 인간이 만물의 영장(靈長)이 되어 천(天: 天命)을 이어받고 땅을 딛고 서는 과정으로 진행된다. 이것은 틀림없이 객관적 유심주의이며, '도'를 최고범주로 삼는 객관 유심주의이다.

허형(許衡)은 천도(天道)가 유행하여 천지만물을 조화하고 발육한다고 생각하였다. 그리고 천도가 유행하여 만물을 조화하고 발육할 때 음양 두 기가 핵심적인 작용을 한다고 생각하였다. 음양의 두 기는 만물을 구성하는 재질(材質)로서 "만물은 모두 음양에 근본한다." 예를 들면 "천지는 음양의 정기(精氣)로 일월성신(日月星辰)이 된다." 일월성신은 정기로써 이루어진다. 그러나 기는 도 혹은 리(理)를 반드시 수반한다. "무릇 사물이 생겨날 때 반드시 리를 얻은 후에 형체가 있으며, 리가 없으면 형체도 없다."(「어록상」, 『노재유서』 권1) 따라서 허형은 때로 음양 두 기와 천도를 직접 "천도와 두 기"라고 함께 거론하였다. 그는 "천도와 두 기에서 한 쪽 일기(一氣)가 점점 소멸되고 축소되면, 다른 쪽의 일기가 곧 발달한다. 하나의 일기가 오면, 다른 하나의 일기는 반드시 간다. 가는 것과 발하는 것이 동시에 진행되는 리는 없다."(「語錄上」, 『노재유서』 권2) 음과 양 두 기의 소장(消長)과 변화가 '천도'다. 허형은 "춘하추동에 추위와 더위가 번갈아 나타나는 것이 하늘의 도다."(「어록상」, 『노재유서』 권1)라고 하였다. 즉 천지만물의 생장(生長)과 대사(代謝)의 과정은 실제로 음양의 기가 합하거나 흩어지는 과정이다. 허형은 이를 "무릇 사물이 생겨남은 모두 음양의 기가 합하는 것이며, 무릇 사물이 죽는 것은 모두 음양의 기가 흩어지는 것이다."(「中庸直解」, 『노재유서』 권5)라고 개괄하였다. 사물의 생사는 기의 합함과 흩어짐이다. 세간(世間) 일체의 구체적인 사물은 이로부터 이해할 수 있다. 귀신도 역시 이와 같다. "귀(鬼)는 음기(陰氣)의 신령함이며, 신(神)은 양기(陽氣)의 신령함이다. 기가 신장(伸長)하는 곳이 신(神)이며, 기가 돌아가는 곳이 귀(鬼)다." 이것이 이른바 "천지의 공용(功用)이며 조화의 흔적"(「중용직해」, 『노재유서』 권5)이라는 말이다. 이러한 조화의 공은 자연의 과정이며, 결코 신비한 것은 아니다. 이것은 모두 합리적이다.

'기'는 본래 물질인데 허형은 도리어 여기에 도덕적 속성을 부여하여 사회현상을 해석하였다. 먼저 음양은 존비(尊卑)의 차등이 있다. "천하의 모든 양(陽)은 하늘 · 임금 · 지아비가 되며, 음(陰)은 땅 · 신하 · 지어미가 된다. 양은 존귀하고 앞서며, 음은 아래에 있다. 하늘은 땅보다 앞서며, 임금은 신하보다 앞서며, 지아비는 지어미보다 앞선다."(「語錄下」, 『노재유서』 권2) 양은 존귀하며 음은 비천함과, 양은 취하고 음은 준다는 것은 바꿀 수 없는 법칙이며, 봉건통치자들에게는 변할 수 없는 도리[天經地義]다. 다음으로 음양에는 청탁(淸濁)과 미오(美惡)가 있다. "(인간은) 생명을 받는 처음에 품부받은 기가 맑은 것도 있고 탁한 것도 있으며, 아름다운 것도 있고 악한 것도 있다. 맑은 것을 얻으면 지혜롭고, 탁한 것을 얻으면 어리석으며, 아름다운 것을 얻으면 어질고, 악한 것을 얻으면 어리석다."(「論明明德」, 『노재유서』 권3) "맑은 것은 마땅히 위에 있고, 탁한 것은 아래에 있다. 맑은 물이 위에 있고 탁한 물이 아래에 있는 것을 어찌 보지 않았는가? 비록 흔들어서 청탁이 구분되지 않지만 얼마 지나지 않아 반드시 또 맑은 것은 위에 있고 탁한 것은 아래에 있게 된다. 더욱 쉽게 볼 수 있는 것은 하늘은 맑아서 위에 있고, 땅은 탁하여 아래에 있다."(「語錄下」, 『노재유서』 권2) 사람은 맑고 아름다운 기를 품부받아 어질고 지혜롭기 때문에 마땅히 상위에 있어야 하는데, 탁하고 나쁜 기를 얻으면 어리석고 모자라게 되어 하위에 있게 된다. 이러한 상하의 구분은 뒤바뀔 수 없다. 또 사람의 빈천·부귀·생사(生死)·수요(壽夭)·화복(禍福)은 모두 "기(氣)로부터 품득(稟得)하며", "하늘에 근본한다." 허형은 기에 사회의 도덕적 속성을 부여함으로써 '기'에 '정신'의 영명한 빛이라는 꺼풀을 덧씌웠다. 그리하여 기로 하여금 본래 있던 '물질'이라는 빛을 잃게 하였다.

허형(許衡)은 마음과 사물의 관계에 대하여서도 역시 언급하였다. 최근 몇 해 동안 학술계에 유행하는 하나의 관점이 있는데 허형이 '심학(心學)'사상을 갖추고 있다는 것이다. 중요한 논거 가운데 하나는 허형이 "마음과 천지는 같다."고 한 말이다. 이것은 '마음이 하늘'이라는 허형의 주장에 대한 증명이다. 이에 대하여 분석할 필요가 있다. 허형의 본래 말은 아래와 같다.

> 사람과 천지가 같다면 무엇이 같은가? 사람은 6척의 신체에 불과하지만 그 큰 곳과 같은 곳을 마음이라고 하니, 마음과 천지는 같다고 한다.
> 人與天地同, 是甚底同? 人不過有六尺之軀, 其大處·同處指心也, 謂心與天地一般. (「語錄下」, 『魯齋遺書』 권2)

위의 인용문에서 "마음이 하늘이다." 혹은 "마음이 리(理)다."라는 결론을 도출할 수는 있으나, 실제로 사람들이 믿게 하기에는 어려움이 있다. 허형은 "마음이 보존하고 있는 것은 리일(理一)이다."(「語錄下」, 『노재유서』 권2)라고 하여, 이 리가 마음속에 보존되어 있다고 여겼다. 그러나 마음이 리(理)를 갖추고 있다고는 할 수 있으나 마음이 리는 아니다. 그가 "마음과 천지는 같다."고 한 말은 마음의 신묘하여 예측할 수 없는[神妙不測] 작용을 가리켜 한 말이다. 허형은 "천지인 삼재(三才)"라는 말을 다음과 같이 설명하였다.

> 옛날의 성인은 천지인을 삼재로 삼았다. 천지의 위대함은 그것이 사람과 서로 닮아 그 크기를 헤아릴 수 없다. 그리고 성인이 사람으로서 천지와 짝하는 것은 어째서인가? 대개 상제가 백성에게 중정(中正)의 덕을 내리고, 인간은 그것을 얻어 마음으로 삼는다. 마음은 형(形)은 비록 작지만 그 속에 천지만물의 리를 담고 있으니 성이며, 명덕이다. 허령하고 밝게 깨달으며, 신묘하여 예측할 수 없으므로 천지와 같다. 그러므로 성인이 천지인을 삼재로 삼았다.
>
> 古之聖人, 以天地人爲三才. 天地之大, 其與人相懸不知其幾何也. 而聖人以人配之何耶? 蓋上帝降衷, 人得之以爲心, 心形雖小, 中間蘊藏天地萬物之理, 所謂性也, 所謂明德也. 虛靈明覺, 神妙不測, 與天地一般. 故聖人說天地人爲三才. (「論明明德」, 『魯齋遺書』 권3)

여기서 말한 것은 매우 분명하다. 첫째, 사람은 상제가 내린 충(衷. 저자주: 태극 혹은 理. 본래 뜻은 中正의 德)을 얻어서 '마음'으로 삼는다는 말이다. 이것은 인심(人心)의 리가 '상제'(저자주: 天)에 근원한다는 말이다. 둘째, 혈육(血肉)으로 된 유형(有形)의 마음은 하나의 실체며 형상(形狀)은 매우 작지만 반면에 허령(虛靈)한 마음은 실체가 아니며, 그것은 중리(衆理)를 갖추고 지각할 수도 있고 사유할 수도 있다는 말이다. "허령하고 밝게 깨달으며, 신묘하여 예측할 수 없으므로 천지와 같다."는 말은 마음이 인식의 주체이면서 신묘하여 예측할 수 없는 작용을 갖추고 있음을 설명한다. 마음의 사유범위는 매우 광대하여 천지만물에 두루 미치며 상하 사방에 없는 곳이 없다. 이것이 천지와 같은 공능(功能)이다. 마음과 천지는 '그 용(用)'이 같은 것이지 그 '체(體)'가 같은 것이 아니다. 허형은 "하늘은 리다.", "성(性)이 곧 이 리다."(「中

庸直解」, 『魯齋遺書』 권5)라고 말하긴 하였지만, 그러나 아직 "마음이 곧 이 리다."라고는 말하지 않았다. 어떤 사람이 그에게 "마음이라 하고, 성(性)이라 하고, 하늘이라 하고, 일리(一理)라고 하는 것은 무엇입니까?"라고 묻자, 그는 단지 "하나로 관통되었다."(「어록하」, 『노재유서』 권1)라고 대답하였다. '관(貫)'은 관통(貫通)의 뜻이다. "일이관지(一以貫之)"는 일리가 만물을 관통한다는 말이다. 마음은 만물의 리를 온장(蘊藏)하고 있으므로 리와 서로 통하지만 그러나 결코 마음이 이 리는 아니다. 허형은 "천지의 마음은 사물을 생겨나게 하는 마음[心]이며, 성인의 마음은 사물을 아끼는 마음이니 천지의 마음과 서로 비슷하다."(「語錄下」, 『노재유서』 권2)고 하였다. 이것은 도덕론의 각도에서 성인의 마음과 천지의 마음을 '사물을 생겨나게 함'과 '사물을 아낌[愛物]'의 방면에서 서로 비슷하다고 한 것일 뿐, 본체론과는 무관하다. 종합적으로 보면, 허형이 마음과 사물(心物. 저자주: 心과 理를 포괄하여)의 관계에 대하여 설명한 것은 여전히 '마음이 리를 갖추고 있다'는 함의를 벗어나지 않았다. 따라서 그의 주장은 "성즉리(性卽理)"의 리본체론(理本體論)이라 할 수 있다. "심즉리(心卽理)" 혹은 "심즉천(心卽天)"의 심본체론(心本體論) 혹은 심학사상은 그에게 없다. 바꾸어 말하면, 허형의 철학은 마음을 본체로 삼는 주관유심주의가 아니라, 도(道. 저자주: 理)를 본체로 하는 객관유심주의다.

2. 허형의 지행관(知行觀)

명대의 학자인 설선(薛瑄)은 『독서록(讀書錄)』에서 평론하기를 "노재(魯齋)는 역행(力行)의 뜻이 많았다.", "대개 진실을 알고 실천하는 사람이다."(「先儒議論」, 『魯齋遺書』 권14)라고 하였다. 허형은 '실천'을 매우 중시하였지만 또 힘써 행하려면 먼저 반드시 진지(眞知)가 있어야 한다고 생각하였다. 진실을 알고자 하면 반드시 행할 수 있어야 힘을 얻을 수 있다. 이것이 그의 "지와 행 두 가지를 마땅히 병진해야 한다."는 지행관(知行觀)이다.

허형은 정주(程朱)의 격물치지설을 계승하였다. 그는 주희가 격물치지를 보충한 전(傳)[222]에 대하여 해석하였다. 그것을 개괄하면 다음과 같다. 치지는 자신의 마음에 있는 지식을 끝까지 미루어 나가는 것이다. 이를 위하여 모름지기 매일 접촉하는 사물에 안에 있는 도리를 하나하나 끝까지 궁구하여 힘써 명백함을 구하고 조금이라도 다하지 못한 것이 있어서는 안 된다. 만약 궁극에까지 궁구하여 이르지 못하면 마음속에는 비록 저절로 생기는 지식은 있지만 역시 혼매(昏昧)하고 흠결(欠缺)이 있게 된다. 학자는 사물의 이치를 궁구해야 하며, 오늘 하나의 일을 궁구하고 내일 또 하나의 일을 궁구하여 점점 쌓아나감[積累]이 많아졌을 때 어느 날 홀연히 마음속에 자연히 깨달음이 있게 되고 투철해져 활연관통(豁然貫通)하게 된다. 이때 만물의 도리가 은미함과 드러남, 정밀함과 조잡함을 모두 환히 깨달으며, 마음의 전체(全體)와 대용(大用)도 조금도 밝지 못한 것이 없게 된다. 이러한 것들은 모두 주희의 관점을 거듭 베낀 것이다. 원의 소천작(蘇天爵)은 허형에 대하여 "평생 주자학을 좋아하여 마치 기갈(飢渴)이 든 듯하였다. 무릇 학자들에게 지시하는 것마다 오로지 주자를 위주로 하였다."(「考歲略」, 『元朝名臣事略』 권8)고 평가하였다. 이것은 적확하고 사실적인 근거가 있는 평가이다.

그러나 허형이 주희(朱熹)의 지행설을 발전시킨 면도 분명히 있다. 구체적으로 말하면 세 가지 면으로 설명할 수 있다.

1) 인식과 실천[知行]은 "두 가지 일이다."

222) 『大學』의 補亡章

허형은 “세상에는 오직 두 가지 일이 있는데, 인식[知]과 실천[行]일 뿐이다.”(「語錄下」, 『魯齋遺書』 권2)라고 강조하였다. 이 때문에 그는 ‘성인(聖人)’이 가르친 것은 단지 두 글자뿐이라고 보았다. 그는 “(『논어』는) ‘배우고 때맞추어 익힌다’는 것으로 시작하여 단지 지행(知行)이라는 두 글자를 말할 뿐이다.”(「語錄上」, 『노재유서』 권1)고 하여, 지와 행 두 범주로써 인류가 세계를 인식하고 세계를 개조하는 활동 전부를 개괄하였으나, 이것은 결코 허형의 창조적 견해가 아니라 중국고대철학의 전통적인 관념이며, 신유학도 역시 이와 같다.

그러나 허형은 지와 행에 대하여 몇몇 새로운 관점을 가지고 있다. 하나는 인식과 실천의 관념에 따라 배움·질문·사색·변별·행위 등을 두 단계로 나누었다. 『중용』의 “널리 배우고[博學], 자세히 묻고[審問], 신중하게 생각하고[愼思], 밝게 변별[明辨]하고, 돈독하게 행동한다[篤行]”는 체계적 설명에 비추어보면, 배움[學]·질문[問]·사색[思]·변별(辨別)·행위[行]의 다섯 가지는 원래 병렬적이었다. 그런데 주희는 『중용장구(中庸章句)』에서 배움·질문·사색·변별을 지(知)로, 독행(篤行)을 행(行)으로 설명하였다.(저자주: 『四書章句集注』 31쪽 참조) 그러나 이것을 명확히 구분하여 사용한 것은 아니었다. 이에 대해 허형은 “‘널리 배우고, 자세히 묻고, 신중하게 생각하고, 밝게 변별하는 것’은 앎이 진실을 얻는 과정이다. 그렇게 하고 나서야 ‘돈독하게 행동한다’는 한 구절을 말할 수 있다.”(「語錄上」, 『노재유서』 권1)고 하여 선명하게 구분하여 사용하였다. 앞의 네 항은 지에 속하게 하고, 마지막 항은 행에 속하게 하여, 명확하게 배움·질문·사색·변별·행위 다섯 가지를 지와 행의 두 단계로 나눈 것이다.

둘째 지와 행의 관념에 따라 불혹(不惑)·지명(知命)·이순(耳順)·종심(從心)·불유구(不踰矩) 등에 대해서도 설명하였다. 공자가 자신의 성장하는 과정을 설명할 때 “나는 15세에 학문에 뜻을 두었고, 30세에 서고, 40세에 불혹하였으며, 50세에 천명을 알았으며, 60세에 귀가 순(順)해졌으며, 70세에는 마음이 하고자 하는 대로 따라도 법도를 어기지 않았다."(『論語・爲政篇』)고 하였다. 이에 대하여 허형은 특별한 구도로 설명하였다. "불혹・지명・이순은 하나의 지(知)자에 해당하는 일로 단지 정밀함과 조잡함[精粗] 깊고 얕음[深淺]의 구별이 있을 뿐이다. 이순은 결코 마음에 거슬리는 것이 없는 것이며, 이에 도달하면 어떤 사고나 어떤 사려든지 생각하지 않아도 얻는다. 마음이 하고자 하는 대로 따라도 법도를 넘지 않는 경계가 되면 노력하지 않아도 적중한다."(「語錄上」, 『노재유서』 권1) 그는 여기서 어떤 것이 지에 속하고 어떤 것이 행에 속하는가를 지적하였을 뿐만 아니라, 인식과정에서 지식은 "정조(精粗)와 심천(深淺)"의 구별이 있고, 실천(저자주: 주로 도덕적 실천) 과정에서 행은 자각과 자각하지 못함, 적합함과 적합하지 못함의 구분이 있음을 제시하였다.

셋째, 지와 행의 관념에 따라 "신묘한 것을 궁리하여 변화를 안다[窮神知化]"는 말을 평가 해석하였다. "신묘한 것을 궁리하여 변화를 안다."는 말은 『주역・계사하』에 있는데, 최근 사람인 고형(高亨)이 "궁신(窮神)은 사물의 신묘함을 궁구하는 것이다. 지화(知化)는 사물의 변화를 인식하는 것이다."(『周易大傳今注』, 571쪽)라고 해석한 것에 의하면, "신묘한 것을 궁리하여 변화를 안다."의 본래 의미가 사물의 신묘한 변화를 인식함을 가리킨다는 것을 알 수 있다. 허형은 "『대학(大學)』에서 궁신은 인식이며, 지화는 실천이다. 천지의 신묘한 곳을 끝까지 연구하고, 천지가 화육(化育)하는 공(功)을 실천한다."(「語錄下」, 『노재유서』 권2)고 하였다. 즉 '궁신'은 "천지의 신묘한 곳을 모두 다 궁리하는 것"으로 당연히 지(知)며, '지화'는 "천지의 화육하는 공(功)을 실천하는 것"으로 당연히 행이다. 이와 같이 지와 행으로 분별하여 "신묘한 것을 궁리하여 변화를 안다."는 말을 해석한 것은 허형의 새로운 발명이라고 말할 수 있다. 허형은 항상 인식과 실천을 통일적으로 설정하고 인식과 실천의 과정에서는 명확하게 구분하여 "두 가지 일"임을 강조하였다. 분명하게 허형도 정주(程朱)와 마찬가지로 인식과 실천을 "두 가지 일"로 분석하여 인식과 실천의 변증적 통일을 소홀히 하였다.

2) 참다운 지식[眞知]을 힘써 행한다.

허형은 참다운 지식을 힘써 실행하기를 주장하였다. 먼저 앎의 목적은 "나 자신이 몸소 행하는 데 도움이 되기 위함"(「語錄下」, 『노재유서』 권1)이다. 즉 지(知)는 행(行)을 위한 것이다. 지는 행의 내재적인 근거며 원인이므로, 알아야만 행할 수 있고, 알지 못하면 행할 수 없다. 어떤 사람이 이치에 따를 때라도 즐겁지 않을 때는 어떻게 하겠는가라고 물었을 때, 그는 "세상에는 단지 옳음과 옳지 않음의 물음이 있을 뿐이니, 즐거움과 즐겁지 않음의 문제는 그만두어라. 만약 분명하게 이것이 옳고 저것은 옳지 않다는 것을 알면 비록 즐겁더라도 역시 따르지 않는다."라고 대답하였다. 비유하자면 "밭에서 일하며 힘써 농사짓는 일[服田力穡]"[223]을 즐거워하지 않고, 오로지 "술과 연회에 탐닉하여 방종하기[荒縱飮宴]"를 좋아하는 까닭은 농사짓는 농가의 이익과, 놀고 게으름[游惰]의 해로움을 모르기 때문이다. "진실로 밭에서 일하며 힘써 농사짓는 즐거움이 무궁하게 되면, 방탕하게 연회만 즐기는 것을 하루아침에 그만둘 수 있다. 저것은 진실로 모르기 때문이다. 진실로 알 수 있다면 반드시 이와 같지 않을 것이다."(「어록하」, 『노재유서』 권2)

그는 배움·질문·사색·변별을 이미 얻었다면 반드시 모두 착실하게 실천으로 드러내고 몸소 그것을 행해야 한다고 말한다. 모르면 행할 수 없으며, 알면 반드시 행할 수 있다. 다른 한편으로 행은 그 아는 바를 행하는 것이다. 행(行)은 지(知)에 의뢰하며 앎의 참다움이 있다면 비로소 행할 수 있는 힘이 있다. 이와 반대로 행함에 힘이 없다면 앎은 진실함이 없기 때문이다. 그는 "무릇 행함에 힘이 없는 까닭은 단지 앎이 진실하지 않기 때문이다. 참으로 앎이 진실하다면 어찌 행함에 힘이 없겠는가?"(「語錄上」, 『노재유서』 권1)라고 하였다. 알되 행하지 않는 것은 단지 아직 앎이 진실하지 않기 때문이다. 만약 앎이 진실하다면

---

223) 『書經·盤庚』, "若服田力穡, 乃亦有秋."

반드시 행함도 힘을 얻을 수 있다. 이것을 허형은 "의리(義理)를 정미(精微)하게 하여 신묘한 경지에 이르고 치용(致用)하게 되면 행(行)은 능숙하고 백발백중하게 된다."(「어록하」, 『노재유서』 권2)고 설명하였다. 정의(精義)와 입신(入神)은 앎이 진실함을 얻은 것이며, 백발백중은 행이 힘을 얻은 것이다. 간단히 말하면 실천을 위해서 아는 것이며, 그 아는 바를 실천하는 것이므로, 지와 행 두 가지는 상호 연계되어 있다.

다음으로 행의 준칙은 "리(理)를 따르는 것"이다. 허형은 "일체를 리에 따라 행해야 한다."고 주장하였다. 그의 생각에 따르면 순리로써 행하기만 하면 부처가 말한 '여의주(如意珠)'가 만들어 내는 것과 같은 효과를 얻을 수 있으며, "하고자 하는 것이 뜻대로 되지 않는 것이 없다." 순리(順理)로써 행하는가 아닌가의 문제에는 "자신을 반성하여 성실한가", 아니면 "억지로 헤아려 행하는가"의 구별이 있다. "자신에 돌이켜 성실하다면 기(氣)가 리와 합일(合一)하였기 때문이며, 억지로 헤아려 행하다면 기가 리(理)와 아직 합하지 않았기 때문이다."(「어록하」, 『노재유서』 권2) 전자는 기가 리에 복종하여 억지로 할 필요 없이 행할 수 있는 것이며, 후자는 기가 아직 리에 복종하지 않아 서쪽으로 가야 하는데 동쪽으로 가고, 동쪽에 있어야 하는데 서쪽에 있는 것과 같아서 반드시 리에 복종하도록 노력해야 비로소 행할 수 있다. 그러나 공(功)이 깊고 힘이 미치면 억지로 헤아려 행하는 것도 자신에 돌이켜 성실하게 되는 경지에 도달할 수 있다. 진리를 추구하고 행동으로 드러내는 문제에 있어서 허형은 개인적인 득실을 따지지 않아야 함을 강조하여 "이해를 묻지 않고 오직 의리(義理)만 구한다."고 하였다.

의리에는 당연히 계급성이 있다. 그러나 허형은 진리를 견지하고 진리를 위하여 헌신하는 데 용감해야 한다고 주장한 것이므로 이것은 찬양할 만하다.

3) 지와 행은 함께 힘써야 한다.

허형은 "지(知)와 행(行) 두 가지는 마땅히 함께 힘써야 한다."고 주장하였다. 지행병진(知行竝進)의 관점이 허형의 지행설에서 차지하는 위치는 중요하다. 허형의 지행병진설은 주희의 "지와 행은 서로 기다려 호발(互發)한다."는 설의 영향을 받았을 가능성이 있다. 그러나 더욱 중요한 것은 앞사람의 지행이론의 득실을 따져서 독립적으로 제출한 견해라는 사실이다.

그 근거는 두 가지인데, 하나는 허형이 "지와 행 두 가지는 마땅히 함께 힘써야 한다."는 명제를 "장횡거가 사람을 가르칠 때 예(禮)로써 하였다."는 말과, "정씨(程氏)가 사람을 가르칠 때 궁리(窮理)와 거경(居敬)으로 하였다."는 말을 종합하고 토론을 거친 뒤에 직접적으로 도출했다는 점이다. 다른 하나는 허형이 앞사람의 지행관에 대하여 다음과 같이 평론을 하였다는 점이다. "장남헌(張南軒)은 행(行)이라는 글자를 더욱 중시하여 사람들에게 비록 안다 해도 행할 수 있는 것은 아니라고 하였다. 정문(程門)에서는 사람을 뽑을 때, 먼저 지식과 견문을 논하고 그 다음에 그 행동을 중시하였다. 이천(伊川)은 어려서부터 말하는 것이 뛰어났다. 항상 오로지 행만을 논하고 지식과 견문을 논하지 않았다. 세상 사람들은 말만 하고 행동할 수 없다고 즐겨 말한다. 정숙(正叔: 程頤)이 말하기를, '단지 좋은 말만 하는 것도 매우 어렵지만 좋은 말이라고 어찌 쉬운 말이겠는가?'라고 하였다. 여원(呂原)[224]은 두 공(公: 二程)이 다른 사람들보다 훨씬 나은 점은 이와 같은 것들이라고 분명하게 말하였다."(「語錄下」, 『노재유서』 권2) 허형의 뜻은 장횡거와 이천의 장점을 취해야 한다는 것인데, 인식과 실천을 함께 중시하여 둘 가운데 하나에 치우쳐서는 안 된다는 말이다. 그는 지와 행은 서로 발명(發明)하고, 서로 촉진시키는 것이므로 만약 한 쪽에 치우치면 폐단이 생긴다고 생각하였다. 그는 "(『논어』의) 사랑한다면 어찌 수고롭게

224) 명 수수(秀水) 사람. 자는 봉원(逢原). 시호는 문의(文懿). 정통(正統) 때 진사(進士)가 됨. 관직은 한림학사(翰林學士)에 이름. 『明史』 176 참조.

하지 않을 수 있겠는가? 정성을 다한다면 깨우쳐주지 않을 수 있겠는가?"[225]라는 구절에 대해 "세간에는 오직 두 가지 일이 있는데 지와 행일 뿐이다. 깨우쳐 알게 하고 힘들여 행하게 하면, 그 충(忠)과 사랑이 무궁하다. 사랑만 하고 수고롭게 하지 않으면 교만하여 쉽게 악으로 흐르며, 정성을 다한다면서 깨우쳐주지 않으면 망령되고 행동이 지나쳐 허물을 범하게 되고 오히려 정성과 사랑에 해로움을 끼친다."(「어록하」, 『노재유서』 권2)고 설명하였다. "정성과 사랑의 도"에 대한 이와 같은 도덕원칙은 지와 행을 함께 진행하여 덕(德)을 이루기를 요구하는 것이다. 여기서 알 수 있는 것은 지행병진의 관점이 봉건적 통치계급이 필요로 하는 인재를 배양하고 봉건제도를 공고하게 하는 데 중요한 작용을 하였다는 것이다. 허형의 지행설의 '가치'는 바로 여기에 있다.

종합하면, 인식과 실천[知行]을 두 가지 일로 나누고, 진지(眞知)와 역행(力行)을 제창하고, 지행병진을 주장한 것 이 세 가지는 허형의 지행설을 구성하는 주요내용이다. 그리고 이 학설은 또 도덕적 실천 즉 '역행'을 중시하는 특징으로 후세에 유명하였다. 이정(二程)의 지식을 근본으로 하는 중지설(重知說)로부터 주희의 지행상수호발설(知行相須互發說) 그리고 다시 허형의 행(行)을 중시하는 지행병진설에 이르기까지의 과정은 중국 고대의 지행관이 발전해 나온 중요한 지표다.

3. 허형의 인성론

리학가들은 보편적으로 인성문제에 관심을 가졌으며 허형도 역시 예외는 아니다. 그의 인성론은 정주(程朱)와 직결되어 있는데, 인성의 내함(內涵=內包)을 밝히고, 인성의 선악을 해석하고, 인성의 수양을 제창한 것들에서 일부이기는 하지만 홀로 도달한 경지가 있다.

---

225) 『論語・憲問』, "子曰: '愛之, 能勿勞乎? 忠焉, 能勿誨乎?'"

1) 인성의 본질에 관하여

이른바 인성이란 사람의 본성 혹은 본질이다. 사람의 본성이란 결국 무엇인가? 이것은 중국의 역대 철학자들이 끊임없이 탐구한 문제다. 어떤 사람은 인간의 자연성을 중시하였고, 어떤 사람은 인간의 사회성을 중시하였다. 송대 신유학자 장재(張載)와 이정(二程)은 처음으로 '기'와 '리'의 개념을 인성론으로 끌어들여 "천명지성(天命之性)"과 "기질지성(氣質之性)"이라는 이중의 인성설을 제출하였다. 허형의 인성론은 이것을 이어받았다. 그는 다음과 같이 성을 설명한다.

> 허(虛)와 기(氣)를 합하여 성(性)의 이름이 있다. 허는 본연지성이며, 기는 기품의 성이다. 또 인의예지신은 명덕이며 모든 사람이 가지고 있는 본연지성이며, 내게서도 구할 수 있는 것이니, 리일(理一)이 이것이다. 빈부・귀천・사생・장단・화복은 기에서 품부받았으니, 기품의 명(命)이며, 결코 바꿀 수 없는 것이니, 분수(分殊)가 이것이다. 또 성이란 형이상자며 도라고 하니, 리일이 이것이다. 기(氣)는 형이하자며 기(器)라고 하니, 분수가 이것이다.
>
> 合虛與氣, 有性之名. 虛是本然之性, 氣是氣稟之性. 又曰: 仁義禮智信是明德, 人皆有之, 是本然之性, 求之在我者也, 理一是也. 貧富・貴賤・死生・修短・禍福, 稟于氣, 是氣稟之命, 一定而不可易者也, 分殊是也. 又曰: 性者, 卽形而上者, 謂之道, 理一是也; 氣者, 卽形而下者, 謂之器, 分殊是也. (「語錄下, 『魯齋遺書』 권2)

위의 인용문은 인성의 본질[內涵=內包] 문제에 대한 허형의 중요 견해를 포함하며, 다음 몇 가지 의미를 갖추고 있다.

첫째, 성(性)은 "허(虛)와 기의 합이며", '본연지성'과 '기질지성'의 구분이 있다. "허와 기를 합하여 성의 이름이 있다."는 말은 장재의 『정몽(正蒙)・태화편(太和篇)』에서 나왔다. '허'는 태허(太虛)를 가리키며 본연상태의 기에 있다. '기'는 음양의 두 기를 가리킨다. 태허의 본성과 음양의 두 기가 결합하여 성(性)을 구성한다. 사람이 갖추고 있는 태허의 본성을 '천지지성(天地之性)'이라고 부르며, 사람이 음양 두 기를 품부받아 이루어진 특수한 본성을 '기질지성(氣質之性)'이라고 부른다. 장재에게 있어서 천지지성에 상관없이 기질지성은 모두 기의 본성이다. 허형은 '허(虛)'를 '본연지성'으로 해석하였으므로 이는 더 이상 '기'가 아니라 '리'를 가리키는 것이다. 그가 "본연지성은 …… 리일(理一)이 이것이다."라고 한 것이 그것을 증명해 준다. 이것은 주희가 "허(虛)는 단지 리(理)를 말한다."(『주자어류』 권60)고 한 말과 같다.

둘째, '본연지성'은 사람마다 모두 갖춘 '명덕(明德)' 인의예지신 오상(五常)의 성이다. 허형은 "명덕은 사람의 마음이 본래 가진 광명한 덕이다."(「大學直解」, 『魯齋遺書』 권5)라고 하였다. 이것은 '명덕'이 천명지성을 그대로 품부받아 이루어졌다는 말이다. 허형은 또 "사람은 천명지성을 품부받아 명덕을 이루고, 그 본체는 고요하고 영명하며[虛靈] 혼매(昏昧)하지 않으며, 중리(衆理)를 갖추어 만사에 응하니, 요순(堯舜)의 신명(神明)함과 한결같다."(「語錄下」, 『노재유서』 권2)고 하였는데, 여기서 "본체의 허령하고 어둡지 않는" '명덕'은 모든 사람이 가지고 있으며, 성인과 범인이 차이가 없다는 말이다.

셋째, '기품지성(氣稟之性)'은 기에서 품부받으며 천명으로도 바꿀 수 없는 것이므로 또한 '기품의 명(命)'이라고 부른다. 따라서 사람은 오직 "그 바른 도리를 쫓아야만" 하며, 운명의 지배에 복종해야 한다.

넷째, '본연지성'이 '기품지성'에 대한 관계는 실제로 리일(理一)이 분수(分殊)에 대한 관계와 같다. 전자는 성・리・도이며 형이상자다. 후자는 기(氣)・기(器)이며 형이하자다. 그리고 전자는 리일이며, 후자는 분수다. 따라서 양자는 리일과 분수의 관계다.

이상 네 가지를 종합하면, 허형은 인성(人性)을 '본연지성'과 '기품지성'으로 확연히 나누어 전자는 "모든 사람이 가진" '명덕'이며, 후자는 "일정하여 바꿀 수 없는" '천명(天命)'이라고 생각하였다. 엄밀하게 말하면, 오직 본연지성만이 성(性)이며, 기품지성은 단지 기(氣)다. 따라서 허형도 "성이 곧 리다."라고 하였다. 인의예지신 등 사회의 도덕원칙은 인성의 기본적인 내함(內涵)이다.

2) 인성의 선악에 대하여

남북 양송의 리학가들 가운데 성선설을 말하지 않은 사람은 없다. 허형도 맹자와 마찬가지로 다음과 같이 성선(性善)을 주장하였다.

> 또 성설을 논함에 맹자와 같은 사람이 있고, 반대로 순자가 말한 성악(性惡)에 끌리는 사람도 있다. 또 양자(揚子: 揚雄)가 말한 선악혼(善惡混)설에 끌리는 사람도 있으며, 또 성을 삼품으로 나눈 설에 끌리는 사람도 나왔다. …… 만약 진실로 시비의 소재를 살핀다면 맹자의 학설을 주장해야 하고, 허다하게 서로 뒤얽힌 어구들을 말해서는 안 된다.
>
> 且如論性說孟子, 却繳得荀子道性惡, 又繳得揚子道善惡混, 又繳出性分三品之說. …… 若果眞見是非之所在, 只當主張孟子, 不當說許多相繳之語. (「語錄上」, 『魯齋遺書』 권1)

이미 성(性)은 선한 것인데, 성 가운데 또 왜 악한 것이 있는가? 허형은 기로써 그것을 해석하여 "악하게 되는 것은 기며, 선한 것은 성이다."(「語錄下」, 『노재유서』 권2)라고 하였다. 기는 왜 악하게 되는가? "대개 사람의 양심은 본래 불선함이 없으나 생명이 있은 후에 품부받은 기에 구속되고, 물욕에 막히고 사의에 의해 망령되게 되어 비로소 불선(不善)함이 있게 된다."(「小學大義」, 『노재유서』 권3) '선'은 인성의 가운데 본원적으로 있는 것이며, '불선(저자주: 惡)'은 후천적으로 생겨나는 것이다. 기품(氣稟)·물욕(物慾)·사의(私意)가 '불선(不善)'의 원인이다. 허형은 기품과 물욕의 두 방면으로 인성의 불선을 조성하는 여러 가지 원인을 명석하게 분석하였다.

첫째, "기품(氣稟)"의 방면으로 보자. 허형은 사람이 품부받은 기의 청(淸)·탁(濁)·미(美)·악(惡)은 인간의 지혜롭고·어리석고·어질고·모자람을 결정할 뿐만 아니라 인심(人心) 중의 명덕(明德)의 혼매함과 혼매하지 않음에도 영향을 미친다.

> 명덕의 허령함과 명철한 지각은 천하의 고금을 통틀어 한결같지 않음이 없다. 다만 생명을 받는 처음에 품부받은 기가 맑은 것도 있고, 탁한 것도 있으며, 선한 것도 있으며, 악한 것도 있다. 맑은 것을 얻으면 지혜롭고, 탁한 것을 얻으면 우둔하며, 그 아름다운 것을 얻으면 어질며, 그 나쁜 것을 얻으면 모자라게 된다. 만약 전체가 맑고 전체가 아름다운 것을 얻으면 크게 지혜롭고 크게 어질며, 그 명덕의 전체가 어둡지 않으니 신체는 비록 일반 사람과 같아도 그 심중의 명덕은 천지와 한 몸이 되며, 그가 하는 바는 천지와 서로 부합하니 이것이 대성인이다. 만약 전부 탁하고 나쁜 것을 얻으면 크게 어리석고 크게 모자라서 그 명덕은 전체가 어두워 비록 사람의 형상을 가지고 있지만, 그 심중은 어둡고 막혀 금수와 다를 바 없다. 그것이 전도(顚倒)되고 어지러워 한 곳도 옳은 것이 없다는 것이니 이것은 대악인이다. 만약 맑지만 아름답지 못하면 지혜는 있으나 모자라는 사람이 된다. 만약 아름답지만 맑지 못하면 사람됨은 선(善)을 좋아하지만 총명하지는 못하게 된다.
>
> 明德虛靈明覺, 天下古今無不一般. 只謂受生之初, 所稟之氣有淸者, 有濁者, 有善者, 有惡者. 得其淸者則爲智, 得其濁者則爲愚; 得其美者則爲賢, 得其惡者則爲不肖. 若得全淸全美, 則爲大智大賢, 其明德全不昧也, 身雖與常人一般, 其心中明德與天地同體, 其所爲便與天地相合, 此大聖人也. 若全濁全惡, 則爲大愚大不肖, 其明德全昧, 雖有人之形貌, 其心中暗塞, 與禽獸一般, 其所謂顚倒錯亂無一是處, 是大惡人也. 若淸而不美, 則爲人有智而不肖. 若美而不淸, 則爲人好善而不明. (「論明明德」, 『魯齋遺書』 권3)

허형의 분석을 살펴보면 인품의 좋고 나쁨은 기품(氣稟)으로 결정된다. 그리고 인품과 기품의 관계는 네 가지 정황을 공유한다. 1) 전체가 맑고 아름다운 기를 얻으면 성인이 되어, 그 명덕(明德)이 모두 온전하여 어둡지 않으며, 2) 맑지만 아름답지 못한 기를 얻으면 중인(中人)이 되어, 비록 지혜는 있으나 모자라게 되고 그 명덕은 부분적으로 어둡고 혼매하다. 3) 아름다우나 맑지 못한 기를 얻으면 역시 중인(中人)이 되어, 비록 사람됨은 선(善)을 좋아하지만 총명하지 못하여 그 명덕도 부분적으로 어둡고 혼매하다. 4) 전체가 탁하고 악한 기를 얻으면 악인이 되고 그 명덕도 전체가 혼매하다. 이상은 단지 허형이 진행한 "정성분석(定性分析)"[226]일 뿐이다. 그는 또 "정량분석(定量分析)[227]"도 진행하였다.

> 맑고 아름다운 기를 얻은 분수(分數)만큼 명덕도 보존된다. 탁하고 악한 것을 얻은 분수만큼 명덕도 어둡고 막히게 된다. 명덕을 20~30%만 보존하는 데 그치면 하등인간이 되며, 70~80%를 보존하면 상등인간이 되며, 50%만 보존하면 중등인간이 된다. 명덕이 50% 이하면 항상 악을 따르게 되고 선을 행하기가 어려우며, 명덕이 50% 이상 보존되면 항상 선을 따르게 되고 악을 행하기가 어려우며, 명덕이 정확하게 50%만 보존되면 선을 하고 악을 하는 것이 항상 흉중에서 교전(交戰)을 하게 된다. …… 맑음의 분수(分數), 탁함의 분수, 아름다움의 분수, 악의 분수 등이 뒤섞이고 어지럽고 고르지 못하므로 천만 가지의 다름이 있게 된다.
>
> 淸美之氣, 所得的分數, 便是明德存得; 濁惡所得的分數, 便是明德暗塞了的分數. 明德止存得二·三分, 則爲下等人; 存得七八分, 則爲上等人; 存得一般, 則爲中等人. 明德在五分以下, 則爲惡常順, 爲善常難; 明德在五分以上, 則爲善常順, 爲惡常難; 明德正在五分, 則爲善爲惡, 常交戰于胸中. …… 淸的分數, 濁的分數, 美的分數, 惡的分數, 參錯不齊, 所以便有千萬般等第. (「論明明德」, 『魯齋遺書』 권3)

---

226) 정성분석(定性分析, qualitative analysis): 화학분석법 중에서 시료가 어떤 성분으로 구성되어 있는지 알아내기 위한 분석법의 총칭. 일반적으로 정량분석을 하기 전에 정성분석을 하게 된다. 물질을 구성하고 있는 화학종(化學種: 예를 들면 원소 및 이온 등)이 가지는 특유한 반응 및 물리적 성질(예를 들면 스펙트럼 및 회전편광세기)을 이용해서 검출 및 확인한다. 정량분석에서와 같이 건식분석법(乾式分析法)과 습식분석법(濕式分析法)으로 크게 나눌 수 있다. 인성에 대한 정성분석은 리와 기의 선악관계를 중심으로 인성의 선악을 설명한 것이다.

227) 정량분석(定量分析, quantitative analysis): 물질을 구성하는 양적 관계를 명확하게 하는 분석법의 총칭. 일반적으로 정성분석에 의해 물질을 구성하고 있는 성분을 알고 난 다음 정량분석이 행해진다. 분석방법에 의해 분류하면 물리화학적인 기계·기구를 사용해서 수행하는 기기분석과 화학반응을 이용해서 성분의 양을 결정하는 화학분석으로 크게 나누어진다.
여기서 정량분석으로 본 인성의 선악은 인간이 타고난 리와 기의 정밀한 배합률에 의해서 그 등급이 결정된다는 의미다.

허형의 계산은 매우 분명하다. 명덕(明德)의 보존이 20～30%, 50% 이하, 정확하게 50%, 50% 이상, 70～80% 정도로 분수(分數)가 다르면, 사람의 '등급'도 달라진다. 나누어 가진 것이 조잡한 정도에 따라 상등인·중등인·하등인으로 나누어진다. 나누어짐의 세세한 정도에는 "수천만의 등급"이 있다. 이것은 허형이 몹시 고심한 끝에 제공한 한 폭의 인성대전분류표준도(人性大全分類標準圖)이다. 그러나 사람들이 이 한 장의 그림을 단지 리학(理學)의 정취가 충만한 추상적인 인성론의 설교에 불과하다고 본다면, 인간의 진실한 인성을 인식하는 것과 인성의 본질을 드러내는 것에 대해서는 여전히 아무런 도움이 되지 않는다.

둘째, '물욕(物欲)'의 면에서 명덕을 살펴보자. 허형은 "명덕"에 영향을 끼치는 원인으로 '기품(氣稟)'이라는 선천적 요인뿐만 아니라, '물욕'이라는 후천적인 요소도 있다고 하였다.

> 세상 사람은 모두 자기의 보편적 명덕을 가지고 있다. 단지 생겨나면서 받은 기품에 구애되고 또 생겨난 후 이·목·구·비·신체의 애욕에 막히게 되므로 명덕이 어두워지고 막혀 금수와 크게 다르지 않게 된다.
>
> 天下之人, 皆有自己一般的明德. 只爲生來的氣稟拘之, 又爲生以後耳目口鼻身體的愛欲蔽之, 故明德暗塞, 與禽獸不遠. (「論明明德」, 『魯齋遺書』 권3)

"이·목·구·비·신체의 애욕"은 '물욕'이며, 사람들로 하여금 본성을 잃게 하므로 "많은 사람들이 대부분 기품에 구애되고 물욕에 막혀 본성을 상존(常存)하지 못한다."(「語錄下」, 『노재유서』 권2) 인성이 일단 물욕에 막히게 되면 왕왕 혼매(昏昧)해지고 막혀서 방자하게 악(惡)이 된다. 게다가 기는 "능히 변화할 수 있다." 맑은 것은 탁한 것으로 변할 수 있으며, 탁한 것은 맑은 것으로 변할 수 있고, 아름다운 것이 악한 것으로, 악한 것은 아름다운 것으로 변할 수 있다. 만약 어떤 사람이 정(情)에 따라 욕(欲)을 끝까지 추구하고 자의(恣意)로 망령되면, 맑고 아름다운 것이 탁하고 악한 것으로 변할 수 있으며, "명덕(明德)"도 그것에 따라 어둡고 막히게 되어 "불선(저자주: 惡)"이 출현하게 된다.

종합하면, 허형은 성선설을 견지하는 전제에서 정주(程朱)의 '기품'과 '물욕'과 같은 진부한 설교를 이용하고, 또 청·탁·미·악으로서의 '분수(分數)'[228]라는 터무니없는 말을 날조하여 인성의 선악문제를 완전무결하게 해석하려고 하였다. 그러나 이것은 당연히 헛수고였다. 허형이 처한 그 시대에 인간의 본질을 진정하게 나타내려면 인성의 계급적 실질(實質)을 인정하여야 하는데 이것은 근본적으로 불가능하였다.

3) 인성의 수양에 대하여

인성의 불선(不善)은 기품(氣稟)과 물욕(物欲)의 요소로 말미암아 조성된다. 인성이 "악하게 되는 것은 기" 때문이지만, 기는 또 "능히 변할 수 있다." 따라서 성선의 본성을 회복하려면 오로지 기질을 변화시키기만 하면 된다. 기질의 변화는 수양(修養)에 의하여 실현된다. 이 때문에 허형은 인성의 수양문제를 매우 중시하였다. 허형의 수양방법론은 신유학의 격식을 조금도 벗어나지 않고 주로 지경(持敬)·존양(存養)·성찰(省察)을 그 내용으로 삼는다.

허형도 정주(程朱)와 마찬가지로 경건함을 보전하라[持敬]고 주장하였다. 그는 사람의 일신은 만사와 만물이 근본으로 삼는데, 만약 여기에 어긋남이 있으면 만사와 만물은 역시 어긋남 있게 되며, 이 때문에 경(敬)하지 않을 수 없다고 생각하였다. 그는 『예기(禮記)』의 첫 구절인 "불경(不敬)하지 말라"는 말을 인용하여 "세상 고금의 선은 모두 경이라는 글자를 따라 일어났으며, 세상 고금의 악은 모두 불경함을 따라서 생겨난다."고 하여 "학문을 하는 처음에는 먼저 경건함을 보전해야 한다."(「論明明德」, 『노재유서』 권3)고 주장하였다. 지경(持敬)의 해석에 대해서도 역시 정이의 말을 참고하여, "정신을 한곳으로 기울임[主一]은 경건함을 보전함이다."라고 하였다. 지경이란 "심신을 수렴(收斂)하여,

---

228) 허형의 인성의 선악에 대한 정량분석적 개념을 가리킨다.

기가 조잡(粗雜)하거나 사납지 않는 상태"에 이르고자 하는 것으로, 고요할 때에는 "항상 천지와 귀신을 대하는 것처럼 생각하고, 감히 소홀하지 않으며", 움직일 때는 "사물을 쫓아가려고 하지 않으며, 비록 천만의 사람 속에 있어도 항상 자신이 있음을 아는 것이다."(「論明明德」, 『노재유서』 권3) 누구든 오직 마음속으로 항상 경외감(敬畏感)을 보존하기만 하면, "마음이 명경지수(明鏡止水)와 같은" 정신상태에 도달하게 된다. 이러한 정신상태를 간직한 사람은 당연히 어떠한 물욕의 지배를 받지 않으며, 그 행위도 "어디를 가나 선이 아님이 없다." 지경(持敬)은 허형이 제창한 수양공부의 첫 단계다.

둘째, 허형은 존양(存養)을 주장하였다. 이것은 그가 『중용』에 근거하여 제출한 '양성(養性)'의 공부 가운데 하나다. 그것은 행위가 발생하기 이전에 필요한 공부이다. "고요할 때 덕성은 오로지 존양을 필요로 한다.", "대개 보지 않고 듣지 않을 때 경계하고 삼가며[戒愼] 두려워하고 근심함[恐懼]으로써 그것을 보존하고, 그로써 천리의 본연을 보존하여 잠시라도 도를 떠나지 않도록 한다. 그래서 중(中)에 이르며 존양한다."(「어록하」, 『노재유서』 권2) 존양은 결코 "인성에 본래 없는 것을 억지로 안배하여 잘라 붙이는 것"이 아니라, 인심 가운데 원래 있는 천리를 보존·유지하여 "붙잡아 버리지 않고" "따르고 해(害)가 되지 않게" 하는 것이다.

셋째, 허형은 성찰(省察)을 주장하였다. 이것은 그가 『중용』에 근거하여 제출한 하나의 "양성(養性)"공부다. 그것은 행위가 발생할 때 필요한 공부이다. "움직일 때는 일에 응하거나 사물에 접하는 일에 마땅히 성찰해야 한다.", "남은 모르는데 오직 자신만이 아는 것은 하나의 생각이 바야흐로 일어날 때이다. 하나의 생각이 바야흐로 움직일 때 선이 아니면 악이다. 악은 기를 품부받을 때 이미 있는 것이므로, 막아 자라지 않도록 해야 하며, 선은 성 가운데 있는 본연의 리이므로 붙잡아 옮겨가지 않도록 해야 한다. 이와 같이 하면 사물에 응할 때 조금의 착오도 없게 된다. 이것이 치지(致知)며, 성찰이다."(「어록하」, 『노재유서』

권2) 이른바 성찰이란 최초의 섬광(閃光) 같은 생각을 포착하여 천리인지 인욕인지를 구분하고 만약 천리라면 보존하고, 인욕이라면 끊어버리는 정신작용이다.

위에서 설명한 지경(持敬)・존양(存養)・성찰(省察)의 수양방법은 허형의 "마음을 다스리는 기술"이다. 장기적인 전란으로 조성된 사회의 도덕수준이 전반적으로 하락한데다가 몽고귀족들이 극도로 탐욕스러워지는 상황을 지켜보면서 허형은 마음을 다스리는 기술의 중요성을 무척 강조하였으며, 도덕실천의 학문을 중시하였다. 왜냐하면 이와 같은 도덕실천의 학문은 봉건적 도덕윤리를 떠받치는 사회적 작용을 하며, 안정된 유가의 정치윤리 질서를 건립하는 데 필수적이기 때문이다. 이로써 우리는 허형의 목표가 수신을 통하여 치국과 평천하의 사회적 목표를 실현하려는 것이었다는 점을 알 수 있다. 이것은 원나라 초기 사회의 조건에서 특별한 의미를 지닌다.

4. 허형의 정치사상

몽고족이 중원으로 들어와 주인노릇을 함에 따라 중국 북방의 민족관계와 계급관계는 일차적으로 거대한 변화를 일으켰다. 이러한 변화에 적응하기 위해 허형은 "오랑캐의 입장에서 보고 오랑캐에게 행한다."는 정치입장을 취하였으며, 아울러 원조(元朝)의 최고 통치자들에 대하여 "한대의 법[漢法]을 시행할 것"이라는 정치 주장을 하였다. 이것은 허형의 '변통(變通)'사상이 정치관에서 구체적으로 적용된 것이다.

허형이 "한대의 법을 시행하기"를 공언한 것은 일종의 새로운 이하론(夷夏論)을 지침으로 삼은 것이다. 우리가 허형의 이하론을 고찰할 때 시대적 영향을 우선적으로 주목하지 않을 수 없다. 몽고족이 건립한 왕조는 영토가 광대하기 그지없으며, 사람의 활동기반도 전에 없이 확대되어, 시야도 넓어지고, 사상도 개방되었다. 이러한 상황과 형세는 반드시 인간을 관념적으로 모종의 변화를 발생하게 한다. 허형의 몇 가지 사상 관점은 시대적인 맥박으로 표현되었다. 예를 들면 『주역』의 "남과 함께하되 동종(同宗: 同姓同本)과 함께하니 원망스럽다. 남과 함께하되 들에서 하면 형통하리라"229)라는 구절을 다음과 같이 해석하였다. "남과 함께하되 종당과 함께한다는 말에서 '함께 한다'는 것은 누구와 함께하여야 하는가? 잃어버린 것이 많기 때문에 고립무원이다. 사람은 천하와 함께하려고 해야지 하필이면 동종하고만 함께하는가?" 여기서 "사람은 천하와 함께하려고 한다."는 말은 시대의 숨결을 가진 사상으로서, 북송의 이정이 "동종을 세운다[立宗]"는 사상과 아주 판이하게 구별된다. 허형은 낙학을 비판적으로 받아들여 "이락(伊洛)의 여러 선생들은 남과 함께하되 같은 종당(宗黨)하고만 함께하는 폐단이 있다. 그 기류(氣類)가 같은 사람은 지나칠 정도로 추존(推尊)하고, 서로 같지 않으면 배격하고 물리쳐 서로 합할 수 없었다. 그리고 같은 것은 모두 선한 무리라고 하고, 같지 않으면 모두 악인이라고 하였다. 어찌 이러한 도리가 있겠는가? 이것 때문에 100년이나 고립되고 서로 원수가 되고 적이 되었으니 애석하다. 성인은 이와 같지 않았으니 문밖에 나가 다른 사람과 함께하며, 함께하되 들에서 함께하며 그 중간에 3～5명이 서로 어그러져 합하지 않고 떨어져 나가도 큰 해는 되지 않았다."(「語錄下」, 『魯齋遺書』 권2) 만약 '기류(氣類)'의 동이로써 선악을 구분한다면, 단지 자아의 고립을 초래할 뿐 도를 잃고 도움될 것이 없다. 허형은 "사람이 천하와 함께하려고 한다."는 관점을 민족관계 화이(華夷)의 문제에까지 미루어 넓혀나갔다. 한족과 소수민족을 같은 인(仁)으로 보고 평등하게 상대하기를 요구하였다. 그는 한 수의 시를 지었다.

곧은 수염 큰 눈동자는 수레바퀴 같고, 앞길을 비추어봄이 멀수록 더욱

---

229) 『周易』 同人卦, "同人于野, 亨. …… 六二 同人于宗 吝."

진실하다. 백 년의 정경이 모두 나의 눈에 익고, 화(華)와 이(夷)도 천 년 세월에는 모두 같은 사람이다.

直須眼孔大如輪, 照得前途遠更眞. 光景百年都是我, 華夷千載亦皆人. (「病中雜言」, 『노재유서』 권11)

"화(華)와 이(夷)도 천 년의 세월에는 모두 같은 사람이다."라는 말은 일종의 민족평등의 관점이다. 이러한 관점에는 북방의 각 민족이 장기적으로 융합된 결과의 산물이며 원나라 초기 민족관계를 조정해야 한다는 요구가 허형의 사상에서 반영되었다. "화이천재역개인(華夷千載亦皆人)"이라는 싯구는 실제로 북방의 인사들이 가진 일종의 새로운 이하관념(夷夏觀念)을 앞장서 나타내었다.

이하(夷夏) 관계에서 허형은 중화와 오랑캐가 서로 승부를 다투고 서로 보복하는 것을 반대하였다. "중국과 오랑캐는 중국이 이기면 곤궁한 병사가 사방으로 나가 융이(戎夷)를 신하로 복종시키고, 오랑캐가 이기면 반드시 중원을 봇물 터지듯 무너뜨리고 지극히 잔혹하게 다스린다. 이러한 보복이 언제 끝날 것인가?"(「語錄上」, 『노재유서』 권1) 그는 화(華)와 이(夷)가 각각 그 분수를 지키고 원대한 책략을 일삼지 않기를 요구하였다. 그러나 허형은 한편으로는 이(夷: 저자주: 몽고족)가 이겨 "중원(中原)을 봇물 터지듯 무너뜨림이 지극히 잔혹하다."는 객관적 현실에 부딪혔다. 이에 어떻게 대처해야 하는가? 『중용』에 "오랑캐에 처해서는 오랑캐대로 행한다."[230]는 말이 있다. 이에 대하여 허형은 떳떳하게 "오랑캐를 만나면 그 오랑캐에 합당한 일을 행한다."고 하고, 군자는 몸이 오랑캐 가운데 처하게 되면 "오직 그 합당한 바를 하고, 그 몸이 몸담고 있는 곳에 따라 담담하고 편안하게 따르고, 들어가는 곳마다 스스로 만족하지 않음이 없다."(「中庸直解」, 『노재유서』 권5)고 하였다. 여기서 그는 유가의 엄격한 이하(夷夏) 구분을 벗어나 기꺼이 인정

230) 『中庸』 14장, "素富貴, 行乎富貴, 素貧賤, 行乎貧賤, 素夷狄, 行乎夷狄, 素患難, 行乎患難. 君子 無入而不自得焉."

하고 오랑캐의 대열에 합류하였다. 이것은 실제로 일종의 시대적 진화의 추세였다.

그렇다면 어떻게 해야 "그 합당한 바를 할" 수 있는가? 군자가 마땅히 해야 하는 것은 결국 무엇인가? 한 마디로 말하면 한대(漢代)의 법을 시행하는 것이다.

한대의 법을 시행한다는 것은 원나라 조정이 중국 고대의 예악(禮樂)과 전장(典章)제도 및 중원(中原)의 봉건법제를 채용하는 것이다. 허형은 「시무오사(時務五事)」에서 쿠빌라이를 향하여 "입국(立國)의 규모(規模)"를 상소로써 진언할 때 "한대의 법을 시행할" 필요성과 방법을 단계적으로 천명하였다. 그는 우선 역사상의 경험과 교훈을 다음과 같이 종합하였다. "전대(前代)를 고찰하면 북방은 중화를 중심으로 삼아 반드시 '한대의 법'을 시행해야만 장구할 수 있었다. 위(魏)·요(遼)·금(金) 세 나라도 '한대의 법'을 이용할 수 있었으므로 국가를 유지한 기간이 비교적 길었다. 기타 다른 나라는 '한대의 법'을 실제로 이용할 수 없었으므로 모두 어지러움과 망국이 서로 이어졌다. 역사책에는 모두 기록되어 있으니 분명하게 알 수 있다."

그리고 계속해서 몽고 왕조의 실제적 상황을 분석하여 공포하였다. "조정(저자주: 당시 元朝)은 여전히 한조(漢朝)를 제외하고는 달리 일삼아 논할 것이 없으니, 금일의 형세를 보면 '한대의 법'을 사용하지 않으면 안 된다. 육지에서는 수레에 의지하여 다니고, 물에서는 배에 의지하여 다니는데 그렇지 않고는 다닐 수 없다. 유연(幽燕)[231]의 이북은 입고 먹는 것이 당연히 추운 지방의 것이며, 촉한(蜀漢)[232]의 이남은 복식이 마땅히 더운 지방의 것이어야 한다. 그렇지 않으면 반대는 반드

231) 유주(幽州)와 연지(燕地). 유주(幽州)는 12州의 하나. 순(舜)임금 때 기주(冀州) 동북의 땅을 나누어 유주라 하였다. 지금의 하북성(河北省) 순천(順天)·영평(永平) 및 만주 요녕성(遼寧省) 금주(錦州)의 서북 일대. 연지(燕地)는 춘추전국시대의 하북성(河北省) 일대를 가리킨다.

232) 현재의 사천성(四川省) 일대.

시 변이가 있게 된다. 이로써 논하면 국가가 당연히 '한대의 법'을 시행해야 함은 의심할 바 없다." 그러나 허형은 분명하게 '한대의 법'을 시행하는 것은 필연적으로 일부 몽고 귀족의 반대에 직면할 것임을 예측하였다. 왜냐하면 "만세(萬歲) 동안의 국가풍속과 누대 조정(朝廷)의 쌓인 공훈(功勳)이 일단 신복(臣僕)으로 내몰리면 곧 망국의 풍속으로 바뀌고 그 추세도 매우 어렵기 때문이다." 더욱이 일부 중원의 선진문화와 정치제도를 이해할 수 없는 보수파들은 기득권을 유지하기 위해 "불가함을 소리 높여 외치고" 변법과 제도개혁을 저지하였다.

이 때문에 허형은 두 가지를 주장하였다. 하나는 최고지도자는 반드시 견고하고 흔들림 없이 한대의 법을 추진하여 "돈독하게 믿고 견고하게 지켜 소인들에 물들지 않고, 작은 이익을 탐내지 않고, 가까운 효과를 책망하지 않고, 떠도는 말에 현혹되지 않아야" '한대의 법'을 밑바닥까지 미치게 할 수 있다. 다른 하나는 한대의 법은 점차적으로 추진되어야 큰 혼란을 피할 수 있고, 변법과 제도개혁의 방해세력을 힘을 다해 감소시켜야 한다. 허형은 "북방의 풍속은 한대의 법을 고쳐서 사용하였는데 30년이나 흘러서야 성공하였다."고 하였다. 허형은 이처럼 적극적으로 몽고족의 통치자들에게 중원의 유가(儒家) 관료정치의 실천경험을 전수하였으며, 원조(元朝) 정부가 '한대의 법'을 시행할 것을 부추겼다. 그들을 한문화(漢文化)의 방향으로 나아가게 한 것은 모두 한족 봉건정권의 모양과 방식을 이용하여 원조 정권을 유가의 정치궤도에 올려놓아 중원의 전통문화가 계속 이어지도록 하고자 하였다. 허형의 정치적 주장은 몽고와 한족의 지주계급이 건립한 연합정권의 요구를 대표하였으며, 원 왕조의 건립과 국가체제를 완비하는 과정에서 적극적인 작용을 하였다. 이것은 마땅히 인정해야 한다.

허형은 원대 '리학종사(理學宗師)'의 지위에 올랐으며 그 지위는 원대의 기타 리학가들이 결코 대신할 수 없었다. 신유학이 관방철학(官方哲學)의 보좌에 오를 수 있었던 것은 허형의 리학사상이 원조(元朝)의 통치자들로부터 존숭을 받았던 것과 매우 큰 관계가 있다.

제 12 장

결론 – 낙학의 지위와 변천

낙학은 송·명리학의 이론적 기초를 확립한 중요한 학파다. 이 학파는 형성될 때부터 사상계의 통치적 지위에 오를 때까지 상당한 곡절을 거쳤는데 앞뒤의 운명은 매우 달랐다.

낙학의 창시인 가운데 한 사람인 정호(程顥)는 (왕안석의) 신법(新法)을 반대하였기 때문에 폄하(貶下)와 핍박(逼迫)을 당하였다. 정이가 쓴 「명도선생행장(明道先生行狀)」에는 "교사(郊祀)[233]에서 하늘의 가없는 은택을 빌며, 선생은 '우리의 죄가 씻어진다면 갈 수 있습니다.'라고 하고는 드디어 감국(監局)에 청하여 벼슬을 그만두고 돌아와 부모를 봉양하였다."(『이정집』, 635쪽)고 하여 정호가 일종의 죄책감을 가지고 있었음을 드러내었다. 또 「유서(遺書)」의 기록에 따르면 왕안석은 정호의 학술사상에 대해서도 비판적이었다. "형공(荊公: 왕안석)은 명도와 일을 논함에 뜻이 맞지 않았다. 이에 그는 명도에게 '공(公)의 학문은 마치 벼랑과 같아' 행하기 어렵다고 하였다."(『이정집』 255쪽) 정치개혁가이며 사상가인 왕안석이 볼 때 정호의 사상과 학설은 모두가 실제적이지 않으며 실행하기 어려운 공허한 이론이었다. 이러한 비평은 자못 급소

233) 하늘과 땅에 지내는 제사. 옛날 임금이 동지(冬至)에 남쪽 교외에 나가 하늘에 제사지내고, 하지(夏至) 때에는 북쪽 교외(郊外)에 나가 땅에 제사를 올렸다.

를 찌른 것이다. 그러나 정호라는 사람과 그의 학문은 당시 사대부의 존경과 숭앙을 받았으며, 극히 높은 명성과 명예를 누렸다. "관직에 있는 사람은 모두 그를 본받고자 하였으며 그에게 질의하여 의혹을 풀었다. 마을의 사대부 모두가 그를 높이 숭앙하고 그와 교유하는 것을 즐거워하였고, 학사(學士)들은 모두 그를 종사(宗師)로 삼아 도를 강론하고 의(義)를 좋아하게 되었다. 여행 중에 낙양을 지나는 사람은 진실로 이름을 알고 그의 문하생과 견식이 있기만 하면 반드시 찾아가, 마음이 뿌듯해져 돌아가며, 마음으로 감동하여 옷깃을 여미고 진실로 감복하지 않는 사람이 없었다. 이에 선생은 몸은 비록 더욱 뒤로 물러나고 지위가 더욱 낮아졌으나 그 명성은 세상에 더욱 높아졌다."(「門人朋友敍述并書」, 『이정집』 332쪽) 정이는 「명도선생묘표(明道先生墓表)」에서 정호의 학술적 위치에 대하여 높이 평가하였다.

> 주공이 세상을 떠난 뒤 성인의 도가 행해지지 않았으며, 맹가(孟軻)가 세상을 떠난 후 성인의 학문이 전해지지 않았다. 도가 행해지지 않으면 백대(百代)가 지나도 선한 정치는 없으며, 학문이 전해지지 않으면 천 년이 지나도 진정한 유학자가 없다. 선한 정치가 없으면 선비는 오히려 저 선한 정치의 도를 밝힘으로써 많은 사람들을 맑게 하고, 여러 후배들에게 전한다. 진정한 유학자가 없으면 천하는 흐릿하여 갈 바를 모르고 사람의 욕망은 방자해져 천리가 소멸된다. 선생은 (맹자보다) 1400년 뒤에 태어나 남겨 전하는 경에서 전하지 않은 학문을 얻어 장차 이 도로써 이 백성을 깨우치고자 하는 데 뜻을 두었다. …… 성학(聖學)을 제창하여 사람들을 가르치고, 이단을 변별하고, 사설(邪說)을 막으며, 시간의 흐름 속에 희미해진 것들을 분명하게 하였다. 성인의 도는 선생으로 인하여 밝아졌으니 이룬 공(功)은 매우 크다.
>
> 周公沒, 聖人之道不行; 孟軻死, 聖人之學不傳. 道不行, 百世無善治; 學不傳, 千載無眞儒. 無善治, 士猶得以明夫善治之道, 以淑諸人, 以傳諸後; 無眞儒, 天下貿貿焉莫知所之, 人欲肆而天理滅矣. 先生生千四百年之後, 得不傳之學于遺經, 志將以斯道覺斯民. …… 倡聖學以示人, 辨異端, 辟邪說, 開曆古之沉迷, 聖人之道得先生而後明, 爲功大矣. (『二程集』 640쪽)

정호는 스스로를 맹자 이래 오랫동안 단절된 "도통(道統)"의 계승자로 자임하였다. 이것은 거의 역대 리학가들의 바꿀 수 없는 공론(公論)이 되었다.

정호가 세상을 떠난 뒤 낙학의 영수는 정이가 담당하게 되었다. 송 철종(哲宗) 원우(元祐) 초에 정이는 여전히 구당(舊黨)의 영수인 사마광(司馬光), 여공저(呂公著)의 지지를 받아 포의(布衣: 아무런 관직이 없음)에서부터 일약 제왕의 선생이 되었으며 숭정전설서(崇政殿說書)를 맡았다. 그러나 얼마 되지 않아 낙당(洛黨)과 촉당(蜀黨)의 당쟁에 말려들어 공격을 받았다. 그것은 다음의 내용에서 잘 드러난다. "간의대부(諫議大夫)인 공문중(孔文仲)이 선생에 대하여 상주(上奏)하기를, '납작 엎드려 간사하게 아첨하며, 평소 향리(鄕里)를 위해 한 일이 없으며, 경연(經筵)에서의 진설(陳說)이 신분을 망각한 채 분수에 어긋나고 방자하며, 두루 대신(大臣)을 찾아다니며 대간(臺諫)들을 만나 힘써 비방과 혼란을 부추기는 말로써 은혜와 원수를 갚으니, 시정에서는 당시 사회를 어지럽히는 다섯 귀신의 우두머리로 지목하기에 이르렀습니다. 청컨대 그를 다시 시골로 쫓아내어 형정(刑政)의 모범을 보여주시길 바랍니다.' 라고 하였다."(「伊川先生年譜」, 『이정집』 343쪽) 정이는 이때부터 계속적인 타격과 폄하(貶下)를 받다가 시골로 방출되었고, 이어 부주(涪州)의 편관(編管)으로 쫓겨났다. 사면을 받은 후 잠시 관직에 복귀하였으나 곧 관작을 추탈(追奪)당하였다. 송 휘종(徽宗) 숭녕(崇寧) 2년(1103)에는 또 "언관들은 그가 본래 간당(奸黨)의 추천으로 관직을 얻었다고 하였으며, 일찍이 죄와 벌이 명백하게 밝혀졌는데도 더 좋은 자리로 복직되고, 이젠 또 책을 저술하여 조정의 정치를 비난합니다. 이러하니 출사한 뒤의 문장과 쓴 책들을 조사하여 감사(監司)의 감찰을 받도록 해야 합니다."(「이천선생연보」, 『이정집』 345쪽)라는 공격을 받았다. 범치허(范致虛)[234]는 또 "정이는 사설(邪說)과 편파적인 행동[詖行]으로

234) 송 건양(建陽)사람. 자는 겸숙(謙叔). 『宋史』 362 참조.

청중을 미혹하고 어지럽혔으며, 윤돈(尹焞)과 장역(張繹)을 양쪽 날개로 삼았다."고 상주하였다. 조정은 마침내 그를 "하남부체구(河南府體究)로 내려보내고", "학생들도 모두 내쫓았다."(「外書」 권11, 『이정집』 414-15쪽) 그후 낙학은 세상에서 20여 년이나 엄격하게 금지되었다. 송 휘종의 치세가 끝날 무렵까지 원우(元祐: 1086~1093)의 학술금지는 계속 해제되지 않았다. 선화(宣和) 5년(1123)에도 "원우의 학술을 금지하였다."(「徽宗四」, 『송사』 권22, 412쪽) 송 흠종(欽宗) 정강(靖康) 원년(1126)에 금나라 군사가 남진하여 경사(京師: 汴梁)를 포위하자 비로소 "원우의 당적(黨籍)에 올랐던 학술금지를 해제하였다."(「欽宗」, 『송사』 권23, 424쪽) 그리고 이정의 제자 양시(楊時)를 우간의대부겸시강(右諫議大夫兼侍講)으로 임명하였다. 태학생(太學生)과 경사 학자들의 만인소(萬人疏)를 무마시키기 위하여 조정은 양시를 또 국자좨주(國子祭酒)에 임명하였다. 동시에 정이의 제자인 윤돈을 경사로 불러 화정처사(和靖處士)라는 칭호를 하사하였다. 이것은 북송 왕조가 외족의 침략을 막고, 망해가는 나라의 생존을 도모해야 하는 위급한 상황에서 낙학을 이용하는 첫 번째 시도라고 할 수 있다.

송 고종(高宗) 건염(建炎: 1127~1130) 연간에서 소흥(紹興: 1131~1162) 초까지 낙학을 어떻게 대우할 것인가의 문제를 둘러싸고 조정에선 논쟁이 전개되었다. 송이 남쪽으로 옮겨가기 전에 원우(元祐)의 학술금지가 해제되자, 낙학이 새롭게 대두되면서, 일군의 이정 제자들이 활약하기 시작하였다. 송이 남도(南渡)한 후 조정은 몇몇의 저명한 낙학계열 학자들을 등용하였는데, 양시(楊時)·범충(范沖)·주진(朱震) 등이 그들이다. 또 소흥(紹興) 원년(1131)에는 "조칙을 내려 정이를 직룡도각(直龍圖閣)에 추증(追贈)하였다."(「道學崇黜」, 『宋史紀事本末』 867쪽) 이것은 모두 조정이 의식적으로 무엇을 제창하고 무엇을 반대할 것인가를 표명하기 위한 조치였다. 남송의 최고통치자들은 저명한 낙학자들의 명성을 빌어 민심을 얻고 정권을 공고하게 하고자 하였다. 이 점은 송의 고종(高宗) 조구(趙構)가 왜 윤돈을 시강으로 기용해야 하는가를 대신들과 논의한 내용에서 매우 분명하게 알 수 있다. 고종은 "윤돈의 학문적 연원은 충분히 후학의 모범이 되며, 사대부가에서 명성을 얻은 사람이면서 조정의 기상이 될 만하다."(「和靖學案」, 『송원학안』 권27)고 하였다. 이 말은 분명히 고종이 낙학의 학자를 기용하는 것이 단지 간판을 장식하기 위한 것이지, 결코 진정으로 낙학을 치국의 지도이념으로 삼으려는 것이 아니었음을 나타낸다. 그러므로 낙학자들이 점차로 등용됨에 따라 낙학의 지위가 점점 높아가자 낙학을 반대하는 목소리도 높아갔다. 소흥 6년(1136) 좌사간(左司諫) 진공보(陳公輔)는 윤돈(尹焞)의 등용에 대하여 반대상소를 올려 낙학을 금지하도록 요청하였다. 이 사건의 전말은 아래와 같다.

> 숭녕(崇寧: 1102~1106) 이래 원우의 학술을 금지시켰는데, 황제가 도강(渡江: 宋의 南渡)하여 다시 정이의 학문을 존중하고 숭상하였다. 이에 공보(公輔)가 상소하기를, "지금 세상에선 정이의 학설을 일컬어 이천의 학문이라 하며, 서로 그것을 좇아 따르며 큰소리로 '요·순·문·무의 도가 중니에게 전해지고, 중니는 맹가에게 전하고 맹가는 정이에게 전하였으며, 정이가 죽은 후에 결국 전해짐이 없었다'고 떠들어댑니다. 이것은 괴상한 미친 소리며, 간사한 설과 비천한 논의인데도, '이것은 이천의 문장이다'라고 하며, 폭건(幅巾)[235]을 쓰고 넓은 소매를 펄럭이며, 고개를 치켜들고 활보하면서 '이것은 이천의 행동이다', '이천의 문장을 스승으로 삼고, 이천의 행동에 따라 행하면 어진 사대부가 되며 이것을 버리는 것은 옳지 않다'고들 합니다. 진실로 선비의 습관이 이것을 따라 크게 훼손될까 염려되오니 간절히 원하건대 금지하소서!"라고 하였다. 드디어 조칙을 내려 "사대부의 학문은 한결같이 공자와 맹자를 스승으로 삼으면, 언행이 거의 서로 맞을 것이며 오늘날의 쓰임새에도 부합한다. 신료들이 상주한 것을 중외(中外)에 선포하여 짐의 뜻을 알도록 하라"고 하였다.
>
> 崇寧以來, 禁錮元祐學術. 帝渡江, 復尊尙程頤之學. 至是, 公輔上疏, 言: "今世取程頤之說, 謂之伊川之學, 相率從之, 倡爲大言, 謂: '堯·舜·文·武

---

235) 폭건(幅巾): 한 폭의 천으로 만든 두건의 하나. 은사(隱士)들이 썼다. 도복을 입을 때 쓰는 쓰개의 한 가지.

之道傳之仲尼, 仲尼傳之孟軻, 孟軻傳之頤, 頤死遂無傳焉.' 狂言怪語, 淫說鄙論, 曰: '此伊川之文也.' 幅巾大袖, 高視闊步, 曰: '此伊川之行也.' '師伊川之文, 行伊川之行, 則爲賢士大夫, 舍此者非也.' 誠恐士習從此大壞, 乞禁之!" 遂詔: "士大夫之學, 一以孔·孟爲師, 庶幾言行相稱, 可濟時用. 臣僚所奏, 可布中外, 使知朕意." (「道學崇黜」, 『宋史紀事本末』 867-68쪽)

이를 계기로 송 고종 조구(趙構)는 낙학에 대한 태도를 180도로 완전히 바꾸었고, 낙학은 해금된 지 겨우 10년 만에 또다시 금지당하는 운명을 맞았다.

낙학자들은 이때의 금지에 반대하여 투쟁하였다. 윤돈(尹焞)은 부임해 가던 도중에 진공보(陳公輔)가 상소를 올려 낙학을 공격한 소식을 듣고는 부임하지 않고, "정이를 스승으로 섬긴 것이 20년이며 그것을 배우고 전하되 스스로의 믿음이 매우 돈독하니, 만약 경연(經筵)을 열면 오직 정이의 학문을 강론할 수 있을 뿐"이라고 상주문을 올려 사임을 청하였다. 그러나 고종은 다시 발탁하여 임용하였다. 이정을 사숙(私淑)한 제자인 호안국(胡安國)은 진공보가 정이의 학문을 금지하기를 청하였다는 소식을 듣고 상소하기를 "공자와 맹자의 도가 전해지지 않은 지 오래였으나 정이의 형제로부터 다시 드러나 그들의 학문을 배워 도에 이를 수가 있었다. …… 이제 학자들로 하여금 중용(中庸)을 행하고 공자와 맹자를 스승으로 삼게 하고자 하면서 정이의 학문을 금지하고 따르지 못하게 하는 것은 방안에 들어가면서 출입문을 통과하지 못하게 하는 것과 같다."고 하여 그들에게 작위를 주고 제사의식을 행하도록 하고, 아울러 한림원(翰林院: 館閣)에 조칙을 내려 그가 남긴 책을 모아, 교정 반포하도록 요구하였다.(朱熹: 『伊洛淵源錄』 권4) 내한림(內翰林) 주진(朱震)도 공맹의 학문이 이정에게 전해졌다고 하였다. 이러한 몇몇 항의상소는 비록 금지령을 취소시킬 수는 없었지만 단기간에 낙학을 대대적으로 금지하지는 못하게 하였다.

진회(秦檜)[236]가 금과의 화의에 성공하고 조정의 대권을 장악하자, 소흥(紹興) 14년(1144) "어떻게 하든 유학을 받드는 내직과 외직의 관리들에게 경계하도록 하여, 이천(伊川) 정씨의 학문을 몰아내도록 하십시오."(「高宗七」, 『송사』 권30, 562쪽)라고 상주하였다. 이에 따라 낙학은 또다시 대대적으로 금지되었다. 그로부터 소흥 25년(1155) 진회가 죽은 뒤에야 비로소 정이의 학문에 대한 공격이 사라졌다. 그 다음해 "섭겸(葉謙)이 정학(程學: 이정의 학문)을 모두 버리는 것은 부당하다고 상주한 뒤 조정은 조칙을 내려 선비를 뽑는 데 정이나 왕안석 어느 일가의 설에 구애받지 않도록 하였다. 진회가 정권을 전횡한 때부터 정학(程學)이 세상에서 대대적으로 금지된 지 무릇 12년이 지나서야 비로소 해제되었다."(「元祐黨案」, 『송원학안』 권96)

송이 남도(南渡)한 후 낙학이 잠깐 동안 해금되자 낙학의 전수자들에게 정치와 학술활동에 종사할 수 있는 기회가 제공되었고, 이를 계기로 낙학의 전파가 가속되어, 그 영향이 확대되었다. 게다가 고종 소흥 말년의 2차 해금으로 낙학은 더욱 크게 발전하였다. 주희·장식(張栻)·여조겸(呂祖謙)·육구연(陸九淵)과 같은 일군의 저명한 리학가들이 성장하였으며, 이들은 낙학에서 기초가 정립된 리학을 최고봉으로 밀어 올렸다.

주희의 학술활동은 소흥(紹興) 말년부터 시작되었다. 그는 소흥 29년(1159)에 이정의 제자 사량좌(謝良佐)가 쓴 「상채어록(上蔡語錄)」을 교정하였으며, 그 다음해 정식으로 이정의 삼전(三傳) 제자인 이통(李侗)에게서 학문을 배웠다. 송 효종(孝宗) 건도(乾道: 1165~1173)·순희(淳熙: 1174~1189) 연간에 주희는 차례로 「유서(遺書)」와 「외서(外書)」를 편정(編定)하였으며, 『근사록(近思錄)』을 찬집(纂集)하고, 『이락연원록(伊洛淵源錄)』을 썼다. 그리고 남강군(南康軍)에 주돈이(周敦頤)의 사당을 세워 이정(二程)을 배사(配祀)하였으며, 주돈이와 이정을 리학의 정통 지위로 확립하였다. 그리고 주희 자신은 리학을 집대성하여 하나의 방대한 리학체계를 건립하였다.

---

236) 1090~1155. 남송(南宋)의 정치가. 주 168번 참조.

그러나 이 시기 학술계의 투쟁도 상당히 격렬하였다. 그것은 주로 신학(新學)과 낙학(洛學)의 투쟁이었다. 건도 연간에 세 가지 다른 의견이 출현하였는데, 첫째가 낙학과 신학을 동시에 모두 버리자는 말로, "관리들에게 경계하여 정이와 왕안석의 설로써 선비를 뽑지 말라"는 것이며, 둘째는 낙학을 반대하는 것으로, 『송사(宋史)』에 다음과 같은 기록이 있다. "과거(科擧)의 문장은 완성된 형식이 이미 갖추어져 있는데, 이제 성리(性理)의 설을 조종(祖宗)으로 삼아 떠도는 말과 허황된 소문을 서로 높입니다. 선비의 믿음직한 도를 스스로 지키고, 6경과 성현을 스승으로 삼으면 되는데 따로 낙학을 위하여 괴상한 것을 꾸미고 어리석은 사람을 놀라게 하니, 선비의 기풍이 날로 나빠지고 인재는 날로 가벼워집니다. 희망하건대 집사(執事: 侍者)에게 조칙을 내려 성조(聖朝: 당대의 임금)께서 무엇을 좋아하고 싫어하는가를 분명히 알게 하여 선비의 기풍[士風]을 변화시키십시오."(「道學崇黜」, 『宋史紀事本末』 868쪽) 셋째는 왕안석 부자를 종사(從祀)에서 내쫓고 이정의 관작(官爵)을 추증(追贈)하자(「慶元黨案」, 『송원학안』 권97)는 것이다. 결과적으로는 두 번째 의견이 최고통치자에게 채택되었고, 세 번째 의견은 부결되었다. 순희(淳熙: 1174~1189)와 소희(紹熙: 1190~1194) 연간의 투쟁은 '도학'이라는 이름을 중심으로 전개되었다. 정병(鄭丙)과 진가(陳賈) 등은 도학이 세상을 속이고 이름을 훔쳤다고 말하고 모두 배척하기를 요청하였다. 이 때문에 신유학은 '도학(道學)'으로 지목되었다. 후세에 위선자의 대명사가 된 '도학선생'이라는 말은 여기서 유래하였다. 임율(林栗)은 또 주희에 대해 "자신의 학술이 없이 단지 장재(張載)와 정이(程頤)가 남긴 책을 연구하여 허황된 소리를 종주로 삼아 도학이라 이르고 망령되이 스스로를 추존하였다."(「道學崇黜」, 『송사기사본말』 870쪽) 고 비평하였다. 비록 섭적(葉適) 등이 그것을 위해 변론·해명하여, 이해와 관계되고 사안이 중대한 만큼 '도학'이라는 죄명을 꾸며서 선량한 사람이 화(禍)를 입게 해서는 안 된다고 하였지만, 그러나 이와 같은 변론과 해명은 끝내 일을 해결하는 데 도움이 되지 않았다. 송 영종(寧

宗) 경원(慶元) 원년(1195)에 도학은 또 거짓 학문으로 지목되었으며, 그 다음해 결국 위학(僞學)으로 금지 당하였다.

가태(嘉泰) 2년(1202)에 와서야 "위학과 당금(黨禁)이 조금씩 해제되기 시작하였다." 가정(嘉定) 4년(1211)에 이도전(李道傳)이 학술금지를 해제하는 조칙을 내려주기를 청하고, 네 선생의 책를 반포한 뒤, 주돈이(周敦頤)·이정(二程)·장재(張載)·소옹(邵雍)을 종사(從祀)하도록 정하였으나, 조정에 "도학을 싫어하는 사람"이 있었기 때문에 여전히 시행되지는 못하였다. 가정 13년(1220)에 위료옹(魏了翁) 등의 청원에 의하여 시호(諡號)를 추증하였는데, 주돈이는 원(元), 정호는 순(純), 정이는 정(正), 장재는 명(明)이라 하였다. 이에 이르러 낙학은 비로소 '위학'으로 간주되어 차례차례로 금지 당하였던 운명으로부터 완전히 벗어나게 되었다. 이때부터 낙학의 지위는 끊임없이 상승하였다. 가정 17년(1224)에 영종(寧宗)은 또 다음과 같은 조칙을 내렸다. "짐은 오직 이천 선생만이 도학을 밝게 이어받았으므로 송유(宋儒)의 으뜸으로 생각한다. 비록 누차 포상(褒賞)의 영광이 있었지만 세록(世祿)은 주지 못하였으며, 아직 유학의 선구(先驅)로 숭상하고 장려하는 뜻에는 미치지 못하지만 그 후손을 찾을 수 있다면 녹(錄)을 주고 등용하겠다."(「李心傳」; 『道命錄·序』) 이처럼 송조의 최고통치자가 처음으로 정이에게 "도학을 밝게 이어받아 송유의 으뜸"이라는 지위를 승인하였다. 아울러 영종은 공자의 예를 이어받아 봉록을 내려 정이의 후손을 대우하였다. 이로부터 낙학시대로의 전환이 시작되었다.

남송 후기에 통치계급들은 점점 신유학이 봉건통치를 유지 옹호하는 데 중요한 작용을 한다는 것을 깨닫게 되었다. 현실정치의 필요에 따라 송 이종(理宗) 조윤(趙昀)은 순우(淳祐) 원년(1241)에 리학을 전면적으로 인정하는 다음과 같은 조칙을 내렸다.

> 짐은 공자의 도가 맹가 이후에는 전해지지 못하였으나, 우리 조정의 주돈이·장재·정호·정이에 이르러 진실로 실천되었고, 성역을 깊이 탐구

하여 천 년 동안 끊어진 학문이 비로소 귀착하는 바가 있게 되었다고 생각한다. 중흥한 이래 또 주희의 정밀한 생각과 밝은 변별을 얻어 안팎이 종합되고, 『대학』·『논어』·『맹자』·『중용』과 같은 책의 본말이 통철해졌으며, 공자의 도가 더욱 세상에 크게 밝아졌다. 짐이 매양 다섯 신하의 논저를 보면 알차면서도 훌륭한 점이 많으니, 이제부터 학문을 배울 때 학관에 명령하여 종사에 배열하게 하여 이로써 널리 권장하는 뜻을 나타낸다.

왕안석이 이르기를 "천명을 두려워하기에는 부족하며, 조종도 모범으로 삼기에 부족하며, 사람의 말도 구휼하기에는 부족하다."고 하였는데 이 말을 살펴보니 만세의 죄인이다. 어찌 공자의 묘정에 종사(從祀)할 수 있겠는가? 몰아내라. 병오년에 주돈이를 여남백에, 장재는 미백으로, 정호는 하남백으로, 정이는 이양백으로 봉한다.

朕惟孔子之道, 自孟軻後不得其傳, 至我朝周敦頤·張載·程顥·程頤, 眞見實踐, 深探聖域, 千載絕學, 始有指歸. 中興以來, 又得朱熹精思明辯, 表裏混融, 使『大學』·『論語』·『孟子』·『中庸』之書, 本末洞徹, 孔子之道, 益以大明于世. 朕每觀五臣論著, 啓沃良多, 今視學有日, 其令學官列諸從祀, 以示崇獎之意.

尋以王安石謂"天命不足畏, 祖宗不足法, 人言不足恤", 爲萬世罪人, 豈宜從祀孔子廟庭, 黜之. 丙午, 封周敦頤爲汝南伯, 張載爲郿伯, 程顥爲河南伯, 程頤爲伊陽伯. (「理宗三」, 『宋史』 권42. 821-22쪽)

이는 리학이 창시된 이래 최고통치자가 처음으로 전면적으로 리학을 긍정한 말이다. 신학(新學)과 리학(理學)의 투쟁과정에서 이제 리학이 지지를 받고 신학은 오히려 폄하되고 내몰렸다. 이때부터 리학의 지위는 대대적으로 높아졌다.

송원 시기 남송의 리학가 조복(趙復)이 연경(燕京)으로 포로로 잡혀갔을 때, 몽고정권의 한인(漢人) 장령(將領)인 양유중(楊惟中)과 한인 학자인 요추(姚樞)가 그를 위하여 반관방(半官方) 성격의 태극서원(太極書院)을 창건해 주었으며, 조복은 여기에서 공개적으로 신유학을 강론하였다. 원의 초기 학경(郝經)과 허형(許衡) 등 북방의 신유학자들은 도통(道統)이 황통(皇統)보다 높다는 관점에서 출발하여 '도를 지킴[衛道]'의 명분 아래 종족의 경계를 뛰어넘어 외족의 통치자와 함께 정치합작의 관계를 수립하고, 몽고의 귀족들에게 유가 관료정치의 경험을 적극적으로 전수하고, 원 왕조가 한대의 법[漢法]을 실행하도록 부추겼으며, 그로써 중원의 문화전통이 유지되고 추락되지 않도록 하고자 하였다. 이 때문에 원나라 초기에 리학은 한족 사대부와 몽고귀족의 정치합작을 위하여 정신적 지주를 제공하였을 뿐만 아니라, 몽고족이 중원으로 들어와 주인노릇을 하는 데 수용할 수 있고 이용할 수 있는 의식형태를 제공하였다. 몽고족의 통치자들은 리학이 인민의 사상을 억압하는 효과가 있다는 것을 분명하게 본 뒤에, 비로소 리학을 육성하고 지지하였다. 원의 인종(仁宗)은 황경(黃慶) 2년(1313)에 "주돈이(周敦頤), 정호(程顥), 정이(程頤), 장재(張載), 소옹(邵雍), 사마광(司馬光), 주희(朱熹), 장식(張栻), 여조겸(呂祖謙)과 그리고 고(故) 중서좌승(中書左丞) 허형(許衡)을 공자의 묘당에 종사(從祀)하라"(「仁宗一」, 『원사』 권24, 557쪽)는 조칙을 내렸다.

원우 연간에 과거제도를 다시 실시하면서 시험형식을 규정하였는데, 경(經)에 대한 문제는 "『대학』·『논어』·『맹자』·『중용』 내에서 출제하고, 아울러 주희의 장구와 집주를 이용하였다." 그리고 경의 해석은 "『시(詩)』는 주씨(朱氏: 주희)를, 『상서(尙書)』는 채씨(蔡氏: 蔡沈)를, 『주역』은 정씨(程氏: 정이)와 주희를 위주로 하였다."(「科擧學校之制」, 『원사기사본말』 권8, 59쪽) 원의 문종(文宗)은 지순(至順) 2년(1331)에 조칙을 내려 정호를 예국공(豫國公)으로 정이를 낙국공(洛國公)으로 봉하였다. 이와 같이 한족 지식인들의 적극적 건의와 원조 통치자들의 지지하에 신유학은 마침내 관방철학의 보좌에 올랐으며, 이후 봉건사회의 통치사상이 되었다. 그리고 이정 등 리학가들도 봉건사대부들이 숭배하는 우상이 되었다.

봉건사회의 지식인들은 낙학의 흥폐(興廢)에 대하여 지극한 관심을 가지고 있었다. 경원(慶元) 무렵 위학(僞學)이라는 금제(禁制)가 풀린 지 얼마 지나지 않아 이심전(李心傳)은 정이가 경연(經筵)에 참가한 이후의

140여 년간 '도학' 흥폐의 역사를 한 권의 책으로 모아서 『도명록(道命錄)』을 편찬했는데, 그는 서언(序言)에서 이렇게 말했다. "도학의 흥폐를 깊이 고찰하면 천하의 안위와 국가의 융성과 침체 등이 연계되어 있으니, 장돈(章惇)・채경(蔡京)[237]・진회(秦檜)・한탁주(韓侂胄)[238] 등의 시대에 대하여 통한의 탄식을 하지 않을 수 없다." 즉 그는 낙학이 수차례 금지를 당하였던 일을 장돈・채경・진회・한탁주 등 국권을 쥐고 있던 인물들에게로 죄로 귀착시켰던 것이다. 그러나 그는 더욱 심각한 사회역사의 원인을 보지 못하였으며, 이것은 당시 봉건 지식인들의 대표적 관점이었다. 송 이후의 봉건사회에서는 반리학(反理學)적인 사상가와 비판정신을 가진 지식인을 제외하면, 대다수가 '정통(正統)' 관념이 비교적 강한 지식인들로써 모두 이심전(李心傳)과 같은 정서를 지니고 있으며, 도학(道學)의 흥폐가 천하의 안위와 국가의 융성과 쇠퇴에 직접적으로 연계되어 있다고 생각하였다. 이것은 물론 일종의 편견이지만 그것은 낙학이 봉건통치를 옹호하는 데에 얼마나 중요한 작용을 했는가를 잘 설명해 준다.

낙학은 봉건제도의 항구성과 합리성에 대하여 이론적 논증을 제공함으로써, 이론적인 면에서 이전에는 도달하지 못한 고도의 수준과 진일보한 발전을 이루었다. 그리고 봉건통치계급에 의해 관방철학으로 선택된 것은 일종의 역사적 필연이었다. 그것이 한번 최고의 권위를 갖춘 관방철학이 되자 사상계에서 장기간 통치적 지위에 있게 되고 역사적

---

237) 1046~1125. 북송 말의 정치가. 자는 원장(元長). 왕안석의 신법을 존중하여 구법당(舊法黨)의 사람들을 배척하고 정권을 전횡하여 비난을 받았다.

238) 송 안양(安陽)사람. 기증(琦曾)의 손자. 자는 절부(節夫). 영종(寧宗)이 서고 오태후(吳太后)가 수렴청정할 때 조칙을 전달하는 행운을 얻어 관직이 태사(太師)에 이르렀다. 평원군왕(平原郡王)으로 봉해졌다. 정권을 전횡하고 방자하였으며 도학을 위학(僞學)이라고 배척하여 엄금해 줄 것을 청하였다. 이에 주희(朱熹) 등이 모두 죄를 얻었으며, 훌륭한 선비들이 모두 사라졌다. 후에 공을 세우려는 욕심에 금나라와의 전쟁을 주장하다 궤멸(潰滅)의 대패(大敗)를 당하자 죽임을 당하고 송은 그의 수급을 금나라로 보내 사과하였다. 『宋史』 474; 『宋史新編』 187; 『南宋書』 49; 『宋大臣年表』 27, 28; 『宋中興三公年表』; 『宋人軼事彙編』 870을 참조.

으로는 무거운 부담이 되었다. 왜냐하면 낙학이 독존의 지위에 올라 지고무상의 진리로 숭앙받으면서 그 스스로의 창조력을 잃어버린 채 아무런 생기도 없는 학문으로 변해버리고, 회복할 수 없을 정도로 빳빳하게 경직되었기 때문이다. 동시에 낙학은 자신의 권위에 질식되어 일체의 새로운 사상적 맹아(萌芽)를 압살하였다. 감히 낙학의 권위를 경시하는 사상학설은 모두 "이단(異端) 사설(邪說)"로 간주되어 18층 지옥에 떨어졌다. 명나라 중기 이후에 자본주의의 맹아가 출현함에 따라 선진적 사상가와 반봉건의 용사들은 신유학의 사상적 속박을 깨뜨리고 봉건의 질곡을 무너뜨리기 위해 용감히 필사의 투쟁을 진행하였으며, 무수히 많은 빛나는 문장을 썼다. 그러나 말할 필요도 없이 중국 봉건사회의 후기에서부터 근대의 반봉건적 사상가들에 이르기까지 그 탯줄은 모두 봉건적인 전통사상의 기반 위에 뿌리를 내리고 있었으며, 모체와의 연계를 완전히 끊을 수 없었다. 따라서 반봉건의 기치를 철저하게 밀고 나가지 못하였다. 오늘날에도 우리는 사회주의의 정신문명을 건설하면서 여전히 봉건사상이 남긴 해독을 깨끗이 제거해야 할 임무를 지고 있다. 이 때문에 변증법적 유물주의와 역사적 유물주의의 관점을 견지하여 낙학(洛學)을 연구하고 또 그 역사적인 본래의 면목을 과학적으로 평가하여, 이론의 내용에 따라 "높일 것은 높이고 버릴 것은 버리는" 작업은 그 의미가 적지 않다.

참 고 도 서

『經學歷史』〔清〕皮錫瑞撰 中華書局 1959년 판
『高峰文集』〔宋〕廖剛撰 八千卷樓藏本
『困知記』〔明〕羅欽順撰 正誼堂全書本
『困學紀聞』〔宋〕王應麟撰 清刻本
『管子校正』〔清〕戴望撰『諸子集成』本
『歐陽文忠集』〔宋〕歐陽修撰『四部叢刊』本
『郡齋讀書志』〔宋〕晁公武撰『四部叢刊』本
『結埼亭集』〔清〕全祖望撰『四部叢刊』本
『羅豫章先生集』〔宋〕羅從彦撰 清刊本
『魯齋遺書』〔元〕許衡撰 明萬曆刊本
『論衡』〔漢〕王充撰『諸子集成』本
『陵川文集』〔元〕郝經撰 清刊本『四部叢刊』本
『道命錄』〔宋〕李心傳撰 知不足齋本
『東坡全集』〔宋〕蘇東坡撰 清刻本
『孟子傳』〔宋〕張九成撰『四部叢刊』(三編) 本
『文正集』〔宋〕范仲淹撰 正誼堂全書本
『白虎通義』〔漢〕班固著『四部叢刊』本
『滏水文集』〔金〕趙秉文撰 畿輔叢書本
『四庫全書總目』〔清〕永瑢等撰 中華書局 1965년 판
『司馬文正正傳集』〔宋〕司馬光撰『四部叢刊』本
『四書章句集注』〔宋〕朱熹撰 中華書局 1973년 판
『上蔡語錄』〔宋〕謝良佐 正誼堂全書本

『說文解字』 〔漢〕 許愼撰 中華書局 1963년 影印本
『性理精義』 〔清〕 李光地撰 清刻本
『續資治通鑒』 〔清〕 畢沅撰 清刻本
『孫明復小集』 〔宋〕 孫復撰 清刻本
『宋明理學史』 上卷 侯外廬 邱漢生 張豈之主編 人民出版社 1984년판
『宋明理學研究』 張立文著 中國人民大學出版社 1985년 판
『宋史』 〔元〕 脫脫等撰 中華書局 1977년 판
『宋史紀事本末』 〔明〕 陳邦瞻撰 中華書局 1977년 판
『宋元學案』 〔清〕 黃宗羲撰 全祖望原集 王梓材增補 清刊本
『荀子集解』 〔清〕 王先謙撰『諸子集成』本
『十三經注疏』 〔清〕 阮元校刻 中華書局 1980년 影印本
『楊龜山集』 〔宋〕 楊時撰 正誼堂全書本
『易學辨惑』 〔宋〕 邵伯溫撰『永樂大典』本
『列子注』 〔晋〕 張湛注『諸子集成』本
『五燈會元』 〔宋〕 普濟撰 中華書局 1984년 판
『王文成公全書』 〔明〕 王守仁撰『四部叢刊』本
『王荊公年譜考略』 〔清〕 蔡上翔撰 上海人民出版社 1973년 판
『龍川文集』 〔宋〕 陳亮撰 金華叢書本
『元文類』 〔元〕 蘇天爵撰『四部叢刊』本
『元史』 〔明〕 宋濂等撰 中華書局 1976년 판
『元史紀事本末』 〔明〕 陳邦瞻撰 中華書局 1979년 판
『柳宗元集』 〔唐〕 柳宗元撰 人民出版社 1979년 판
『游廌山集』 〔宋〕 游酢撰 清刻本
『陸九淵集』 〔宋〕 陸九淵撰 中華書局 1980년 판
『尹和靖集』 〔宋〕 尹焞撰『叢書集成』本
『伊洛淵源錄』 〔宋〕 朱熹撰 正誼堂全書本
『李文公集』 〔唐〕 李翺撰『四部叢刊』本
『二程集』 〔宋〕 程顥・程頤撰 中華書局 1981년 판

『理學的演變』蒙培元著 福建人民出版社 1984년 판
『理學宗傳』〔淸〕孫奇逢撰 淸刻本
『臨川先生文集』〔宋〕王安石撰『四部叢刊』本
『紫山大全集』〔元〕胡紫遹撰『永樂大典』本
『莊子集解』〔淸〕郭慶藩輯『諸子集成』本
『張載集』〔宋〕張載撰 中華書局 1978년 판
『政治改革家王安石的哲學思想』馬振鐸著 湖北人民出版社 1984년 판
『徂徠石先生集』〔宋〕石介撰 中華書局 1984년 판
『朱文公文集』〔宋〕朱熹撰『四部叢刊』本
『周易大傳今注』高亨著 齊魯書社 1979년 판
『朱子語類』〔宋〕朱熹撰 中華書局 1986년 판
『周子全書』〔宋〕周敦頤撰『方有文庫』本
『中國思想通史』第四卷(上·下) 侯外廬主編 人民出版社 1959, 1960년 판
『中庸說』〔宋〕張九成撰『四部叢刊』(三編) 本
『春秋繁露注』〔淸〕凌曙撰『龍溪精舍叢書』本
『韓昌黎集』〔唐〕韓愈撰『四部叢刊』本
『皇極經世』〔宋〕邵雍撰 淸刻本
『淮南子』〔漢〕劉安撰『諸子集成』本
『橫浦文集』〔宋〕張九成撰 明刊本

역 자 후 기

현재 '인문학의 위기'는 더 이상 미래형이 아니라 심화형이며, 순수과학도 점점 외면당하고 있다. 이러한 현상을 시대적 조류라고 강변하고, 심지어 대학들마저도 인문학관련 학과를 돈벌이가 되지 않고, 취직에 도움이 되지 않는다고 축소 내지 폐지를 진행하고 있다.

인문학의 위기는 바로 사회의 위기이자 국가미래의 위기를 의미한다. 인문학이 쇠퇴할수록 사회적 · 인간적 관계는 합리적 이성적 사유가 중심이 되지 않고, 경제적 이익과 물리적 힘, 그리고 특정 이익을 위한 숫자의 힘이 문제해결의 중심이 됨을 역사적 교훈이 잘 말해준다. 그러나 이러한 시대 상황을 탓하기에는 인문학도들의 책임도 적지 않다.

현재 신유학은 어떤 위치에 있는가? 안타깝게도 현재 한국에서 유학 혹은 신유학의 사회적 역할은 점점 미약해질 뿐만 아니라, 전통적 의미의 개인윤리, 공민윤리의 가치마저도 사라져 가고 있다. 현재 삼강오륜(三綱五倫)을 말하는 사람은 거의 없다. 심지어 유학이나 신유학을 공부하는 사람조차도 이 윤리의 의미를 깊게 생각하지 않는다. 아직도 주리(主理)나 주기(主氣)를 나누고 거기에 자신의 학파상의 뿌리를 두며 그 속에 안주하며, 상대학파를 비판하고 깎아 내리기에 열중하는 경향도 있다. 동양학을 공부하는 것이 대단한 도사라도 되는 양 고고함을 과시하며, 동양의 덕을 강조하면서 전혀 덕을 수양하지도 않고, 학문인지 종교인지, 철학인지 개념의 엄밀성을 따지지 않는다. 그러면서도 조선 500여 년간 국가의 건국이념으로 사회전반의 제도적 기초사상이었다는 과거의 영광을 외친다. 최근 세계 곳곳에 설립된 공자학원이 유학부흥의 상징이라도 되는 양 기대하기도 한다.

그러나 유학이 혹은 유학자가 그 본래정신과 시대적 문제를 인식하고 적극적으로 창조적 사유와 행동을 하지 않는다면 유학의 존재감은 점점 더 희미해질 것이다.

역자는 신유학이 태동하고 발전된 송·원·명 시대의 정치·사회·역사·문화·사상에 관심을 가지고 관련된 자료를 읽었다. 그 과정에서 신유학과 당시 사회의 역사적 맥락을 종합하여 서술한 『낙학원류(洛學源流)』라는 책을 접하게 된 것은 1991년 봄이었다.

당시 우리나라에 소개된 중국의 철학서적은 대부분 마르크스-레닌주의에 기초하여 각 학파들의 철학을 재해석하여 서술한 철학사가 대부분이었다. 그러나 서원화(徐遠和)의 『낙학원류』는 신유학이 어떻게 태동하고 체계화하고 정립되었는가를 객관적인 역사적 사실과 함께 조리있게 종합·정리한 책이라고 생각된다. 그렇다고 이러한 고식적 해석이 아주 없는 것은 아니지만, 송·원·명 3대 약 500년이 넘는 기간 동안의 사회상과 각 학파 그리고 정치적 민족적 갈등관계를 종합적으로 아울러서 서술하기는 쉽지 않다고 생각하였다.

역자는 이 책을 읽으면서 주돈이(周敦頤)의 염학(濂學), 이정(二程)의 낙학(洛學), 장재(張載)의 관학(關學), 주희(朱熹)의 민학(閩學)이 어떻게 태동하고 어디에 근원하고 있으며, 무슨 문제를 중심으로 각 학파의 입장이 달라졌으며, 어떤 내용을 중심으로 논쟁이 벌어지고 그 논쟁의 결과는 어떻게 끝났으며, 당시 중국의 사회정치적 상황은 어떠했으며, 신유학이 형성되는 과정은 순조로웠는지, 주요 리학자들의 일생은 어떠했는지, 정의와 개인의 행복은 어떤 관계가 있는지, 인품과 학자적 업적은 어떤 관계가 있는지, 개인의 불행과 학자적 양심의 상관관계는, 스승과 제자의 관계는 리(理)인지 이(利)인지, 처세술에 원칙이 있는지 등의 이루 헤아릴 수 없는 많은 의문들이 조금씩 해소되는 것을 느꼈다. 그러면서 굳이 번역판을 내겠다는 생각은 하지 않고 내용을 정리한다는 의미로 번역을 시작하였다.

역자는 때로 리기론·인성론·격물론·수양론, 본체론, 사단칠정론, 인심도심론, 리일분수론 …… 이 지겨운 이론의 늪에서 빠져 나오고 싶었다. 멀리 던져 버리고 여론조사하고 통계내고 사회적으로 회자되는 가볍고 재미난 주제들을 찾아 가고 싶기도 하였다. 그것이 마치 인문학의 위기를 벗어나는 길처럼 보이기도 하였다.

한편으로 다른 분야의 학문을 전공하는 친구들과 많은 대화와 토론을 하면서 신유학의 철학적 문제들에 대한 공허함을 지울 수 없었다. 즉 구체적인 사실에 바탕을 둔 사실인식의 토대가 마련되지 않은 상태에서 형이상학적 관점으로만 공부하고 있었기 때문이다. 그러나 이 책을 번역하면서 신유학의 리기본체론, 인성론, 수양론 등 흔히 말하는 형이상학적 철학의 문제가 그냥 공허한 것이 아님을 알았다. 신유학은 지극히 구체적이고 현실적인 문제를 그 시대적 시각으로 이해하고 설명하려 하였는데도 정작 역자는 지나치게 관념적 이해를 추구하였던 것이다.

이 책을 번역하면서 자구에 대한 세세한 해석보다는 역사에서 익히 배웠던 송대의 수많은 문장가, 정치가, 철학가들이 어쩌면 그렇게 짧은 기간에 같은 조정에서 그토록 수많은 쟁론과 정쟁을 벌렸다는 사실과 이들이 주장한 이론들의 생생한 현장감을 느낀 것만으로도 큰 만족이었다.

그리고 북송의 학자들이 결코 나약한 문사가 아니었고, 이상만을 지향하여 공허한 이론만 주장한 우원(迂遠)한 철학자가 아니었다. 그들은 현실의 문제를 정확하게 이해하고 있을 뿐만 아니라, 그 구체적인 해결책을 나름대로 철저하게 구상하고 있었던 것이다. 그들의 학문정신은 지극히 현실적인 문제해결을 기초로 출발하였기에 오늘날에도 여전히 유효하다고 생각된다. 그리고 철학사상은 시대적 산물임을 새삼 확인하였다.

이 책에는 "구세(救世)"와 "구도(求道)"에 전념했던 수많은 철학자와 정치가, 제왕이 등장한다. 그리고 그들의 인물상, 행적, 학문적 특성, 다른 논적이나 정적과의 관계 등을 매우 치밀하고 조리 있게 설명하고 있다. 이 책을 읽고 있으면, 마치 그들의 논쟁 장면과 학습장면이 눈앞에 보는 것처럼 선하게 그려진다.

한편, 이정(二程)과 주희(朱熹)의 학문적 밑넓이에 대하여 새삼 놀라지 않을 수 없다. 이 책을 통하여 보면 이정과 주희의 정신세계는 리학자나 신유학자라는 이름의 그릇에 담기에는 너무 크다고 생각된다. 유(儒)·도(道)·불(佛)을 섭렵하고 난 뒤 정립된 학문은 다른 학문과 비교해서 가장 먼저 신(新)자를 붙일 가치가 있는 것이라고 생각된다. 그리고 이정과 주희가 벽불(辟佛)을 주장하였다고 하여 어설피 벽불(辟佛)의 입장을 따라갈 수 없다는 것도 이 책을 통해서 확인하였다. 이 문제는 앞으로 새로운 연구과제로 삼을 것이다.

끝으로 오늘의 현실에서도 신유학이 계속 유효한가의 문제다. 현재 중국은 비록 정치적 이유가 중심이지만, 전 세계에 약 250여개의 공자학원을 설립하면서 대대적으로 공자부활을 추진하고 있다. "공자의 가계를 때려 부수자(打倒孔家店)"던 시대와 문화대혁명 시기의 광기어린 공자비판과는 사뭇 다르다. 새로운 시대정신으로 받아들이고 있는 것이다.

한때 신유학 연구와 생활화의 중심 국가였던 현대 한국에서 신유학이 유효한 이유는 많다. 현대 한국인에게 너무도 부족한 염치·도덕성·책임감·시민의식의 회복에 신유학의 인간관과 수양론은 충분히 그 의미가 있다. 그리고 무엇보다 산업화와 핵가족화로 초래된 소외가 심화된 현대인에게 자아의 주체성 확립에 신유학의 철학적 성찰은 충분히 의미가 있을 뿐만 아니라 치유효과도 있다고 생각된다. 이런 의미에서 원나라 초 리학의 명신(名臣) 학경(郝經)은 "중국의 도를 행하면 중국의 주인이 된다."고 한 말은 많은 의미를 시사한다. 즉 '누구든 성인의 도를 행하면 성인이 될 수 있으며, 도의 주인이 따로 없다'는 말이다. 구시대의 유물로만 치부하는 것은 편협한 생각이다. 우리의 정신적 정체성을 대변할 가치들이 어떤 것이 있는가를 스스로 자문하고 학문적 양심으로 편견 없이 생각한다면 조금은 시야가 넓어질 것이다.

이 책을 번역하면서 문장이 부정확하거나 글의 의미가 원활하지 못한 곳을 할 때마다 새삼 번역의 어려움을 느꼈으며, 아울러 여유를 가지고 천천히 새롭게 문장을 바로잡고 다듬어야 한다고 생각하였다. 이런 와중에 2003년 7월 3일 21시 33분에 서원화 선생님이 갑자기 세상을 떠났다. 그리고 2004년 7월 1주기를 맞이하여 서원화 선생 서거 1주년 기념문집인 『심향집(心香集)』을 발간하였다. 역자는 이 위원회의 요청으로 서원화 선생에 대한 추모문을 기고하였다. 그 일부를 옮겨본다.

> "세상에는 학문적 양심과 순수성을 버리고 명예와 권력을 탐내고, 자신의 이익에는 민첩한 학자들이 많습니다. 그러나 제가 본 선생님의 모습은 순수한 학자의 자세를 조금도 버리지 않고 의연하게 지켜온 분입니다. 선생님은 학문적 훈향이 한국·중국 · 일본 등 세계 여러 나라에 퍼져 있는 참으로 양명사해(揚名四海)의 스승이었기에 선생님의 서거는 한국의 학계에도 적지 않은 아쉬움 남겼습니다.
>
> 선생님은 비록 59세라는 짧은 세월을 사셨지만, 역사는

반드시 선생님의 업적을 영원히 기억할 것입니다.
선생님의 서거가 슬프기는 하지만, 선생님의 진지한 학문정신을 간직하며 더욱 열심히 학문연구에 열중할 것을 다짐합니다.
서원화 선생님의 영전에 다시 마음의 향화(香火)를 올리며, 부디 내세에서도 영원한 복락을 누리시길 빕니다."

도에 이르는 길은 어렵지 않으나(至道不難) 미치지 않으면 이룰 수 없음(不狂不及)을 새삼 실감하며, 동과서 출판사 사장님, 그동안 많은 배려와 사랑을 베풀어 주신 분들과 작은 형, 어머니, 늘 한편이 되어준 아내 이희영에게 감사드립니다.

2011년 3월
月雅山 국제서실에서

찾아보기